Hans Jakob Beranek

Wege zur Freiheit

WEGE ZUR FREIHEIT

Eine unvollständige Sammlung offener Geheimnisse

Vorschläge zur Entwicklung einer radikalen Psychotherapie

Zusammengestellt von
Hans Jakob Beranek

Zweite überarbeitete und ergänzte Ausgabe 2010

Novitäten & Raritäten
NoRA

ISBN 978-3-86557-050-5

2. überarbeitete und ergänzte Auflage

Torstr. 145, 10119 Berlin
Tel.: 030 20454990 Fax: 030 20454991
E-mail: kontakt@nora-verlag.de
Web: www.nora-verlag.de

Druck & Bindung: SDL - Digitaler Buchdruck, 12277 Berlin
Printed in Germany

Inhalt

Dritter Teil: Was bedeutet das möglicherweise für deinen Alltag?

Vierter Teil: Sonstiges, Anhang und Literatur

Anmerkung zur zweiten Ausgabe

Ich will hier nicht lange rummachen, sondern einfach nur mitteilen, dass ich diese korrigierte Zweitausgabe deshalb veranlasst habe, weil sie mir nötig erschien; einige Dinge wollte ich inzwischen anders formulieren, damit der Text da klarer und stellenweise »richtiger« wird. Außerdem bekam ich in den vergangenen Jahren viele interessante Hinweise von Lesern und neben erstaunlich positiven Rückmeldungen wurde auch die Bitte geäußert, mich im Glossar zu weiteren Punkten zu äußern, beispielsweise zu Eifersucht. (Was? Das interessiert Sie nicht besonders? Ist okay.) Würde ich jedoch alle diesbezüglichen Vorschläge hier aufgreifen, hätte ich kaum eine echte Chance, das Erscheinen der zweiten Ausgabe überhaupt noch zu erleben. Deshalb habe ich mich da stark zurückgehalten.

Jetzt bin ich in die Situation geraten, dass ich einerseits bereits an meinem zweiten Buch arbeite, das wahrscheinlich den Titel trägt *Warum der Kaiser von China gelbe Hosenträger trug. Oder: Warum Tatsachen wichtiger sind als Erklärungen – erklärt von Hans J. Beranek. Ein Psychologiebuch für Besserwisser*, und andererseits parallel monatelang Korrekturen und Ergänzungen an meinem Erstlingswerk ausführte. Die Fertigstellung des zweiten Buches wird sich deshalb etwas verzögern. Ich hoffe, dass die Welt diesen enormen Mangel bis dahin ausreichend kompensieren kann.

Danken will ich meiner Frau Renate, die einen Mangel an Zuwendung meinerseits während der letzten Monate ebenfalls ausreichend kompensierte und sich nicht dazu verleiten ließ, mir deswegen übermäßig die Hölle heiß zu machen. Ich hätte dafür Verständnis gehabt.

Kolbermoor, im Februar 2010

Einleitung

Ich kann nicht raus.
Meine Hörner passen nicht durch die Tür.

Jahrzehntelang bereits hege ich den Verdacht, dass ich trotz meines starken Interesses an Gott und der Welt doch eher von trägerem Naturell bin. Das wäre an sich kein Beinbruch, wenn man wenigstens klug genug ist, sich das Leben auf die *richtige* Weise zu vereinfachen. In meinem über lange Zeit eher unangenehm bewegten Leben ist mir das jedoch bis Ende der Neunzigerjahre nur unzureichend gelungen, denn meine vorherigen Versuche, mir das Leben in wesentlichen Bereichen zu vereinfachen, machten meine Angelegenheiten in der Regel komplizierter oder sie funktionierten am Ende trotz aller Mühen nicht wirklich. Ich nahm also (nach teilweise erbittertem Widerstandskampf gegen die Einsicht in diesen Sachverhalt) widerwillig zur Kenntnis, dass meine Vereinfachungstechniken offenbar falsch waren, *sonst hätten sie nämlich funktioniert.* Trotzdem konnte ich im Rückblick auf mein bis dahin recht kompliziertes »früheres« Leben viele Erkenntnisse und Informationen darüber sammeln, wie Vereinfachen tatsächlich funktioniert und wie ich gewisse Sachverhalte der Welt klüger als bisher miteinander verbinden kann. Das ist Lernen nach dem Prinzip »wenn nicht so, wie denn dann?« (Auf Neudeutsch *trial and error* – eine verbreitete, aber etwas umständliche und meist schmerzhaft-langwierige Art des Lernens.)

Hauptsächlich durch genaues Beobachten und die Einführung einer *radikalen Trennung von beobachteten Tatsachen einerseits und den Erklärungen dazu andererseits* gelang es mir, offensichtliche Tatsachen meines Lebens klar zu erkennen und sie geschickter miteinander zu verbinden, als ich das bis dahin getan hatte. Ich fing endlich mit dem *wirklichen* Lernen an. Meine permanenten Zweifel – zusammen mit meiner nicht ausreichend zu unterdrückenden Grundüberzeugung, nicht gut genug, nicht intelligent genug, nicht schön genug, nicht gebildet genug und daher nicht wirklich liebenswert zu sein – wurden mir endlich zu einer großen Hilfe bei meiner Suche nach Erkenntnissen. Aus diesem Grund werde ich die Methode des Zweifelns beibehalten und mich immer wieder vergewissern, ob ich mich nicht doch geirrt habe. Ich habe mir im Lauf meines bewegten Lebens wegen meiner Zweifel eine Menge an unterschiedlichsten Informationen angefressen. Aber ich konnte dieses scheinbare

Wissen aus Büchern (die Theorien) jetzt endlich verdauen, es also in funktionierende *Praxis* umsetzen, anstatt es nur laufend in einer Art von chronischem geistigen Durchfall kaum verdaut und in meist unpassenden Situationen wieder auszuscheiden. Gar manchen meiner Mitmenschen hatte das damals gestunken, würde ich heute sagen, und anstatt mit meinen Ausscheidungen, wie von mir neunmalklug beabsichtigt, einen Nutzen für irgendjemanden zu schaffen, bekam ich meist Ärger. Wie weit Sie eine Sache wirklich verstanden haben, erkennen Sie ganz klar am *Ergebnis* Ihres Handelns. Sie haben hier eine sehr gute Kontrollmöglichkeit.

Dieses Druckwerk, das Sie nun in Ihren zarten Künstlerhänden halten, soll jetzt nicht ein weiterer Haufen sein, der erneut vergeblich ausgeschieden wurde und der Ihnen im Endeffekt nur stinkt, sondern soll das *Vergeistigte* aus dem Angefressenen darstellen, den erkannten und *durch eigene Praxis bestätigten Extrakt* sozusagen. Es sollte Ihnen beim Lesen daher nicht stinken – das ist ohnehin Abwehr – sondern Ihnen nützlich sein bei Ihrer eigenen Befreiung. (Ja, Mist ist auch nützlich, stinkt aber trotzdem, da haben Sie schon Recht. Aber Sie wissen, was ich meine.)

Seit einigen Jahren kann ich die ersten Früchte meiner Verdauungsbemühungen ernten. Ich erkenne sie daran, dass es mir besser geht in jeder Hinsicht und dass ich seit langer Zeit keine *unlösbaren* Probleme mehr hatte. Ich denke, das ist ein deutlicher Beweis für die Richtigkeit dieser im Folgenden vorgestellten handlungsleitenden Sichtweisen und Methoden, und zwar richtig in dem Sinn, dass sie tatsächlich funktioniert haben hinsichtlich meiner (zunächst oft unbewusst angestrebten) Ziele.

Man soll zwar den Tag nicht vor dem Abend loben, aber ich will Ihnen doch vorschlagen, mit den dargestellten Sichtweisen *Ihre eigenen Experimente* auszuführen. Vielleicht behalten Sie danach einige dieser Verfahren bei und freuen sich, weil Sie selbstverständlich entdecken werden, dass die bei Ihnen ebenfalls gut funktionieren. Wenn das nicht geschieht – was mich allerdings sehr wundern würde – dann haben Sie schlimmstenfalls etwas Zeit verloren und halten mich wahrscheinlich für einen Spinner. Das könnte ich einigermaßen ertragen, sofern Sie mir nicht zusätzlich mit Telefonterror kommen. Sie haben zwar alle Zeit der Welt bei Ihren Experimenten, aber warten Sie nicht zu lange damit, denn Sie könnten sonst etwas versäumen von Ihrem möglichen Glück.

A propos: Wussten Sie schon? Es gibt auch ein Leben *vor* dem Tod!

Mir ist vor allem durch meine unfreiwilligen Studien klar geworden, dass die Mutter Natur einerseits großzügig, andererseits aber auch strikt ökonomisch ist. Das ließ mich annehmen, dass das Leben an sich ebenfalls einerseits reich und andererseits vermutlich nach recht einfachen Prinzipien organisiert sein muss – so einfach womöglich, dass wir erst wieder »wie diese Kinder da« sein sollten, damit wir ins Himmelreich eingehen können. Kurz gesagt: Ich kam allmählich dahinter, dass ein grundsätzlicher Fehler in *meinem* System vorliegt, wenn mir eine Sache kompliziert vorkam und nicht funktionieren wollte, und nicht im »System Welt«. Die Welt an sich ist nämlich einfach so, wie sie ist, und sie ist *optimal.* – Das glauben Sie nicht? Gut, das glaube ich Ihnen. Aber Sie werden schon *sehen.*

Mein Wunsch nach Erlösung aus meinen selbst erfundenen Fallen wurde mit der Zeit so groß und drängend, dass am Ende nur noch eine massive Lebenskrise nötig war, um den nächsten Schritt zu tun, damit *ES grundsätzlich* anders werden konnte in meinem Leben. Diese Krise (Lernen durch Leiden) kam 1996 mit einem Schlag – in meinem Fall mit einem Gehirnschlag – und der unvermeidlichen Trennung von einem geliebten Menschen.

Den Gehirnschlag überlebte ich wie durch ein Wunder relativ folgenlos (möglicherweise zweifeln Sie ja an dieser Behauptung, falls Sie auch den Rest dieses Buches noch lesen) und ich erkannte im Lauf der folgenden Monate zum ersten Mal ganz deutlich, dass im Leben Wunder offenbar normal sind und dass sie überraschend häufig auftreten. Allerdings scheint das kaum jemand zu beachten. Ich fand heraus, wie man die Wahrscheinlichkeit für Wunder erhöhen kann. *Man kann sich Wunder nämlich verdienen und unter Umständen sogar einen gewissen Vorschuss darauf nehmen.*

Nachdem mich im Lauf der letzen Jahre viele meiner Patienten gebeten hatten, meine in den Therapiesitzungen illustrierten Sichtweisen – ich könnte jetzt kognitive Verhaltenstherapie und *reframing* dazu sagen – sowie die jeweils empfohlenen Hausaufgaben in Buchform oder sonst irgendwie zu vervielfältigen, begann ich damit, die wichtigsten Gedanken (hoffe ich zumindest) zunächst unsystematisch aufzuschreiben und grob zu sortieren. Dabei legte ich Wert darauf, wohl aufgrund meines erwähnten Naturells, die ganze Sache möglichst kurz und bündig zu halten, so dass eine Art von Klolektüre dabei herauskommt. Eine Klolektüre ist ein Druckwerk, das man auf dem Klo lesen kann, indem man es dort kurz zur Hand nimmt und problemlos gleich wieder weg legen kann, sobald man seine dringlichen Angelegenheiten an diesem danach wieder stillen Örtchen zufrieden stellend abgeschlossen hat. Man mag dann in einem entsprechenden Abstand ein andermal weiterlesen, je nach Art der Verdauung. Aber nehmen Sie danach doch lieber das Papier von der Rolle, die da hängt, anstatt hier Seiten zu entfernen, denn das schont Ihren Arsch und ist letztlich billiger.

Ich habe übrigens irgendwo gelesen, dass schon etliche Leute während des Scheißens eine Erleuchtung bekommen hätten. *Martin Luther* sei einer davon gewesen. Vielleicht stimmt das und hängt mit der Grundhaltung zusammen, die man während dieses Vorgangs einnehmen sollte, damit er optimal gelingt: Einerseits ist es gut, dabei locker zu sein, um Altes leichter loslassen zu können, weil man es ja nicht mehr braucht und es nur noch belastet; andererseits soll man dabei an beiden Enden präsent sein: Nicht nur »entweder im Kopf *oder* im Bauch«, sondern *sowohl* im Kopf, *als auch* im Bauch. Keinesfalls ist es nützlich, wenn Sie die Sachen, die Sie loswerden wollen, mit Gewalt herauspressen, weil Sie irrtümlich sogar dabei denken, es würde pressieren, denn vom Herauspressen bekommt man höchstens Hämorrhoiden. Also schön locker bleiben und die nicht weiter benötigte Scheiße einfach herausfallen lassen. Wichtig ist sogar beim Scheißen, genau wie sonst in der Welt, das richtige *timing* zu haben. Warten Sie daher, bis Sie einen entsprechenden Drang verspüren: Zu früh ist nicht gut und wenn Sie zu lange warten, könnte es noch schwieriger werden und Sie benötigen vielleicht gar einen Einlauf, was meines Wissens nur von einer Minderheit geschätzt wird.

Das einfache und ruhige Herausfallenlassen ist, nebenbei bemerkt, eine gute ***Übung*** für die Entwicklung einer grundsätzlichen Lebenshaltung, die zu Erleuchtungseffekten führen kann. Sie müssen jedoch damit rechnen, dass es bei dieser Übung zunächst etwas dauert, bis die Scheiße überhaupt erst einmal anfängt herauszufallen. Diese Übung ist nämlich eine doppelte Übung: Sie üben Geduld *und* Gelassenheit. Zwei Fliegen mit einer Klappe sozusagen – wobei diese zwei Fliegen sowieso siamesische Zwillinge sind.

Ich selbst habe meine Erleuchtungen zwar meist andernorts erfahren, jedoch immer in einem Zustand von ruhiger, gelassener Achtsamkeit, dieser Grundhaltung beim richtigen Scheißen. Hinsichtlich der Erleuchtungen möchte ich Sie an dieser Stelle darauf hinweisen, dass viele kleine Lichter mit der Zeit auch ziemlich hell machen. Es muss ja nicht sofort Flutlicht sein. (Haben Sie genau mitgezählt, wie oft bisher die Wörter Scheiße und scheißen vorkamen? Schrecklich!

Es ist wahrscheinlich besser für Sie, wenn Sie sofort aufhören weiterzulesen, das Buch verbrennen und unverzüglich zu ihrem Therapeuten gehen.)

Als weiteres Kriterium bei der Formgebung war mir sehr wichtig, dass es praktisch an jedem beliebigen Punkt dieses zunächst nur vage als Buch geplanten »Haufens« möglich sein sollte, auf grundlegende Einsichten in die *Wege zur Freiheit* zu gelangen, ohne dass Sie deswegen gleich eine Serie aufeinander aufbauender Kapitel durchackern müssen. Das ist mir halbwegs gelungen, denke ich. Ist Ihnen einiges zu religiös oder sonstwie zu irgendwas, können Sie getrost diese Stellen überspringen und an einer anderen Stelle weiterlesen. Ich glaube nicht, dass Sie dabei die einzig wirklich entscheidende Stelle überspringen werden, weil es die hier meiner Meinung nach nicht gibt. Ich glaube nämlich, dass jede Stelle in diesem Buch auf gewisse Art entscheidend sein kann. (Ein kleiner Scherz. Ganz im Ernst.)

Die hier vorgestellten Denk- und Sichtweisen sind tatsächlich offene Geheimnisse, wie Sie selbst feststellen können. Das bedeutet – ich wiederhole mich noch oft, das werden Sie schon sehen – dass ich diese Geheimnisse nicht selbst erfunden, sondern sie im Lauf der Jahre eher *gefunden* habe. Jeder andere kann das ebenso. Vielleicht an anderen Stellen und auf andere Weise als ich, aber er kann.

Manche dieser offenen Geheimnisse habe ich durch Beobachtung und durch Anwendung meines Unterscheidungsvermögens entdeckt, andere habe ich zunächst in Büchern gefunden, die jedem zur Verfügung stehen, wenn er sich nur die Mühe macht, danach zu suchen. Selbstverständlich freute ich mich, wenn ich Selbstgefundenes in ähnlicher Form dort wieder entdeckt habe. Viele der mir auf den ersten Blick zwar neu, aber sehr plausibel erscheinenden Gedanken habe ich dann *durch Ausprobieren* überprüft und bei Funktionieren als »richtig« in mein Repertoire übernommen. Etliche der hier vorgestellten Ideen sind daher, wenn Sie so wollen, einerseits nur Kondensate von Büchern, in denen sie sehr ausführlich und anschaulich beschrieben werden. Aber sie sind andererseits durch mich *transformiert*, also in eine andere Form verwandelt worden durch meine einzigartige Weise, die Welt zu erfahren und durch die einzigartige Weise meines Wesens, Energietransformationen auszuführen.
Ihre Art ist ebenfalls einzigartig, denken Sie daran. Deswegen ist es unvermeidlich, dass Sie mit meinem Text folgendermaßen verfahren werden: Sie machen sicher etwas anderes daraus, etwas, das neu

und einzigartig sein und sich von dem unterscheiden wird, was ich eigentlich gemeint habe. *Aber Hauptsache, es funktioniert.* Das ist gut so und fördert den Fortschritt. Deswegen ist jeder wichtig, nicht nur wir beide, und deswegen darf niemand ausgeschlossen werden beim Großen Spiel. So lange einer fehlt, geht's nämlich für alle nicht richtig weiter.

Ich habe mir noch gerne die Mühe gemacht und für Sie eine kurz kommentierte Literaturliste angefertigt, die weder einen Anspruch auf Wissenschaftlichkeit noch auf Vollständigkeit signalisieren, sondern die eine Empfehlung darstellen soll, wo Sie vielleicht ebenfalls fündig werden könnten bei Ihrer Suche nach Erkenntnis. Wenn Ihnen meine Formen nicht zusagen, dann finden Sie vielleicht dort etwas nach Ihrem Geschmack.

Viele dieser Einsichten verdanke ich Patienten und Kollegen, die mich *genötigt* haben, immer wieder neu auf gewisse Sachverhalte zu schauen, von denen ich dachte, ich hätte sie bereits verstanden. Meine Patienten haben mich genauso monate- und jahrelang trainiert wie jeder andere Mensch, über den ich mich jemals in irgendeiner Form aufgeregt habe, weil er mich berühren konnte. Oft war das Training hart, aber bei entsprechend nachlassendem Widerstand meinerseits wurden die jeweiligen Lehrer meist freundlich. Sie alle wussten zwar in der Regel nicht, dass sie mich trainierten – dankbar bin ich ihnen deswegen trotzdem.

Frage: Wieso heißt ein Patient eigentlich Patient (lateinisch »pati«: dulden, erdulden)?

Antwort: Weil er geduldig warten kann, bis sein Therapeut endlich so weit ist.

(Eine Erkenntnis von *Bert Hellinger*)

Hier also eine **Danksagung**:

Ich bedanke mich bei meinen bisherigen und vorsichtshalber schon mal bei meinen künftigen Patienten für ihre Geduld und ihr Vertrauen.

Danken will ich an dieser Stelle Frau Brigitte Klee, die mir sehr geholfen hat, dass dieser »Haufen« überhaupt gedruckt in Ihren Händen liegen kann.

Ganz besonderen Dank schulde ich meinen Eltern Johann und Frieda Beranek, deren Erbe ich mehr als üppig finde, obwohl meine

Kindheit äußerlich eher ärmlich war und auch später nicht viel Geld oder Geldwertes in Form eines materiellen Erbes für mich abgefallen ist. Dafür erkenne ich klar, in welch hohem Maß ich *sie bin* und wie gut das ist für mich. Das ist mein wichtigstes Erbe. (Hierbei hat mir übrigens die Arbeit *Bert Hellingers* den Weg zur Einsicht geebnet.) Da verzichte ich gerne auf jede andere Art von Erbe.

Danken will ich allen Frauen, die sich im Lauf meines Lebens mit mir eingelassen und mir gezeigt haben, dass ich mich ebenfalls wirklich einlassen muss, wenn es *bei mir* weitergehen soll. Weil ich ihre Privatsphäre achte, nenne ich sie hier nicht namentlich. Meiner ersten Frau Marga danke ich vor allem für unsere beiden Söhne. Ich habe ihr viel zugemutet. Dankbar bin ich meinem früh verstorbenen Sturm-und-Drangzeit-Freund Günther Holzapfel, ohne dessen Beistand ich eine kritische Lebensphase wohl nicht überstanden hätte. Er hatte mir vor allem gezeigt, wie man Außenseiter lieben lernt. (Wir waren ja selber welche.)

Ich habe von allen viel Liebe bekommen und ich habe sie alle geliebt. Trotzdem waren meine Beziehungen bis zu dem erwähnten Wendepunkt oft schmerzvoll – besonders für diejenigen, die mich trotzdem geliebt haben. Dieser nutzlose Schmerz hat nun ein Ende. Wenn denn Schmerzen unvermeidlich werden, dann sollten es wenigstens sinnvolle sein, wie etwa nach einer notwendig gewordenen und gelungenen Operation.

Ich bin froh, dass ich endlich bei den Vätern bin, anstatt weiterhin Mutters Glück und Retter sein zu wollen. Jetzt kann ich mit »nur« *einer* Frau glücklich sein: Mit meiner Frau Renate, die genug Geduld und Liebe aufbrachte, so lange zu warten, bis ich halbwegs zu mir gekommen und sozialverträglich geworden bin. Sie weiß nämlich ebenfalls genau, was sie *wirklich* will. Ich danke ihr von Herzen, dass sie – meist ohne groß zu murren – die vielen Stunden ertragen hat, in denen ich sie alleine gelassen habe, weil ich an diesem Manuskript arbeiten wollte.

Ich versichere Ihnen hier, dass es ausgesprochen heilsam ist, sich in der Beziehung zu einem Partner *klar zu entscheiden*, denn wer als Mann mit vielen Frauen »verbandelt« ist, hängt noch an seiner Mutter und wer als Frau viele Männer um sich hat, hängt noch am Vater – und dann wird es in einer Partnerschaft unweigerlich kompliziert. So lange Sie sich als Mann nicht von Ihrer Mutter im Guten lösen und Ihren Vater achten, so lange können Sie als Mann nicht mit einer Partnerin wirklich glücklich sein, und so lange Sie als Frau

Ihren Vater nicht gut sein lassen und innerlich bei Ihrer Mutter und Ihren Stammesschwestern stehen, bleiben Sie als Frau in schwierigen Beziehungen hängen und können nicht wirklich glücklich sein. Am Ende sind Sie vielleicht sogar allein und einsam.

Ich glaube manchmal, dass Renate für mich eine Belohnung des Himmels dafür ist, dass ich allmählich wach werde. Ich bete jedenfalls, dass wir uns noch lange erhalten bleiben.

So, nun weiter im Text, selbst wenn Sie sich nach wie vor fragen, wozu denn dieses Buch überhaupt geschrieben wurde. Es gibt doch ohnehin schon genug Leid auf dieser Welt.

Ich sehe die hier vorgestellten Gedanken als Meditationshilfe für Ihre Alltagsmeditation. Sie könnten sich damit weiter voranarbeiten, um Ihren Arsch gefälligst selber zu retten. Ich hoffe dabei, dass Sie den Inhalt nicht als absolute Wahrheit ansehen, sondern ihn genau prüfen, indem Sie möglichst viele dieser Ideen ausprobieren; es sollen ja Vorschläge für nützliche Sichtweisen sein. *Ihre Richtigkeit lässt sich ausschließlich durch Ausprobieren erkennen. Nur Sie selber sind die einzig wahre Autorität in Ihrem Leben.* Irgendetwas werden Sie schon finden, das Ihnen nützen kann – besonders wenn Sie bereits eine Ahnung haben, wonach Sie suchen.

Noch etwas Wichtiges:

Üben und Lernen sollten Spaß machen, selbst wenn Sie sich gelegentlich dabei anstrengen müssen und es für Sie vielleicht sogar vorübergehend wieder schmerzhaft wird. Wenn Sie keine Freude am Lernen haben und Sie nicht mehr neugierig und interessiert sind an dem, was Sie gerade tun, dann machen Sie wenigstens eine kurze Pause und entscheiden neu. Oder prüfen Sie, ob Sie nicht gerade wieder der bekannten amerikanischen Lebensweisheit folgen, die da heißt: »Alles, was im Leben Spaß macht, ist entweder verboten oder unmoralisch oder es macht dick.« (Sie können dazu hilfsweise Über-Ich sagen.)

Rosenheim, im August 2005

indem man sich nur für das Auto interessiert, anstatt für dessen Fahrer. Inzwischen werden in diesem Forschungsbereich von kreativen Wissenschaftlern komplexe holistische und holografische Modelle entwickelt, um Antworten darauf zu finden, wie das mit dem Hirn, dem Denken, der Wahrnehmung, der Steuerung dieser Prozesse und dem Bewusstsein *vielleicht* funktioniert.

Das ist jetzt eine Ebene des Ganzen.

Wenn man hier die Ebenen verwechselt, dann klingt das natürlich wie ein Widerspruch zu der vorigen Behauptung, dass es die Welt an sich tatsächlich gibt und dass wir sie auch korrekt wahrnehmen können. Das ist jedoch ein Scheinwiderspruch:

Selbstverständlich kann ich auf einer physikalischen Ebene korrekt wahrnehmen, was jemand gerade zu mir sagt, weil ich ja die von ihm vermittels seines »Sprechapparates« produzierten Luftdruckunterschiede in Form von Geräuschen korrekt und ohne Verzerrungen höre, sofern ich nicht taub oder stark abgelenkt bin. Das wäre also die Wahrnehmung eines tatsächlichen Sachverhaltes, den jemand anderer an meiner Stelle ebenfalls hören könnte. Ich kann mich dabei aber auch »verhören« und statt dessen Geräusche halluzinieren, die mein Gegenüber überhaupt nicht von sich gegeben hat, oder ich kann »überhören«, was er gerade gesagt hat. *Das passiert immer, wenn wir aufgeregt sind.* Ich muss danach allerdings aus dem Gehörten für mich einen *Sinn entnehmen,* sonst kann ich den Gegenüber nämlich nicht *verstehen* und habe dann keine Ahnung, was er jetzt *meint.* Auf dieser Ebene sind sehr viele unserer Kommunikationsprobleme angesiedelt.

Sprachen bestehen aus Zeichen und Symbolen, die mittels bestimmter Regeln untereinander verknüpft werden müssen. Eine Sammlung kollektiv akzeptierter Verknüpfungsvorschriften heißt Grammatik. Zeichen und Symbole, also auch Wörter, sind jedoch nicht eindeutig. *Nur Tatsachen sind eindeutig.* Die dadurch notwendigen Interpretationen unserer – vielleicht! – korrekten Wahrnehmung dieser gehörten Symbolgeräusche sind aber leider meist ziemlich waghalsig, was wir jedoch nicht mehr realisieren, sobald wir uns sicher sind, den anderen verstanden zu haben. Und weil Wörter eben Symbole sind, sinnvolle Geräusche, die etwas *repräsentieren* sollen, nämlich etwas, das jetzt gerade nicht »da« ist oder das »da draußen« zu sein scheint, und weil es außerdem keine Möglichkeit gibt, Symbole und Zeichen *eindeutig* zu dechiffrieren, darum haben wir ein weiteres Problem: *die Babylonische Sprachverwirrung.*

Nach gründlicher Anleitung innerhalb der ersten fünf bis sechs Lebensjahre – meist leiten uns dabei die Eltern an – haben wir schon gut begriffen, wie wir die Welt *inklusive uns selber* konstruieren sollen. Wenn wir diese erhaltenen Anleitungen ausreichend genau befolgen, können wir nicht nur mit anderen symbolisch kommunizieren, sondern wir können damit bestimmte Schwierigkeiten relativ gut vermeiden. Jeder, der schon einmal in einem Land war, dessen Sprache und Schrift er nicht erlernt hat, kennt solche Schwierigkeiten. Wir haben dadurch deutlich bessere Überlebenschancen. Diese Überlebenschancen sind um so höher, je mehr es uns dabei gelingt, dazugehören zu dürfen zu der jeweiligen Gemeinschaft, der wir tatsächlich gerade angehören oder der wir neu angehören wollen.

Am Anfang und während der ersten Monate nach der Geburt besteht die Gemeinschaft, der wir zugehören müssen, natürlich nur aus unserer Mutter, denn sie ist »alles für mich«. Seien Sie daher vorsichtig, wenn jemand zu Ihnen sagt: »Du bist alles für mich«. Im Verlauf unserer Entwicklung dehnt sich die Anzahl unserer möglichen Gemeinschaftszugehörigkeiten immer weiter aus, bis wir hoffentlich am Ende unserer Entwicklung erkennen, dass wir der gesamten Menschheit zugehörig sind, nicht nur unserer Mutti und unserem Sportverein.

Nach den ersten Lebensjahren haben wir uns gewöhnlich mit unserer biologischen Maschine Körper weitgehend vertraut gemacht und können sie bereits ganz passabel bedienen. Aber wir haben uns inzwischen *völlig mit ihr identifiziert.* Das führt zu grundsätzlichen Problemen, deren Basis immer die gleiche ist: *Angst in unterschiedlichen Erscheinungsformen.*

Als Folge der Angst, die wegen unserer Identifizierung und der damit verbundenen Erfahrung eines Abgetrenntseins und Mangels entstanden ist, entwickeln wir Kompensationsmanöver, um uns jetzt wieder abzusichern. Für die Konstruktion dieser Manöver erhalten wir ebenfalls Anleitungen. Wir erhalten sie von unseren Erziehern; deren »bewährte« Konstruktionspläne sind aber leider meist komplett wahnsinnig und daher funktionieren sie nicht wirklich, um sich damit ein zufriedenes Leben zu schaffen.

Mit der Zeit konstruieren wir dann unser *Weltbild* ziemlich selbständig entsprechend der uns bis dahin aufgenötigten Vorgaben, bewegen uns dabei jedoch nur noch innerhalb eines engen Spielraumes und bemerken immer seltener, dass wir uns fast ständig etwas einbilden. Unser *Spielraum* ist eng geworden durch die Verwechslung unserer *Überzeugungen* und *Konzepte* (das sind die Bestandteile der Konstruktionsvorschriften, die festlegen, was für uns überhaupt wahr sein darf) mit den Tatsachen der Welt an sich. Jetzt werden stattdessen immer öfter unsere bisherigen Annahmen bestätigt, das also, was wir von unseren *Hypnotiseuren* über angeblich absolute Gesetzmäßigkeiten Gott und die Welt betreffend übernommen haben. Das Ergebnis davon ist nun unser *fester Glaube*. Naturgesetze sollten konsequenterweise ebenfalls als das angesehen werden, was sie tatsächlich sind, nämlich Annahmen, die bisher recht gut funktioniert haben. Sehe ich sie hingegen als ewig und unveränderbar an, hat das am Ende vielleicht unnötige Verwirrungen und Beschränkungen zur Folge.

Der Spielraum für Neukonstruktionen ist nach unseren ersten Lebensjahren bereits so eng geworden, dass wir eigentlich nichts wirklich Neues mehr konstruieren und somit erfahren können. Wir sind oft sogar neophobisch geworden, sehen Neues also als bedrohlich an und verschließen uns daher. Unsere kindliche Kreativität ist weitgehend in Vergessenheit geraten oder wir unterdrücken sie sicherheitshalber und bestätigen uns täglich mit Hilfe geeigneter Mitmenschen das, was wir bis dahin glauben gemacht wurden. In diesem Alter sind wir schon stark verschlossen: Wir haben inzwischen gelernt, wie wichtig *Recht haben* ist.

Diese notwendige Grundprogrammierung heißt irreführend Lernen und sie verschafft uns *die Eintrittskarte zum Klub der Menschheit*. Alle Kinder der Welt brauchen sie, damit sie in ihrer jeweiligen Gesellschaft halbwegs klar kommen können.

Wir sehen aber, nachdem wir gelernt haben, nicht mehr in aller Unschuld das, was die Welt tatsächlich ist, sondern wir sehen jetzt, genau wie alle anderen, ebenfalls »des Kaisers neue Kleider«. *Wir sehen die Welt nur noch als das, was sie für unsere Zwecke darstellen soll.* Das nennen wir dann seltsamerweise Wahrnehmung und die ist inzwischen höchst selektiv und sogar halluzinatorisch geworden. Keinesfalls ist sie objektiv, was auf einer gewissen Ebene ohnehin unmöglich ist. Neuere Forschungen zeigten z.B., dass bei einem akut Schizophrenen tatsächlich das Hörzentrum aktiv ist, wenn er *halluzinierte* Stimmen hört!

Einer der Hauptzwecke unseres Handelns ist inzwischen, unsere Zugehörigkeit zu der jeweils vorgegebenen Gemeinschaft zu sichern, damit unser Überleben gesichert bleibt. Wir haben dafür sogar eine spezielle Einrichtung, nämlich einen Instinkt: *Dieser Instinkt des Menschen für die Sicherung seiner Zugehörigkeit heißt Gewissen* und er wird meistens irrtümlich als göttlich-moralische Instanz gedeutet. Das Weiterleben unserer biologischen Maschine muss gesichert werden, damit diese Maschine heranreifen und später selber weitere biologische Maschinen produzieren kann. Zum Weiterleben nach dem Tod auf *dieser* Ebene gehört die Fortpflanzung. Für ihre Selbsterhaltung hat unsere biologische Maschine Basisprogramme eingebaut, und zwar in Form von Instinkten, Reflexen und einer Eigenreparatur-Automatik. Dadurch erhöht sich die Wahrscheinlichkeit, dass sie trotz unserer gelegentlichen oder sogar chronischen falschen Bedienung grundsätzlich funktionsfähig bleibt und ihren vorgesehenen Zweck erfüllen kann: Das Leben weiterzugeben und uns zur *Selbst-Erfahrung* zu verhelfen. Die spezifisch notwendigen Zusatzprogrammierungen für unsere Maschine, die abhängig sind von den jeweiligen Gegebenheiten, werden uns früh im Leben durch konkrete Erfahrungen vermittelt, die uns normalerweise von den Eltern auf unterschiedliche Art verpasst werden, unseren ersten *Hypnotiseuren.* Für all diese Zusatzprogramme gilt eine wichtige Erkenntnis von *James Dunnigan*: *»Wenn es dumm ist, aber trotzdem funktioniert, ist es nicht dumm.«*

Nur der Mensch hat diese Freiheit, seine biologische Maschine überhaupt falsch zu bedienen und sich außerdem noch in alle möglichen Naturabläufe einzumischen. Meistens bringt er aber dabei nur etwas durcheinander und produziert auf diese Weise Störungen, die ihm dann zeigen, dass er etwas falsch gemacht hat. Ein Mensch kann als Folge seiner Willensfreiheit jedoch im Gegensatz zu Tieren an seinen nicht funktionierenden Verfahren weiter festhalten und dabei eine Sturheit entwickeln, die bei näherer Betrachtung verblüffend ist, denn er hat inzwischen einen *Glauben* entwickelt.

Die nach den ersten Lebensjahren nahezu vollautomatisch ablaufende »Bestätigung« dieses Glaubens und unserer so genannten Überzeugungen ist eine Feedback-Schleife und sie wird, wie erwähnt, fälschlich Wahrnehmung genannt. Wir halten also unsere Einbildungen, die natürlich auf konkreten früheren Erfahrungen basieren, durch unsere Wahrnehmungen für wahr und für bewiesen, genau wie jemand, der träumt und in seinem Traum seine geträumten Einbildungen so lange für wahr hält, bis er erkennt, dass er nur träumt. Dann hat der Spuk ein Ende.

Uns geschieht ausschließlich nach unserem eigenen Glauben, den wir allerdings immer mit irgendjemandem teilen müssen, wenn er stabil bleiben soll. Diesen Glauben sollten wir identifizieren können, wenn wir ihn später verändern wollen, weil er nicht funktioniert.

Die Traumzeit

Auf einer Arschgeige lässt sich eben kein Csardas spielen.
(Ungarische Weisheit)

Zum Manifestieren unserer Einbildungen, damit sie also »wirklich« werden können auf einer gewissen Ebene, stehen uns zwei Mittel zur Verfügung: Unsere biologische Maschine und die *Fähigkeit des Träumens*. Es handelt sich beim Träumen um eine schöpferische Fähigkeit des Geistes, die mit der Fähigkeit des Handelns innerhalb der Materie-Raum-Zeit verbunden ist, weil wir ja – *Gott sei Dank* – den dazu notwendigen materiellen Körper haben. Mit diesen beiden Mitteln kann der Mensch seinen Willen materialisieren. Anders gesagt: Der Mensch kann sich die vorhandene Energie so zurechtträumen, dass die in *seiner* Welt entstandenen materialisierten Formen seine Wünsche exakt widerspiegeln.

Will der Mensch diese wunderbare Magie der Traumzeit kontrolliert ausführen, muss er das Gewusst wie lernen und entscheiden, *was* er träumen will. *Aleister Crowley*, ein begabter, aber leider recht ungeduldiger und daher berüchtigt gewordener Schwarzmagier, hatte einmal treffend angemerkt: *»Ein guter Magier vermeidet Zahnschmerz dadurch, dass er rechtzeitig zum Zahnarzt geht.«*

Wir können beim Verwirklichen unserer Wünsche auf bereits vorliegende Sachverhalte der Welt zurückgreifen, indem wir beispielsweise versuchen, neue Zusammenhänge zwischen ihnen herzustellen. Das ist praktisch und sollte als Geschenk gesehen werden. *Aber damit das funktioniert, müssen wir sie korrekt wahrnehmen.* Wir können stattdessen auch halluzinieren, uns also etwas einbilden. Dann bauen wir unsere Wunschhäuser buchstäblich auf Sand. Die stürzen recht schnell wieder in sich zusammen, obwohl man ihren Zerfall durch mordsmäßige Aktivitäten noch eine Weile hinauszögern kann. (In manchen Zusammenhängen nennt man dann dieses Hinauszögern Psychotherapie.) Egal: Wir müssen uns zur Bestätigung unserer Lebensträume *in jedem Fall* mit geeigneten Mitträumern verbinden und mit denen zusammen träumen, damit unsere Einbildungen eine gewisse Stabilität behalten können. Das verstärkt den gewünschten Effekt innerhalb der Traumzeit unter Umständen erheblich – im Guten wie im Schlimmen.

Natürlich ist die Verwandlung der Welt in blanke Einbildungen nicht möglich. Einbildungen bleiben Einbildungen, selbst wenn ich jetzt glaube, dass alles wahr ist, was ich wahrnehme, weil so viele andere Menschen diese Einbildungen zu bestätigen scheinen. Aber nun beginnt es wirklich gefährlich zu werden in meiner Traumzeit, weil ich nämlich meinen Einbildungen ausgeliefert bin – so lange, bis ich erkenne, dass ich selbst deren Träumer bin, der Schöpfer meiner Einbildungen. Erkenne ich das nicht, kann man in dem Fall zu recht für mich beten: »O Herr, vergib ihm, denn er weiß nicht, was er da tut.« Dieser Opferstatus kann besonders dann unangenehm werden, wenn ich mir gemeinsam mit anderen Träumern einen Alptraum konstruiert habe: Ich kann mich als Opfer ja nicht mehr selbst daraus befreien. *Als Opfer erlebe ich mich, sobald ich nicht mehr erkenne, dass nur ich selbst der Erzeuger all meiner Erfahrungen bin. Ich muss für meine Befreiung also dringend herausfinden, dass ich mich gerade in der Traumzeit befinde und dass ich gerade träume.*

Weil unsere Einbildungen über Feedback jedoch laufend bestätigt zu werden scheinen, ist es schwer, diesen Sachverhalt des Einbildens überhaupt noch zu erkennen. Unser Bewusstsein ist ja mit der Zeit gewissermaßen hermetisch geworden, das heißt: in sich geschlossen. Ich habe mich quasi mit dem Kleinen dort im Spiegel identifiziert, anstatt zu erkennen, dass ich in Wahrheit derjenige bin, der ihn dort anschaut. *Derjenige, der schaut, ist reines Gewahrsein und jenseits der Zeit.* Diese beiden muss ich unbedingt lernen zu unterscheiden, damit ich erkenne, wer ich wirklich bin. Dann kann sofort ein Ausweg aus einer beängstigenden Welt gefunden werden, aus einer misslungenen Traumkonstruktion des kleinen Egos, das dort im Spiegel zu sehen ist. Wir brauchen uns dazu nur wie seinerzeit der Herr Baron Münchhausen am eigenen Schopf aus dem Sumpf zu ziehen. – Aber kein Problem: *Dieser Sumpf ist vom Kleinen dort draußen im Spiegel frei erfunden.* In Wahrheit bin ich ja der Unbewegte Beweger, die absolute Leere, in der alles erscheint und wieder verschwindet.

Gelungene Konstruktionen des Kleinen im Spiegel, solche also, die recht gut funktionieren hinsichtlich der gewählten Ziele, wird wohl niemand ändern wollen – höchstens zum Zweck des Spielens. Der betreffende Konstrukteur wird nach seinen funktionierenden Erfindungen für die Weiterverbreitung dieser Konstruktionspläne unter interessierten Gleichgesinnten sorgen, damit seine geliebten Mitmenschen ebenfalls schönere Träume konstruieren können, denn wir sind, wie mehrfach erwähnt, gezwungen, unsere Träume mit jemandem zu teilen, damit sie stabilisiert werden können für eine gewisse Zeit. Je mehr Mitträumer ich gefunden habe und je potenter sie sind im Transformieren von Energie, desto besser oder nachhaltiger ist die erzielte Wirkung. Am gemeinsam erzeugten Ergebnis dürfen alle Mitträumer teilhaben. Bei Alpträumen ist das bekanntlich ausgesprochen unangenehm.

Die Rede ist hier natürlich nicht von Ihren Soloträumen während des Schlafes. Die dürfen Sie dann bis zum Klingeln des Weckers ganz alleine ausbaden. Es geht um unsere kollektiv geträumten Leben, dieses generationenübergreifende unbewusste gemeinsame Konstruieren von Wirklichkeiten in dieser Welt, damit Sie mich hier recht verstehen.

Das Mitteilen von Träumen innerhalb der Traumzeit (das ist die Zeit, in der der Geist mit einem Körper verbunden ist) geschieht hauptsächlich dadurch, *dass die Menschen sich zueinander in Beziehung setzen und füreinander Vorbild sind durch ihr Verhalten.* Dieses Mitteilen von Träumen können Sie als andauerndes gegenseitiges Hypnotisieren ansehen. Bei genügender Achtsamkeit erkennen Sie diejenigen Hypnoseversuche schnell, die vermittels Sprache und sonstiger Medien erzeugt werden. Sowohl die Kollektivträume, als auch die individuellen Träume werden mit diesem hypnotischen Verfahren weiter vertieft.

Zum Zweck des gegenseitigen Hypnotisierens – eines der Hauptmittel der Kommunikation zwischen Menschen während ihrer Traumzeit – ist unbedingt erforderlich, einen biologischen Körper zu bewohnen. Es gibt aber noch weitere Verbindungen zwischen den Menschen, die natürlich keineswegs wirklich voneinander getrennt sind. Nur dem Ego erscheinen sie als getrennt, weil das Ego ja glaubt, ein Körper zu sein. Wegen dieser Verbundenheit gelingen Lösungen also nur, wenn ich *wahrhaftig* bin.

Leider leben auf dieser Welt sehr viele Träumer, die schlimme Träume erzeugt haben. Diese Träumer sind ebenfalls untereinander *und mit uns* verbunden. Sie sind sogar sehr erfolgreich im Verwirklichen ihrer schlimmen Träume. Die Erklärung dafür, dass sie trotz ihres Wahns so erfolgreich sind, ist einfach: Sie sind in der Mehrheit. Das ist jedoch überhaupt kein Grund für Aufregung, weil letztlich die *Qualität* entscheidet, nicht die Quantität. Das bedeutet, dass bereits wenige Träumer von »wahren Träumen« ausreichen können, um ein genügend starkes Gegengewicht zu den schlimmen Träumen der Mehrheit zu schaffen. So kann das Ganze nicht wirklich aus den Fugen geraten, obwohl dieser Planet von uns Menschen in unserem Kollektivwahn inzwischen in einen sehr kritischen Zustand geträumt worden ist.

In manchen Kreisen wird vermutet, dass diese Anzahl ein Prozent betragen muss, damit das Ganze nicht kippt. Es könnte sein, dass dieser Anteil mit der Zeit aber etwas ansteigt.

Jenseits der Traumzeit spielt das alles aber keine Rolle mehr, weil dort das Träumen beendet ist. Dort ist *Sein* und daher *Erkenntnis* – beispielsweise die, dass jeder einzelne Mensch ein Buddha ist, sogar wenn er das selbst noch nicht erkannt hat. Wahrnehmung ist damit unnötig geworden, während sie in der Traumzeit dringend zur Orientierung gebraucht wird. Wenn Sie sterben und damit Ihre Traumzeit wieder beendet haben, werden Sie alle Ihre bisherigen Einbildungen endlich als solche erkennen. Zu diesem zwangsläufigen Ende aller Träume könnte man Jüngstes Gericht sagen, weil dabei etwas endgültig berichtigt wird. Alles wird dabei so gerichtet, dass nur das Wahre übrig bleibt. *Es ist Gott sei Dank möglich, mit dem Jüngsten Gericht sofort zu beginnen, indem man die Kunst des Sterbens lernt, anstatt sich weiterhin vergeblich darauf zu versteifen, ein Ego zu sein.*

Meine Konstruktionen über mich und meine Welt können mit Recht Träume genannt werden, weil sie den selben Regeln unterliegen wie die Träume, die ich in der Nacht träume, wenn ich richtig schlafe: Meine Glaubensinhalte manifestieren sich in meinen nächtlichen Träumen ebenfalls, so dass ich auch da erleben kann, woran ich gerade glaube, dass es wahr sei.

Ich sollte erkennen, dass ich mir mit *jeder* meiner Erfahrungen meinen derzeitigen Glauben vorführe, um diese Fähigkeit bewusst anwenden zu können. *Wenn ich erkenne, dass ich selber der Träumer bin, kann ich nämlich träumen, was ich will.* Und wer würde sich bei klarem Verstand bewusst für schlimme Träume entscheiden?

Wir wechseln beim Klingeln des Weckers zwar nach einigen Sekunden wieder auf eine andere Ebene – manche brauchen allerdings den halben Vormittag dazu – aber wir machen uns außerhalb des Bettes im wahrsten Sinn des Wortes weiter Vorstellungen. Diese benötigen aber jetzt im Gegensatz zu den Träumen im Bett *Zeit*. Daher ist das Wort Traumzeit ein passender Begriff dafür. Wir engagieren geeignete Schauspieler für unsere Vorstellungen, hypnotisieren sie unbewusst, damit sie für uns so sind wie sie sein sollen, und so kann die Wahrheit unserer Einbildungen »objektiv« durch diese anderen bewiesen werden:

»Du bist aber heute wieder schlecht gelaunt, mein Schatz!«

»Bin ich nicht!«

»Ich merk's doch!«

»Ach, lass mich in Ruhe!«

»Ich hab's gewusst! – Mit dir kann man einfach nicht normal reden!«

(Sätze, die mit »du bist ...« anfangen und Aussagen über andere machen, sind *Suggestionen.*)

Wir statten unsere Einbildungen oder gewisse Schauspieler in unseren Inszenierungen sogar mit unserer eigenen Macht aus, die uns danach zu fehlen scheint und anschließend bilden wir uns ein, diesen äußeren Mächten Opfer darbringen zu müssen, damit sie uns unsere eigene Macht wieder zukommen lassen. Das geschieht so lange, bis wir endlich erkennen, dass wir projiziert haben, also komplett wahnsinnig waren: *Wir haben nach dem Verlassen unseres Bettes weitergeträumt – mit offenen Augen – genau wie Schlafwandler.*

Wir versuchen zum Beispiel in unseren Tagträumen die von uns engagierten Schauspieler zu zwingen, uns so zu lieben, wie es in unserer Kindheit die Mutter hätte tun sollen oder getan hat. Wir geben ihnen alles Mögliche dafür oder wir kämpfen mit ihnen, damit sie das tun und wir glauben tatsächlich, dass die Stellvertreter es wirklich in *ihrer* Hand hätten, uns glücklich zu machen, wenn sie nur wollten. Das tun sie jedoch nicht. *Die ausgesuchten Stellvertreter entsprechen uns nämlich und daher können sie uns überhaupt nicht glücklich machen: Sie haben keine Chance, denn sie müssen ja bestätigen, dass wir einen Mangel hätten.* Diese Stellvertreter wurden von uns für die Rekonstruktion einer vergangenen Erfahrung in unseren Traum hineingezogen, der auch zu einem beträchtlichen Teil deren eigener Traum sein muss, damit die Sache gut funktioniert: »Gleich und Gleich gesellt sich *gern*«. Aus einer Art von unbewusster Kinderliebe dienen wir uns also gegenseitig für diese Rekonstruktionsversuche, indem wir uns gegenseitig bestätigen, dass unsere gemeinsamen Einbildungen wahr seien – zumal meist jeder der Beteiligten das *Muster* des rekonstruierten Problems aus seiner eigenen Lebensgeschichte kennt.

Rekonstruktionsversuche vergangener Erfahrungen sind aber nicht nur dumm, sondern sogar lebensfeindlich, denn sie behindern immer den Fluss und die Ausdehnung des Lebens in der Gegenwart. *Klar ist doch wohl, dass sich nur in der Gegenwart überhaupt etwas ereignen kann,* nicht mehr in der Vergangenheit und noch nicht in der Zukunft. Daher bekommen wir Probleme. Es handelt sich bei all diesen Replay-Erfahrungen um vergangene Erfahrungen, die *da-*

mals entweder nicht befriedigend geendet hatten, oder an denen ich noch festhalte, weil es *damals* so schön war für mich. *Es handelt sich also um ein Erinnern.* Deswegen geht die Sache genau so aus wie damals, denn in der Vergangenheit gibt es nichts Neues, weil sich ja dort nichts mehr ereignen kann. Ich wäre daher gut beraten, Vergangenes endlich loszulassen, es sterben zu lassen, selbst wenn es damals schön war, sonst kann meine Entwicklung nicht mehr vorangehen und es entstehen nur weiterhin schmerzhafte Vergegenwärtigungen oder Enttäuschungen, die sich wiederholen. Ich muss einsehen, dass die Vergangenheit nicht mehr zu verändern ist – und vor allem, *dass so etwas überhaupt nicht nötig ist, denn sie ist ja bereits vergangen.* Erkenne ich diesen einfachen Sachverhalt nicht, dann lebe ich quasi weiter in meiner Vergangenheit, lebe in meiner virtuellen Traumwelt, anstatt in der Gegenwart Gottes: Woran ich damals gelitten habe und was mir damals scheinbar gefehlt hat, daran werde ich auch jetzt wieder leiden und das wird mir auch jetzt wieder fehlen.

Wie soll denn durch unbewusstes Erinnern jemals etwas Neues entstehen?

Die Hölle ist eine Erfindung

»Das letzte Mal, als ich einer Frau vertraut habe,
das war 1940 in Paris:
Da hat die gesagt, sie will nur mal schnell ne Flasche Wein holen –
und zwei Stunden später sind die Deutschen einmarschiert!«
(Sam Diamond, Privatdetektiv, im Film
»Eine Leiche zum Dessert«, USA 1975)

»Täglich grüßt das Murmeltier«. Das ist der Titel einer Filmkomödie mit Bill Murray in der Hauptrolle. Der spielt da ein Ekel, das immer wieder denselben Tag erlebt, weil er sich gegen die Liebe verschlossen hat. Er allein erlebt ihn immer wieder, die anderen nicht. Das ist in Wirklichkeit ein Film über eine selbst gemachte Hölle.

Bei allem Mitgefühl: *Von einem gewissen Standpunkt aus ist die Hölle tatsächlich ein Witz, denn eigentlich gibt es sie nicht. Sie ist eine Erfindung und entspricht einem bestimmten Geisteszustand: Dem verschlossenen Zustand, der entsteht, wenn wir ein Ego er-*

funden haben und damit in der angstvollen Illusion einer ewigen Abgetrenntheit leben.

All diese Wiederholungen bereits vergangener Erfahrungen können mit Recht Hölle genannt werden, denn es ist die Hölle, wenn jemand alles versucht was er nur kann, und doch geht es immer wieder genauso aus wie bisher. Immer wieder fühlt er sich am Ende alleine, hat Angst, strengt sich an für sinnlose Dinge, die ihn am Ende nicht erfüllen, kommt weiter zu kurz, sieht überall Ungerechtigkeit und reale Bedrohungen. In einer Hölle gibt es keine Aussicht, dass noch etwas zu ändern ist. Außer einem Übergang in eine schlimmere Hölle scheint nichts mehr möglich zu sein.

Bekannte Höllen sind die *Sisyphosarbeit* – das ist eine schwere und sinnlose Schufterei, die keinerlei echte Chance auf Erfolg hat und wobei keine Hoffnung besteht, sie jemals beenden zu können – und die so genannten *Tantalusqualen*. Diese Art von Hölle besteht darin, dass man alles vor der Nase hat, was man zum Leben dringend bräuchte, um einen scheinbaren schlimmen Mangel endlich beseitigen zu können, aber immer, wenn man zugreifen will, entzieht es sich wieder und baumelt dir doch weiter vor der Nase herum.

Ich bin mir relativ sicher, dass Sie selbst oder jemand aus Ihrem Bekanntenkreis wenigstens eine dieser Höllen aus eigener Erfahrung kennen. In Psycho-Zirkeln nennt man geträumte Höllen je nach Intensität des Wahns Neurose oder Psychose und meint damit etwas Krankes, dem man eine wirkliche Wirklichkeit zuspricht. Damit wird der Höllentraum eines solchen Patienten vom Therapeuten aber bestätigt, denn beide träumen dabei, dass Krankheit wirklich sei und dass jemandem tatsächlich etwas Wesentliches fehlen könne, das er erst von außen bekommen muss, damit es weitergehen kann mit ihm. Wenn ein Therapeut da nicht aufpasst, wird er in so einem Fall zu einer Muttervertretung, die dem Patienten das scheinbar Fehlende verschaffen soll – mit den entsprechenden Komplikationen. Das ist jedoch alles kompletter Unfug, selbst wenn die Krankenkasse dafür bezahlt.

In der Transaktionsanalyse beispielsweise wird ziemlich gut die Grundprogrammierung für versuchte Wiederholungen längst vergangener Erfahrungen herausgearbeitet – die jeweiligen Traumdrehbücher sozusagen. Sie werden Lebensskript genannt. Damit sind die aus den frühen Lebenserfahrungen entstandenen Grundüberzeugungen eines Menschen gemeint, sein Glaube quasi. Manche dieser Lebensskripte sind furchtbar dramatisch und somit ein Hinweis darauf, dass es sich um Wiederholungen von Kindheitserfahrungen handeln muss, denn für ein Kind sind auch solche Dinge dramatisch, die einem Erwachsenen nur ein müdes Lächeln entlocken würden. Jedoch kann man beim Studium der Verwirklichung von Lebensskripten sehen, dass diese scheinbaren Wiederholungen der Vergangenheit einen Versuch darstellen, etwas endlich abschließen zu können.

Dabei ist das Abschließen von etwas Vergangenem überhaupt nicht nötig. Es ist ja längst vorbei! Ich muss nur endlich geistesgegenwärtig sein. Dann sind diese oft verzweifelten Rekonstruktionsversuche meiner Vergangenheit beendet und es kann endlich anders weiter gehen als bisher. Es gibt überhaupt nichts zu fürchten, denn alle Ängste sind in Wirklichkeit Erinnerungen. Erkenne ich das *jetzt*, kann ich jede Hölle sofort verlassen, die ich mir sonst zusammen mit anderen immer wieder neu erschaffe. Selbst der arme Sisyphos könnte daher seine Hölle jederzeit verlassen.

Diese genial-verrückte Anwendung meiner schöpferischen Fähigkeit des Einbildens, mit der ich meine eigenen verwirrten Konstruktionen verwirklichen will und mich so in Konflikt mit der Wirklichkeit setze und deren verrückte Ergebnisse ich dann als äußere Mächte ansehe: Sie wird in der Bibel Götzendienst genannt. *Karl Marx* nannte das Ganze Entfremdung. Das kommt aber aufs Gleiche heraus. Ich nenne diese verrückten Konstruktionen hier Träume und magisches Denken.

Misslungene Träume könnten jedoch, Gott sei Dank, umgehend mit den selben Mitteln verändert werden, die ich für ihre Herstellung benutzt habe. Ich könnte meine misslungenen Traumkonstruktionen quasi sofort umkonstruieren, denn es ist überhaupt nicht nötig, für eine Änderung meiner Träume zuerst neue Methoden zu erlernen. *Es reicht, meine vorhandenen Fähigkeiten anders und für andere Ziele anwenden.* Voraussetzung dafür ist jedoch, dass ich *jetzt* erkenne, was ich gerade *jetzt* im Begriff bin zu verwirklichen, was ich mir gerade *jetzt* wieder zusammenträumen will. Ich brauche nach dieser Einsicht nur eine neue Entscheidung zu treffen und mich entsprechend anders zu verhalten.

In der Sichtweise von *C.G. Jung* über nächtliches Träumen im Bett wäre der entsprechende Ausdruck *luzides Träumen*. Das soll bedeuten, dass der Träumer während seines Träumens erkennt, dass er gerade träumt. Sobald er das erkennt, kann er sofort träumen, was er will. Anstatt beispielsweise weiter Angst zu haben, von einem Felsen herunterzufallen und sterben zu müssen, träumt er jetzt, dass er fliegen kann. *Es entsteht eine große Freude, wenn man erkennt, dass man träumen kann, was man will. Sobald ich erkenne, dass ich träume, ist eine sofortige Befreiung aus einem Alptraum möglich.* Kommt es dadurch zu einer überraschenden Veränderung eines Lebenstraumes – die übrigens sofort auf allen Ebenen des Seins wirksam wird – spricht man gewöhnlich von einem Wunder, weil sich alle Zeugen ziemlich wundern über die stattfindenden und mitunter sehr radikalen Änderungen im Leben dieses Menschen. Die meisten Wunder allerdings geschehen erst *mit der Zeit* und sind daher derartig »gedehnt«, dass sie einem ungeschulten Beobachter nicht auffallen. Der normale Mensch wundert sich nicht, weil er ja das Wunder gar nicht bemerkt hat auf Grund seiner zu geringen zeitlichen Spanne an Aufmerksamkeit.

Voraussetzung für eine radikale Änderung meines Lebenstraumes ist, wie erwähnt, dass ich erkenne, dass ich träume. Das ist zunächst sehr schwer. Eigentlich ist es in einem gewissen Stadium sogar unmöglich, denn lebendige Systeme haben eben auf einer bestimmten Ebene die Eigenschaft, sich quasi selbst hervorzubringen und sich dann mittels Feedback weiter zu stabilisieren, um so in einem dynamischen Gleichgewichtszustand auf ewig verharren zu können. Jedes System wehrt sich gegen eine Veränderung, könnte man sagen. Es will bleiben, wie es *jetzt* ist. *Für immer!* Will man eine Veränderung, so muss das gegenwärtige System gewöhnlich zunächst in einen kritischen Zustand gebracht werden, um diese Beharrlichkeit aufzuweichen. Man sagt dazu Leidensdruck oder *kritische Phase* oder *Überraschung.*

In der Physik lernen wir diesen Sachverhalt des Widerstands gegenüber einer Veränderung beispielsweise als Trägheitsgesetz kennen. Die Chaosforschung zeigt uns einen Trick, wie man die sinnlose Arbeit des Überwinden-Wollens von derartigen Formen des Widerstands vermeiden kann: Man wartet einfach, bis das entsprechende System in einer kritischen Phase ist, sofern man es nicht mit einfachen Mitteln sofort destabilisieren kann. Ist eine kritische Phase erreicht, geht eine Änderung plötzlich leicht und einfach – fast wie von selbst.

Am besten wäre daher, andauernd kritisch zu sein, anstatt »fest«.

Durch die Chaosforschung ahnen wir allmählich, wie elegant Gott seine Wunder wirkt. O.k., Er hat eben das beste *timing* und den maximalen Durchblick, da tut Er sich natürlich leicht. Aber Er hat uns durch *Moses* ausrichten lassen, dass wir ganz nach ihm geraten seien: Wir könnten, genau wie Er, unseren Willen ebenso leicht verwirklichen, *sobald wir wieder mit Ihm übereinstimmen.*

Manche sagen zu diesen kritischen Phasen des Menschen auch *Fegefeuer*. Richtig verstanden ist das eine Analogie für einen gegenwärtigen Zustand des Geistes, der noch den Folgen seiner bisherigen Irrtümer ausgesetzt ist, sie aber bereits erkannt hat und sie nun korrigieren will. Im Fegefeuer sieht man deswegen bereits Licht am Ende des Tunnels und hat wieder Hoffnung. Das Wort Fegefeuer ist ein schönes Bild für diesen Übergang: Zum Umformen von Metallen etwa ist es ausgesprochen nützlich, sie mittels Feuer flüssig oder zumindest glühend zu machen, weil sie so besser in andere Formen zu bringen sind oder weil sie mittels Feuer besser von anderen Stoffen getrennt werden können, so dass reines Metall übrig bleibt. Das Verbrennen schöner Illusionen kann natürlich schmerzlich sein, aber sobald sie alle verbrannt sind, bist du endlich wieder daheim – im Himmel.

Natürlich gibt es sinnvolle Überwindungsmühen ebenfalls. Der Volksmund sagt dazu: »Aller Anfang ist schwer.« Jeder, der ein Musikinstrument lernen will, versteht das sehr schnell. Übung macht hier den Meister. Aber es könnte gut möglich sein, dass jemand ohne jegliches Training auf einmal Piano spielt wie der junge Mozart. Zu so einem Sachverhalt würde man sogar offiziell Wunder sagen und dann diesen jungen Mozart sofort in ein Forschungslabor zerren, um ihn dort so lange eingehend zu testen, bis ihm sein *Spielen* wieder vergeht.

Wir sind auch in der Traumzeit nie wirklich allein

Schau nur her, was du mich hast anrichten lassen!
(Stan Laurel zu Oliver Hardy)

Unbedingt zu beachten ist, dass ich während meiner Existenz innerhalb der Traumzeit weder alleine träumen, noch alleine meine Träume verwirklichen kann. Das geht nur nach einiger Übung mit den nächtlichen Solo-Träumen im Bett. Für meine Lebensträume außerhalb des Bettes muss ich Mitträumer finden, mit denen ich meine Träume *inszenieren* kann. Ich erzeuge dabei zusammen mit diesen anderen Träumern einen gemeinsamen Traum, in dem dann alle beteiligten Träumer den Ergebnissen dieses gemeinsamen Traumes ausgesetzt sind. Ohne dieses Tun an und mit anderen geht's nicht weiter – garantiert. Versuchen Sie mal eine Weile, alleine ein Kind zu zeugen, ohne sich dabei mit einem anderen Menschen einzulassen: Denken Sie mehrmals täglich positiv daran, masturbieren Sie meinetwegen kräftig dabei, damit auch alle Sinneskanäle beteiligt sind beim positiven Denken, und schauen Sie dann, was weiter passiert – meinetwegen neun Monate lang. Bei aller Mühe und dem Spaß, den Sie wohl dabei haben können: Das ergibt trotzdem nie ein Kind.

»Blödsinn«, sagt der Schlaukopf: »Es gibt doch eine Samenbank!« Aber wie kommt der Samen auf die Samenbank? Wer ist scharf darauf, Samenspender zu sein? Und wer holt sich den später ab? Nach welchen Kriterien und zu welchem seltsamen Zweck wird dort der »richtige« Samen ausgesucht?

Es handelt sich bei dieser Art von künstlicher Befruchtung meiner Ansicht nach um den verrückten Versuch, ein Kind zeugen zu wollen, ohne sich wirklich genau mit den Ursachen zu befassen, deren Folge Kinderlosigkeit sein kann – eine psychische Inzestbeziehung etwa. Das klappt inzwischen zwar technisch, jedoch würde man dabei in jedem Fall das so gezeugte Kind missbrauchen und es noch um seinen Vater betrügen. Das bringt zurecht Ärger.

Auf diese Weise gezeugte Kinder sind meist »Inzest-Kinder«, also Kinder der Liebe zu einem Elternteil, anstatt zum Partner. Sie werden oft auch direkt von Samenspendern empfangen oder von Leihmüttern ausgetragen, die manchmal sogar geheiratet werden, ehe man sie dann wieder in die Wüste schickt. Andere ziehen eben die Samenbank vor. (Klar ist aber auch, dass es letztlich etwas Gutes ist, wenn ein Kind dabei herauskommt.)

Die Welt, die wir uns immer zusammen mit anderen einbilden und doch gleichzeitig jeder für sich alleine, sie ist genau so, *wie ES uns jeweils gerade entspricht*. Somit scheint die von uns allen scheinbar oft übereinstimmend wahrgenommene »gemeinsame« Welt unsere zentral übereinstimmenden Überzeugungen deutlich zu beweisen, und seien diese noch so verrückt – so verrückt etwa wie die Überzeugung des *kleinen Adolf*, der dachte, wenn er alles Böse auf der Welt vernichtet habe, dann würde am Ende das Gute übrig bleiben: Er und seine Mama nämlich, die er am Ende gar heiraten wollte. (»Meine Braut heißt Deutschland« hat er dazu etwas unbescheiden gesagt – wie es halt so seine Art war – und er hat sich Frauen deshalb konsequent vom Leib gehalten.) Aber *in der Tat* wollte er seine Mama vernichten, so groß war sein unbewusster Groll auf sie.

Bewährte Konstruktionskonzepte, also solche, die schon sehr lange funktioniert haben, sind anscheinend in einer Art Internet der Seelen abgespeichert. Sie wurden von *Carl G. Jung* Archetypen und kollektives Unbewusstes genannt. Das waren dessen Ausdrücke für dieses Gedächtnisfeld. Der Ausdruck, den der englische Biologe *Rupert Sheldrake* für Gedächtnis vorschlägt, heißt *morphische Resonanz*. Er entwickelte eine Feldtheorie der Formentstehung und nennt dieses Feld Gedächtnis der Natur. Das Grundprinzip ist Feedback.

Die Feedback-Automatik, mit deren Hilfe sich Energie durch mich und meine jeweiligen Helfer in *entsprechende* Formen bringen lässt, ist völlig neutral. Ich darf mittels meiner Fähigkeit des Träumens zusammen mit allen anderen *mitspielen* bei der Schöpfung und alles so machen, wie ich das für mich will. Ich habe die Freiheit, vorübergehend sogar Unsinniges *scheinbar* zu erschaffen. Das ist jedoch eine Art von virtueller Fehlschöpfung, wie bei einem Schizophrenen, der sich einbildet, er sei Napoleon auf Elba und in Wirklichkeit sitzt er in der Klapsmühle und wird von seinem Pfleger ausgelacht.

Nun, Fehlschöpfungen müssen, wie gesagt, ebenfalls geteilt werden mit jemandem, wenn sie Bestand haben sollen. Sie müssen jemand *mitgeteilt* werden, beispielsweise einem Irrenarzt, *der sie dadurch bestätigt, indem er sie bekämpft*. Je mehr Menschen ich finde, die eine Fehlschöpfung mit mir teilen, desto länger bleibt sie während der Traumzeit präsent und hat auch mehr Wirkung in dieser Ebene, und zwar auf alle, die daran mitträumen. Alle Träumer eines gemeinsamen Traums hängen gemeinsam mit drin und tragen gemeinsam die Folgen ihrer Kollektiveinbildung: Mitgefangen, mitgehangen. Sie haben jetzt ein Gedächtnisfeld erschaffen, das sich mittels Feedback weiter ausdehnt und seine Schöpfer mit allen Beweisen versorgt, die sie brauchen, um damit weiterzumachen. Das so entstandene Feld erhöht die Wahrscheinlichkeit, dass weitere Träumer entsprechend schneller hineingezogen werden, wenn sie nicht aufpassen, denn so ein Feld wirkt wie ein mathematischer Attraktor aus der Chaostheorie. Das kann dazu führen, dass ich im schlimmsten Fall zusammen mit Millionen anderer Menschen in einen Traumzustand gerate, der innerhalb meiner Traumzeit auf einer gewissen Ebene eine enorme Zunahme der Entropie verursacht und einen deutlich schnelleren

Zerfall meiner eigenen und noch einer Menge anderer biologischer Kommunikations- und Energietransformationsmaschinen zur Folge hat. (Sie können dazu Schicksalsgemeinschaft, Kultur und Krieg sagen.)

In gewissen Schriften – im Neuen Testament etwa – heißt die Selbstbestätigungsautomatik unserer Träume natürlich nicht Feedback, sondern zum Beispiel: »Dir geschieht nach deinem Glauben.« Die Empfehlung für Lösungen mittels einer klugen Anwendung dieses Feedbacks lautet entsprechend: *»Alles daher, was ihr wollt, dass euch die Menschen tun, sollt auch ihr ihnen ebenso tun; in der Tat, das ist es, was das ›Gesetz‹ und die ›Propheten‹ bedeuten.«*

Man kann verstehen, dass viele Leute glauben, ein Gott könne überhaupt nicht existieren, weil der doch als ein gerechter und allmächtiger Gott sonst die vielen schlimmen Ereignisse in der Welt nicht zulassen würde. Dieses Argument ist selbstverständlich ein Hinweis darauf, dass Gott von solchen Leuten als eine Art von Großer Mutter angesehen wird, von der sie erwarten, dass die sich umgehend einmischen würde, sobald sie sieht, dass ihre Kinder wieder Unsinn machen und sich dabei noch weh tun. Dieses Bild von Gott ist aber, genau wie jedes andere Bild, das Sie sich von irgendjemand machen, nur ein Götzenbild.

Gott hat mit unseren Lebens-Träumen nicht das Geringste zu tun. *Die Hölle ist ganz allein eine Schöpfung von uns Menschen und wir sind frei, sie jederzeit erneut zu bestätigen oder sie jederzeit wieder zu verlassen. Aber weder das eine noch das andere geht allein.*

Wenn ich meine Lektionen in der Traumzeit nicht ausreichend gelernt oder meine Aufgabe nicht erfüllt habe, könnte das nach der unvermeidlichen Trennung von meiner derzeitigen biologischen Maschine noch unangenehme Konsequenzen für mich haben, wie manche religiösen Denksysteme annehmen lassen und wie sie im *Tibetischen Totenbuch* beschrieben werden. Aber vielleicht darf ich ja nachsitzen und die bisher nicht bestandenen Prüfungen wiederholen und vielleicht kann ich dann in einer weiteren Traumzeitepisode endlich wahre und somit glückliche Träume erschaffen: Diesmal endlich Träume von Verbundenheit, Liebe, Freiheit und Frieden. Danach kommt möglicherweise eine neue Lektion für meinen Geist und mit ihr weitere Prüfungen, denn das Lernen hört wahrscheinlich nie auf. Aber immer braucht und bekommt man dafür in der Traumzeit geeignete Mitträumer – solche, die sich wie wir beide *freiwillig* dorthin versetzen ließen, damit sie durch das Erinnern daran, wer sie wirklich sind, wie die Brieftauben wieder heimkommen können.

Genau genommen gibt es also überhaupt nichts zu lernen! Die »Lektionen« und »Prüfungen« bestehen darin, dass ich Gelegenheiten erhalte, mich endlich wieder daran zu erinnern, wer ich wirklich bin und mich dabei gleichzeitig selbst zu erschaffen.

Die Befreiung aus einer höllischen Alptraum-Welt noch zu Lebzeiten meiner biologischen Maschine sollte das Ziel in jeder Art von echter Therapie sein, sonst geht's nicht wirklich heraus aus der Klemme, denn Probleme verschwinden, indem sie gelöst werden, und nicht, indem ich mir nur einbilde, sie gelöst zu haben und dafür dann andere für dumm verkaufe. *Sie verschwinden erst in dem Moment endgültig, wenn ich sie als Folge meines Grundirrtums erkenne, nämlich des Irrtums, ein Körper und damit beschränkt zu sein. Mein Geist ist aber nicht beschränkt, sondern vollkommen frei und göttlich.*

Befreiung? Wovon denn überhaupt?

Am Abgrund ist vorbeugen schlechter als heilen.
(Inschrift an einer WC-Wand, Verfasser unbekannt)

Befreiung bedeutet immer Befreiung von Angst und damit natürlich auch von deren Folgen. *Angst ist jedoch ebenfalls nur eine Folge und keine Ursache.* Sie entsteht auf Grund der Einbildung, dass man ein Körper sei und dadurch abgetrennt wäre vom Großen Ganzen. Ich kann mir jedoch erst Derartiges zusammenspinnen, wenn ich mich vorher verschließe, mich also eng mache – das ist nämlich die wörtliche Bedeutung von ängstigen. Wer aber in einem *echten Kontakt* mit mindestens einem seiner Mitmenschen ist, für den wird Spinnen unmöglich. Verschlossen bin ich in dem Moment, in dem ich mich mit dem Kleinen dort im Spiegel identifiziert habe, demjenigen, der dauernd fürchtet, dass er sterben muss, wenn er nicht laufend bekommt, was er denkt zu brauchen, anstatt mich daran zu erinnern, dass ich der bin, der ihn anschaut. Der Kleine gehört zur Welt, *der aber, der in die Welt schaut, ist unbewegt und unzerstörbar und jenseits der Zeit.*

Die Folgen eines Irrtums verschwinden, sobald der Irrtum korrigiert ist.

Davonlaufen vor dem Furchtbaren führt, wie Sie sicherlich bereits selbst herausgefunden haben, ebenfalls nicht zum Endsieg; es kann jedoch zielführend eingesetzt werden als ein Zwischenstadium innerhalb eines strategischen Manövers, bei dem ein bestimmtes Ziel furchtlos über eine gewisse Zeit angesteuert wird. Daher kann Davonlaufen nur von echten Kriegern *richtig* eingesetzt werden. Wir sollten einen gewissen Samurai-Geist entwickeln und die Klügeren sein beim Nachgeben, sonst stehen wir bald dumm da. *Ein echter Krieger ist jemand, der erkannt hat, dass ES nichts zu fürchten gibt. Deswegen greift er niemals an, sondern ist friedvoll, eben weil er nichts fürchtet. Ein echter Krieger bekämpft nichts Unwirkliches.* Für meine Befreiung muss ich also einen elementaren Irrtum korrigieren, sonst wird nie was draus: *Ich muss erkennen, dass ich nicht diese biologische Körper-Maschine bin, sondern dass mir diese Maschine während meiner Traumzeit als ein großartiges Hilfsmittel zur Verfügung steht. Diese Maschine kann sehr wohl beschädigt und verletzt werden, der Fahrer selbst aber ist unverwundbar, unzerstörbar und jenseits der Zeit.* Ich muss für meine Befreiung erkennen, dass jedes Leiden Folge dieses einen Irrtums ist. Das muss klar gesehen werden und Ursache und Folge dürfen nicht verwechselt werden.

Sobald ich erkenne, dass *ES* nichts zu fürchten *gibt,* höre ich automatisch damit auf, jemanden anzugreifen oder auszuschließen, also zu *urteilen.* Ich bin einverstanden mit allem, was in meiner Welt auftaucht und ich wende mich sogar liebevoll meinen Feinden zu. (Aber nicht auf allen Ebenen gleichzeitig, denn das könnte unpassend sein.) Der Alptraum ist damit zu Ende: Ich habe erkannt, dass ich bisher geträumt habe. *Nichts ist wirklich so passiert, wie ich es erlebt habe.* Nur in der Traumzeit schien es in meinem Traum passiert zu sein. Nur ich selbst habe das alles durch meine Fähigkeit des Träumens provoziert, es aus der Leere hervorgerufen. (Das Verb provozieren bedeutet *hervorrufen* oder *herausfordern.*)

Wer aber wurde jemals dafür bestraft, weil er träumte, dass er jemanden umgebracht hat? Nur im Traum, während seiner Traumzeit, muss er die Folgen seiner Einbildungen erdulden, und wenn er daraus erwacht, ist alles wieder vorbei. Der Träumer ist also *wesentlich* frei von Schuld, weil er nicht wirklich etwas getan hat, wofür er eine Strafe verdient hätte. Und hat denn nicht jeder Träumer in seinen Träumen bereits die Folgen seiner Irrtümer ertragen müssen, sogar wenn er sie vorübergehend auf andere Mitträumer abwälzen konnte?

Das ist ja wohl »Strafe« genug.

Seien Sie jedoch vorsichtig: Viele unterscheiden nicht genau und benutzen einen Trick, um sich vor ihrer Verantwortung anderen gegenüber während ihrer Traumzeit zu drücken. Sie stellen zwar richtig fest, dass jeder für sich selbst verantwortlich ist, aber sie anerkennen nicht ihre eigene Mitwirkung am Leidenstraum ihres Mitmenschen, der auf diese Weise zu ihrem eigenen Leidenstraum wird. Das ist auch völlig gerecht, denn Sie sind dafür verantwortlich, dass Sie einem anderen helfen, in seinem schlimmen Traum zu verharren, indem Sie ihm die »Wahrheit« seines wirren Traumes bestätigen. Dieses Bestätigen geschieht übrigens ganz besonders durch Bestreiten oder Bekämpfen dessen, was ein anderer träumt: Wenn ich etwas bestreite, gehe ich ja davon aus, dass etwas tatsächlich existiert! *Bekämpfen ist aber eine Form der Energiezufuhr* und daher füttere ich durch Bekämpfen genau das, was ich zu bekämpfen *vorgebe*. So helfe ich in Wirklichkeit emsig mit, dass sich das Bekämpfte weiter ausdehnen kann und der Alptraum geht durch mein Zutun verstärkt weiter. Manchmal wird er sogar »vererbt« an die Nachkommen, damit diese den Irrtum für sich *und* für ihre Ahnen korrigieren und selber etwas dabei lernen können.

In der Psychotherapie kennt man schon lange den so genannten Widerstand beim Patienten. *Widerstand ist eine natürliche Reaktion des Patienten auf einen bewussten oder unbewussten Angriff des Therapeuten.* Der geniale Neuerfinder der Hypnose, *Milton Erickson*, hat oft darauf hingewiesen, dass Widerstand seitens des Patienten in der Therapie immer berechtigt ist und dass er ein Therapeutenproblem darstellt. Er hat ein zuverlässiges Mittel empfohlen, diesen Widerstand zu vermeiden: Erzeugen Sie zuerst freundlich eine *Ja-Haltung* bei Ihrem Gegenüber, anstatt ihm sofort etwas anderes beweisen zu wollen; danach können Sie ihm leichter neue Sichtweisen vorschlagen, ihm quasi eine alternative Hypnose zeigen. Zu diesem Zweck geben Sie Ihrem Gegenüber beispielsweise Recht in seiner bisherigen Art und Weise, sein Problem zu sehen und zu handhaben – immerhin ist es eine mögliche Sichtweise unter vielen – und unterstellen Sie ihm *gute* Absichten. Er stimmt dem sicher zu und schon haben Sie seine Ja-Haltung. Alle Versuche, den Gegenüber auf andere Weise zu überzeugen, sind ein Angriff auf dessen Konstruktionen und provozieren daher Verteidigungsmaßnahmen, zum Beispiel einen Gegenangriff oder Schwindeln. *Greifen Sie also die Konstruktionspläne eines anderen niemals an.* Er hatte gute Gründe, sie zu entwickeln und sie bis jetzt beizubehalten, genau wie Sie die Ihren. Auf dieser Ebene können

Sie niemandem etwas wegnehmen. Sie können ihn nur bereichern – *falls der das will.*

Sie werden herausfinden, dass durch Ihre eigenen Korrekturen gleich mehrere Menschen auf einmal von den Folgen ihrer gleich gearteten Irrtümer befreit werden können, sofern diese mit Ihnen verbunden sind und wenigstens unbewusst einen Wunsch nach Erlösung haben, und dass die mit anderen geteilten Irrtümer immer alle Beteiligten an ihrer Befreiung hindert. Jegliche Missionarstätigkeit ist daher überflüssig: Allein meine eigenen Korrekturen reichen aus, damit sich alle mit mir verbundenen Mitträumer ebenfalls neu entscheiden könnten und entsprechende Korrekturen bei sich selber ausführen, *weil damit eine totale Veränderung im gesamten Zusammenhang stattgefunden hat.*

Da wir alle in Wirklichkeit bereits frei sind, können sich meine Mitmenschen natürlich dafür entscheiden, ihre Dinge so zu lassen wie bisher. Dann werden sich unsere Wege auf einer gewissen Ebene wieder trennen. Bei diesen Menschen geht's weiter wie gehabt und jeder von ihnen kann als Ergebnis seiner Beharrlichkeit dafür seine Zukunft vorhersagen, weil sie die erwartete Wiederholung bereits vergangener, aber weiterhin abgelehnter früherer Erfahrungen sein wird.

Verantwortlich sein für andere bedeutet nicht, dass ich deren Mutti sein soll, weil die noch zu dumm sind, um selber verantwortlich für sich zu sein, sondern dass ich meine Beteiligung an den Träumen meiner Mitmenschen erkenne, jedoch selbst frei entscheiden kann, an welchen Träumen ich beteiligt sein will und an welchen besser nicht. Sobald ich aber meine eigenen Irrtümer korrigiert habe, bin ich gegen die entsprechenden Träume anderer immun geworden und daher kann ich nicht mehr hineingezogen werden. Nur ich allein kann meine Irrtümer korrigieren und mir geschieht nur nach meinem eigenen Glauben, nicht nach dem Glauben anderer. Ich sollte also beizeiten Achtsamkeit üben.

Das Gegenteil von Angst ist Liebe. Im Prinzip gibt es ausschließlich diese beiden Zustände, in denen ich sein kann: *Entweder liebe ich und bin geöffnet oder ich fürchte mich, bin daher verschlossen und erzeuge dann Einbildungen.* Beides gleichzeitig geht nicht.

Manche drehen jedoch die Münze Angst um und werden stattdessen böse, so dass andere sich vor ihnen fürchten. Diese Variante funktioniert nicht. Ihre Angst kommt unweigerlich wieder zu ihnen zurück – spätestens, wenn sie sterben. »Wer durch das Schwert lebt, wird durch das Schwert umkommen«, heißt es dazu im Neuen Testament.

Liebe ist einerseits Voraussetzung für eine Berichtigung unserer Irrtümer, zusammen mit der Heilung, die Folge unserer Korrekturen ist, ist sie gleichzeitig aber auch das Ergebnis dieser Berichtigungen. Die Liebe erzeugt sich sozusagen selbst und breitet sich aus. Innerhalb der Traumzeit ist die Liebe ebenfalls andauernd gegenwärtig, aber erst nach meiner Heilung kann ich sie endlich hinter ihren diversen Erscheinungsformen erkennen, selbst hinter all den schlimmen Formen, die sie hier annehmen kann. Auch in mir selber erkenne ich sie endlich und sehe, *dass alles, was ich jemals getan habe, letztlich aus Liebe geschehen ist, dass ich jedoch bisher im Irrtum darüber war, was in Ordnung ist und was nicht; daher habe ich aus Liebe oftmals Dummes angestellt – wie ein Kind.* Wer befreit ist von seinen Irrtümern, der erkennt also dankbar, dass er immer liebte und geliebt wurde. Er konnte das in der damals erlebten Form jedoch nicht als Liebe erkennen. Jetzt ist alles klar.

Nun kann er sich hoffentlich auch wieder erinnern, wer er wirklich ist: *Er ist der, der schaut, nicht der, dem geschieht.*

Deutlich wird bei einer Heilung ebenfalls, dass ES immer gerecht ist: Jeder bekommt ES so, wie er will, selbst wenn er das in seiner akuten Ignoranz vehement bestreitet. *Am Ergebnis erkennt er spätestens, was er tatsächlich gewollt und daher tatsächlich gemacht hat.* »An den Früchten soll ihr sie erkennen«, heißt es wiederum im Neuen Testament: Am Ergebnis, an dem, was jemand tut und was er dabei erzeugt, können Sie daher auch einen echten von einem falschen Propheten gut unterscheiden. (Natürlich könnten Sie auf diese Weise ebenso erkennen, was Sie für einer sind.)

Wesentliche Aufgabe einer radikalen Psychotherapie ist meiner Meinung nach, die Freiheit, *jederzeit* neu entscheiden zu können, klar ins Blickfeld zu rücken. Diese Freiheit ist zwar nicht von jedem Punkt aus sofort zu erkennen und sie kann offensichtlich verleugnet werden, aber sie ist immer gegeben. Wer Verantwortung scheut und es vorzieht, sich weiter als Opfer zu sehen, bestreitet natürlich diese Freiheit. *Die Freiheit, sich jederzeit neu zu entscheiden, kann niemandem genommen werden.* Der Betreffende muss sich nämlich vorher entscheiden, seine Macht zu entscheiden wieder nach draußen zu verlegen. Er muss sie zuerst auf andere übertragen – einen Therapeuten etwa oder einen Partner oder eine Partei oder gar Gott

– die dann scheinbar Macht über ihn haben. Die sollen jetzt weiter, wie früher seine Eltern, für ihn verantwortlich sein, damit er selber unschuldig bleibt wie ein kleines Kind, denn die jeweilige äußere Macht wird anschließend verantwortlich gemacht, wenn etwas schief geht. Not macht eben erfinderisch – leider auch für groben Unfug. Dieser äußeren Macht wird er danach andauernd opfern müssen wie einem Götzen, damit sie wohlwollend bleibt, und das geschieht meist nicht nur in Form eines oft unangemessen hohen Honorars.

Weitere bekannte Ego-Götzen sind weltliche Macht, Ansehen, Ruhm, Ehre, Anerkennung durch weltliche Repräsentanten usw. Viele nehmen Geld als Götzen, dem sie opfern und alles unterordnen, sogar das Glück ihrer Kinder. Sie bringen ihren Götzen sogar Kinderopfer dar. (Das *scheint* nun wirklich ungerecht zu sein gegenüber diesen Kindern, genauso wie etwa eine angeborene Behinderung ungerecht wirkt, weil sie nicht vorher verdient wurde, soweit wir das wissen. Trotzdem sind auch sie frei, neu zu entscheiden, ob sie über ihre Behinderung jammern oder ob sie erkennen wollen, wer sie wirklich sind.)

Bei allen Götzen handelt es sich letzten Endes nur um diverse Mutterprojektionen des Egos.

Wenn man eine Veränderung anstrebt, dann sollte man stets versuchen, aufs Ganze zu gehen, anstatt sich damit zufrieden zu geben, dass es schon reicht, wenn's nicht mehr so weh tut. Warum nicht gleich glücklich sein? »Na klar«, denkt sich der normale erwachsene Mensch, »weil's doch nicht geht in dieser verrückten Welt!« Aber ein Therapeut, egal von welcher Art er ist, sollte sich von solchen Begrenzungen des Denkens bereits frei gemacht haben und sich von den Begrenzungen seiner Patienten nicht mehr anstecken lassen. *Er will sie wieder daran erinnern, wer sie wirklich sind. Dazu muss er natürlich wissen, wer er selber ist: Er braucht Selbsterkenntnis.*

Im Folgenden werde ich nun weitere Sichtweisen vorstellen – genauer: erneut in Erinnerung bringen – durch die unsere gewohnheitsmäßigen Beschränkungen wieder aufgehoben werden könnten, wenigstens zunächst in wichtigen Teilen. Es geht ja hier um die ersten Schritte. Für eine Überprüfung entscheiden Sie sich dafür, zunächst ein paar ausgewählte Sichtweisen für eine gewisse Zeit als *möglicherweise wahr* anzusehen *und dann damit zu arbeiten,* denn Probieren geht über Studieren. Da auch für Ihren Geist das Gesetz der Totalität gilt, können Sie sich darauf verlassen, dass sich jeder erfolgreiche Versuch auf Ihren gesamten Zustand auswirken wird.

Beschränkungen sind ja vor allem auch Denkbeschränkungen, deren Folgen uns zeigen, wie sehr wir auf dem Holzweg sind. Aber seien Sie vorsichtig: Das Ego-System wehrt sich geschickt gegen jede wesentliche Veränderung. Das nur erfundene Ego hat nämlich einen beachtenswerten Überlebenstrieb, obwohl es nur erfunden ist. Es wird sich beim Auftauchen einer Bedrohung durch Lösungsgedanken sofort wehren und um seine Existenz kämpfen, um sein Weiterleben sozusagen, und das, obwohl es überhaupt nicht existiert. *Der Traum schützt sich selbst,* könnte man dazu sagen. Manche nennen es auch Macht der Gewohnheit oder Über-Ich. Ich muss mich also schon oft genug dafür entscheiden, mir gemeinsam mit anderen Menschen eine neue Welt zu erschaffen und bereit sein, *dabei etwas zu riskieren.* Es ist dabei von großem Nutzen, wenn ich bereits vorher weiß, was ich erschaffen will – beispielsweise: »*ES* werde Licht!« (*Gott sei Dank gibt ES jetzt Lichtschalter.*)

Wenn ich mich aber allein bei den bisher und im Folgenden vorgestellten Gedanken fürchte und es daher vorziehe, mir weiterhin etwas einzubilden, vielleicht, dass die Welt ungerecht sei, Gott wie meine Mama ist, die Erde platt wäre und ich ein Opfer bin – ein Opfer meiner Eltern oder meiner Vergangenheit oder eines Karma aus einem früheren Leben oder ein Opfer sonstiger äußerer Mächte – dann kann ich unmöglich frei und glücklich sein. Allerdings kann ich mich gut fühlen als Opfer, weil ich dabei trotz meiner Schuldgefühle meist ein gutes Gewissen habe und viele Helfer um mich herumstehen, die mir eifrig helfen und mich retten wollen. Manche bekommen dafür sogar Geld, weil sie das berufsmäßig tun.

Obwohl es mir mit meinen Einbildungen durchaus über längere Zeit ganz gut gehen mag – schließlich gibt es sehr schöne Illusionen – sollte man sich nicht zu früh freuen: Einbildungen sind nämlich nie von Dauer, selbst wenn sie lange dauern können und man sich dabei meist sogar in größerer Gesellschaft befindet. Diese Gesellschaft gibt einem die nötige Sicherheit, wenn gelegentlich Zweifel auftauchen, ob man sich nicht doch irgendwie getäuscht haben könnte. Was nun den Wert von Statistik im Hinblick auf ihren Nutzen zur Wahrheitsfindung betrifft, so haben sie in China vor langer Zeit den wirklichen Zusammenhang herausgefunden und folgenden Spruch parat:

Selbst wenn von hundert Leuten neunundneunzig den falschen Weg gehen, so wird der Weg deshalb nicht richtig.

Nicht jeder will jetzt schon frei sein

Es gibt kein unglücklicheres Wesen unter der Sonne
als einen Fetischisten,
der sich nach einem Frauenschuh sehnt und mit einem
ganzen Weib vorlieb nehmen muss.
(Karl Kraus)

Wer seine Irrtümer erkennen will um sie zu korrigieren, der muss beim Leiden erst einmal in eine *andere Art* von unangenehmen Zustand kommen *und dabei etwas riskieren*: Er muss aus dem großen Klub der Opfer austreten und stattdessen in den Klub der Täter eintreten. Das ist aufgrund der Ängste des Egos zunächst immer mit unangenehmer Aufregung und mit einem schlechten Gewissen verbunden und das behindert unser Forschen zunächst stark.

Führt unsere »Gewissenserforschung« trotz dieser Barriere zu ersten Einsichten, muss mir als Austrittswilligem mein Irrtum Leid tun, und zwar in *Erkenntnis meiner Eigenverantwortung und der damit verbundenen Verantwortung für meine Mitmenschen*, und nicht weil ich mich etwa als Opfer meiner schlimmen Kindheit sehe. Dieses Leid tun heißt Reue.

Reue ist also Voraussetzung für jede wesentliche Änderung. Mit Opfern kann man nicht an wesentlichen Veränderungen arbeiten. Die wollen nämlich immer, dass anderen etwas Leid tun soll. Diese Opfer müssten erst erkennen, dass auch sie Täter sind, dass sie daher für ihr Leiden verantwortlich sind, damit sie ihre Irrtümer endlich korrigieren.

Manche Leute entwickeln sich mit der Zeit durch die schon automatisierte Verteidigung ihrer Einbildungen zu einem *Experten* weiter und denken, sie würden bereits völlig durchblicken (Gott weiß alles, aber der Experte weiß es besser). Experten kann man ebenfalls nicht helfen, weil sie ja alles schon besser wissen und daher nicht mehr nachzuschauen brauchen, ob eine Sache nicht doch irgendwie anders ist als sie denken, oder inzwischen vielleicht anders geworden ist. Sie halten dich möglicherweise gar für gefährlich, wenn du nicht ihrer Ansicht bist und fangen an, dich zu bekämpfen. Es ist daher ratsam, im Kontakt mit Experten eine gewisse Zurückhaltung zu üben, besonders bei den Themen *Sex, Drugs* und *Rock'n Roll.* Bekanntlich verlagert sich da bei vielen Menschen das Denken vom Großhirn schlagartig ins Rückenmark, wo es dann nur noch in Form von Reflexbögen abläuft. Verschwinden Sie also, bevor die

Steinigung anfängt, denn Sie dürfen zwar mitmachen, aber in der Rolle desjenigen, der gleich gesteinigt wird. Für denjenigen ist nun dieser Vorgang bekanntlich hochgradig unangenehm und endet meist letal.

Anders wird das erst, wenn man lange genug geschuftet hat, um ein Experte zu werden und es einem nach all der Schufterei langsam dämmert, dass man *nicht die geringste Ahnung hat, was zum Teufel hier wirklich los ist.* Erst jetzt geht das wirkliche Lernen los und man kann dabei ein *Wissenschaftler* werden, also jemand, der sich auf die Suche nach der Wahrheit macht, anstatt zu glauben, er hätte sie schon gefunden. Erst jetzt ist man nämlich bei der Einsicht angelangt, in Wirklichkeit gar nichts zu wissen – wenigstens nicht viel mehr als ein Kind. Im Zen-Buddhismus spricht man vom Anfänger-Geist, den der Zen-Schüler möglichst schnell entwickeln soll. Das bedeutet, dass er ***zur Übung*** *jede Sache so anschaut, als ob er sie zum aller ersten Mal sehen würde und daher noch nicht das Geringste darüber weiß.* Diese Haltung ist nicht so einfach herzustellen, wenn man bereits über einige Erfahrung verfügt und sich einbildet, man würde sich bereits genau auskennen.

Die Empfehlung, einen Anfängergeist zu entwickeln, kennen wir aus der Bibel ebenfalls, wo es sinngemäß heißt, dass wir wieder wie Kinder werden müssen, weil wir sonst nie merken, worum es bei dieser ganzen *show* überhaupt geht. Einer, der vor etwa zweitausend Jahren die Wahrheit erkannte *und sie daher vorgelebt hat,* meinte, dass eher ein Kamel durch das Nadelöhr gehen würde (das war ein sehr kleines Seitentor in der Jerusalemer Stadtmauer, das ein Mensch nur gebückt passieren konnte), als ein Reicher ins Himmelreich. Dieser Satz gilt besonders für diejenigen, die reich an »Wissen« sind. (Wenn es ein echtes Wissen wäre, hätte ich das jetzt nicht ich Anführungszeichen gesetzt. Es handelt sich bei diesem Wissen nur um Theorien, die für Lösungen nicht taugen, *sondern nur zum Erklären,* warum es wieder nicht funktioniert hat und warum es anders sein sollte als es jetzt ist.)

Wir müssen uns nach all unseren theoretischen Wirrungen wieder angewöhnen, die Welt *einfach* anzuschauen, anstatt alles Wahrgenommene sofort automatisch zu interpretieren und dabei zusätzlich zu bewerten. Wir müssen uns daran erinnern, dass wir dieses unschuldige und einfache Schauen früher einmal gut konnten: Als kleines Kind nämlich.

Es ist erstaunlich, wie stark wir an die Wahrheit unserer Meinungen glauben. Wir nehmen im Lauf der Zeit tatsächlich nur noch das wahr, was wir erwarten vorzufinden, worauf wir also warten, dass es wieder wahr sein soll. Es ist hilfreich, sich das zu vergegenwärtigen.

Aber im Grunde geht es darum, in einen Zustand zu gelangen, in dem sich alle Konflikte wie von selbst auflösen. Dieser Zustand ist *einfaches Dasein in Liebe*, anstatt ein Ego zu sein. In dieser Einfachheit zu *sein* ist für uns extrem schwer geworden. So lange wir Egos sind, geht es überhaupt nicht und wir müssen daher üben. Wir üben die Achtsamkeit, um wahr von eingebildet unterscheiden zu lernen, und wir lernen damit gleichzeitig, unsere Einbildungen schneller zu erkennen und die Folgen unseres Handelns genauer zu beobachten. Damit wir überhaupt in einen Zustand gelangen, in dem korrektes Wahrnehmen erst möglich ist, gewöhnen wir uns als ***Übung*** an, *ruhig zu bleiben und uns in einem Zustand mitfühlender Offenheit zu halten. Wir beobachten in aller Ruhe auch unsere Aufregung*, die in bestimmten Situationen entsteht. (Das klingt verrückt: »In aller Ruhe seine Aufregung beobachten.« Sie werden bald merken, wie es funktioniert.) Sobald ich erkenne, was ich tatsächlich treibe, kann ich sofort korrigierend eingreifen, wenn mein Handeln nicht zum Ziel führt. Wenn eine Sache nicht richtig funktioniert, soll man sie ohnehin lassen und neu entscheiden.

Denken sollten Sie ebenfalls als eine Art von Handeln ansehen, eine Art von Probehandlung im Geist. Sie könnten hier probeweise und so oft Sie wollen ohne jedes Risiko hemmungslos experimentieren – wenn Sie nicht Ihre Denkverbote so brav und gründlich befolgen würden. Vom Denken alleine passiert ja noch nichts. *Passieren wird erst etwas, wenn Sie sich beim Denken zusätzlich aufregen und in dieser Aufregung anfangen zu handeln. Aufregung entsteht sofort, wenn Sie Gedachtes bereits für eine Tatsache halten.* In diesem Fall hat Ihr kleines paranoides Kinder-Ego wieder einmal die Führung übernommen.

Der *Zielzustand* eines Menschen wäre natürlicherweise eine Art von Wohlbefinden – wenn möglich gleich Glück. Wenn Leiden Ihr Zielzustand ist, sind Sie folglich auf einem Holzweg. Allerdings gibt es viele Menschen, die Leiden anstreben, wie man oft beobachten kann. Diese Leute haben dafür *gute* Gründe, obwohl sie sich irren in der Art, wie sie ihre guten Gründe in die Tat umsetzen wollen. Sogar *John Brown* hatte einen guten Grund, als er die Frauen und Kinder von ehemaligen Sklavenhaltern umbrachte: Er wollte den Geist der Sklavenhaltung auf diese Weise ausrotten. – Selbstverständlich war er komplett wahnsinnig. *Und trotzdem ist John Brown jetzt auch im Himmel, genau wie der kleine Adolf.*

Die hier vorgelegten Dekonstruktions- und Rekonstruktionsvorschläge funktionieren gut bei der Verwirklichung des vernünftigsten Zieles, das ein Mensch haben kann: *Glücklichsein in Gesellschaft.* Sobald er erkannt hat, wer er wirklich ist, steuert er dieses Ziel zuverlässig an und wird dabei sogar »geführt«. Diese Vorschläge sind also deswegen richtig, weil sie besser funktionieren, falls Sie doch noch beabsichtigen, sich zusammen mit anderen Menschen glückliche Zustände zu erschaffen. (Genauer: Sich an diese Zustände wieder zu erinnern.) In diesem speziellen Zielzustand des Glücklichseins lösen sich alle Konflikte wie von selbst auf oder werden leicht lösbar. Richtig ist Ihr Handeln, wenn Sie sich diesem Zustand nähern, falsch ist es, wenn Sie sich davon entfernen.

Allerdings müssen Sie Mittel und Ziel dabei klar unterscheiden. Daher sei zur Sicherheit erneut darauf hingewiesen: *Gefühlszustände sind immer das Ziel. Die Verfahren, mit deren Hilfe Sie Ihre Zustände gemeinsam mit anderen Menschen erzeugen wollen, sind die Mittel.*

Seit *Einstein* die Relativität erfunden hat sollte uns ja bekannt sein, dass im Universum *alles* relativ ist (das bedeutet: in Beziehung zu etwas anderem), sonst ergibt ES nämlich keinen Sinn. Nur die Lichtgeschwindigkeit stellte bis vor kurzem die einzige Konstante dar und sie wurde daher als absolute Grenze angesehen. Aber es existieren erste deutliche Hinweise, dass diese Grenze doch nicht immer und überall gleich ist, dass auch sie nicht absolut ist. Bei der Ausbreitung von *Information* ist diese Grenze anscheinend aufgehoben: Sobald ES eine neue Information gibt, existiert sie sofort überall gleichzeitig – ohne zeitliche Verzögerung. Jeder könnte daher zu allen Informationen Zugang haben, sofern er sich dafür öffnet. Das ist so, weil dabei keine Energie transportiert wird. Viele glauben, dass die Lichtgeschwindigkeit auch für die Ausbreitung von Information gelte. Wenn ES aber eine neue Information gibt, weiß das ganze Universum anscheinend sofort Bescheid.

Und wenn jetzt tatsächlich *Heisenberg* Recht hat, der einmal meinte: »Das einzig Sichere im Universum ist die Ungewissheit«? Nun, auf einer gewissen Ebene stimmt das. Deshalb kannst du da draußen nie wahre Sicherheit finden. Aber schau auf die Folge: *Wenn alles ungewiss ist, hast du die Freiheit, selbst zu bestimmen, was für dich wahr sein soll.*

Für den Zustand Freiheit gilt ebenfalls dieses Prinzip »Ganz oder gar nicht« – das Gesetz der Totalität. In Bezug auf wahr oder falsch bedeutet es, dass ein bisschen schwanger auch schon schwanger und ein bisschen lügen eben auch schon lügen ist.

Und ein bisschen irren führt ebenfalls *komplett* am Ziel vorbei.

Ich muss mich wohl radikal entscheiden: *Entweder bin ich mutig genug zu erkennen, dass ich total frei bin, oder ich bin überhaupt nicht frei, sondern weiter ein kleines furchtsames Ego in einem kleinen verletzlichen Körper, das sich vielleicht inzwischen mächtig aufgebläht hat, aber sich weiterhin vor seinen eigenen Projektionen fürchtet.*

Spätestens an dieser Stelle gruseln sich doch die meisten und sie gehen lieber auf Nummer Sicher: Sie verlassen sich weiter auf die Wahrnehmungen des Egos, *anstatt sich auf den zu verlassen, der auf die Welt schaut.* So bleibt's beim Alten oder ES wird höchstens schlimmer. Für die meisten ist das dann keine Überraschung mehr.

Das Hauptproblem, das wesentlichen Veränderungen im Weg steht, ist das extreme Bedürfnis des Egos nach Sicherheit. Dafür ist es sogar bereit, sein mögliches Glück zu opfern und bleibt lieber in seiner vertrauten Scheiße sitzen: »Die wird schon irgendwann trocken und hört dann sicher auf zu stinken.« Wer aber damit zufrieden ist, der muss dann wohl in die Wüste gehen, weil es dort nicht regnet.

Über Personen des »öffentlichen Lebens«.

Mit ziemlicher Sicherheit kann man von jeder Sache sagen:
Solange sie sich nicht bezahlt macht, ist sie in Ordnung.
(Eric Blair, alias George Orwell)

Politiker und andere Personen des öffentlichen Lebens sind ein geeignetes Beispiel dafür, wie so ein Ego in bester Absicht – anfänglich wenigstens – für seine Mutter Gesellschaft Gutes bewirken will und sich dabei aber mit der Zeit immer weiter vom Boden der Tatsachen entfernt. Die Gesellschaft entspricht also dabei der Mutter, für die solche Menschen vieles opfern. Meist wollen sie ihre projizierte Mutter belehren oder sie retten, oder sie wollen von ihr bewundert werden und ihr Freude machen. Sie wollen toll und großartig sein für ihre Mutter, aber ihre Mutterprojektion – egal, in welcher Form

– wird von ihnen aufgrund ihres konkreten Mutterbildes entweder herablassend als bedürftig und als etwas dumm angesehen, oder sie fürchten sich insgeheim vor ihr. Meistens beides. In ihrer Einbildung hat der Vater versagt bei seinen Versuchen, die Mutter glücklich zu machen, so dass das Kinder-Ego auf die verrückte Idee verfällt, seinen Vater verbessern zu wollen. Das Kind will z.B. im Fall des Politikers den besseren Vater repräsentieren – den Vater Staat.

Fast alle Personen, die an die Öffentlichkeit drängen, sind überhaupt wie Kinder, die aus ihrer Kinderliebe etwas Großartiges bewirken wollen und die in Wirklichkeit doch nicht über die notwendigen Möglichkeiten dazu verfügen. Daher fantasieren sie sich diese Macht herbei und *machen sich wichtig*. Lassen sich genug Vaterlose, das sind Menschen, die ihre Väter nicht achten, davon hypnotisieren, entsteht ein neuer Führer, ein neues *Idol*.

Verständnis gegenüber solchen Menschen gewinnen Sie, wenn Sie sie als opferbereite Kinder betrachten, die sich zunächst große Mühe geben, ihre angemaßten Aufgaben bestmöglich zu erfüllen – etwa nach dem Motto: »Du hast keine Chance, aber nutze sie« (*H. Achternbusch*). Insbesondere Politiker haben ja keineswegs diese Machtfülle, die ihnen zugeschrieben wird und die sie wohl auch gerne hätten. Sie sollten daher eher als Gemachte und als anfänglich freiwillige Opfer angesehen werden, vergleichbar missbrauchten Kindern, die sich von den Erwachsenen in Anspruch nehmen ließen, obwohl sie damit nichts bewirken konnten. Eben deswegen müssen sich Politiker und andere Stars immer wichtig machen vor ihrer Mutti und sich dauernd selbst bestätigen und sich bestätigen lassen, dass alles wichtig ist, was sie sagen und tun. Dazu sagt man Medienpräsenz. Der Steuerzahler als dummer Vater soll dann all die Schnapsideen bezahlen, die sich diese aufgeblähten Kinder ausgedacht haben, um der Mutter Gesellschaft vorzuschreiben, was sie zu tun und zu lassen habe. Dabei benehmen sich wie oft wie die alleinerziehende, überlastete und besorgte Mutter eines behinderten Kindes, die um alles kämpfen muss und doch nie genug von dem bekommt, was sie braucht, damit es endlich leichter wird.

Mit ihrer Entscheidung, »öffentlich« sein zu wollen, müssen diese Menschen eine Menge an unangenehmen Folgen in Kauf nehmen. Eine davon ist, dass sie fast kein Privatleben mehr haben – genau wie kleine Kinder, die dauernd von ihrer Mutter kontrolliert werden. Natürlich werden sie auch erwischt von ihr, wenn sie wieder etwas angestellt haben. Dann benehmen sie sich tatsächlich wie kleine Kinder: Sie beschuldigen andere, streiten alles ab bis zuletzt, obwohl sie schon längst überführt sind, reagieren beleidigt und gekränkt, sehen sich selbst als Opfer an und halten die »Mutter« für äußerst undankbar.

Kinder in einem gewissen Alter brauchen die Bestätigung von außen dringend, zunächst vor allem durch die konkrete Mutter, sonst bekommen sie Angst, weil sie sich ja noch nicht selbst bestätigen können. Die Öffentlichkeit repräsentiert in diesem Bild, wie bereits gesagt, die Mutter. Wenn diese Mutter sie aber nicht mehr toll findet, bekommen diese Personen des öffentlichen Lebens Angst und werden aufgeregt, fühlen sich ungerecht behandelt, falsch verstanden oder ausgenutzt oder verfolgt, oder sie müssen dauernd darauf achten, dass sich Mutter nicht gleich wieder aufregt. Aus diesem Grund verschweigen sie ihr all das, wovon sie denken, es würde zu ihrer Aufregung führen. Und während der ganzen Zeit ihres öffentlichen Lebens müssen sie sich anstrengen, damit sie vor ihr weiter gut da stehen und nicht wieder weggeschickt werden (abgewählt) oder gar den Platz an der Sonne ihrer mütterlichen Bewunderung ganz verlieren. Das tun sie häufig, indem sie den politischen Gegnern oder den Medien genau das unterstellen, was sie selber gerade wieder treiben.

Sie sind größenwahnsinnig und paranoid geworden.

Mit den derzeitigen Diäten sind Politiker wirklich unterbezahlt, wenn man sieht, was sie alles opfern müssen für ihr Politikerdasein; dass sie dann aber mit Millionengehältern gegenüber Bestechungsversuchen immun sein würden, halte ich eher für eine witzige Idee. Die würde bei einer Umsetzung wohl noch teurer werden als der ganze Zirkus ohnehin schon kostet. *Seit wann kann man denn Integrität kaufen?*

Politiker sollten in ihrer Funktion nicht all zu ernst genommen werden. Die wirkliche Musik spielt ohnehin woanders. Sie verdienen eher unser Mitgefühl, anstatt unser Geschimpfe, denn sie bekommen genug Ärger für ihre Wichtigtuerei und haben so viel gar nicht angestellt, wie ihnen oft angehängt wird. Und irgendwer muss den Job ja machen. Ein Politikerleben gleicht, wie gesagt, mehr dem Leben eines missbrauchten Kindes, das sich zuerst freiwillig für den Missbrauch zu Verfügung gestellt hat und später eine gerechte Entschädigung dafür haben will. Diese nehmen sie sich dann recht unverblümt und mit gutem Gewissen.

Ich habe großes Mitgefühl mit missbrauchten Kindern. Mein Mitgefühl hält sich in deutlich engeren Grenzen, sobald diese Kinder erwachsen geworden sind, denn jetzt könnten sie den Missbrauch selber beenden, anstatt sich wichtig zu machen und Rechte zu fordern.

Kinder verlieren trotz ihrer enorm großen und häufig bereits unbewussten Liebe ihren Eltern gegenüber die Achtung, sobald sie die als bedürftig ansehen und für sie da sein wollen. Das ist die *natürliche Folge* des Missbrauchs. Kinder schauen nämlich auf ihre Eltern herab, sobald sie bemerken, dass diese sie brauchen, um sich selbst größer zu fühlen, etwa nach dem Muster: »Unser Kind studiert Medizin und spielt ganz toll Tennis: Wir sind also gute Eltern«. (Eine unangenehme Alternative wäre: »Scheiße, unser Kind kann nur laut furzen und bohrt dauernd in der Nase: Wir sind schlechte Eltern«.) Missbrauchte Kinder beginnen daher später, die missbrauchenden Eltern ihrerseits auszunutzen. Sie werden frech und fordernd und zeigen ihre Geringschätzung ganz offen. Weil deren Eltern Schuldgefühle haben, lassen sie sich so etwas jahrelang gefallen. Das ist sehr bedauerlich und schadet allen Beteiligten.

Das Schöne an der Demokratie ist, dass in dieser Organisationsform tatsächlich die Mehrheit recht genau repräsentiert ist. Wir haben in der Tat genau die Politiker und sonstigen Vertreter diverser Gruppierungen, die wir gewollt haben und die selbst gewollt haben, dort zu sein, wo sie jetzt eben sind. Wir könnten sehr viel über uns selber lernen, wenn wir nicht nur Stars genau beobachten, sondern insbesondere Politiker und Funktionäre.

Versuchen Sie dabei aber, hinter all dem seltsamen Reden und Handeln die guten Gründe und die guten Absichten der betreffenden Personen zu erkennen, anstatt sie zu verurteilen. Bei genauerer Beobachtung werden Sie nämlich bald bemerken, dass die *ganze show* vollständig gerecht abläuft. Jeder bekommt am Ende das, was er tatsächlich gewollt hat, selbst wenn das Gewollte etwas Dummes ist und natürlich seinen Preis hat. Sie haben genau wie wir ihre guten Gründe für ihre meist recht skurrilen Entscheidungen und Handlungen. Diese Gründe sind *Selbstschutz,* ein *Wunsch nach Gerechtigkeit* – und *Liebe.* Aber wir alle können uns sehr irren bei unseren Versuchen, diese Ziele zu verwirklichen. Das Ergebnis ist ein oft grandioses Scheitern, das insbesondere dann erfolgt, wenn wir unsere Entscheidungen aus Angst oder aus Ärger getroffen haben.

Damit wir sehen, dass es auch anders geht, tauchen doch immer wieder in gewissen Zeiten »wirklich große Politiker« auf, die tatsächlich an der Spitze einer Volksbewegung stehen. Dann werden endlich wieder wesentliche Veränderungen möglich, *statt kleiner Korrekturen an großen Irrtümern.* (Nein, hier ist jetzt nicht der kleine Adolf gemeint, obwohl das mit der Volksbewegung für ihn ebenfalls zutraf. Eher schon ein *Mihail Gorbatschow.*)

Aber beide mussten nach der Lawine, die sie in Gang gesetzt hatten, wieder verschwinden: *Ist der Job getan, darfst du gehen.* Der kleine Adolf machte das entsprechend radikal, Mihail Gorbatschow lebt wenigstens noch.

Eine technische Anmerkung

Ansichten sind wie Nägel:
Je häufiger man darauf klopft, desto tiefer dringen sie ein.
(Chinesisch)

Ich habe im Weiteren als Anrede bewusst »du« gewählt. Ich hoffe, das stört Sie nicht zu sehr. Diese Entscheidung hat damit zu tun, dass die Seele sprachlich gesehen eher wie ein Kind zu sein scheint und wenn jemand Sie sagt, dann glaubt sie, dass da mehrere sind, von denen die Rede ist und das könnte verwirrend wirken. (In der Hypnosetherapie und beim Umgang mit kleinen Kindern ist das häufig zu beobachten.)

So, jetzt habe ich bereits eine Menge von Behauptungen vorgestellt. Nun beginne ich mit dem nächsten Abschnitt der geplanten Indoktrinierung (von lat. doctrina: Lehre, Standpunkt). Eine Indoktrinierung geschieht bekanntlich durch Wiederholungen des Selben in unterschiedlichen Variationen. Mit der Zeit bleibt dann schon etwas hängen und etwas anderes verschwindet dafür. – Du erinnerst dich? Stimmt, das geht wie bei der *Gehirnwäsche für kleine Kinder.* (Wir nennen das Verfahren da allerdings nicht Gehirnwäsche, sondern Erziehung, Schulung und Bildung.) Indoktrinierung kann jedoch auch eingesetzt werden, ohne dabei gewalttätig zu sein, denn sonst wäre sie ja nur die übliche terroristische Form der Gehirnwäsche. Eine Gehirnwäsche *an sich* funktioniert nämlich tadellos und sie reinigt den Geist tatsächlich von allem Möglichen, das bisher klebrig und verschmutzend war. *Eine heilsame Gehirnwäsche muss aber unbedingt liebevoll und völlig gewaltfrei angewandt werden, sonst kommt erneut nur Mist dabei heraus.*

Zugegeben: Für eine Klolektüre setzt dieser erste Teil voraus, dass Sie entweder Verstopfung oder Durchfall haben müssen. Falls Sie bis hierher – vielleicht als Folge einer automatisierten Gehorsamsreaktion – tatsächlich auf dem Klo gelesen haben, dann gratuliere ich Ihnen sowohl zu Ihrem Durchhaltevermögen, als auch zu Ihrer Entscheidung, diese lange Sitzung bereits für erste Erleuchtungen genutzt zu haben. Ich möchte Ihnen in dem Fall jedoch zusätzlich raten, bei Gelegenheit Ihre Ernährungsgewohnheiten zu überprüfen. *Halt! Ehe Sie jetzt gleich wieder hinausstürmen ins andere Leben: Sehen Sie doch erst nach, ob Sie schon gespült haben!*

ααα

Zweiter Teil: Wovon soll hier die Rede sein?

Ich stelle nun eine Reihe von Begriffsklärungen vor, die auch als Grundlage für die im dritten Teil aufgestellten Behauptungen dienen sollen. Damit hoffe ich, halbwegs einzukreisen, was *ich* meine, wenn ich diese Wörter benutze. Ich weiß, dass deine Möglichkeiten, mich falsch zu verstehen, damit nur unwesentlich eingedämmt sind. Es ist nämlich so, dass auf dieser Welt keine Sprache existiert, die Verstehen garantieren könnte. Erst mit der Zeit findet man da mit Mühe zusammen und bekommt eine Ahnung, was der andere wohl meinen *könnte*, wenn er Wörter – Symbole von Symbolen – benutzt. Im Alltag spielt das zwar meist keine Rolle, doch grundsätzlich sollte man sich schon immer wieder vergegenwärtigen, dass wir nach wie vor im Zustand der Babylonischen Sprachverwirrung leben.

Vorbemerkung zum Glossar: Die Babylonische Sprachverwirrung

Wörter, also sinnvolle Geräusche, und sonstige Symbole, sowie deren Verknüpfungsregeln zu Aussagen, wie es in der Formalen Logik bei noch höherem Abstraktionsgrad heißt, sind nur *Symbole von Symbolen*. Damit ist gemeint, dass wir unsere individuellen und kollektiven Einbildungen über die Welt an sich – das ist die erste Symbolebene – mit sprachlichen Symbolen nochmals repräsentieren. Das ist dann die zweite Symbolebene. Eine Folge davon ist, dass keiner mehr wirklich wissen kann, wovon der andere spricht und was der tatsächlich meint, selbst wenn der Betreffende dabei kollektiv akzeptierte Symbole korrekt produziert und verknüpft. Zieht er es vor, eigene Symbole anstatt der kollektiven zu benutzen, versteht ihn ohnehin keiner. (Am wenigsten sein Irrenarzt.) Aus diesem Grund spekulieren wir je nach Art unserer Erfahrungen mehr oder weniger drauf los in der Hoffnung, dass wir schon irgendwie richtig liegen werden:

»Mein Kurti kommt jetzt im Herbst auf die Sonderschule«.

»Na ja, warum nicht. – Wenn er das Zeug dazu hat.«

Da wir unsere Spekulationen selten als solche erkennen, und wenn, sie nur selten überprüfen, und außerdem auch blinde Hühner zur

Bestätigung gelegentlich ein Korn finden, ist es für uns ausgesprochen schwer geworden überhaupt noch zu bemerken, dass unsere so genannten *Dia*-loge in Wirklichkeit kaum mehr sind als *Mono*-loge. (Mensch, ist das jetzt ein seltsamer Satz geworden. Lies ihn besser nochmals.) In der Herrentoilette der U-Bahnhaltestelle München Universität stand ein Spruch an der Wand, den ich in meiner damals ohnehin depressiven Grundstimmung für absolut wahr hielt und der auf einer gewissen Ebene meiner Ansicht nach weiterhin stimmt. Er hieß: »Jeder lügt. Aber das macht nichts, weil sowieso kein Schwein zuhört.« Nun, für den Alltag reicht es in der Regel trotzdem.

Selbstverständlich wirst du bemerken, dass meine Begriffsklärungen – auf Deutsch sagt man Glossar, nicht wahr? – selber jede Menge von Behauptungen enthalten. Ich bin daher in besonders großem Maß darauf angewiesen, dass du mir freundlich gesonnen bist und mich tatsächlich verstehen *willst*, anstatt meine Behauptungen sofort zu attackieren, obwohl ich damit wahrscheinlich dein Glaubenssystem bedrohe. Ich bin sogar *darauf angewiesen*, dass du bald nach *Ähnlichkeiten* zwischen den hier vorgestellten Sichtweisen und deinen eigenen Erfahrungen suchst, anstatt nach Unterschieden. Die gibt es selbstverständlich ebenfalls, das ist klar. Ich hoffe also, dass du deinen bisherigen Standpunkt wenigstens vorübergehend verlassen willst und probeweise einige der hier vorgeschlagenen testest, denn auf diese Weise *siehst* du auch etwas anderes als bisher. Willst du allerdings deine gegenwärtige Sichtweise verteidigen – die ich dir ohnehin nicht nehmen könnte, selbst wenn ich das wollte – dann bin ich hier aufgeschmissen: Ich kann mich dir nicht mehr mitteilen, denn damit hast du mich ausgesperrt. Das muss ich natürlich ertragen und darf nicht jammern. So ist das mit der Freiheit: Jeder darf die Welt sehen, wie er will und er darf das, so lange er will.

Ich möchte dir hier jedoch einige ungewöhnliche von vielen anderen möglichen Sichtweisen vorstellen und dich damit nicht bestehlen, sondern bereichern. Ich bin nämlich eine edle Seele, *genau wie du*. Wie weit du mir allerdings erlaubst, dich zu bereichern, liegt nicht in meiner Hand, sondern ausschließlich in deiner. In meiner Hand liegt es, eine Form zu finden, von der du dich angesprochen fühlst und die dir soweit entgegenkommt, dass du interessiert genug bist, dich von diesen Ideen wenigstens ansatzweise erinnern zu lassen an das, was du eigentlich schon immer wusstest.

Und das ist dann auch schon alles, was du mit Wörtern erreichen kannst: Du kannst mit ihrer Hilfe auf etwas »hindeuten«, was du Wirklichkeit nennen darfst. Aber sei dir darüber im Klaren, dass mehr für dich nicht drin ist. Das Schauen auf die Wirklichkeit findet nämlich ohne Wörter statt. Sobald dein Verstand mit seinen Wörtern und sonstigen Symbolen aktiv wird, ist der Kontakt zur Wirklichkeit wieder vollständig abgerissen. Es gibt in der Welt keine Katzen oder Bäume oder sonst irgendwas in dieser Art, denn das sind keine Wirklichkeiten, sondern das sind *Kategorien* – Schubläden quasi, in die dein Verstand sofort alles steckt, was du wahrnimmst, damit du deine Scheinordnung aufrecht erhalten kannst. Es gibt nur konkrete Erscheinungen im Hier und Jetzt, mit denen du entweder in Kontakt sein kannst, oder eben nicht, wenn du stattdessen darüber redest oder über sie nachdenkst.

Ja, diese Babylonische Sprachverwirrung. Erst wenn ich in Liebe erkenne, dass ich mit allem Lebendigen tatsächlich Eins bin und dass es nie anders war, sondern nur so erschien, und dass mein wahres Wesen Geist ist, hört diese Sprachverwirrung auf. Sprache ist damit überflüssig geworden, weil Symbole im Zustand der Einheit nicht benötigt werden. Da existiert nur Seiendes, das erkannt wird und an dem jeder teilhaben kann, sofern er sich nicht selbst ausgeschlossen hat. Im Zustand der Erkenntnis dieser Einheit werden weder Symbole noch Wahrnehmung benötigt. Deswegen gibt es auch keinerlei Debatten mehr über irgendetwas. *Erkenntnis ist jenseits von Wahrnehmung und Zeit und daher auch jenseits von Gut und Böse.*

Also nochmals: Symbole sind keine Wirklichkeit, denn vom Lesen der Speisekarte wirst du nicht satt. Symbole sind nichts weiter, als dass beispielsweise jemand Geräusche produziert in der Hoffnung, dass seine Geräusche von anderen wohlwollend in seinem Sinn *dechiffriert* werden – was jedoch eher selten der Fall ist; oder er hat Farbe nach einem gewissen System auf ein Trägermedium aufgetragen, etwa auf ein Blatt Papier, und danach hofft er das gleiche wie der Geräuschemacher, nämlich, dass seine Symbole von anderen gelesen und verstanden werden. Symbole bewirken nichts, weil sie keine Wirklichkeit haben. Sie bewirken höchstens indirekt etwas, und zwar dadurch, dass jemand an sie *glauben* muss und dass er danach entsprechend seines Glaubens handelt. Er muss für wahr halten, was diese Symbole für ihn *repräsentieren.* Symbole bilden nämlich Bedeutungen ab. Bedeutungen sind jedoch keine Wirklichkeit, sondern Ansichtssache. Weiterhin sind Bedeutungen eng mit den Erfahrungen aus deiner Vergangenheit verknüpft. *Wörter binden dich daher an deine Vergangenheit.*

Symbole sind Erinnerungshilfen und *deuten* auf Wirkliches oder auf ehemals Wirkliches hin; wenn du sie als derartige Hilfsmittel erkennst, können sie dir nützlich sein. Es gibt davon jede Menge, damit für jeden etwas dabei ist. Längst Vergangenes oder Abwesendes wird auf diese Weise immer wieder präsentiert und jede dieser symbolischen Repräsentationsformen zeigt dir eine von vielen möglichen Ansichten. Ansichten kann man bekanntlich haben, soviel man will. Je mehr, desto besser. Darüber sollte man jedoch nicht streiten, denn Streiten zeugt von Dummheit. Dummheit ist in dem Fall, wenn du deinen gegenwärtigen Standpunkt, deine gegenwärtige Ansicht, für einzig wahr hältst und damit automatisch alle anderen Standpunkte für falsch erklärst – und das wiederum gibt automatisch Ärger.

Sachverhalte und Erinnerung

Ich habe mir in den letzten Jahren angewöhnt, scharf zu trennen zwischen *Fakten* einerseits (zu Deutsch: dem Gemachten, der Tat) und meinen *Ansichten* dazu andererseits. *Moral* wollte ich dabei am besten ganz raushalten, obwohl das anfangs recht schwierig für mich war, denn ich war die längste Zeit meines bisherigen Lebens ein ausgeprägter Moralist und das hat mich oft in beträchtliche Schwierigkeiten gebracht.

Im Alltag sind diese Bereiche total miteinander vermischt und erzeugen auf diese Weise ein klebriges, undurchdringliches Gemenge. Damit aber werden klares Denken und korrektes Wahrnehmen unmöglich: Es entsteht Verwirrung.

Sachverhalte existieren in der Gegenwart und können von jedermann korrekt wahrgenommen (»gemessen«) werden, sofern er sich nicht davor verschließt. Einer der wichtigsten ist dabei, dass die Vergangenheit bereits vergangen ist und daher erst wieder vergegenwärtigt werden muss, wenn man sie nochmals erfahren will.

Gut, der Mensch ist frei und kann sich erinnern so oft er will – woran auch immer. Er kann sich an all das erinnern, was er aus gewissen Gründen »neu« erleben will, obwohl es schon lange vorbei ist. (*Geistesgegenwärtig* zu sein wäre da eine wirklich reizvolle und beglückende Alternative.) Hindus und Buddhisten sagen zu der Eigenheit des Geistes, sich andauernd an Vergangenes zu erinnern, um es festzuhalten, Anhaften und halten das für die Ursache des Leidens. Was ich aber wirklich seltsam finde: Wieso erinnern sich viele Menschen bevorzugt an Schlimmes? Unser Nervensystem ist nämlich darauf programmiert, dass es Schlimmes bevorzugt löscht. Sehr seltsam ist das, findest du nicht? Wieso hören sie damit nicht einfach auf, sondern machen stattdessen eine Psychotherapie?

Es gibt dafür, wie bereits erwähnt, gute Gründe, obwohl die Entscheidung, sich andauernd an Schlimmes zu erinnern, komplett verrückt ist, weil das Schlimme dann nie vergehen kann. Einer der guten Gründe ist, dass wir vergangene schlimme Erfahrungen bei jeder Gelegenheit wieder erinnern, *um uns später vor ihnen zu schützen oder sie endlich zu einem guten Ende zu bringen*. Das ist wirklich verrückt, weil diese Erfahrungen längst vergessen wären, wenn wir sie nicht andauernd erinnern würden, um sie endlich abschließen zu können, obwohl sie doch längst vorbei sind. Wir machen das, weil wir die schlimmen Erfahrungen und die zugehörigen Personen (inklusive uns selber) mit einem *Urteil* versehen: Wir wollen dabei »Gerechtigkeit« herstellen und die soll durch diese endlosen Wiederholungsversuche erreicht werden. Wir versuchen das so lange, bis wir es irgendwann schaffen, ein solches Ende herbeizuführen, das uns als gerecht erscheint. Aber so etwas funktioniert nicht.

Wie sollte das denn gehen? Etwa durch nachträgliches Bestrafen derjenigen, die damals böse waren? *Notwendig wäre die Einsicht, dass es Ungerechtigkeit überhaupt nicht gibt, sondern nur Lektionen, die wir zu lernen haben, um die »Aufhebung des Vergessens« zu erreichen: Die Aufhebung des Vergessens daran, wer wir wirklich sind.*

Zur kontrollierten Veränderung meiner unbewusst erinnerten Zustände, um also aus diesen Endlosschleifen endlich einmal herauszukommen, muss ich natürlich wissen, was ich *jetzt* tatsächlich mache und ich darf mir da nicht in die eigene Tasche lügen. *Für eine kontrollierte Veränderung ist unbedingte Voraussetzung, dass man auf dem Boden der Tatsachen steht, weil ausschließlich auf dieser Ebene etwas bewegt werden kann.* Stehe ich nicht auf dem Boden der Tatsachen, und zwar *genau jetzt* (anders geht's ohnehin nicht), sondern bilde ich mir statt dessen etwas ein, etwa, dass es »jetzt hier« wieder genau so sei wie »damals dort«, dann bin ich nicht mehr Beweger, sondern ich bin Bewegter geworden, Opfer statt Macher, Kind statt Erwachsener – und die Vergangenheit wiederholt sich scheinbar erneut, denn wenn ich eine Erinnerung nicht als solche erkenne, muss ich sie wiederholen.

Woran ist eine Erinnerung nun zu erkennen? *Ich erkenne sie daran, dass ich aufgeregt werde* und dabei Befürchtungen oder Erwartungen habe. Sobald das geschieht und ich hierbei nicht aufmerksamer Beobachter bleibe, der auch diese Aufregung genau beobachtet, verlasse ich sofort den Boden der Tatsachen und bin daher außerstande, *jetzt* Veränderungen auszuführen, denn Hier und Jetzt ist der einzige Ort, an dem überhaupt etwas geschehen kann.

Ich muss mich beruhigen und besinnen, wenn ich Neues erschaffen will, muss nachschauen, anstatt nur nachzudenken. Wer nach Klarheit strebt, der muss die gegenwärtigen Tatsachen zur Kenntnis nehmen, denn über Tatsachen gibt es keine Zweifel. *Erinnerungen sind aber keine Tatsachen,* sondern wiederbelebte vergangene Zustände. *Sie sind nicht real, sondern nur virtuell.*

O.k. – nun zum Glossar:

Achtsamkeit: Allheilmittel

Wenn du etwas verändern oder gar loswerden willst, dann ist natürlich Voraussetzung, dass du es erst einmal bemerken musst. *Was dir nicht bewusst ist, kannst du nicht verändern.* Es ist dann so, dass du gesteuert bist, anstatt zu steuern. Aber auch das, was du bemerkst, weil es dir auffällt, kannst du nicht verändern, wenn du es ablehnst, anstatt es interessiert und ganz genau zu studieren. Durch deine Ablehnung wird es nur schlimmer.

Die Auflösung aller Probleme, die du haben kannst – auch die mit deinen Mitmenschen – geschieht durch *Üben der Achtsamkeit.* Wende dich interessiert all dem zu, was dich stört und nicht nur dem, was dir in deinen Kram passt (das wäre aber schon mal ein guter Anfang), und beobachte achtsam und gesammelt, was sich da *abspielt.* Entweder löst sich der Spuk wie von selbst alleine durch Beobachten auf, oder du findest jetzt eine *elegante* Wendung, wie du das Ganze beenden kannst.

Aber sei dir klar: die Wirklichkeit kannst du damit natürlich nicht verändern oder auflösen. Das ist auch überhaupt nicht nötig. Die Wirklichkeit zu erkennen, wie sie tatsächlich ist, ist ja schon die Auflösung deiner Probleme! *Darum geht es: Illusionen aufzulösen, die*

Ursachen aller Probleme sind. Achtsamkeit wäre so nur ein anderes Wort für Bewusstheit.

Im Zen-Buddhismus heißt es: Vor der Erleuchtung Holz hacken und Wasser holen. Nach der Erleuchtung Holz hacken und Wasser holen. *Meditiere über den Unterschied.*

Achtsamkeit ist etwas anderes als Aufmerksamkeit: Achtsamkeit ist wie eine Lichtquelle, die nach *allen Seiten* Licht ins Dunkel bringt, und Aufmerksamkeit ist wie eine Taschenlampe, die nur in eine bestimmte Richtung auf etwas leuchtet. Bei Achtsamkeit bist du interessiert und völlig frei von Voreingenommenheit jeder Art, und bei Aufmerksamkeit bist du auf eine gewisse Weise fixiert; das führt schnell dazu, dass du eine Art von Tunneleffekt erzeugst und in Trance fällst, wenn du nicht achtsam bist. Das kann schön sein, aber du verlierst dabei die Kontrolle über die übrigen Sachverhalte, die vielleicht noch wichtig und zu beachten sind. *Wenn's dumm läuft, dann beobachtest du ganz aufmerksam und fasziniert eine Grille mitten auf der Straße und wirst zusammen mit der von einem Auto überfahren.*

Ambivalenz: anderes Wort für Konflikt

Es gibt gar keine Ambivalenz. Das Wort bedeutet Doppelwertigkeit und wir meinen damit gewöhnlich ein gleichzeitiges Nebeneinanderbestehen entgegengesetzter Gefühle wie etwa Liebe und Hass. Eine Sache kann aber *nicht gleichzeitig zwei* Sachen sein. Unser Bewusstsein kann nur in einem einzigen Zustand sein und nicht gleichzeitig in zwei oder mehr. Allerdings kann es, manchmal sogar sehr schnell, zwischen zwei Zuständen *oszillieren.*

Dieses »Unentschieden« wirkt unangenehm und erscheint schnell als gleichzeitiges Existieren von zwei gegensätzlichen Zuständen, wenn man nicht genau genug beobachtet. Manchmal zittert ein Lebewesen sogar, so stark kann dieses Oszillieren zwischen den verschiedenen Zuständen werden (z.B. Flucht oder Angriff). Eine *Entscheidung* löst diesen unangenehmen Zustand aber recht zügig auf. Ambivalenz wäre also ein Zustand, der vor deiner Entscheidung besteht. Du kannst hier frei bestimmen, was nun künftig für dich wirklich sein soll.

Das ist doch schön, findest du nicht?

Noch schöner wäre jedoch, dass du nicht nur entscheidest, sondern dass du eine *Wahl* triffst, denn dabei wird klarer, dass es nicht um ein Urteil geht, dass du das nicht Gewählte also nicht abzulehnen brauchst. Wenn du Schokoladeneis wählst, musst du Vanilleeis nicht ablehnen. Bei nächster Gelegenheit wählst du dann eben Vanilleeis, weil das besser zu Eiskaffee passt.

Anamnese: Wiedererinnern

Das ist die Angelegenheit, um die es ganz grundsätzlich geht: Es geht um die *Aufhebung des Vergessens* (das ist die Übersetzung dieses altgriechischen Wortes), um das Wiedererinnern an denjenigen, der wir *wirklich* sind, anstatt die Illusionen unseres Egos, dieses kleinen Kerls dort im Spiegel, für die Wirklichkeit zu halten. Ich bin der Seiende, der ewig Werdende. Ich bin das göttliche Nichts, das den Kleinen dort im Spiegel anschaut – den, der zur Welt gehört. Ich selbst bin Leere, unvergängliches und zeitloses Gewahrsein, unberührter Bildschirm, auf dem alles erscheint und auch wieder vergeht. Der Bildschirm selbst bleibt unberührt von allen Erscheinungen, die darauf zu sehen sind. (Wer putzt denn die Bildröhre seines Fernsehers, wenn da ein Film zu sehen war, in dem Dreck und Blut spritzten?)

Die meisten kennen das Wort Anamnese aus therapeutischen Zusammenhängen, etwa wenn der Arzt versucht herauszufinden, woher die Störungen kommen, die sein Patient beklagt. Bedauerlich ist jedoch, dass Anamnesen *nicht gründlich und radikal genug* durchgeführt werden, sondern sich nur auf der Ego-Ebene und der Ebene der Materie bewegen, manchmal sogar ausschließlich auf der Ebene unserer biologischen Maschine, unseres Körpers. Gut – das hat hier zwar einen gewissen Nutzen, bringt aber nicht die Erinnerung an das *Wesentliche* zurück.

Angst: Folge eines fundamentalen Irrtums.

Im *Zustand* Angst (übersetzt heißt es Enge) besteht der grundsätzliche Irrtum darin, dass man sich als völlig abgetrennt erlebt, sobald man sich auf diversen Ebenen zusammenzieht und verschließt, um sich zu schützen: Wir haben unser Ego erfunden. Anstatt zu sehen, dass man in Wahrheit *immer* in Gemeinschaft ist und selbst tatsächlich unermessliche Weite ist und unermesslich geliebt wird, entsteht durch diese Illusion des Egos ein unüberbrückbarer Abgrund zur Welt und zu den Mitmenschen und somit Furcht. *Ein Mensch trennt sich in dem Augenblick ab von dieser Gemeinschaft, sobald er sich mit seinem Körper identifiziert: Er ist damit ein »Egoist« geworden und hat vergessen, dass er zwar einen Körper hat, aber selber reines Gewahrsein ist.*

Du hast im Prinzip eine einfache Wahl: Du kannst dich entweder öffnen und erkennst auf diese Weise, dass du andauernd mit anderen verbunden bist und dann freust du dich. Oder du ziehst dich zusammen und verschließt dich, fängst sofort an zu fantasieren und erzeugst einen Zustand der Enge. Selbst wenn du dir dabei einbildest, toll und großartig zu sein, so wird doch am Ende wieder ein Zustand von Enge sein.

Es ist sinnlos, einen Unterschied zwischen Furcht und Angst zu postulieren und es gibt auch keine gesunde und berechtigte Angst – höchstens eine verständliche – denn es gibt nur zwei Seinszustände in Variationen: Einen offenen Zustand Liebe und einen geschlossenen Zustand Angst, in dem wir ausschließlich Einbildungen erzeugen. *Da Angst ein selbst erzeugter Zustand ist* und nicht eine äußere Macht, die dich besetzt und mit dir etwas macht, was du nicht willst, kann sie von dir auch nicht in irgend einer Weise sinnvoll bekämpft werden. Derartige Versuche würden deinen Zustand nur verschlimmern. *Bekämpfen ist ja die Ursache dieses Zustandes*: Indem du dich verschließt, weil du etwas ablehnst (verurteilst), entsteht erst diese eingebildete Teilung – dein Urteil, das die Illusion zur Folge hat, dass da draußen etwas anderes sein könnte als hier drin. Du brauchst doch nichts zu bekämpfen, das in Wirklichkeit überhaupt nicht existiert, sondern Folge deiner Einbildung ist. Es würde für eine Auflösung dieser Einbildung völlig reichen, wenn du dich wieder darauf besinnst, wer du wirklich bist, dich wieder öffnest und anfängst, genau zu beobachten.

Die ersten dumpf-dramatischen Erfahrungen eines Abgetrenntseins entstehen bei der Geburt und in der frühen Kindheit, und zwar dadurch, dass auf bestimmten Ebenen eine Trennung von der Mutter stattfindet. Eine solche Trennung ist notwendig, damit du weiter wachsen kannst. Sie ist in der frühen Kindheit nur körperlich, denn seelisch bleibt das Kleinkind noch eine Weile in der Einheit mit der Mutter: Die *seelische Nabelschnur* bleibt deutlich länger erhalten als die körperliche. Für ein kleines Kind ist aber das körperliche Abgetrenntsein von der Mutter schlimm genug, denn die seelische Verbindung mit ihr ist ihm nicht bewusst. Diese Erfahrung löst beim Kleinkind eine berechtigte Todesangst aus und hat für die weitere Entwicklung des Menschen eine gravierende Folge, wenn er nicht erkennt, dass es totale Abgetrenntheit nicht wirklich gibt: Er entwickelt nämlich deswegen kompensatorisch ein Ego. Der fundamentale Irrtum, dass man abgetrennt und ein andauernd von Schmerz und vom Absterben bedrohter Körper sei, stresst ganz ungemein und bestimmt bei den meisten Menschen deren ganzes Leben. Sie versuchen zum Beispiel bis zu ihrem körperlichen Tod, das Sterben ihres Körpers zu verhindern oder mit den scheinbar äußeren Mächten wieder eins zu werden, indem sie mit ihnen verschmelzen wollen. So können sie nicht zur Ruhe kommen. Die Strukturen, die bei diesen vergeblichen Versuchen entstehen, kannst du meinetwegen *Ego* oder *Persönlichkeit* oder *Charakter* oder *falsches Selbst* oder *Über-Ich* nennen. Sie sind alle zusammen ein und dasselbe, nämlich nur eine Illusion.

Der Irrtum, auf dem Angst in jeder Form letztlich beruht, besteht also in einer fundamentalen Verwechslung: *Ich glaube jetzt, ich bin mein Körper und daher bilde ich mir ein, abgegrenzt, mangelhaft und verletzbar zu sein und unvermeidlich total vernichtet zu werden*; durch diese Verwechslung entsteht das Ego, das diese Vernichtung verhindern will. Gleichzeitig entsteht mit dem Ego ein *Urteil*, das eine Art von eingebildeter Spaltung des Geistes darstellt, die so genannte *Erbsünde*: »Da draußen« ist für das Ego etwas wesentlich anderes als »hier drin«. Zunächst ist es hoffentlich etwas Leben Spendendes, die gute Mutter – aber vielleicht auch etwas Böses, die böse Mutter, die dich sterben lassen oder dich verletzen könnte. Wenn Das da draußen als etwas Leben Spendendes angesehen wird, fürchtet Ich, es wieder zu verlieren und daher sterben zu müssen. Wenn es als böse und gefährlich angesehen wird, muss dieses Böse ganz weg und das Gute soll wieder hier sein, damit Ich mit diesem Guten wieder eins sein kann, sonst muss Ich ebenfalls sterben. Aber Ich will bleiben und leben *in alle Ewigkeit*.

Es entsteht am Anfang meiner Karriere als Mensch daher folgender Konflikt:

Einerseits will »ich als Körper« am Leben bleiben, indem ich mit der guten Mutter wieder verschmelze. Aber dann hört Ich ja auf, als etwas Eigenständiges zu existieren, das sich entwickeln und verwirklichen *muss*. (Der Trotz ist in dieser Zeit eine etwas unbefriedigende Zwischenlösung bis zur ersehnten Wiedervereinigung.) Andererseits entsteht Todesangst, sobald ich mich als abgetrennt von ihr erlebe und keine Alternative vorfinde, etwa eine Ersatzmutter. Ein kleines Kind hat keine Wahl: Ohne die wärmende und nährende Mutter wird es sterben. (Man fürchtet sich übrigens auch als Erwachsener nur dann, wenn man glaubt, keine Wahl zu haben. Sobald du erkennst, dass du *jetzt* sehr wohl eine Wahl hast, verschwindet deine Angst wieder.)

Und wenn kein Papa da ist, hast du ebenfalls keine Wahl: Du darfst es mit der Mama nun nicht verderben, sonst hast du am Ende gar nichts mehr. (Der Papa ist übrigens der, der mit der Mama fertig wird. Scheint das nicht der Fall oder scheint er böse zu sein, dann ist er für das Kind keine Alternative.) Das ist fast wie bei einem, der nur noch eine Niere hat: Fällt die andere ebenfalls aus, muss er sterben.

Angst ist bei Erwachsenen im Grunde nie gerechtfertigt, sondern das Ergebnis einer Zeitreise in die Kindheit. Sie ist nichts weiter als eine Erinnerung, verbunden mit der damaligen Tatsache, keine Wahl zu haben, die mit zu dieser Erinnerung gehört. Als Kind musste ich damals lernen, mich zu verschließen, um mich auf diese Weise zu schützen. Wo hätte ich denn hinlaufen sollen, um mich zu verstekken? Hinter ein Feigenblatt vielleicht? (Wirklich ein tolles Versteck.) Wenn ich mich ängstige, mich eng mache, verschwindet Ich sozusagen in meinen Körper hinein, den Ich dabei *zusammenzieht*. (Spannung im Körper bedeutet daher Nein.) Der Körper hält jetzt quasi die Stellung und soll Ich im Körper drin durch seinen Muskelpanzer schützen. Ich ist nun zwar darin versteckt und so einerseits »verschwunden«, ist andererseits aber als verletzlicher Körper weiterhin präsent und fühlt sich deswegen leider trotzdem nicht geschützt.

Beim Zustand des Ängstigens, des sich eng Machens, ist dann ein weiterer Irrtum wirksam, nämlich dass eine bedrohliche Situation aus der Vergangenheit in der Gegenwart nach wie vor bestehen würde. Dieser Irrtum entsteht, wenn ich Erinnerungen nicht als solche erkenne und deswegen die vergangenen Erfahrungen scheinbar wie in einem Endlosfilm wiederholen muss (»jetzt geht *das* schon wieder los!«). Ein Gegenmittel gegen diese Wiederholungen ist, sich möglichst schnell zu beruhigen und zu besinnen, also seine fünf Sinne zu benutzen: Was ist *jetzt tatsächlich* zu sehen, zu hören usw.? Dadurch erkenne ich, dass ich *jetzt* natürlich schon eine Wahl habe und dass *ES jetzt* anders ist als damals, als ich noch ein Kind war. *Jetzt* kann ich Dinge tun, die ich damals tatsächlich nicht tun konnte. Ich kann *jetzt* etwa zum Chef sagen: »Boss, ich habe mein Bestes gegeben und wenn das nicht reicht, musst du mir eben kündigen.« Das mag zwar hart kommen, doch ich werd's überleben. Aber ein Kind kann nicht zu seinem Vater sagen: »Papa, wenn ich dich nerve, dann mach' meine Papiere fertig und ich such' mir andere Eltern.« (Das geht auch später nicht, sich andere Eltern suchen zu wollen.)

Bei den unvernünftigen Tieren ist eine vernünftige Art des Umgangs mit diesem Problem gut zu beobachten, das man folgendermaßen beschreiben könnte: *»Wann ist es besser, rechtzeitig freiwillig zu verschwinden, damit ich nicht verschwinden muss, indem ich gefressen werde?«* Bei Tieren kann man gut sehen, dass für die Lösung dieses Problems nur das Notwendigste getan wird und keine weiteren überflüssigen und daher unpassenden Handlungen ausgeführt werden. Die Natur ist, wie schon erwähnt, sehr ökonomisch:

Wenn beispielsweise die Katze erscheint, sollte die Maus rechtzeitig verschwinden. Macht sie das nicht rechtzeitig freiwillig, verschwindet sie nämlich, indem sie von der Katze gefressen wird. Sie lebt danach gewissermaßen in anderer Form in der Katze weiter, hat aber selber natürlich nichts mehr davon, weil ihr Maussein vermittels Gefressenwerden durch die Katze innerhalb einiger Stunden in Katzenartiges transformiert wird. Der von der Katze nicht weiter transformierbare Mäuserest wird von der später ausgeschissen, hat jedoch mit Mausartigem auch bei genauerer Betrachtung dann nichts mehr zu tun. Die Maus ist also verschwunden, die Katze bleibt – wenigstens so lange, bis Bello kommt. Dann ist es für sie wohl besser, sie verschwindet ebenfalls, obwohl Bello Katzen gewöhnlich nicht frisst, sondern sie nur ziemlich beißt, sofern diese nicht rechtzeitig freiwillig verschwinden. Fürchten wird sich die Katze erst, wenn Bello kommt und sie verschwinden will, aber das nicht geht, weil sie keine Fluchtmöglichkeit hat. Sie versucht dann wenigstens zu kämpfen, was die meisten Bellos in dieser Welt doch recht überraschen und beeindrucken kann und sie möglicherweise dazu veranlasst, ihren Katzenmassaker-Plan wieder aufzugeben.

Wann und auf welche Weise Tiere verschwinden oder bleiben, hat die Mutter Natur im Lauf der Zeit durch die Gesetze der Evolution in Form von Instinktprogrammierungen geregelt. Tiere können derartige Konflikte also vermittels ihres »Rassegedächtnisses« lösen. (Das Instinktprogramm eines Tieres ist bei der hier vertretenen Sichtweise die Auswirkung eines Gedächtnisfeldes der jeweiligen Rasse. Diese Programmierungen sind – im Gegensatz zu Schizophrenie und Alkoholismus beispielsweise – tatsächlich in gewisser Weise vererbbar.) Allen Tieren ist aber gemeinsam, dass sie sich nach einer unangenehmen Erfahrung nicht anschließend noch monatelang aufregen oder gar eine Psychotherapie beantragen (ICD-10-Diagnose: Anpassungsstörung), sondern sie beruhigen sich bald und machen wieder business as usual.

Ein Torero fürchtet den Stier in der Arena nicht und er ist nicht böse auf ihn, sondern er ist gesammelt, klar und geistesgegenwärtig und weicht rechtzeitig *elegant* aus, sobald der Stier kommt. Wenn er sich aber vor Stieren fürchtet oder auf Stiere böse ist – was auf dasselbe herauskommt – vielleicht, weil er als Kind einmal unangenehme Erfahrungen mit einer Kuh gemacht hat, dann sollte er nicht Torero sein, sondern besser mit Murmeln spielen, denn er würde so nur die Rentenkasse der Toreros durch sein frühzeitiges Ableben entlasten. Aber Leichtsinn ist in der Arena ebenfalls nicht angebracht.

Es ist auch vollkommen überflüssig, eine Angst vor Lastwägen zu entwickeln, damit du von Lastwägen nicht überfahren wirst. Es reicht, aufmerksam zu sein, damit du sie rechtzeitig sehen und ausweichen kannst, wenn einer daherkommt und nicht bremst. Dabei ist es ratsam, sogar auf dein Vorfahrtsrecht zu verzichten und lieber selber zu bremsen, falls sich einer zu Unrecht die Vorfahrt nimmt, weil das deine Überlebenschancen deutlich verbessert. Auf deinem Vorfahrtsrecht zu beharren und dazu kräftig zu hupen wäre in diesem Fall dumm. »Der Klügere gibt nach«, lautet die Empfehlung des Volksmundes. *Klüger ist derjenige, der gerade ruhiger ist, weil er dadurch automatisch klarer wird.* Wer aufgeregt ist, der ist gerade der Dümmere. Er sollte sich zunächst beruhigen, ehe er entscheidet und danach entsprechend handelt. Wer aus Angst nachgibt, der ist eben nicht der Klügere, sondern der Dümmere. Diese Art von Nachgeben funktioniert nicht, sondern die Sache wird schlimmer.

Eine Verwechslung des Selbst mit dem Körper hat zur Folge, dass man der irrigen Annahme unterliegt, *wesentlich* sterben zu müssen. Wer seinen Körper als das Wesentliche ansieht, der ja wirklich verletzbar ist, Mangel erleiden kann, älter wird und schließlich sterben muss, bei dem führt diese Verwechslung zu weiteren Befürchtungen aller Art, wie sie zum Beispiel bei Hamsterern gut zu beobachten sind: Die fürchten ja insgeheim, doch noch verhungern und dadurch verschwinden zu müssen, sofern sie nicht ausreichend Nüsschen zurückhalten für die befürchteten Notzeiten. Daher hamstern sie bei jeder Gelegenheit Geld, Zeit oder was ihnen sonst an überlebenswichtig erscheinenden Nüsschen unterkommt. Ihre Annahme, dass ganz bestimmt wieder Notzeiten hereinbrechen werden und dass es daher existentiell wichtig ist, genügend Nüsschen zu horten, ist eine Folge dieser Verwechslung und eine Erinnerung an eine Zeit, die längst vergangen ist und die erst erneut vergegenwärtigt werden muss, damit sie erneut bestätigt werden kann.

Die Welt ist in gewissen Situationen scheinbar wirklich gefährlich für unseren biologischen Automaten. Das ist jedoch nur dann der Fall, wenn du noch ein Kind bist oder wenn du als Erwachsener noch nicht Herr im Haus deines Lebens bist. Sogar der Körper, der ja ebenfalls Teil dieser Welt ist, kann mir in dieser Zeit als fremd erscheinen – etwa wenn er mir nicht gehorcht, sondern anders funktioniert, als mir das jetzt in den Kram passt. (Jeder Mann mit Potenzproblemen versteht diesen gewöhnlich als unangenehm erlebten Sachverhalt sofort.) *Der Körper kann jedoch in Wirklichkeit von sich aus überhaupt nichts tun.* Es entsteht nur von einem bestimmten zwiespältigen Standpunkt aus dieser Eindruck. Mein Körper ist nämlich völlig neutral und reagiert *ausschließlich* auf meine Bedienungsanweisungen, selbst wenn diese unbewusst erfolgen. Das funktioniert im Prinzip wie bei einem Auto oder einer anderen Maschine, beispielsweise einem Computer. *Ich sollte schleunigst herausfinden, wie diese biologische Maschine optimal bedient wird, damit sie mir optimal dienen kann.*

Elisabeth Kübler-Ross, bekannt geworden durch ihre Forschungsarbeit mit Sterbenden, wies darauf hin, dass es nur zwei natürliche Arten von Angst gibt: Erstens die Angst, aus großer Höhe herabzufallen, und zweitens der Schreck, wenn es einen überraschenden lauten Knall gibt. Dann erschrickt wahrscheinlich sogar ein Zen-Meister. (Allerdings sind diese Burschen bekanntlich sehr schwer zu überraschen.) Beide Ängste können überwunden werden, die Programme selbst sind wohl angeboren und nicht zu löschen. Jeder Fallschirmspringer weiß das: Selbst nach dem tausendsten Sprung muss er sich noch überwinden. Aber mit der Zeit gelingt das immer leichter. (Bei dieser angeborenen Art von Angst scheint es allerdings Ausnahmen zu geben: Die Mitglieder zweier Indianerstämme in Nordamerika sind offenbar schwindelfrei. Sie sind daher gesuchte und ausnahmsweise gut bezahlte Facharbeiter beim Bau von Wolkenkratzern.) *Alle anderen Ängste sind definitiv löschbar, weil sie »gelernt« und Folgen unserer Einbildungen sind. Alle gelernten Ängste sind grundsätzlich unberechtigt und sollten als Irrtum oder als Erinnerung erkannt werden. Die Vergangenheit aber ist ja bereits vollständig vergangen und hat daher keinerlei Wirkung mehr auf die Gegenwart – es sei denn, ich beschließe, die Vergangenheit erneut zu vergegenwärtigen.* (Dabei ist es sehr vorteilhaft zu wissen, was man tut.)

Ich will hier darauf hinweisen, dass es klug wäre, auftretende Ängste als *Informationsquellen* zu nutzen, anstatt sie zu bekämpfen oder ähnlichen Unsinn damit anzustellen, wie in manchen Therapieverfahren angeraten wird. Diese Störungen liefern nämlich meist deutliche Hinweise, in welcher Richtung unsere dahinter liegenden Irrtümer angesiedelt sind. Wenn wir unsere Ängste nicht bekämpfen, sondern sie aufmerksam untersuchen und die Zusammenhänge beobachten, in denen sie auftreten, dann können wir den zugrunde liegenden Irrtum früher korrigieren und Nutzen ziehen aus unserer Störung. Sei daher wissbegierig, anstatt sie zu bekämpfen. Im Prinzip handelt es sich bei Angst um einen *Prozess des Verschwindens*. Ein Konflikt entsteht erst, wenn ich gleichzeitig bleiben will, weil ich denke, keine Alternative zu haben. *Auf die rechte Art kannst du aber nur verschwinden, wenn deine Angst verschwunden ist.* Verschwindest du jedoch aus Angst, kannst du das Problem nicht lösen.

Häufig und völlig zu Recht tritt Angst auf, wenn ich auf einem falschen Platz sein will, einem Platz, der bereits besetzt ist und der mir nicht zusteht, beispielsweise der Platz von Opa. Auf dem stehe ich, wenn ich auf meine Eltern herabschaue und sie kleiner sehe, als mich selber.

Hier sind weitere Beispiele für inhärente Informationen:

Höhenangst tritt häufig auf, wenn ich sozusagen auf einem hohen Ross sitze und daher berechtigt befürchten muss, herunterzufallen. Wer, wie erwähnt, auf seine Eltern in irgendeiner Weise herabsieht, der sitzt in jedem Fall auf einem hohen Ross und wird mit Sicherheit entsprechend tief fallen. *Wer befürchtet, nicht gut genug zu sein*, der versucht meist, jemand zu sein, der er eben nicht ist und er muss zu Recht fürchten, entlarvt zu werden oder sonst irgendwie aufzufliegen. Gut genug bist du nämlich nur, wenn du du selbst bist. Dafür gibt es keinen Besseren im ganzen Universum. (Diese Angst ist bei uns sehr weit verbreitet.) *Wer die Öffentlichkeit scheut*, der fürchtet sich ebenfalls zu Recht: Er weiß im Innersten, dass er etwas getan hat, das nicht in Ordnung ist, denn sonst dürfte das ja jeder wissen. (»Tue recht und scheue niemand«, rät hierzu der Volksmund.) Jemand, der an einer *Klaustrophobie* leidet, braucht meist deutlich mehr Spielraum als er sich gerade einbildet zu haben. (Gut, das gilt jetzt allerdings für alle Ängste.)

Du kannst selber nach weiteren Beispielen suchen und dir dazu folgende Einsicht merken: *Wenn man auch den Kopf in den Sand steckt, der Hintern bleibt doch zu sehen.* (Japanisch)

Ist dir das jetzt zu banal? Na gut, dann schau eben selber nach. *Du bist die Autorität.* Und denk dran: die Welt ist einfach – wenn auch komplex – nicht kompliziert.

Aufmerksamkeit: Folge einer Wahl und Einleitung einer Trance

Im Zentrum meiner Aufmerksamkeit ist genau das, was ich ausgewählt habe, dass es jetzt sein soll. Aufmerksamkeit ist eine Fähigkeit, mit deren Hilfe ich das vergrößern kann, was ich gewählt habe. Wenn ich meine Aufmerksamkeit für eine gewisse Zeit fokussiere, das heißt, auf den ausgewählten Bereich ausrichte und dort verweile, entsteht automatisch eine *Trance.* Ich habe damit eine Möglichkeit, die mir zur Verfügung stehende Energie zu kanalisieren, sie zu strukturieren und auf diese Weise das zu erschaffen und zu vergrößern, was ich will. Die Fähigkeit Aufmerksamkeit ist ein Teil meiner göttlichen Schöpferkraft.

Die benötigte Energie zum Umwandeln von bereits bestehenden Formen und zum Erschaffen neuer Formen wird dann unter anderem mittels der *Affekte* bereitgestellt, also durch eine Form von Aufregung – egal, ob angenehm oder unangenehm. Der ganze Prozess verläuft nach dem Prinzip: »Dir geschieht nach deinem Glauben«.

Noch einmal anders formuliert: *Ich treffe eine bewusste oder unbewusste Wahl darüber, was für mich wirklich (wahr) sein soll,* halte nach den Beweisen dafür Ausschau (dazu sagt man Wahrnehmung), kanalisiere die mir zur Verfügung stehenden Energien auf diesen Bereich mittels meiner Aufmerksamkeit und den damit verbundenen Handlungen, rege mich dabei angenehm oder unangenehm auf – je nachdem, ob ich in einem Zustand der Liebe oder der Angst bin – und so wird das Ausgewählte ausgedehnt, also vergrößert und verstärkt. Dieser schöpferische Vorgang kann durchaus als Selbsthypnose bezeichnet werden. Damit erzeuge ich innerhalb eines gewissen Wahrscheinlichkeitsrahmens meine Wirklichkeit. Als Ergebnis geschieht mir nach meinem Glauben: Ich erschaffe dann das, wovon ich glaube, dass es wahr sei. Das kann aber durchaus ein Unsinn werden, besonders dann, wenn ich nicht ausreichend achtsam bin.

Sobald ich erkannt habe, wer ich wirklich bin und dass ich frei bin zu tun und zu sein was ich will, werde ich derartige schöpferische Selbsthypnosen nur noch achtsam und daher bewusst ausführen und so ein liebevoller und achtsamer Diener des Unnennbaren sein, das sich durch mich hindurch selbst erfahren und verwirklichen will. Ich erschaffe danach nicht mehr Illusionen, sondern ich bin »Teil« des Ganzen geworden und in Kontakt mit der Wirklichkeit.

Aufregung: natürliche Reaktion beim Erreichen einer Grenze

Aufregung ist eine Grenzerfahrung. Sie weist mich darauf hin, dass ich entscheiden kann, was ich *jetzt* erschaffen will: Etwas Bekanntes, womit ich meine Beschränkungen erneut bestätige und dann wieder einmal Recht habe, oder etwas Neues, womit ich mich freudig und lustvoll weiter ausdehne. Erschaffe ich an der Grenze Neues, indem ich sie überschreite, werde ich dankbarer und überraschter Zeuge eines Wunders sein: Ich werde mich wundern.

An jeder Grenze brauche ich Mut und Achtsamkeit, um klug entscheiden zu können, welchen nächsten Schritt ich mache. Sobald ich eine Grenze erreiche, würde ich mit dem nächsten Schritt vielleicht die bisherige Zone des Vertrauten und Bequemen verlassen. Daher gibt das Ego-System sofort eine *Warnmeldung.* Diese führt zu erhöhter Wachsamkeit, verbunden mit Aufregung. Beim Menschen kommt die *Gewissensregung* dazu, die anzeigt, dass ich jetzt den Bereich des Gemeinsamen verlassen werde, wenn ich nicht stehen bleibe oder gleich wieder umkehre. Diese Reaktionen an einer Grenze haben den sinnvollen Zweck, dass ich sofort aufmerksam meine Antennen aktiviere und gut vorbereitet bin für den Fall, dass etwas Überraschendes passiert, was ja auf Neuland logischerweise jederzeit geschehen kann. Ich kann dann angemessen reagieren oder davonlaufen – am Besten gleich zurück zu meiner bisherigen Gemeinschaft oder zur Mutti, bei der ich mich wieder sicher fühle.

Je nach Art meiner bisherigen Erfahrungen bin ich an einer Grenze aber bereits entsprechend voreingestellt: Ich bin dann entweder auf irgendetwas Schlimmes eingestellt oder weiterhin begierig auf Neues, wie es beispielsweise kleine Kinder sind, ehe sie »gebrannte Kinder« werden. Ich erwarte als gebranntes Kind ja, mit großer Wahrscheinlichkeit wieder etwas Gefährliches vorzufinden. Damit ich mir nicht nochmals die Finger verbrenne bin ich deshalb automatisch und durch *autonome Reaktionen meines Körpers* auf Gefahr eingestimmt. Diese Voreinstimmung erhöht jedoch die Wahrscheinlichkeit, dass meine Befürchtungen bestätigt werden. (Manche sagen dazu selbsterfüllende Prophezeiung.) Wenn das geschieht, bin ich wieder innerhalb meiner Grenzen gelandet und habe mir nur etwas bestätigt. *Keinesfalls habe ich dabei etwas gelernt, denn Lernen ist ja immer Überraschung.*

Es ist klar, dass jede Voreinstimmung durch meine Erinnerungsaufregung auf etwas bereits Vergangenes bezogen ist. Ich erwarte, erneut etwas irgendwie schon Bekanntes vorzufinden. Mein Zustand sollte also an einer Grenze nicht aufgeregt sein, egal, in welcher Form, sondern ich sollte ruhig, gesammelt und aufmerksam sein – eher wie ein Torero, wenn der Stier in die Arena kommt. (Sag' mal: Wieso kannst du dir das so gut vorstellen, obwohl du entschieden gegen Stierkampf bist? Warst du früher einmal Torero? Seltsam, nicht wahr?). Das ist aber wegen der autonomen Reaktionen des Körpers leichter gesagt als getan: *Ich muss zunächst üben, diese Reaktionen zu beobachten, anstatt sofort loszugehen wie eine Maschine.*

Das gleiche gilt für angenehme Aufregungen: Auch dabei bin ich an eine Grenze gekommen und hoffe, dass ich dieses Mal endlich das bekomme, was ich wirklich will. Wenn es sich um etwas handelt, das ich in der Vergangenheit nicht genug bekommen habe und deswegen jetzt mein Recht darauf geltend machen will, entwickelt sich erneut eine frustrierende Variante der Bestätigung, etwa nach dem Muster »Scheiße, wieder nichts!«, denn *die Tatsachen* der Vergangenheit sind nicht zu verändern, *nur deine Sichtweise dieser Tatsachen.* Die Folgen sind daher *erneuerte* Enttäuschung und ein Gefühl des Betrogenseins. Ich muss einsehen, dass ich die Vergangenheit weder verändern noch wirklich wiederholen kann – nur virtuell. Meine Sichtweise kann ich wohl verändern und dann sehe ich alles Vergangene mit anderen Augen. Das allerdings wirkt sehr heilsam, ist also besser, als sich im Recht zu fühlen.

Re-Aktionen, die im Zustand von Aufregung erfolgen, verfestigen Probleme nur durch die voraussagbare Wiederholung des bisherigen Ergebnisses. Bleibe ich an einer Grenze jedoch ruhig und aufmerksam – trotz der bestehenden Aufregung – wird Neues möglich und somit kann eine Veränderung entstehen.

Wenn du bekannte Problemschleifen absichtlich wiederholen willst, um sie zu verändern, dann achte sorgfältig darauf, nach Neuem Ausschau zu halten, also nach Ausnahmen und nach Variationen des Problems. So kommt wieder Bewegung in die Angelegenheit. Achte darauf, dass du bei deinen Wiederholungen ruhig bist und Beobachter bleibst.

Es gibt *nur eine* heilsame Art der Aufregung: Sie tritt auf bei der Erfahrung von etwas für dich (scheinbar) Neuem und diese neue Erfahrung geht einher mit angenehmen Zuständen von Faszination, Freude, sich Wundern und mit der Empfindung, *Zeuge eines My-*

steriums zu sein. Dabei fühlst du dich bereichert und bist von tiefer Dankbarkeit erfüllt.

Auch hier handelt es sich letztlich um Erinnerungen, selbst wenn sie nicht unbedingt aus der konkreten eigenen Lebensgeschichte erinnert worden sind. Es sind bereits erste Erinnerungen daran, wer du *wirklich* bist und was tatsächlich wahr ist.

C.G. Jung hat sich ausführlich mit kollektiven Erinnerungen beschäftigt und sie Archetypen und kollektives Unbewusstes genannt. Das sind Ebenen des Erinnerns. Das Erinnern an dein wahres Wesen hört nie auf. Es kann jedoch für eine gewisse Zeit unterdrückt werden mit Hilfe der Einbildungen, die du dir stattdessen machst. Du fühlst dich bei einer Erinnerung an die Wahrheit im Gegensatz zu den immer gleichen Problemerinnerungen anschließend immer erweitert und bereichert und gleichzeitig auf eine seltsame, eine wunderbare Art, fühlst du dich doch irgendwie *auch bestätigt*.

aaa

Bemuttern und *Bevatern*: schöpferische Beziehungsformen

Wir erfahren in unserem Leben drei grundsätzliche Beziehungsformen: *Bemuttern, Bevatern* und *Partnerschaft*. Diese Beziehungsformen sind nicht an ein Geschlecht gebunden, sondern sie sind allgemeine Beziehungsmuster, die sich mit der Zeit ausdehnen und sogar in Bezug auf Abstraktes wie etwa die Öffentlichkeit, die Polizei, die Gesellschaft, die Bürokratie oder in bezug auf die Kirche und Gott realisiert werden; dann fühlt sich einer zum Beispiel von der Polizei verfolgt und schikaniert, wie in seiner Kindheit von der Mutti, oder er verlangt von der Gesellschaft, dass die gefälligst für ihn sorgen soll wie eine Mutter, weil die ihm seiner Ansicht nach noch etwas schuldig sei; oder er will den Vater Staat betrügen mit Steuerhinterziehung und fühlt sich dabei im Recht; oder er will, dass Gott seine Probleme lösen soll und ist beleidigt, wenn Er das nicht macht, oder nicht so, wie er sich das einbildet. Viel derartiger Unsinn wird verständlicher, wenn man das als Wiederholung einer Beziehung zu einem Elternteil sieht – meist zur Mutter. Selbstverständlich bleibt es aber Unsinn.

Bemutterung und Bevaterung sind Beziehungsformen zwischen Erwachsenen und Kindern. In Ausnahmefällen, in einer Klinik zum

Beispiel, können sie auch zwischen Erwachsenen vorübergehend notwendig sein. Am besten funktioniert es, wenn das Bemuttern von Frauen und das Bevatern von Männern übernommen wird. Das passt besser zu den unterschiedlichen Arten von Mann und Frau. Manchmal kann und muss natürlich die Mutter bevatern und ein Vater bemuttern – Letzteres etwa, wenn der auf sein kleines Kind aufpasst, weil seine Frau gerade verhindert ist. Er wird sich mit diesem Kind natürlich wie eine Mutter in Beziehung setzen, weil ja von einem Kleinkind nicht erwartet werden kann, dass es bestimmte Dinge bereits selber erledigt. Niemand wird zu seinem zweijährigen Kind sagen: »Okay, wenn du was zu essen willst, dann koch' dir was!« Oder: »Wenn du was zu Essen willst, dann geh' und putz' zuerst die Badewanne, dann kriegst du was.« In diesem Alter kriegt man's nämlich noch umsonst – auch vom Vater. Der Vater ist in dem Fall also wie eine Mutter.

Ist das Kind größer, funktioniert das nicht mehr auf diese Weise: Jetzt muss es nämlich etwas dafür tun, wenn es von anderen etwas will. Insbesondere der Vater zeigt ihm, wie die Regeln funktionieren und was geschieht, wenn es sie auf die falsche Weise übertritt.

Manche Leute sehen das ja anders. Sie wollen sogar als Erwachsene den Kleinkinderstatus beibehalten und weiterhin Dinge umsonst haben. Das kann man Neid nennen, wenn man etwas will, ohne den Preis dafür zu bezahlen. Oder Dummheit. Obwohl sie sich weiter wie kleine Kinder benehmen, wollen solche Leute trotzdem die Führung haben und bestimmen, was geschehen soll. Das geht natürlich nicht, weil kleine Kinder noch nicht durchblicken und daher nicht führen sollen, sonst fallen *alle* in die Grube – was am Beispiel des kleinen Adolf, unserem *Führer*, besonders deutlich wurde. (Zum Ausgleich für ihre Machtlosigkeit brauchen Kinder keine Verantwortung zu tragen.) Solche Menschen können mitunter recht fordernd und gleichzeitig unschuldig auftreten, wie wohl jeder von uns schon gesehen hat, besonders wenn er bereits in Gerichtssälen war. Sie fühlen sich bei ihren Forderungen und Ansprüchen immer im Recht – ein zuverlässiges Zeichen von Dummheit.

Diese beiden Beziehungsformen – Bemutterung und Bevaterung – entsprechen quasi den zwei Erscheinungsformen der *Einen Liebe*, die einerseits Leben hervorbringt und dieses Leben andererseits dann zur Reife führt, damit sie, diese Liebe, sich selbst auf diese Weise immer weiter ausdehnen kann. Die Liebe liebt sich selbst und pflanzt sich dadurch fort – durch den dritten Aspekt, die Partnerschaft. Alle drei Beziehungsformen sind sozusagen Aspekte des Göttlichen. Man könnte jetzt sagen, dass der mütterliche Aspekt der »unverdienten Gnade« entspricht, die für dich sorgt und dir die Folgen deines Verhaltens erspart oder nicht gänzlich zumutet. Der väterliche Aspekt wäre derjenige, der dir die Folgen deiner Handlungen zumutet und der von dir einen angemessenen Ausgleich fordert, damit du dich weiterentwickelst und die Ziele erreichst, die du erreichen willst. Du lernst dadurch, dich selbst zu erkennen und auf die rechte Weise deinen Willen zu manifestieren, anstatt weiterhin herumzudilettieren oder wie ein kleines Kind auf andere angewiesen zu bleiben. *Der väterliche Aspekt der Liebe* (der »gerechte Gott«) *führt zu deiner Befreiung und ermöglicht, dass du partnerschaftsfähig wirst: Du bist nun frei und willst weder Herr über andere sein, noch deren Sklave.*

Väter können lange warten, bis du dir die Sache doch noch anders überlegst. Dann kommst du endlich zum Vater(-Prinzip) und bist dort willkommen als sein begabter »Sohn«.

Mütter hingegen verfolgen dich so lange, bis sie sehen, dass es dir gut geht.

Bemutterung braucht ein Lebewesen, wenn es natürlicherweise aufgrund seiner noch nicht ausreichend entwickelten Möglichkeiten auf Hilfe angewiesen ist, um zu überleben, oder wenn es, obwohl schon erwachsen, vorübergehend hilflos geworden ist und daher Pflege oder Hilfe braucht. Im ersten Fall wird die Mutterliebe kostenlos gegeben, einfach deswegen, weil das Wesen da ist, und es wird ohne Bedingung geliebt, weil es willkommen ist und diese Liebe braucht, um am Leben bleiben zu können. Diese mütterliche Form der Liebe muss vom Säugling und von Kleinkindern nicht erst verdient werden. *Allerdings entsteht dadurch eine Dankesschuld, die später beglichen werden sollte, wenn ich von der so entstandenen Bindung an die Eltern (oder deren Vertretern) wieder frei sein will.* Im zweiten Fall kostet sie etwas, obwohl das in unserer Gesellschaft meist für diese »temporären Kinder« die Krankenkasse erledigt. Aber ihren Beitrag müssen sie schon zahlen, wenn sie von Mutter Krankenkasse im Bedarfsfall Unterstützung wollen. Zahlt die Sozialhilfe, solltest du wenigstens dankbar dafür sein, anstatt dich im Recht zu fühlen.

Die Bemutterung erfordert, sich in die Belange des Kindes einzumischen, solange es selbst nicht überblicken kann, was es tut und welche Folgen das haben kann. Mütter mischen sich daher ins Leben ihrer kleinen Kinder ein, um sie vor Schaden zu bewahren. *Die Bemutterung muss jedoch beendet werden, sobald eine gewisse*

Entwicklungsstufe erreicht ist, da diese Beziehungsform sonst zu einem Hemmnis für die weitere Entwicklung wird. Sie enthält ja unterschwellig die Botschaft an den Bemutterten, klein und abhängig zu *bleiben*. Kinder tun der Mama oft bis ins Erwachsenenalter diesen scheinbaren Gefallen, viele sogar lebenslang. Sie werden dabei aber passiv oder offen aggressiv auf sie oder auf spätere Vertreter der Mutter. Sind die Kinder groß genug für die Bevaterung, also etwa mit fünf oder sechs Jahren, und werden trotzdem nur weiter bemuttert, dann ist das zwar in gewisser Weise tatsächlich ein Missbrauch; wenn diese Kinder jedoch später als Erwachsene immer noch denken, die Mutter müsse sie nun endlich loslassen, weil sie doch schon erwachsen geworden seien mit ihren inzwischen sechsundfünfzig Jahren, dann tun sie ihrer Mutter wirklich Unrecht. Diese »klammernden Mütter« sollten das nämlich nicht, sonst kann das »Kind« – eigentlich der Kindskopf – nie lernen, *sich die Freiheit mit Hilfe des Vaters endlich selbst zu nehmen*, anstatt weiter zu warten, bis die Mutter ihm das erlaubt. Wer das nicht lernt bei seiner Mutter, der ist ja später von jedem Trottel leicht wieder einzufangen.

Ist das Kind reif genug, gewisse Dinge selber zu tun und die Welt zu »erobern«, dann muss es trainiert werden, damit es lernt, wie das auf die richtige Weise funktioniert. Dazu braucht es Bevaterung. *Der Vater wartet, bis das Kind kommt und etwas lernen will.* Er drängt sich nicht auf und er läuft seinem Kind nicht hinterher mit der Haltung »lass' mich doch etwas für dich tun«. *Das Kind muss zum Vater kommen, nicht umgekehrt.*

Lernen ist für das Kind manchmal unbequem und dann neigt es dazu, wieder zurück zur Mama zu gehen, sobald es schwierig wird beim Papa. Der will ja, dass es die Dinge selber tut und vor allem mutet er dem Kind Konsequenzen zu. Die liebe Mama soll also weiter seine Schuhbänder zuknüpfen und ihm vorlesen wie bisher, dann braucht das Kind die Mühen des Lernens nicht auf sich zu nehmen oder seine Suppe nicht selber auszulöffeln, die es sich durch Unachtsamkeit eingebrockt hat. Natürlich ist aller Anfang schwer, aber die gute Mutter schickt das Kind zum Vater zurück und es bekommt wieder Spaß am Lernen.

Wenn die Mutter dem Kind jedoch dadurch helfen will, dass sie ihm die Mühen des Lernens und die Konsequenzen seiner falschen Entscheidungen ersparen möchte, dann lernt es nicht, die Dinge selber zu erledigen und wie die Regeln funktionieren. Es braucht als Erwachsener weiter eine Mama, die das für ihn macht. Dann muss seine Frau am Montag früh den Chef anrufen, dass der Mann wieder krank ist und nicht kommen kann; dabei hat er nur wieder einen mächtigen Kater. Manche wollen lieber ein Leben lang abhängig bleiben, anstatt sich bevatern zu lassen. Das kann man bei Süchtigen gut beobachten. (Bei denen spielt aber noch etwas anderes eine wichtige Rolle.) Ohne Bevaterung bleibt ein Mensch weiter wie ein Kind, das auf Bemutterung angewiesen ist, weil es nicht frei ist und nicht selber für sich sorgen kann. Ein solcher Mensch muss als Preis für seine Entscheidung, »im Bannkreis der Mutter« zu bleiben, immer wieder erfahren, dass er sich abhängig fühlt, dass sich andere Leute in sein Leben einmischen und ihm Vorschriften machen oder ihn mit Liebesentzug einschüchtern können. Für viele ist die Entscheidung, bei der »Mutter« zu bleiben, deshalb so verlockend, weil die Sicherheit verspricht, *Reifung hingegen mit Risiko verbunden ist.*

Zum Bevatern gehört, wie bereits erwähnt, dem Kind die Konsequenzen seiner Handlungen zuzumuten, also aller daraus entstandenen Folgen. Das ist manchmal schwer und erfordert für Bevaterer oft große Überwindung, denn auch der Vater liebt ja sein Kind und will, dass es ihm gut geht. Es hilft jedoch nichts, wenn er anstatt zu bevatern nur versucht, eine zweite Mutter für sein Kind zu sein. Meinen bisherigen Beobachtungen nach versuchen viele Väter heutzutage, selbst ihre erwachsenen Kinder noch zu bemuttern.

Vielleicht liegt das daran, dass diese Väter selbst im »Bannkreis ihrer Mütter« geblieben sind, wie *Bert Hellinger* das wohl nennen würde. Wer im Bannkreis der Mutter bleibt und keine Bevaterung erfährt, der kann nicht frei und selbstbestimmt sein und niemandem zur Freiheit verhelfen. Trotzdem kann ein solcher Mensch bei guter Führung wenigstens ein kleines Glück erfahren, indem er eine gute Mutti findet, die bis zum Ende seines Lebens für ihn sorgt. (Ein großes Glück würde er ohnehin nicht ertragen.) Dabei ist es völlig egal, ob diese Mutti dann einen Busen oder ein Schwänzchen hat und Vati genannt wird. Zum Ausgleich darf er für den anderen ebenfalls immer wieder eine gute Mutti sein, damit jeder der beiden eine haben kann. *Ein Vater kommt bei dieser Konstruktion nicht vor.*

Wenn man die *Funktion* von Ärzten und von Psychotherapeuten vergleicht, dann kann man sehen, dass Ärzte in der Regel bemuttern *müssen*, weil ihre Patienten durch diverse falsche Entscheidungen in eine kindliche Abhängigkeitssituation geraten sind: Wer ein gebrochenes Bein oder ein ähnliches Leiden erzeugt hat, der kann das jetzt selber nicht mehr korrigieren, sondern er braucht eine »Mutter«, die das für ihn erledigt. Sobald es aber an der Zeit ist, muss das Bemuttern aufhören und er muss wieder selber etwas tun, damit es weitergeht mit der Heilung, selbst wenn's unangenehm ist – wie etwa die Ausführung der oft schmerzhaften Übungen bei der Krankengymnastik.

Psychotherapeuten sollten hingegen bevatern. Das heißt, sie zeigen dem Patienten, was *er selber* zu tun und zu lassen hat, wenn er seine Ziele erreichen will und sie konfrontieren ihn freundlich mit seinen Irrtümern, anstatt sich für ihn den Kopf zu zerbrechen, wie er sich die Folgen seiner Irrtümer ersparen könnte. Wer nicht weiß, was er will und nicht bereit ist, für seine eigenen Handlungen Verantwortung zu übernehmen, der wird vom Vater wieder zurück zur Mutter geschickt, die ja offenbar vorerst weiter auf ihn aufpassen muss, weil er noch zu klein ist für die Dinge, die der Vater von ihm verlangt. Die Mutti wird ihm dann weiterhin sagen, was er tun darf oder nicht und sich kontrollierend in sein Leben einmischen, bis er groß genug geworden ist für Bevaterung. (Vielleicht heißt die Mutti jetzt Nervenarzt oder Bewährungshelfer.)

Ärzte und Psychotherapeuten sollten sich einig sein und gegenseitig ihre Arbeit respektieren, so wie die Eltern sich einig sein sollten bezüglich ihrer Kinder. Jeder macht seinen Job, so gut er kann und keiner mischt sich in die Arbeit des anderen ein oder macht sie schlecht, damit er selber vor dem Kind besser dasteht.

Elisabeth Kübler-Ross hat einmal gemeint, dass die Liebe zwei Aspekte habe: Die Berührung einerseits und andererseits den *Mut zum Nein*. Erstes würde dem Bemuttern entsprechen, das Zweite dem Bevatern.

Partnerschaft funktioniert ausschließlich zwischen Freien und Ebenbürtigen. Wer aufgrund von fehlender Reife noch nicht selbst sein Leben bestimmen kann, ist also für diese Form der Beziehung nicht geeignet und ebenso wenig jemand, der noch anderweitig gebunden ist, etwa einer, der zwar getrennt, aber noch nicht geschieden ist. Partner müssen zusätzlich auf einer gleichen Ebene sein. Einer aus reichem Haus und ein Arbeiter passen – bei aller Liebe – nicht wirklich zusammen. *Partnerschaft ist grundsätzlich nicht möglich ist zwischen Eltern und ihren Kindern* (sind die noch klein, dann wär's ohnehin komplett verrückt), nicht zwischen Chef und seinen Angestellten, nicht zwischen Lehrer und Schüler usw. Hier Partnerschaft anzubieten wäre wie eine Form von Kindsmissbrauch, bzw. ein nett gemeinter Schwindel des Chefs, und bringt nur Ärger. Kinder wehren sich gegen solche Betrugsversuche seitens ihrer Elte indem sie frech werden, weil sie den Respekt vor ihnen verlieren, und Angestellte verlieren den Respekt vor ihrem Chef, wenn der sich auf ihre Ebene stellen und kollegial sein will. Dann kann er seine Briefe bald selber schreiben.

Beobachter: Selbstbestätigungsmaschine

Wenn wir davon reden, dass wir etwas oder uns selbst beobachten, dann sollten wir uns klar machen, dass wir dabei normalerweise nur unseren derzeitigen (meist unbewussten) Ego-Glauben bestätigen wollen.

Mein Glaube ist das Ergebnis meiner frühen Erfahrungen; damit verbunden ist ein erlerntes Urteilen, was zur Folge hat, dass jetzt nur bestimmte Gefühlszustände und ganz bestimmte Zusammenhänge in der Welt wahr sein dürfen, andere hingegen verboten sind oder falsch. Sehr viele Menschen halten interessanterweise oft recht unangenehme Zustände wie Angst, Wut, Gefühle von Einsamkeit, oder komplett fantasierte Zusammenhänge von eingebildeten Sachverhalten für wahr. Schönes hingegen erzeugt sofort ein gewisses Misstrauen bei ihnen. Alle Fantasien führen aber erneut zu Enttäuschungen, wie zum Beispiel die aufgeregte Freude eines Verliebten, wenn er glaubt, »den Richtigen« gefunden zu haben. Der Richtige ist am Ende aber doch der Falsche, denn er ist wieder nicht die erhoffte gute Mutter, die ihn jetzt endlich glücklich macht. (Du hast dich nicht verlesen: Nicht nur *die* Richtige, auch *der* Richtige soll für die Verliebten die Mutter vertreten.) Wer aber Falsches für wahr und real hält, dem geschieht eben nach diesem Glauben.

Ein Beobachter, der ausschließlich unseren aktuellen Glauben beweisen soll, hilft uns jedoch fürs Weiterkommen nicht im Geringsten, *weil so ein Beobachter das beweisen muss, was vom Ego als wahr angesehen wird.* Das Ego ist jedoch komplett wahnsinnig und du kannst dir gut vorstellen, was passiert, wenn ein Wahnsinniger Recht haben und führen will. Wenn ich mich fürchte, wird mir dieser Beobachter also umgehend beweisen, dass meine Furcht vollkommen gerechtfertigt ist und er zeigt mir daher *ausschließlich* diejenigen Beweise, die meine Furcht rechtfertigen. Ebenso ist das mit allen anderen Zuständen, in denen ich mich befinden kann. Selbstverständlich bestätigt diese Art Beobachter auch angenehme

Zustände, wie Verliebte deutlich zeigen: Der Geliebte kann tun und sagen was er will – in dem Wahnzustand, in dem sich Verliebte befinden, ist alles toll. Anders herum ist's dir wohl ebenfalls bekannt: Wenn du jemanden erst einmal als Arschloch klassifiziert hast, so hat der es gewöhnlich sehr schwer, aus deiner Sicht überhaupt noch irgendetwas richtig zu machen. Dein Beobachter beweist dir, dass du Recht hast mit deinem Urteil über diesen Menschen.

Diese Beobachter entstehen gleichzeitig mit deinen jeweiligen Gefühlszuständen und sie bestätigen diese Zustände vollautomatisch als gerechtfertigt. Ändert sich dann dein Zustand, verschwindet auch der dazugehörende Beobachter wieder und mit deinem neuen Zustand entsteht gleichzeitig ein neuer Beobachter, der nun diesen neuen Zustand rechtfertigt: Der wird *jetzt* beweisen, dass du *jetzt* Recht hast. Leider hat er mit seinem Vorgänger keinerlei Verbindung und sieht sich folglich konkurrenzlos. *Diese Art von Beobachter kennt daher keinen Zweifel, denn jeder von ihnen ist völlig wahnsinnig.*

Wenn wir weiterkommen wollen, brauchen wir offenbar einen Beobachter, der in der Lage ist, diese vielen separaten Beobachter in Ruhe zu beobachten.

Ein aufmerksamer und gelassener *Supervisor* dieser vielen Beobachter könnte herausfinden, was sie beweisen wollen und wie raffiniert sie oft dabei vorgehen. Er würde bemerken, dass diese vielen Beobachter nur schlaue und mitunter hochspezialisierte Wahnsinnige sind. (Ein Schizophrener ist dagegen ein Waisenknabe.) Keiner dieser vielen wahnsinnigen Beobachter ist jedoch in der Lage zu sehen, dass da »hinter seinem Rücken« noch jede Menge anderer Wahnsinniger sind, denn er denkt, er sei der einzig Wahre auf der ganzen Welt. Jeder von diesen eigensinnigen Wahnsinnigen will nur eines: Er will unbedingt Recht haben. Wenn ich in einem bestimmten Zustand bin und der dazugehörende Beobachter intensiv dabei ist, diesen Zustand zu rechtfertigen, dann weiß der also nichts über die vielen anderen Zustände, in denen ich sonst noch sein kann – mit ihren jeweiligen anderen Beobachtern. Jeder dieser Beobachter ist ganz allein für sich und er hat immer Recht, weil ihm nämlich keiner widersprechen kann. Aber »es ist für den Menschen nicht gut, dass er allein sei.«

Ich schlage dir hier ***eine Übung*** vor: Gewöhne dir an, bei *allem,* was du beobachtest, erst einmal zu denken *interessant!*, anstatt »Scheiße, ich weiß schon, das ist so, weil ...«

Der Supervisor, mein innerer Beobachter dieser vielen Beobachter, kann jedoch erst aktiv werden, wenn ich ruhig und achtsam bin beim

Beobachten, anstatt *fixiert* zu sein, und wenn mir bereits klar geworden ist, dass es viele Beobachter sind, die da scheinbar existieren und nicht ein einziger immer gleicher Beobachter. Die Funktion dieser vielen Beobachter wird dann bald deutlich: *Sie sind allesamt nur Feedback-Maschinen.*

Letztlich geht es jedoch darum, sogar diesen Supervisor zu überwinden und einfach zu *sein*, ohne diese (eingebildete) Trennung zwischen einem Beobachter und dem Beobachteten. In Wirklichkeit gibt es diese Trennung nämlich nicht. Es gibt nur das eine Sein in all seinen verschiedenen Formen. *Der letzte »Beobachter« ist das Nichts, in dem alle Erscheinungen auftauchen und wieder vergehen.* (Bleib' locker: Dieses Nichts ist letztlich »Gott«.)

Bescheidenheit: Folge des Verschwindens von magischem Denken

Bescheidenheit ist einfaches Schauen auf die Wirklichkeit, vollkommen absichtslos und daher ohne jedes Urteilen. Ich bin einverstanden mit allem, was ich sehe, einfach deshalb, weil es existiert als eine mögliche Form der »Ursubstanz«, aus der auch ich bestehe.

Bescheidenheit entsteht ganz natürlich und von selbst, wenn ich damit aufhöre, mich in die Belange der so genannten Außenwelt einzumischen, für die ich mich in meinem kindlichen Größenwahn zuständig fühle oder mich anstecken lasse von diesen »Schwingungen« wie ein Kind. Ich habe damit aufgehört, weil ich erkannt habe, dass ich nur *meine eigenen* Irrtümer zu korrigieren brauche und dass es Gut und Böse nicht gibt, sondern dass nur Seiendes existiert – jenseits von Gut und Böse. Es reicht, wenn ich für andere ein Vorbild bin. Ich beende mein Urteilen und bin bescheiden geworden: *Ich habe alle Illusionen abgeschieden.*

Eine Mutter weiß, was für ihr kleines Kind gut ist und sie mischt sich daher ohne Auftrag seitens des Kindes laufend in dessen Leben ein, um es zu schützen, denn ein Kind weiß oft nicht, was es tut und es könnte ohne diese mütterliche Aufsicht sogar zu Tode kommen, wenn es zum Beispiel dem Ball nachläuft, der auf die Straße rollt. *Einmischen in das Leben von Erwachsenen ist jedoch in fast allen Fällen anmaßend* und es geschieht insbesondere mit der Absicht, dass andere bekehrt oder gerettet werden sollen. Der betreffende Retter sieht sich in seinem Wahn als verantwortlich für andere Erwachsene an und es ist diesem

»mütterlichen« Menschen egal, ob die Leute überhaupt bekehrt oder gerettet werden wollen. Er handelt daher ohne Auftrag und will sich zur Mutter und den anderen zum Kind machen, das doch endlich einsehen soll, dass die Mutter besser weiß, was für das »Kind« gut ist. In Wirklichkeit ist er selber wie ein kleines Kind und ohne Verständnis. In der extremen Form will jemand sogar die Welt vor der Achse des Bösen retten und ihr die Freiheit schenken, wie etwa der frühere amerikanische Präsident George Bush jun.. Das ist dann, als ob die Welt die geliebte Mama wäre und vom kleinen Georgie überhaupt gerettet werden müsste. Selbst wenn er das noch so sehr wollte: Können würde er's ohnehin nicht – Gott sei Dank!

Wäre es tatsächlich möglich, andere ohne deren innerste Zustimmung *direkt* zu beeinflussen, dann wäre das die Aufhebung von Gottes Willen, der uns als seine freien Söhne gezeugt hat – und Töchter natürlich, Entschuldigung – die selbst bestimmen dürfen, wie sie sein wollen. Das wäre aber Magie und die gibt es nicht. Den Glauben an Magie gibt es leider schon und der scheint in der Tat unausrottbar zu sein.

Ich bin als Erwachsener selbstverständlich nur für meine eigenen Zustände »zuständig« und nur die kann ich auch selbst bestimmen, weil ich jederzeit frei und selbstbestimmt bin, sogar dann, wenn ich das möglicherweise noch nicht bemerkt habe. Da andere Menschen ebenso frei sind und selbst bestimmen können, wie sie sein wollen, kann ich mich zur Realisierung meiner Wünsche nur mit Gleichgesinnten zusammentun – was automatisch geschieht. Jemanden verändern zu wollen, ohne dass der letztlich damit einverstanden ist, funktioniert nicht. Es *scheint* zwar gelegentlich so zu sein, wenn man nicht genau beobachtet, aber man hat dann nicht erkannt, dass der andere doch heimlich zugestimmt hat – meist unbewusst.

Beten: erbitten, wünschen

Wir erbitten die Erfüllung unserer Wünsche gewöhnlich von einer »Höheren äußeren Macht«, denn wenn wir alleine und ohne fremde Hilfe imstande wären, unsere Wünsche zu erfüllen, bräuchten wir ja niemanden mehr zu bitten, nicht wahr? Das ist schon der Grundirrtum bei dieser Art des Betens – dabei überhaupt irgendeine äußere Macht anzuflehen: *Die Erfüllung eines jeden Gebetes erfolgt nämlich aus unserem Inneren.*

Zu allem Übel beten wir meist unbewusst, indem wir nämlich an alles Mögliche denken und dabei *aufgeregt* sind. *Das ist schon be-*

ten. Weil wir zusätzlich gespalten sind, erbitten wir auf diese Weise Sachen, die unmöglich unter einen Hut gehen können, zum Beispiel, dass böse Menschen bestraft und wir selber von der Höheren Macht belohnt werden sollen. Wir bitten auf diese Weise aber um unsere eigene Bestrafung.

Und selbst die liebevollste »höhere Macht« in meinem Inneren ist machtlos, wenn ich mich nicht entscheide und einmal das eine, dann wieder das andere und danach ein Drittes will. *Sie wartet daher ab, bis ich mich endlich entscheide.*

Die höhere Macht, die von einem Kleinkind als erste angefleht wird, ist zunächst die Mutter – später, wenn das Kind größer geworden ist, auch der Vater und andere Mächtige. Für uns Erwachsene sollte die Höhere Macht allerdings nicht mehr irgendeine äußere Macht sein, sondern unsere eigene göttliche Schöpferkraft, denn das Himmelreich ist inwendig in uns. Wir brauchen uns nur wieder daran zu erinnern. Die Erfüllung unseres Bittens erfolgt aus unserem Inneren, denn uns geschieht nach unserem Glauben. Du kannst sogar sagen, dass jeder Glaube gleichzeitig ein *unbewusstes andauerndes Beten* ist, denn du willst ja, dass alles wahr sein soll, woran du glaubst. Deshalb regst du dich wegen deines Glaubens oft mächtig auf. *Diese Aufregung ist die Kraft, mit der du deine Gebete »auflädst«.* Sei daher achtsam, damit du rechtzeitig erkennst, worum du gerade wieder einmal versehentlich betest.

Wenn wir *kindlich* beten, indem wir uns an eine äußere Macht wenden, sind wir weiterhin im Stadium des magischen Denkens und meist bereit, entsprechend hohe Opfer darzubringen, damit eine fantasierte äußere Macht uns gewogen sein soll und unsere Wünsche erfüllt. Das hat zu Recht einen krämerhaften Beigeschmack und die wenigsten Beter kommen über dieses Stadium des Betens hinaus, denn sie müssten dazu erst ihr magisches Denken überwinden. Sie gehen also als Erwachsene weiterhin davon aus, dass sie mit ihrem Gott, genau wie mit ihrer Mutter, Geschäfte machen könnten, indem sie ihm etwas opfern und er ihnen daraufhin ihren ohnehin meist dummen Wunsch erfüllt. Manche versprechen der Höheren Macht alles Mögliche, so wie ein Kind der Mutter alles Mögliche verspricht, wenn es im Augenblick kein geeignetes Opfer darbringen kann. Bei den großen Kindern, die ihre Mutter bereits durch Gott ersetzt haben, nennt man das Gelübde. Sie geloben etwa, eine Wallfahrt zu unternehmen, *falls* Gott ihren Wunsch erfüllt. (Am besten gleich mittels einer »Springprozession«. Du weißt schon: zwei Schritte vor, einer zurück – genau wie in deinem bisherigen Leben.) Bei den Politikern heißt das Beten Wahlkampf, würde ich sagen.

Wenn ich opfere, um eine höhere Macht zu beeinflussen, bedeutet das aber *Götzendienst.* Hält der Mensch sein Versprechen gegenüber seinem projizierten Götzen nicht ein, bekommt er ein schlechtes Gewissen und fürchtet sich vor Strafe: Diese Höhere Macht nimmt ihm dann vielleicht alles wieder weg und gibt ihm stattdessen Saures, genau wie seine Mama damals. (Oder er verliert die nächste Wahl.)

Die eben beschriebene kindliche Form des Betens hat natürlich einen entsprechend engen Horizont und manchmal wünschen sich Kinder wirklich Dinge, die ihnen schaden, würden sie ihnen tatsächlich gewährt. Wer etwa darum bittet, dass einem anderen zur Strafe etwas Schlimmes geschehen soll, wer quasi einen Fluch ausspricht, der schneidet sich dabei wegen der Feedback-Automatik in sein eigenes Rindfleisch. Wenn du denn für andere etwas erbitten willst, dann erbitte wenigstens etwas Gutes.

Wer auf die richtige Art beten will, der sollte akzeptieren, dass die Höhere Macht, die ja aus seinem Inneren wirkt, *tatsächlich* besser weiß, was für ihre Kinder gut ist und daher soll er beim Beten einen gewissen Spielraum lassen, *wie* sich der Wunsch erfüllen soll. Wenn ich der Höheren Macht aber Vorschriften machen will, wie sie meine Bitte gefälligst erfüllen soll, dann behindere ich deren Erfüllung unnötig. Und abgesehen davon: Wenn ich tatsächlich so schlau wäre, dass ich bereits wüsste, wie die Verwirklichung gehen soll: Warum habe ich das dann bisher noch nicht geschafft? Weil ich zu wenig Geld habe? Weil ich zu schwach bin und noch nicht genügend Macht habe? Unsinn: *Ich habe es deshalb noch nicht geschafft, weil ich mir dauernd etwas vorgemacht habe, beispielsweise, dass es überhaupt äußere Mächte geben könnte.* (Die ganze Sache wäre daher sofort komplett hinfällig, wenn ich erkennen würde, wer ich wirklich bin.)

Beim Beten ist unabdingbar, dass ich bescheiden und demütig bin, anstatt fordernd. Eine gute Art zu bitten wäre, die Empfehlung in einem bekannten Heiligen Buch zu befolgen: »*Vater* unser, der Du bist, *Dein* Wille geschehe!« Das Wort Vater soll bedeuten, dass ich bereit bin, das *Meinige ebenfalls zu tun*, damit die ganze Sache funktionieren kann. Eine Mutter würde ja für mich sorgen, ohne dass ich etwas zu tun bräuchte – was in gewisser Weise bei der richtigen Art des Betens sogar stimmt. Folgende Haltung ist daher beim Beten ratsam: »Mir wär's zwar sehr recht, wenn jetzt *mein* Wille geschehen würde. Aber da ich nicht weiß, was *zum Teufel* hier überhaupt läuft und was *wirklich* gut für mich ist, will ich besser Dir die Führung überlassen und achtsam sein, *damit ich erkenne, was zu mir zeigen willst.* Am besten ist für mich wohl, Vater, wenn mein Wille auch der Deine ist.«

Was immer diese Höhere Macht letztendlich ist: Ich sollte mich daran erinnern, dass ich bin wie sie, dass sie also nicht außerhalb von mir ist. Nur ich selbst bin der Schöpfer meiner Erfahrungen *und wenn ich um etwas bitte, weil ich glaube, dass es mir fehlen würde, dann erschaffe ich damit die Erfahrung, dass es mir fehlt! Daher wäre die beste Art zu beten ein Dankgebet: Du bedankst dich dafür, dass du das bereits hast, worum du gerade bittest. Dann musst du nur noch nachschauen, um dich zu vergewissern, dass es tatsächlich stimmt.*

Bewusstsein: das Nichts erkennt sich selbst

Bewusstsein ist derartig unnormal, dass man sich nur wundern kann, wieso sich so wenige Menschen darüber wundern, *denn normal wäre, dass es nicht existiert*:

»Mammi, wo kommt denn der Strom her?«

»Aus der Steckdose natürlich, du dummes Kind«.

Das größte Wunder ist, dass sich dabei das Nichts durch den Menschen selber anschaut und zu sich selbst erwacht – und sich dabei selbst als Nichts und Alles erkennt. *Eigentlich existiert also kein Ding namens »Bewusstsein«, sondern da ist ein Bewusstsein über etwas, das selbst Nichts ist.*

Es ist schon eigenartig, dass Es überhaupt Leben, lebende Materie gibt, denn darüber besteht doch auch bei dir kein Zweifel, nehme ich an. *Leben existiert* ist zweifelsfrei ein Sachverhalt. Noch eigenartiger ist, dass sich Leben in gewisser Weise selbst hervorbringen, sich selbst erkennen, verändern und ausdehnen kann. Sehr seltsam ist das. Wieso wundert sich da außer einigen *wirklichen* Wissenschaftlern kaum jemand über dieses Wunder? Alles andere als tiefe Ehrfurcht und Dankbarkeit vor diesem Sachverhalt ist hier zu wenig.

Kennzeichnend für Leben sind übrigens folgende Fähigkeiten:

Autopoiese (bringt sich selbst hervor),

Selbstreparatur (Selbstheilung),

Ausdehnung (Wachstum), und die

Tendenz zur Entwicklung komplexerer, höherer Ordnung (negative Entropie).

Ab einer gewissen Entwicklungsstufe treten zusätzlich Individualität und in deren Folge dann *Selbsterkenntnis* auf.

Die auf unserem Planeten am höchsten entwickelten Lebensformen (wir Menschen) haben das größte und komplexeste Nervensystem und wir könnten selbstbestimmt existieren. Wir sind frei und sind wie Gott. Daher können wir ebenfalls erschaffen nach unserem eigenen freien Willen. Wir Menschen-Götter könnten uns dabei als wesensmäßig gleich erkennen und einander lieben, aber wir können uns auch entscheiden, uns aus dieser Göttergemeinschaft auszugrenzen. Damit sind wir egoistische Götter geworden, die die vorgegebene göttliche Ordnung nicht anerkennen, sondern eine eigene Ordnung erschaffen wollen. Wir sind kleine »Luzifers« geworden. Deren selbst erfundene Ordnung ist natürlich völlig illusorisch und sie funktioniert nicht – was den egoistischen Luzifers durchaus bewusst werden könnte: Sie sind ja mit ihren nicht funktionierenden Fehlschöpfungen dauernd konfrontiert, weil sie zu ihrem Traum während der Traumzeit hier auf Erden geworden sind. Sie sehen nur ihre Einbildungen und nicht die Wirklichkeit.

Nun: Für unsere Zwecke reicht es, wenn wir Bewusstsein vorerst als einen *Erfahrungsbereich* definieren: *Alles, was ich bemerke, ist mir bewusst geworden* und wird somit Teil meiner Welt – was jedoch nichts über Wahrheit aussagt, denn das ist eine ganz andere Sache. Wenn ich etwas nicht bemerke, ist mir dieser Sachverhalt unbewusst und kommt in meiner Welt offiziell nicht vor. Das heißt jedoch nicht, dass er nicht trotzdem da ist oder dass er nicht trotzdem wirkt. Mit der Zeit kann ich dahinter kommen – vielleicht noch, bevor mich ein Lastwagen überfährt, weil ich ihn nicht bewusst wahrgenommen habe. Bewusstsein wäre so gesehen nur mein persönlicher Traum innerhalb der Traumzeit.

Andererseits könnte man Bewusstsein auch als eine Art von *Suchmaschine* ansehen, wenn man auf die Funktion von Bewusstsein schaut: Diese Suchmaschine ist so programmiert, dass sie normalerweise andauernd nach Neuem sucht, damit sie sich so immer weiter ausdehnen kann. Der »Zwang« zur Ausdehnung kann nicht verhindert, er kann jedoch behindert werden. Wenn wir das tun, bekommen wir allerdings Probleme. *Ausdehnen ist angenehm, die Behinderung dieser Ausdehnung ist immer mit unangenehmen Folgen verbunden, damit diese Behinderung wieder beseitigt wird.* Es ist sehr ratsam, den Bereich des Bewussten schnell möglichst weit auszudehnen. Buddhisten üben das Ausdehnen vor allem durch die Übung der Achtsamkeit. Ausdehnen ist, wie schon gesagt, angenehm. Man kann durch Üben der Achtsamkeit für angenehme Zustände sorgen. Manchmal kommt vorher aber erst eine unangenehme Zwischenphase bei gewissen Erkenntnisprozessen, ehe es wieder angenehm werden kann, etwa nach dem Muster »das ist ja schlimmer, als ich dachte«, und erst danach kommt die Sammlung vor einer entscheidenden Veränderung, die dich über den Berg bringt. *Dieser Zwischenzustand heißt Einsicht und Reue und führt zur Umkehr (metanoia).*

Leben dehnt sich aus und dabei entsteht der Zustand »Lust und Freude«. Zusammenziehen ist unangenehm, wie du sicher bereits selbst herausgefunden hast. Eine gewisse Ausnahme stellt hier, jedenfalls meines Wissens, der Orgasmus dar. Dabei handelt es sich um eine spezielle Form des Zusammenziehens, bei der ich *unbedingt gleichzeitig in gewisser Weise loslassen muss*, damit sie gut funktioniert. Eine Paradoxie, könnte man sagen. Diese ausgesprochen angenehme *und rhythmische* Form des Zusammenziehens gelingt daher nur, wenn ich mich vorher »ausdehne«, indem ich mich dem anderen öffne. Bei einer Erektion ist das genau zu beobachten: Die klappt nur, wenn ich mich dem anderen Menschen gleichzeitig öffne. Sobald ich mich dabei anspanne – Spannung bedeutet »Nein« – funktioniert diese geniale Venen-Arterienmechanik nicht mehr wie sie soll. Der Betreffende ist zwar am Ende womöglich am ganzen Körper angespannt, nur *dort* ist er weiterhin schlapp, weil sich seine Energie jetzt im Konflikt anstaut, anstatt im Schwanz. (Zusammen*rollen* ist etwas anderes. Das kann durchaus sehr angenehm sein.)

Unser Bewusstsein ist bei aller erreichbaren Ausdehnung trotzdem *ein Zwischenzustand, der ebenfalls transzendiert werden soll*, da er immer noch ein Außen voraussetzt, das auf einer geistigen Ebene nicht wirklich existiert. Am Ende ist daher reines Gewahrsein, das Nichts, in dem alles Mögliche erscheint und wieder verschwindet. Ein Wunder.

Das Böse: Zustand nach Abgrenzung von der Liebe

Das Böse gibt es nicht, denn es handelt sich dabei nicht um einen Sachverhalt, *sondern um die Bewertung eines Sachverhaltes.* Bewertungen aber sind die konditionierte Reaktion eines Menschen auf einen Sachverhalt und stellen sein Urteil dar. Das Böse ist also eine Erfindung und Folge eines Irrtums. In Wahrheit existiert nichts außerhalb von Gott, oder anders gesagt: *Es gibt nur die Wahrheit* – oder statt dessen Illusionen.

Der Geisteszustand eines »Bösen« entsteht durch einen fundamentalen Irrtum, nämlich seiner Einbildung, abgetrennt und daher ungeliebt und einsam zu sein. Sein Zustand ist Folge der Illusion, dass es ein Ego gäbe – Folge von Unwissenheit. *Ego* ist in einem lieblosen Zustand dann in der Lage, innerhalb der Traumzeit überzeugende Illusionen von Furcht, Schrecken, Ungerechtigkeit und vor allem schweres Leiden zu erzeugen – *die Illusion einer Hölle.* Alles, was der Böse in einem derartigen Geisteszustand treibt, fördert nur die Entropie – sowohl »spirituell« als auch physikalisch. Das bedeutet, dass auf einer gewissen Ebene viele bereits bestehende Ordnungen der Welt zerstört werden. Entropie ist ebenfalls nur ein Sachverhalt der Welt an sich und natürlich auch weder gut noch böse.

Ein Böser muss sozusagen dem Zerfall dienen, wofür er seinen Preis entrichtet. In seinem »bösen« Geisteszustand erzeugt der Betreffende seine Hölle, in die er jeden hineinzuziehen versucht, der halbwegs anfällig dafür ist. Selbstverständlich gibt es diese Hölle nicht wirklich. Sie ist der Traum eines Geistes, der sich einbildet, abgetrennt zu sein und der seine eigenen Projektionen nicht mehr als solche erkennt. So kann die paradoxe Situation entstehen, dass man in der Hölle einerseits zwar in recht großer Gesellschaft ist – wobei allerdings Heulen und Zähneklappern als Kommunikationsform vorherrschen – und doch ist jeder für sich alleine in seiner eigenen Privathölle, denn die Hölle entsteht ja als Folge der Einbildung, von anderen abgetrennt zu sein. Diese Einbildung bleibt selbstverständlich in der Hölle weiter bestehen. *Keiner, der in der Hölle ist, hat daher Mitgefühl für seine Gefährten.*

Da ein liebloser Zustand außerdem dazu führt, dass alle vorhandenen Fähigkeiten nicht mehr auf die *richtige Weise* wirksam sind, entsteht in der Traumzeit eines Bösen zwangsläufig am Ende ein schrecklicher Alptraum, der alle seine Kräfte absorbiert. Aber weil er nur noch Illusionen erzeugt mit seinen Fähigkeiten, kann er sich selbst nicht mehr retten – außer durch ein Wunder. In seiner Not entscheidet sich der Böse aber dafür, noch böser zu werden, weil er sich nämlich andauernd fürchtet. Er will daher alles vernichten, was nicht so ist wie er selber. Weil das nicht geht, wird's nur schlimmer.

Ein gutes Beispiel für diesen Wahn sind Diktatoren und die Art der Gesellschaft, die in einer Diktatur entsteht: Sie wird für *alle* Beteiligten zu einer Hölle, in der Furcht, Schrecken, Verzweiflung, Verrat und Gewalttätigkeit herrschen. Der Diktator wäre jetzt der Satan in seiner Hölle, umgeben von Helferteufeln, die ihm nach seinem Willen dienen, *weil sie ihn fürchten oder anbeten.* Damit diese armen Helfer-Teufel sich nicht andauernd selber fürchten müssen, haben sie arme Opfer zur Verfügung, die sie quälen dürfen und die nun ebenfalls ohne Hoffnung sind auf ein gutes Ende. (Die Opfer der »Teufel« könnten aber in Wirklichkeit einen Ausgleich innerhalb des Gesamtsystems schaffen: Sie könnten durch liebevolle und bedingungslose Zustimmung für eine Erlösung aller Beteiligten sorgen – für Normalmenschen fast unmöglich. Wenn sie sich für eine spätere Rache entscheiden, geht ihre Hölle weiter.)

Das Böse wird in nahezu allen Kulturen in personifizierter Form repräsentiert, damit es klar gesehen werden kann als ein Geisteszustand, in den *jeder Mensch* gelangen kann, wenn er die Illusionen seines Egos nicht als solche erkennt. Bei uns heißt diese Personifizierung des Bösen derzeit Satan, bei den Germanen war es beispielsweise der Gott Loki. Die weit verbreitete Annahme, dass es das Böse tatsächlich als Wesenheit gibt und dass es andauernd auf der Lauer liege, um uns zu verführen, ist natürlich komplett verrückt. Das Böse existiert nicht und alle erfundenen Höllen werden einfach dadurch vernichtet, indem sich der Geist wieder an seinen wahren Ursprung erinnert und sich seinen Mitmenschen in Liebe öffnet, anstatt weiter verschlossen und gespalten zu bleiben in Innen und Außen und Gut und Böse. Der Geist ist nämlich im Gegensatz zum Ego *jenseits von Gut und Böse.*

Böses ausrotten zu wollen, indem man es bekämpft, ist ein Zeichen von großer Dummheit und führt dazu, dass im Leben dieser Menschen die Entropie ebenfalls zunimmt, indem sich das so genannte Böse dort weiter ausdehnt.

Liebe würde alle Fähigkeiten des Bösen wieder in Gutes zurückverwandeln. Ein Böser würde durch eine radikale Entscheidung, sich zu öffnen, nicht das Geringste verlieren. Der Saulus würde sich in einen Paulus verwandeln. Aber ein Ego fürchtet die Erlösung von seinen selbst erzeugten Übeln, wie der Teufel das Weihwasser. Daher tut so ein armer Teufel alles, um seine Erlösung zu verhindern. Das ist sehr bedauerlich.

Man könnte die ganze Sache auch folgendermaßen sehen: Das Böse existiert nur deshalb *scheinbar* – also ausschließlich als eine Illusion – damit das Gute, das wahr ist, überhaupt als sein Gegensatz erkannt werden kann. Wenn alles gleich aussehen würde, könnten wir nämlich keinen Unterschied erkennen und es gäbe daher keine freie Wahl.

Das Böse ist bei dieser Sicht eine notwendige Polarisierung der gleichen »Ursubstanz« und nicht etwas völlig anderes. Das wäre ähnlich wie bei einer Batterie, bei der ein Unterschied sein *muss* zwischen dem Pluspol und dem Minuspol, damit überhaupt Energie fließen und so neue Formen annehmen kann, beispielsweise *Licht. Die beiden Pole sind aber deswegen doch nicht aufgeteilt in einen guten Pluspol und einen bösen Minuspol, sondern Sachverhalte an einer guten ganzen Batterie!*

ααα

Charakter: anderes Wort für Gewohnheit oder für Gedächtnis

Einen Charakter gibt es nicht, denn es handelt sich dabei nur um die beobachtbaren und erfahrbaren Aspekte aller Gewohnheiten und Überzeugungen eines Menschen. Charakter ist eine *Form von Gedächtnis* und stellt daher ein Konzept dar, keine Wirklichkeit.

Allerdings gibt es viele Leute, die daran glauben, dass sie einen Charakter *haben*, etwa so, wie man einen athletischen Körperbau hat und stolz darauf ist, dass man ihn hat, weil er doch viel schöner ist als der wabbelige Körper eines Fettsacks. Sie finden es großartig, einen guten Charakter zu haben und sie halten besonders ihren eigenen für das Qualitätsmerkmal ihres überlegenen Wesens – besonders als Angehörige der weißen Rasse.

Durch die Annahme, dass Gewohnheiten und Überzeugungen feste Eigenschaften seien, legst du dich jedoch selbst in Fesseln: Charakter wird ja gewöhnlich als etwas Unveränderbares angesehen, was zur Folge hat, dass Menschen, die daran glauben, damit quasi gleichzeitig behaupten: »Ich *kann* meine Gewohnheiten nicht verändern, ich bin sogar stolz darauf, dass ich sie habe und ich will sie daher behalten. So bin ich eben und so will ich bleiben, und zwar für immer!« Ja, was soll man denn mit einem solchen Menschen machen, um ihm zu helfen, dass er eine schönere Zeit haben kann, wenn er doch bleiben will, wie er jetzt zu sein glaubt? Nichts. Man kann nur warten, bis er sich die Sache vielleicht anders überlegt oder wenigstens damit angefangen hat, an *dieser Art* von Unveränderbarkeit zu zweifeln. Bei den meisten Menschen braucht es dazu erst eine massive Erschütterung, bis es ihnen langsam dämmert, dass sie bisher nur ein Bild von sich und ein Bild der Welt vor Augen gehabt haben. Bilder kann man aber wieder verändern (etwa durch Übermalen) oder man kann sich immer wieder neue machen. *Wenigstens so lange, bis man endlich jenseits der Bilderwelt ist und einfach schaut auf das, was ist, das, was erscheint und wieder vergeht.*

Man kann tatsächlich bei oberflächlicher Betrachtung glauben, dass Charakter etwas Festes sei und dass man ihn sogar vererben kann. In gewisser Weise stimmt das, nicht aber auf diese Weise, wie das biologische Modell die Vererbung darstellt. Bei einer »Charaktervererbung« handelt es sich eher um die Auswirkungen eines Lerneffektes oder vielleicht sogar eines Gedächtnisfeldes, bei dem jedes Element im Feld gleichzeitig auch mitwirkender Teil ist und das Feld seinerseits beeinflussen kann. Solche Gedächtnisfelder wären beispielsweise das Feld einer Familie, einer Sippe, einer Art, einer Rasse – je nach Betrachtungsebene. Jeder, der in ein derartiges Feld hineingeboren wird, zeigt nach einer gewissen Zeit *Informationen*, die mit denen anderer Mitglieder seiner Gemeinschaft übereinstimmen. Zu einem derartigen Feld könnten sogar bereits Verstorbene gehören.

Wenn dieses Feld dann ausreichend große Mengen von Elementen enthält, wenn also die Anzahl derjenigen ausreichend groß ist, die darin und daran – vielleicht über Generationen – gemeinsam träumten, kannst du ein solches Feld Kultur nennen.

Wahrscheinlich ist das gesamte Universum ein einziges Feld (das Feld »Gott«). Zu einem derartigen Feld kann man aufgrund seiner Auswirkungen ebenso gut Gedächtnis sagen, weil sich Felder letztlich als *Informationsspeicher* darstellen. Wahrscheinlich ist auch die Seele ein Feld innerhalb von kollektiven und übergeordneten Seelenfeldern.

ααα

Dankbarkeit: Gefühlszustand bei Erkenntnis

Der heilsame Zustand Dankbarkeit tritt auf natürliche Weise ein, sobald ich erkenne, dass ich beschenkt wurde, dass mir also etwas zugekommen ist, was ich mir nicht wirklich verdient habe. Somit ist folgende Formulierung ebenfalls statthaft: *Dankbarkeit tritt ein, wenn ich bewusster Zeuge eines Wunders in meinem Leben werde.* (Bedenke: Leben ist ein Wunder.)

Ein Geschenk ist es zum Beispiel, wenn mir eine Last abgenommen wird, an der ich mich sonst lange abschleppen müsste, selbst wenn ich all meine Kräfte sammle – etwa, wenn mir ein gnädiger Gläubiger den Rest einer erheblichen Schuld erlässt. Das ist natürlich auch ein Wunder, denn man hat darauf ja keinen Rechtsanspruch. Wer sich aber einbildet, darauf ein Recht zu haben, der zeigt seine Dummheit und dass er noch wie ein Kind sein will, von dem man nicht verlangen darf, die Folgen seiner Handlungen selbst zu verantworten: Er bildet sich ein, seine selbst eingebrockte Suppe nicht auslöffeln zu müssen, weil er nicht verantwortlich sei, sondern beispielsweise »die da oben«. Deshalb verlangt er dreist, dass ihm seine Schulden ohne Gegenleistung erlassen werden. Er hält das für gerecht. (Du hast hier eine weitere gute Möglichkeit, Dummheit zu erkennen: Ein Dummkopf fühlt sich im Recht.)

Ist es nicht seltsam, dass in unseren Gefängnissen so viele »Unschuldige« sitzen? Jede Menge Opfer sitzen dort: Opfer von voreingenommenen Richtern und unfähigen Anwälten, Opfer von bösen Eltern, einer schlimmen Kindheit, Opfer verräterischer Bandenmitglieder oder heimtückischer Bullenschweine. Einige betrachten sich sogar als Märtyrer, als Opfer einer menschenverachtenden Gesellschaft, die man bekämpfen muss, um mit seinem selbstlosen Opfer die übrigen Ignoranten zu erretten und sie zu ihrem Glück zu führen.

Wer sich als Opfer sieht, ist immer undankbar.

Wieso sind eigentlich so wenig Menschen dankbar dafür, dass sie überhaupt leben? Wieso verschwenden sie dieses Geschenk für sinnlose Dinge und gehen so achtlos damit um? Wieso sind sie nicht dankbar für unverdient erhaltene Liebe, und sei es nur von ihrem armen Hund? Sehr seltsam ist das, findest du nicht?

Demut: auf seinem Platz stehen und seine *eigene* Aufgabe erfüllen

Wer in Ordnung ist, der ist automatisch demütig. Gegensätze zu Demut wären beispielsweise *Größenwahn*, auch Hochmut genannt, *Übermut* und *Verrücktheit*. Alle drei Gegensätze sind Sonderformen der Dummheit. Beim Größenwahn wähne ich mich größer als ich tatsächlich bin und werde dann durch meinen »Kleinheitswahn« immer wieder ausgewogen, der Angst nämlich, nicht gut genug zu sein. Übermut ist ein Begleiter des Größenwahns und entspricht dem Mut eines Kindes, das überhaupt noch nicht weiß, was es da tut. (Das ist also eher etwas für Helden.) Verrückt bin ich, sobald ich auf einem anderen Platz stehen will als dem, der mir exakt zusteht, oder wenn ich mich auf eine Weise benehme, der ich bereits entwachsen sein müsste oder der ich noch nicht entspreche. Dann bin ich verrückt in der Zeit. Ich kann mir dabei zwar einbilden, dass ich mordsmäßig wichtig bin für die Weltgeschichte, die Welt sieht das aber anders und bremst mich wieder aus, bis ich demütig geworden bin und endlich das erledige, was meine eigene Aufgabe ist, anstatt mich wichtig zu machen und mich laufend in die Angelegenheiten anderer Leute einzumischen.

Ein Betrunkener ist zum Beispiel wie ein Kind – je nach Stärke seines Rausches ein kleineres oder ein größeres Kind – und benimmt sich deutlich sichtbar entsprechend dieses Zustandes. Er benimmt sich nicht altersgemäß, sondern er ist verrückt. Jeder kann das sehen und hören und keiner nimmt ihn daher ernst. Gelegentlich wird er vorübergehend entmündigt von einem Spezi, der gerade etwas weniger besoffen ist und mitunter schreitet eine »höhere Macht« ein. Die heißt in diesen Fällen meistens Polizei und ist eher unfreundlich mit dem Verrückten. Ein altkluges Kind benimmt sich und redet auf eine Weise, die seinem Alter nicht angemessen ist; daher ist ein solches Kind größenwahnsinnig, denn es wähnt sich größer als es tatsächlich ist. Aber jeder sieht, dass da nur ein Kind steht. (Manchmal hat dieses Kind bereits den Körper eines Erwachsenen und ist biologisch schon vierzig Jahre alt.) Ein Kind hat aber keine Macht über die, von denen es abhängig ist und seine Mama lässt sich nicht wirklich von ihrem Kind führen, höchstens zum Spaß – außer, sie ist selber verrückt.

Wenn einer beispielsweise glaubt, er sei größer als seine Eltern und bildet sich dabei gar ein, sie retten oder erziehen zu müssen, der würde auf dem Platz eines Großelter stehen wollen. Es ist klar zu sehen, dass er hier verrückt ist und nicht auf diesen Platz gehört, selbst wenn er schon erwachsen ist: Er ist bezüglich seiner Eltern nur das Kind und das bleibt so, egal, wie alt er inzwischen geworden ist, denn er wird nie auf die gleiche Ebene kommen wie seine Eltern, denn dann wäre er ja sein eigener Onkel und das ist offensichtlich verrückt. Sollte er diesen Platz nicht rechtzeitig freiwillig räumen, wird er vielleicht von einer »höheren Macht« noch kostenpflichtig abgeschleppt. Aber anstatt auf ihren rechten Platz zu gehen, ergreifen viele später einen Helferberuf und werden Arzt oder Psychotherapeut oder Politiker oder vielleicht Jurist. Wenn sie nicht merken, dass sie verrückt sind, haben sie ein schweres Leben, *wobei sie sich aber meist wahnsinnig wichtig vorkommen.*

Wer demütig ist, der steht nicht nur auf dem richtigen Platz und ist geistesgegenwärtig, er sieht sich selbst auch eingebunden in etwas Größeres, das ihn »in den Dienst nimmt«, wie das *Hellinger* wohl ausdrücken würde. Er sieht sich nicht mehr als großen Macher, der sich zu Recht wieder einmal im Applaus der Mutter Öffentlichkeit baden darf, sondern er erkennt sich selbst als *Diener* und als »Medium« für etwas, das unaussprechlich größer ist als er und das er daher nicht wirklich verstehen und überschauen kann. Er will sich daher einfügen in dieses Große und nur seinen ihm zugewiesenen Dienst tun. Demütige Menschen sind bescheiden.

Du kannst auch sagen: *Demut ist der Mut, dem Höchsten zu dienen.*

Denken: wünschen

Eine bekannte Redewendung heißt: »Da war wieder der Wunsch der Vater des Gedankens.« Ein Wunsch war es demnach, der diesen Gedanken *gezeugt* hat. Manchmal ist der Wunsch hinter dem Gedanken sogar recht klar zu erkennen.

Wünschen aber ist ein Konflikt, weil ihm die Überzeugung vorausgeht, dass etwas noch nicht okay ist, sondern erst dazu gemacht werden muss. *Daher ist Wünschen automatisch ein Urteilen, denn die Gegenwart wird damit abgelehnt.* Wunschlos glücklich zu sein wäre hingegen ein Beweis für deine Erkenntnis, dass dein wahres Wesen jenseits von Gut und Böse ist und dass es dir in Wirklichkeit an nichts mangelt.

Denken ist eine Aktivität des Egos. Es ist, wie das Ego selbst, aus der biologischen Erfahrung von Mangel entstanden, denn Voraussetzung für Denken ist ja, dass ich einen biologischen Körper habe und nur dieser biologische Körper kann Mangel erfahren. Im Denken wird das scheinbar Fehlende dann vorgestellt und auf diese Weise innerlich durch ein Vorstellungsbild oder ein anderes Symbol wieder präsentiert, damit es wenigstens auf diese Weise »da« ist. Als fehlend kann ich jedoch erst etwas empfinden, wenn es früher einmal da war und ich davon wieder getrennt wurde – etwa von der Mutterbrust. Denken ist also ebenfalls eine Art von Erinnern und *Wünsche als »Väter« der Gedanken sind fast immer Ego-Wünsche.*

Denken als eine Funktion des Egos setzt weiterhin eine Spaltung, ein *Urteil* voraus, nämlich in Innen und Außen, in Ich und Nicht-Ich. Dadurch entsteht eine gewisse Spannung, anstatt Frieden. Ich muss mich beim Denken innerlich teilen und unterhalte mich nun mit mir selber, bzw. mit *verinnerlichten Bildern*, etwa der Vorstellung, die ich mir von der Mutter gemacht habe, oder einem Mannsbild, der Vorstellung, die ich mir von Papa gemacht habe, oder dem Selbstbild, der Einbildung, die ich mir aufgrund von Mamas und Papas Behandlung von mir selber gemacht habe, oder einem Gottesbild; das ist meist ein Bild, das ich nach wie vor von Mama habe und inzwischen so weit hinausprojizierte, bis ich es wieder für Gott halte – genau wie anfangs, als für mich die Mama tatsächlich wie Gott war.

Bei kleinen Kindern kann man ja noch beobachten, dass Denken eine Art von *Selbstgespräch* ist, weil sie meist laut kommentieren, was sie gerade tun oder manchmal auch glauben zu tun. Wenn sie mit sich selber einig sind, geht's gut weiter. Wenn nicht, heißt das Zweifel und es entsteht ein Stocken. Das wird als unangenehm erlebt. Sind die Kleinen größer geworden, halten sie beim Denken meist die Klappe. (Leider machen es doch manche anders herum: Sie betätigen die Klappe, ohne dabei zu denken.)

Die Spaltung beim eigenen Denken wird oft nach außen verlegt. Das heißt *Diskutieren.* »Der da draußen« vertritt dabei die *Antithese,* so dass unterschiedliche Standpunkte in *meinem* Denken klar zutage treten können. Ich kann nun entscheiden, ob ich gespalten bleiben will in dem, was ich wünsche, dass es wahr sein soll, oder ob ich *mich* wieder »einige«, indem ich zu einer *Synthese* komme. *Wenn ich mich erneut für die Spaltung entscheide, muss ich erneut ein Urteil treffen.* Wenn ich mich hingegen einige, darf das da draußen als eine andere Form derselben »Substanz« weiterbestehen. Ich höre damit auf, etwas zu bekämpfen, öffne mich (»interessant!«, statt »Blödsinn!«) und kann weiterwachsen.

Denken, insbesondere wenn es korrekt durchgeführt wird, ist jedoch nicht schlecht, sondern auf gewissen Ebenen der Welt sogar nötig und äußerst nützlich. *Du solltest dich nur immer wieder daran erinnern, dass du mit Denken alleine nicht auf das Wesentliche kommen kannst.*

Das Gegenteil dieses urteilenden Denkens ist Liebe und ihre Auswirkung ist Heilung durch *Lösung*. Die Spannung, die durch ein Urteil entstanden ist, löst sich dabei und es kehrt wieder Ruhe ein. Mit dem einfachen und offenen Schauen in Liebe (im Gegensatz zum Denken und dem damit verbundenen Be-Urteilen) ist ein Zustand der Selbsterkenntnis verbunden. Ich stimme daher *bedingungslos* zu, dass das Draußen genau so sein darf, wie es jetzt ist, weil das Draußen nur eine andere Seins-Form der gleichen »Substanz« ist, aus der auch die Form besteht, die ich jetzt gerade bin. *Ich erkenne, dass alle For-*

men nur Erscheinungen der gleichen Substanz sind, dass es keine wirkliche Trennung und keinen Mangel gibt.

Hier hört aber nun das Denken endgültig auf und es ist *Sein*, denn der Geist denkt nicht, sondern er IST. Damit ist das Ende aller Konflikte erreicht. Es gibt nichts zu denken und zu wünschen, weil nichts fehlt. *Alles IST einfach. Du bist damit jenseits von Gut und Böse und daher wunschlos glücklich.*

Dienen: Beziehungsform zwischen den Menschen

Jeder Mensch ist für alle anderen Menschen, mit denen er jemals in Kontakt tritt, ein Diener. Darüber hat er keine Wahl. Er kann allerdings wählen, *wem* er *wofür* dienen will und ob er seinen Dienst bewusst oder als Zombie verrichten will. Er kann also wählen, ob er seinen Mitmenschen als Helfer für eine gemeinsame Heilung dienen will oder bei ihren Versuchen, schlimme und wahnsinnige Träume zu verwirklichen. Für jeden seiner Dienste erhält er den gerechten Lohn: Er erntet die Folgen seines Dienstes, die entweder darin bestehen, dass er sich selbst heilt, oder dass die schlimmen Träume, bei denen er seinen Mitmenschen gedient hat, für ihn ebenfalls wahr werden. Sein Dienst besteht im zweiten Fall beispielsweise darin, dass er anderen entweder als Feind und als abschreckendes Beispiel dient, oder dass er ihnen direkt die »Wahrheit« ihres verrückten Alptraumes bestätigt, indem er beipflichtet. In jedem Fall folgt er ihnen als Mithelfer bei deren Alpträumen in eine gemeinsame Hölle.

Er kann einem Mitmenschen auch als entsprechendes Gegenteil dienen, damit der auf seiner verrückten Position beharren kann: Er dient ihm beispielsweise als der Furchtsame, damit der andere der Große und Tolle bleiben kann. Als Diener ist er nun das, was der Herr nicht selber sein will. Umgekehrt gilt ebenfalls: Der Tolle und Selbstsichere erledigt das »Gute« für den Furchtsamen, der daher ebenfalls weiter so klein bleiben kann wie er jetzt zu sein glaubt. *Auf diese Weise dient dann der Herr seinem Diener.*

Dieses gegenseitige Dienen ist gut in Paarbeziehungen zu beobachten: Jeder der Partner ist genau so, wie er vom anderen gewünscht wird, damit der jeweils andere Recht behalten und so bleiben kann, wie er jetzt ist. Gewöhnlich ist das Dienen hierbei unbewusst und wird daher normalerweise nicht mit Dank vergolten, sondern mit grobem Undank, also der Teilnahme an einem unangenehmen gemeinsamen Traum. Das ist der gerechte Lohn für beide, die jeweils gleichzeitig Diener und Herr füreinander sind.

Und da ist noch etwas, wobei es keine Wahl gibt: *Du kannst nicht zwei Herren dienen.* Du musst dich klar entscheiden, ob du entweder der Heilung oder den verrückten Träumen deiner Mitmenschen dienen willst, den wahnsinnigen Illusionen des Egos. Du kannst *jederzeit* frei entscheiden, ob du dem Heiligen oder dem Ego dienen willst. Entsprechend deiner Wahl wirst du entweder erwachen oder in irgendwelchen verrückten Träumen verstrickt bleiben, die ja vielleicht für eine gewisse Zeit angenehm sind – bis zum ihrem bitteren Ende, das notwendig eine Enttäuschung sein wird. Meistens sind diese Träume jedoch Alpträume von Furcht, Schmerz und Tod.

Soweit ich sehe, funktioniert das im Großen ebenso: Die guten Bekämpfer des Bösen mit ihrem Gott auf ihrer Seite und die bösen Terroristen mit deren Gott auf deren Seite wären hier ein Beispiel. Beide Seiten sind einander völlig gleich in ihrem Wahn, kommen aber nun nicht mehr vom Fleck. Sie müssen erst erkennen, dass Herr und Diener in Wirklichkeit gleich sind und dass jeder so ist, wie er ist, damit der andere so bleiben kann, wie er gewählt hat zu sein. Sie sind jetzt beide im gleichen Traum gefangen und sie können ihn *nur gemeinsam* wieder verlassen. *Der Herr und sein Diener sind zwei Seiten einer gleichen Münze.*

Dummheit: störende Begleiterscheinung bei Aufregung

Dummheit ist ein Zustand, in dem Lebewesen ihre ansonsten gut ausgeprägten Fähigkeiten vorübergehend nicht mehr richtig anwenden können. Sie sind dann aufgeregt und machen seltsame Dinge, die nicht funktionieren, werden zappelig und drehen sich im Kreis. Beim Menschen zeigt sich das auch in seinem Denken, das er ja immer mitteilt – oft nur durch sein Verhalten. Mitunter können die in einem solchen Zustand ausgeführten Handlungen nicht nur zu Beschädigungen, sondern sogar zum vorzeitigen Absterben seiner biologischen Maschine führen. Dummheit ist also eine zwar natürliche, jedoch störende Begleiterscheinung von Zuständen, in denen ein Lebewesen aufgeregt ist und anfängt zu krampfen oder zu zappeln, *weil es sich eingesperrt fühlt.* Sollte jemand in deiner Umgebung öfter solche Zustände aufweisen, dann halte während dieser Zeiten ausreichend Abstand, weil Dummheit nämlich *hochgradig ansteckend* ist.

Dummheit ist in der Tat eine hochgradig ansteckende Störung. Besonders grassierend wird sie, wenn sich dabei Menschen in großer Zahl vereinigt haben, um gemeinsam wahnsinnige Träume zu träumen, wie beispielsweise im so genannten Dritten Reich. Tritt Dummheit derartig geballt auf, fällt es selbst solchen Menschen schwer zu widerstehen, die gewöhnlich wachsam und ruhig sind und somit normalerweise ausreichend immun gegen eine derartige Ansteckung wären. Für eine Ansteckung reicht es unter Umständen bereits aus, wenn du im Kontakt mit nur einem einzigen Menschen bist, der in der Lage ist, dich in Aufregung zu versetzen, meist, weil er dich an irgendetwas Wichtiges aus deiner Kindheit erinnert hat, mit dem du noch nicht fertig bist. Bemerkst du deine Aufregung aber rechtzeitig, kannst du dich vor Ansteckung schützen und sogar noch etwas lernen dabei. Ein kluger Kopf lernt nämlich auch von einem Dummkopf.

Es gibt Menschen, die sind nur für kurze Zeiten und nur in bestimmten Situationen dumm und daher nur vorübergehend durch die erlernten und automatisierten Schutzprogramme ihres Nervensystems derartig eingeschränkt, dass sie die jetzt gerade vorhandenen Tatsachen der Welt an sich nicht mehr wahrnehmen und nicht mehr logisch verknüpfen können; und es gibt solche, die in wichtigen Bereichen ihres Lebens chronisch dumm sind. Man erkennt die Letzteren ziemlich leicht daran, dass sie sich schnell aufregen, stereotyp reden und handeln und das unbeirrt weiter beibehalten, obwohl nichts von dem, was sie sagen und tun, wirklich stimmt oder wirklich funktioniert. – Wie soll es denn funktionieren, wenn sie offensichtliche Tatsachen ignorieren?

Da man während eines Dummheitsanfalls außerstande ist, überhaupt korrekt wahrzunehmen, kann man danach selbst mit der klarsten Logik (so man sie denn hätte) nichts Vernünftiges mehr zustande bringen. In der EDV gibt es hier als Vergleich das »gigo-Prinzip«. Das ist eine Abkürzung und bedeutet »garbage in – garbage out«. Übersetzt heißt es: Wenn du in ein EDV-Programm unkorrekte Daten eingibst, also Datenmüll, dann kommt sogar nach der kompliziertesten Berechnung und beim allerbesten Programm der Welt wieder Müll heraus. Wenn du darauf Wert legst, kannst du ihn ja auf hundertfünfunddreißig Kommastellen genau ausrechnen. Es bleibt jedoch Müll.

Wir füttern im Dummheitsanfall aber nicht nur unseren »Computer« mit unkorrekten Daten, sondern wir verwirren zusätzlich die *software*, mit der die Daten weiterverarbeitet werden. Im besten Fall ist das lustig und ergibt einen neuen Witz, allerdings nicht ganz freiwillig und auf deine Kosten. Meistens ist das Ergebnis recht unangenehm und führt zu Wiederholungen des Unangenehmen. Es gibt Menschen, die sich jedoch während dieser Störungszeit recht schlau vorkommen. (Das ist, nebenbei bemerkt, ein starkes Indiz für eine chronifizierte Dummheit, wenn man sich schlau vorkommt.) Sie haben in diesem Stadium natürlich kaum Chancen auf eine Korrektur. Meistens wird der Betreffende zur Strafe dann irgendwann zu einem Experten mutieren und wird vielleicht sogar zu einem Missionar.

Irrtümer mit ihren schlimmen Folgen können nur korrigiert werden, wenn ich sie als solche erkenne und ihre Folgen bereue, was aber während eines akuten Dummheitsanfalls völlig ausgeschlossen ist.

Am besten würde eine Korrektur in Zuständen von *spielerischer Lockerheit und Achtsamkeit* gelingen. Chronisch dumme Menschen geraten aber nur selten in solche Zustände. Wenn es zufälligerweise doch geschieht, bestreiten sie danach in ihrem vertrauten Dummheitszustand, was jeder klar sehen konnte: Dass sie eben in ihrem versehentlich erreichten spielerischen Zustand klug und kreativ gewesen sind. – Okay: Und gerade etwas angesoffen.

Nun: Auch Dummköpfe sind frei. Sie könnten sich ebenfalls neu entscheiden und zum Beispiel anfangen, ihre bisherigen Ansichten zu *bezweifeln*. Zweifel ist ein sehr guter Helfer.

Man sagt, gegen Dummheit sei kein Kraut gewachsen. Das stimmt. Diese Nuss Dummheit ist weder durch Mescalin, noch durch LSD oder Cannabis zu knacken und überhaupt gegen alles Derartige immun. Erst wenn der Betreffende – aufgrund einer massiven Krise etwa – in einen wacheren Zustand gerät und bemerkt, dass er bisher dumm war, geht's wieder weiter. Dann wirken auch diese Heildrogen auf die richtige Weise.

Zur Beruhigung sei noch erwähnt: Kein normaler Sterblicher ist immer und überall klug und weise und keiner ist immer und überall dumm. Ratsam wäre daher, nach den jeweiligen Ausnahmen Ausschau zu halten. (Echte Heilige, also Menschen, die bereits erkannt haben, wer sie wirklich sind, werden hier nicht als Normalsterbliche angesehen.)

Es gibt allerdings eine Ausnahme, bei der Aufregung nicht Zeichen von Dummheit ist: Es handelt sich dabei um die angenehme Aufregung, die entsteht, wenn ich schöpferisch tätig bin und Neues erschaffe – genauer: Neues entdecke – sei es als Künstler oder als

Forscher im weitesten Sinn oder sei es als Erkennender, der gerade Einblick erhalten hat in Teile des Großen (offenen) Geheimnisses. Diese spezielle Aufregung ist von den anderen Formen der Aufregung gut zu unterscheiden: *Bei dieser speziellen Form von schöpferischer Aufregung ist man nämlich geöffnet.* Bei den Aufregungen dagegen, die Dummheit begleiten, ist man immer geschlossen. (Übe hier dein Unterscheidungsvermögen.)

aaa

Ego: Folge eines Grundirrtums, nämlich des Glaubens, ein Körper zu *sein*

Dein Geist bewohnt während seiner Traumzeit eine wundervolle biologische Maschine in Gestalt deines Körpers, mit deren Hilfe er sich selbst erfahren und verwirklichen kann. Deine Eltern sind die Übergeber dieser Maschine, vergleichbar einem Autohändler, und handeln daher in höherem Auftrag (*dem des Autoherstellers*). Für die – im Gegensatz zu den Autos – kostenlose Übergabe deiner Maschine solltest du ihnen sehr dankbar sein.

Sobald wir uns mit dieser wunderbaren biologischen Maschine aber *identifizieren*, entwickeln wir als Folge dieser Identifizierung ein Ego. Das ist unvermeidlich und du kannst Erbsünde dazu sagen. *Ein Ego ist das eingebildete Ergebnis einer eingebildeten Ur-Teilung,* nämlich dass es »mich hier« – ich meine dabei meinen Körper – und »die anderen (Körper) dort« gäbe *und dass dazwischen eine unüberbrückbare Kluft sei.*

Diese Anderen, die ich inzwischen natürlich ebenfalls mit ihren Körpern verwechsle, erlebe ich nun nicht mehr als mir wesensmäßig gleich, sondern ich erfahre sie entweder als bedrohlich, weil sie mich ja verletzen oder bestehlen oder mein Territorium besetzen könnten, oder ich denke, sie seien eine Quelle der Erlösung, wenn ich mir von ihnen Rettung erwarte wie ein kleines Kind von seiner Mutter – je nachdem. *In jedem Fall aber fürchtet sich dieses Ego andauernd vor irgendetwas und will sich daher ständig absichern.* Mein Ego ist jedoch nur eine Illusion, die Folge dieser Verwechslung, dass ich mein Körper sei. Es gibt nämlich in Wirklichkeit überhaupt kein Ego, obwohl es so scheint. Ein Ego ist also von Haus aus komplett wahnsinnig.

Ego ist zwar das Ergebnis einer Illusion und daher selber eine Illusion, aber diese Illusion bildet sich jetzt ständig ein, durch irgendetwas bedroht zu sein, was es in Wirklichkeit selber erfunden hat. Ego fürchtet sich zu Recht, denn weil es nicht wirklich existiert, sondern eine Einbildung ist, wird es durch die Wahrheit ja tatsächlich ständig mit Vernichtung bedroht. (Manche sagen anstatt Ego *falsches Selbst*, andere sagen *Über-Ich* oder *Persönlichkeit*. Das alles trifft's nicht ganz, weil Ego umfassender ist.) Diese erfundene Ego-Illusion hat nun eine enorme Fähigkeit, sich selbst zu bestätigen und mir zu diesem Zweck eine *komplett erfundene Welt* vorzugaukeln. Und sobald es sich durch eine Wahrheit bedroht fühlt, reagiert es wie jedes Lebewesen: Es verteidigt sich kompromisslos mit allem, was ihm zur Verfügung steht. Daher ist Vorsicht dringend angezeigt.

Wir haben in der Weltgeschichte viele berühmte Egos kennen gelernt, die demonstrierten, wozu ein so komplett wahnsinniges und hochgradig infektiöses System in der Lage sein kann, wenn es nicht rechtzeitig entmachtet wird. Diese Egos gehen uns aber nicht wirklich etwas an, sondern sie sind Vorbilder und dienen jedem als Lehrer, der hier lernen will. Es ist völlig ausreichend, wenn wir unsere eigene Illusion erkennen und uns wieder daran erinnern, wer wir wirklich sind. *Ein Ego muss nicht bekämpft, sondern nur als Illusion erkannt werden, dann stirbt es. Übe, dein Ego nicht dadurch zu bestätigen, indem du es abtöten willst.*

Eifersucht: Der Wunsch, verlassen zu werden. Ein Kinderproblem

Zunächst eine Faustregel: Wenn's dramatisch wird, handelt es sich immer um irgendwelche inszenierten Kinderprobleme. *Dramen sind also Kinderprobleme.*

Eifersucht ist dramatisch und der Eifersüchtige benimmt sich auf eine Weise, als ob er von seinem Partner verlassen werden *will* – was übrigens zutreffend ist. Er beschäftigt sich bei jeder Gelegenheit mit diesem Thema und nimmt in seinen Fantasien dieses Ergebnis vorweg. Dabei gibt er vor, dass er genau das Gegenteil will, nämlich, dass der Partner bei ihm bleiben soll, was natürlich in gewisser Weise ein Schwindel ist. Er macht sogar Vorschläge, mit wem ihn der Partner betrügen soll:
»Ich weiß doch, dass du mit dem Klaus was hast!«

»Geh', hör' auf! Der Typ interessiert mich nicht.«

»Denkst du, ich merke nicht, wie ihr euch immer anseht? Lüg' mich nicht an!« usw.

Mit der Zeit wird die Freundin mürbe und merkt tatsächlich, dass der Klaus eigentlich ganz nett ist. Sie fängt daher an, dem Vorschlag mit Klaus näher zu treten. Der Rest ist dann nur eine Frage der Zeit, bis es so weit ist, dass der Eifersüchtige sein Ziel erreicht hat und sich bestätigt fühlt in seinem Wahn. *Und er sieht sich als Opfer, statt als Täter.*

Aber welches Kinderdrama spielt sich da ab? Welches Muster wird hier wiederholt?

Du kannst schnell sehen, dass ein Eifersüchtiger davon überzeugt ist, nicht gut genug zu sein für seinen Partner. Von dieser Überzeugung ist er durch nichts und niemanden abzubringen, obwohl er sich enorm anstrengt, gut genug zu sein. Er scheint sich dabei in einer Situation zu befinden wie ein Kind, das für einen Erwachsenen ein Partner sein will, weil es vielleicht von dem sogar so behandelt wurde; aber es ist für ein Kind tatsächlich unmöglich, für einen Erwachsenen als Partner gut genug zu sein, selbst wenn es alles tut, was es nur kann.

Stell' dir zum Beispiel vor, eine Mutter gibt ihrem Sohn zu verstehen, dass es der Papa nicht wirklich schafft, sie glücklich zu machen und dass der Sohn irgendwie wichtiger sei als der Papa: Schon steckt er in der Klemme. Wenn er es nun nicht schafft, seinerseits die Mama zu beglücken, wird sie weggehen und sich einen Besseren suchen und dann hat er seine Mama verloren. (Zu Papa wird sie nicht zurückgehen, weil der ja nicht okay ist.)

Wenn er aber versucht, Mamas Mann zu sein, damit sie bleibt, wird er schnell feststellen, dass er dafür nicht gut genug ist und er dabei ebenfalls seine Mama verlieren wird: Sie sollte bei aller Liebe ihren Sohn nicht zum Mann machen und Papa soll seine Tochter nicht zur Frau machen wollen. *Wenn sie es trotzdem tun, können sie danach nie wieder Mutter oder Vater sein,* sondern sie müssen getrennt werden und getrennt bleiben von ihren Kindern, damit es kein weiteres Unglück gibt. Da gibt es dann kein Zurück mehr.

So wird auch das Dilemma des Eifersüchtigen verständlicher: »Geh' weg von mir – aber ich brauch' dich so sehr!« Deshalb glaubt er auch, dass er ohne den anderen nicht leben kann, weil der andere einen Elternteil des Eifersüchtigen vertreten muss und der Eifersüchtige sich dabei wie ein Kind fühlt – und benimmt. Oder anders formuliert: »Bitte geh' weg von mir und geh' wieder zurück zu Papa, denn der ist der Bessere für dich. Aber bleib' da und liebe mich trotzdem.« (Die Analogie zwischen Vater und Tochter kannst du bestimmt selber bilden.) Das geht natürlich nicht mehr, wenn »Mutter und Sohn« oder »Vater und Tochter« bereits Sex miteinander hatten. Dann ist es wirklich besser, sie gehen sich künftig aus dem Weg.

Solltest du selber unter Eifersuchtswahn leiden, bekommst du hier einen guten ***Tipp***: *Genieße deinen Partner, so lange er noch da ist.*

Entscheidung: Lösungsmethode für Konflikte

Obwohl wir immer eingebunden sind in Größeres, sind wir doch jederzeit frei und können tun und lassen, was wir wollen – was ziemlich paradox klingt. Was wir wirklich wollen zeigt sich ganz eindeutig daran, womit wir uns beschäftigen und vor allem, wie wir *tatsächlich* handeln. Eine Entscheidung (als Voraussetzung unseres Handelns) ist nur das Ergebnis einer *Wahl* und bräuchte kein Urteil zu sein, denn es ist völlig unnötig, dabei die nicht gewählte Alternative zusätzlich abzulehnen. Sie darf ebenso existieren wie die von mir gewählte.

Fast alle unsere Entscheidungen werden vom Ego gefällt und sind Urteile. Und doch sind sie manchmal zufällig richtig hinsichtlich meiner Ego-Ziele, die ich damit realisieren kann. Ein schlaues Ego kann in dieser Welt der Egos einen beträchtlichen Erfolg einheimsen. *Ich sollte jedoch endlich die wesentliche Entscheidung treffen, nämlich herausfinden zu wollen, wer ich wirklich bin und was mein wahres innerstes Wesen ist: Dann sind Entscheidungsprobleme nämlich komplett hinfällig, weil danach alles klar ist.*

Aber wenn wir partout aus Ignoranz unserem Ego noch die Führung überlassen wollen, wäre es sehr ratsam, Folgendes zu beachten: *Zu jeder Entscheidung gehört auch die Zustimmung zu deren Folgen*, sonst machen wir uns lächerlich. Überleg' dir also *vorher*, was du erreichen willst und was es dich voraussichtlich kosten wird (soweit das möglich ist), ehe du loslegst. Ist dir das zu mühsam, dann lass' dich überraschen und nimm gelassen an, was kommt. So kannst du wenigstens deine Würde behalten. Wenn wir aber nach unseren Handlungen über deren Folgen jammern, zeugt das von Dummheit und wir verlieren dabei unsere Würde, denn es ist vollkommen klar, dass in dieser Welt alles seinen Preis hat. Wenn ich in einem Lokal ein Essen bestelle, muss ich danach den entsprechenden Preis bezahlen, sonst bekomme ich Ärger. Die Annahme, dass ich vom Wirt ein Essen bekomme, nur weil ich Hunger habe, ist sehr optimistisch, aber selten realistisch. Wenn ich hier keine unliebsamen Überraschungen erleben will, dann verschaffe ich mir zunächst einen Überblick über eine der Folgen meiner Entscheidung, jetzt ein Wiener Schnitzel zu verspeisen, nämlich über dessen Preis. Irgendjemand muss den bezahlen – gewöhnlich derjenige, der eines bestellt hat: »Wer anschafft, der zahlt und wer zahlt, der schafft an«, spricht hierzu der Volksmund in Bayern.

Wer aber glaubt, dass er etwas bekommt, ohne dafür den Preis zahlen zu müssen, der denkt fälschlicherweise, dass es in seinem Leben weiterhin zugeht wie damals in seiner Kindheit bei der Mama, die ihn noch umsonst gefüttert und ihm die Folgen seiner Handlungen erspart hat, weil er noch zu dumm war, sie zu überblicken.

Alle Schwierigkeiten beim Entscheiden kommen durch unser Ego: Es bildet sich nämlich ein, dass es bei einer Entscheidung immer etwas verlieren und einem Verzicht zustimmen muss, was ein Ego natürlich strikt ablehnt. In Wirklichkeit kann ich durch eine Entscheidung *nur gewinnen*. Ich verliere nicht einmal mein Problem. Das kann ich jederzeit wieder erzeugen, wenn ich will. Ich weiß ja noch, wie's geht. (Aber das macht natürlich kaum jemand, sobald er eine Lösung gefunden hat – höchstens zu Studienzwecken.)

Man merkt einen ersten Teil des Gewinns bei *jeder* Entscheidung daran, dass es einem nach einer Entscheidung sofort besser geht, *egal, wie die Entscheidung aussieht.* Sogar, ohne gehandelt zu haben, geht es mir schon besser.

Aber wie ist das mit dem Holzscheit, auf das ich verzichten muss, wenn ich es verbrenne?

Eine gute Frage. Allerdings geraten wir da auf eine andere Ebene, nämlich auf die materielle Ebene der Welt. Auf dieser Ebene gilt der Energieerhaltungssatz, der besagt: »Die Summe der Energie in einem geschlossenen System bleibt konstant.« Die Energie geht nicht verloren, nur die *Energieformen* ändern sich. Das Holzscheit verändert also seine Energieform, wenn ich es anzünde, und es erscheint nun immer mehr als Feuer und Licht und Wärme. *ES* ändert seine Form in der Raumzeit und mit der neuen Form hast du jetzt Licht und Wärme.

Du kannst also frei entscheiden, hier das *komplette* Universum zu verändern. Niemand kann das rückgängig machen, weil im bisher erfundenen Universum der »Zweite Hauptsatz der Thermodynamik« gilt. Das führt in dem Fall dazu, dass dein durch das brennende Holzscheit erwärmter Ofen erwartungsgemäß die Wohnung wärmt, dass jedoch niemals deine Wohnung kälter und dein Ofen *dadurch* heiß werden kann und am Ende dann das Holzscheit wieder auswirft. Was gesagt ist, ist gesagt. Niemand kann es zurücknehmen. Wenn das Holzscheit verbrannt ist, kannst du die Sache ebenfalls nicht mehr rückgängig machen. *Aber nichts ist dabei verloren gegangen. ES ist nur verändert nach deinem Willen* und ein Aspekt deines Willens war ja offenbar, dass du nicht erfrierst, sondern dich wärmst und weiterlebst. Das ist doch hoffentlich ein Gewinn für dich und die Menschheit.

Ein *Konflikt* ist in deiner Welt entstanden, wenn du unentschieden bist und abwechselnd das eine und dann wieder das andere willst: Einerseits willst du dein Holzscheit behalten für später, weil es vielleicht noch kälter wird, und andererseits willst du ein Feuer haben, um dich jetzt zu wärmen. Beides gleichzeitig geht aber nicht. Das ist wie bei einer »stehenden Welle«: Es geht nicht weiter, obwohl vielleicht heftige Bewegungen zu beobachten sind – leider eben nur *auf und ab* oder *hin und her* oder *im Kreis herum.* Irgendwann bist du vielleicht erfroren bei deiner quälenden Entscheidung, jetzt noch nicht zu entscheiden. Du verlierst durch diese Entscheidung, dich nicht zu entscheiden, eventuell am Ende sogar deine tolle biologische Maschine.

Überlege bei deinen Entscheidungen gut, was du erreichen willst und welche ersten Schritte du machst. Danach prüfe aufmerksam, ob diese Schritte *relativ richtig* oder *relativ falsch bezüglich deines Ziels* sind, also, ob sie dich deinem Zielzustand näher bringen oder ob du dich davon entfernst. Wenn du z.B. Ruhe willst, ist es offensichtlich besser, selber ruhig zu bleiben, anstatt den anderen anzubrüllen, damit der endlich ruhig ist.

Willst du deinen Spielraum erweitern, dann entscheide am besten so, dass mit jeder deiner Entscheidungen die Anzahl deiner künftigen Wahlmöglichkeiten zunimmt.

Absichtlich einen Umweg zu machen kann Teil einer klugen Strategie sein. Der Umweg wird nur ein Problem, wenn sich am Ende herausstellt, dass er unnötig war und dass du deswegen noch deinen Zug versäumt hast. Ich habe einmal gelesen: »Der kürzeste Umweg ist der schnellste Weg zum Ziel!«

Entscheiden bedingt logischerweise, zu sehen, dass es überhaupt eine Wahl gibt. Scheint das einmal nicht der Fall zu sein, dann kannst du ja entscheiden, dem zuzustimmen, was jetzt offenbar nicht zu ändern ist. Das ist nämlich ebenfalls eine sehr gute Entscheidung. *Nur eines kannst du mit Sicherheit nicht: Nicht entscheiden.* Sogar wenn man Gott die Führung überlassen will, ist vorher eine klare Entscheidung nötig.

Gelegentlich ist scharfes Unterscheidungsvermögen erforderlich, um zu erkennen, ob bereits eine echte Alternative vorliegt oder ob sie erst gesucht oder geschaffen werden muss. Es gibt nämlich so genannte Dilemmas, also Scheinalternativen, bei denen keine echte Wahl möglich ist, *weil jede Entscheidung deinen Zustand verschlechtern würde*:

»Wähle: Pest oder Cholera?«

»Wähle: Kalte oder warme Scheiße?« – Der Dummkopf wählt ganz schlau im Winter warme und im Sommer kalte Scheiße. (Natürlich könntest du *jede* Scheiße nehmen und anschließend mit Hilfe des *Steins der Weisen* in Gold zurückverwandeln. Wenn du den zur Verfügung hast, ist das Problem sowieso komplett hinfällig und du kannst dich wieder beruhigen.)

Es gibt noch weitere Formen einer Pseudoentscheidung, etwa folgender Art:

»Was willst du: Schokolade oder eine Ohrfeige? – Schokolade ist leider schon alle.«

Auch folgende unangenehme Situation ist vielen gut bekannt: Der so genannte *Zugzwang*. Eine derartige Zwangslage ohne Wahlmöglichkeit ist beim Schachspiel oder beim Mühlespiel zu beobachten. Der Zugzwang ist entstanden als Folge deiner bisherigen Entscheidungen, unter denen offensichtlich mindestens eine falsch war. *Aber trotz Zugzwangs kannst du nach wie vor entscheiden*: *Du kannst jetzt die Ebene wechseln*: Wenn du eine Schachpartie wirklich derartig vermurkst hast, dass ein Matt nun unabwendbar ist, so ist es doch deutlich würdevoller, drei Züge vor diesem unvermeidlichen Ende aufzustehen – ein Anfänger wartet meistens bis zum letzten Zug – dem Gegner anerkennend die Hand zu schütteln und dabei freundlich zu lächeln. Nur ein Dummkopf spielt da noch weiter.

Dumm wäre ebenfalls, vorschnell die Segel zu streichen, weil es schlimm *aussieht*. Beruhige dich und schau' genau nach, ob vielleicht noch ein Ausweg möglich ist. Manche Leute haben die Hoffnung, dass ein Wunder geschieht und sie eventuell durch eine »höhere Macht« aus ihrer Zwangslage befreit werden. Und manchmal haben sie Recht.

Entscheidungsprobleme ohne echte Wahl werden einem oft in der Kindheit gestellt von den Erwachsenen, oder wenn man noch nicht gemerkt hat, dass die Kindheit schon vorbei ist.

In Wirklichkeit gibt es nur eine einzige Entscheidung zu treffen: Willst du »Gott« dienen oder deinem Ego? Willst du wissen, wer du wirklich bist oder auf deinen Einbildungen beharren, obwohl sie nicht funktionieren? Wenn du dich für Gott entscheidest und dich öffnest (stirbst), werden mit der Zeit alle deine Ego-Holzscheite verbrannt und die Energie, die freigesetzt wird, führt zu wärmender und erhellender Liebe und zu deiner Befreiung.

Erinnerung: anderer Ausdruck für Selbsterkenntnis

Eine jüdische Metapher sagt: *»Das Kind im Mutterleib weiß alles. Im Augenblick der Geburt jedoch tritt ein Engel des Herrn hinzu und schlägt das Kind auf den Mund und da vergisst es alles wieder«.*

Natürlich weiß jeder halbwegs Gebildete, dass es keine Engel gibt, nicht wahr, und dass ein Kind im Mutterleib gar nichts wissen kann, weil es überhaupt keine Begriffe dafür hat und weil man doch ohne Begriffe nichts begreifen und somit kein Wissen erwerben kann. Selbstverständlich ist diese Metapher keine wissenschaftliche Aussage und stützt sich nicht auf kontrollierte Experimente, sondern sie ist ein Bild für eine andere Art von Wissen, das aus anderen Quellen stammt. Das in dieser jüdischen Metapher gemeinte Wissen ist das Wissen darum, wo wir wirklich herkommen und wer wir tatsächlich sind. Wenn das Kind nun nicht alles wieder vergessen würde, was es schon immer wusste, könnte es sich niemals freiwillig entscheiden, die Wahrheit so lange zu suchen, bis es sich endlich wieder daran erinnern kann, wo es wirklich zuhause ist. Damit wäre die Freiheit zu wählen und sich selbst dabei immer wieder neu zu erschaffen nicht mehr gegeben: Wer würde freiwillig einen Zustand ewiger Vollkommenheit aufgeben und gegen Illusionen und Leiden eintauschen?

Wie gesagt ist diese Metapher weder ein Argument, noch ist sie wissenschaftlich, sondern sie soll ein Bild dafür sein, dass letztlich alles Erinnerung ist, was immer es auch sein mag, das wir im Lauf unseres Lebens erkennen; sogar »das Himmelreich ist inwendig in Euch«, heißt es in der Bibel. *Sogar das Neue und das Himmelreich werden letztlich wieder erinnert durch die Aufhebung des Vergessens, die Anamnese.* Warum, *zum Teufel,* suchst du dann das Himmelreich andauernd irgendwo draußen? Weil vielleicht draußen früher mal deine Mama war, mit der du unbedingt eins sein und bleiben wolltest, damit alles wieder gut wird? Höchstwahrscheinlich. Aber du kannst *diese* Möglichkeit der Wiedervereinigung vergessen. Durch Verschmelzung mit deiner Mutter kommst du nicht mehr zurück ins

Paradies der Egolosigkeit, denn das verhindern die Cherubim mit dem Flammenschwert. Du musst dich vorwärts bemühen, um zum *Vater* zu kommen, auch wenn dir das ungerecht erscheinen mag, besonders, weil es anfänglich mit Anstrengung verbunden ist. *Besonders mühsam wird es für dich mit Bestimmtheit, wenn du glaubst, dass du keinen Vater brauchst, weil du schon selber so schlau bist, dass dir keiner mehr etwas zeigen kann.*

Erinnere dich an das Entscheidende: Du bist in Wahrheit das göttliche Nichts, in dem die Welt erscheint. Die Formen der Welt ändern sich andauernd, aber die Substanz nicht. Und erst recht nicht dieses Nichts, das schaut auf das, was es da andauernd erschafft, damit es sich in seiner Schöpfung freudig selbst wiedererkennen kann. *Gewöhne dir an, dich immer wieder daran zu erinnern, wer du wirklich bist.*

Unser Lebenstraum innerhalb der Traumzeit ist ebenfalls ein dauerndes Erinnern.

Man darf sich dieses Erinnern aber nicht als bewusstes Erinnern an konkrete Erfahrungen aus unserem bisherigen Leben vorstellen, obwohl das ebenfalls Formen der Erinnerung sind. Wir erinnern uns leider meist unbewusst an bestimmte *Muster und an deren Endergebnis, die wir auf diese Weise dann wiederholen.* Der Vorteil einer bewussten Erinnerung ist klar: Bei einer bewussten Erinnerung ist die »Oberfläche« der damaligen Erfahrung wieder erkannt worden und damit ist es *jetzt* auch möglich, die Unterschiede zu erkennen zwischen der damaligen und der gegenwärtigen Situation. So kannst du *jetzt* eine Lösung finden. Damals konntest du das tatsächlich nicht, denn du warst zu klein dafür und hattest daher keinen Durchblick zu dem, was hinter der Oberfläche war. Du konntest als Kind noch keine derartig komplexen Muster erfassen und durchschauen.

Das unbewusste Erinnern von Mustern ist nun leider die weitaus häufigere Form. Es geschieht, indem längst vergangene Erfahrungen unbewusst erneut inszeniert werden. (Viele dieser Inszenierungen wurden von *Freud* Wiederholungszwang genannt.) Dabei werden Zustände erzeugt, die den damals erlebten sehr ähnlich sind, selbst wenn sich das dafür engagierte Schauspielerensemble, das Theater, die Kulissen usw. inzwischen stark verändert haben mögen: *Das Stück selber, vor allem aber sein Endergebnis, bleibt gleich.*

Diese Form der Erinnerung ist schwerer als Erinnerung zu erkennen, weil die Ursachen ihrer Entstehung so überzeugend aus der Gegenwart zu stammen scheinen. Da kann jemand etwa mit Hilfe eines *entsprechenden* Partners ein abgelehntes Muster aus der Ehe seiner Eltern wiederholen, erkennt es aber nicht, weil er vielleicht gerade intensiv das »Negativ« seines abgelehnten Elternvorbildes nachahmt, indem er das Gegenteil dessen macht, was sein Vater damals mit der Mutter gemacht hat: Der ging einem Streit mit ihr immer aus dem Weg und stattdessen zum Wirt, er dagegen brüllt jetzt »zum Ausgleich« sofort los, sobald seine Frau nicht richtig spurt. Sie geht daher jetzt ihm aus dem Weg, allerdings nicht zum Wirt, sondern später wahrscheinlich zum Scheidungsanwalt.

Das Ergebnis der Negativ-Aufführung ist also gut vorhersagbar, weil ja ein bekanntes Muster wiederholt wird: Er fühlt sich am Ende zwar im Recht, aber von allen unverstanden und allein – wahrscheinlich genau so, wie sich sein Vater damals in diesen Situationen gefühlt hat, als er zum Wirt ging – und er gerät in die gleiche Lage wie sein Vater, obwohl er sich einbildet, er mache es besser und sei klüger als der. Seine Kinder rotten sich um ihre Mutter zusammen und fürchten sich vor ihm. Daher steht er jetzt genau so alleine da, wie sein Vater damals – und ist jetzt geschieden, was Papa aus seiner Kindersicht damals hätte machen sollen.

Erinnerungsmuster können sogar aus Dimensionen kommen, die *transpersonal* sind, die also in einer Art von kollektivem Gedächtnis gespeichert sind. Damit wären sie Erinnerungen aus einem Sippengedächtnis oder einem Volksgedächtnis oder manchmal Erinnerungen aus dem Menschheitsgedächtnis. (Letztere zu erkennen erfordert allerdings einige Übung.)

C.G. Jung hat sich näher mit dem kollektivem Gedächtnis beschäftigt und Beispiele für solche Gedächtnisinhalte geliefert: Er nannte sie Archetypen und kollektives Unbewusstes. Der englische Biologe *Rupert Sheldrake* formulierte in den letzten Jahren eine Feldtheorie des Gedächtnisses; er nennt sie morphogenetische (Formen hervorbringende) Felder.

Bert Hellinger beschäftigt sich im Prinzip ebenfalls mit Gedächtnisfeldern, hauptsächlich solchen, die von Familien und Sippen geschaffen wurden. *Sheldrake*s Modell dient derzeit in diesen Kreisen als Erklärung dafür, wieso »Systemaufstellungen« funktionieren.

Es ist kaum abzuschätzen, welche Felder sonst noch existieren und in welche Dimensionen sie reichen. Manche nehmen an, dass die bereits jahrzehntelange und bisher vergebliche Suche der Physiker nach einer *Vereinheitlichten Feldtheorie* letztendlich nur deren Versuch darstellt, eine Formel für das Universale Feld Gott zu finden. Das könnte schwierig und mit den derzeitigen Mitteln der

Physik nicht erreichbar sein, obwohl gewisse Physiker in den letzten Jahren mit ihren Theorien eine Ahnung davon entwickelt haben.

Mystikern aller Religionen scheint es allerdings seit Jahrtausenden immer wieder zu gelingen, zu einigen Sub-Feldern dieses »Gottes-Feldes« auf unterschiedlichste Art einen gewissen *erfahrungsmäßigen* Zugang zu bekommen. Wegen der Babylonischen Sprachverwirrung hat es jedoch keiner von ihnen geschafft, danach klar und für jedermann verständlich darüber zu berichten. Wenn sie das trotzdem versucht haben, hat kaum jemand verstanden, wovon diese scheinbar Verrückten überhaupt redeten. Viele von ihnen wurden darum sicherheitshalber zügig beseitigt. Was zumindest bruchstückhaft überliefert worden ist, das sind deren gute Hinweise darauf, was man tun und lassen sollte, um *selber* derartige Erfahrungen machen zu können. Da ist wirklich für jeden auf der Welt etwas Passendes dabei, wenn er sich nur endlich auf die Suche nach der *wahren* Erinnerung machen würde.

ES: Energieformen, die im Nichts erscheinen

Ein anderes Wort für ES wäre *Energie*. Dieser Begriff ist ebenfalls neutral und man könnte dazu Leere sagen, weil ES so lange chaotisch, also *formlos* ist, solange ES nicht »benutzt« wird. Im Ersten Buch Moses heißt es, dass am Anfang das »Tohuwabohu« war, die nur *chaotische Energie*, ehe Gott seine ersten Entscheidungen getroffen hat, entsprechend Seines Willens. Da Er sehr genau wusste, was Er wollte, war Er mit seiner Schöpfung anschließend auch zufrieden, denn »Er sah, dass ES (in dieser Form) gut war.«

ES hat keine Qualität im Sinn von gut oder böse, wie ja fast alle glauben, sondern ES ist vollkommen neutral und steht jedem von uns zur Verfügung, genau wie allen anderen Wesen. Aber nur wir Menschen können ES *frei* verwenden, die Tiere nicht. ES nimmt jede Form an, die du dir genug wünschst, damit du anschließend erkennen kannst, *wes' Geistes Kind du bist: Ein Kind des Egos oder ein Kind Gottes.*

Alle erzeugten Formen sind jedoch *polarisiert*, z.B. bei einem Atom in den positiv geladenen Kern und die negativ geladenen Elektronen, und somit völlig *ausgewogen*. Du kannst dazu Dualität sagen oder Symmetriegesetz oder meinetwegen Gerechter Gott. ES kann fast alle gewünschten Formen annehmen. (Daher kann ES auch als Ausrede benutzt werden. Dabei behauptet man beispielsweise: »ES geht nicht«, anstatt »ich will jetzt nicht«, oder anstatt »ich habe mich geirrt«.) ES ist dabei aber *immer* unschuldig wie ein Baby.

Da ES allES ist, steht ES dir zur vollkommen freien Verfügung, damit anzustellen, was du willst. Wenn ES dir anschließend nicht passt, kannst du ES ja wieder verändern, sofern du weißt, wie die ganze Magie funktioniert. Verändern wie Erschaffen funktionieren nämlich innerhalb gewisser Regeln, die möglicherweise auch erfundene Regeln sein könnten, obwohl manche dieser Regeln Naturgesetz genannt werden, was bedeuten soll, dass sie angeblich überall gelten. Aber vielleicht sind sogar diese Gesetze erfundene Regeln und keine Gesetze. (ES *gibt* Gründe für diesen Verdacht.) Wenn bei einer gelungenen Energietransformation – das ist eine magische Operation, bei der die Ergebnisse dem Magier willkommen sind, weil er sieht, dass ES gut ist – eines oder mehrere der bisher gefundenen Gesetze nicht eingehalten wurden, wird das Ergebnis Wunder genannt. Kleinere Wunder nennen wir Überraschung. (Bedenke jedoch: Wunder ist Wunder!)

Bei jeder Transformation ändert sich zwar die Form, nicht aber die *ES-Substanz.* Die bleibt gleich. Die Energie ändert sich nicht. Wir dürfen frei mitgestalten bei den Transformationen des Universums und sogar neue Formen erfinden. *Wir sind also Transformatoren – allerdings ausgestattet mit einem freien Willen.* Sofern wir weise transformieren, können wir viel Spaß und Freude haben während unserer Traumzeit, lieben und diesen glücklichen Zustand mit anderen Träumern teilen, weil die von uns erzeugten Formen in Ordnung sind. Sie fügen sich daher problemlos in eine Höhere Ordnung ein und erzeugen keinerlei Störungen, weil sie jetzt Teil einer Höheren Ordnung sind und diese spiegeln. Falls du lieber Chaos erzeugen, also die Entropie vorantreiben willst, wird dein Wirken nur für dich und deine Helfer unangenehm, nicht aber für das Große Ganze. Das bleibt davon unberührt, denn auf das Wesentliche hat dein Wirken dabei keinen Einfluss. *Wenn wir hingegen weise transformieren und uns dabei als Werkzeug von etwas Größerem erfahren, so geschieht durch uns auch »Sein« Wille. Das Ergebnis ist ein Glückszustand des Transformators, ein himmlischer Zustand. Das ist der gerechte Lohn seines Dienstes.*

Egoisten werden natürlich beim Transformieren von ES Fehler machen, selbst wenn sie sich dabei schlau vorkommen. Sie werden zusätzlich störrisch sein und sich Dinge einbilden, die nicht funktionieren, denn einem Ego fehlt nicht nur der Durchblick, sondern ihm fehlt vor allem der *Boden der Tatsachen.* Seine Einbildungen können andere sogar in deren »richtigen« Träumen behindern, wenn die sich nicht rechtzeitig entfernen. Würden unsere Einbildungen beispielsweise nur auf Kosten anderer funktionieren, dann müssen wir mit der Zeit feststellen, dass sie nicht einmal während unserer individuellen Traumzeit funktionieren, sondern dass wir dabei dauernd mit Schwierigkeiten konfrontiert sind. Wir demonstrieren auf diese Weise, dass wir offensichtlich noch nicht gelernt haben, wie die ganze *show* tatsächlich abläuft. Derart ungeschickte Ego-Schöpfungen vergehen *Gott sei Dank* meist bald wieder. Alle vom Ego erfundenen verrückten Formen verschwinden nach einiger Zeit von selbst – oft jedoch auf eine schmerzhafte Weise. Sie lösen sich spätestens bei der Erlösung aus der Traumzeit durch das Sterben wieder auf.

Nichts ist der Ursprung der Leere. Daher ist Nichts auch der Ursprung von allem, was aus dieser Leere entsteht. Aus Nichts wird Leere und aus Leere entstehen Formen, die du selbst hervorrufst und die du im Fall vorhandener Weisheit relativ leicht weiterverwenden kannst. Die Ergebnisse deiner Transformationen sind dann Anlass zur Freude – für dich und für deine Mitmenschen. Transformierst du jedoch ungeschickt oder ohne Vernunft, dann musst du die unangenehmen Folgen deiner materialisierten Schöpfungen für eine gewisse Zeit ertragen, bis ES in dieser Form wieder vergeht. So wirst du motiviert, nach deinen Irrtümern zu forschen. Das Ertragen der Folgen deiner Irrtümer kannst du Fegefeuer nennen, sofern du sie bereits erkannt hast. Oder Traumzeit.

Manchmal bleibt ES in den von dir erschaffenen Formen in einer Art von dynamischem Gleichgewicht länger bestehen, als deine biologische Maschine existiert, weil du Jünger gefunden hast, die deinen Traum am Leben erhalten. Das kann gut oder schlimm wirken. (Vielleicht räumen deine Enkel die Folgen deiner Irrtümer beiseite und befreien dadurch alle, die darin mitgefangen waren. Oder sie erfreuen sich zusammen mit Gleichgesinnten weiterhin an dem von dir Erschaffenen – je nachdem.)

ααα

Fantasie: Teil der menschlichen Fähigkeit, ES *spielend* in neue Formen zu bringen

Eine unserer Fähigkeiten, die beim Transformieren von Energie nützlich ist, ist die Fähigkeit, einen Glauben zu entwickeln. Genau genommen ist diese Fähigkeit jedoch ein Zwang, denn der Mensch kann bis zu einer bestimmten Stufe seiner Erkenntnis nicht wählen, *ob* er glauben will, sondern nur, *woran* er glauben will.

Unser Glaube basiert zunächst auf Erfahrungen, die wir besonders am Anfang unseres Lebens gemacht haben und er führt nach seinem Entstehen zu Wiederholungen, die diesen Glauben weiter bestätigen. Wegen dieser Feedback-Schleifen wären wesentliche Veränderungen aber unmöglich geworden, sobald einmal ein bestimmter Glaube entstanden ist. Es gäbe nur noch eine Hölle des Ewig-Gleichen, aus der zu entkommen irgendwann keine Hoffnung mehr besteht. Ein Sufi-Fluch heißt daher: »Mögen *alle* deine Wünsche in Erfüllung gehen!« Du würdest damit in der Hölle landen, weil alle Wünsche Ego-Wünsche sind, also Fässer ohne Boden. Damit trotz dieser Selbstbestätigungsautomatik des Glaubens Veränderung stattfinden kann, haben wir eine weitere Fähigkeit zur Verfügung, nämlich Fantasie. Wenn man Fantasie mit der Fähigkeit des Glaubens vertrauensvoll verbindet und entsprechend handelt, kann man spielend neue Sachverhalte oder neue Kombinationen von Sachverhalten erzeugen, damit wieder *qualitative* Veränderungen geschehen können. Auf diese Weise entsteht ein neuer Glaube, eine neue »Konstruktionsvorlage«. *Man könnte zu Recht sagen, dass Fantasie eine Erscheinungsform der Intelligenz des Lebens ist.*

Intelligenz kann jedoch, wie alles in der Welt, recht unterschiedlich benutzt werden, je nach Glauben und Zielausrichtung: Ich kann beispielsweise kreativ neue Strategien entwickeln, um meine Feinde zu ärgern, was wegen der Feedback-Automatik dazu führt, dass auch ich mehr Grund für Ärger bekomme; oder ich kann kreativ und fantasievoll nach Lösungen und nach Neuem suchen auf eine Art, bei der *alle* einen Nutzen davon haben. Im ersten Fall geht die Fantasie von einem Glauben aus, der Furcht als Basis hat, im zweiten Fall ist die Basis Liebe. Entsprechend sind die Ergebnisse des jeweiligen fantasievollen Suchens. (Furcht ist die Folge von Nichterkennen, von Unwissenheit, aber Liebe macht sehend.)

Wer Veränderung hasst und lieber alles beim Alten lassen will, der geht ohnehin auf Nummer Sicher und er unterliegt damit auf recht unangenehme Weise diesem Zweiten Hauptsatz der Thermodynamik, was in dem Fall bedeutet, dass seine Ego-Schöpfungen trotz all seiner Bemühungen doch wieder zerfallen. Anstatt sich am Ergebnis erfreuen zu können, hat er nun Dauerstress. (Grob übersetzt heißt der Zweite Hauptsatz: Unordentlich wird's von selber und jeder Versuch, Ordnung zu schaffen, erzeugt nur mehr Unordnung.) Der

Zweite Hauptsatz sorgt also automatisch für eine Krise, wenn man seine Irrtümer nicht freiwillig loslassen will.

Feedback: selbsttätige Bestätigung, Selbsthypnose, Traum

Feedback ist ein Ausdruck aus der Kybernetik. Das ist die Wissenschaft von den Regelungs- und Steuervorgängen in unbelebten (Autos, Zigarettenautomaten) und in lebenden Systemen (Pflanzen, Tieren und Menschen), oder anders gesagt: in so genannten trivialen und nicht-trivialen »Maschinen«. Für uns nichttriviale Maschinen bedeutet das: Unser »output« wird wieder zu unserem »input« und wirkt auf uns *entsprechend verändernd zurück*, etwa nach dem Muster: »Woher soll ich wissen, was ich denke, bevor ich nicht gehört habe, was ich sage?« Feedback bedeutet also, dass wir das wahrnehmen, *was uns entspricht*. Dieses Echo wird uns entweder bestätigen, dass wir richtig gehandelt haben (positives Feedback), oder wir bekommen Probleme (negatives Feed-back), wenn wir Fehler machen und dadurch werden wir in unserem Schalten und Walten gehemmt. Mittels Feedback könnten wir lernen, denn wie ich in den Wald dieser Welt hineinrufe, so schallt es zu mir zurück.

Lebende Systeme, also nichttriviale Maschinen, verändern sich also selbst mittels Feedback. Je komplexer ihr Nervensystem ist, desto mehr Spielraum gibt es für Veränderungen. Triviale Maschinen verändern sich hingegen nicht. Was da passiert, bleibt immer gleich voraussagbar, bis sie halt irgendwann kaputt gegangen sind. Dann sind sie – meist im falschen Moment – nicht-trivial geworden und es gibt eine unangenehme Überraschung. Werden sie repariert, sind sie wieder zu trivialen Maschinen geworden, also voraussagbar: Mein Auto funktioniert danach wieder genau so, wie ich das erwarte.

Will ich als nichttriviale Maschine mein Feedback zum bewussten Lernen nutzen, anstatt mich mit der Zeit in eine triviale Maschine zu verwandeln, dann sollte ich sehr aufmerksam beobachten, was ich *tatsächlich* mache, welche Folgen daraus entstehen und wie die auf mich zurückwirken – vor allem, wenn ich mich darüber aufrege, wie meine Mitmenschen auf mich reagieren. Leider höre ich im Alltag weder den anderen noch mir selber mit der gebotenen Aufmerksamkeit zu und achte normalerweise nur selten genau auf mein wirkliches Handeln, sondern mehr darauf, was ich *meine* zu sagen und *glaube* zu tun. Radikal formuliert könnten wir sagen, dass wir eigentlich dauernd nur Selbstgespräche führen, sogar wenn wir uns dabei scheinbar im Dialog mit einem Gegenüber befinden. Erkenne ich diesen Sachverhalt nicht rechtzeitig, werden meine unbewussten Glaubensformen »bestätigt« und meine bisherigen Gewohnheiten verfestigen sich weiter: Sobald ich die Wirklichkeit ignoriere, statt mit ihr in einem echten Kontakt zu sein, werde ich durch *Pseudo-Feedback* dümmer.

Eine ***Übung***: Gehe – insbesondere bei akuten Beziehungsstörungen – davon aus, dass sich dir jetzt *ein gemeinsames Selbst durch den Mund deines Gesprächspartners* mitteilen will und dass *dessen* Reden und Handeln eine Botschaft eures gemeinsamen Selbst an dich enthält. Gehe ebenfalls davon aus, dass du alles, was du zum anderen sagst, *auch noch zu dir selber sagst*, quasi wie in einen Spiegel hinein. (Mir ist diese Übung von Achtsamkeit sehr nützlich, selbst wenn sie »falsch« wäre.)

G. Chr. Lichtenberg hatte das Feedback-Prinzip gegenüber seinen Kritikern so formuliert: »Dieses Buch ist ein Spiegel. Wenn da ein Affe hineinschaut, kann freilich kein Apostel herausschauen.« (Das gilt nicht nur für Lichtenbergs Bücher, sondern für die gesamte Welt, wie der geneigte Leser sofort richtig gefolgert hat.)

Hier sind einige Formulierungen des *Volksmundes* für Feedback:
»Was man sagt, das ist man selbst.«
»Sage mir, mit wem du umgehst, und ich sage dir, wer du bist.«
»Wie man in den Wald hineinruft, so schallt es zurück.«
»Gleich und gleich gesellt sich gern«.
»Gegensätze ziehen sich an.«
»Jeder ist seines Glückes Schmied«.
»Dir geschieht nach deinem Glauben«.

Das Letztere ist jetzt nicht vom Volksmund, sondern ein Zitat aus dem Neuen Testament. (Nebenbei gesagt ist dieser Satz *die beste Definition von Hypnose*, die ich kenne.)

Karl Marx erkannte klar, dass der Mensch sich selber »schmiedet« durch die Art, wie er sich mit der Welt in Beziehung setzt. Er nannte die Art, mit der sich ein Mensch mit der Welt in Beziehung setzt, Arbeit. Dieser Begriff sollte aber nicht nur auf industrielle Arbeit angewandt werden, sondern auf *jede* Art von Tätigkeit, also auch auf jede Geistestätigkeit und deren Epiphänomene, etwa die so genannte Wahrnehmung. Man könnte dann sehen, dass sich ein Mensch tatsächlich mittels Feedback innerhalb der Traumzeit selbst hervorbringt und sich gewissermaßen selbst erschafft. *Das zu erkennen ist gleichzeitig die Erkenntnis deiner ewigen Freiheit.* Das Echo, das

Feedback, das du in der Welt erzeugst, zeigt dir genau, wer du *bist* oder wer du *zu sein glaubst* – je nach dem, ob du als Geistwesen oder als Ego »da« bist. Du kannst dich mit Hilfe dieser Automatik selbst erkennen und selbst korrigieren, um so mit der Zeit wieder heimzufinden. (Wenn du unbedingt willst, kannst du durchaus »Karma« zu dieser Automatik sagen.)

Am Ende steht dann die Erkenntnis, dass die Verwirklichung deines wahren Wesens niemals erforderlich gewesen ist: Dein wahres Wesen ist zeitlos und schon immer vollkommen gewesen. Du hast das nur vorübergehend vergessen und musstest dich erst wieder daran erinnern, weil dir doch der Engel des Herrn bei der Geburt auf den Mund geschlagen hat, so dass du alles vergessen hast, was du bereits wusstest. Am Ende des gesamten Prozesses kommt unvermeidlich die Einsicht, dass du seit ewig vollkommen bist, dass nie wirklich etwas Wesentliches gefehlt hat. Die Erfahrungen von Mangel und Abgetrenntheit waren eine große Einbildung, die innerhalb der Traumzeit entstanden ist und die du selbst erschaffen hast. Die Welt, wie sie dir »widerfahren« ist, war dein Traum, den du selbst hervorgerufen hattest. Wenn alle deine Irrtümer endlich korrigiert sind, erkennst du wieder, wer du wirklich bist. Solltest du dich nach der Korrektur deines fundamentalen Irrtums, nämlich ein Körper zu sein, tatsächlich noch innerhalb der Traumzeit befinden, würde dich dein Feedback glücklich machen – trotz der Tatsache, dass noch so viele deiner Mitmenschen nicht erkennen, wer sie wirklich sind.

Jenseits der Traumzeit ist dann auch jenseits von Feedback. *Über das Ende gibt es keine freie Wahl, denn »Ende gut, alles gut« ist wirklich unvermeidbar.* Allerdings verzögerbar! Wenn du dein gutes Ende verzögerst, bekommst du entsprechende Hinweise in Form von diversen Schwierigkeiten (dein »negatives« Feedback), damit du wieder aus dem Weg gehen kannst, anstatt dich andauernd einzumischen, weil du in deiner Dummheit dein Feedback nicht als dein eigenes Echo erkennst.

Das im letzten Satz Gesagte klingt eigentlich ziemlich einfach, nicht? *Ich bräuchte nur damit aufhören, mich einzumischen und schon wird alles von selbst wieder gut.* Es ist tatsächlich so einfach. Jedoch nicht für Egos, denn die sind wahnsinnig und daher mindestens zweifach: Sie bilden sich ein, dass es ein Echo geben kann, das unabhängig vom Rufer existiert und sie erwarten auch noch, dass es »ja« zu ihnen sagt, obwohl sie selber dauernd »nein« rufen.

Feedback wirkt, wie bereits erwähnt, auf zwei Arten: Positives Feedback wirkt verstärkend und stabilisierend, negatives Feedback wirkt hemmend. Wenn du bereits auf dem Weg zur Erleuchtung sein solltest, entsteht negatives Feedback bezüglich deiner Irrtümer, die dadurch verschwinden – und positives Feedback entsteht bezüglich deiner Empfindlichkeit gegenüber Irrtümern: Du wirst ab einem gewissen Entwicklungsgrad immer empfindlicher gegenüber Irrtümern und reagierst dann mit Leiden in einer Heftigkeit, die andere in Erstaunen versetzen kann. Deine Mitmenschen scheinen nämlich hier wirklich recht unempfindlich zu sein. Sie verstehen dann gar nicht, was du da wieder für Zicken machst. *Beruhige dich: Diese starke Empfindlichkeit ist ein wichtiges Zeichen der Besserung und keineswegs ein ungerechter Nachteil.* Aber halte dich bei ärgerlichen Reaktionen auf deine Mitmenschen zurück, sonst wirst du einen Dummheitsrückfall erleiden und dich wieder in einen Missionar verwandeln. Damit erzeugst du ein unangenehmes Echo.

Es reicht, wenn du deine eigenen Irrtümer korrigierst – die der anderen gehen dich nichts an. Es reicht, dass du ein gutes Vorbild bist und mit allen Lebewesen Mitgefühl hast.

Freiheit: natürlicher Zustand des Geistes

Freiheit als natürlicher Zustand deines Geistes ist ebenso zeitlos wie die Liebe, weil Freiheit eine ihrer Erscheinungsformen ist. (Abgesehen davon: Wie könnte denn »Nichts« eingesperrt werden?) Wenn du also denkst, dass du dich erst noch befreien musst, bist du bereits auf dem Holzweg, denn du verneinst damit, bereits frei zu sein und verlegst deine Freiheit in eine Zukunft, die nicht existiert. So wird das nie funktionieren mit deiner Befreiung. *Du brauchst in Wirklichkeit nur zu erkennen, dass du bereits frei bist.*

Freiheit bedeutet hier auch, dass wir die Freiheit haben, *jederzeit eine Wahl zu treffen.* Der Geist ist selbst in der Traumzeit unter allen Umständen und zu jeder Zeit frei und kann daher jederzeit die einzig wirklich wichtige Entscheidung treffen, die es überhaupt zu treffen gilt: Will er sich abgrenzen und sich einbilden, für sich allein existieren zu können, oder will er sich wieder an seinen Ursprung erinnern, als Ego »zunichte« werden und so eins sein mit dem Einen und Allen? Der Ursprung deines Geistes ist ja der Große Geist, der eigentlich das Nichts ist – reines leeres Gewahrsein.

Wenn der Geist sich aber freiwillig abgetrennt hat von seinem Ursprung, entstehen daraus alle möglichen Illusionen, die er sich selbst frei erschaffen hat. Dazu gehört vor allem die Illusion, dass es Abgetrenntheit – das Ego und seine Hölle – wirklich gäbe. In der Hölle befindet sich der Geist, sobald er sich von seiner Quelle abgetrennt hat, indem er sich verschließt und ein Ego erfindet. Sobald das geschehen ist, erzeugt er nur noch Illusionen und fürchtet sich dann davor, weil er sie nicht mehr als eigene Schöpfungen erkennen kann: Er bildet sich jetzt nämlich ein, ein Körper zu sein und ist dadurch scheinbar gespalten in Innen und Außen. Eine tatsächliche Abtrennung ist zwar nicht möglich, allerdings ist es möglich, sich eine solche Abgetrenntheit einzubilden. Trotzdem bleibt der Geist frei, seine Illusionen (mit ihren unangenehmen Konsequenzen) sofort aufzulösen. Diese Freiheit, *die von keiner Macht der Welt genommen werden kann,* vergisst er, sobald er sein Ego erfunden hat. Er könnte sich aber jederzeit wieder an sie erinnern.

Es gibt da in der Bibel ein Bild für den freiwillig abgefallenen Geist, nämlich die Figur des gefallenen Engels *Luzifer*. Der hat nach seinem Abfall zwar weiterhin alle Fähigkeiten seines eigentlichen Ursprungs, denn Gott nimmt nichts Wesentliches weg, aber Luzifer – er ist also auch danach weiterhin der »Lichtträger« – verwendet sie seither nur noch zum Erzeugen von Illusionen. Luzifer ist nicht böse, sondern er ist *ein Bild für einen Sachverhalt,* für den sich der menschliche Geist frei entscheiden kann.

Frieden: Zustand nach Überwindung der Ego-Illusion

Sobald mir klar geworden ist, dass eine wirkliche Trennung nicht existiert, sondern dass die Erfahrung des Abgetrenntseins das Ergebnis meiner Identifizierung mit dem Körper ist, legt sich der ganze Trubel. Dieser Trubel ist als Folge der Einbildung entstanden, dass ich ein Körper sei, der sterben muss und ich dadurch *gänzlich* vernichtet werde. »Ich« fürchtet sich daher enorm, anstatt zu erkennen, was tatsächlich der Fall ist: Wir *haben* einen Körper, *wesentlich* sind wir jedoch Nichts – reines leeres Gewahrsein jenseits der Zeit, unteilbar und ewig. (Allerdings nicht als »Persönlichkeit«, denn diese Erfindung ist Teil des Egos und stirbt daher ebenfalls.)

Der Körper muss tatsächlich sterben, das ist schon wahr, und so lange ich denke, ich sei mein Körper, habe ich folglich immer Todesangst in irgendeiner Form. Wegen der mit diesem Wahn verbundenen Einbildung, dass es da draußen etwas gäbe, das wesentlich anders sei als ich hier drin und das mich entweder retten oder vernichten könnte, entstehen Konflikte: Wir kämpfen mit unseren fantasierten inneren und äußeren Feinden, durch die sich unser Ego bedroht fühlt. Unser falsches Selbst, das Ego, ist die Quelle dieser Konflikte. *Das Ego, das ja ein Körper zu sein glaubt, versucht zu überleben, indem es Vorratssicherung betreibt und immer wieder mit den gerade als rettend angesehenen äußeren Mächten verschmelzen will. Böse Mächte sollen vernichtet werden – oder wenigstens so geschwächt, dass das Ego sich stärker und überlegen fühlt, um sich gut verteidigen zu können. Alle äußeren Mächte sind ausnahmslos Mutterprojektionen, selbst wenn du sie »Gott« nennst.*

Angstbegründete Aktivitäten haben nur ein Ziel: Sie sollen das Überleben der Ego-Maschine sichern. Mit seinen Aktivitäten will das Ego seinen Grundkonflikt lösen, nämlich, dass es ewig leben will und doch offensichtlich sterben muss. Die Sache mit dem ewigen Leben und der »Auferstehung des Fleisches« geht jedoch definitiv nicht auf eine Weise, bei der meine biologische Maschine ewig weiterexistieren kann, selbst dann nicht, wenn ich so gesund lebe, wie es diverse Ratgeber vorschlagen, oder indem ich mir laufend neue Ersatzteile einbauen lasse oder stattdessen fleißig in die Kirche gehe. Viele zahlen für diesen Wahn zu Lebzeiten ein *Heidengeld* und einige veranlassen sogar, dass ihre biologische Maschine nach deren Absterben tiefgefroren wird in der Hoffnung, dass sie später jemand wieder auftauen und runderneuern wird. Aber wozu sollte das gut sein?

Konflikt ist das Gegenteil von Frieden und Folge der Einbildung deines Egos, dass es irgendetwas wesentlich Anderes »da draußen« gäbe. Er beweist, dass das Ego selbst ein Irrtum ist, denn es gibt keinen substanziellen Unterschied zwischen all den Dingen. *Es gibt nichts zu fürchten und dir fehlt nichts.* Wenn du dich trotzdem fürchten willst, musst du dir zu diesem Zweck zuerst irgendetwas Fürchterliches einbilden. Alle Furcht erzeugenden Einbildungen entstehen aber auf der falschen Prämisse, dass es äußere Mächte gäbe, die wesentlich anders seien als »ich« und dass man völlig abgetrennt sei von der Welt und von seinen Mitmenschen. Alle Einbildungen setzen voraus, dass ich mich vorher verschließen muss, damit ich sie erzeugen kann. In unserer Kultur gibt es jede Menge an Konstruktionsvorlagen, wie und wann man sich aus welchem Grund vor wem verschließen müsse, und jede Menge seltsamer Anleitungen sind erfunden worden, wie man die so erzeugte Furcht dann hinterher besiegen kann. *Alle derartigen Anleitungen sind jedoch völlig wahnsinnig und haben daher die unangenehme Konsequenz, dass sie nicht funktionieren.*

Übrigens ist es für die Auswirkungen der Furcht egal, ob sie offen als Furcht oder versteckt als Angriffsimpuls auftritt: Es kommt am Ende doch nur immer wieder Krieg dabei heraus, niemals Frieden. Frieden entsteht erst, und zwar ganz von selbst, wenn ich meine eingebildete Trennung als Einbildung erkannt habe. Dann ist der Spuk zu Ende. Noch nie ist in der Geschichte der Welt Frieden entstanden, indem das Böse besiegt worden ist. Bestenfalls gibt es da gelegentliche Waffenstillstände. Wenn aber endlich alles, was in Wirklichkeit zu mir gehört, als Eigenes erkannt wird, anstatt es weiterhin abzuspalten und zu bekämpfen, hört der sinnlose Kampf auf und es entsteht ein Zustand des Friedens.

Die Lektion ist einfach: Da existiert nichts außerhalb deines Geistes. Sag' daher liebevoll JA zu allem, was ist! Alles, was du wahrnimmst, sind nur deine eigenen Schöpfungen. (Pass' auf dabei: Sag' zwar »ja« zu dem Auto, das da gerade daherkommt, aber gehe auch rechtzeitig zur Seite, damit du nicht überfahren wirst.)

ααα

Gewissen 1: Überlebensinstinkt des Egos

Gewissen hat nicht das Geringste mit Moral zu tun. Das Gewissen regelt nämlich nur die Bedingungen für unsere Zugehörigkeit zu einer Gemeinschaft – je nach Entwicklungsstand zunächst für die Zugehörigkeit zur Mutter, etwas später auch zum Vater, zur Familie, zur Sippe usw., und noch später zu weiteren (mehr oder weniger) frei gewählten Gemeinschaften wie Schulklasse, Sportverein oder vielleicht einer Jugendbande.

Normalerweise geschieht die Ausdehnung des Gewissens unter *Einschluss* des Bisherigen. *Soll etwas ausgeschlossen werden, entsteht ein Konflikt.* Wenn ich mich als Kind entscheiden muss, ob ich Mutti *oder* Vati lieb haben darf – ein schlimmer Missbrauch – entsteht ein massiver Konflikt: Ich darf ja beide lieb haben, sie beide »einschließen«, auch wenn die zwei Probleme miteinander haben. Das geht doch mich nichts an. Das ist ihre Sache.

Der Gewissensinstinkt hilft unserer biologischen Maschine, wichtige Voraussetzungen für ihr Weiterleben zu sichern. Das funktioniert seit Tausenden von Jahren mit großem Erfolg. Gleichzeitig erinnert uns das Gewissen daran, dass wir alleine nie Menschen werden können: »Es ist für den Menschen nicht gut, dass er allein sei.« (*Genesis*)

Dieser Instinkt funktioniert nach einem recht einfachen Prinzip: *»Wie muss ich sein, damit ich weiter dazugehören darf, und wie darf ich keinesfalls sein, damit ich nicht meine Zugehörigkeit verliere und dann sterben muss?«* Da unser Gewissen ein Instinkt ist, kann es nicht ausgeschaltet, sondern nur unter erheblichem Aufwand übertönt oder für bestimmte Zwecke nutzbar gemacht werden, wie etwa beim Militär.

Wenn ich mich auf eine Weise verhalte, die meine Zugehörigkeit zur aktuellen Gemeinschaft gefährden könnte, bekomme ich also ein schlechtes Gewissen. Wenn ein Kind beispielsweise in einer Familie aufwächst, in der Gewalttätigkeit normal ist, dann würde es ein schlechtes Gewissen bekommen, sobald es mit Gewalttätigkeit Probleme bekommt. Mit Moral hat das nichts zu tun. Das funktioniert ähnlich wie bei einem Hund: Der muss ebenfalls seine Zugehörigkeit zu einem Rudel sichern – oder wenigstens zu einem Rudelersatz. Wenn er nämlich kein Rudel hat, kann er auch kein Hund sein. Wenn er trotz seiner Mühen nicht mehr zugehörig sein kann, hört er auf zu fressen, legt sich irgendwann hin und stirbt einfach. Er tut alles, was er kann, damit er zugehörig sein darf. Er wird notfalls sogar verrückt und macht Sachen, die ein Hund normalerweise nie machen würde, wenn er nicht ein verrücktes Familien-Rudel oder ein verrücktes Herrchen hätte. Genau wie ein Kind.

Das Kleinkind muss zunächst seine Zugehörigkeit zur Mutter sichern, die für es »ewiges Leben« bedeutet. Das geschieht zum Leidwesen der übrigen Familienmitglieder anfangs meist durch Schreien, und zwar so lange, bis die gute Mutter endlich wieder da ist. Ist es wach und geht's ihm gut, grinst es etwas später jeden an, der in den Kinderwagen hineinschaut, denn das fördert unter anderem die Beißhemmung des Gegenübers. Meistens schläft es aber und erholt sich vom vielen Wachsen. Im Lauf der weiteren Entwicklung wird die Zugehörigkeit zu beiden Eltern wichtig, die sich hoffentlich einig sind, denn sonst wird's schwierig. Später dehnt sich der Kreis immer weiter aus zu den anderen Familienmitgliedern, zur Sippe, zur Dorfgemeinschaft usw. Bei vielen reicht das Gewissen aber nur bis zur Mutter oder bis zu der eigenen Familie. Der Papa oder der Nachbar kann daher mit *gutem* Gewissen bekämpft werden: »Und willst du nicht mein Bruder sein, dann schlag' ich dir den Schädel ein.« Dieses »Hordengewissen« ist noch sehr weit verbreitet und wird interessanterweise oft Patriotismus genannt.

Das Gewissen ist jedoch auch die Instanz, mit der wir darüber *urteilen, was gut und was böse ist hinsichtlich unserer Zugehörigkeit.* Wer unsere Horde angreift oder anderweitig bedroht, der ist böse und von dem muss ich mich abgrenzen, sonst bin ich ebenfalls böse.

Was gut oder böse ist, das bestimmt für uns zunächst die Mutter, denn der Vater kommt erst später ins Spiel. Sollte Mama den Papa aus irgendeinem Grund ablehnen oder sich von ihm bedroht fühlen, ist Papa daher für das Kind ebenfalls böse.

Wenn uns die Sonne ihrer bedingungslosen Liebe bescheint, bedeutet das für uns als Kind, dass wir weiterleben dürfen, denn sie zeigt uns damit: »Schön, dass du da bist. Du bist gut und du gehörst zu mir, deshalb sollst du immer weiter leben durch mich, liebes Kind. Ich stimme dir bedingungslos zu und ich beschütze dich«. Wenn wir zu den Guten gehören, was dadurch bewiesen ist, dass wir die Zustimmung der Mutter Gemeinschaft erfahren, dann dürfen wir weiterleben. Böse ist das, was unser Rudel zu bedrohen scheint und deswegen wird es mit gutem Gewissen verurteilt und bekämpft. Im großen Stil nennt man das Krieg. Die jeweiligen Rudelführer sagen uns genau, wer jetzt zu den Guten und wer zu den Bösen zählt. Solltest du das in solchen Zeiten anders sehen, wird's gefährlich für dich.

In der Menschheitsgeschichte war es immer lebensbedrohlich, wenn man sich zu sehr von seinen Mitmenschen unterschied. Studiere die Geschichte des Mittelalters oder des »Dritten Reiches« (das ja nun doch keine tausend Jahre gedauert hat, wie zunächst angekündigt) und du erkennst, dass die Gesellschaft mütterlich ist: Von dieser Mutter ausgeschlossen zu werden ist für den Einzelnen letztlich gleichbedeutend mit körperlichem Tod; das ist nur eine Frage der Zeit und gleicht der Situation eines Säuglings, der von der Mutter getrennt wurde und sicher sterben muss, wenn er nicht schnell wieder eine gute Mutter bekommt, die ihn vor dem Tod rettet.

Ur-teilen lernen wir also durch unsere Erfahrungen mit der Mutter, und zwar durch erste Abgetrenntheitserfahrungen, erste Teilungen dieser anfänglichen Einheit von Mutter und Kind. Das ist auch der Keim, aus dem die Ego-Erfindung entsteht. Während unserer weiteren Ablösung von ihr, besonders während der Trotzphase, geht das Urteilen dann weiter. Die lebenswichtige Frage heißt für uns: »Wie reagiert sie, wenn ich *nicht* bin wie sie mich will, sondern anders? Wird sie mich trotzdem lieben oder werde ich verstoßen – ab in die Hölle? Wie urteilt mein Muttergott über Gut und Böse?«

Schon bei der Geburt, also weit vor der Trotzphase, die etwa mit dem Laufenlernen und der Sprachentwicklung beginnt, kommt es bei Kleinkindern unvermeidlich zu traumatisierenden Erfahrungen von Abgetrenntheit, von Ur-Teilungs-Erfahrungen der anfänglichen Einheit mit der Mutter; das erzeugt Todesangst. Die Geburt ist aber nur die erste und sehr dramatische Erfahrung einer langen Reihe von weiteren Trennungen in unserem Leben. Wir werden Stück für Stück aus diesem Paradies der Einheit mit der Mutter vertrieben, damit wir wachsen können, indem wir uns auf den Weg zum Vater begeben. Diese ersten prägenden Erfahrungen unserer Vertreibung aus der paradiesischen Einheit mit der Mutter – dadurch wird ja in Folge kompensatorisch das Ego entwickelt – bleiben für den Verstand unfassbare Erinnerungen, und zwar deshalb, weil in den ersten zehn bis zwölf Monaten für uns noch keine Wörter als Symbole zum *bewussten* Erfassen dieser Erfahrungen existieren. Im *Körpergedächtnis* bleiben sie jedoch gespeichert und können später entweder durch bestimmte Techniken oder durch zufällige Ereignisse reaktiviert werden. Diese Erinnerungen sind gekennzeichnet durch diffus-dumpfe, hochaufgeregte Zustände, die meist unerklärlich und dramatisch wirken und zunächst kaum zu steuern sind.

Eine zentrale Folge dieser Trennung von der »universalen Mutter«, die wichtigste und die hintergründigste zugleich, kann dann Persönlichkeitskern, Ego oder falsches Selbst genannt werden. Das falsche Selbst ist ein Ergebnis unseres vergeblichen Versuches, diese Ur-Teilungen der anfänglichen Mutter-Kind-Einheit durch erneutes Verschmelzen mit einer Mutterprojektion wieder rückgängig zu machen. Da die *Cherubim* mit dem Flammenschwert den Rückweg versperren, muss jeder derartige Versuch natürlich scheitern.

Im Lauf unserer Entwicklung werden die Gemeinschaften – die Muttervertretungen – denen wir zugehörig wollen, immer größer und freiwilliger. In der Jugend wollen wir zum Beispiel häufig Gruppen von Menschen zugehörig sein, die unseren Eltern manchmal das Blut in den Adern gefrieren lassen. Wir projizieren uns sogar einen Gott, dem wir zugehörig sein wollen. Wir machen uns nämlich unter anderem auch Einbildungen von Ihm, obwohl Er durch *Moses* dringend davon abraten ließ, denn alle Bilder von Gottheiten sind nur aufgeblähte kindliche Mutterprojektionen, die zum Ziel haben, dass die Betreffenden in ihrer Einbildung sogar nach dem körperlichen Tod *als Person* in seiner – eigentlich in ihrer – Nähe weiterleben können. *Wenn du aber bei der Mutti bleibst, dann wirst du nie erwachsen!*

Wir müssen dieses urteilende Hordengewissen unbedingt überwinden, dieses »Mutter-Gewissen«, das unser Wachstum extrem behindert, damit jeder Krieg endlich aufhört und Frieden ist – im Kleinen wie im Großen, innen wie außen. Dieses Hordengewissen führt nämlich dazu, dass sich die Guten gewöhnlich zusammenrotten und das Böse bekämpfen in Gestalt der vielen bösen Menschen, die so ganz anders sind als die Guten. Das ist ihre heilige Pflicht. Ihrer Ansicht nach müssen die Bösen ausgerottet werden, damit am Ende die Guten übrig bleiben. (Eine bekannte Liedzeile ließ sogar einmal hoffen: »... denn heute gehört uns Deutschland und morgen die ganze Welt.«) Die Guten rotten sich zu diesem heiligen Zweck zusammen, weil sonst ihre Macht nicht ausreicht, um das Böse endgültig vom Angesicht der Erde zu vertilgen, obwohl es da auch Einzelkämpfer gibt. Daher gründen sie Kirchen, Sekten, Geheimbünde, Parteien, Banden, diverse elitäre Zirkel und ähnliche Zusammenrottungen. Das gefällt den Guten und gibt ihnen Sicherheit, so wie die Mutter dem Kind Sicherheit gibt. Wenn diesen Guten – was Gott jedoch verhütet – eines Tages die ganze Welt gehörte und alles Böse ausgerottet wäre, dann würden sie sich wie ein Kind fühlen, das endlich geschafft hat, seine Mama ganz für sich alleine zu haben. Das nennen sie dann Himmel oder Paradies auf Erden. Das Muster, dem diese Guten folgen, der fantasierte Auftrag ihrer fantasierten Mutter, den sie erfüllen wollen, lautet meist banal: »Wenn du den bösen Papa verschwinden lässt, darfst du mich, deine geliebte Mutter, ganz allein für dich haben. – Für immer.«

(Eine gute Basis für Alpträume übrigens, wie schon *Freud* erkannte.)

Dummerweise sehen das die Bösen genauso und fühlen sich ebenfalls aufgerufen, dasjenige auszudehnen, was *sie* für das Gute halten. Sie haben den gleichen Wahn und sie wollen das gleiche Ziel erreichen: Alles soll endlich gut und gerecht *werden*. Terroristen sind nämlich der unumstößlichen Überzeugung, dass die Welt noch nicht gut und gerecht ist, sondern von ihnen erst noch dazu *gemacht* werden muss. Die Guten und die anderen Terroristen wissen natürlich ganz genau, wie das geht. Wenn sich genug Terroristen zusammengerottet haben, kann man endlich wieder mit gutem Gewissen einen gerechten Heiligen Krieg führen. Wie du sicher weißt, geht es bei einem Heiligen Krieg darum, die Welt vor dem Bösen zu retten.

Die Welt ist für diese selbst ernannten Retter eine fantasierte Mutterprojektion.

Dir ist sicher bereits aufgefallen, dass man das Böse überhaupt nicht bekämpfen kann, weil es nämlich keinen Sachverhalt darstellt, sondern eine *Bewertung* ist. Bekämpft werden immer konkrete Menschen. Auch im »Kampf gegen Drogen« ist das so. Niemand versucht, das böse Heroin zu erschießen. Bei derartigen Kämpfen werden Menschen erschossen oder werden deren Lebensgrundlagen zerstört. Doch es gibt ja bekanntlich nur gerechte und gottgewollte Heilige Kriege, im Gefängnis sitzen nur Unschuldige, die Erde ist eine Scheibe, der Papst ist unfehlbar, der liebe Gott hat einen langen Bart und wenn deine Frau endlich einsehen würde, dass du Recht hast, wäre bei euch daheim auch endlich alles gut.

Das Gewissen hat jedoch neben der Sicherung der Zugehörigkeit eine weitere Aufgabe: Es zeigt uns unmissverständlich an, meist in Verbindung mit einer Art Angstaufregung, dass wir an eine *Grenze* gestoßen sind. Wenn wir jetzt trotzdem weitergehen, dann werden wir uns von all den anderen unterscheiden, mit denen wir bisher gemeinsam gegangen sind. Unser Leben kann sich durch unseren nächsten Schritt ändern, eventuell so radikal, dass wir daran sterben könnten, wenn wir nicht aufpassen.

An jeder Grenze ist es daher ratsam, aufmerksam zu sein und eine *bewusste* Entscheidung zu treffen darüber, wie und wo es jetzt weitergehen soll, obwohl wir da ein schlechtes Gewissen und Angst spüren. Unser Gewissen hilft uns also dabei, diese Grenze gut zu erkennen, so dass wir klug entscheiden. Wir können bei entsprechender Achtsamkeit eine Grenze auf die rechte Weise überschreiten, anstatt aus Dummheit oder Aufregung in die nächste Grube jenseits der Grenze zu fallen und dort vielleicht von Kannibalen gefangen und gefressen zu werden – eine bekanntlich sehr unerfreuliche Form der Vereinigung.

Wir sollten unser Gewissen letztlich auf die gesamte Menschheit ausdehnen. *Jeder* Mensch wird am Ende von unserem Gewissen eingeschlossen sein und gehört so ebenfalls dazu. Jeder von uns ist Teil des Ganzen und ist mitverantwortlich für den Garten, den wir zur Verfügung gestellt bekamen mit all dem Leben darin. Wir sind zwar die Krone der Schöpfung auf alle Fälle insofern, als wir zweifellos an der Spitze der Fresspyramide stehen – was sich besonders in der chinesischen Küche zeigt und nur selten von einigen Tieren ignoriert wird, wie dem Weißen Hai etwa – aber diese Krone braucht auch etwas, worauf sie sitzen kann. Erst wenn uns klar wird, dass das Ganze nicht wirklich ganz ist, so lange nur ein winziges Teil fehlt, sind wir endlich auf dem Weg der Besserung. *Nichts darf ausgeschlossen sein, indem ich es verurteile.*

Das Gewissen muss übrigens vom Gefühl bei der *Einsicht in Schuld* – das ist die *Reue*, eine Sonderform der Trauer – und vor allem von *Schuldgefühlen* deutlich unterschieden werden. Das Gefühl bei Einsicht in Schuld fühlt sich ähnlich an wie ein schlechtes Gewissen, zeigt aber nur ein *Ungleichgewicht von Geben und Nehmen*: Ich fühle dabei, dass ich in gewisser Form Schulden habe. Diese Einsicht führt dazu, dass ich meine Schulden anerkenne, die schlimmen Folgen meiner Schulden bereue und sie daher möglichst schnell begleichen will. Daraus folgt lösungsorientiertes Handeln und das führt zur Befreiung aus der Bindung, die durch meine Schulden entstanden ist.

Das Schuldgefühl dagegen zeigt ein *Opfern* an und ist kraftlos, weil es zum Kindsein gehört. Es ist also etwas anderes als die Reue und anders als eine Gewissensregung, hängt jedoch ebenfalls mit dem Bedürfnis nach Zugehörigkeit zusammen. (Mit Schuldgefühlen kann man übrigens steinalt werden, ohne irgendetwas in seinem Leben zu ändern.) Schuldgefühle haben aber mit Angst vor Strafe zu tun, nicht mit Einsicht, und sie treten oft gemeinsam mit einem gewissen Anspruchsdenken auf: Das Kind, das ein Opfer darbringt, erwartet ja dafür eine Gegenleistung.

Für eine Umkehr braucht man aber Reue, sonst ist die Kraft nicht da für eine Veränderung. Schuldgefühle jedoch sind Kinderkram und Kinder haben nicht die Macht, ohne Erlaubnis bei sich etwas zu verändern.

Bert Hellinger hat sich zum Thema Gewissen bereits sehr deutlich und anschaulich geäußert und aufgezeigt, wie das Gewissen wirken kann und worauf man achten soll.

Gewissen 2: Erinnerungshilfe an unsere Zugehörigkeit zur Menschheitsseele

Ab einer gewissen Entwicklungsstufe scheint bei uns zusätzlich ein Gewissen zu wirken, das uns hilft, unsere Zugehörigkeit zur gesamten Menschheit immer öfter und immer genauer zu erkennen. Dieses Gewissen schließt offenbar mit der Zeit nicht nur die gesamte Menschheit, sondern *alles Lebendige* ein, das man schützen will als die kostbarste Erscheinungsform derselben »Ursubstanz«, aus der man ebenfalls besteht.

Dieses Gewissen ist jetzt kein Instinkt, sondern eher eine Erinnerung unseres Geistes an seine wahre Heimat, seine Zugehörigkeit zum Ganzen (zu »Gott« von mir aus) und eine Erinnerung an die Göttliche Ordnung des gesamten Universums. Es ist eine Auswirkung von wahrer Selbsterkenntnis, also ein Wissen, nicht mehr ein Instinkt unseres biologischen Automaten oder die Funktion des Egos. Dieses Gewissen hat zur Folge, dass wir *nur noch richtig* handeln können, wenn wir uns von ihm leiten lassen. *Wir sind nämlich damit »Jenseits von gut und Böse« und machen daher »Gottesdienst«.*

Glaube: Überzeugung. Ergebnis einschlägiger Erfahrungen.

Jeder Glaube ist eine Funktion des Egos und nur ein anderes Wort für »Abstraktionen aus früheren Erfahrungen«. *Konzept* und *Theorie* sind weitere Ausdrücke dafür. Es handelt sich dabei um Konstruktionsvorlagen, Programmen vergleichbar, mit deren Hilfe dann *virtuelle* Erfahrungen erzeugt werden: unsere Träume während der Traumzeit, unsere Lebensträume. Die meisten Glaubensformen sind jedoch leider eindeutige Ergebnisse von Kurzschlüssen: »Aha, jetzt weiß ich, wie das funktioniert«, sagte die Laborratte: »Wenn ich auf diese rote Taste drücke, kommt der Mann im weißen Mantel und wirft mir neues Futter in den Käfig. Ich bin also hier der Boss.«

Meine Glaubensinhalte sind Lerneffekte, *die Fähigkeit, einen Glauben zu entwickeln aber nicht.* Diese Fähigkeit ist gegeben. Sie ist sogar eine Art Zwang, so lange mein Ego existiert. Da mein Glaube gelernt ist, bedeutet das, dass ich meinen Glauben wieder verändern kann, wenn er nicht richtig funktioniert. *Ich müsste dafür aber neue Erfahrungen machen.* Wenn sich die sogar wiederholen lassen, verändert sich mein Glaube schneller. Ich glaube dann etwas anderes. Für manche reicht sogar bereits ein einziges einschneidendes Erlebnis und sie sagen dazu Schlüsselerfahrung.

Plane ich nach dieser Einsicht, meinen Glauben kontrolliert zu verändern, so ist es dabei sehr hilfreich, wenn ich mir bereits *vorher* Gedanken darüber mache, was ich künftig vorziehen will zu glauben und dann sofort nach Sachverhalten Ausschau zu halten, die diesen neuen Glauben bestätigen. Das wäre »Lernen, sein Leben selbst zu gestalten«, anstatt abhängig zu bleiben von vorgegebenen alten Programmen, die du meist nicht mal selber »geschrieben« hast. Für Zweifelsfälle, wenn also das Lernen gerade stockt, rät der *Volksmund*: »Wer nicht wagt, der nicht gewinnt«. Die Neukonstruktion eines »besseren« Glaubens erfordert nämlich, *dass man dabei ein gewisses Risiko eingeht*. Das heißt jedoch nicht, dass jedes Risiko einen Gewinn bringt, denn sonst wär's ja wohl keines. Bleibe daher achtsam.

Man kann eine Veränderung auch einfacher haben. Dann nennt man die Sache »Versuch und Irrtum« oder »Probieren geht über Studieren«. Dieses Verfahren beansprucht eine längere Zeit und ist die Methode, mit der die *Mutter Natur* arbeitet. Die hat bekanntlich sehr viel Zeit.

Was ist sonst noch nötig, damit ich endlich einen neuen Glauben und somit *wesentlich* andere Träume haben kann als bisher?

Ich muss zunächst mit Hilfe meiner *Fantasie* andersartige Vorstellungen entwickeln können, mir also etwas anderes überhaupt vorstellen können, z.B. anders verknüpfte Sachverhalte. Das Vorgestellte muss ich auch genug wollen – was jedoch gar nicht so leicht ist, weil es ja dieses Beharrungsvermögen bereits existierender Formen gibt. Die Fähigkeit des Glaubens kann nun auf eine Weise angewandt werden, dass ich mir dieses »Zukünftige« *als bereits gegenwärtig* vorstelle mit aller Kraft, die ich aufbringen kann. Die Kraft dafür steckt vor allem in meinen *Gefühlen*, die zu diesem neu zu erschaffenden Bild gehören. Ohne diese Kraft fehlt das Material zum Verwirklichen, könnte man sagen. *Ich fühle mich bei dieser Art zu glauben jetzt so, als ob das gewünschte Ergebnis bereits da wäre.* Sonst bewegt sich nämlich kein Senfkorn, geschweige denn ein Berg. Bei dieser bewussten Entscheidung habe ich nun selbst bestimmt, welches Ergebnis ich erschaffen will, anstatt unbewusst einen alten Traum zu wiederholen in der Hoffnung, dass er dadurch irgendwann anders wird.

Bedenke aber: Jeder Glaube hat eine enorme selbstverstärkende Beharrlichkeit, die auf der Wirkung von Feedback beruht: Glaube ist ja eine Funktion des Egos. Er bestätigt sich selbst, wobei das Ego versucht, störende Einflüsse – in Gestalt von Ausnahmen etwa – umgehend zu eliminieren. *Jeder Glaube hat quasi einen Selbsterhaltungstrieb.*

Die Alternative zum Glauben heißt *Hoffnung* und der Gegensatz heißt *Erkenntnis*. Durch Erkenntnis wird jeder Glaube überflüssig, weil ich jetzt weiß: Ich *sehe* die Wahrheit. Jeder Glaube ist nur ein Zwischenstadium und sollte unbedingt überwunden werden, wenn Freiheit dein Ziel ist. *Du musst am Ende auch frei von jedem Glauben sein, da dich jeder Glaube unweigerlich einschränkt.*

An jemanden glauben: *»Du sollst mein Erlöser sein!«*

»An jemanden glauben« bedeutet für viele Menschen letztlich: *»Du sollst meine Mama sein und nun machen, dass ich glücklich bin! Mit dir will ich eins sein.«* Man nennt das auch Verliebtheit. Verlieben ist eine Funktion des Egos und besteht in der Täuschung, der Geliebte sei mein Muttterersatz und jetzt, wo der Richtige endlich da ist, wird alles gut: er wird mich glücklich machen und ich werde mit ihm eins sein. Er wird meine Wünsche erfüllen und ich werde ihm seine erfüllen, indem ich so bin, wie er mich haben will. Es handelt sich dabei also um eine Form der geistigen Umnachtung.

In dieser Phase geht es hauptsächlich darum, Kontakt herzustellen mit einem Sexualpartner, um sich möglichst umgehend mit ihm fortpflanzen zu können.

Aber es gibt auch nichtsexuelle Verschmelzungsbedürfnisse, wie in der Beziehung zwischen Gurus und deren Anhängern oft zu beobachten ist – obwohl bestimmte Gurus ihre Anhänger bekanntermaßen gerne mal ficken. Wenn der Geliebte diesen kindlichen Wunsch, mich zu beglücken, nicht erfüllt, bin ich enttäuscht und werde meistens böse, weil ich mich betrogen fühle: Schließlich habe ich so lange gewartet und viel dafür geopfert und ich habe ihm meine Liebe dadurch gezeigt, indem ich seine Wünsche inbrünstig zu erfüllen trachtete.

Nun, Kinder sind eben so und ihre Opfer sind sinnlos. Sie bringen daher unvermeidlich Ärger.

Jedoch nicht Liebe macht blind, sondern das Verliebtsein. Liebe ist ein Wesensmerkmal des Selbst und macht sehend. »Ich glaube an dich« bedeutet für einen wahrhaft Liebenden: *»Ich bin auf meine einmalige Weise trotz aller äußeren Unterschiede wie du und ich kann mich durch dich wieder an mein eigenes wahres Wesen erinnern. Jetzt sind wir vereint, wieder ein Herz und eine Seele und sind zusammen ein Gutes. Ich erkenne auch, dass es nie anders war.*

Jeder darf sein, wie er will und es ist gut. Ich stimme dir bedingungslos zu.« Ich will bei dieser Art von Liebe also, dass der andere zusammen mit mir glücklich sein soll, anstatt zu erwarten, dass er mich glücklich *macht, weil ich so brav oder arm bin.*

»Ich glaube an Christus« würde bedeuten, dass ich mir wünsche, dass *der Mensch Jesus* ein Beispiel dafür ist, was menschenmöglich wäre und was daher auch mir möglich sein müsste. »*Ich bin wie du, Jesus*« wäre die natürliche Folge der Einsicht, dass tatsächlich *alle* Menschen Christusse sind, obwohl die meisten von ihnen das noch gar nicht bemerkt haben. Erkenne ich das, ist Glauben total überflüssig geworden, denn ich bin nun fähig, diese Tatsache klar zu erkennen und entsprechend zu handeln, selbst wenn die nach wie vor weiterträumenden »potenziellen Christusse« mich nach wie vor in ihre wirren Träume hineinziehen wollen. Aber ich erkenne nun das Wesentliche im anderen, *nämlich den Träumer selbst, der diesen Traum träumt*, anstatt ihn wie bisher mit seinem Traum zu verwechseln. (Ich schaue nicht mehr nur auf das Auto, sondern auch auf den Fahrer.)

Genau genommen sind diese sechs Milliarden Menschen auf unserem Planeten natürlich nicht viele Christusse, sondern damit ist der geeinte Menschengeist gemeint, der sich selbst in jedem Menschen vollständig erkennt und der daher auch erkennt, dass wir alle Kinder Gottes sind. In diesem Geisteszustand wird nicht weiter geurteilt, denn alle Erscheinungen der Welt werden als Formen derselben Ursubstanz erkannt. Damit ist glauben überflüssig geworden, weil ich jetzt die Wahrheit weiß. *Wissen ist jenseits von Glauben. Glauben wird überflüssig, wenn ich die Wahrheit erkannt habe. Jeder Glaube ist nur ein Hilfsmittel beim Erschaffen innerhalb der Traumzeit und er muss daher überwunden werden, genau wie der Supervisor der vielen Beobachter.*

Gott: anderes Wort für das Nichts, aus dem alles entsteht

Gott ist das Nichts, aus dem reines Gewahrsein aufsteigt.

Jeder Versuch, das Nichts erfassen und definieren zu wollen, ist logischerweise vollkommen absurd. Daher sollen wir uns vom Nichts keinerlei Bild machen. Aus dem Nichts kommt die Leere – das ist die formlose Energie *vor* meinen Entscheidungen, das »potenziell geordnete« Chaos – und aus dieser Energie entstehen dann alle Formen, unter anderem auch diejenigen, die als Folge meiner eigenen Handlungen entstehen: *Meine Tatsachen.*

Wir beschäftigen uns hier damit, wie wir aus der Leere solche Formen erschaffen können, die uns *allen* gut passen, nicht nur mir alleine, weil sie damit einen Zustand von Glück bei uns und unseren Mitträumern hervorrufen und stabilisieren. Das ist immer der Fall, wenn diese Formen in Ordnung sind.

In allen Kulturen gab und gibt es Menschen, die sich zusätzlich dafür interessieren, wie sich das Nichts, das Alles ist, hinter *allen* Formen erkennen lässt, wie man sich also vermittels der aus der Leere entstandenen Erscheinungen wieder an deren wahren Ursprung erinnern kann, damit man so zurückkehrt zur Erfahrung der Einheit und wieder erlöst ist vom Übel der Traumzeit. *Das Übel besteht darin, dass wir als Egos gezwungen sind, Urteile zu treffen und auf diese Weise das Nichts, das Alles ist, in zusammenhanglose Teile aufspalten, um sie danach auf verrückte Art wieder zusammenfügen zu wollen, und dass wir uns mit unseren Schöpfungen identifizieren (»anhaften«), anstatt uns als deren Schöpfer zu erfahren. Wir vergessen, dass wir in Wirklichkeit Nichts sind.* Dieses Nichts will sich aber selbst erkennen, denn es will nicht alleine sein, sondern quasi mit sich selber spielen – vielleicht sogar so, wie du jetzt gerade wieder denkst, du Ferkel! Daher hat sich das Nichts »bewegt« und sich auf diese Weise scheinbar geteilt: *Es hat eine Entscheidung getroffen*: Es ist sich seiner selbst bewusst geworden: *Ein Mysterium.* So ist zunächst die Leere und daraus die Welt der Formen entstanden, in denen sich Nichts nun selbst erkennen und erfahren kann.

Nach seiner ersten Entscheidung hat Nichts sich selbst in seiner Schöpfung unermesslich geliebt, damit das Ganze ganz bleibt und keine Spaltung auftreten kann – und Nichts hat sich wohl über sich selbst danach kolossal gewundert.

Die Liebe ist eine Erscheinungsform aus dem Nichts und sie sorgt dafür, dass scheinbar Getrenntes in Wahrheit verbunden bleibt. (Klar klingt das verrückt, das weiß ich selber.)

Da der Ursprung, das Nichts, wie alles andere auch, nur *sich selbst ausdehnen* kann, ist alles Geformte genau wie sein Ursprung, nämlich ebenfalls Nichts. Das Nichts ist allwissend und vollkommen und bleibt trotz der andauernd wechselnden Erscheinungen immer gleich. Daher ist es trotz seiner ersten Entscheidung weiterhin einerseits das *Seiende*, andererseits auch das *ewig Werdende – und hat vor allem diese enorme Kohäsionskraft der Liebe.*

Unser Geist stammt aus dieser Quelle und er hat deswegen ebenfalls alles in sich. Er hat zwar die Freiheit, sich selbst scheinbar zu teilen und sich dann einzubilden, dass sein äußerer Teil, seine Schöpfung, von ihm abgetrennt und wesentlich anders wäre als der Teil, der scheinbar innen ist. Anstatt sich in seiner Schöpfung wiederzuerkennen, bildet er sich dann wahnhaft äußere Mächte ein und anstatt diese wenigstens zu lieben, um sich selber auf diese Weise wieder selbst zu heilen, fürchtet er sich davor und bekämpft sich dadurch selber. Für den tatsächlichen Sachverhalt ist das jedoch ohne Bedeutung und dieser Wahn hat definitiv einmal ein Ende.

Nirwana wäre der Ausdruck, der in Indien für das Nichts vorgeschlagen wurde. Der Physiker *Stephen Hawking* nennt es derzeit Brane (von Membrane hergeleitet).

ααα

Harmonie: Die Einheit in der Vielfalt; Einklang

Du kennst dieses Wort sicher im Zusammenhang mit Musik. *Eine wichtige Voraussetzung für Harmonie (»Akkord«) ist Verschiedenheit*: mindestens drei verschiedene Töne in einem klar definierten Abstand zueinander sind dafür Voraussetzung. Es dürfen auch mehr sein, aber drei ist das Minimum. Zwei Töne reichen noch nicht. Stimmt der Abstand nicht, dann klingt es nicht harmonisch, sondern falsch, was jeder selbst ohne Musikstudium hören kann. (Wir haben also ein eingebautes Gespür für Ordnung, obwohl es uns oft nicht bewusst ist.)

Der Gegensatz zu Harmonie heißt »unisono«. Alle Töne sind dabei gleich, alle sind sich jetzt einig. Das kann zunächst auch schön sein, ist aber auf Dauer ziemlich langweilig.

Der Urzustand des Universums ist Harmonie – die Einheit in der Vielfalt, der Einklang des Vielen, das in Wirklichkeit All-Eins ist. Auch wir wären in Harmonie, wenn wir nicht die Fähigkeit hätten, uns als Egos einzumischen und eine eigene Ordnung herstellen zu wollen, weil wir die bereits bestehende Ordnung nicht erkennen: Gott weiß alles, aber ein Ego weiß es halt besser. Dann erzeugen wir falsche Akkorde, weil die Ordnung nicht mehr stimmt. Wir erkennen das anhand der Störungen, die dadurch entstehen.

Du kennst sicher Leute, die von sich behaupten, sie seien *harmoniesüchtig*. Das ist völliger Blödsinn, denn sie meinen damit, dass sie schnell aufgeregt werden, wenn sie Unterschiede zu ihren Mitmenschen bemerken, etwa, weil die eine andere Meinung haben. Sie bekommen Angst, genau wie ein kleines Kind, das bemerkt, dass Mutti nicht einverstanden ist mit dem, was es gerade treibt. Dann gibt's nämlich meist Ärger und das Kind ist ja abhängig von der Mutti und kann sich Verschiedenheit von ihr nicht wirklich leisten. Wer also meint, dass er harmoniesüchtig wäre, der will in Wirklichkeit Einssein mit der Mutti, er will unisono, anstatt Harmonie. *Verschiedenheit erträgt er noch nicht*, sondern er reagiert darauf wie ein kleines Kind, das sich letztlich anpassen muss an die Mutti, weil es ihm kaum gelingen wird, sie dazu zu bringen, dass die sich dem Kind anpasst, damit wieder Einssein ist.

Heilung: Folge der Berichtigung eines wesentlichen Irrtums

Heilung kommt von dem Wort »heil« und das bedeutet gesund, unversehrt, *vollständig*. Der Heilige ist also der Vollständige, dessen Geist nicht mehr ge-ur-teilt ist, sondern endlich wieder geeint und somit gesund. Der Heilige hat sich daran erinnert, wer er tatsächlich ist und dass das Wesentliche unteilbar ist. Sein Ego hat er inzwischen als Illusion erkannt und es damit entmachtet. *Seine »Heiligung« ist die Folge seiner Selbsterkenntnis.*

Man kann zu Heilungen *Wunder* sagen, weil man sich in jedem Fall wundert, was danach so passieren kann im Leben. Abgesehen davon ist jede Bewusstseinsveränderung allein schon deshalb ein Wunder, weil das Bewusstsein während der Traumzeit eigentlich hermetisch ist, das heißt: in sich geschlossen, verschlossen. Bewusstsein kann sich (als eine Funktion des Geistes) im Prinzip ebenfalls nur selbst ausdehnen und sich mittels Feedback selbst bestätigen *und niemals mit etwas anderem als mit sich selbst kommunizieren*. Der Geist kann sich jederzeit wieder daran erinnern, was er tatsächlich ist, anstatt weiterhin seine Ego-Illusionen zu bestätigen. *Er kann sich daran erinnern, dass er als Geist »Teil« von etwas Größerem ist, Teil von etwas, das viel mehr ist, als »ich« jemals erkennen kann.*

Ein *Heiler* muss nicht unbedingt ein echter Heiliger sein und kann trotzdem bereits andere Menschen »anstecken«, und zwar solche, die bewusst oder unbewusst willens sind, ebenfalls Korrekturen bei sich selbst auszuführen, anstatt weiterhin Recht haben zu wollen. Ansteckbar für eine Heilung sind insbesondere diejenigen, die etwas bereuen und die schon ahnen, dass es das Böse nicht wirklich gibt. Ansteckbar sind sie vor allem in einem Zustand, in dem es ihnen dämmert, dass sie sich in der Traumzeit befinden und *dass Traum und Träumer verschieden sind.* Heilung ist das logische Ergebnis dieser Erkenntnis.

Oder anders ausgedrückt: *Heilung ist die Folge der Erkenntnis, dass es nur Liebe und keine Trennung gibt und dass nirgends eine Hölle existiert, außer in deiner Einbildung, in deinem Traum. Die Hölle war nur ein Alptraum, den du zusammen mit anderen geträumt hast.*

Das mit dem Träumen wissen die Aborigines seit mehr als vierzigtausend Jahren, obwohl sie sich dann mit magischen Praktiken durchschlagen wollten. Die konnten nicht einmal lesen und schreiben und bis vier zählen, genau wie die kleinen Kinder. (Hier zeigt sich ebenfalls, dass die Wahrheit *einfach* ist, so dass sie von jedem Kind verstanden werden kann. *Für das Erkennen dessen, was wirklich los ist, braucht man ohnehin den Anfängergeist eines Kindes. Oder den eines Zen-Meisters.*)

Die irrige Annahme, dass ich anders heilen könnte als durch bloße »Ansteckung«, also nicht ausschließlich durch einfaches Da-Sein und als Vorbild, sondern durch direkten Einfluss oder gar ohne Einverständnis oder Zutun des anderen, ist magisches Denken und eine kindliche Machtfantasie, die völlig bedeutungslos ist. Die meisten Therapien funktionieren Gott sei Dank *trotz* der Therapeuten, weil der »Kranke« sich sozusagen wieder erinnern *will* an das, was tatsächlich heil ist an ihm selbst. Er will selbst seinen Grundirrtum korrigieren, obwohl ihm das vielleicht noch nicht bewusst ist, und das ist etwas ganz anderes, als nur Schmerzen loswerden zu wollen. Für eine Korrektur ist dann jeder als Helfer gut genug – obwohl manche dabei etwas hilfreicher sind. Jeder Mitmensch kann dir nach dieser Entscheidung für deine Selbstheilung dienlich sein und nicht nur bestimmte Therapeuten mit ihren ganz bestimmten therapeutischen Techniken.

Diesen Sachverhalt finde ich inzwischen sehr entlastend, obwohl die Einsicht, dass es keine Magie gibt, anfänglich etwas kränkend für mich war, wie ich zugebe. Kein Ego lässt sich eben gerne entmachten, auch meines nicht.

Auf einer anderen Ebene ist es natürlich unbestreitbar von Vorteil, dass es gute Ärzte gibt, insbesondere in der Unfallchirurgie und in der Zahnmedizin. Man darf hier die Ebenen nicht verwechseln. *Aber »richtig gut« ist der Arzt erst, wenn er gleichzeitig liebevoll und demütig ist und sich selbst als Diener versteht, anstatt als Macher.* In vielen religiösen Systemen ist der Hinweis zu finden, dass wir erst lernen müssen zu dienen, ehe wir eine wirkliche Macht ausüben können. *Ein vollkommener Herrscher ist ein vollkommener Diener.*

Himmel: Geisteszustand nach erfolgter Heilung

Himmel ist selbstverständlich kein Ort, zu dem man gelangt, wenn man andauernd brav war, sondern dieses Wort bezeichnet einen *Geisteszustand.* Es ist der natürliche Zustand des Geistes, ehe er »hinabgestiegen« ist in die Welt, um dort einen Körper zu bewohnen, mit dessen Hilfe er sich selbst erfahren, erschaffen und wieder zurückerinnern kann.

Sobald er sich mit diesem Körper aber identifiziert, also denkt, er *ist* ein Körper, hat er sich aus dem Himmel herausgeträumt, obwohl er sich jederzeit zurückerinnern könnte. Trotz der enormen Schwierigkeiten, die innerhalb der Traumzeit entstehen, wenn man sich wieder an seinen ursprünglichen Zustand erinnern will, hat der Geist doch die Erinnerung an seine Quelle nie wirklich ganz vergessen. Er könnte sich *jederzeit* wieder daran erinnern, denn das Himmelreich ist nach wie vor inwendig in ihm. Der Geist kann ja seine Quelle nie tatsächlich verlassen, sondern er kann sich nur einbilden, dass er abgetrennt sei von ihr. *Sobald er die Illusionen des Egos erkennt und sie auflöst, ist er wieder daheim – mindestens im ersten Himmel – und erfährt sich endlich als Schöpfer seiner Erfahrungen*, anstatt als Opfer.

Der Geisteszustand »Himmel« ist sogar steigerungsfähig, je nach Grad der Ausdehnung des Geistes, oder anders ausgedrückt: je nach Grad der Erkenntnis seines wahren Wesens, oder nochmals anders ausgedrückt: je nach Grad seines Zurücksinkens in seinen letzten Grund. *Der erste Himmel ist derjenige Geisteszustand, in dem der Geist nur noch wahre Träume innerhalb seiner Traumzeit träumt. Der siebte Himmel wäre das Nirwana, das Aufgehen des Geistes im Nichts, das Alles ist.*

Hölle: Geisteszustand unter der Wirkung furchtbarer Ego-Illusionen

Von *Jean Paul Sartre* stammt folgende Definition: »Die Hölle, das sind die Anderen«. Das ist kurz und bündig ausgedrückt, würde ich sagen. Die Einbildung des Egos, abgetrennt zu sein, muss unbedingt als Voraussetzung für jede Form von Wahnsinn erkannt werden.

Das Ego entsteht, wie mehrfach erwähnt, als Folge einer Identifizierung des Geistes mit der Materie seines Körpers und ist mit der Erfahrung verbunden, dass auch der Geist abgetrennt sei vom Großen Ganzen. Durch diese eingebildete Spaltung entsteht das Träumen innerhalb der Traumzeit. Wenn den erzeugten Träumen Irrtümer zugrunde liegen, beispielsweise der, dass »da draußen« etwas wesentlich Anderes sei als »hier drin«, dann ist die Folge davon Leiden und Furcht in deiner Traumzeit. Wenn die Furcht aber so groß wird, dass man wegen der Intensität der erzeugten Illusion keine Hoffnung mehr sieht auf Rettung, gerät der Geist in einen Zustand, in dem er seine eingebildete Abgetrenntheit quasi verewigt. In diesem Zustand wehrt sich das Ego nun mit aller Kraft gegen die Auflösung seiner Einbildungen und will sie, obwohl sie sein Alptraum geworden sind, mit allen Mitteln verteidigen.

Die Hölle ist Folge des Irrtums, dass es ein Ego überhaupt geben könnte, und sie kann daher *jederzeit* verlassen werden. Im Zustand »Hölle« ist aber eine Heilung fast unmöglich, weil das Ego eine Erlösung aus seiner selbst erfundenen Hölle als maximale Bedrohung empfindet, denn es glaubt jetzt, dass *jede* Veränderung nur eine weitere Verschlimmerung bringt. Für die Erlösung von seinen selbst erzeugten Übeln müsste das Ego nun jedoch vollständig vernichtet werden. Wer in der Hölle ist, der fürchtet die Erlösung daher *wie der Teufel das Weihwasser*. (Wer nur im Fegfeuer ist, der sieht wenigstens schon das Licht am Ende des Tunnels und er hat daher weiterhin Hoffnung. Es gibt ja Wunder.)

Die Seele kann sich nach Ansicht mancher Weisen aufgrund von mangelnder Schulung des Geistes sogar noch jenseits der Traumzeit einbilden, abgetrennt zu sein vom Großen Geist. Sie kann nach ihrer Trennung vom Körper möglicherweise weiterhin auf dieser Einbildung beharren, quasi noch weiterträumen, obwohl die Seele als Ego bereits aus dem Bett gefallen ist und eigentlich aufgewacht sein müsste. Schläft sie trotzdem noch weiter, wird eine selbst erfundene Illusion ewiger Verdammnis erzeugt. Trotzdem kann die Hölle auch dann jederzeit verlassen werden. Das Tibetische Totenbuch gibt dazu Anleitungen, *die am Besten schon zu Lebzeiten eingeübt werden sollten.*

Hypnotisieren: jemanden glauben machen; ihn in einen Traum hineinziehen.

Hypnose funktioniert ausschließlich mit Freiwilligen. Wenn ich andere hypnotisieren will, so gelingt das nur, wenn die Betreffenden bewusst oder unbewusst damit einverstanden sind. Die Willensfreiheit des Menschen kann nämlich durch keine Macht der Welt genommen werden, also auch nicht durch einen Hypnotiseur. Das hat besonders *Milton Erickson* immer wieder hervorgehoben, ein echtes Genie in Sachen Hypnose. Er wies oft darauf hin, dass der zu Hypnotisierende zunächst aufmerksam werden und zustimmen, eine »Ja-Haltung« einnehmen muss, ehe er hypnotisierbar ist.

Die Zustimmung eines Tölpels kann allerdings leicht gewonnen werden und daher *scheint* es gelegentlich, als ob Menschen gegen ihren Willen hypnotisierbar wären, z.B. hypnotisierbar dafür, dumme Dinge zu tun, für die sie dann von anderen zu Recht ausgelacht werden. Die Tölpel fühlen sich dabei jedoch völlig unschuldig, genau wie kleine Kinder, die danach zu ihren Hypnotiseuren ganz vorwurfsvoll sagen: »Du hast doch gesagt, ich soll das tun, und deswegen bist *du* dran schuld, dass ich jetzt dumm dastehe und dass es mir schlecht geht«.

Die Grundabsicht beim Hypnotisieren könnte so ausgedrückt werden: *»Du sollst die Welt sehen wie ich. Ich will nämlich mit dir einig sein«.* Später, wenn seine Hypnose geklappt hat, freut sich der Hypnotiseur: »Siehst du – hab' ich's dir nicht gesagt?« Wenn die Hypnose für den Hypnotisierten ebenfalls angenehm war, freut sich natürlich auch der Hypnotisierte. Die beiden, Hypnotiseur und Hypnotisierter, sind sich nun einig und haben jetzt denselben Traum. (Vielleicht gründen sie später eine Partei oder einen Klub.)

Es gibt viele Möglichkeiten, andere etwas glauben zu machen, also viele Methoden, andere zu hypnotisieren. Die Spezialisten aus der Medienbranche kennen sich da besonders gut aus. Uns Alltagshypnotiseuren ist das Mittel *Sprache* besonders geläufig und wir denken sogar, dass wir damit Konflikte lösen könnten. Das ist aber ein ziemlicher Irrtum.

Man kann bei einer genaueren Untersuchung von hypnotischen Prozessen tatsächlich davon ausgehen, dass »miteinander reden«

nichts anderes ist als der Versuch, sich gegenseitig zu hypnotisieren – genauer gesagt: *Seine eigene Selbsthypnose zu wiederholen* und sie dadurch weiter zu vertiefen, indem man andere mit hineinzieht. Eine sehr interessante Sichtweise von Hypnose hat *Stephen Wolinsky* formuliert. Er nennt die *Dauertrance* des normalen Menschen während seines Erdenlebens Tieftrance. Sie ist für ihn gleichbedeutend mit dem Schleier der Maya, den wir durchdringen müssen, damit wir wieder heimfinden.

Für eigene Forschungen zur Hypnose im Alltag schlage ich dir vor, alle so genannten Medien als Hypnosemittel, und Radio und Fernsehapparate als *Hypnotisiermaschinen* zu betrachten. (Dir ist bestimmt schon aufgefallen, wie schwer es fallen kann, den Fernseher abzuschalten, sogar wenn du merkst, dass alles Quatsch ist, was da gerade läuft.)

Eine Übung dazu: Frage dich beim Lesen der Zeitung, beim Hören von Nachrichten, beim Fernsehen, bei der Unterhaltung mit anderen Menschen, beim Betrachten eines Films immer wieder: *»Was soll mir hier glauben gemacht werden? Wie versuchen die das? Wo ist es ihnen gelungen*? *Wo bin ich leicht glauben zu machen*? *Woher kenne ich das*? Wie würde *ich* das versuchen?« Lies die Scheiß-Kolumnen des von dir am meisten gehassten Schreibers deiner Tageszeitung und versuche herauszufinden, was er dich glauben machen will. Versetze dich dann in seine Situation und versuche, seinen Traum zu verstehen und wieso er andere da hineinziehen will. (Unterstelle ihm dabei *gute* Gründe!) Suche nach Ähnlichkeiten zwischen dir und (deinem Bild von) ihm.

Streite nicht mit jemandem, der gerade versucht, dich zu hypnotisieren – vorausgesetzt, du merkst das überhaupt – denn wenn du mit ihm streitest, *bist* du bereits von ihm hypnotisiert! Sei besser achtsam, denn er könnte dich ohnehin nur hypnotisieren, wenn du innerlich damit einverstanden bist oder wenn du »gebannt« bist wie ein Huhn vom Strich, anstatt genau zu beobachten. Betrachte seine Hypnotisierversuche eher als einen unbewussten Hilferuf, statt als einen Angriff.

Die automatische Selbsthypnose beim Sprachgebrauch ist übrigens einer der Gründe, warum man sich nicht ohne klaren Auftrag zur Verfügung stellen sollte, wenn jemand jammern will. Vereinbare mit einem Jammerer zuerst, ob er überhaupt irgendwelche Lösungsvorschläge von dir hören will oder ob er nur eine Klagemauer braucht, die circa alle dreißig Sekunden sagt: »Du armer, armer Mann, das ist ja furchtbar schrecklich.« Wenn das vorher zwischen euch klar vereinbart wurde, seid ihr danach *beide* zufrieden und er sagt anschließend: »Das hat mir jetzt gut getan, danke.« Hörst du dem Jammerer aber »empathisch« zu und lässt dich dabei gar zu Mitleid verführen oder strengst dich für ihn an, dann hilfst du ihm, sein Problem weiter zu vertiefen. Ist so ein Jammerer clever – die meisten *sind* clever! – dann hypnotisiert er dich und du willst vielleicht noch die gute Mutter für ihn sein. Du wirst ihn aber letztlich doch hängen lassen und zur bösen Mutter für ihn werden oder letztlich nicht das Richtige tun. Deshalb wird er dir am Ende grollen wie seiner Mama, denn so ist es im Drehbuch eines Jammerer-Traumes vorgeschrieben. Unterstützung durch Mitleid ist also kontraproduktiv: Du bestätigst damit, dass der Jammerer tatsächlich arm dran sei und Hilfe von außen brauche. Wenn's dumm läuft, dann hängt er sich an dich wie eine Klette und will von dir gerettet werden. Aber eigentlich will er nur von dir gestillt werden wie von einer guten Mutter. Am Ende ist er dir dann beleidigt, weil du nicht die richtige Milch gegeben hast.

Ein Jammerer darf der falschen Mutter auch keinen Erfolg erlauben, weil das in seiner Seele unbewusst wie Verrat an der einzig Richtigen wirken würde, nämlich seiner tatsächlichen Mutter. Das haben sie dann davon, diese falschen Mütter.

Selbsthypnose: *Sich selbst mit Hilfe anderer Menschen und mit Hilfe der Welt an sich etwas glauben machen.*

Man nennt dieses selbsthypnotische Verfahren in gewissen Kreisen auch Selbsterfüllende Prophezeiung, anstatt Feedback. Es kommt aber aufs selbe raus. Hat deine Selbsthypnose gut funktioniert, sagst du danach mit einer gewissen Zufriedenheit meist: »Ich hab's doch gewusst« – sogar dann, wenn du dabei in deiner Ignoranz wieder einmal Unangenehmes erzeugt hast. Aber jede Hypnose, jeder Traum, der nicht weiter bestätigt wird, hört nach einiger Zeit von alleine wieder auf. Für meine Selbsthypnose und zur weiteren Bestätigung derselben brauche ich daher die Welt und mindestens einen Gleichgesinnten, der mir dabei bewusst oder unbewusst dient, indem er mich bestätigt. Ohne Feedback funktioniert die Sache nämlich nicht auf Dauer.

ααα

Individuum: Endziel deines Lebens

Das Wort bedeutet »Unteilbares«. Es ist sehr interessant, dass wir uns selber als Individuen bezeichnen, obwohl wir das keineswegs sind. Wir sind extrem *multiple Persönlichkeiten,* die meist voneinander nichts wissen, und jede von ihnen glaubt daher, sie sei schon das Ganze, das Individuum. Es ist eine wichtige Fähigkeit des Egos, dass es viele Persönlichkeiten sein kann – *je nach Bedarf.*

Diese Fähigkeit des Egos ist in unserer derzeitigen Welt der Egos äußerst nützlich, besonders, wenn eine dieser vielen Persönlichkeiten etwas Dummes angestellt hat und danach nichts mehr davon wissen will, weil sie sich deswegen schuldig fühlt oder schämt. Eine andere Persönlichkeit kann sich davon dann sofort distanzieren und glaubt tatsächlich, dass sie damit nichts zu tun hat: »Was? Das soll ich gesagt haben? Das ist völlig unmöglich. So bin ich überhaupt nicht. Du musst dich täuschen. – Und außerdem war ich betrunken.«

Erkennst du dich als multiple Persönlichkeit, hast du einen großen Vorteil: Du kannst dann *spielen* wie ein guter Schauspieler, anstatt dich mit diesen Persönlichkeiten *automatisch zu identifizieren* und somit ein Roboter zu bleiben – ausgeliefert an die jeweiligen Umstände.

Erst wenn wir die Illusion des Egos mit all seinen Fähigkeiten und Tricks durchschauen und dann erkennen, worin unser Grundproblem besteht, können wir uns »sammeln« und all diese verschiedenen völlig eigenständigen Persönlichkeiten als Illusion, als Maske oder Rolle durchschauen (Persönlichkeit kommt von persona, was übersetzt Maske bedeutet): Wir sind der, *der hinter all diesen vielen Masken steckt.* Derjenige aber, der dahinter ist, ist tatsächlich unteilbar und unzerstörbar und ewig. Das Ziel während deines Aufenthaltes in der Traumzeit ist es, dich wieder daran zu erinnern, wer du wirklich bist, anstatt dich mit deinen Masken zu verwechseln. Dann erkennst du auch, dass die anderen ebenfalls nicht ihre Masken sind.

Intuition: Erkenntnis durch *geistiges* Schauen

Intuition ist das Ergebnis eines Geisteszustandes, in dem dein Ego – wenigstens kurzzeitig – nicht die Führung hat. Dann schaust du nicht mehr mit den Augen deines Körpers, sondern mit deinem »inneren Auge«. Die Folge davon ist Erkenntnis, anstatt Wahrnehmung. Wenn du willst, kannst du auch sagen, dass bei intuitivem Handeln der »Heilige Geist« die Führung übernommen hat – was du am wunderbaren Ergebnis sehen kannst: Du hast intuitiv neue Verbindungen erschaffen und dich *und* deine Mitmenschen bereichert. *In diesem Zustand wird dir quasi eingegeben, was du sagst oder tust.*

Intuition ist eine natürliche Gabe des Geistes, die während deiner Kindheit noch wirksam ist, ehe sie durch diverse Konditionierungen unterdrückt wird. Aber du kannst intuitives Handeln wieder neu lernen, indem du dich mit gesammelter Aufmerksamkeit und ganzer Hingabe einer Sache widmest. Wenn dein Fleiß und deine Hingabe ausreichen, kommt die Intuition wieder zurück. Du kannst dich in einer bildenden Kunst üben wie etwa in der Musik oder der Malerei, oder in einer wissenschaftlichen Disziplin oder in einer Kampfkunst, wie in Japans Kultur der Weg der Samurai zeigte. Oder du kannst dich einem Yoga widmen, z.B. dem Yoga der tätigen Nächstenliebe.

Immer werden durch intuitives Handeln deine bisherigen Grenzen aufgehoben und größere Zusammenhänge erfahrbar, die aufgrund deiner »geistigen Schau« jetzt *in Ordnung* sind und aus diesem Grund optimal funktionieren, anstatt die Entropie zu fördern. Im Zustand der Intuition gibt es keine Unterscheidung mehr von innen und außen. Alles ist jetzt wieder Eins und in Fluss. *Intuitive Erkenntnis macht daher große Freude.*

Irrtum: falsches Verfahren zur Realisierung eines Wunsches

Ein Irrtum hat zur Folge, dass du dein Ziel nicht realisieren kannst, sondern stattdessen eine Form von Leiden erzeugst. Die harmloseste davon ist noch der Ärger. An den unangenehmen Folgen eines Irrtums (fälschlich Problem genannt) kannst du jedoch Irrtümer erkennen und sie korrigieren. Viele Wege führen da bekanntlich nach Rom. Aber eben nicht alle! Manche Wege sind Holzwege und man kommt dabei nur immer tiefer in den Wald hinein.

Der Mensch ist jedoch frei, auf seinen Irrtümern beliebig lange zu beharren. Der Preis dafür ist die Fortsetzung seines Leidens. Es nützt nichts, sich im Recht zu fühlen, wenn man doch laufend verkehrt herum in die Einbahnstraße fährt. Irgendwann kracht es, wenn du deinen Irrtum nicht rechtzeitig erkennst und korrigierst. Dafür musst du natürlich die Folgen tragen. Ein Irrtum kann *jederzeit* korrigiert werden und seine lästigen Folgen verschwinden damit wie von selbst.

Erinnere dich: Der schlimmste Irrtum, der allen anderen Irrtümern zu Grunde liegt, besteht darin, dass du glaubst, du wärst ein Körper. Wenn du diese Mutter aller Irrtümer korrigierst, verschwinden alle anderen automatisch.

Kleinere Irrtümer sind häufig in Form *falsch angewandter Fähigkeiten* zu beobachten:

»Zurückhaltung üben können« ist beispielsweise eine wichtige Fähigkeit. Falsch angewandt, etwa aus Angst, wirkt sie jedoch sehr unangenehm und wird zu Hemmung und damit zur Lernblockierung. Oft liegt der Irrtum nur in der falschen Dosis: Zuviel des Guten ist schlecht. Eine Überdosis fühlt sich unangenehm an und führt nicht zum Ziel und zu wenig hilft nichts. Die Fähigkeit zur Klarheit wirkt, lieblos angewandt, als Härte und daher verletzend. Geiz ist die falsch angewandte Fähigkeit, vorausschauend zu planen und Vorräte anzulegen. Sturheit und Eigensinn sind falsch angewandte Willensstärke. Es handelt sich da um die Willensstärke der Schwachen, also der Kinder.

Du kannst selber weitere Beispiele suchen für falsch angewandte Fähigkeiten und Stärken oder für die Folgen einer falschen Dosierung, denn das Prinzip ist sehr einfach: *Jede deiner Fähigkeiten wirkt auf die falsche Weise, wenn du sie aus Angst – oder deren Rückseite, aus Ärger – anwendest.* Liebe hingegen kann die Folgen falsch angewandter Fähigkeiten sofort in Gold zurückverwandeln und Wunder bewirken. Deine Fähigkeiten wirken dann wieder auf die richtige Weise, sobald der Irrtum korrigiert ist.

Niemand hat eine Möglichkeit, die Irrtümer anderer zu korrigieren. Allerdings kann er seine Mitmenschen durch sein Beispiel wieder daran erinnern, dass es auch anders geht. Vielleicht entscheiden die irgendwann, bei sich selbst ebenfalls Korrekturen vorzunehmen. Ein Lehrer lehrt ohnehin nur das, was er *ist* und nicht das, was er gerne wäre. Die Wahrheit macht frei und nicht das, was man für wahr hält. Achte gut darauf, was du durch dein Beispiel lehrst: Lehrst du, dass Angst gerechtfertigt wäre und die Welt ein ungerechtes Jammertal sei? Lehrst du, dass Kampf ein geeignetes Mittel sei, Frieden zu schaffen? Wer hat dich das gelehrt? Glaubst du das wirklich selber? *Schau noch einmal und entscheide neu!*

Liebevoll ein gutes Vorbild zu sein ist die beste Art, anderen dabei zu helfen, ihre falschen Überzeugungen zu korrigieren. Ein Glatzkopf als

Haarwuchsmittelverkäufer macht sicherlich nirgends das Geschäft seines Lebens – außer vielleicht in der bekannten Stadt Schilda; und zu einem Eheberater, der schon zum siebten Mal in Scheidung lebt, geht nur ein Dummkopf.

Die eigenen Begrenzungen des jeweiligen Heilers sind normalerweise auch die Grenzen seiner »Therapiemöglichkeiten«. Wenn die Korrektur eines Irrtums aufgrund der Begrenztheit von Therapeut und Patient nicht möglich ist, sollte wenigstens der Therapeut sein Problem erkennen und die Sache abgeben, damit ein anderer Heiler weitermachen kann oder vielleicht gleich der Heilige Geist. Aber bei letzterer Instanz muss man dafür innerlich Platz machen und wirklich zurücktreten. Das erfordert Bescheidenheit und Demut beim Heiler, der sich sowieso eher als eine Art Bote und als dienendes Instrument von etwas Größerem verstehen soll, anstatt sich als Macher aufzublähen. Das wäre dann Größenwahn, die bekannte Form des Irrtums kleiner Kinder, die einen Elternteil retten wollen.

Jüngstes Gericht: Erwachen aus der Traumzeit. Endgültige Berichtigung

Der Ausdruck »Jüngstes Gericht« ist bedauerlicherweise missbraucht worden für dumme und kindliche Vorstellungen, die mit Angst, Schuld und Strafe durchsetzt sind. Wir haben ja in unserer Kultur mit diesem Ausdruck die verrückte Idee verknüpft, dass nach dem Tod des Körpers unsere Seele mit zittrigen Astralkörperknien und äußerst schlechtem Gewissen vor ihrem Großen Richter steht, der ihr alle, aber auch wirklich *alle* ihre Verfehlungen unter die bleiche Astral-Nase reibt und danach sein entsprechendes Urteil fällt: Himmel, Fegefeuer oder bei schweren Verfehlungen gnadenlos Hölle.

Gott wird in dieser verrückten Vorstellung als eine Große Mutter angesehen, die dich immer erwischt und dann entsprechend bestraft, damit endlich wieder Gerechtigkeit herrscht. Je nach Sündenregister folgt entweder die ewige Verbannung: »Geh' mir aus den Augen, ich will dich nicht mehr sehen!« Das ist die Hölle für ein Kind, das *keinen Vater* hat. Oder es folgt nur vorübergehender Zimmerarrest: »Jetzt denk' mal drüber nach, was du angestellt hast! Danach kannst du wieder rauskommen.« Das wird hierzulande Fegefeuer genannt. Warst du aber ununterbrochen brav, was bekanntlich recht schwierig ist, oder hast deine lässlichen Sünden wenigstens alle eingesehen und bereut und deine Schuld rechtzeitig beglichen durch kräftiges Büßen, dann darfst du mit ewiger Verschmelzung rechnen: »Du bist ein gutes Kind, du darfst deshalb immer bei mir sein.« Das ist dann der Himmel – für ein Kind.

Derartige Vorstellungen sind natürlich kompletter Unsinn. Alle Vorstellungen von Schuld, Strafe und Belohnung sind absurd und basieren auf magischem Denken, also auf der irrigen Annahme, dass es überhaupt irgend etwas außerhalb deines Geistes geben könnte.

Und was wäre das für ein Gott, der dir zunächst die Freiheit gibt und anschließend Saures, wenn du nicht genau das machst, was ER will? So ein Gott wäre ja ein Betrüger!

Was passiert denn beim *Erwachen*? Ich erkenne spätestens jetzt, dass ich bisher nur geträumt habe und dass alle meine geträumten Erfahrungen nicht *wirklich* wirklich waren. Ich werde doch nicht nach meinem Erwachen *zusätzlich* dafür bestraft, dass ich beispielsweise träumte, jemanden umgebracht zu haben. In meinem Alptraum habe ich deshalb ohnehin jede Menge Verfolger, Quälgeister und Strafen ertragen.

Wenn ich bisher das zweifelhafte Glück hatte, schöne aber falsche Träume zu haben, dann könnte zunächst für einen Moment eine Enttäuschung erfolgen, bis mir dämmert, dass ich erst jetzt, indem ich endlich erwacht bin, die *wirkliche* Wirklichkeit der *echten* Begegnung mit anderen Wesen erfahren kann. Vorher träumte mir nur, dass da draußen andere wären. Aber in Wirklichkeit waren das Projektionen meines Geistes und ich habe die ganze Zeit alleine und abgetrennt in meinen eigenen Einbildungen verbracht, anstatt aufzuwachen und wirkliche Begegnungen in unermesslicher Liebe zu erfahren.

Das Jüngste Gericht ist die überfällige Befreiung von all unseren Einbildungen, die wir bis zu unserem körperlichen Tod noch nicht aufgelöst haben. Somit ist es auch die Befreiung von deren Folgen innerhalb unserer Traumzeit. Dazu gehört vor allem die Auflösung unserer Illusion des Egos, unserer Persönlichkeit, unseres falschen Selbst. Wir sind dann mit Sicherheit hocherfreut über unser Erwachen und jetzt mindestens im Ersten Himmel.

Die Befreiung aus unserer Traumzeit und den unangenehmen Folgen, die wir dort erzeugt haben, kann zwar theoretisch sofort erlangt werden, aber für die meisten von uns wird es erst klappen, wenn sie die Traumzeit dadurch verlassen, indem sie körperlich sterben. Die *Befreiung als Prozess des Sterbens* könnte jedoch von einem gewissen Standpunkt aus auch danach noch einige Zeit dauern, wie das im *Tibetischen Totenbuch* beschrieben wird, etwa wenn der Mensch vorher nicht entsprechende Belehrungen erhalten hat und er daher nicht bereits während seiner Traumzeit das Sterben seines Egos praktiziert hat. Er weiß dann nicht, wie's »drüben« ohne Körper weitergeht, träumt einfach sein Ego weiter und bemerkt gar nicht, dass er bereits körperlich tot ist und jetzt völlig frei sein könnte. Vermasselt er diesen wichtigen Übergang, anstatt ihn aufmerksam und bewusst zu vollziehen, könnte es vielleicht eine unangenehme Fortsetzung seiner Träume geben, was ihn »eine ganze Weile« von seiner Erlösung abhalten würde. In diesem *Totenbuch* stehen Erinnerungshilfen, wie du dich nach dem Tod deines Körpers trotzdem noch von deinen Einbildungen befreien kannst, obwohl das schwer wird. Im Prinzip geht es natürlich einfach: *Du musst deine Ego-Einbildungen endlich als bloße Projektionen deines Geistes erkennen*, also merken, dass du weiterträumst, wenn du glaubst, dass da draußen etwas anderes sei als nur der Inhalt deines eigenen Geistes. Dann bist du sofort aus dem Schneider. Das ist ähnlich wie beim nächtlichen Aufschrecken im Bett, wenn wir einige Sekunden brauchen, bis wir uns wieder orientiert haben.

Meistens schalten wir dazu das Licht ein.

Aber ohne einen Körper existiert für dich eben auch keine Zeit. Daher entsteht alles, was du willst, *sofort*: Indem du es denkst, erzeugst du es nämlich *virtuell* ohne jede Verzögerung und hältst diese Illusionen dann für wirklich. Aus diesem Grund kannst du kaum erkennen, dass du nur deine eigenen Gedanken in Form von Projektionen wahrnimmst und dass da in Wirklichkeit überhaupt nichts ist außer dem klaren Urlicht. Dieses Urlicht kannst du jedoch nicht erkennen, weil du stattdessen deine *Vorstellungen* dazwischen gestellt hast. Wenn du Glück hast, hilft dir jemand und liest dir beispielsweise aus diesem Totenbuch vor, damit du es trotzdem schaffst, dich endlich von deinen Einbildungen zu befreien. Das ist für einen Ungeübten mindestens so schwer wie nächtliches Träumen im Bett als solches zu erkennen: Es ist erfahrungsgemäß für einen ungeschulten Menschen kaum möglich zu bemerken, dass er gerade träumt, weil ja alles in seinem Traum realistisch wirkt. Man muss dafür gewöhnlich eine zeitlang den Traum-Yoga praktizieren, die Kunst, seine Träume überhaupt als solche zu erkennen; dann kannst du sie nach Belieben steuern.

Sobald du in deinem Traum ein *Zeugenbewusstsein* entwickeln kannst und die Sache in aller Ruhe und ohne jedes Urteilen quasi von außen siehst, oder wenn du lernst, *luzide* zu träumen, bist du schnell wieder der Herr deiner Träume, anstatt weiterhin ein Sklave deiner eigenen Projektionen zu sein. Bei einem Alptraum bist du bestimmt froh, dass du ihn sofort verändern kannst. *Besser ist, endlich wach zu werden und zu erkennen, dass in Wirklichkeit überhaupt nichts passiert ist. Dann dankst du Gott und bist selig.*

ααα

Karma: anderes Wort für Gerechtigkeit

Karma hat eher mit Physik als mit Religion zu tun, denn es geht dabei um Ursache und Wirkung. Das Wort Karma kann ohne Informationsverlust durch den Ausdruck Feedback ersetzt werden oder durch die bekannte Feststellung »dir geschieht nach deinem Glauben«. Unser kluger Volksmund meint: »Jeder ist seines Glückes Schmied« und geht stillschweigend davon aus, dass das mit dem Pech ebenso gilt.

Mit dem Begriff Karma ist gemeint, dass alles Folgen hat, was man als Ego entschieden hat zu tun oder zu unterlassen und dass man als Ego mit diesen Folgen unweigerlich auch konfrontiert wird. Das ist nur eine Frage der Zeit. Wir sollten anstatt Karma also besser Energieschulden oder Große Gerechtigkeit sagen, denn mit unseren Schulden werden wir ja ebenfalls so lange konfrontiert, bis wir sie endlich beglichen haben oder bis wir sie gnädig erlassen bekommen, weil wir sie *endlich anerkannt* und um ihre Vergebung gebeten haben. Voraussetzung für einen Schuldenerlass ist natürlich die Einsicht, dass du überhaupt Schulden hast und dass du deine Bereitschaft zeigst, für den Ausgleich alles zu tun, was du nur kannst. Bist du aber unwillig und uneinsichtig, kommt sogar der Gerichtsvollzieher und nimmt dir alles weg, was noch übrig ist und keiner mehr wird dir etwas borgen.

Karma funktioniert auch anders herum: Du kannst dir damit Glück *verdienen*. Zu dem Zweck musst du deinen Mitmenschen genau das geben, was du für dich selber als gut erkannt hast. Für Anfänger geht es zunächst noch paradoxer: *Sie müssen das geben, was sie scheinbar selber gerade am meisten benötigen.* Wer also glaubt, dass ihm Liebe fehlen würde, der muss endlich damit anfangen, andere zu lieben, anstatt um Liebe zu betteln. Einsicht in diesen sehr einfachen Zusammenhang verhilft dir zur Befreiung und zeugt von deiner Intelligenz. Dumm bist du daher, wenn du an Mangel und Ungerechtigkeit glaubst.

Karmaglaube ist nicht nur etwas für Inder. Auch in der *Bibel* gibt es Stellen, die auf diesen Sachverhalt des Karma hinweisen, etwa: »Mein ist die Rache, spricht der Herr«. Wer dem Herrn da nicht so recht traut, der denkt meistens, dass es doch sicherer sei, die Rache selber in die Hand zu nehmen. Damit vermehrt dieser selbsternannte Rächer jedoch seine eigenen Karmaschulden. Es gibt da aber Ausnahmen: Wenn dieser Rächer tatsächlich ein Werkzeug Gottes wäre und Er ihn zum Zweck *Seiner Rache* in Seinen Dienst genommen hat. Bewusst als dienender Rächer im klaren Auftrag der »Höheren Macht« zu handeln ist jedoch nur *sehr selten* der Fall. Die meisten Rächer bilden sich in ihrem Wahn bloß ein, ein Diener Gottes zu sein und müssen später dafür schwer bezahlen – obwohl sie es doch sind!

Bezüglich des Karmas gilt übrigens das gleiche, was für die weiter hinten in diesem Glossar beschriebenen gemeinsamen Träume gilt: Wenn du zusammen mit anderen etwas anstellst, haftest du auch zusammen mit all den anderen für die entstandenen Folgen, gleichgültig, wie groß dein Beitrag an der Untat war: »Mitgefangen, mitgehangen!« Wenn Völker Unrecht tun, ist der Haufen der Mitgefangenen sehr groß und bezieht oft sogar Nachgeborene mit ein, die mit der Sache selber direkt gar nichts mehr zu tun hatten. Karmaschulden können also auf einer gewissen Ebene vererbt werden wie eine Hypothek. Dann zahlen vielleicht noch die Enkel für die Sünden ihrer Großväter. Das ist schon okay, selbst wenn die Enkel das meist als ungerecht ansehen. Klar ist aber, dass die Große Gerechtigkeit nicht von jedem Standpunkt aus gleichermaßen gut gesehen werden kann.

Ich kenne viele Leute, die den Begriff Karma als *Konzept* nehmen und dieses Konzept als ausgesprochen bequeme Ausrede benutzen. Sie sagen zum Beispiel: »Ich kann für meinen jetzigen Zustand nicht verantwortlich gemacht werden, der ist nämlich karmisch bedingt und eine Folge aus meinem früheren Leben. *Jetzt bin ich daher ein Opfer meines Karma* und an meinem gegenwärtigen Zustand unschuldig.« Oder sie betrügen schamlos ihren Partner und sagen: »Wir hatten wahrscheinlich karmisch noch etwas aufzulösen.« Dieses Konzept ist in gewissen Kreisen recht gebräuchlich und wird gerne durch »Rückführungen« belegt.

Universitärpsychologisch Geschulte halten dagegen (*Freud* sei Dank) an ihrem Unbewussten oder an Trauma-Theorien fest und erklären damit ihr gegenwärtiges Handeln: »Wissen Sie, gnädige Frau, mein Unbewusstes hat mir da einen Streich gespielt«. Oder sie behaupten, dass sie als kleines Kind einmal in einen Weiher gefallen und dabei fast ertrunken wären und deswegen bei starkem Regen immer einen Anfall bekämen.

Ein Säufer hat gewöhnlich nur seinen Vollrausch als Ausrede und ist hier im Vergleich zu Esoterikern und Leuten, die Psychotherapieerfahrung haben, etwas im Nachteil: »Tut mir leid, Herr Richter, aber ich war vollkommen betrunken. Ich kann mich wirklich nicht mehr daran erinnern, dass ich der Dame an den Busen gefasst haben soll.«

Im Buddhismus kennt man übrigens »die drei schlimmen Karmas«. Diese sind: *Schönheit, Reichtum* und *Ruhm*. Beneide nie jemanden um eines dieser Karmas, sondern habe Mitgefühl mit diesem Menschen, denn wer mit einem oder gar mehreren dieser Karmas beladen ist, der hat während seiner Traumzeit kaum eine echte Chance, sich wieder an sein wahres Wesen zu erinnern. Da geht dann schon eher ein Kamel durch das berühmte Nadelöhr.

Kindsmissbrauch: Form von Verrücktheit

Sobald ein Erwachsener ein Kind behandelt, als ob es bereits erwachsen wäre oder es in sonstiger Weise als Stellvertreter für einen anderen Erwachsenen nimmt, handelt es sich um Kindsmissbrauch. Manchmal ist der Missbrauch gewalttätig, in der Regel jedoch nicht.

Kindsmissbrauch ist in unserer Welt sehr weit verbreitet und er fällt daher nur noch auf, wenn er in Verbindung mit körperlicher Gewalt oder mit Sex erscheint. Dann sieht auch der Letzte, dass etwas nicht in Ordnung ist, weil hier die Diskrepanz ganz offensichtlich zutage tritt, denn ein Kind kann unmöglich ein adäquater Gegenüber für einen Erwachsenen sein. Spätestens beim Sex wird deutlich, dass einiges ja grundsätzlich gar nicht funktionieren kann, wenn nicht *beide* eine entsprechende Reife aufweisen. Und was würde das Publikum sagen, wenn ein erwachsener Boxer gegen einen Zehnjährigen in den Ring steigt? Die Leute würden lachen oder protestieren. Wenn der Boxer trotzdem den Zehnjährigen im Boxring vermöbelt, muss er danach mit den unerfreulichen Folgen dieser Entscheidung leben. Dass der Junge mit ihm vielleicht freiwillig in den Ring gestiegen ist, hilft dem Boxer dabei nicht im Geringsten, *denn er hätte dieses Angebot ablehnen* und sagen müssen, dass er nicht mit einem Kind boxt. (Der Boxsport ist übrigens ein gutes Beispiel dafür, dass Ebenbürtigkeit verlangt wird, damit es hier gerecht zugehen kann.)

»Das Kind brauchen« muss unbedingt unterschieden werden davon, dass Eltern das Recht haben, vom Kind etwas zu verlangen, dass sie also ihr Kind in Anspruch nehmen können, wenn sie das wollen, beispielsweise im Haushalt. »Ein Kind brauchen« ist aber etwas anderes als sein Kind *in den Dienst nehmen*, denn das bedürftige Brauchen gehört selbst zum Zustand eines Kindes. Ein Erwachsener braucht in Wirklichkeit keine andere Person in einer Weise, wie das bei einem kleinen Kind der Fall ist, außer er ist vorübergehend oder dauerhaft ein Pflegefall. (Dann bekommt er – vorübergehend oder dauerhaft – eine Ersatzmutter in Form des Krankenhauses oder eines Pflegeheims oder vielleicht sogar einer feschen Polin.) Wenn er denkt, er sei auf sein Kind angewiesen, dann ist er zweifellos im Irrtum. Er hat eine Zeitreise gemacht, ist daher verrückt – *verrückt in der Zeit* – und glaubt, er sei selber noch ein Kind und das Kind sei wie ein Elternteil. Das ist aber offensichtlich nicht wahr, obwohl er und das Kind sich jetzt benehmen, *als ob* es wahr wäre.

Gut zu beobachten ist diese Form der Verrücktheit bei Kindern, die einen süchtigen Elternteil haben: Der versoffene Vater hockt quasi auf dem Kinderplatz und das Kind ist gezwungen, jetzt auf den Platz der Mutter seines Vaters zu gehen, denn wer sich wie ein kleines Kind benimmt, der ruft eine Mutter hervor, den Gegensatz zum kleinen Kind. Das Kind kann sich da noch nicht abgrenzen und versucht mit allen Kräften, eine gute Mutter für seinen »armen Papa« zu sein, weil seine Frau, die Mutter des Kindes, diese Stelle offenbar nicht ausfüllen konnte, sonst würde Papa ja nicht mehr saufen. Aber alle Mühen des Kindes sind vergeblich, denn der Papa säuft trotzdem weiter, obwohl er jetzt schon vier Mamas hat: Seine richtige Mama, seine Frau, sein Kind und seinen Alkohol. Vielleicht bekommt er später noch weitere dazu: Seinen Suchtberater und seine anonyme Alkoholikergruppe. *Was er jedoch wirklich bräuchte wäre ein guter Vater*, nicht weitere Mütter.

Kinder sollten ferngehalten werden von einem süchtigen Elternteil. Aber man muss ihnen helfen, dass sie diesen Elternteil dabei keinesfalls verurteilen als »arm« oder als »böse«, denn eine der schlimmen Folgen des Missbrauchs ist, dass das gebrauchte Kind die Achtung vor so einem Erwachsenen verliert und selber dabei größenwahnsinnig wird. Dann denkt dieses Kind, es sei größer als die betreffenden Erwachsenen und sei für seine armen kleinen oder bösen Eltern verantwortlich. Es bekommt Schuldgefühle, wenn es den Erwachsenen trotz seiner kindlichen Opfer weiterhin schlecht geht. Das Kind benimmt sich, als ob es die Mutter seiner Eltern wäre und wird damit quasi zu seiner eigenen Oma, einer Mutter der »armen« Eltern. Das Kind ist dann *verrückt bezüglich seines rechten Platzes.* Wenn's ganz dumm läuft, wird es womöglich später Arzt, Psychotherapeut, Politiker oder gar Pfarrer und versucht weiter vergeblich, stellvertretend irgendwelche Erwachsenen zu retten, weil es seine armen Eltern damals nicht retten konnte. Aber meistens wiederholen solche Menschen später die Missbrauchsituation in Partnerschaften, wo sie entweder aufopfernd sind oder anspruchsvoll werden und vom *jetzigen* Partner endlich die »gerechte Belohnung« für ihre *damaligen* kindlichen Opfer kassieren wollen. Sie sind dann verrückt in der Zeit *und* bezüglich des richtigen Platzes. Oder sie wollen später ihre Rache in direkter Form und ihrem Missbraucher zum Ausgleich ebenfalls einen Schaden zufügen. Zu diesem Zweck nehmen sie sich die geeigneten Helfer, beispielsweise eine rabiate Therapeutin aus dem Frauenhaus, die selber missbraucht worden ist und eine giftige Rechtsanwältin dazu. Nach erfolgtem Triumph sind Depressionen die Folge einer solchen Rache.

Missbrauchte Kinder, die später Therapeut werden, achten ihre Patienten in der Regel nicht, sondern bemitleiden sie oder sind genervt von ihnen, so wie sie damals vom »armen Papa« oder von der »bedürftigen Mama« trotz all ihrer Liebe zu ihnen letztlich genervt waren. Ihre therapeutischen Mühen sehen daher entsprechend aus: Sie plagen sich mit ihrer angemaßten Verantwortung für den *gesamten* Therapieverlauf, werden dabei mütterlich und parteiisch, meinen es gut, suchen nach Schuldigen und Bösen, wollen überzeugen oder sind »immer für den Patienten da«. Wollen ihre Patienten trotzdem nicht gesunden, werden sie mit der Zeit böse auf die und brechen oft beleidigt die Behandlung ab – oder sie beantragen eine zweite Verlängerung bei der zuständigen Krankenkasse und missbrauchen diesen Patienten weiterhin als Stellvertreter für einen Elternteil, den sie nach wie vor retten wollen.

Helfer, die selbst missbrauchte Kinder waren, unterliegen gewöhnlich auch nach wie vor dem magischen Denken des kleinen Kindes und glauben daher immer noch, dass andere Menschen tatsächlich auf eine *direkte* Art veränderbar seien, etwa durch Predigten, Opfer, Manipulation, geeignete Tricks oder eine »richtige« therapeutische Intervention – und wenn das alles nichts genützt hat, dann vielleicht doch durch Hypnose oder mittels des »Familienstellens« oder gar durch schamanische Rituale.

Wenn also ein Erwachsener von einem Kind auf eine Weise Bestätigung oder Zuwendung braucht, *als ob das Kind erwachsen wäre* und der Erwachsene ein Kind, dann ist das eine Form von Kindsmissbrauch. Wenn Eltern ein tolles Kind brauchen, damit sichtbar werden soll, dass sie tolle Eltern sind, dann ist das eine Form von Kindsmissbrauch. Diese Kinder rächen sich später dafür, meist, indem sie gegenüber ihren Missbrauchern anspruchsvoll und respektlos werden. Müssen die Kinder im Krieg der Erwachsenen als Geiseln herhalten, beispielsweise in schlimmen Ehen oder bei missglückten Scheidungen, ist das ebenfalls ein Kindsmissbrauch. Wenn die Mama den Kleinen verhaut, weil der gerade günstig steht und sie in Wirklichkeit auf seinen Vater böse ist, dann ist das Kindsmissbrauch. Wenn die Mutter zu ihrem kleinen Sohn sagt: »Gut, dass ich dich habe. Du bist ja schon mein Großer«, dann ist das Kindsmissbrauch. Das Kind wird dabei verrückt und denkt, es sei jetzt wichtiger als sein Vater. Wenn Kinder von Erwachsenen ins Vertrauen gezogen werden, indem sich etwa der Vater bei der Tochter beklagt, dass die Mama so komisch geworden ist und ihn seit Wochen nicht mehr ran lässt, dann ist das Kindsmissbrauch.

Du kannst nun selber nach weiteren Beispielen suchen, da du ja das Prinzip inzwischen sicherlich erkannt hast.

Aber auch ein missbrauchtes Kind ist in Wirklichkeit frei und kann seine Verrücktheit selbst korrigieren, sobald es dazu groß genug ist. (So lange es noch ein Kind ist, braucht es jedoch erwachsene Helfer, beispielsweise einen weisen Opa oder eine gute Tante.) Leider gehen die meisten später zu einem Psychotherapeuten, der früher selbst missbraucht wurde und suchen mit dem gemeinsam nach Schuldigen und nach den Bösen bei der Geschichte, anstatt eine Lösung zu suchen. Das ist bedauerlich, denn ein Therapeut sollte helfen, Lösungen zu finden und sich nicht zum Richter machen. Wenn er denn unbedingt parteiisch sein will, dann wenigstens in der Weise, dass er ein *Anwalt ist für verurteilte Ausgeschlossene. Das* wäre ein gutes Zeichen für einen echten Heiler.

Viele stehen aber den »Opfern« bei, *denn das ist sicherer*. Aus diesem Grund stehen auch die Kinder im Konfliktfall beim armen Elternteil und nicht beim Bösen. Der Arme hat nämlich immer Gesellschaft in Gestalt vieler Helfer und dort ist für das Kind daher mehr Sicherheit, denn der Böse steht alleine da, soll bestraft werden und dann verschwinden. Dort zu stehen ist also gefährlich.

(Die verbotene Liebe zum bösen Elternteil wirkt in dem Fall dann im Verborgenen weiter und führt dazu, dass sie dieses Böse später in ihrem Erwachsenenleben in irgendeiner Form nachahmen oder sich einen bösen Partner suchen und nun beweisen wollen, dass der nicht wirklich böse ist.)

Körper: biologische Kommunikations- und Selbsterfahrungsmaschine

Der Körper ist ein Mittel und keine Ursache. Der Geist bedient sich eines Körpers, ähnlich wie er andere Dinge der Welt benutzt, mit deren Hilfe er sich selbst verwirklichen oder seine gegenwärtigen Irrtümer erkennen kann – zum Beispiel den wichtigsten, nämlich dass er nicht diese biologische Maschine *ist*. Sobald sich der Geist aber mit dieser Maschine identifiziert, erfindet er sein Ego, diese »Mutter aller Irrtümer«: Er befindet sich nun im Zustand der so genannten Erbsünde, weil er sich damit abgesondert hat vom Ganzen.

Mittels seiner eigenen Schöpfungen kann sich aber der Geist selbst auch wiedererkennen und sich wieder erinnern an seinen wahren Ursprung, an sein wirkliches Wesen: Er ist nämlich der göttliche Grenzenlose und Unbewegte Beweger, der unberührte »Bildschirm« für alles, was darauf erscheint und dann wieder verschwindet. (Niemand muss die Bildröhre seines Fernsehers putzen, wenn darauf Dreck aus einem Film erschien oder wenn dort Blut spritzte.)

Ein Körper ist eine wunderbare biologische Maschine, obwohl du wahrscheinlich mit deinem nicht recht zufrieden sein wirst aufgrund deines Irrtums, dein Körper zu *sein*.

Diese biologische Maschine hat einiges zu bieten. Allerdings kannst du damit auch eine Menge Unfug anstellen, wie jeder weiß, der das hier bereits lesen kann. In der Tat ist im bisher bekannten Universum noch keine ähnlich geniale Maschine gefunden worden. (Das heißt nicht, dass es nicht irgendwo welche gibt. Vielleicht sogar noch genialere.)

Mittels eines Körpers kann der Geist mit sich selbst und mit den »anderen« Geistern innerhalb der Traumzeit auf einer gewissen eingeschränkten Ebene kommunizieren. Aber er verfügt auf höheren Ebenen über weit komplexere so genannte außerkörperliche Kommunikations- und Erfahrungsmöglichkeiten, denn er selbst unterliegt in Wirklichkeit nicht den körperlichen Beschränkungen, sondern er ist vollständig frei. Der Geist ist nicht durch die Gesetze der Physik gebunden, die sich ja auf die Materie-Raum-Zeit beschränken.

Der Geist ist in seiner Kommunikation immer vollständig. Deswegen hilft letztlich nur die Wahrheit, wenn es wirklich weitergehen soll. Alle Tricks sind auf Dauer zwecklos. Jeder Versuch zu tricksen zeugt von deiner gegenwärtigen Dummheit und beweist, dass dein paranoides Ego gerade wieder die Führung hat. Allerdings ist dieser Sachverhalt, dass nur die Wahrheit frei macht, dem Ego keineswegs einsichtig. Das Ego glaubt nämlich intensiv an Abgegrenztheit und Privatheit, weil es selber die Folge einer Identifikation mit dem Körper ist und damit der Illusion von Abgegrenztheit unterliegt. Ein Ego glaubt logischerweise, dass man seinen Mitmenschen tatsächlich etwas verheimlichen könnte.

Ein Körper ist natürlich von seiner Umgebung abgegrenzt, denn sonst würde alles ineinander verlaufen und biologisches Leben wäre somit unmöglich. Er kann bekanntlich nur existieren, *indem* er abgegrenzt und damit auch gezwungen ist, sich mit der Außenwelt auszutauschen, sonst würde er absterben. Wegen dieser Abgegrenztheit glaubt das Ego, dass es Geheimnisse und Privatheit wirklich gibt und dass anderen Geistern, die aber als Körper gesehen werden, tatsächlich etwas Wesentliches vorenthalten werden könnte. Das ist ein großer Irrtum. Dieser Irrtum ist deswegen so weit verbreitet, weil wir uns angewöhnt haben zu denken, anstatt *achtsam* zu sein. Einem Hund beispielsweise kannst du nicht vormachen, dass du keine Angst vor ihm hast, wenn es nicht stimmt. Er knurrt und beißt dich trotzdem, denn er denkt nicht so viel wie du und merkt daher, was wirklich los ist: Du glaubst, dass der Hund gefährlich ist. Er wird dir daher zeigen, dass du Recht hast – genau wie deine Mitmenschen dir dabei helfen zu beweisen, dass du Recht hast. Dir hilft nur die Wahrheit, wenn du deine Probleme lösen willst: Es geschieht dir nämlich nach deinem Glauben und wenn du etwas Verrücktes und Wahnsinniges glaubst, geschieht dir eben das. *Dein Glaube wird zu deinem Lebenstraum.*

Ein Körper dient dem Selbst als Kommunikationsmittel, aber er dient ihm auch als Mittel zur Selbst-Erfahrung, also als Mittel, mit dem das Selbst sich selbst erkennen kann; der Körper als Teil der Welt ist zwar verschieden von demjenigen, der ihn direkt oder in einem Spiegel anschaut, aber dieser Körper ist ein treues Instrument des Erkennenden. Erkennst du also, wer du *wirklich* bist, dass du nicht der kleine Begrenzte »dort draußen« im Spiegel bist, wird dir augenblicklich klar, dass es nichts zu fürchten gibt.

Dein Körper als Teil deiner Welt gibt dir entsprechendes Feedback, sobald du Irrtümern unterliegst. »Der Körper lügt nicht«, sagt der

Volksmund. Er ist, genau wie die übrige Welt, ein Mittel der Kommunikation des Selbst mit sich selber. Wenn du daraus Nutzen ziehen willst, solltest du besonders in kritischen Situationen nicht nur auf das Außen, sondern auch auf deine Körperreaktionen achten, die in bestimmten Situationen ohnehin nicht mehr zu ignorieren sind. Du bemerkst auf diese Weise, was du gerade wieder für wahr hältst und kannst überprüfen, ob du dir nicht wieder etwas einbildest.

Du kannst bei ausreichender Achtsamkeit auch bemerken, wie sich dir dein eigenes Selbst vermittels deines Körpers verdeutlichen will. Achtest du also auf deinen Körper ebenso genau wie auf das übrige Feedback, das du in deiner Welt hervorrufst, kannst du dich korrigieren und klug neu entscheiden, statt weiterhin aufgeregt herumzuhalluzinieren. (Körpersprache-Basislektion: Spannung im Körper zeigt dir »nein« an, Lockerlassen heißt »ja« zu dem, was *jetzt* gerade da ist – oder eben, wovon du *glaubst*, dass es jetzt da sei.) Willst du auf ihn nicht achten, musst du später fühlen. Schmerz dient dir als Hinweis, dass du einen Irrtum dringend korrigieren solltest und er zeigt dir auch die Stärke deines Widerstands an gegenüber einer notwendigen Korrektur.

Ein Körper ist nicht wesentlich, obwohl er aus derselben »Substanz« besteht wie alles andere im Universum: Aus göttlicher Leere letztendlich. Er steht deinem Geist zur Verfügung, genau wie die übrige Welt, und er hat für sich genommen keine besondere Funktion. Er hat auch keine Bedeutung an sich. Die Verwechslung des Selbst mit dem Körper ist daher ein sehr schwerwiegender Irrtum, der korrigiert werden muss. Nach einer erfolgten Korrektur kannst du dich wundern, in welch hohem Maß diese Maschine offensichtlich zu einer Eigenreparatur befähigt ist. (*Ernest L. Rossi* beschäftigt sich im Zusammenhang mit Hypnose seit Jahren mit diesem Phänomen. Ich hatte Gelegenheiten, in einigen Seminaren bei ihm Einblick in die therapeutischen Anwendungen seiner Forschung zu bekommen.)

Deine körperliche Gesundung ist die Folge ausgeführter Korrekturen in deinem Geist. Wenn du das einsiehst, bist du automatisch dankbar, dass du eine derart komplexe und wunderbare Maschine zur Verfügung hast, mit deren Hilfe du in dieser Welt deine Selbst-Erfahrungen machen kannst. Entsprechend pfleglich wirst du nach dieser Einsicht mit deiner Maschine umgehen. (Aber nicht gleich übertreiben. Wer poliert denn stündlich sein Auto?)

Diese wunderbare biologische Maschine muss jedoch vom »Besitzer« erst noch »aktiviert« werden, damit sie ihm als Transformationsve-

hikel zur Heimkehr dienen kann. Sie muss in einen Zustand gebracht werden, in dem sie ihm als Transformationsvehikel überhaupt dienen kann. *Eugene J. Gold* sagt dazu, dass sie in den *Wachzustand* gebracht werden muss – aber vorsichtig und achtsam. Sie versucht nämlich, diesen Wachzustand unter allen Umständen und mit allen Mitteln zu verhindern, weil diese Ego-Maschine dadurch ihre bisherige zentrale Stellung verlieren würde. So etwas fasst sie verständlicherweise als Bedrohung auf und reagiert mit diversen und sehr raffinierten Methoden, um ein Erwachen zu verhindern. Die Haupttechnik deiner Ego-Maschine, dich von dieser Grenze zum Erwachen schnell wieder wegzubringen, zurück in deinen Traum, besteht im Einsatz *heftiger Gefühle.* Meistens handelt es sich dabei um Formen von starker Wut oder Furcht. Diese starken Gefühle fungieren als Wächter der Grenze zum Erwachen. Sie treten auf, wenn du dich der Grenze zu weit genähert hast. Vorher ist der Wächter noch freundlich und lenkt dich eher ab, so wie man ein Kind ablenkt, damit es wo anders weiterspielt. Starke Affekte sind Wächter des Schlafes deiner Ego-Maschine, könnte man sagen, und sie haben die Aufgabe, dich vom Erwachen wieder wegzuführen, damit alles bleiben kann, wie es ist: Der Traum schützt sich selbst. Sobald das Ego und sein Traum bedroht werden durch die Wahrheit, reagiert diese Egomaschine also rebellisch und kämpft verbissen gegen das Erwachen.

Als ***Übung*** kannst du lernen, diesbezüglich sehr achtsam zu sein, anstatt »Wächtergefühle« sofort auszuagieren oder diese Gefühle unterdrücken zu wollen – soweit das überhaupt noch möglich ist bei deren Heftigkeit. *Beobachte sie stattdessen.* Wenn du das lernst und sie genau beobachtest und erforschst, können diese Gefühle mit der Zeit zu einem Führer werden, der dich gut über die Grenze bringt zum Erwachen deiner biologischen Maschine. Erst dann nämlich kann diese Maschine ihre eigentliche Funktion erfüllen und ein Instrument sein für deine weitere Transformation.

Ich räume ein, dass dieser Prozess für die meisten von uns recht schmerzhaft sein kann und einige Ausdauer erfordert. (Na ja, vielleicht geht's auch einfacher und ich weiß es nur nicht.)

Kommunikation: Dauerverbindung zwischen Lebewesen

Alle Lebewesen sind permanent untereinander verbunden. Diese Verbindung ist gewöhnlich nicht bewusst, was für Tiere ohnehin unnötig ist, sie könnte jedoch dem Menschen unter gewissen Um-

ständen bewusst werden, was dem ganz gewiss nützen würde, damit er schneller erkennt, wie Leben tatsächlich funktioniert.

Das Wort kommt aus dem Lateinischen und bedeutet *Vereinigen, etwas miteinander teilen.* Darum geht es nämlich. Die meisten Leute denken jedoch, dass Kommunikation vorwiegend ein sprachliches Phänomen sei, denn sie sind der Meinung, dass man nur mittels Sprache und sonstiger Symbole richtig kommunizieren könne. Der Austausch von *Signalen* in der Tierwelt wird analog gesehen, aber eben primitiver als das mit menschlicher Sprache möglich ist. *Die sprachliche Kommunikation ist leider diejenige mit der geringsten Wirkung.*

Ich würde folgende Kommunikationsebenen unterscheiden, wobei es so ist, dass die Wirkung umso stärker ist, je weiter sie von bewusster Wahrnehmung und vom Verstand entfernt ist:

1. *Einsatz von Sprache* und sonstigen Symbolen;
2. *das »Wie« dieses Einsatzes* und die Gestik dazu (»der Ton macht die Musik«);
3. *die Art und Weise, wie ich jemanden behandle*: damit kommuniziere ich meine Zustände;
4. *die Wirkung der Spiegelneurone* im Beisein anderer; ermöglicht Empathie;
5. *telepathische* Kommunikation; deshalb geht's nur mit der Wahrheit;
6. *Eingebundensein in »morphische Felder«* (der Familie, Sippe, Rasse, usw.)

Das Mittel, mit dem wir am intensivsten vertraut gemacht werden, ist bekanntlich die verbale Form der Kommunikation. Stimmt diese aber nicht mit dem »Wie« überein, sagen wir, dass die Kommunikation nicht »kongruent« ist und es entsteht mindestens Zweifel. *Du kannst aber beobachten, dass der Gegenüber stärker auf das Wie reagiert, als auf das Was.*

Die Art und Weise, wie ich den anderen behandle, kommuniziert meist solche Zustände, die mir selber kaum noch bewusst sind, etwa das Gefühl, nicht gut genug zu sein. Ich gehe dabei mit dem anderen auf eine Weise um, dass der sich bald so fühlt, wenn er nicht aufpasst. Dann kann ich mich auf seine Kosten als der Bessere fühlen. Diese Form der Kommunikation ist eines der Hauptverfahren in der Erziehung und sie kann von Kindern unmöglich als solche erfasst werden; für die ist es dann nur schlimm und sie können sie auch später nicht als eine Form der Kommunikation erkennen, wenn sie noch weiter böse auf ihre Eltern sind oder sich noch von denen einschüchtern lassen. Manche machen lieber eine Psychotherapie, statt sich zu bemühen, diese Kommunikationsform später zu »dechiffrieren«.

Mittels der Spiegelneurone gelingt uns die – meist unbewusste – Einstimmung auf andere.

Mit telepathischer Kommunikation haben wir ganz wenig Erfahrung, obwohl darüber schon Jahrzehnte geforscht wurde. Da das Militär sein Interesse daran verloren hat, gibt es kaum noch Gelder für derartige Forschungen. *Schau aber mal nach in deinem Alltag.*
Zu Art und Wirkung »morphischer Felder« rate ich, Sheldrakes Bücher zu studieren.

Merke dir für alle Fälle jedoch folgenden Satz: *Du kannst nicht nicht kommunizieren.*

Konflikt: Oszillieren zwischen zwei unvereinbaren Wünschen

Wenn ein »System« im Konflikt ist, auch ein lebendes, dann oszilliert es quasi zwischen zwei unterschiedlichen *Zuständen.* (Konflikt bedeutet: Streit, Widerstand, Zusammenstoß.) Ein Konflikt kann sich beim Menschen entweder an der betreffenden Person selbst offenbaren oder in seinen konfliktreichen Beziehungen zu anderen Personen. Gewöhnlich ist beides der Fall. *Im Prinzip besteht bereits dadurch ein Konflikt, indem ich einen Wunsch habe, denn damit lehne ich ja den gegenwärtigen Zustand ab.*

Die *Debatte* ist ein guter Beweis dafür, dass bei *allen* Beteiligten Verwirrung herrscht und ein Konflikt vorliegt. Einige Personen sind in dem Fall für Ja, andere für Aber zuständig, und sie streiten, wer jetzt Recht hat, also was jetzt für *alle zusammen* wahr sein soll, damit wieder Frieden sei. Wenn der Konflikt sich in dieser Form zeigt, wird sowohl sichtbar, dass keiner der Beteiligten wirklich durchblickt, als auch, dass alle Beteiligten einen ähnlichen Konflikt haben. Sie sind sich in gewisser Weise unbewusst sogar einig und haben einen gemeinsamen Traum, bemerken das jedoch nicht: Jeder der Beteiligten träumt vielleicht gerade wieder, dass er vergeblich einen Elternteil zu überzeugen versucht – genau so vergeblich, wie damals in der Kindheit – aber dass er es diesmal doch schaffen könnte.

Innerhalb einer Person zeigt sich ein Konflikt häufig in einer *verneinten* Aussage: »Ich will dich ja *nicht* verletzen, aber eins muss ich dir heute mal sagen: ...« Wenn einer so anfängt, dann geh' besser schnell in Deckung, denn jetzt kommt gleich etwas, das dich verletzen könnte, wenn du nicht aufpasst. *Beide* Aussagen sind nämlich wahr: Die mit der Verneinung und die ohne Verneinung.
Ein Konflikt wird besonders krass offenbar, wenn jemand etwas anderes tut als er sagt.

Konflikte werden durch *eine Entscheidung* gelöst. Darin besteht auch meine Freiheit. Solange ich mich nicht entscheiden will, bleibe ich weiter in einem unangenehmen Spannungszustand, *außer, wenn ich mich klar entschieden habe, mit einer Entscheidung noch zu warten*, etwa weil der richtige Zeitpunkt zum Handeln erst später kommt. Ich weiß ja jetzt, was ich will und bin *jetzt* entschieden. Dann geht's mir gleich wieder besser. *Jede Entscheidung ist daher okay, nur unentschieden ist schlecht.*

Wenn sich zwei nicht einigen können, hat natürlich jeder das Recht, seinen eigenen Wunsch zu verwirklichen. Es wäre dumm, vom anderen zu erwarten, dass *er* einverstanden sein soll, dass ich *meinen* Wunsch verwirkliche, wenn er selber etwas anderes will. Wenn er das von mir verlangt, würde ich wahrscheinlich sagen: »Spinnst du?! Das ist doch dein Problem!« Der Klügere der beiden setzt sich im Konfliktfall meistens mit seinen Vorstellungen durch – vielleicht, weil er etwas besser »hypnotisieren« kann als der andere – so dass es am Ende doch wieder gemeinsam weitergeht. *Meistens kommt es aber bei der Technik des Durchsetzens im Lauf der Zeit zu einer Trennung der Beteiligten: Wer da gewinnt, der verliert letztlich.*

Bei einer Entscheidung scheint es zunächst notwendig zu sein, einem Verzicht zuzustimmen. Aber man merkt schnell, dass man bei einer klaren Entscheidung immer gewinnt. Nur wenn ich unentschieden bleibe, werde ich *mit Sicherheit verlieren.* (Mir ist dann offenbar nicht klar, dass Entscheidungen *vorläufig* sind und dass man *jederzeit neu* entscheiden kann.) *Hellinger* hat beobachtet, dass Entscheidungsprobleme besonders stark bei solchen Personen auftreten, die immer noch insgeheim denken, sie müssten sich zwischen ihren Eltern entscheiden. Hierbei kann man tatsächlich *nur* falsche Entscheidungen treffen, denn es ist völlig egal, für welchen Elternteil man sich entscheidet: Man fühlt sich danach *immer* schlecht. (Außerdem müsste man auf die Hälfte seines »Erbes« verzichten und wäre dann kein »ganzer Mensch« mehr, sondern quasi eine halbe Portion.) Einen ähnlich schweren und vor allem unnötigen Verzicht fürchtet dieser Mensch dann später bei Entscheidungsproblemen jeglicher Art. Der Grundkonflikt selbst ist aber Unsinn, denn natürlich darf ich immer beide Eltern lieben, egal, ob die sich jetzt vertragen oder nicht. Was die beiden miteinander für Probleme haben, geht mich ohnehin nichts an und daher will ich auch nichts davon wissen.

Ambivalenz ist eine spezielle Form von Konflikt und sie kann deshalb auf die gleiche Art aufgelöst werden wie jeder andere Konflikt, nämlich durch eine Entscheidung. Ich muss mich entscheiden, wie ich *Es* nun sehen will, wie *Es* nun *für mich* sein soll, *was ich nun für wahr halten will.* Nach meiner Entscheidung wird alles gleich wieder einfacher.

Solange wir unser illusionäres Ego nicht sterben lassen, besteht immer ein Konflikt. Die Einbildung, dass ein Ego überhaupt existieren würde, ist die Natur jeder Art von Konflikt, denn diese Einbildung beinhaltet die Vorstellung von Mangel und daraus entstehen Wünsche, die dich in Konflikt mit der Wirklichkeit bringen. Du könntest längst wunschlos glücklich sein, wenn du die Wahrheit erkennen würdest: Es mangelt dir an nichts Wesentlichem.

Du könntest sogar die Stärke deiner Ego-Illusion »messen«, denn dein Glaube an Mangel und an »berechtigter« Angst ist direkt proportional dazu: Je stärker du davon überzeugt bist, dass es dir an Wesentlichem mangelt und dass Kampf notwendig sei, desto größer ist dein Ego.

ααα

Leiden: Folge eines Irrtums

Die eigentliche Ursache eines jeden Leidens ist ein Urteil. Jedes Urteil ist notwendigerweise ein Fehlurteil, weil dabei etwas Unteilbares geteilt werden soll, nämlich der »Große Geist«. Dieses Fehlurteil entsteht durch die Identifikation mit dem Körper, was eine scheinbare Teilung in »mich hier drin« und »das andere da draußen« zur Folge hat. Da es aber völlig unmöglich ist, etwas Unteilbares tatsächlich zu teilen, entstehen aus diesem Versuch des Egos unangenehme Konsequenzen wie Furcht und Leiden, damit wir mit diesem Unsinn wieder aufhören und statt dessen das *gemeinsame Wesentliche* suchen.

Leiden entsteht auch als Folge eines Irrtums darüber, wie der richtige Weg nach Rom geht. (Du weißt schon: Rom ist der Ort, an dem ich Befreiung erlange, wenn ich mich schon sehr weit auf einen Holzweg begeben habe und daher eine *anstrengende Pilgerreise* unternehmen muss, weil ich meine Befreiung auf normalem Weg nicht mehr erlangen kann.) Das Leiden zeigt mir, dass ich mich auf einem Holzweg befinde: Auf keinen Fall geht's hier nach Rom. Dieser gegenwärtige Weg funktioniert offensichtlich nicht. Wenn ich meinen Irrtum erkenne und die Folgen *bereue*, die aufgrund meines Irrtums entstanden sind, dann werde ich sofort wieder umkehren und mich neu orientieren. Wer aber glaubt, dass er auf dem richtigen Weg sei, obwohl nichts funktioniert in seinem Leben, der wird natürlich nicht umkehren, sondern auf seinem Holzweg weitergehen – bis zum bitteren Ende.

Hier ist ein Beispiel für Leiden aus offensichtlicher Dummheit, damit diese Ebene nicht zu kurz kommt: Ein Mann will eine Bank überfallen aus Gründen, die jetzt nicht relevant sind. Er besorgt sich daher einen Revolver und geht damit in die nächste Bank, geht hin zur Kasse und sagt zum verdutzten Kassierer: »Äh, das ist ein Überfall. Geld her. – Oder so.« Als einige Sekunden lang nichts passiert, zieht der Mann seinen Revolver aus der Tasche, hält ihn an seinen eigenen Kopf und sagt drohend: »Vorsicht, ich hab' eine Geisel!«

Die meisten finden das Prinzip der Geiselnahme sehr früh im Leben heraus und merken, dass diese Methode nicht nur bei ihrer Mama, sondern bei all den anderen ebenfalls gut klappt, die unbedingt bemuttern wollen, zum Beispiel bei Partnern oder vielen professionellen Helfern: »Herr Doktor, Herr Doktor, jetzt geht's mir *schon wieder* so schlecht«. Wenn also jemand dauernd krank ist oder sich verletzt oder andere Störungen hat, über die er jammert, könnte man getrost fragen, auf wen der insgeheim so böse ist, dass er ihn jetzt berauben und sogar mit Geiselerschießung bedrohen will. Nach einiger Übung sieht man das recht schnell oder der Betreffende sagt es gleich selber, meistens, ohne das zu bemerken. Du musst nur genau zuhören. (Gewöhnlich ist es die Mutter, auf die er böse ist.)

Es gibt noch ein anderes Leiden, ein natürliches und heilsames könnte man sagen: Es ist das Leiden nach einer notwendig gewordenen Operation beispielsweise. Eine Operation wird notwendig, wenn ich bereits zu viele entscheidende Fehler gemacht habe und die Folgen dieser falschen Entscheidungen ohne einen massiven Eingriff von außen nicht mehr zu korrigieren sind. Ich bin daher gezwungen, mich in einem solchen Stadium in die Hand einer »höheren Macht« (einer Ersatzmutter namens Klinik und Operationsteam) zu begeben, muss jede Kontrolle über die Art der Korrektur möglicherweise völlig aufgeben (deshalb werde ich durch Narkose stillgelegt), und muss anschließend die schmerzhaften Folgen meiner Irrtümer noch eine Weile ertragen, denn sobald die Narkose nachlässt, kommen wieder Schmerzen – diesmal aber etwas andere. *Der Schmerz, der zur Heilung führt, fühlt sich nämlich anders an, als der Schmerz, der zum Problem gehört.* Jeder kann das unterscheiden. Bei den Masseuren heißt er treffend Wohlschmerz. Er entsteht, wenn verhärtete Muskeln durch die Massage wieder »durchlässig« gemacht werden, der Patient dem dabei entstehenden Schmerz innerlich zustimmt und endlich *nachgibt.* (Bei einer Domina ist es ähnlich, nur deutlich teurer.)

Lernen: Herausfinden, wie ES funktioniert

Sobald der Geist in die Traumzeit eintritt – er bekommt für diesen Zweck eine biologische Maschine, seinen Körper, zur Verfügung gestellt – vergisst er alles, was er bisher gewusst hat. Er vergisst auch alle seine Fähigkeiten, die ihm aber nach wie vor zur Verfügung stehen, so dass er sich später wieder daran erinnern kann, denn sie sind weiterhin wirksam. Das völlige Vergessen ist nötig, damit der Geist sich freiwillig dafür entscheiden kann, nach seinem wahren Wesen und seiner wahren Heimat zu suchen. Daher beginnt er bereits sehr früh, sich in *dieser* Welt erst einmal zu orientieren. Er ist neugierig, also begierig, Neues zu entdecken und schnellstmöglich herauszufinden, wie diese Welt funktioniert und wer er selber wirklich ist. Damit er eine echte Chance hat, wieder heim zu finden, muss er unbedingt erkennen, dass er nicht diese biologische Maschine ist, sondern dass er sie nur bewohnt und bedient, dass sie sein Vehikel darstellt, mit dessen Hilfe er wieder heimfinden kann.

Der Geist ist so beschaffen, dass er sich selbst ausdehnen muss und nur sich selbst ausdehnen kann. Er tut das, indem er sich auch in *dieser* Welt verwirklicht. Auf diese Weise kann er sich *mit der Zeit* selbst erkennen und erinnert sich wieder an sein wahres Wesen. Damit er sich in dieser Welt verwirklichen kann, muss er jedoch lernen, wie die ganze »Magie« funktioniert, denn sonst weiß er nicht, was er tut und verwirklicht nur die Dummheiten des Egos. Er denkt dann weiter, genau wie ein kleines Kind, dass *andere* etwas tun müssten, damit es bei ihm wieder besser wird. Lernt er nicht, dass er selber seines Glückes Schmied ist, kann er nicht frei und glücklich sein, sondern er leidet weiter unter einem eingebildeten Mangel.

Lernen geschieht während der Traumzeit auf folgende Arten:

Lernen durch Nachahmen ist die einfachste Art. Sie wird von höheren Primaten und kleinen Kindern bevorzugt angewandt, eignet sich jedoch auch für Erwachsene. So kann man später auch aus den Fehlern anderer lernen und muss sie nicht alle selber begehen.

Lernen durch Leiden ist ein anderer Weg und es ist die Art von Lernen, die beim Menschen am weitesten verbreitet ist. Leiden entsteht aufgrund von Irrtümern über das wahre Wesen des Geistes und darüber, wie die Dinge der Welt wirklich funktionieren und tatsächlich miteinander zusammenhängen. Leiden verschwindet, sobald die zugrunde liegenden Irrtümer korrigiert werden. Diese Form des Lernens sollte möglichst schnell überwunden werden.

Versuch und Irrtum ist eine weitere Methode zu lernen. Auf einer gewissen Ebene scheint »Mutter Natur« auf diese Weise zu »lernen«. Aber auch der Mensch benutzt sie erfolgreich, besonders in Situationen, in denen er nicht weiter weiß. Dieses Verfahren kann allerdings eine beträchtliche Zeit in Anspruch nehmen und es ist unsicher, ob der Lernende so viel davon haben wird, wie er bräuchte, um *Wesentliches* damit herauszufinden.

Lernen durch Einsicht ist die fortgeschrittenste Art des Lernens. Bedauerlicherweise ist diese Art auf unserem Planeten noch nicht sehr weit verbreitet.

Wissenschaft nennt man das systematische Herausfinden »gesetzmäßiger Zusammenhänge« zwischen den Sachverhalten dieser Welt. Zum sinnvollen Betreiben von Wissenschaft – im Gegensatz zum Aberglauben – ist es erforderlich, zuerst gesetzmäßige Zusammenhänge über die Mittel zum Lernen zu lernen, so wie man lernen muss, ein Werkzeug zu beherrschen, damit man es auf die richtige Weise benutzen kann, anstatt sich damit in den Finger zu schneiden. Im Buch des amerikanischen Physikers *J. Richard Gott* – es heißt »Zeitreisen in Einsteins Universum« – habe ich ein anschauliches Bild dafür gefunden, wie diese Art des systematischen Lernens vor sich geht. Es stammt von dem Physiker *Feynman*.

Ich skizziere es hier:

Stell' dir vor, du müsstest das Schachspiel alleine dadurch erlernen, dass du nur beobachtest, wie es gespielt wird. Je nach Grad deiner Intelligenz und deiner Aufmerksamkeit wirst du mit der Zeit erste wichtige »Grundgesetze« entdecken, zum Beispiel, dass alle Figuren eine Konstanz aufweisen. Das heißt, dass ein Bauer immer ein Bauer bleibt und nicht plötzlich zum Läufer mutieren kann. Du findest weiter heraus, dass Läufer immer auf gleichfarbigen Feldern stehen, also entweder immer auf weißen oder auf schwarzen Feldern. Beobachtest du Läufer weiter, entdeckst du, dass sie sich auf Diagonalen bewegen können – vor und zurück. Somit hast du schon wieder ein neues »Gesetz« gefunden, das dir zu mehr Verständnis und damit zur genaueren Voraussage künftiger Ereignisse dient. Du findest immer mehr solcher »Gesetze« heraus, je länger du dich mit dem Studium dieses Spieles befasst. *Aber plötzlich geschieht ein Wunder*: Ein Bauer hat inzwischen die gegenüber liegende Grundlinie erreicht und mutiert dort zu einer Dame! Jetzt ist ein Grundgesetz verletzt worden, ein bisher für dich absolut gültiges und bewiesenes Axiom: Das »Grundgesetz der Konstanz der Schachfiguren« wurde gekippt oder zumindest massiv relativiert. Auch dieses Wunder gehört zum Spiel. Du hast nur bei den bisherigen Partien noch nie erlebt, dass ein Spieler einen Bauern soweit durchgebracht hat, dass diese weitere Gesetzmäßigkeit sichtbar werden konnte.

Diese Form des Lernens, die »Wissenschaft«, ist angebracht und sinnvoll für alle Bereiche der Welt. (»Die Welt ist alles, was der Fall ist.« Da auch unsere eigenen Zustände der Fall sind, gilt auch dafür diese Definition.) Für den Bereich des Geistes gelten die so gefundenen Gesetze aber vielleicht nicht mehr, denn es ist aufgrund vieler Beobachtungen zweifelhaft, ob der Geist ebenfalls derartigen Gesetzmäßigkeiten unterliegt. Deshalb sollten wir noch eine andere Art von Wissenschaft erlernen, nämlich eine solche, wie sie zum Beispiel *Mystiker* aller Religionen dieser Welt offenbar erlernt haben. Nur mit dieser Art von Lernen können wir das für unsere Heilung Wesentliche erkennen. Genauer: Wir können uns wieder daran erinnern, wer wir wirklich sind.

Wir brauchen hier in der Traumzeit *beide* Wissenschaftsformen: Eine Wissenschaft, die uns hilft zu verstehen, wie die Welt tatsächlich funktioniert, und eine andere, die uns hilft, wieder heim zu finden zu unserem Ursprung. *Die beiden gehören zusammen und bilden die Magie, mit der sich unser Selbst verwirklicht.* Darum haben einige östliche Weise gesagt, dass die westliche Wissenschaft der »westliche Yoga« sei.

Liebe: heilende Kraft. »Negative Entropie«

Liebe ist die allgegenwärtige Kraft, die (scheinbar) Getrenntes verbunden hält, die Leben in jeder Form fördert und die so dafür sorgt, dass sich das Leben immer weiter ausdehnen kann. Unser innerstes Wesen besteht aus Liebe und wir sind alle Kinder der Liebe.

Liebe ist grenzenlos, also vollkommen frei und daher jenseits von Raum und Zeit. Sie ist völlig ohne jegliche Bedingung und sie will daher, dass das Geliebte ebenfalls bedingungslos frei sei. Das Gegenteil von Liebe ist Urteilen, das heißt, Bedingungen für meine Zustimmung zu stellen. Lieben bedeutet sammeln, urteilen bedeutet zerstreuen.

In der Physik ist die Entropie das Maß für einen festgestellten (und unaufhaltsamen) Zerfall von Ordnung innerhalb eines geschlossenen Systems. »Negative Entropie« existiert jedoch ebenfalls. Damit ist gemeint, dass Physiker in unserem Universum auch eine entgegengesetzt wirkende Tendenz beobachtet haben, nämlich die *automatische* Tendenz zur Entwicklung höherer Ordnung. Diese Kraft wird insbesondere sichtbar in allen lebenden Systemen.

Liebe wäre meines Erachtens ein angemessener Ausdruck für diese Kraft, die Verbindungen und Entwicklungen hin zu höherer Ordnung erzeugt. »Liebe« ist aber bekanntlich ein völlig unwissenschaftlicher Begriff und daher in der derzeitigen Physik nicht brauchbar.

Leben dehnt sich immer aus. Maschinen dehnen sich nicht aus, sondern sie zerfallen wieder, selbst bei bester Wartung. Wenn du schlau sein willst und deine Maschinen einmottest, dann kannst du sie nicht mehr benutzen und zögerst ihren unvermeidlichen Zerfall nur etwas länger hinaus. Bewusstes Leben dehnt sich immer in Liebe aus und verbindet bisher Getrenntes, genauer: getrennt Erscheinendes. Urteilen trennt Verbundenes scheinbar und führt daher zu spiritueller und zu physikalischer Entropie.

Leben ist eine Erscheinungsform von Liebe, deren Wesen göttlich ist. Wehrt man sich gegen diese Kraft oder hindert sie an ihrer Ausbreitung, dann entsteht Leiden, weil man nicht ohne Folgen sein innerstes Wesen unterdrücken kann. »Liebesverstopfung« erscheint als Hass oder als Furcht. Das schadet dir selbst und anderen, sofern diese einen ähnlichen Traum haben.

Liebe gibt es im menschlichen Leben in zwei Formen: In der *kindlichen* Entwicklungsform und in der Form der *erwachsenen, reifen* Liebe. *Nur die kann heilsam wirken,* weil sie frei wirkt und nicht gebunden und »magisch« ist wie die kindliche Liebe. Die erwachsene Form existiert in einer weiblichen und einer männlichen Ausprägung.

Die kindliche Form der Liebe hat natürlich ebenfalls eine gewisse verbindende Kraft, aber sie hat nicht Befreiung zum Ziel, sondern etwas anderes: Sie will (vergeblich) auf magische Weise eins werden mit geliebten Personen und will *direkt* diese anderen geliebten Menschen beeinflussen, sie womöglich gar durch ein Opfer »retten«. Das ist natürlich verrückt und geht grundsätzlich nicht, weil es die Freiheit des anderen aufheben würde. Ein Kind will, dass es in der Einheit mit der geliebten Person wieder glücklich sein kann. Dabei ist ganz klar: Ohne Einverständnis dieser anderen Person geht das nicht. (Meist handelt es sich um die Mutter.) Deutlich ist das wichtigste Ziel dieser Menschen, die noch wie ein Kind lieben, natürlich bei Kindern selbst sichtbar, nämlich vereinigt sein zu wollen mit der geliebten Person, damit sie in dieser Einheit wieder sicher aufgehoben sind und weiterleben können. Abgetrenntheit bedeutet für ein Kind ja Tod. Kinder leiden daher sogar aus ihrer kindlichen Liebe mit den geliebten Personen mit, um auf diese Weise weiter in der Einheit mit ihnen zu sein: Wenn ich die geliebte Person nicht erlösen kann, dann bleibe ich eben mit ihr zusammen in der Hölle. Das ist für ein Kind besser, als alleine zu sein. *Aber es hilft niemandem.*

Die reife Liebe ist anders als die eines Kindes. Dem wahrhaft Liebenden geht es darum, aus seiner eigenen Fülle zu geben und seine geliebten Mitmenschen *bedingungslos* glücklich zu sehen. Er leidet nicht mit einer geliebten Person mit – was den Schaden ja verdoppeln würde, denn auf diese Weise geteiltes Leid wäre doppeltes Leid, nicht halbes Leid – sondern er hat statt dessen *Mitgefühl.* Dadurch bleibt er frei in seinen Entscheidungen und ist außerdem gut gegen Vampire geschützt. Er lässt dem anderen seine Würde, indem er ihm beispielsweise die Folgen seiner Handlungen zumutet, und er kann ihm freiwillig aus Liebe bei der Korrektur seiner Irrtümer beistehen, sofern der andere das will, anstatt sich in dessen schlimmen Traum hineinziehen zu lassen oder ihn gar ohne Auftrag zu »behandeln« und sich so in dessen Leben einzumischen.

Das Ziel dieser Liebe ist es, alles, was zusammengehört, endlich vereint zu sehen und dabei die Freiheit jedes einzelnen Wesens zu achten, damit Frieden ist und alle zusammen glücklich sein können – *jeder auf seine Art.* Da wir alle im Innersten aus Liebe bestehen, wollen wir uns in Freiheit, also *ohne jegliche Bedingung*, mit allen anderen in Liebe vereinigen und als Eines erkennen. Wir lieben unseren Nächsten daher wie uns selbst. *Diese Form der Liebe erfordert keine Opfer. Sie ist die Folge von Selbsterkenntnis und nichts wird dabei ausgeschlossen.*

Im Buddhismus gibt es die Bezeichnung *Bodhisattva*. Die wird für jemanden gebraucht, der seine wahre Natur, seine Buddha-Natur, bereits erkannt hat und der daher befreit ist aus dem Rad der Wiedergeburten – falls es so etwas gibt – und des damit verbundenen Leidens. Er könnte jetzt zurücksinken in das Ewige Nichts und wieder eins werden mit seinem Ursprung. Aber aus Mitgefühl und Liebe zu seinen Mitmenschen geht ein Bodhisattva *freiwillig* noch einmal zurück in die Hölle, um seinen Mitmenschen dabei zu helfen, sich etwas schneller daraus zu befreien. Das ist aber etwas völlig anderes, als mitleidsvoll wie ein kleines Kind so lange in einer gemeinsamen Hölle zu verweilen, bis endlich *alle* daraus entkommen wollen. *Ich muss mich wohl erst einmal selber befreien, ehe ich bei einer Befreiung mithelfen kann.* Es kommt meines Wissens nur sehr selten vor, dass ein Gefangener seine Mitgefangenen befreien kann. (Aber selbst das ist möglich.) Meistens geht so etwas schief und führt zu einer anderen Art von Gefangenschaft: Die entwischten Gefangenen sind dann zwar nicht mehr im Gefängnis gefangen, aber sie müssen sich jetzt andauernd verstecken oder auf der Flucht bleiben, damit sie nicht doch wieder im Gefängnis landen. Was soll das denn für eine Art von Freiheit sein? Da können sie doch genau so gut gleich drin bleiben. Da haben sie wenigstens ihr geregeltes Essen und können sich ausschlafen.

ααα

Macht: Energie oder ES

Macht stünde jedem gleichermaßen unendlich zur Verfügung. Aber eine der Funktionen des Egos hat zur Folge, dass du dich als abgetrennt von ihr erfährst und dich vor ihr fürchtest, weil du jetzt denkst, die Macht sei irgendwo da »draußen« und sie könnte vielleicht sogar gefährlich für dich werden. Diese Erfahrung ist vergleichbar der eines kleinen Kindes, das sich vor seinen selbst erfundenen Monstern und Gespenstern fürchtet, nicht zur Ruhe kommt und manchmal trotz Licht nicht einschlafen kann.

Auch bei Schizophrenen in einer akuten Psychose ist die Wirkung der Einbildung einer scheinbaren Trennung, verbunden mit dem Gefühl des Ausgeliefertseins an äußere Mächte, gut zu beobachten: Die haben ja ihre offensichtlichen Halluzinationen, vor denen sie sich meistens fürchten oder denen sie hörig sind. So können uns die Psychotiker durch ihre extrem deutliche Form des Wahnsinns entweder dabei helfen, unsere eigenen Halluzinationen als Wahrheit zu »bestätigen«, weil doch nur die Halluzinationen der Schizophrenen tatsächlich wahnsinnig seien – oder sie verhelfen uns zu der Einsicht, dass sich auch unser eigenes wahnsinniges Ego vermittels seiner Projektionen andauernd eine eigene Scheinwelt erschafft. Wenn wir diese grundsätzliche Gemeinsamkeit mit den Psychotikern erkennen, könnten wir unseren eigenen Wahn beenden und dankbar sein. Auch diesbezüglich gibt es zwischen ihnen und uns Normalwahnsinnigen keinen wesentlichen Unterschied.

Wir müssen erkennen, dass es überhaupt keine äußeren Mächte gibt, sondern dass es nur so erscheint, so lange wir noch im geistigen Entwicklungsstadium eines kleinen Kindes sind. Für das kleine Kind sind die äußeren Mächte hauptsächlich durch seine Eltern repräsentiert. Der Erwachsene könnte jedoch erkennen, dass er seine Eltern *ist* und dass die Macht *in ihm* ist und nicht außerhalb. Er ist selber ein Gott, der frei erschaffen kann, was er will. Daher ist es Unsinn, irgendwelche äußeren Mächte anzubeten und ihnen zu opfern. So etwas ist in jedem Fall Götzendienst – mit den entsprechenden Folgen.

Die Energie-Macht steht jedem gleichermaßen zur Verfügung, egal, wie weit er sich auch von jeder Erkenntnis entfernt haben mag und sie ist *vollkommen neutral*. Wenn du mit der Energie Dummheiten anstellst, wirst du das daran merken, dass du in irgend einer Form zu leiden beginnst. Die von dir erschaffenen Energieformen haben selbstverständlich keinen Einfluss auf die Energie selbst. Um hier ein Bild zu benutzen: Wenn du z.B. mit deiner Energie-Macht›Geld‹ dumme Dinge kaufst, veränderst du damit nicht das Geld, sondern *nur deinen eigenen Zustand* zum Schlechten. Dieses Geld ist danach aus deinem Machtbereich verschwunden, anstatt sich zu vermehren. Verwendest du diese Energieform hingegen weise, geht es dir gut und sie wird sich vermehren, *sofern du tatsächlich welches benötigst*. Geld wird dir dann irgendwie zufließen.

Mit der Liebe ist das übrigens ähnlich: Wer liebt, dem fließt Liebe zu, und wer *geliebt werden will*, weil er sich einen diesbezüglichen Mangel einbildet, der wird folglich an Liebesschwund leiden. Das klingt zwar ungerecht, ist aber einfach Feedback: Dir geschieht nach deinem Glauben und du glaubst ja, dass die Liebe »außerhalb« von dir ist und dir scheinbar fehlt. Dein Feedback liefert dir dann die Bestätigung deines Glaubens: Dein eingebildeter Mangel wird mit Hilfe deiner Mitmenschen bestätigt: Wer sich also anstrengt, um von den anderen endlich geliebt zu werden, der erntet Mitleid und Ablehnung, anstatt Liebe.

In den »Star-Wars«-Filmen gibt es eine Grußformel, die heißt: »Die Macht sei mit dir«. Diese Formel ist eigentlich Nonsens, weil die Macht sowieso allgegenwärtig ist und ich mich nur zu öffnen brauche, damit sie mir zur Verfügung steht, so wie jedem anderen auch, der sich dafür öffnet. Und diese Macht ist unerschöpflich – im Gegensatz zu meinem Geld. Die Grußformel sollte daher besser lauten: *»Bleib' offen, damit die Macht immer für dich da sein kann in der Form, die du gerade benötigst. Du kannst soviel davon haben, wie du willst.«* (Zugegeben: Als Grußformel wäre das umständlich. Bis du damit fertig bist, ist der andere wahrscheinlich schon wieder heimgegangen.)

Magisches Denken: Grundirrtum des Egos

Ein Mensch mit magischem Denken geht wie ein kleines Kind davon aus, dass es Mächte außerhalb seines Geistes gibt, die auf ihn – sogar gegen seinen Willen – einen Einfluss haben könnten. Er akzeptiert daher nicht, dass der Geist des Menschen bereits frei ist und geht davon aus, dass es etwas außerhalb seines Geistes gibt, das wesensmäßig anders sei als er selbst. Er erkennt sich nicht im Spiegel der Welt.

Dieser Irrtum führt dazu, dass der Betreffende denkt, er könne seinerseits andere Menschen direkt beeinflussen, notfalls ohne deren Einverständnis. Er bildet sich also ein, die Freiheit seiner Mitmenschen aufheben zu können, wenn er in die entsprechenden magischen Praktiken eingeweiht wird, damit er genug Macht dafür besitzt – beispielsweise in die schamanischen Praktiken der »Heilkunst«. Eine solche Denkweise hat für den Betreffenden nun den Nachteil, dass damit die Furcht entsteht, dass böse Mächte, etwa Dämonen und böse Geister oder böse Schwarzmagier, ihm schaden könnten, sofern sie mächtiger sind als er selber. Davon geht er natürlich aufgrund seines Wahns aus und deshalb muss er zusätzlich in meist komplizierte Schutzrituale eingeweiht werden. Trotzdem fürchtet er sich weiterhin: Vielleicht sind ja diese Rituale nicht ganz zuverlässig.

In diesem fantasierten Bereich von Magie gibt es nämlich immer irgendwelche Magier, die wirksamere Rituale und Opfer kennen als er. Vor denen hat er Angst und kriecht ihnen deswegen in den Arsch. (Er kann ja versuchen, sich rechtzeitig die dabei äußerst hilfreiche Vaseline herbeizuzaubern.) *Der Irrtum des magischen Denkens hat daher einen Dauerstress zur Folge, denn so ein Möchtegern-Magier muss immer auf der Hut sein und hat zusätzlich eine eingebildete große Verantwortung für andere.*

Die grundsätzlichen Handlungsanweisungen, die aus allen Formen des magischen Denkens entstehen, sind einfach, denn sie stammen aus der Kinderzeit: »Welches *Opfer* muss ich jetzt darbringen und welches *Ritual* muss ich ausführen, damit ich Die Macht auf meine Seite bringe, so dass sie *mir* dient, anstatt dem anderen?«

In der praktischen Ausführung ist die Sache natürlich komplizierter. Deshalb musst du ja auch eingeweiht werden und viele Rituale und Opfer lernen und auf alle möglichen Fälle gut vorbereitet sein. Eben weil die Ausführung so kompliziert ist, ist damit gleichzeitig bewiesen, dass etwas nicht stimmen kann – sonst wär's einfach. Die Welt ist nämlich zwar komplex, aber einfach. Wenn dir also ein Magier sagt, du würdest etwas nicht verstehen, denn du wärst noch nicht so weit, dann will er dir nur weismachen, dass er größer sei als du und dass du sein Kind sein sollst, damit er auf deine Kosten groß dastehen kann.

Ein Magier bildet sich in seinem Wahn ein, dass er in der Lage wäre, durch geeignete Opfer und Rituale mit Hilfe äußerer Mächte Dinge der Welt und andere Menschen nach seinem Ego-Willen manipulieren zu können. Derartige Magier glauben in ihrer magischen Sichtweise sogar, sich dabei über bestehende Ordnungen der Welt (über Gottes Willen quasi) und über die Willensfreiheit anderer Menschen hinwegsetzen zu können. Damit wäre aber bewiesen, dass ein Magier eine »Über-Macht« wäre und größer als Gott. Das ist natürlich verrückt. In diesem Stadium des Wahns unterscheidet man dann noch zwischen Weißmagiern – das sind die Guten, die wirklich durchblicken und daher für die gesamte Menschheit tätig sind – und deren Schwarzen Brüdern. Das sind dann die Bösen, die nur ihre egoistischen Ziele im Auge haben. (Nein, hier sind jetzt nicht die Neger gemeint.) »Schwarze Brüder« ist übrigens ein Ausdruck, der in der Tat wieder Hoffnung gibt auf spätere Einsicht.

Es gibt viele Seminarangebote, in denen du – gegen entsprechende Gebühren, versteht sich – diverse Rituale und magische Operationen erlernen kannst, um fantasierte äußere Mächte zu kontrollieren, damit sie dir dienen. Manche Seminare nennt man psychotherapeutische Fortbildung, andere bieten Selbstsicherheitstraining und erfolgreiche Gesprächsführung an, wieder andere werden als Einführung in schamanisches Heilen verkauft.

Viele dieser Angebote sind jedoch magische Rituale der Seminarleiter und zeigen, wie man auf magische Weise an anderer Leute gutes Geld kommen kann. Eine japanische Weisheit besagt für solche Fälle: *Blenden verblendet am Ende den Blender*. (Manche Seminarleiter handeln wenigstens in bester Absicht und glauben selber an ihre Botschaften.)

Du hast sicherlich gemerkt, dass ich diese Form der Selbsthypnose ablehne, weil ich sie für verrückt halte, denn ich beobachte, dass eine ihrer Folgen darin besteht, dass Magier auf Kosten ihrer Mitmenschen groß sein wollen. So etwas führt nicht zur Befreiung – nicht einmal beim Magier selber: Jetzt stell' dir mal vor, du hättest als Mann gerade einen Kurs absolviert, in dem du die magischen Praktiken erlernt hast, wie man jede Frau der Welt erobert. Welche Art von Frauen könntest du nun erobern? Doch nur noch solche, auf die du anschließend herabschauen würdest, weil sie dir offensichtlich unterlegen sein müssen, sonst hättest du ja keine Macht über sie. Du würdest ab jetzt ausschließlich auf solche verachtenswerten Frauen treffen, *denn mit deiner gelungenen magischen Operation ist für dich jede Frau auf der ganzen Welt so geworden* – und derartige Frauen hast du dir dann auch verdient! Du bist mit deiner Magie nämlich schlagartig in der Hölle der leichten Mädchen gelandet, die du dir mit deiner Magie selbst erschaffen hast. Du kannst dort nur noch Huren ficken, anstatt dich als richtiger Mann mit einem geliebten richtigen Weib in Liebe auf allen Ebenen zu vereinen. Diese Magie ist also vollkommen gerecht – genau wie alles andere im Universum.

Natürlich kannst du Verfahren erlernen, mit deren Hilfe es dir gelingt, andere zu verblüffen oder (vorübergehend) zu blenden. Die Indianer waren sehr erschrocken und verblüfft, als sie erstmals mit der Magie des Weißen Mannes in Berührung kamen – hauptsächlich in Form von Kanonen, Gewehren, »gespaltenen Zungen« und Feuerwasser. Sie dachten anfangs, es würde sich bei Gewehren um eine Magie handeln, mit der man Blitz und Donner beherrschen kann, um sie dann gegen seine Feinde einzusetzen. Sie haben aber nicht sehr lange gebraucht um herauszufinden, dass es sich keineswegs um Magie handelte, sondern um ein *Gewusst wie*. (Am Ende hat ihnen das nicht viel genützt und mit Feuerwasser schaden sie sich bis heute.) Dinge, die von Unwissenden gewöhnlich als Beweise für Magie angesehen werden, sind in Wirklichkeit nur ein Gewusst wie. In diese Art von Magie kannst du dich von mir aus ruhig einweihen lassen. Dieses Wissen ist tatsächlich eine Art von Macht. Aber bilde dir bloß nicht ein, du wärst deswegen besser oder größer als ein Nichteingeweihter, denn du hast nur gelernt, wie du gewisse Dinge und Sachverhalte der Welt geschickter für deine Zwecke nutzen kannst. Wenn du deine Magie jedoch nicht *liebevoll* ausführst und dafür sorgst, dass *alle* einen Nutzen davon haben, dann bist du auf einem Holzweg, der dich immer weiter in den Wald hinein führt. Du brauchst später ein echtes Wunder, wenn du da wieder heil herauskommen willst. Wenn du tatsächlich denkst, dass du auf Kosten anderer Vorteile haben könntest, beweist du damit deine eigene Dummheit: Du hast in dem Fall die Sache mit dem Feedback offenbar noch nicht erkannt.

Bei allen Formen von magischem Denken geht es letztlich darum, die *projizierte Mutter* wieder verfügbar zu haben, die ja von einem kleinen Kind als außerhalb erlebt wird und die vom Kind als diejenige Macht erfahren wird, durch die es am Leben erhalten wird oder durch die es sterben könnte, je nachdem, ob es mit ihr verschmolzen ist oder abgetrennt. Für die Azteken war diese Macht durch die Sonne symbolisiert, der sie sogar Menschen geopfert haben, damit sie weiter scheint und das Leben für die furchtsamen Azteken weitergehen kann. Die waren wirklich verrückt: Sie brachten andere um, damit sie selber weiterleben dürfen. (Aber du weißt ja, wie's mit den Azteken ausgegangen ist, nachdem der Herr *Cortez* sie besucht hat.) Unser Kampf gegen den Terrorismus, den man ja in Wirklichkeit gar nicht bekämpfen kann, weil »Terrorismus« ein abstrakter Begriff ist und er daher nicht wirklich existiert, ist mindestens so verrückt wie das, was die Azteken gemacht haben: Man bekämpft bei diesem Kampf immer konkrete Menschen, die als böse verurteilt werden und die daher vernichtet werden müssen, damit wir als die Guten weiterleben können. *Wir opfern unsere Brüder, damit wir so weiterleben können wie bisher und sehen nicht, dass wir uns dabei andauernd selbst schaden.* (Ganz abgesehen davon: Jedes Bekämpfen führt als eine Form der Energiezufuhr zu dem Ergebnis, dass das Bekämpfte weiter wächst und größer wird, anstatt zu verschwinden. Gleichzeitig machen sich diese jeweiligen »heiligen Krieger« damit den angeblich Bösen gleich – ohne dass ihnen das allerdings auffallen würde.)

Aber Logik spielt beim magischen Denken sowieso nur eine recht untergeordnete Rolle:

»Diese Frau ist eine Hexe. Sie muss verbrannt werden!«
»Wieso ist sie eine Hexe?«
»Sie spricht mit dem Teufel!«
»Woher weißt du denn das?«
»Das hat mir Gott gesagt.«
(Aus: *Mad, das vernünftigste Magazin der Welt*)

Ein Kennzeichen magischen Denkens ist daher die fehlerhafte Verknüpfung von vorliegenden Sachverhalten. Sehr verbreitet ist zum Beispiel die Verknüpfung von Symbolen mit irgendeinem künftigen Ereignis auf eine Art, die überhaupt nicht existiert: »Schwarze Katze von links bedeutet Unglück«. Es gibt in diesem Bereich richtige »Wissenschaftler«, die genau wissen, was diese vielen verschiedenen Symbole bedeuten. Ihr Wunsch dabei ist, all diese fantasierten äußeren Mächte kontrollieren zu können, beziehungsweise den Willen diverser äußerer Mächte schneller zu erkennen, um Ärger mit ihnen zu vermeiden.

Oft wird beim magischen Denken eigenes Denken als Ursache dafür angesehen, dass einem *anderen* etwas Schlimmes zustößt. Wer das absichtlich macht, nennt es gewöhnlich *Fluch* oder *Voodoo*. Wer's hingegen gut meint, der macht Fernheilung.

Oder da wird gegenwärtiges Verhalten auf eine Weise mit Ereignissen aus der Vergangenheit verknüpft, als ob die Vergangenheit noch die Gegenwart bestimmen könnte. So jemand sagt dann zum Beispiel: »*Weil* mich die Mama immer auf den Kopf gehauen hat, darum kriege ich *jetzt* keine Frau.«

Natürlich kriegt er *jetzt* keine Frau, weil er *jetzt* etwas falsch macht mit den Frauen. Sicher hat er ein problematisches Bild von Frauen und sicher hat das Problem einmal mit seiner Mutter zu tun gehabt. Jetzt aber hat es nur mit ihm selbst zu tun und mit seiner immer wieder neuen Entscheidung, sein damaliges Bild von seiner Mutter und sein damaliges Verfahren ihr gegenüber strikt in der Begegnung mit *allen* Frauen beizubehalten, die ihm näher kommen: Er will sich im Grunde immer noch magisch vor seiner »bösen Mutter« schützen, anstatt zu schauen, mit wem er es jetzt tatsächlich zu tun hat. (Trotzdem wundert er sich, wenn ihn eine Frau erneut auf den Kopf haut.) Wenn die Vergangenheit auf die Gegenwart in dieser Weise einwirken würde, wie er das glaubt, wäre sein Problem gänzlich unlösbar geworden, weil man die Tatsachen der Vergangenheit nicht mehr verändern kann und daher nur noch ewig Recht behalten würde.

Fast alle professionellen Heiler im engeren und weiteren Sinn denken magisch, denn sie gehen bei der Behandlung ihrer Patienten gewöhnlich davon aus, dass sie mit denen etwas *machen* müssten und ihre Patienten dann *direkt* durch diese therapeutischen Interventionen verändert würden. Der scheinbare Gewinn für den Heiler ist dabei, dass er sich größer und mächtiger fühlen kann als sein Gegenüber, der ja als defizitär und fehlerhaft angesehen wird und daher von ihm, dem Heiler, geheilt, also »ganz gemacht« werden muss. Anders herum fühlt sich dieser Heiler oft als Versager, wenn sich sein Patient von ihm nicht heilen lassen will. Er wird deswegen manchmal sogar böse auf den.

Dieses magische Konzept der Heilkunst ist jedoch komplett wahnsinnig und führt daher zu einer Art Arbeitsteilung der Wahnsinnigen: Das Therapeuten-Ego bläht sich auf Kosten seines »armen« Patienten auf wie bei einem größenwahnsinnigen Kind. Er rafft dabei die *gesamte* Verantwortung an sich, die ihm ja nur zur Hälfte gehört, und er will jetzt quasi die Mutter des Patienten sein. Der Patient als williger Diener seines Therapeuten übernimmt die kleinen dramatischen Kindergefühle, die der Therapeut selber nicht haben will, weil sie ihm nach wie vor sehr unangenehm sind. Das Ganze ist zwar meist freundlich und oft kindlich-liebevoll in der Ausführung, aber trotzdem verrückt.

Wieso funktionieren dann so viele Therapien auf einer gewissen Ebene scheinbar doch?

Sie funktionieren scheinbar deshalb, weil es entsprechende Patienten gibt, die zwar sehr wohl magisch denken, die aber auch ihre Leiden loswerden wollen. Sie glauben ebenfalls, dass der Therapeut wie ihre Mama sei und sie magisch heilen könnte, so wie die Mutter damals auf eine schmerzende Stelle geblasen hat und den Schmerz ihres Kindes damit »magisch« wegblasen konnte. Wegen einer gelungenen *Selbsthypnose* gesunden sie wenigstens halbwegs *trotz* der Behandlung, schreiben diesen Effekt aber irrtümlich dem »Heiler« zu – wobei sie mit ihm natürlich hochgradig übereinstimmen: Der Therapeut denkt ja ebenfalls, dass er es war, der den Patienten mit seiner Magie geheilt hat, etwa mittels seines Pillenrituals (dem Ritual des überlasteten Arztes), oder mittels des Rituals der richtigen therapeutischen Intervention der Psychotherapeuten, oder dem des Rücksicht-nehmens-auf-die-Behinderten der edlen Laienretter, dem des aufopferungsvollen Liebens in Partnerschaften. *Das Problem ist dabei nie wirklich gelöst worden, sondern der »Patient« hat darauf verzichtet, endlich glücklich zu sein und ist stattdessen damit zufrieden, dass es nicht mehr so weh tut.*
In Wirklichkeit hat diese Art Heiler seinen Patienten von einer echten Heilung abgehalten und sich nur seinen eigenen Wahn und

dem Patienten nur dessen Wahn bestätigt, nämlich dass der alleine ohne seinen Heiler völlig aufgeschmissen wäre, genau wie ein kleines Kind ohne seine Mutter aufgeschmissen ist. Diese Haltung hat Folgen, die für beide Seiten sehr unangenehm werden können. Für den Therapeuten hat es meistens zur Folge, dass er immer wieder mit der Angst zu tun hat, nicht gut genug zu sein und deswegen trotz seines Reihenhauses und seiner zwei Autos letzten Endes doch verhungern zu müssen. Für den Patienten hat es gewöhnlich zur Folge, dass seine Therapie unnötig lange dauert und zu dem kümmerlichen Ergebnis führt, dass es ihm jetzt *besser* geht. *Er könnte aber stattdessen glücklich sein!*

Diese Arten von »Heilung« sind Folgen eines hypnotischen Prozesses, bei dem der Patient und der Heiler gleichermaßen Hypnotiseur und Hypnotisierte sind. Der Heiler ist in dem Fall wie ein aktives Placebo, der dem Patienten zur Selbsthypnose dient und der ganze Vorgang gelingt um so besser, je stärker *beide* an die Wirkung der Behandlung glauben. (Schamamen gehen auf genau die gleiche Weise vor.) Eine Krankenschwester hatte mir dazu unlängst eine Geschichte erzählt: Bei einer Visite sagte eine ältere Frau zum Arzt: » Herr Doktor, könntens mir nicht noch amal so a EKG machen? Des hat mir letzt's Mal so gut getan!«

Magisches Denken ist eine Erscheinungsform des aufgeblähten Egos und es entspricht dem Entwicklungsstand eines kleinen Kindes, das sich so mächtig dünkt zu glauben, es könne machen, dass sich die Mutter freut oder dass sie leidet, oder es könne machen, dass sich die zerstrittenen Eltern wieder vertragen. Der Preis für diese Art von Unbescheidenheit und von Größenwahn ist dann der Kleinheitswahn, der verbunden ist mit Schuldgefühlen und Furcht, wenn seine Magie wieder einmal versagt hat. *Das ist ein gerechter Ausgleich, sobald dieses Kind erwachsen geworden ist.* Manche sind ja sogar im Zustand des Kleinheitswahns noch größenwahnsinnig: »Ich bin doch der größte Trottel auf der ganzen Welt!« Ein ganz normaler Trottel will er nämlich auch nicht sein.

Missionar: unangenehme Erscheinungsform des Mütterlichen

Ein Missionar ist jemand, der dich mit aller Kraft aus deinem gegenwärtigen sündigen Leben befreien und dir die Strafen für deine Missetaten ersparen will, *die du seiner Ansicht nach eigentlich verdient hast.* Deshalb wollen Missionare dich zunächst davon überzeugen, dass du ganz grundsätzlich nicht in Ordnung bist und dass du daher von ihnen erst noch in Ordnung gebracht und gerettet werden musst.

Missionare nehmen gewöhnlich keine Rücksicht darauf, ob du von ihnen überhaupt gerettet werden willst. Sie werden alles tun, um deine verlorene Seele notfalls gegen deinen Willen wieder ihrem Gott zuführen, mit dem sie sich eins wähnen. Missionare bemerken in ihrem Eifer nicht, dass sie mit ihrer Missionarstätigkeit ihren Gott in Wirklichkeit verkleinern, denn sie gehen davon aus, dass er durch ihre Missionarstätigkeit größer gemacht wird. *Missionare sind also verrückt.*

Ein Missionar ist trotz der großen Widrigkeiten eines Missionarslebens aber recht zufrieden, weil er selbstverständlich zu den Guten gehört, zu den Gottgefälligen. Daher denkt er täglich frohen Herzens: »Oh Herr, ich danke dir, dass ich nicht so bin, wie *diese da«*.

Sehr verbreitet unter Missionaren ist übrigens die *Märtyrervariante*, die ohne Probleme mit einem Missionarsleben verknüpft werden kann. Er braucht dazu nur seine Schwierigkeiten mit den widerborstigen Heiden als *deren* Problem zu definieren, anstatt sie als Folge seines eigenen Irrtums und Größenwahns zu erkennen. Im nächsten Schritt vergibt er diesen Heiden und nimmt deren Schikanen willig als ein Opfer an, das er seinem Gott darbringt. Je größer diese Opfer sind, desto wahrscheinlicher kommt er später dafür in den Himmel.

Mit Missionaren und Märtyrern sollte man übrigens vorsichtig sein, nicht nur, weil sie meist einer Organisation angehören. Zuerst missionieren sie dich und du lässt es dir einige Zeit geduldig gefallen; dann gibst du ihnen doch Saures, weil sie dich unweigerlich nerven. Aber sobald du das tust, holen sie ihre Schergen der Inquisition und du kriegst selber ordentlich Saures, wenn du nicht verdammtes Glück hast. *Gehe also Missionaren und Märtyrern am besten aus dem Weg.*

Viele Missionare haben inzwischen wenigstens damit aufgehört, dauernd herumzuziehen und die Heiden zu belästigen. Sie haben stattdessen eine Praxis eröffnet und lassen die Heiden zu sich kommen.

Mut: notwendige Geisteshaltung an Grenzbereichen

Jedes Mal, wenn wir an eine Grenze kommen und die »Zone der Bequemlichkeit« mit dem nächsten Schritt verlassen könnten – sofern wir denn überhaupt noch drin sind – spüren wir in irgendeiner Form Aufregung. Meistens wird diese Aufregung als Angst oder als Ärger erlebt, selten als Neugierde, was eigentlich die natürliche Form dieser Reaktion wäre und wie wir sie bei kleinen Kindern und Jungtieren beobachten können. *Mut wird für uns erst notwendig, wenn wir uns entscheiden, unsere bisherigen Grenzen auszuweiten, denn »wer nicht wagt, der nicht gewinnt«.*

An Grenzbereichen sollten wir jedoch nicht nur Mut aufweisen, sondern auch *Besonnenheit* und *Ruhe*, damit wir die richtigen Entscheidungen treffen können. Mut ohne Besonnenheit ist Übermut und der tut bekanntlich selten gut. Das ist eher etwas für Helden. Die werden dadurch zwar berühmt, sterben aber jung. Ich weiß jedenfalls von keinem einzigen Helden, der alt geworden wäre. Nicht einmal die Unverwundbaren, wie Achilles etwa oder Siegfried, sind alt geworden. *Odysseus* schon. Der war zwar nicht unverwundbar, aber er war dafür ein mutiger Schlaukopf mit Besonnenheit – ein Mann.

Eine andere Haltung an Grenzbereichen ist die *Feigheit*. Diese Haltung hat nur solche Entscheidungen zur Folge, durch die alles beim Alten bleibt oder durch die es mit der Zeit von selber schlimmer wird. Irgendwann tut der Feigling vielleicht aus diesem Grund doch noch das, was seine Not wieder wendet, das, was also notwendig ist, damit endlich eine wesentliche Änderung möglich wird. Bis dahin muss er halt als Feigling etwas länger leiden. *Feiglinge haben übrigens eine enorme Leidensfähigkeit und können steinalt damit werden. Sie haben daher eine deutlich höhere Wahrscheinlichkeit sich fortzupflanzen, als Helden.* Das wird wohl gewisse Gründe haben.

ααα

Neurose: gewohnheitsmäßiges Vergegenwärtigen vergangener Erfahrungen

In der Regel werden von uns solche Erfahrungen immer wieder vergegenwärtigt, die nicht zu einem guten Ende gebracht wurden. Manchmal aber auch solche, von denen wir nicht lassen wollen, weil sie halt so schön gewesen sind, beispielsweise: »Mama endlich einmal ganz für sich allein haben dürfen«. Weil dadurch die Entwicklung des Menschen nicht mehr so richtig vorankommt, gerät er mit der Zeit in Schwierigkeiten, damit er die Sache endlich abschließt und wieder etwas Neues erfahren kann. Dieses Abschließen geschieht, indem wir erstens bemerken, was wir genau *jetzt* tun und zweitens damit bemerken, dass die Vergangenheit bereits vergangen ist. So beenden wir diesen Unsinn des Vergegenwärtigens. Wir vergessen die alten Geschichten einfach und sind stattdessen endlich *geistesgegenwärtig.*

Wenn nur die Macht der Gewohnheit nicht wäre!

Viele haben sich in der Zwischenzeit derartig gut an ihre Schwierigkeiten gewöhnt, dass sie alles so lassen wollen, wie es seit Langem ist. Sie haben sozusagen gelernt, in dieser Situation zu wohnen. (Außerdem: Wer zieht schon gerne um, zumal, wenn er nicht weiß, wie die neue Wohnung *tatsächlich* aussieht? Bisher hat er nur Pläne davon gesehen und die könnten auch gefälscht sein.) Nun, es hat durchaus Vorteile, sich an etwas scheinbar Unveränderbares zu gewöhnen. Es erhöht die Überlebenswahrscheinlichkeit und man kann sogar die Zukunft voraussagen, weil sie nämlich der Vergangenheit sehr ähnlich sein wird. Das gibt eine gewisse Sicherheit, weil man sich darauf vorbereiten kann, dass gleich wieder etwas bereits Bekanntes geschehen wird. Man weiß also bereits *vorher* Bescheid. Das Problem dabei ist, dass von nun an nichts Neues mehr geschehen kann. Es geht nicht mehr weiter, sondern etwas Bekanntes wird endlos »bestätigt«: *Wir sind zu Experten und Rechthabern geworden.*

Zur Absicherung des status quo ist es natürlich sinnvoll, dann gleich komplette Gesetze zu formulieren, zum Beispiel das bekannte Gesetz »Männer sind Schweine«. Im Gegensatz zu Regeln erlauben Gesetze nämlich keinerlei Ausnahmen. Somit ist die Angelegenheit in ihrer Anwendung nochmals vereinfacht und erspart einem unangenehme Irritationen.

Als waschechter Feminist bin ich natürlich seit langer Zeit selber der Ansicht, dass Frauen überhaupt die besseren Menschen sind. Hoffentlich habe ich in der nächsten Inkarnation nicht wieder so ein nutzloses Schwänzchen, das öfter mal komisch weg steht, sondern darf endlich Kinder kriegen, einen BH tragen und den Männern alle Gemeinheiten heimzahlen, die sie den armen Frauen bisher angetan haben. (Entschuldigen Sie bitte diese dumme Anmerkung zum Feminismus. Ich weiß jetzt gar nicht, was da plötzlich in mich gefahren ist. Ich dachte bisher immer, ich liebe die Frauen. Offensichtlich liebe ich sie aber nicht *alle genug.*)

Neurosen bieten eine gewisse Scheinsicherheit und sie stehen daher im Dienst des Egos. Weil die Neurose aber die virtuelle Wiederholung einer vergangenen Erfahrung ist, verbunden mit der *damals* praktizierten Reaktion auf den *damaligen* Konflikt, eignet sie sich grundsätzlich nicht zur Erzeugung neuer Erfahrungen in der Gegenwart und somit eines neuen Glaubens. Es bleibt beim Alten. Natürlich nicht wirklich, denn das Vergangene ist ja schon vorbei und daher ist es jetzt nur so *ähnlich* wie damals. Achte also in deinen Wiederholungen auf die *Variationen*. Du befindest dich bei einer neurotischen Wiederholung ja nur *scheinbar* in der gegenwärtigen Welt. In Wirklichkeit handelt es sich aber um eine geträumte Erinnerung. Wenn du dich besinnst und geistesgegenwärtig bist, könntest du die Sache schnell abstellen. Genau genommen ist eine Neurose also *»viel Lärm um Nichts«* (*Shakespeare*).

Hindus und Buddhisten kennen diese Fähigkeit des menschlichen Geistes, sich jederzeit die Vergangenheit zu vergegenwärtigen und sich an seinen Schöpfungen festzukrallen. Sie sagen dazu *Anhaften*. Ihrer Ansicht nach sei das die Ursache von Leiden. Insbesondere die Hindus denken, dass wir viele Wiedergeburten benötigen würden bis zu einer Befreiung von diesen alten Geschichten. *Gott sei Dank geht Es inzwischen auch einfacher.*

ααα

Partnerschaft: Beziehungsform zwischen Ebenbürtigen

Partnerschaft ist ausschließlich zwischen Freien und Ebenbürtigen möglich. Wer nicht frei ist, kann nicht Partner sein, weil er nicht selbstbestimmt ist, sondern weil andere noch über ihn bestimmen. Da diese anderen, von denen er sich abhängig fühlt, seine Entscheidungen unvermutet wieder außer Kraft setzen könnten, kann man mit so einem (scheinbar) Unfreien keine verbindlichen Vereinbarungen treffen. Das ist wie bei Kindern. Mit denen sind keine Geschäfte möglich: Sie sind nicht »geschäftsfähig«, denn hier haben die Eltern das Sagen.

In einer Partnerschaft können diese freien Ebenbürtigen *nur* auf folgende Arten miteinander in Beziehung treten, wenn die Partnerschaft weiter bestehen soll:

1. Sie können etwas *miteinander teilen*, beispielsweise Informationen austauschen; sie sind in einem *echten* Kontakt und *kommunizieren* etwas miteinander;

2. Sie können *Vereinbarungen treffen*, an die alle Partner gebunden bleiben, bis die Vereinbarung erfüllt ist oder *einvernehmlich* wieder verändert wird. Wenn eine getroffene Vereinbarung einseitig verändert wird, hat der andere Partner ein Recht auf Ausgleich. Besser ist es daher, wenn eine Vereinbarung in beiderseitigem Einvernehmen verändert oder aufgelöst wird.
3. Sie können vom anderen etwas *erbitten* oder *wünschen* und
4. Sie können einander *einladen*.

In einer Partnerschaft ist jeder vollkommen frei und daher kann jeder frei entscheiden, ob er auf ein Angebot seines Partners eingehen will oder es *mit Dank* zurückweist. Keiner kann von einem Partner etwas fordern oder ihm Bedingungen stellen. Das kann nur ein Übergeordneter mit Untergebenen machen. Lässt sich der andere das aber gefallen, ist die Partnerschaft damit zu Ende. Sie muss dann wieder neu geschaffen werden, soweit das noch möglich ist.

Als Partner mische ich mich auch nicht *ohne dessen Auftrag* in die Belange des anderen ein. Will ich ihm helfen, dann muss ich warten, bis ich von ihm darum gebeten werde oder ich verschaffe mir zunächst einen Auftrag, indem ich dem anderen ein Angebot mache und seine Zustimmung abwarte. Ist der Partner jedoch in einer Notlage, weil er gerade zu ertrinken droht und sich selber nicht mehr helfen kann, warte ich natürlich nicht erst auf seinen Auftrag, um tätig zu werden: Jetzt besteht ja vorübergehend keine Partnerschaft mehr, denn der andere ist nun in Not und somit in eine Kinderposition geraten; daher bin ich in dieser Situation ebenfalls in gewisser Weise genötigt, nämlich, ihn kurzzeitig zu bemuttern, indem ich ihn ohne seinen expliziten Auftrag aus dem Wasser fische. Aber meistens schreit jemand vorm unfreiwilligen Ersaufen ohnehin um Hilfe und dann liegt da ja ein Auftrag vor. Anschließend besteht wieder Partnerschaft – außer, er hat mir nicht gedankt für meinen Not-Dienst, denn dann schuldet er mir etwas und ist auf einer gewissen Ebene noch nicht wieder frei. *Besser wäre allerdings, er würde gleich Gott danken, denn der hat vermutlich dafür gesorgt, dass ich als sein Diener zur rechten Zeit hier vorbeigekommen bin, um ihn aus dem Wasser zu fischen.*

Ebenbürtig sind die Beteiligten, *wenn sie auf einer gemeinsamen Ebene stehen und frei sind.* Daher können die Eltern nicht Partner ihrer Kinder sein, weil sie auf verschiedenen Ebenen stehen. Das ändert sich auch dadurch nicht, dass die Kinder erwachsen geworden sind: Sie bleiben auf unterschiedlichen Ebenen, obwohl die Eltern mit ihnen dann anders umgehen werden. Ein Chef kann nicht Partner seiner Angestellten sein, ebenso wenig ein Lehrer der Partner seiner Schüler. Sobald ein Erwachsener ein Kind auf eine Weise behandelt, als ob es auf derselben Ebene stünde wie er, entsteht eine *Missbrauchssituation*. Das hat unangenehme Folgen für alle. Sind aber alle Beteiligten bereits erwachsen (etwa Chef und Angestellter), ist es nur ein netter Betrugsversuch und jeder trägt die gesamte Verantwortung an dem, was *für ihn selber* daraus entsteht. Schwierig wird es auch für Paare aus unterschiedlichen sozialen Schichten oder bei großem Altersunterschied.

In therapeutischen Beziehungen ist auf einer gewissen Ebene ebenfalls keine Partnerschaft möglich, denn der Therapeut darf vom Patienten nichts brauchen, nicht einmal sein Geld, weil er sonst in seinen Entscheidungen nicht mehr frei ist. Dadurch entsteht eine paradoxe Situation: Zwischen Patient und Therapeut sollte einerseits eher eine einseitige Vater-Kind-Beziehung bestehen, wobei klar ist, dass der Vater von seinem Kind nichts braucht, sondern das Kind braucht den Vater. *Andererseits kann aber ohne einen echten Austausch keine Veränderung im Sinne einer Heilung geschehen.* Das ist jedoch ein Scheinproblem:

Der Therapeut definiert sich in einer therapeutischen Situation zwar als Lehrer, der sogar das Recht hätte, ein Lehrgeld zu verlangen, *aber er sieht sich gleichzeitig selbst als Schüler*, der es in dieser Therapiesituation mit einem ihm wesensmäßig Ebenbürtigen zu tun hat. Daher kann er in dieser therapeutischen Beziehung seinen Patienten (insgeheim) ebenfalls als Lehrer annehmen, mit dessen Hilfe er sich selbst immer weiter erkennt und »ausdehnt«. Jeder Patient hilft also seinem Therapeuten zum Ausgleich unbewusst auf der gemeinsamen Ebene ihrer gegenseitigen Heilung bei dessen Selbsterkenntnis. Darum ist er gleichzeitig ein ebenbürtiger Partner. Denkt ein Therapeut jedoch, dass er von seinen Patienten nichts zu lernen braucht, dann kann er ihnen nicht mehr bei ihrer Heilung helfen: Er teilt ihnen auf diese Weise mit, dass sie klein seien und dass er selber größer sei als sie.

Positives Denken: zielorientiertes Denken

Der Begriff *positives Denken* ist kompletter Nonsens, weil hierbei unterstellt wird, dass es ein negatives Denken überhaupt geben könnte. So etwas gibt es jedoch nicht. Es werden dabei nur verschiedene Ebenen miteinander verwechselt und das verwirrt:

bekämpfen, weil diese Vorstellungen bei ihnen mit unangenehmen Gefühlen gekoppelt sind. Sofort werden daher die zusammen mit diesen Vorstellungen auftretenden Gefühle von ihnen als schlecht beurteilt. Sie bezeichnen diese Gefühle dann mit diesen erwähnten Begriffen aus der Mathematik und nennen sie negative Gefühle, weil ihnen diese Gefühle nicht gefallen. Aber sie hören trotzdem nicht damit auf, sich weiter diese »negativen Vorstellungen« zu machen. Das ist sehr seltsam. Warum tut ein Mensch so etwas und beschäftigt sich einerseits mit Dingen, die er andererseits ablehnt? Er denkt dabei etwa: »Hoffentlich werde ich *nicht* krank« und beschäftigt sich dauernd weiter mit Krankwerden. Oder er will *nicht* wieder dumm dastehen und dann malt er sich das doch weiterhin aus. Das ist natürlich deswegen positives Denken, weil er sich dabei ebenfalls mit einem Ziel beschäftigt: mit den Zielen »Kranksein« oder »dumm dastehen«, *Zielen allerdings, mit denen er in Konflikt steht*: Er lehnt diese Zielzustände bereits während und besonders nach ihrer erfolgreichen Erzeugung ab.

Dabei bräuchte dieser Mensch nur eine klare Entscheidung zu treffen: Entweder steht er zu seinem bisherigen Ziel Kranksein und überlegt sich endlich, *was für ihn gut daran ist, krank zu sein*, oder er interessiert sich statt dessen für seine Heilung und verfolgt konsequent das neue Ziel, anstatt seinen Konflikt weiter zu fixieren durch sein »ich will *nicht* ...«. Wenn ein Mensch sich mit derartig seltsamen Zielen wie Leiden beschäftigt, muss es dafür nämlich einen *guten* Grund geben. Gute Gründe dafür gibt es tatsächlich, obwohl man immer im Irrtum ist, sobald man glaubt, dass ein Leiden gerechtfertigt sei.

Ein häufiger Trugschluss bei Menschen, die »positiv« denken wollen, ist folgender: Sie haben offenbar völlig vergessen, dass die Welt ein wichtiger Teil des Feedback-Prozesses beim Erschaffen ihrer Zustände ist und daher unbedingt *praktisch* mit einbezogen werden muss. Wenn ich jedoch nur daran denke, ohne entsprechend zu handeln, wird nie etwas daraus. Der Betreffende kann da genauso gut im Bett liegen bleiben und dort weiterträumen – wenigstens so lange, bis er aus Hunger oder Harndrang wieder aufwacht – denn dabei passiert ebenfalls nicht wirklich etwas. Wenn ich »positives Denken« *praktizieren* will, muss ich zusätzlich gewisse Voraussetzungen dafür schaffen, damit *ES* funktionieren kann. Ich muss etwas dafür *tun*, damit dieses »positive« Denken auf die Materie eine Wirkung haben kann:

Der Rabbi Isaak beispielsweise war zwar ein frommer Mann, hatte jedoch eine kleine Macke: An jedes seiner täglichen Gebete nämlich fügte er an, nach einer kurzen Schamfrist natürlich: »Und noch eins, oh Herr: Lass' mich doch bitte einmal gewinnen in der Lotterie!« So hat er Jahr um Jahr gebetet, der fromme Rabbi. Als er nun wieder einmal in seiner Betstube auf und ab geht und zu seinem Schlusssatz kommt: »Und noch eins, oh Herr: Lass' mich doch bitte einmal gewinnen in der Lotterie«, da vernimmt er plötzlich eine Stimme, die sagt: »Lieber Isaak – bitte sei doch so gut: Gib mir a Chance und kauf' dir endlich a Los!«

Beim »positiven Denken« ist weiterhin notwendig, dass ich mich für die Verwirklichung meiner Ziele unbedingt mit mindestens einem anderen Menschen verbinde, der das selbe Ziel verfolgt wie ich, der den selben Traum hat wie ich, und sei es nur für einen Augenblick, sonst wird das »positiv Gedachte« niemals real existieren. Andere Menschen sind der ganz besonders wichtige Teil der Welt, also Teil dessen, was der Fall ist. Dieser Sachverhalt gilt für die Verwirklichung eines *jeden* Ziels – also auch für schlimme.

Wenn du dich an der Verwirklichung schlimmer Ziele beteiligt hast, musst du dafür natürlich die Folgen mittragen, sogar dann, wenn du nicht direkt daran mitgearbeitet, sondern nur zugestimmt hast, dass es sein darf.

Wer denkt, dass er mit Visualisierungen und sonstigen magischen Operationen ganz für sich alleine seine Träume verwirklichen könnte, ohne sich mit anderen zu verbinden, der ist wie jemand, der auf diese Weise versucht, ein Kind zu zeugen.

Da war übrigens einmal eine Henne, die hatte ein Buch über positives Denken gelesen und sie hüpfte danach täglich über den Hühnerhof mit dem inbrünstigen Ruf: »Ich bin ein Adler! Ich bin ein Adler!« Später kam der Bauer und diese Henne landete im Kochtopf. (Davor hat sie aber noch *offensichtlich* den Kopf verloren.)

Prinzip: Denkvorschrift

Dieses Wort stammt aus dem Lateinischen und bedeutet *Anfang* oder *Grundlage*. Ein Prinzip brauche man deswegen angeblich nicht weiter zu hinterfragen.

Eigentlich sollten Prinzipien eine *Abkürzung für das Lernen* sein, damit man sich unnötige Wiederholungen unangenehmer Lernerfahrungen erspart. Prinzipien haben in einer gewissen Zeit unserer Entwicklung daher ihre Berechtigung und ihren Nutzen. Wenn wir sie jedoch nicht immer wieder neu prüfen, können sie zu einem Hemmnis für weiteres Lernen werden: Das anfangs hilfreiche Instrument wird so zum Klotz am Bein.

Man hat beim Befolgen von Prinzipien gewöhnlich ein gutes Gewissen, weil man denkt, dass man seine Sache gut macht und auf der richtigen Seite ist, und man erkennt einen möglichen Irrtum nur schwer, weil man dabei in so großer und meist illustrer Gesellschaft ist, denn das artige Befolgen von Prinzipien ist ebenfalls ein Mittel, mit denen ein Mensch versuchen kann, seine Zugehörigkeit zu einer bestimmten Gemeinschaft zu sichern.

Dabei könnte aber passieren, dass er nicht nur die wesentlichen Dinge des Lebens versäumt, sondern dass er sich selbst dabei verliert. Wer sich bei seinen Entscheidungen an Prinzipien hält, anstatt selbst immer wieder neu zu entscheiden, was für *ihn jetzt* richtig ist, oder wer sich auf andere Weise nach einer Mehrheit richtet, anstatt das zu tun, was er selbst für richtig hält, der will's im Grunde ja noch seiner Mama recht machen, damit er keinen Ärger bekommt, sondern sich ihr weiterhin zugehörig fühlen kann. (Deine Mama wirst du als kleines Kind nie hinterfragen, denn sie ist für dich wie Gott.)

So bleibt man aber weiter fremdbestimmt, selbst wenn man inzwischen Bundeskanzler oder Amerikanischer Präsident geworden ist.

***Problem*: Erscheinungsform eines Irrtums**

Was ist ein Problem? Sagen wir: Wenn es nicht so läuft, wie du willst und du nicht weißt, was du tun sollst, damit es funktioniert. Ein Problem ist immer eine Folge, ein dahinter liegender Irrtum ist die Ursache. Die Ursache und deren Folgen dürfen keinesfalls verwechselt werden, sonst gibt es keine Lösung, sondern nur eine Veränderung in der Symptomatik, in der Erscheinungsform des Problems.

Der Irrtum besteht entweder darin, dass wir ein Ziel erreichen wollen, das unerreichbar ist (beispielsweise, dass uns *alle* gern haben), oder dass wir eine falsche Methode anwenden, um unser Ziel zu erreichen (dass wir kämpfen, um Frieden zu schaffen, anstatt friedlich zu *sein*). *Der Ur-Irrtum, diese Mutter aller weiteren Irrtümer, besteht darin, dass wir Wesentliches nicht von Unwesentlichem unterscheiden können*: Wir halten unseren Körper für wesentlich, anstatt zu erkennen, dass wir Geistwesen mit einem Körper sind. Somit erleben wir uns als abgetrennt vom Ganzen und sehen nicht, dass wir in Wahrheit mit allem verbunden sind, ganz besonders mit allen Mitmenschen. Wir glauben, dass wir Mängelwesen seien und haben völlig vergessen, dass wir bereits vollkommen *sind.* Nur der Körper gehört zur Natur und unterliegt so lange deren Gesetzen der Evolution, bis wir »erwacht« sind.

Wir bemerken unsere Irrtümer in der Regel nicht direkt, sondern zunächst nur indirekt an den Folgen, die sie nach sich ziehen: Sie rufen unangenehme Aufregungen hervor, verbunden mit Komplikationen. Diese Folgen werden dann fälschlich Problem genannt.

Beim Auftreten eines jeden Problems ist es am besten, wenn du dich zunächst beruhigst, außer, du hast keine Zeit mehr dazu, denn sobald du nämlich *spontan* reagieren *musst*, beispielsweise weil du auf einer Bananenschale ausrutschst, gibt es ohnehin kein Problem mehr: Du handelst dabei geistesgegenwärtig, also *ohne zu denken,* und du wirst dich dabei so verhalten, dass du nicht hinfällst: Das Problem ist gelöst. Wenn du aber aus gewissen Gründen bereits zu einem Tollpatsch geworden bist, dann wirst du wahrscheinlich trotzdem hinfallen, weil du erstens deine biologische Maschine nicht mehr auf die rechte Weise steuern kannst und zweitens nicht mehr zur rechten Zeit loslässt von deinen sinnlosen Versuchen, die Welt – und hier ganz besonders deine biologische Maschine – kontrollieren zu wollen. Nach deiner erfolgten tollpatschigen Spontanreaktion kannst du ja dann im Liegen weiterdenken, wenn du unbedingt willst, beispielsweise, dass du hier deinen Mitmenschen immer ein Stück voraus bist: Wo die noch stolpern, da liegst du schon.

Jedes Problem ist mit eigenem Ärger oder sonstigen unangenehmen Aufregungen und Leiden verbunden. Häufig ärgern sich aber auch andere für dich oder über dich, sofern du es geschafft hast, jemanden mit hinein zu ziehen.

Die japanische und für uns eher langweilige Form des Trainings beim Erlernen einer ihrer Kampfkünste besteht hauptsächlich darin, dass in Tausenden von Wiederholungen bestimmte Bewegungsabläufe eingeübt und automatisiert werden. Das Ziel dabei ist, dass man dann im Bedarfsfall spontan richtig *agiert,* also ohne dabei zu überlegen. Wenn der Samurai bei einem unvermuteten Angriff anfangen würde zu überlegen, gerät er unweigerlich in Nachteil, weil er nur re-agieren würde, *anstatt geistesgegenwärtig zu agieren.* Er wäre immer etwas zu spät dran mit seinen Re-Aktionen und sein Handeln würde damit von seinem Gegner bestimmt, anstatt von ihm selber,

was seinen Tod bedeuten kann. Ein Samurai blieb jedoch beim geistesgegenwärtigen Agieren *innerlich in Ruhe*, obwohl er äußerlich blitzschnell handeln konnte. Er blieb selbst im Angesicht vieler Gegner ruhig, ganz besonders im Angesicht des Todes, weil ein wahrer Krieger nichts fürchtet, weder Schmerzen noch Tod. Er strebt weder einen Sieg an, noch fürchtet er die Niederlage. Er bleibt ruhig und handelt daher angemessen. Bleibe also ruhig beim Auftreten eines Problems, egal, welcher Art, dann wird alles wieder klar und du findest schneller eine Korrekturmöglichkeit oder einen Ausweg.
(Leicht gesagt, nicht wahr?)

Die Folgen eines Irrtums wird man natürlich nicht los, ohne den zu Grunde liegenden Irrtum aufzugeben. Einen Irrtum aufzugeben fällt deshalb so schwer, weil wir ihn ja für wahr halten und uns an unsere Irrtümer und deren Folgen mit der Zeit gewöhnen; abgesehen davon sind wir damit immer in großer Gesellschaft und das gibt uns Sicherheit. *Einen Irrtum aufzugeben bedeutet daher, mit der Furcht konfrontiert zu werden, die Zugehörigkeit zu den bisherigen Gefährten zu verlieren.* Das erzeugt manchmal sogar Todesangst.

Wie bereits skizziert sorgt hier auch unser Gewissen dafür, dass wir bei der Mehrheits-Fahne bleiben und keine unüberlegten eigenmächtigen Aktionen starten – es sei denn, wir befinden uns noch in der Trotzphase. Ein Trotzkopf macht ja das Gegenteil dessen, was er glaubt zu sollen. Das ist natürlich weiterhin fremdbestimmtes Handeln, anstatt selbstbestimmtes.

Wer sich *gründlich* korrigieren will, der kommt also zunächst nicht an Zuständen von Angst und schlechtem Gewissen vorbei. Für viele *eigentlich* Veränderungswillige ist diese Hürde, an Grenzbereichen Mut zu haben, bereits deutlich zu hoch und sie verweigern schon hier. Sie wollen nichts riskieren und gehen auf Nummer Sicher. Wir müssen aber mutig das tun, *was für uns jetzt richtig ist – trotz unserer Angst und unseres schlechten Gewissens*, denn die legen sich erst *nach* deinem selbst bestimmten Handeln wieder. Mit der Zeit bekommst du Übung darin und es fällt dir allmählich leichter, dich an Grenzbereichen zu überwinden.

Solltest du tatsächlich am Ende deiner Mühen erleuchtet sein und alle Grenzen überwunden haben, dann erkennst du auch, dass du schon immer frei warst und es nie anders gewesen ist. Du hattest diese Wahrheit nur vergessen. Damit bist du ein Diener des Großen Geheimnisses, ein »Nicht-Handelnder« geworden und machst alles richtig – automatisch und in grenzenloser Liebe und Freiheit.

Projektion: anderes Wort für *Traum* oder *Feedback*

Der Geist hat die Fähigkeit, schöpferisch tätig zu sein und sich somit selbst auszudehnen. Er gleicht darin seinem göttlichen Ursprung. Er manifestiert sich durch sein Ausdehnen sogar in der Materie, die dann diejenigen Formen annimmt, die seinem Willen entsprechen. Durch sein Ausdehnen transformiert er vorhandene Energie in die von ihm gewünschten Formen und erkennt sich selbst am Ende in seiner Schöpfung wieder – oder auch nicht.

Es geht hier also nicht um die Art von Projektion, die du in Psychologiebüchern findest. Die gibt es ebenfalls, klar, und dabei geht es darum, die eigenen Fehler hinter seinem eigenen Rücken anderen in die Schuhe zu schieben, um auf deren Kosten besser dazustehen. Bei dieser Art von Projektion wird versucht, sich auf eine Weise auszudehnen, bei der andere quasi *verschwinden* sollen – diejenigen nämlich, auf die projiziert wird. Diese anderen sollen entweder verschwinden, indem sie sich ändern und dadurch zu jemand anderem werden als sie gegenwärtig sind, oder sie sollen gleich ganz verschwinden, indem sie getötet werden. Diese Methode, sich auf Kosten anderer ausdehnen zu wollen, funktioniert nicht, denn der »persönliche Gott Nichts« antwortet *entsprechend* und er hält dem Menschen daher seine abgespaltenen Anteile dauernd vor die Nase, damit er diese illusionäre Spaltung erkennen und sich wieder heilen, also ganz werden kann, anstatt weiter zu urteilen.

Die Projektion, um die es hier geht, ist elementarer: Es geht um den gesamten Lebenstraum des Egos, in dem die psychologischen Projektionen nur einen kleinen Teil darstellen. Sobald du dein Ego erfunden hast, tritt nämlich eine scheinbar grundsätzliche Spaltung deines totalen Geistes auf, und zwar in ein scheinbar Äußeres und einem davon abgegrenzten Inneren, dem Ego. Auf diese gespaltene Weise dehnt sich der Geist nun zwar auf einer gewissen Ebene ebenfalls aus, aber er ist gespalten und hat sich selber in wesentlichen Dingen lahm gelegt. Der eine Teil ist jetzt das Ego, der andere Teil das *virtuelle* Außen, das so nicht wirklich existiert, sondern vom Ego nur »geträumt« wird. Der Geist kann sich in diesem gespaltenen Zustand nicht mehr in seiner eigenen Schöpfung erkennen, denn das Ego hat ja die Führung übernommen. Aber das Ego erkennt nicht, dass es selber der Schöpfer dieses Traumes ist: Es hält seinen eigenen Traum für eine äußere Realität. *Damit hat jetzt ein Blinder und zugleich Wahnsinniger die Führung übernommen und es ist ein*

»Bürgerkrieg« entstanden, denn das Projizierte wird zu allem Übel vom Ego meistens als Bedrohung erlebt, ähnlich wie beim Träumen eines Alptraums; es will dann die von ihm selbst erfundenen Bedrohungen angstvoll bekämpfen, um sich auf diese Weise zu schützen. So bekämpft sich das Ego selber und beweist sich selber gleichzeitig, dass es tatsächlich existieren würde.

Obwohl das Ego nur eine Illusion ist und daher auch nur Illusionen erzeugen kann – ebenfalls ein Feedback-Prozess, allerdings ein wenig erfreulicher – erschafft es sich eine virtuelle Welt, eine Welt, die nicht wirklich existiert, aber an deren tatsächliche Existenz das erfundene Ego innig glaubt.

Projiziert das Ego auf der psychologischen Ebene, läuft die gleiche Sache im Kleinen ab: Das »Schlechte« wird bei den anderen gesehen und man erkennt in diesem Spiegel des anderen sein eigenes Gesicht nicht. Projiziert man auf dieser sehr eingeschränkten Ebene zum Beispiel »Gutes« – so etwas gibt es ebenfalls – nennt man das *Bewunderung* oder *Neid.* Die beiden sind identisch und erzeugen daher ähnlich unangenehme Endergebnisse.

Wir projizieren als Egos also nicht auf allen Ebenen direkt ins Nichts, wie im Schlaf etwa, sondern wir benutzen außerhalb unseres Bettes geeignete Projektionsflächen, auf die wir projizieren können. Als Projektionsflächen benutzen wir die Dinge der Welt, die uns *auch dafür* zur Verfügung stehen. Vor allem projizieren wir auf Mitmenschen, die uns zu diesem Zweck (bewusst, aber meist unbewusst) *dienen.* Damit diese psychologischen Projektionen mit all ihren unangenehmen Folgen verschwinden, lernen wir, ehrlich und mit Liebe zur Wahrheit nach unseren eigenen Irrtümern zu suchen, anstatt andere erziehen zu wollen. Wir schauen einfach auf das, was *ist* und gewöhnen uns an, unsere Mitmenschen wirklich offen anzuschauen, *anstatt sie abzuschätzen.* Einfaches Schauen geht nur in Ruhe.

In Alltagssituationen erkennst du psychologische Projektionen zuverlässig daran, dass sie mit »du bist ...« oder mit »ihr seid ...« oder mit »die sind ...« anfangen. Alles, was nach dieser Einleitung folgt, ist eine Projektion und gleichzeitig ein hypnotischer Befehl, der dann von den meisten deiner Mitmenschen befolgt wird, wenn sie nicht achtsam bleiben. Du bekommst daher von ihnen die »Beweise« geliefert, dass du wieder einmal Recht gehabt hast.

Auch diese Art von Projektionen sind ein Schutzmechanismus des Egos und sie sollen die Wahrheit verleugnen, um stattdessen seine erfundene Scheinwelt zu beweisen. *Sie können aber zur Selbster-*

kenntnis führen. Das ist das Gute dabei. Wenn ich mir klar mache, dass ich in jeder Situation nur eine Erscheinungsform meines eigenen Glaubens wahrnehme, kann ich diese Projektionen mit der Zeit auflösen und erkennen, was dahinter ist: Mein eigenes Selbst, das seinem Wesen nach göttlich ist, und das hinter all den Projektionen erkannt werden kann als der Schöpfer dieser Projektionen. Damit hört jedes Urteilen auf. *Der Schöpfer und seine Schöpfung sind wieder eins geworden.* Das Vorlesen aus dem *Tibetischen Totenbuch* am Bett des Verstorbenen dient im dortigen Kulturkreis dazu, den Verstorbenen zwar spät, aber doch noch, daran zu erinnern, dass er nur weiter projiziert und dass er diesen wahrgenommenen Erscheinungen keine wirkliche Existenz zuschreiben soll. Wenn er das durchschaut, kommt sein Geist »zu sich«, erkennt sich selbst wieder als heil und als die Quelle seiner Projektionen, anstatt im Zustand seiner eingebildeten Spaltung zu verbleiben. So kann er befreit ins Große Nichts zurücksinken, aus dem er ursprünglich gekommen ist.

Problematisch ist, dass wir innerhalb der Traumzeit bei unseren Projektionen nicht nur halluzinieren, sondern in diesem Zustand des Wahns tatsächliche Sachverhalte der Welt an sich mit erfundenen Sachverhalten auf völlig verrückte Art miteinander verknüpfen. Dazu kannst du mit Recht Aberglaube sagen. Wir können so einen enormen Nonsens produzieren. Häufig geschieht das sogar in Bereichen, in denen man das kaum für möglich hält, zum Beispiel in vielen wissenschaftlichen Untersuchungen, die für viele bereits eine gewisse Art von Religionsersatz geworden sind:

Da wird etwa die »gemessene Stärke eines Zusammenhanges« zwischen zwei oder mehr Sachverhalten kurzschlüssig in einen Ursache-Wirkungs-Zusammenhang gesetzt und dann vielleicht folgende Behauptung formuliert: »Dauerndes Kopfkratzen *erzeugt* Hämorrhoiden«. (Nein, beruhige dich und kratze ruhig weiter. Ich habe dieses Beispiel nur frei erfunden. Ein derartiger Zusammenhang wurde bisher nicht festgestellt. – Hier aber ein Tipp: Solltest du dich gerade wieder am unteren Ende deines Rumpfes kratzen und nicht am Kopf, hast du sie wahrscheinlich schon.) Die so genannte Stärke eines Zusammenhangs wird in den meisten Fällen statistisch durch den Korrelationskoeffizienten dargestellt. *Der sagt aber nicht das Geringste über Ursache und Wirkung aus und meistens wirkt ohnehin eine verborgene, nicht eine gemessene Variable.*

Übe daher immer wieder, scharf zu unterscheiden zwischen deinen Beobachtungen einerseits und deinen Theorien (Erklärungen) dazu andererseits. Erfinde zu jeder Theorie mindestens eine weitere

Theorie nach dem Muster: »So könnte das *vielleicht* sein, *aber es könnte auch noch ganz anders sein, nämlich folgendermaßen*: ...« Und dann denk' dir etwas *wirklich* Verrücktes aus. Es kann gut sein, dass du damit recht nahe bei der Wahrheit liegst, wenn du genug Fantasie dabei aufbringst.

Die Projektion ist eine schöpferische Fähigkeit, mit deren Hilfe sich der Geist im Nichts selbst erfahren, ausdehnen und verwirklichen und sich somit selbst erkennen kann. Aber er kann diese Fähigkeit im Zustand seiner eingebildeten Spaltung nicht mehr richtig anwenden. Das kleine Ego hat nämlich die Führung übernommen und träumt weiter von großen Taten, wie es dereinst die Welt erretten wird und wie alle Beifall klatschen und sich tief verneigen. Das Naheliegende, das »inwendige Himmelreich«, das tatsächlich Heilung bewirkt, kann das Ego nicht sehen. Egos wollen den ganzen Tag großartig sein, damit sie sich nicht fürchten müssen. Das kleine eingebildete Ego bläht sich andauernd auf, eben weil es sich fürchtet. Wie bei einem Hahnenkampf sieht das manchmal aus, obwohl ein anderer Hahn bei diesem Hahnenkampf nicht existiert, denn der andere Hahn ist nur das eigene Spiegelbild. In seiner Aufregung bemerkt das der Ego-Hahn nicht, kämpft weiter verbissen mit diesem Spiegelbild und tut sich dabei am Spiegel selber weh. Seine Aufregung dabei ist völlig unnötig, weil das Ego ohnehin nicht wirklich existiert, sondern selbst eine Einbildung ist: *In Wahrheit gibt es also auch überhaupt keinen Hahn, der sich weh tut.*

Aber Vorsicht bei diesem Bild. Wende Unterscheidungsvermögen an, denn du darfst hier die verschiedenen Ebenen nicht verwechseln: Dieser »geträumte Hahn« bekommt bei seinem Spiegelkampf möglicherweise doch sehr starke geträumte Schmerzen. Die könnte er jedoch sofort wieder loswerden, sobald er bemerkt, dass er gerade projiziert und dass er selbst in Wirklichkeit überhaupt kein Hahn ist, sondern der Schöpfer dieses Hahnes.

Projektive Identifizierung: Auswirkung einer kindlichen Liebe

Dieser Begriff stammt aus der psychoanalytischen Theorie; damit ist gemeint, *dass sich deine jeweiligen Gegenüber für dich oft so zu benehmen beginnen, wie du das aufgrund deiner unbewussten Projektionen von ihnen erwartest, damit du dich weiterhin im Recht fühlen und so bleiben kannst, wie du jetzt bist. Weil du gleichzeitig stark auf diesen Gegenüber fixiert bist – gewissermaßen sogar mit ihm identifiziert – musst du ihn dann dauernd kontrollieren, damit du ihn nicht noch mehr fürchtest.*

Du kannst diesen Prozess gut zwischen Eltern und deren Kindern beobachten, denn Kinder sind ja von ihren Eltern stark abhängig: Kinder werden einerseits wie ihre Eltern, indem sie diese imitieren und so sein wollen wie die; sie wollen sich in der Einheit mit ihnen fühlen können und so vor allem ihre dringend benötigte Zuwendung erhalten. Andererseits erfüllen sie dabei auch unbewusste Botschaften ihrer Eltern nach dem Motto: »Wenn ich also ein Sorgenkind sein soll, dann bin ich aus Liebe zu dir so, wie du mich jetzt brauchst.« Dieser Wunsch, es den Eltern recht zu machen und ihnen gleich zu werden, ist ein normaler Ausdruck der kindlichen Liebe, die ja »magisch« ist und daher die Bereitschaft beinhaltet, sich für die geliebten Eltern notfalls zu opfern. Ein Kind kann sich zwar instinktiv für eine gewisse Zeit gegen projektive Identifizierungen seiner Eltern zur Wehr setzen, aber letztlich muss es dann doch nachgeben und so werden, wie es von denen erwartet wird.

Klar ist natürlich, dass dieser Prozess förderlich für die Entwicklung des Kindes sein kann, wenn die Eltern »Gutes« auf ihr Kind projizieren, z.B. Vertrauen in ihr Kind setzen. Ihr Kind wird dieses Vertrauen mit der Zeit rechtfertigen. Hinderlich wäre wiederum, wenn die Eltern ihr Kind mit ihren Projektionen überfordern, weil sie zu viel erwarten.

Projektive Identifizierungen laufen auch zwischen Erwachsenen ab, beispielsweise nach dem Muster: »Wenn du es unbedingt so willst, dann bin ich *für dich* eben ein Arschloch.« Da der Prozess aber völlig unbewusst ist, führt er gewöhnlich dazu, dass mein Gegenüber, der sich jetzt *für mich* aus seiner unbewussten Liebe tatsächlich wie ein Arschloch zu benehmen beginnt, von mir keinen Dank erwarten kann. *Ich brauche ihn so, wie er für mich ist*, damit ich auf seine Kosten gut dastehen und mich im Recht fühlen kann. Dieses Verfahren führt daher für alle Beteiligten zur Verlängerung ihres gemeinsamen Leidens, bis einer von ihnen die Sache durchschaut und sich neu entscheidet.

Vielleicht merkt es der Projizierende als Erster und sagt: »Danke, dass du für mich bisher das Arschloch gewesen bist. Aber jetzt erkenne ich, dass du gut bist und dass ich dir noch etwas schulde zum Dank und zum Ausgleich für dein Entgegenkommen. Ich habe jetzt meine Irrtümer über uns beide korrigiert und höre auf, dich weiterhin verändern und bekämpfen zu wollen. – Lass uns gemeinsam mit den anderen etwas Schöneres spielen.«

Oder das bisherige »Arschloch« bemerkt die Sache zuerst und sagt zu sich: »Ich habe für dich, wenn auch ungern, das Arschloch gemacht, damit du dich bestätigt fühlst. Für die Folgen dieser Entscheidung bin ich selber verantwortlich. Schade, dass du noch nicht erkannt hast, dass du in Wirklichkeit gut bist, dann würdest du keine Arschlöcher mehr um dich herum brauchen, damit du dich auf deren Kosten als das Opfer sehen kannst. Ich höre jetzt damit auf, weiterhin für dich eines zu sein und bin freundlich zu dir, obwohl du mich immer noch so behandelst, als ob ich ein Arschloch wäre. Aber bitte lass' das lieber, sonst werde ich mich wohl von dir zurückziehen. Das wäre schade.« Es würde reichen, wenn es sich dabei um innere Dialoge handelt, wenn dir die Sache also bewusst wird, denn der andere könnte darauf bestehen, sich trotzdem weiterhin wie ein Arschloch zu benehmen oder dich weiter so zu behandeln, als ob du eins wärst – aus alter Gewohnheit sozusagen und weil es sein Traum ist, ein Arschloch zu sein. Du kannst diese Sache also auch nennen: »Jemanden in einen Traum hineinziehen« oder »sich in einen Traum hineinziehen lassen«. (Falls du *Hellingers* Arbeit kennst, kannst du auch sagen, dass du versehentlich in eine »Aufstellung« geraten bist.)

Wir sollten lernen, möglichst schnell zu bemerken, was da läuft und uns bewusst entscheiden, in welchen Träumen wir mitwirken und in welche eigenen Träume wir unsere Mitmenschen hineinziehen wollen, denn alle Beteiligten müssen gemeinsam die jeweiligen Folgen tragen. Diese Entscheidung sollte eigentlich einfach sein, denn es gibt ja nur zwei Arten: Träume von Liebe und Träume von Furcht. Entweder inszenieren wir mit anderen »Problemaufstellungen« oder »Lösungsbilder«, bei denen alle Beteiligten gut dastehen dürfen, selbst wenn sie vorher bei der Problemaufstellung noch als »Böse« mitgeholfen haben.

Vielleicht ist die »projektive Identifizierung« nur ein Ergebnis der *alltäglichen Telepathie.*

Psychose: Neurose, aber krasser

Die Psychose ist eines der kompromisslosesten Abwehrsysteme des Egos und wirkt sich bereits derartig krass aus, dass sogar wir Normalneurotiker den Wahn darin erkennen können – im Gegensatz zum eigenen Wahn, den wir als (statistisch gesehen) Normale ja mit der Mehrheit teilen und der deswegen für uns als wahr »bewiesen« ist. Da Psychotiker zusätzlich auf einem höheren Ross sitzen als Normalneurotiker, kämpft ihr Ego auch deutlich vehementer gegen die Wahrheit.

Über die Ursachen von Psychosen wird noch heftig spekuliert und eine Heilung gelingt nur selten. Das wird wohl daran liegen, dass die Spekulationen falsch sind. Wir könnten aber durch ein genaues Studium des psychotischen Wahns auf eine Wahrheit kommen hinsichtlich der Art und Weise, wie unser eigener gespaltener Geist funktioniert: Wir projizieren ja selber andauernd unsere Geistesinhalte nach »draußen« und können sie danach meist nicht mehr als unsere eigenen Projektionen erkennen. Stattdessen meinen wir, genau wie ein Psychotiker, dass diese Projektionen eine objektive Wirklichkeit hätten, dass sie also unabhängig von uns existieren würden. Durchschauen wir diesen Mechanismus, können wir erkennen, *dass wir nur das wahrnehmen, was wir zu sein glauben. Wir würden erkennen, dass wir träumen und könnten jetzt Traum und Träumer endlich unterscheiden.*

Wir sind bis zu einem gewissen Stadium unserer Erkenntnis ohnehin wie Schlafwandler und kaum imstand, unsere Einbildungen von Tatsachen zu unterscheiden. Wir halluzinieren oder träumen andauernd, sehen dabei das Innere »draußen« und umgekehrt, wenn wir uns zum Beispiel Sachen anderer Leute zueigen machen, die uns nichts angehen. Psychotiker machen das *etwas* stärker als »Normale«. Unser Normalwahn ist so zum »Hintergrund« geworden, wie es in der Gestaltpsychologie heißt, und er ist daher nur noch erfahrbar, wenn sich eine »Figur« von diesem Hintergrund abhebt. Erst wenn es wieder einen Unterschied gibt, wird auch dieser Hintergrund wieder wahrnehmbar. Die »Figur« des Heiligen hilft uns im Idealfall, unseren eigenen wahnsinnigen Hintergrund wahrzunehmen. Deshalb wird ein Heiliger vom Ego als massive Bedrohung angesehen. Der Psychotiker könnte uns in ähnlicher Weise helfen und deshalb bekommt er ganz ähnliche Reaktionen seiner Mitmenschen zu spüren.

Weil wir mit unserem Mehrheitswahn ganz klar in der absoluten Mehrheit sind, wird unser Mehrheitswahn aber nicht automatisch wahr. Deshalb brauchen wir die »echt Verrückten« in gewisser Weise sogar, damit wir unseren eigenen Wahn nicht völlig aus den Augen verlieren, sondern einen *Vergrößerungsspiegel* dafür haben. Unter anderem deswegen ist Dankbarkeit ein angemessenes Gefühl gegenüber »Geisteskranken«.

Es muss ohnehin einen Unterschied geben, damit wir überhaupt etwas wahrnehmen können. *Ohne Unterschiede gibt es keine Wahrnehmung* und ohne Veränderung gibt es ebenfalls keine Wahrnehmung, weil dann bald nichts mehr einen Unterschied machen würde. Was sich nicht verändert, ist für Lebewesen nämlich ohne Bedeutung. Deshalb sind die Sinnesorgane unserer biologischen Maschine genau wie die Sinnesorgane aller Lebewesen auf das Wahrnehmen von Unterschieden und von Veränderungen programmiert. Wir können also in Wirklichkeit niemals »immer das Gleiche« wahrnehmen. Das erscheint nur so, weil wir nicht genug auf die Unterschiede achten.

In seinen nächtlichen Träumen erlebt jeder von uns jede Nacht, wie das ist, wenn das »Innen« scheinbar außen auftaucht, und wie stark man sich dadurch als ausgeliefert erlebt, so lange man das nicht durchschaut. Durchschauen wir diesen Sachverhalt nicht, so werden wir zu Opfern unserer eigenen Einbildungen. Wir sind dann nicht mehr fähig, unsere gelegentlichen Erleuchtungen, die in nächtlichen Träumen eintreten können, auf der anderen, der materiellen Ebene, zu realisieren. Durch unsere nächtlichen Träume könnten wir nämlich ab und an erkennen, dass wir in Wirklichkeit viel mehr Fähigkeiten haben und viel mehr wissen, als das außerhalb unseres Bettes der Fall zu sein scheint. Leider achten wir kaum darauf oder wollen das nach dem Aufwachen nicht mehr glauben. Schade.

Unser nächtliches Träumen dürfte zu Recht »wahnsinnig« genannt werden, weil wir dabei wähnen, dass »da draußen« etwas ganz anderes sei als »hier drinnen«. Trotzdem würde es keinem einfallen, den Träumer eines nächtlichen Traums als Wahnsinnigen zu bezeichnen, obwohl er das in seinen Träumen tatsächlich ist. Erst wenn er aus dem Bett steigt und auf die gleiche Weise weiterträumt wie im Bett, würde das zutreffen. Er würde damit die Ebenen verwechseln und bekäme deshalb automatisch Ärger. Sobald wir »Normalen« vom schmalen Grat des Erlaubten innerhalb des vorgegebenen Normwahns zu sehr abweichen, bekommen wir Ärger. *Wir sollten daher beizeiten die Regeln lernen und uns danach richten, selbst wenn einige uns nicht gefallen.* Wer sie aus gutem Grund doch einmal brechen muss, der wird das schon rechtzeitig merken und es dann auf die rechte Weise tun.

In manchen Kulturen wurden Psychotiker sogar als Direktleitung zu den Göttern angesehen, die sich durch den Mund ihrer entrückten Diener den Normalsterblichen offenbaren wollten. Man kann also eine weitere Ebene finden im Zusammenhang mit Psychosen, nämlich eine spirituelle. Eine meiner Bekannten erhielt in so einem Zustand den »göttlichen Ruf«, nackt in die Stadt zu gehen und den Leuten zu sagen, dass wir alle Brüder und Schwestern von Jesus sind, und sie sollte die Leute dabei segnen. Bedauerlicherweise führte sie diesen Auftrag aber *wörtlich* aus, so wie das ein kleines Kind tun würde. Zwanzig Minuten später kam die Polizei und sie landete folgerichtig in der Psychiatrie.

Ernst zu nehmende Forscher vertreten die Ansicht, dass etliche der biblischen Propheten, *Jona* beispielsweise, Psychotiker waren, die in ihren Anfällen direkten Kontakt zu »göttlichen Dimensionen« hatten. (Leider kann ich dazu keine Quellenangabe machen, weil mir komplett entfallen ist, wo ich das gelesen habe.) Das könnte gut möglich sein, zumal bekannt ist, dass Heilige und Verrückte manchmal schwer zu unterscheiden sind, weil sie sich oft ähnlich aufführen und in der Regel andere damit erschrecken. Rein theoretisch kann es möglich sein, dass in unseren Psychiatrien »echte« Propheten unter der Wirkung von Psychopharmaka dahindämmern und so ihren Job nicht erledigen können. Sollten die Psychotiker tatsächlich irgendwelche Boten sein, dann wäre das ziemlich schlecht für die jeweiligen Empfänger der Botschaften. (Aber heutzutage hört man ohnehin nur noch auf die Irrenärzte, nicht mehr auf ihre Patienten. Ich halte das für bedauerlich.)

Dazu fällt mir jetzt eine Geschichte ein über einen erleuchteten Meister, der sich oft etwas seltsam benommen hat und der daher von seinen Mitmenschen für verrückt gehalten wurde. Am Ende der Geschichte sagte er zu seinen Kritikern: *»Ja, ich bin verrückt – aus Liebe. Ihr aber seid gesund aus Mangel an Erkenntnis.«*

ααα

Rationalisierung: anderes Wort für Erklärung. Form der Lüge

Ursprünglich wurde der Ausdruck im psychologischen Zusammenhang von *Freud* eingeführt. Der bezeichnete damit eine unbewusste Methode, sich selbst (und anderen) einen Unsinn oder einen Widerspruch so lange zu erklären, bis dann alles logisch und vernünftig *aussieht.*

Die Rationalisierung gehört ebenfalls zu den Abwehrtechniken des Egos, genau wie die *Verleugnung*, mit der sie eng verwandt ist.

Das Ego fürchtet sich andauernd vor irgendetwas und es will sich daher jederzeit verteidigen können. Dabei ist es enorm erfinderisch im Schwindeln, besonders wenn es um »genaue« Erklärungen offensichtlicher Widersprüche geht. Wer echte Spezialisten für Rationalisierung beobachten will, um das näher zu studieren, der sollte sich gelegentlich so genannte Expertenrunden im Fernsehen anschauen. Oder noch besser: Er hört Politikern genau zu, wenn sie erklären, warum sie alles richtig gemacht haben, besonders dann, wenn es überhaupt nicht funktioniert hat. (Meist reicht es bereits, wenn man sich selber etwas genauer zuhört.)

Erklärungen sind immer ein Schwindel, sofern ich sie nicht ausdrücklich als meine derzeitige Ansicht kenntlich mache und den entsprechenden Zweck verdeutliche, zu dem sie jetzt von mir formuliert werden. Erklärungen haben jedoch mit den Tatsachen *überhaupt nichts* zu tun, höchstens zufällig. Eine Erklärung besagt nämlich, wie der Erklärende gerne *hätte*, dass es sein soll, weil es ihm so besser in seinen Kram passen würde. Sein Ego will sich noch mehr absichern und er versucht daher in einem nächsten Schritt, seine persönlichen Ansichten zu einem Gesetz für die gesamte Menschheit zu machen, damit er weiterhin ein Gefühl der Zugehörigkeit haben kann und zusätzlich das Gefühl, völlig im Recht zu sein. (Eine echt geile Kombination für ein Kind.) Sobald er das macht, ist er ein Fundamentalist geworden.

Eine kleine Übung dazu: Beobachte, wo und auf welche Weise du Erklärungen formulierst, indem du gewisse Sachverhalte beobachtest und dann Ursache-Wirkungs-Zusammenhänge behauptest. Du erkennst eine Erklärung daran, dass sie *Weils* enthält. (Von mir aus kannst du dazu »Theorie« sagen, falls du studiert hast.)

Da ist beispielsweise die Beobachtung des klaren Sachverhaltes, dass du öfters mit deinem Partner Streit hast und du behauptest, das sei so, *weil* dein Partner eifersüchtig ist und *weil* er nicht einsehen will, dass *er* ein Problem hat. (Das ist dann deine »explizite Theorie«, dein Glaube, deine Erklärung dafür, dass ihr streitet.)

Nun zum nächsten Teil der Übung: Ersetze jedes *weil* in deiner Theorie durch ein *und*. Schau, was sich ergibt: Jetzt ist das eine aufgereihte Mixtur von beobachtbaren Sachverhalten und von ungeprüften Behauptungen geworden: »Ich streite öfters mit meinem Partner *und* er ist eifersüchtig *und* er will nicht einsehen, dass *er* ein Problem hat.« Sachverhalt wäre bei dieser Geschichte natürlich ebenfalls, dass jeder Mensch mit einem eifersüchtigen Partner selber ein derartiges Problem hat, sonst würde er keinen solchen Partner haben und nicht mit ihm wegen so etwas streiten. Du siehst: der Boden der Tatsachen ist bereits ferne, denn mindestens ein wichtiger Sachverhalt fehlt und er ist nicht der einzige, der hier fehlt.

Du kannst diese kleine Sammlung betrachten, anschließend wieder miteinander verknüpfen und dazu weitere Theorien erfinden, etwa die Folgenden:

»Es ist ein Beweis meiner inneren Größe, einen Partner zu ertragen, der nicht einsehen will, dass er ein Problem hat«;

»Eifersucht ist ein deutliches Zeichen seiner Liebe zu mir.«

»Ich selber projiziere keinesfalls, sondern ich bin bereits hell erleuchtet und habe daher vollen Durchblick.«

Das wären jetzt deine »impliziten Theorien«. So werden diejenigen Erklärungen genannt, die nicht offen formuliert, sondern die ungeprüft und gewöhnlich auch unbewusst vorausgesetzt werden; daher sind sie schwerer zu entdecken.

Nun stelle im nächsten Schritt aus Spaß absichtlich »absurde« neue Verknüpfungen zwischen den vorliegenden Sachverhalten und deinen Theorien her, beispielsweise: »Meine Frau liebt mich, *weil* ich so wenig Geld habe und *weil* ich so viel im Wirtshaus hocke und *weil* ich dabei mit anderen Weibern rummache und *weil* ich bereits erleuchtet bin.«

(Diese aus Spaß erzeugten Verknüpfungen haben übrigens den selben Wahrheitsgehalt wie alle anderen derartigen Verknüpfungen, nämlich den Wahrheitsgehalt Null. *Und gleichzeitig haben sie auf einer gewissen Ebene auch den Wahrheitsgehalt »komplett wahr«!*)

Du hast sicher nach dieser Übung gemerkt, dass Weils im Grunde Schwindel sind, sofern sie nicht klar als eine von vielen möglichen Ansichten dargestellt werden. Als Tatsache ist nur ein einfacher Sachverhalt zu beobachten, und zwar, dass du mit deinem Partner dauernd Streit hast und dabei denkst, *er* sei dein Problem; trotzdem willst du dich nicht von ihm trennen, sondern du denkst sogar, das alles hätte mit Liebe zu tun. *Dein Partner scheint der gleichen Ansicht zu sein, sonst würde er dich nämlich verlassen.*
Das ist doch seltsam, findest du nicht?

Die Hauptmethode beim Rationalisieren besteht in dem Versuch, Tatsachen zu ignorieren und stattdessen persönliche Ansichten und Schlussfolgerungen als Tatsachen hinzustellen. Andersartige Sichtweisen werden – zusammen mit deren Vertretern – möglichst zügig und je nach persönlicher Note mitunter auch grob verunglimpft. Wenn das gelingt, fühlt man sich wieder eine Weile sicher und gut.

Aber nicht sehr lange, denn der Feinde sind gar viele und es gilt noch viele Schlachten zu schlagen für die Wahrheit.

Die Tendenz, das Eigene, meine »These«, zu unterstreichen und das andere, die »Anti-These«, herabzusetzen, liegt sogar in der Natur unseres Nervensystems begründet und wird hier als *Grabeneffekt* bezeichnet. Damit ist die Tatsache gemeint, dass eine angeregte Gruppe von Neuronen in der Großhirnrinde immer von einem gleichzeitig gegensätzlich entladenden Ring von Neuronen umgeben ist, der kontrastierend wirkt. *Der Grabeneffekt ist unvermeidbar*, aber du kannst ***üben***, seine Auswirkungen zu beobachten, anstatt ihm blind zu verfallen. Das geht am besten, indem du lernst, dich erst zu beruhigen, ehe du dann *bewusst* auf das reagierst, was ein anderer gesagt oder getan hat. Der *Erstimpuls* würde bei dir nämlich *sofort* zu einer gegensätzlichen Entladung führen, sobald du hier nicht achtsam bist und dann wärst du fremdbestimmt, anstatt selbstbestimmt: Wenn dich beispielsweise jemand rügt oder anderweitig angreift, dann verteidigst du dich ja gewöhnlich, was meistens zu einer Debatte führt, anstatt zu einer Lösung; oder du reagierst erschrocken und ziehst den Schwanz ein, was ebenfalls keine Lösung sein kann. Diesem ersten Impuls solltest du daher widerstehen, dich zunächst beruhigen und stattdessen beim Gegenüber eine »Ja-Haltung« hervorrufen. Das geht am besten, indem du etwas sagst, wozu der andere »ja« sagen *muss*. (Unterstelle ihm bei deiner Antwort beispielsweise eine gute Absicht bei seiner gerade geäußerten Kritik.)

Besonders ist der Grabeneffekt wieder in der Politik zu beobachten, wenn es darum geht, den politischen Gegner herabzusetzen, um so das Eigene zu erhöhen. Hier allerdings wird kaum zu erwarten sein, dass die Beteiligten eine Ja-Haltung beim anderen erzeugen wollen, weil die eigenen Ängste in diesem Metier viel zu groß sind.

In Partnerschaften kann man den Grabeneffekt oft als einen *Dauerzustand* beobachten, wenn etwa der Zwanghafte einen Chaoten oder der Geizkragen einen Verschwender zum Partner hat. Beide Parteien haben ihre guten Gründe und rationalisieren im Streit munter drauf los, wieso gerade ihre eigene Haltung die Welt retten würde, die des Partners hingegen den Untergang des Abendlandes beschleunigt. Könnte man die beiden mischen und danach durch zwei teilen, hätte vermutlich jeder die richtige Dosis, anstatt seiner einseitigen Überdosis. Der jeweilige Partner zeigt dir im Konfliktfall also, was du an dir selbst noch *zum Licht* bringen musst, damit es gut werden kann für alle Beteiligten. Hör' auf, deinen Partner nach deinen Vorstellungen formen zu wollen, sonst ist der noch weg, ehe du dich versiehst und du hast wieder nichts dazugelernt. Beim nächsten Partner wird vielleicht alles anders: Dann bist du wahrscheinlich derjenige, der den Schwarzen Peter hat.

Der Grabeneffekt kann übrigens auch umgekehrt wirken. Dabei wird das Eigene herabgesetzt und das andere hochgehoben. Das ist meistens noch unangenehmer.

Der Grabeneffekt heißt im Volksmund *Gegensätze ziehen sich an* und in der Philosophie Dialektik (»jede These erzeugt ihre Anti-These«).

Du kannst deine Rationalisierungen als einen Grabeneffekt ansehen, der entsteht, *sobald die Fehlkonstruktionen deines Egos in irgendeiner Form durch die Wirklichkeit der tatsächlichen Sachverhalte angegriffen werden.* Meinetwegen sagst du dazu »die Dualität der Welt«, wenn dir das besser gefällt. Übe jedenfalls bei jeder Gelegenheit, diesen Grabeneffekt genau zu beobachten, anstatt ihn sofort auszuagieren oder ihn wegen deiner Hemmungen so lange zu rationalisieren, bis du deinen Irrtum nicht mehr erkennen kannst.

Reue: Trauer auf Grund der Einsicht in eigene Irrtümer und deren Folgen

Reue hat weder mit Schuld noch mit Angst vor Strafe zu tun, *sondern Reue ist eine besondere Form der Trauer, die auftritt, sobald ich erkenne, welch schlimme Folgen mein bisheriges Handeln für mich und für all die anderen gehabt hat, die sich hineinziehen ließen in meinen Alptraum.* Diese Trauer, die aufgrund der Einsicht in meine Irrtümer und deren Folgen entstanden ist, ermöglicht meine Korrektur und gibt mir die Kraft zur Umkehr. Je stärker sie ist, desto mehr Kraft habe ich zur Verfügung für die notwendigen Korrekturen.

Ohne Reue ist einem normalen Menschen die Korrektur seiner Irrtümer nicht möglich. Er muss dann weiter lernen über das Leiden. *Wer sich im Recht fühlt oder wer sich als Opfer sieht, der wird daher keine Korrekturen bei sich ausführen und kann nicht geheilt werden. Er fühlt sich ja im Recht und denkt, andere müssten etwas einsehen und korrigieren.* Er ist also gegen Heilung weiterhin immun und kann noch nicht von einem Heiler »angesteckt« werden. Du könntest vielleicht inzwischen für so jemanden beten. (Das bedeutet: Heilsames für ihn wünschen). So etwas tut dir wenigstens selber gut.

ααα

Schicksal: Auswirkung einer »höheren Ordnung«

In unserem bisher bekannten Universum sind alle beobachtbaren Elemente und Strukturen in Strukturen höherer Ordnung eingebettet. Diese wiederum sind ihrerseits in übergeordneten Systemen zusammengefasst und so fort, wobei man derzeit über die viel höheren und vor allem über die Höchste Ordnung nur spekulieren kann. Diese Ordnungen und alle darin enthaltenen Elemente haben einen gegenseitigen Einfluss aufeinander, der anscheinend einer gewissen Hierarchie unterliegt. Der Physiker *David Bohm* hat sich mit beobachtbaren *und verborgenen Ordnungen – impliziten*, wie er sie genannt hat – befasst und seine Erkenntnisse veröffentlicht. Aus biologischer Sicht hat sich hauptsächlich *Rupert Sheldrake* mit solchen Strukturen beschäftigt und aus »therapeutischer« Sicht in den letzten Jahren besonders *Bert Hellinger*. Erfunden hat das keiner von denen, sondern jeder hat dieses Prinzip auf seinem eigenen Spezialgebiet gefunden und weiter untersucht.

Die höheren Ordnungen »bedienen« sich offenbar in gewisser Weise dieser untergeordneten Elemente, sie nehmen sie gewissermaßen »in den Dienst«, wie *Hellinger* sich hier ausdrückt. Dabei ist naturgemäß davon auszugehen, dass innerhalb der niederen Ordnungen nur wenig Einsicht und Erkenntnis vorzufinden sind bezüglich der größeren Zusammenhänge. Elemente untergeordneter Systeme erfahren sich, sofern sie überhaupt bewusstseinsfähig sind, eher als Opfer oder sonst in einer Weise ausgeliefert an diese höheren Mächte. Beispielsweise ist das so bei Kindern, die in den dramatischen Sog ihrer belasteten Familie hineingeraten sind und nicht verstehen, was da passiert, sondern nur sehen, dass es für viele geliebte Wesen schlimm ist. Meist verurteilen sie dann bestimmte Personen und suchen auch später noch Schuldige, die verantwortlich gemacht und bestraft werden können für das Schlimme, anstatt nach einer Lösung zu suchen. Du kannst dir selber Beispiele suchen, wie übergeordnete Strukturen die ihnen einwohnenden Strukturen »benutzen« und in den Dienst nehmen. Von mir aus nimm das Militär als Beispiel. Wir wollen ja hier das Prinzip verstehen, anstatt zu urteilen.

Das *Konzept* »Schicksal« wird in Verbindung mit der *Rationalisierung* häufig als Argument eingesetzt, um sich vor der eigenen Verantwortung zu drücken. Bei dieser Argumentation soll die Freiheit des Willens widerlegt werden, damit man seine Unschuld beweisen kann, denn gegen Schicksalsmächte kann man sich bekanntlich nicht erfolgreich wehren. Ankämpfen ist in wirklichen Schicksalszusammenhängen selbstverständlich kein Ausdruck von Samurai-Geist, sondern ein Beweis für mangelnde Erkenntnis. Das wäre ja fast so, als ob ein tapferer kleiner Bergbauer eine Lawine aufhalten wollte, indem er sich ihr in den Weg stellt. *Stimme dem Wirken der Schicksalsmächte in dem Fall zu und lerne zunächst mitzuschwimmen, bis ein Zeitpunkt kommt, wo du wieder eigenmächtig handeln kannst.* Sich dagegen wehren zu wollen ist sinnlos und daher dumm, denn du hast trotzdem eine Wahl: *Du kannst dem Wirken dieser Schicksalsmächte zustimmen, selbst wenn du den Zusammenhang nicht überblickst und jetzt noch keinen Sinn darin erkennen kannst.* Das wäre Demut und die kann vielleicht später trotz allem noch heilsam wirken.

Benutzt du »Schicksal« jedoch als Konzept, so behauptest du damit gleichzeitig, dass deine Entscheidungen nicht aus eigenem freiem Willen erfolgt sind, sondern dass du das Opfer einer »Schicksalsmacht« geworden bist und daher für die Folgen deines Handelns nicht verantwortlich gemacht werden darfst. Du kannst dann argumentieren wie *Adolf Eichmann*, der bis zum Schluss nicht recht verstand, warum ihn die Israelis zum Tod verurteilt hatten, wo er doch nur seine Pflicht getan hatte – und seine Pflicht zu tun ist doch nichts Böses, sondern etwas Gutes: Er war nur brav. So denken eben Kinder

Mit dieser Haltung wird eine Befreiung unmöglich, denn ein Opfer kann sich nicht befreien, sondern muss auf eine höhere Macht warten, die es aus dem in Wirklichkeit selbst erzeugen Jammertal wieder herausholt. Wer sich nicht als den Schöpfer seines Traumes erlebt, eines Traumes, den er gemeinsam mit seinen Mitträumern erzeugt hat, der ist sein eigenes Opfer geworden und kann sich nicht mehr aus seiner selbst erfundenen Hölle befreien.

Schuld: Sachverhalt als Folge eigenen Handelns bei Irrtümern

Im Gegensatz zum Schuldgefühl, das völlig folgenlos bleibt hinsichtlich einer notwendigen Veränderung, *ist Einsicht in eigene Schuld Anlass für tatsächliche Korrekturen in deinem Geist,* weil sie nämlich zur Reue führt. Besser ausgedrückt wäre der Sachverhalt, um den es hier geht, allerdings mit dem Wort *Schulden*:

Auf gewisse Weise hat sich ein Schuldiger verschuldet, indem er zum Beispiel auf irgendeiner Ebene seines Lebens mehr genommen als gegeben hat, oder er hat etwas genommen, ohne ein Recht daran zu haben und auf diese Weise andere in seinen schlimmen Traum hineingezogen. Die Einsicht in diesen Sachverhalt, die mit Reue als einer besonderen Form von Trauer und Schmerz einhergeht, erzeugt zusammen mit der umgehend ausgeführten Korrektur seines erkannten Irrtums sofort einen anderen Geisteszustand, der wiederum sofort ein anderes »Echo« hervorruft, das sein verändertes Handeln dann weiter »verstärkt«, wie die Verhaltenstherapeuten sagen würden. Damit kommt eine neue Feedback-Schleife in Gang und verstärkt das Neue auf eine Weise, dass manchmal erstaunliche Veränderungen in kurzer Zeit geschehen können und man oft sogar von einem Wunder spricht.

Einsicht in eigene Schuld hat überhaupt nichts mit Strafe und Leiden zu tun, sondern führt im Gegenteil immer zu Heilung und zur Befreiung. Was soll denn das auch nützen, wenn ich mir selber etwas Schlimmes antue, oder andere dazu veranlasse, mich zu bestrafen, um auf diese Weise meine Taten ungeschehen machen zu wollen? Ich habe sie aufgrund meines bisherigen Irrtums ja mit gutem Gewissen ausgeführt oder dem Gefühl, im Recht zu sein. Dann wäre eine weitere Dummheit dazugekommen, die ohnehin dem magischen Denken eines Kindes entstammt. Es geht bei eigener Schuld um die Einsicht in vorliegende Zusammenhänge und die Anerkennung der schlimmen Folgen, die auf einer gewissen Ebene durch mein Handeln entstanden sind, denn sonst ist keine Korrektur möglich. (Ähnliches ist mit den Begriffen Verantwortung und Karma gemeint.) Sobald ich für den Ausgleich meiner Schulden sorge, kann ich zusammen mit den anderen Beteiligten wieder einen neuen Traum träumen – diesmal einen schönen Traum. *Zahlen schafft Frieden,* rät der Volksmund hierzu.

Im Ritual der katholischen Ohrenbeichte ist *dieser* Weg zur Befreiung gut sichtbar:

Mir muss erst einmal auffallen, dass etwas nicht richtig funktioniert. Damit ich das bemerke gibt es diverse Störungen in meinem Leben, die als Folge meiner Irrtümer zwangsläufig auftreten. Daraufhin entscheide ich mich – gewöhnlich nach einer gewissen Leidenszeit – mir die Sache genauer anzusehen, um möglichst schnell herauszufinden, wo *mein* Fehler liegt. Das wird Gewissenserforschung genannt. Ich kann mir als guter Katholik zu diesem Zweck eine Anleitung besorgen, die Beichtspiegel heißt und die eine Auflistung der gebräuchlichsten Irrtümer darstellt.

Wenn ich endlich einsehe, was ich da angerichtet habe und mir die Folgen meiner Irrtümer klar werden, überkommt mich eine tiefe

Trauer, die Reue genannt wird. Um mich von den Folgen meiner Irrtümer wieder zu befreien, suche ich mir jetzt einen »Beicht-*Vater*«, von dem ich sicher weiß, dass er mich *nicht verurteilt* und der auch nichts ausplaudert hinter meinem Rücken, sondern der mir hilft herauszufinden, wie ich wieder einen Ausgleich schaffen kann, um meine Schulden zu begleichen und so auch deren Folgen los zu werden. Ich muss also etwas *tun* zum Ausgleich, was ich sonst vielleicht nicht tun würde. Durch dieses Ausgleichen der Schulden werde ich wieder frei von der entstandenen Bindung. Zahlen zum Ausgleich nennt man im Beichtritual *Buße*. Sie wird von den »Sündern« aber als Strafe missverstanden. Deswegen kehren sie bald zu ihren Irrtümern zurück.

Der Beichtvater spricht mich aber bereits *vor* dem Ausführen der vereinbarten Buße von den Folgen meiner Irrtümer frei, was ich wirklich interessant finde. Das heißt dann Absolution. Danach bin ich wieder frei, neu zu entscheiden, ob ich nun weiter sündigen will, also zu meinen Gewohnheiten zurückkehre, oder ob ich lieber »in Ordnung« *sein* und auch *bleiben* will. Habe ich meinen Irrtum aber tatsächlich erkannt und korrigiert, dann entscheide ich mich natürlich für die Ordnung.

Leider wird Buße, wie erwähnt, mit Strafe verwechselt, was vollkommen absurd ist. Ist denn das vielleicht eine Strafe, wenn ich meinem Freund sein Geld wieder zurückgebe, das ich mir von ihm geborgt habe und freiwillig noch etwas dazu, nämlich mindestens meinen Dank? Wir freuen uns beide nach dem Zurückzahlen und sind endlich wieder frei in unserer Beziehung und freundlich miteinander. Dieser Zusammenhang hat nicht das Geringste mit Moral zu tun – höchstens mit Physik. Was aber würde es meinem Freund nützen, wenn ich mir, anstatt zu bezahlen, zur Buße mit einem Hammer auf den Kopf schlage? Das ist blanke Dummheit, wie jeder schnell sehen kann. Trotzdem tun sich viele aus »Reue« selber etwas Schlimmes an, anstatt zu bezahlen oder zum Ausgleich wenigstens etwas Gutes zu tun, wenn denn eine Rückzahlung nicht mehr möglich ist.

Wenn sich jemand »zum Ausgleich« selber etwas Schlimmes antut, dann ist das ein Hinweis auf kindliche *Schuldgefühle* und das führt natürlich nicht zu einem wirklichen Ausgleich. Selbstbestrafung ist etwas für kleine Kinder, die Angst vor Bestrafung haben. So etwas hat keine Wirkung hinsichtlich deiner erhofften Erlösung, denn damit hältst du dich nur weiter unter der fantasierten Knute einer fantasierten bösen Muttergottheit, die du mit deinem Opfer gnädig zu stimmen hoffst, damit sie dir jetzt keine mehr reinhaut, weil du ohnehin schon so arm dran bist.

Wir sollten üben, Konsequenzen als natürliche Folgen zu erkennen; wenn sie unangenehm sind, so ist das nur ein Hinweis auf eigene Fehler und keine Strafe.

Schuldgefühl: Folge eines Opfers als Götzendienst

Schuldgefühle sind eine natürliche Reaktion auf die Spannung, die in dir entsteht, wenn du den (erfolglosen) Versuch unternimmst, wegen einer anderen Person deine Vergangenheit, deine Gegenwart oder deine Zukunft verändern zu wollen, damit sie dich liebt. Derartige Opfer zeigen, dass du es wieder einem Muttergötzen recht machen wolltest.

Schuldgefühle entstehen also bei Rekonstruktionsversuchen vergangener Erfahrungen aus der Kindheit, wobei gegenwärtig erneut eine Verschmelzung mit einer Mutterstellvertretung angestrebt wird. Durch ein kindliches Opfer soll endlich wieder die Verschmelzung mit dieser »äußeren Macht« erreicht werden, die dich daraufhin glücklich machen oder beschützen soll. (*Vampire* beispielsweise verstehen es gut, in ihren Opfern Schuldgefühle hervorzurufen, damit diese sich weiterhin willig anzapfen lassen.) Sobald du dir selbst aber etwas schuldig bleibst, indem du dich für andere verändern willst, damit die dich daraufhin endlich lieben, reagierst du auf diesen *Selbstverrat* mit schwächenden Schuldgefühlen.

Da du durch Opfern selbst ein Opfer geworden bist, ist die logische Folge, dass du dich nicht mehr als handlungsfähig erlebst, sondern als ohnmächtig und hilflos. *Wer Schuldgefühle hat, der handelt daher nicht, sondern der leidet nur.* Mit seinem Leiden zeigt der Betreffende zusätzlich, dass er glaubt, nicht liebenswert zu sein – genau wie ein kleines Kind, das von den Eltern nicht »gesehen« wird. Um wieder eine Korrektur vornehmen zu können und anders zu handeln als bisher – die Regel dafür heißt: *Gern oder gar nicht, bloß keine Opfer* – wird er durch Leiden auf seinen Irrtum aufmerksam gemacht. Bedauerlicherweise sind diese Leute überzeugt, dass nur äußere Mächte sie von ihrem Leiden erlösen könnten.

Anerkennen einer Schuld, verbunden mit Reue und Einsicht, ist dagegen etwas völlig anderes. Ich bekomme dadurch die nötige Kraft, meine Schulden wieder auszugleichen, anstatt mir weiter wie ein Kind selber etwas Schlimmes anzutun. Das führt nämlich keineswegs zu einem Ausgleich. Kann ich tatsächlich auf einer gewissen Ebene nicht mehr ausgleichen, weil ich beispielsweise jemanden getötet habe, muss ich die Folgen meiner Tat bis zum Ende meiner Traumzeit ertragen: Ich habe mich selbst als Folge des Tötens – das ist der radikalste Ausschluss eines anderen aus der Gemeinschaft – ebenfalls auf einer gewissen Ebene aus der Gemeinschaft ausgeschlossen. Ich kann aber bis zu diesem Ende trotzdem *dem Leben selbst dienen* und als Ausgleich für meine Tat beispielsweise etwas für Menschen tun, die in Not geraten sind, oder etwas für die Menschheit. Wer hier sucht, der wird schon etwas Geeignetes finden. Dazu kann man übrigens auch »Gottesdienst« sagen. Das wäre wirklich eine gute Art von Ausgleich für einen Mord.

Ich sollte Schuldgefühle von dem Gefühl bei Einsicht in Schuld und von Gewissensregungen gut unterscheiden. Manchmal ist das nicht einfach und meistens sind diese unterschiedlichen Gefühle miteinander vermischt. *Ich kann jedoch nur dann meine Freiheit, meine Würde und meine Macht bewahren, wenn ich die gesamte Verantwortung für alle meine Handlungen und für die daraus entstehenden Folgen und Zustände übernehme, anstatt mich als Opfer zu sehen.* Aus Letzterem entsteht maximal Narrenfreiheit, keinesfalls Freiheit.

Seele: Adam, morphogenetisches Feld der Menschheit

Das Wort Seele stammt aus dem Urgermanischen und bedeutet sinngemäß »die zum See Gehörige«, aus dem sie kam und wieder zurückkehren wird. Seele bezeichnet einen Aspekt des Menschseins, nämlich denjenigen, der die Beziehung zu unserer *Mutter Natur* betont, zu unserer oft abgelehnten und doch gleichzeitig so überbetonten »anderen Hälfte«, unserer biologischen Hälfte nämlich. Der zweite Aspekt, der wesentliche und zeitlose, der »väterliche Teil«, ist der *Geist.* (Im allgemeinen Sprachgebrauch wird hier selten unterschieden.) Das Wort Seele berücksichtigt also die Tatsache, dass wir einerseits Einzelne sind, uns dabei aber gleichzeitig in Verbindung mit anderen befinden, weil wir alle zu diesem »See« gehören.

Wir sollten jedoch besser sagen, wir sind *in* einer Seele, anstatt wir *haben* eine Seele. Unsere »Individualseele« *umgibt* unseren Körper und ist selbst *in* einer größeren Seele (in unserer »Familienseele«), die wiederum *in* einer noch größeren Seele ist und so weiter. Nicht nur im Geist, sondern auch über die Seele sind wir mit anderen Menschen verbunden, insbesondere mit unseren Blutsverwandten, und wohl sogar noch für eine gewisse Zeit mit Angehörigen, die bereits gestorben sind. (Unter gewissen Umständen und für eine gewisse Zeit scheint eine Seelenverbindung mit Verstorbenen tatsächlich weiterhin zu bestehen. *Hellinger* hat in seiner Arbeit solche Zusammenhänge wohl aufzeigen können.) *Die Große Seele, der »See«, schließt dann die gesamte Menschheit ein und kann »Adam« genannt werden.*

Wenn man das Erklärungsmodell der morphischen Resonanz von *Rupert Sheldrake* benutzt, könnte man auch *Seelenfeld* sagen. Das würde darauf hinweisen, dass man sich ein Seelenfeld ähnlich wie ein Magnetfeld vorstellen kann, das bekanntlich nicht direkt mittels unserer Sinne wahrnehmbar ist, sondern nur indirekt, und zwar *über seine Auswirkungen* auf geeignete Objekte. Dieses Seelenfeld »weiß« offenbar sofort, wenn sich irgend etwas in ihm verändert, was zur Folge hat, dass auch jedes Mitglied eines solchen Feldes eigentlich sofort Bescheid wissen könnte, wann welche Änderung im Feld geschehen ist. Menschen können sich im Gegensatz zu Tieren auf einer gewissen Ebene aber dagegen verschließen und erfahren somit nichts mehr über diese Veränderungen, sondern erfahren sich dann als abgetrennt. Sie haben sich von den immensen Informationen ihres Feldes abgeschnitten. An der Wirkung des Feldes auf diese Menschen ändert sich jedoch deswegen nichts – allerdings an der Art und Weise, wie sie erlebt werden: Als passiv erleidend nämlich. Gleichzeitig haben sie dadurch kaum noch Chancen, eigene Irrtümer zu korrigieren.

Wir erleben dieses Feld derzeit meist unbewusst und indirekt über seine Auswirkungen, die auch an anderen Elementen beobachtbar sind, die zu diesem Feld gehören – sofern wir ausreichend genau beobachten. Es könnte jedoch möglich sein, dass bestimmte Menschen Wirkungen und Bewegungen der gesamten Menschheitsseele bewusst erfahren, sobald sie die Illusionen des Egos durchschaut haben und dass sie deshalb wahrscheinlich auf diese Große Seele *bewusst zurückwirken* können.

Da ein Feld an Materie gebunden ist, halte ich es für sinnvoll, davon auszugehen, dass eine Seele *nicht ewig* existiert. Geist als etwas Immaterielles hingegen wäre jenseits der Zeit und daher ewig.

Selbst: geeinter Menschengeist oder beispielsweise »Christus«

Das Selbst ist nicht teilbar und kann nur erkannt, aber nicht sinnlich wahrgenommen werden. Bezeichnungen für das Selbst sind Gottes Sohn oder Christus, andernorts nennt man es Buddha oder

Krishna. Diese Ausdrücke sind jedoch missverständlich geworden, denn die meisten Leute glauben, dass sie selber ganz anders seien als Christus. Sie denken, Gottes Sohn und Christus seien Bezeichnungen für eine ganz außergewöhnliche Person, die vor zweitausend Jahren gelebt habe und unter dubiosen Umständen öffentlich umgebracht wurde. Dieser ganz besondere Mensch sei jetzt aber nicht mausetot seither, sondern warte *persönlich* in einem Ort namens Himmel auf den richtigen Zeitpunkt für den Großen Show Down, bei dem dann alle Bösen ordentlich Saures kriegen, soweit sie bis dahin noch ungeschoren davongekommen sind. Menschen, die das denken, hoffen natürlich inständig, dass sie selber später nicht ebenfalls Saures kriegen, sondern dass sie bei den Guten sind und sogar ihren Körper runderneuert wieder zurückbekommen. Sie haben jedoch diesbezüglich andauernd nagende Zweifel – außer, es handelt sich um Missionare – und deshalb schließen sie sich diversen Gemeinschaften an, um sicher zu gehen, dass sie tatsächlich am Ende glimpflich davonkommen.

Selbsterkenntnis ist aber die Erkenntnis, dass ich ebenfalls Gottes Sohn bin, genau wie jeder andere Mensch, sogar wenn der das selber noch gar nicht erkannt hat. Sie hat die vollständige Befreiung von jeder Form der Furcht zur Folge, denn ich erkenne damit ja gleichzeitig, dass ich nicht mein Körper bin, sondern etwas wesentlich Anderes, nämlich etwas Unteilbares und somit Unzerstörbares. Die Illusion des Egos ist endlich aufgelöst. Wovor soll ich mich denn noch fürchten, wenn da NICHTS ist außerhalb von mir? Da das Selbst, dieser »Teil« des Großen Geistes, der menschlich geworden ist, nicht teilbar ist, kann ich nicht »heil« sein, so lange ich mir noch einbilde, dass es »da draußen« *wesentlich* andere geben würde als »mich hier drin«. Diese Einbildung kann *Erbsünde* genannt werden.

Meine eingebildete Teilung des Einen Selbst wird besonders deutlich, wenn ich andere Menschen ablehne, sie bewundere oder sonst in irgendeiner Weise ausschließen will, indem ich sie als getrennt und als wesentlich anders ansehe als mich selbst, oder wenn ich glaube, dass mir etwas Wesentliches fehlen würde. *Selbsterkenntnis führt zu dem Bedürfnis zu geben, anstatt von jemandem irgendetwas haben zu wollen oder ihm etwas vorzuenthalten, was er von mir haben will.*

Das Selbst kann auch nicht in ein männliches und ein weibliches Selbst geteilt werden. Das wäre einfältig. Das Selbst ist neutral: Es ist wie »Gott« – weder männlich noch weiblich und doch beides. (Keinesfalls aber ist dieses Selbst, was du derzeit noch darüber denkst.)

Das reine Selbst ist in seinem innersten Wesen Nichts, das reine formlose Liebe werden kann und die auf Grund eben dieser Wesenheit jede gewünschte Form annimmt – sogar schlimme Formen. Natürlich ist diese ursprüngliche Liebe hinter einer schlimmen Fassade kaum noch als solche zu erkennen – zumindest nicht für Ungeübte. Der ungeübte Beobachter verwechselt ja gewöhnlich den Träumer mit dessen Traum, anstatt die wahre Wirklichkeit *hinter* dem Traum zu sehen. Somit fehlt es ihm an Selbsterkenntnis und es geht nicht weiter. Das »reine Selbst« ist ein anderer Ausdruck für *Christus* und dieses Wort bezeichnet selbstverständlich einen *Bewusstseinszustand,* nicht eine konkrete Person.

Selbsterkenntnis geht also einher mit der Erkenntnis, dass alle Menschengeister in einem gemeinsamen Selbst miteinander verbunden und in Wirklichkeit Eins sind. Diese Erkenntnis, dass dieses geeinte wahre Selbst *in jedem Menschen anwesend ist, ohne jegliche Ausnahme,* ist die eigentliche Selbsterkenntnis.

Wir sind individualisierte Erscheinungsformen der gleichen Ur-«Substanz«, genau wie die einzelnen Wellen eines Sees.

Da schließt aber einer seine Augen und denkt, weil er nun keinen mehr sehen kann, dass auch keiner mehr da sei. Jetzt wähnt er sich plötzlich ganz allein, fängt an zu spinnen und fürchtet sich vor seinen eigenen Einbildungen. Wenn er die Augen wieder aufmacht, kann er sofort sehen, dass alles hell ist und in Wahrheit viele nette Leute um ihn herumstehen, die nur darauf gewartet haben, dass er endlich aufhört zu spinnen und dass er wieder mitspielt beim Großen Spiel. Das Ego jedoch ist wahnsinnig und will seine Augen nicht öffnen. Es will dich glauben machen, dass der Wahnsinn wahr sei und die Wahrheit wahnsinnig.

Das ist besonders zu beachten, wenn in problematischen Situationen nach Lösungen gesucht wird. *Eine Lösung erscheint dem Ego nämlich immer als Bedrohung und das Festhalten am Problem erscheint ihm als Rettung.* Aus der Sicht des Egos muss das natürlich so sein, denn jede wirkliche Lösung führt ja zu einer weiteren Auflösung des Egos, weil sie sonst keine wirkliche Lösung ist. Mit jeder wirklichen Lösung stirbt das Ego tatsächlich immer mehr und daher verteidigt es sich verzweifelt – bis zum letzten Blutstropfen. Manchmal auch bis zur letzten Patrone. Also Vorsicht.

Selbst und *Selbstbild* müssen ebenfalls unterschieden werden. Letzteres ist nämlich nur eine Einbildung des Egos und deswegen sprechen manche zu recht vom *falschen Selbst.* Wenn in gewissen Kreisen die Rede ist vom angeblich gesunden Selbstbewusstsein und von einer Stärkung des Selbstbewusstseins, *dann ist immer das Selbstbild des Egos gemeint.*

Willst du als Psychotherapeut deinen Patienten zu mehr Selbstbewusstsein verhelfen, wäre es sehr hilfreich, wenn du dir darüber klar wirst, was es dabei zu unterscheiden gilt. Wenn du ihnen stattdessen beibringen willst, wie sie sich in Auseinandersetzungen besser durchsetzen können, so bestätigst du ihnen damit gleichzeitig, dass ihr Ego Wirklichkeit wäre und Kampf ein geeignetes Mittel sei, endlich Frieden und Gerechtigkeit zu erreichen.

Das ist offensichtlicher Unfug und noch niemals gelungen. Denkst du wirklich, dein Patient könnte als erster das Unmögliche schaffen? Wenn du sie als Therapeut auf ihr Verlangen oder aufgrund deiner eigenen Beschränktheit lehren willst, dass sie kämpfen sollen, um ihr Recht zu erhalten, dann müsstest du ihnen auch die Konsequenzen dieser Haltung aufzeigen: Sie werden dadurch selbst bekämpft und selbst verletzt werden. Damit müssten sie nun ebenfalls leben. »Wer durch das Schwert lebt, wird durch das Schwert umkommen« heißt es beispielsweise im Neuen Testament. Aber wegen deiner eigenen Beschränktheit kannst du diesen offensichtlichen Unsinn nicht mehr erkennen. Du würdest auf diese Weise deinem Patienten im Endeffekt beibringen oder ihn darin bestätigen, dass er sich zurecht fürchten muss und dass er sich so lange in irgendwelche Kämpfe begeben soll, bis er endgültig gefallen ist. Willst du deinem Patienten wirklich so etwas beibringen? Tatsächlich? – Geh, das glaubst du doch selber nicht!

Wenn du unbedingt darauf beharrst, dass deine wahre Berufung die eines Kriegers sei, dann bedenke dabei Folgendes: *Das Ziel jeder Kampfkunst ist, den Kampf zu vermeiden.* »Die *wirklich* guten Schwerter bleiben in der Scheide«, heißt es im *bushido,* dem Samurai-Weg zur Befreiung von Furcht. Dein »Schwert« soll jedoch nicht deshalb in der Scheide bleiben, weil du Angst vor einem Kampf und dessen Folgen hast, *sondern weil du der Klügere bist!* Also lerne, ein kluger und furchtloser Krieger zu sein – falls du den Mut dazu hast.

Das Gegenteil des »wirklich guten Schwertes« ist das *gezückte* Schwert. Diese werden nicht geachtet, sondern gefürchtet, denn sie sind keine wahren Meister. Ein »gezücktes Schwert« ist andauernd in irgendwelche Kämpfe verstrickt, damit andere sich fürchten sollen.

Aufgezwungene Kämpfe sind unehrenhaft, selbst wenn du siegst, weil sie der offensichtliche Beweis dafür sind, dass du nicht Herr der Situation gewesen bist. Somit ist durch einen aufgezwungenen

Kampf bewiesen, dass du nicht Herr im Haus deines Lebens bist, sondern noch selbst in Konflikt lebst. Wenn andere dich aus der Ruhe bringen können, dann bist du keinesfalls ein Meister, sondern höchstens ein unbeherrschter Streithansel, der sich aufbläht, sobald er sich fürchtet und der vielleicht ganz passabel raufen gelernt hat. Na, als ob das auch schon was ist. – Höchstens ein Held wie Achilles, dieser empfindliche Amokläufer.

Eine kleine Übung: Frage dich, was übrig bleibt von »dir«, wenn alle deine Besitztümer, dein ganzes Geld und deine soziale Stellung weg wären. – Hm?

Pass auf, denn jetzt kommt's noch schlimmer: Was wäre weiter, wenn zusätzlich *alle deine Lebenserinnerungen und sogar dein Körper verschwunden wären.* Was bleibt übrig?

Kannst du dir das überhaupt vorstellen? Halt, beruhige dich wieder, das ist ja nur eine Übung. Schlimmstenfalls verlierst du dabei vielleicht einige Einbildungen, die dich bisher ohnehin nur behindert haben, aber du stirbst nicht gleich *völlig* daran.

Hier ist noch ein ***Tipp*** zur besseren Unterscheidung von Selbst und Selbstbild:

Das Ego will machen, das Selbst will sein.

Sexualität: **heiliger Klebstoff**

Die Sexualenergie dient dem Leben und sie ist daher etwas ganz Besonderes und Heiliges. Sie ist die Energieform, mit der höhere Lebensformen, insbesondere Menschen, untereinander *Bindungen* herstellen und durch die es den Menschen möglich ist, ihr eigenes Selbst erfahren zu können. Der *Tantra Yoga* ist eine alte Wissenschaft, in der *unter anderem* gelehrt wird, wie man mit dieser Energie richtig umgeht. Hier wird nebenbei gelehrt, wie man sich mittels dieser Energie sogar befreien kann. Diese Wissenschaft hat also im Gegensatz zu diversen Seminarangeboten hierzulande keineswegs das Erlernen der Kunst des langsamen Fickens zum Ziel – inklusive raffiniertem Vorspiel – sondern deine Befreiung aufgrund der Erkenntnis des Wesentlichen.

Für unser normales Leben ist es aber zunächst ausreichend zu wissen, dass Sexualität für uns Menschen die Wirkung eines Klebstoffes hat. *Du bist nämlich mit jedem deiner bisherigen und zukünftigen*

Sexualpartner auf einer gewissen Ebene dauerhaft verbunden. Die Wirkung dieser Bindungen hängt davon ab, ob die Begegnungen liebevoll waren oder gewalttätig und ohne Achtung. (Das wäre ein Beispiel für Karma oder dafür, worauf es bei *allem* ankommt, was man tut: *Mach' es mit Liebe oder lass' es.*)

Bevor du dich mit einem anderen Wesen sexuell einlässt, solltest du daher genau prüfen, ob du mit ihm dauerhaft verbunden *bleiben* willst. Wenn dir das nicht sehr ratsam erscheint, dann verzichte lieber auf diese Form der Verbindung, denn das ist wahrscheinlich besser für dich *und* für den anderen. Halte also ausreichenden Abstand zu diesen Menschen, damit du nicht in irgendetwas hineingezogen wirst, das dir im weiteren Verlauf sicher nicht mehr gefallen wird. Gehst du jedoch mit dieser Energieform liebevoll und verantwortungsbewusst um, hast du damit Möglichkeiten in der Hand, Wunder zu bewirken – beispielsweise, dem Leben selbst zu dienen bei seiner Ausdehnung und damit die Liebe auszudehnen. Tust du das nicht liebevoll, brauchst du später ein Wunder, um deinen Arsch doch noch zu retten.

Da diese Energieform sehr stark wirkt und wir Menschen sie sogar zu Lust, Freude und echter Intimität und nicht nur zur Fortpflanzung benutzen können, sind Hemmprogramme dagegen entwickelt worden, *denn wer Lust und Lebensfreude hat, ist nur schwer zu kontrollieren.* Grundsätzlich gilt auch für diesen Lebensbereich: *Du bist frei und kannst tun, was du willst – vorausgesetzt, deine jeweiligen Partner sind damit einverstanden. (Beachte: Kinder sind für Erwachsene keine Partner.)*

Stein der Weisen: heilender Geisteszustand

Bei den etwas Einfältigeren unter den Alchimisten des Mittelalters war mit diesem Begriff die naive Vorstellung verbunden, dass mit dem Stein der Weisen niedere Elemente in höhere umgewandelt werden könnten. Das Endergebnis wäre letztlich Gold. Manche diesbezüglich eher einfacheren Gemüter – sonst waren sie ja oft recht clever – haben das also wörtlich genommen und tatsächlich versucht, niedere Elemente mittels raffinierter Verfahren in Gold zu verwandeln. Das hat zwar nicht geklappt und einige sind dabei in die Luft geflogen oder anderweitig umgekommen, aber es sind doch auch gute Sachen dabei entstanden – Porzellan und Schwarzpulver etwa. (Okay, ob Letzteres wirklich gut war, darüber könnte man streiten. Aber das haben die Chinesen eh schon früher erfunden; und schließlich kommt es darauf an, was man damit macht. Es müssen ja nicht unbedingt Patronen und Bomben sein.)

Es handelt sich bei diesem Ausdruck natürlich um eine Metapher, mit der ein *Geisteszustand* gemeint ist, nämlich derjenige Zustand, mit dem *jede* Sache so gesehen werden kann, dass man das Gute und Heilende darin erkennt und zur Wirkung bringt. Ein Mensch, der den Stein der Weisen »hat«, kann Göttliches und Gottes Willen oder die Höhere Ordnung in allem erkennen und daher so handeln, dass Gottes Wille verwirklicht wird, anstatt sein eigener wahnhafter Ego-Wille. Wer den Stein der Weisen »hat«, der erfährt sich selber daher als ein Werkzeug Gottes, beziehungsweise seines Heiligen Geistes. Alle Irrtümer werden korrigiert, sobald man ihm die Führung überlässt. Etwas prosaischer ausgedrückt: *Man kann mit dem Stein der Weisen jede Scheiße in Gold zurück verwandeln.* Die großen Geister unter den Alchimisten haben das schon damals klar erkannt.

Der »Stein der Weisen« könnte also der *Heilige Geist* genannt werden, weil er Getrenntes verbindet, weil er heilt, was bisher gespalten war. Es ist der Zustand deines Geistes, in dem jeder deiner Ego-Irrtümer berichtigt werden kann. *Dazu musst du aber aufhören, diesem Heiligen Geist dauernd Vorschriften machen zu wollen, auf welche Weise er deine Probleme lösen soll.* Wie sollte denn das sonst funktionieren? Du hast diese Probleme ja offensichtlich nicht verstanden, da sie sonst bereits aufgehört hätten, für dich noch Probleme zu sein. Du musst bereit sein, deine ohnehin nicht wirklich vorhandene Kontrolle abzugeben und ihm die Führung *komplett* zu überlassen, damit er heilen kann.

Damit müssen sich übrigens auch Therapeuten immer wieder herumschlagen: Nicht nur sie selber, sondern auch Patienten haben oft seltsame Vorstellungen, wie ihre Therapie zu einer Lösung führen soll und wie die Lösung auszusehen habe. Therapeuten wollen zum Beispiel ihre Patienten nach gewissen Vorstellungen behandeln – wie sie es eben in ihrer Ausbildung gelernt haben – was bei therapieerfahrenen Patienten oft zur Folge hat, dass die wiederum mit ihrem Therapeuten darüber diskutieren wollen, wie er sie zu behandeln hat. Auf diese Weise entsteht aber erneut eine Mutter-Kind-Beziehung, bei der ein Therapeut die Mutterrolle einnimmt und dem Patientenkind sagen will, was richtig und falsch ist und wie es sein sollte. Das »Kind« ist dann entweder brav und schluckt die Deutungen des Therapeuten, oder es hat einen »Widerstand«, der dann erst einmal analysiert werden muss. Letztlich ist der aber nur berechtigter Trotz:

Er entsteht, wenn die Mutti nicht so ist, wie sie nach Ansicht des Kindes sein soll – wobei der Therapeut das größere Kind ist.

Alle beide aber bilden sich dabei ein, korrekt beurteilen zu können, was richtig sei und was verschiedene *andere* Personen tun sollten, damit das Problem endlich verschwindet.

Solchen Patienten, die denken, sie wüssten, wie eine Therapie gehen muss, kann man nicht helfen und die Therapeuten, die »machen« wollen, dass ihre Patienten gefälligst nach ihren Therapeutenvorstellungen gesunden sollen, haben sich derartige Patienten verdient.

Ein guter Therapeut ist in der Lage zu erkennen *und zu respektieren*, dass viele Patienten ihr Problem behalten wollen, obwohl sie doch angeben, es mit Hilfe der Therapie los werden zu wollen. Das ist manchmal schwer zu glauben und zu ertragen. Es gibt für die Entscheidung eines Patienten, sein Problem zu behalten, immer gute Gründe und deutliche Hinweise. (Natürlich wollen sie meistens – nicht immer! – die unangenehmen Folgen ihres Problems loswerden; das Problem selber aber verteidigen sie verbissen als Wahrheit.)

Der Therapeut sollte einen derartigen Sachverhalt erkennen, ihn seinem Patienten klar und ruhig in freundlicher Form mitteilen und sich dann zurückziehen. Solche Patienten zu ihrem Glück zu überreden oder sie überzeugen zu wollen ist sinnlos und zeigt, dass dieser Therapeut gerade selber wieder wie ein Kind ist, das seine Mutti von etwas überzeugen will, damit die sich endlich ändert und es dem Kind danach wieder gut gehen kann.

Manche Leute haben anscheinend eine Art »negativen« Stein der Weisen. Sie können damit jedes Gold wieder in Scheiße verwandeln. Wenn sie irgendwann herausgefunden haben, dass der Stein der Weisen einen Schalter hat und dass es auch umgekehrt geht, sind sie natürlich ausgesprochen gut dran.

Sterben: notwendige Voraussetzung für Leben

Sterben nennt man den permanenten Verwandlungsprozess aller Formen. Alles, was jemals entstand und noch entstehen wird, vergeht unweigerlich wieder – wird permanent in andere Energieformen transformiert. Gott formulierte das damals gegenüber Moses, indem er sich als brennender Dornbusch verkleidete: »Ich bin der Seiende, *der ewig Werdende*«.

Stabilität ist nur eine Illusion. Das haben Physiker als erste deutlich aufzeigen können. Festhalten an einmal entstandenen Formen führt also zu Leiden, weil es den Versuch darstellt, etwas Unmögliches zu tun. Es ist nur eine Frage der Zeit, bis jede Form wieder zunichte wird. Nicht einmal Protonen existieren ewig, wie seit einiger Zeit bekannt ist. Das Einzige, das nie stirbt, ist das Göttliche Nichts, das sich seiner selbst bewusst geworden ist. Dieses Nichts ist jenseits der Traumzeit und daher ewig in dem Sinn, dass *Alles jetzt ist.* Es gibt keine Zeit an sich.

Sterben ist zwar einerseits unvermeidbar und beginnt auf einer gewissen Ebene schon mit der Geburt, jedoch kann dieser Transformationsprozess anstatt mit Gezappel auch vollkommen kontrolliert ausgeführt werden. *In so einem Fall führt er zum vorgesehenen Ergebnis, nämlich zu Wachstum, Entfaltung, Selbsterkenntnis und einem glücklichen Leben.*

Das richtige Sterben ist erlernbar. Ich lerne durch die Kunst des Sterbens mit der Zeit immer besser, dieses Leiden erzeugende Anhaften des Geistes aufzugeben und mich stattdessen daran zu erinnern, wer ich wirklich bin: Ein unsterbliches Nichts. Reines Gewahrsein.

Der Ausdruck Anhaften wird in der Indischen Kultur seit Jahrtausenden dafür gebraucht, eine Tendenz des personifizierten Geistes zu beschreiben, an seinen bisherigen Erfahrungen, an anderen Menschen, an Überzeugungen und an materiellen Dingen der Welt festzuhalten, insbesondere, wenn sie sich bewährt haben oder wenn sie »traumatisierend« waren. (Durch diese Tendenz des Geistes kann überhaupt erst ein Ego entstehen.) *Weil dadurch wirkliches Lernen verhindert wird, entstehen Probleme, damit du endlich wieder lernst loszulassen, anstatt den Fluss des Lebens mit deinem Anhaften weiter zu behindern.*

Da Unvermeidliches nicht zu verhindern ist, können wir nur wählen, freiwillig zu sterben und eben genau dadurch *neu geboren* zu werden – oder wir müssen »verrecken« als Folge unserer Weigerung zu sterben. Wenn du deine bisherigen Sichtweisen und Haltungen nicht loslassen willst, dann kannst du auch nicht »wiedergeboren« werden, um dich so überraschend neu zu erfahren. Überraschung ist hier ein anderer Ausdruck für einen »mentalen Geburtsvorgang«. Du wirst an deinem starren Widerstand leiden: Mindestens aufgrund des Zweiten Hauptsatzes der Thermodynamik wird nicht nur deine selbst erfundene Scheinordnung unweigerlich wieder zerfallen, sondern auch jede andere Form, die in deiner Traumzeit jemals entstanden ist. Lerne also, nicht nur deine erfundenen Überzeugungen freiwillig los zu lassen, *sondern alles.*

Der »Nichts-Geist« jedoch existiert ewig. Der hat keinen Anfang und auch kein Ende, weil er jenseits der Zeit ist. Die meisten Menschen sind aber derartig mit ihrem Körper identifiziert, dass ihr Ego ein ewiges Leben mit dem ewigen Weiterbestehen ihres gegenwärtigen Körpers gleichsetzt. Sie wollen also, dass Ego (sie sagen dazu »Persönlichkeit« und verwechseln diese Erfindung zusätzlich mit ihrer Seele) ewig existiert. Als Beweis dafür, dass so etwas real sei, werden Geister erfunden, mit denen so manches Medium in Kontakt treten würde. Durch die (scheinbare) Existenz dieser »Geister« wäre doch bewiesen, dass ein Weiterleben als Person tatsächlich möglich ist.

Es gibt in diesem Bereich in der Tat Phänomene, die diesen Schluss zulassen. Aber das alles lässt sich auch *völlig anders* erklären, ohne »Geister« vorauszusetzen. Das ist ohnehin eine Erscheinungsform des magischen Denkens. (Vergleiche die Ausführungen von *Milan Rýzl*).

Nur die klare Entscheidung, zu leben, *indem wir das Sterben üben*, führt dazu, dass das Leben sich durch uns »hindurch« ungehindert ausdehnen kann in ewigem Wandel. Das Ergebnis davon sind Glück und Frieden für die betreffenden *Diener des Lebens*. Die Erfindung eines Egos, das dann den Energiefluss des Lebens behindert und blockiert, weil es fürchtet, seine ohnehin nur eingebildete Kontrolle und damit das bisherige Roboterdasein zu verlieren, führt genau zu den Zuständen, die wir inbrünstig zu vermeiden trachten, nämlich zu Zuständen des »Verreckens«. Das Ego behindert den Fluss des Lebens, wie die sklerotischen Ablagerungen in einer Arterie den Blutfluss behindern, und es kann zum völligen Infarkt führen, wenn diese Ablagerungen nicht beseitigt werden. Da aber diese Ego-Illusion einen Anfang hat, hat sie auch unvermeidlich wieder ein Ende, welches ein Ego jedoch enorm hinauszögern kann.

Unsere vergeblichen Versuche, die »äußere Welt« kontrollieren zu wollen, kommen mir ohnehin wie der Versuch vor, Wellenreiten dadurch erlernen zu wollen, indem man die Welle kontrollieren will, anstatt *sich selber* auf seinem Surfbrett kontrollieren zu lernen. Ersteres führt zu Verzweiflung, Letzteres macht Spaß.

Sucht: Folge von Vaterlosigkeit

Das Wort Sucht wird nicht von suchen abgeleitet, wie häufig angenommen, sondern von *siech*, also von krank. Dem Siechen fehlt etwas und deshalb leidet er und sucht eine Medizin gegen sein Leiden. Ihm fehlt etwas Wichtiges, *nämlich ein guter Vater* als echter Alternative zur Mutter. Aus diesem Grund hat er es bisher nicht riskiert, sich aus seinen Abhängigkeiten von der Mutter zu befreien. Wenn es ihm schlecht geht oder wenn es ihm wieder einmal zu schwer wird mit der bösen und ungerechten Welt, läuft er schnell zurück zur Mutti, damit die für ihn macht, dass es ihm wieder gut geht. Die Mutti eines Süchtigen ist das Suchtmittel, dessen Nebenwirkungen ihm zunehmend Probleme bereiten: Seine Ersatzmutti ist nun leider giftig – aber ohne sie fühlt er sich nicht lebensfähig. Anstatt jedoch seine richtige Mutter endlich gut sein zu lassen, will er lieber seine Ersatzmutti behalten.

Beobachtbare und recht bekannte Nebenwirkungen giftiger Mütter sind Gesundheitsschäden, Dauerstress mit anderen Menschen, Geldprobleme, Ärger mit der Justiz und eine zunehmende Dummheit.

Jeder Süchtige denkt, dass er keine Wahl habe, was bei einem Kind tatsächlich stimmt. Ohne seine Ersatzmutti sieht er sich nicht in der Lage dafür zu sorgen, dass es ihm gut geht; deshalb braucht er sie wie ein kleines Kind und ist bereit, alles was er hat dafür zu opfern, dass sie immer in seiner Nähe ist. Das wird Vorratssicherung und Beschaffungszwang genannt. Wer aber bereits selber dafür sorgen kann, dass es ihm gut geht und dazu keine Mutti braucht, der kann kaum süchtig werden.

Hier also ein ***Tipp***: Nimm Drogen *nur* dann, *wenn* es dir gut geht – nie, *damit* es dir gut geht.

Du kannst nur von Substanzen süchtig werden, die sicherstellen, dass es dir einfach dadurch *von alleine* (vorübergehend) besser oder wieder gut geht, indem du dir die Droge einverleibst, also eins mit ihr wirst. Diese Drogen könnten daher *Mutterdrogen* genannt werden, weil sie etwas für den Süchtigen machen sollen, was er alleine noch nicht kann – genau wie bei kleinen Kindern die Mutti machen muss, dass alles wieder gut wird.

Mutterdrogen sind beispielsweise Opiate, Amphetamine, Alkohol, Medikamente, Tabak; aber auch Essen kann diese Funktion bekommen.

Von *Vaterdrogen* kannst du nicht süchtig werden, weil du nämlich *selber etwas dazu tun musst,* damit sie richtig, also heilsam wirken. Wer selber nichts dafür tun will oder wer noch zu klein ist für Papas Lektionen, der kann jedoch sehr unangenehme Erfahrungen mit solchen Vaterdrogen machen; er sucht sich da lieber etwas *Narrensicheres,* nämlich eine Mutterdroge. Beispiele für Vaterdrogen sind LSD, Mescalin, Psilocybin, bei *richtigem* Gebrauch auch Cannabis.

(Früher war es manchen wohler, wenn die Mutti Valium dabei war, wenn sie zu Vater LSD gegangen sind: wurde es bei Vater zu heftig, nahmen sie Mutti Valium ein.)

Ist ein Süchtiger endlich bereit, zum Vater zu gehen, obwohl ihn die Mutter festhalten will, indem er alles dafür tut, sich trotzdem aus dem »Bannkreis der Mutter« zu lösen, dann kann er mit Hilfe des Vaters – damit ist auch das *Vaterprinzip* gemeint – von jeder Sucht frei werden. Wenn er beim Vater angekommen ist und erwachsen wird, kann er ja die Mutter jederzeit wieder besuchen: Sie kann ihn nun nicht mehr festhalten, weil er jetzt mit Hilfe des Vaters ein freier Mensch geworden ist.

Die oft geforderte lebenslange Abstinenz ist eine unnötige Freiheitseinschränkung für Leute, die stur sind und denken, dass sie keinen Vater brauchen. Wer daher noch keinen Vater hat, obwohl er inzwischen clean oder trocken ist, der muss dann eben völlig abstinent bleiben und braucht *zusätzlich* eine Ersatzmutter, zum Beispiel die Alkoholikergruppe, mit der er sich wöchentlich trifft. Die wird weiter für ihn da sein und auf ihn aufpassen wie eine besorgte Mutter. (Manche Leute sind aber wenigstens konsequent in ihrer Einstellung und denken sich: »Lieber ein stadtbekannter Säufer, als ein anonymer Alkoholiker.«)

Wer Süchtige bemuttern will, um sie von ihrer Sucht zu befreien, indem er sie kontrolliert, immer für sie da ist und ihnen die Folgen ihrer Sucht ersparen will, der will den Teufel mit Beelzebub austreiben. Das ist ein großes Problem bei fast allen so genannten Suchttherapien, besonders, wenn sie gerichtlich angeordnet wurden. Der Therapeut ist in dem Fall meist eine strenge Mutti, die sich dauernd einmischt mit Vorschriften, Bestrafungen, Belohnungen, Lob, Erpressung usw., manchmal aber auch eine aufopfernde Mutti, die alles für ihr Kind tun will, damit es endlich so ist, wie sie denkt, dass es sein sollte. Das ist wie der Versuch, Vampire durch Bemuttern erlösen zu wollen.

Jede Sucht ist nur eine Sonderform von Abhängigkeit, also im Prinzip eine Mutterbindung, und so gesehen nichts Besonderes, *denn Mutterbindungen sind in unserer Gesellschaft die Regel.* Die Alternative dazu wäre das Vaterprinzip, zu dem du durch deinen Vater den Zugang bekommen kannst, wenn du ihn endlich als deinen Vater »nimmst«, anstatt ihn weiter zu kritisieren oder gar zu verurteilen.

Das Verhalten vieler Süchtiger ist allerdings auch eine *langsame Form des Suizids*, der noch andere Hintergründe haben kann, als

»nur« den fehlenden Vater. Man muss schon immer wieder genau beobachten, damit man nicht zu einem Experten wird.

In den meisten Ländern wurden die extrem unvernünftigen Richtlinien der amerikanischen Drogenpolitik übernommen: Nahezu alle Drogen sind kriminalisiert worden außer Alkohol, Nikotin und Pharmazieprodukte. Das könntest du als einen von vielen anderen Versuchen der »Mutter Gesellschaft« ansehen, den Zugang zum Vaterprinzip und damit zur Freiheit zu versperren – genau wie Mutter Kirche seit langer Zeit den Zugang zum »Vater im Himmel« versperrt hat. Ich finde es sehr bezeichnend, dass insbesondere legale Drogen wie Alkohol, Nikotin und fast alle Medikamente der Schulmedizin *nachgewiesenermaßen* die schwersten Nebenwirkungen haben, bis hin zu Dauerschädigungen des Nervensystems oder gar Tod. Ein Heroinentzug ist ein Klacks im Vergleich zum Alkoholentzug oder einem Valiumentzug.

Die bei illegalen Drogen festgestellten Nebenwirkungen sind hingegen *Rosenthal-Effekte* (so nennt man die unbewusste Selbsthypnose eines Forschers, die dazu führt, dass er genau das beweist, wovon er schon vorher geglaubt hat, dass es wahr sei) oder sind die Ergebnisse von Auftragsforschungen diverser Anti-Drogen-Behörden. Sinnvolle Forschung in diesem heiklen Bereich sollte sich mit den *Ausnahmen vom Problem* befassen, also mit solchen Menschen, die herausgefunden haben, wie man mit einer Droge *richtig* umgeht.

Politiker als gesetzgeberische Mütter bilden sich aber ein, ihre dummen Kinder andauernd gängeln zu müssen, weil die noch zu klein seien für die Freiheit. Deshalb machen sie für ihre Kinder viele Gesetze und allerlei seltsame Vorschriften, die nicht funktionieren und an die sie sich selbst nicht halten. Diese Muttis sind selbst wie aufgeblähte Kinder, die sich fürchten, die Kontrolle zu verlieren. Sie predigen Wasser und saufen selber jede Menge Wein – bei uns in Bayern natürlich vorzugsweise Bier – denn sie sind das exakte Abbild derjenigen, von denen sie gewählt wurden und die sie repräsentieren: Die Mehrheit ist eben vaterlos.

Sünde: anderes Wort für Irrtum

Sünde hat die gleiche Wortwurzel wie »absondern«. Das weist darauf hin, dass es sich hierbei um einen *Zustand* handelt, der die Folge einer Absonderung, eines Verschließens, also eines Urteilens ist. Das wiederum führt dazu, dass man sich als abgetrennt von der Welt erlebt, denn man hat jetzt sein Ego erfunden. Ein Ego fürchtet sich nun aufgrund seiner Einbildung, abgesondert zu sein und will sich deswegen andauernd absichern. Zu diesem Zweck denkt es sich viele wahnsinnige Verfahren aus, die jedoch alle eines gemeinsam haben: Sie stehen in Konflikt mit der Wirklichkeit und funktionieren daher nicht.

Sünde wird von den meisten mit *schlecht* und *böse* und daher konsequenterweise mit Strafe assoziiert. Dadurch wird dieser Begriff (interessanterweise mit gewissem Genuss!) für das Erzeugen von Schuldgefühlen und Angst verwendbar, anstatt zu erkennen, dass es sich bei Sünde um einen Zustand handelt, der als Folge eines Irrtums entstanden ist und nur deswegen laufend Schwierigkeiten erzeugt. *Ein Irrtum braucht jedoch keine Bestrafung, sondern eine Korrektur*. Fortgeschrittene in diesem Wahn schieben die ganze Sache mit der Bestrafung sogar Gott in die Schuhe. Sie behaupten zum Beispiel, Er würde am Ende der Zeiten die Große Gerechtigkeit herstellen, indem Er die Guten reich belohnt und alle Bösen bestraft. Gott hat damit aber nun wirklich nicht das Geringste zu tun.

Statt Sünde sollten wir getrost das Wort Irrtum verwenden, und anstatt Strafe wäre richtig ausgedrückt: *Den Folgen des Irrtums ausgesetzt sein*. Aufgrund der unangenehmen Folgen wird später oft eine Berichtigung des entsprechenden Irrtums vorgenommen. Zusätzlich eine Bestrafung eines Irrtums zu verordnen ist weder nützlich noch klug.

Man könnte nun zum einsichtsvollen Ertragen der schmerzhaften Folgen eigener Irrtümer auch *Fegefeuer* sagen, sofern der Irrtum bereits erkannt und bereut wurde; damit kann ich sie leichter als eine logische, gerechte und vorübergehende Ausgleichszahlung ansehen, durch die ich meine Freiheit wiedergewinne. *Wer im Fegefeuer jammert ist also ein Dummkopf.*

In Sünde leben: *die Folgen eigener Irrtümer ertragen*

Du darfst die unangenehmen Folgen deiner eigenen Irrtümer ertragen, so lange du daran Lust verspürst oder es für gerecht hältst. Die erste Variante kannst du Masochismus nennen, die zweite Märtyrertum. Da die Folgen eines Irrtums letztlich immer unangenehm sind, kannst du auch sagen: Lernen durch Leiden. Du kannst in diesem Zusammenhang beobachten, wie die sinnvolle und nützliche Fähigkeit, Schmerzen zu ertragen, hierbei in bester Absicht völlig falsch angewandt wird und so zur unnötigen Verlängerung des Leidens führt.

Ein anderer Ausdruck für diesen Zustand, in dem man die Folgen seiner Irrtümer aushalten muss, ist Hölle. Mit der Einbildung, in einer Hölle zu sein, ist die Überzeugung verbunden, dass es keinerlei Möglichkeit einer Lösung gibt. In der Hölle bist du erst, wenn du glaubst, dass keine Hoffnung mehr besteht auf Änderung. Die Hölle ist aber ebenfalls nur Folge eines Irrtums. Es gibt sie nicht wirklich. Sie ist eine Einbildung des Egos und kann daher jederzeit verlassen werden. Allerdings muss dir in diesem Zustand erst jemand zu Hilfe kommen, der die Hölle bereits verlassen hat, damit du da wieder herauskommst. Du bist jedoch frei zu entscheiden, auch länger darin zu verweilen. Immerhin bist du dort ja in großer Gesellschaft und triffst bestimmt jede Menge guter alter Bekannter.

Solltest du als Freier und Gottgleicher tatsächlich vor haben, zurück in eine Hölle zu gehen, um jemanden, den du liebst, daraus zu erretten, dann mach' dich darauf gefasst, dass der sich mit Händen und Füßen dagegen wehren wird. *Wer sich in der Hölle befindet, der fürchtet seine Erlösung nämlich wie der Teufel das Weihwasser.*

ααα

Therapie: spezielle Liebesbeziehung zum Zweck der gegenseitigen Heilung

Jeder echte Kontakt mit einem anderen Menschen ist prinzipiell schon therapeutisch, also heilsam für beide, weil beide dadurch zwangsläufig erkennen, dass sie mehr sind als das, was sie bisher dachten zu sein. In einem echten Kontakt ist immer Liebe, sonst ist er nicht echt, sondern eine Projektion des Egos. Ein echter Kontakt findet statt, wenn du andere mit Liebe anschaust, anstatt abschätzend – und wenn der andere offen ist für dich. Wenn nicht: Schade.

Eine »normale« Therapie ist oft nichts weiter als eine spezielle Art der Selbsthypnose, bei der ein Therapeut seinem Patienten als *Verstärker* dient für dessen Überzeugung, krank zu sein. Damit ist er ein Selbstypnotisierhelfer geworden für eine gemeinsame »Problemtrance«. Jeder Gegenüber hilft dir nämlich durch seine Anwesenheit, dir erneut zu bestätigen, wer du jetzt bist oder wer du zu sein *glaubst*. Im Fall eines echten Kontaktes hilft er dir, dich wieder daran zu erinnern, wer du tatsächlich bist. Erst dabei findet eine wirkliche Heilung statt. Es hängt davon ab, wonach die Beteiligten im jeweils andern suchen wollen:

Suchst du als Therapeut nach Stärken und Fähigkeiten deines Patienten und danach, wo seine Liebe fließt, dann wird diese Suche erfolgreich sein und ans Licht bringen, wonach ihr beide gesucht habt. Auf diese Weise wird bei *beiden* von euch das wieder erinnerte »Gute« weiter ausgedehnt und eure Irrtümer darüber, wer ihr bisher zu sein glaubtet, werden verschwinden. Das Ergebnis dieser Berichtigung ist eine wirkliche Heilung, und zwar *sowohl beim Patienten als auch bei seinem Therapeuten.* Jeder der Beteiligten erkennt sich in dieser therapeutischen Beziehung mit der Zeit als vollständig wieder, anstatt »geteilt« zu bleiben in »einen Körper hier« und in »dem anderen da draußen«.

Entscheidest du dich allerdings als Therapeut dafür, im anderen Krankes und Defizitäres zu suchen, so wird auch diese Suche erfolgreich sein. Ihr bestätigt euch beide damit, dass für euch Krankes wahr ist. Du fühlst dich als Therapeut zwar vorübergehend auf Kosten deines Patienten groß, gut und heil; diese Einbildung vergeht jedoch wieder und du wirst dich selbst ebenfalls immer wieder klein, krank und defizitär fühlen – vielleicht daheim bei deiner Frau, mit der du trotz deiner enormen Weisheit immer noch nicht fertig wirst.

Bist du der Patient, hast du die gleiche Wahl: Wenn du glaubst, dein Therapeut sei anders und besser als du und er hätte alles, was dir noch fehlt, dann ist das schlecht für dich; erkennst du jedoch, dass er dein »Erinnerer« ist, helft ihr euch gegenseitig bei eurer Heilung.

Eine Therapie kann bereits heilsam wirken, selbst wenn sich die Beteiligten über das Wesen einer echten Heilung noch völlig im Unklaren sind und beide fälschlich annehmen, dass eine Heilung »gemacht« werden müsse, so wie bei einem Kind die Mutter kommen muss, wenn ihm etwas fehlt. Die Mutter macht dann, dass alles wieder gut wird. Das ist nur die Wirkung eines sogenannten »aktiven Placebos« – hier in Gestalt des Therapeuten.

Viele Helfer verstehen sich selbst tatsächlich als eine Art von besserer Mutter, die schaffen kann, was der richtigen Mutter anscheinend nicht recht gelungen ist. Das ist eine kindliche Machtfantasie dieser Therapeuten und hat auf den Heileffekt selbst keinerlei Wirkung. Diese Einbildung bestimmt nur das unangenehme Feedback, das diese Therapeuten mit der Zeit bekommen. Entscheidend für seine Heilung ist allein der Wunsch des Patienten nach Vollständigsein, nach Heilsein, und seine Bereitschaft, die Führung bei der angestrebten Heilung endlich »nach oben« abzugeben.

Der Therapeut sollte das aber ebenso tun. Ein wirklich guter Therapeut führt nämlich seinen Patienten nicht, sondern er ist selbst ein Geführter. Er braucht ja auch gar nicht zu führen, da ein Heiler ohnehin nichts tut. *Er ist einfach ganz da* und ist selbst ein Werkzeug von etwas, das größer ist als er und sein Patient, und das ihn *und* seinen Patienten zum Zweck einer gemeinsamen Heilung »in den Dienst nimmt«. Ein Heiler ist also kein Macher, sondern ein *Diener*. Man könnte sogar sagen, dass er im Idealfall ein *Sklave* ist, da er als »geführter Heiler« keinerlei Wahl mehr hat in dem, was er tut und sagt: Er muss das Richtige tun und das heißt, in Übereinstimmung sein mit dem Großen Ganzen. Sobald er in diesem Zustand ist, sieht er die Dinge der Welt, wie sie tatsächlich sind, anstatt Illusionen zu erzeugen und den Patienten damit zu behindern. Wenn sich der Heiler aber nicht in diese Höhere Ordnung einfügen will und sich weigert, der Wahrheit zu dienen, sondern stattdessen seinem Ego, dann kann er auch nicht wirklich »herrschen«. Er ist nur ein Egoist und kann bestenfalls ein freundlich wirkender Tyrann sein, der glaubt, die natürliche Ordnung der Welt verändern zu können. Er ist zu einem Guru und für seine Anhänger zu einem Götzen geworden, dem sie sogar ihre Freiheit opfern.

Bei seiner Selbst-Heilung hilft dem Patienten zusätzlich sein Glaube an die Kraft des Heilers. Der gehört als wichtiger Bestandteil zur therapeutischen Selbsthypnose des Patienten, denn sogar dieser Glaube führt zur Heilung durch Wiedererinnern, *sobald nur ein Funken Liebe in der Beziehung der beiden ist.* Du erkennst als geheilter Patient aber am Ende auch, dass nicht der Heiler dich geheilt hat, sondern dein eigener Glaube. Du selber warst der Therapeut und der Schamane und der Therapeut war deine Hebamme bei deiner Selbstgeburt. Die Heilung selbst geschieht ohnehin eher durch eine Art von Ansteckung, ähnlich wie bei einem Schnupfen. Man muss als »Kranker« allerdings darauf vorbereitet sein, sonst ist man gegen Heilung weiterhin immun. Fremdheilung gibt es nicht – den unausrottbaren Glauben daran gibt es leider schon. Dieser Glaube gehört zwar zum magischen Weltbild eines Kindes, er ist aber nach wie vor eine der Grundannahmen unseres derzeitigen Gesundheitswesens und repräsentiert dort ebenfalls die wahnsinnigen Machtfantasien des Egos. Trotzdem kann diese magische Vorstellung von Therapie anfangs als *hypnotisches Placebo* eingesetzt werden und so hat dieser Glaube offensichtlich einen gewissen Wert, insbesondere in der Schulmedizin. Verbunden mit dem »Stein der Weisen« kann dann aus dieser magischen Scheiße später noch Gold werden und dann freuen sich alle Beteiligten.

Eine wirkliche Heilung geschieht, wie schon erwähnt, immer beidseitig: *Entweder beide oder keiner*. Der Heiler heilt sich, indem er seinen Patienten »ansteckt«, gleichzeitig selbst: Er erkennt sich selbst im anderen wieder. Durch dieses Wiedererkennen im anderen dehnt sich der Geist des Therapeuten immer weiter aus. Die Annahme, dass Heilung einseitig »gemacht« werden könnte, ist ein Wahn. Für Therapeuten sollte daher folgende japanische Weisheit gelten: »Ein echter Meister bleibt bis zum Ende Schüler«.

Nur liebevolle und wissende Heiler können mit Heilung anstecken. Lieblose und ignorante Heiler, die ja ohnehin keine wahren Heiler sein können, weil sie selber noch »krank« sind, stecken nur mit Wahnsinn an – sofern jemand dafür gerade anfällig ist.

Grundsätzlich gilt: *Ein Heiler heilt nur durch das, was er ist und nicht durch das, was er zu sein glaubt, und jeder Lehrer lehrt nur sich selbst und nicht das, was er denkt zu lehren*. Übe daher Achtsamkeit, denn jeder ist wichtig – selbst du.

Jeder ist für irgendjemanden auf der Welt irgendwann einmal ein Therapeut und merkt das vielleicht sogar zufällig. Meistens jedoch bemerken wir unsere »therapeutischen Erfolge« überhaupt nicht. Wir wissen nicht, wem wir versehentlich dabei geholfen haben, »heiler« zu werden und wann und wodurch das passiert ist. Wir bemerken daher auch selten, dass wir uns in jedem dieser Momente selber ebenfalls heiler »gemacht« haben. Vielleicht geschah unsere »therapeutische Intervention« in Form unseres freundlichen Lächelns neulich im Zugabteil diesem Fremden gegenüber, das bei ihm zu einer wichtigen neuen Entscheidung geführt hat. Davon wissen wir aber nichts, obwohl wir uns damals im Zugabteil schon irgendwie gut gefühlt haben. Manche denken sogar, sie seinen nutzlose Fresser auf diesem Erdenrund und sollten daher besser sterben gehen, wie ein echter Wiener in solchen Fällen empfiehlt. *Das ist ein häufig zu beobachtender Irrtum: Sich selbst in wesentlichen Dingen als unwichtig zu sehen und sich stattdessen in unwesentlichen Belangen wichtig zu machen.*

Trance: Zustand beim Träumen

Sobald du in Trance bist – *und das bist du fast dauernd, ohne es zu bemerken* – manifestiert sich dein Glaube in überaus starker Weise. Einige dieser unbewussten Alltagstrancen werden im Volksmund »Reinsteigern« oder in Bayern »Spinnen« genannt. Trancen sind deine Mittel zum Erzeugen von Wirklichkeiten, an die du glauben und sie daher verwirklichen willst. Allerdings wirken Trancen nur in einem gewissen Rahmen und für gewisse Zeit: Wenn deine Einbildungen nämlich nicht in Ordnung sind – und das sind sie selten – lösen sie sich wieder auf: Sie sterben ab. Aber sie können durch Bestätigung von außen noch eine Weile am Leben erhalten werden – *wie auf einer Intensivstation.*

Du kannst Trancezustände daran erkennen, dass ein so genannter Tunneleffekt auftritt, was bedeutet, dass der Fokus der Aufmerksamkeit nur auf eine Sache konzentriert ist und dass die Umgebung und überhaupt alles, was deinen gegenwärtigen Trancezustand stören würde, verschwindet – alle Ausnahmen beispielsweise. Gleichzeitig entsteht der Eindruck, dass alles *wie von selbst* geschieht, dass du also nichts zu tun brauchst – du hast einen »Lauf« – oder du glaubst, dass du jetzt nichts mehr tun *kannst.* Das ist die unangenehme Variante, weil du dich jetzt als Opfer erlebst und sie wird in Fachkreisen »Problemtrance« genannt.

Menschen sind bei genauerer Beobachtung also fast andauernd in Trancezuständen und sie können das aus diesem Grund kaum bemerken. *So ist das Gerücht in die Welt gekommen, dass Trancen nur unter besonderen Umständen auftreten würden und dass für die Erzeugung von Trancen ganz spezielle Fähigkeiten notwendig seien.* Die meisten Leute assoziieren ja bei dem Wort Trance automatisch Hypnotisieren und denken, das sei etwas Geheimnisvolles, das nur ausgewähltes Personal mit einem überlegenen Willen zustande bringen könne, sofern es entsprechend dafür ausgebildet ist. Das ist aber Unsinn, obwohl sogar gelernte Hypnotiseure sich gelegentlich einbilden, dass das mit der Hypnose etwas Besonderes sei. In Wirklichkeit ist der Trancezustand einer der natürlichen Zustände des Menschen und ebenso wenig etwas Besonderes wie die Fähigkeit einzuschlafen.

Wir können diese Fähigkeit, jederzeit in Trance zu gehen, entweder zu Heilzwecken benutzen oder um damit Illusionen mit entsprechenden Symptomen zu erzeugen; das scheint vor allem davon abhängig zu sein, ob wir unsere Trancen bewusst erzeugen oder unbewusst. In der so genannten Hypnosetherapie nennt man unbewusst und gewohnheitsmäßig erzeugte Trancen Symptomtrancen oder »selbstinduzierter Zwang«. *Wer seine Trancezustände rechtzeitig als solche erkennt, der kann sich daraus befreien oder sie anders und besser nutzen.*

In Indien sagen sie zu unseren unbewussten Dauertrancezuständen Maya. Sie haben dort schon vor Tausenden von Jahren bemerkt, dass es unglaublich schwer ist, diesen »Schleier der Maya« zu erkennen und ihn zu durchdringen. *Wir müssen zuerst einmal bemerken, dass dieser Schleier überhaupt da ist, ehe wir dazu in der Lage sind.* Die endgültige Korrektur besteht in der Auflösung der Illusionen des Egos und durch die daraus folgende Erkenntnis, dass da *Nichts* ist außerhalb deines Geistes.

Traum: anderes Wort für *Maya*

Ein Traum ist das Ergebnis der schöpferischen Fähigkeiten des Geistes, seine eigenen Inhalte auf unterschiedlichen Ebenen der Welt zu manifestieren. Eine davon ist die materielle Ebene. »Materielle Träume« können aber nur während der Existenz des Geistes in seiner Traumzeit erschaffen werden, also während der Zeit, in der sich der Geist mit einem Körper vereint hat oder noch anderweitig mit der Mutter Erde verbunden ist. Sobald der Geist sich selbst endlich in allem Seienden vollständig wiedererkannt hat, hört dieses Träumen auf: Er hat sich wieder daran erinnert, wer er tatsächlich ist – nämlich Gott, der Ursprung, aus dem er stammt und mit dem er immer eins bleibt, und nicht sein Traum, seine Schöpfung.

Für unsere Befreiung müssen wir unbedingt erkennen, dass wir uns in der Traumzeit befinden und dass wir nicht einem Traum ausgeliefert, sondern dass wir der Träumer, der göttliche Schöpfer unseres Traumes sind. Das Tibetische Totenbuch legt zwar die Annahme zugrunde, dass eine ungeschulte »Geistseele« nach dem Tod noch eine Gewöhnungszeit braucht, bis sie bemerkt, dass sie nach ihrer Trennung vom Körper zunächst vielleicht weiterträumt; aber grundsätzlich wäre die Traumzeit mit dem Tod des Körpers wieder beendet und der Geist könnte sich jetzt als vollkommen und frei und als Ursprung seiner Erfahrungen erkennen.

Die Grundprozesse, die in diesem Totenbuch teilweise recht metaphorisch dargestellt werden, gelten für den Geist selbstverständlich auch für die Zeit, in der er an Materie gebunden ist. *Wenn etwas wahr ist, dann ist es entweder immer und überall wahr, oder es ist falsch.* Wenn diese Beschreibungen wahr sind, so bedeutet das, dass du dich bereits während deiner Traumzeit befreien kannst, indem du beispielsweise die Anweisungen dieses Buches befolgst und sorgfältig übst, die dort aufgeführten illusionären *Bardo*-Zustände *jederzeit* als solche zu erkennen. Alle Bardo-Zustände in diesem Totenbuch sind nämlich Geisteszustände, wie sie auch innerhalb der Traumzeit auftreten, die beginnt, sobald du deinen Körper erhalten und die Illusion eines Egos erzeugt hast. Diese dort beschriebenen Bardo-Zustände kannst du also ebenfalls *Traum* nennen.

Nach dem Tod kann der Geist in dieser Welt anscheinend keine Energietransformation mehr ausführen, weil ihm das Transformationsmittel dafür abhanden gekommen ist, nämlich sein Körper. Er müsste sich erst wieder einen Körper ausleihen, den er zu diesem Zweck aber »besetzen« müsste, denn da drin befindet sich ja noch der eigentliche Besitzer und der müsste entweder besiegt werden oder der muss ihn erst einladen. Ich bezweifle aber, dass so etwas möglich ist. Manche sagen jedoch, dass derartige »Ausleihen« tatsächlich vorkommen und diese ausgeliehenen Körper werden dann Medium genannt. Genauere Untersuchungen dieser Medien und der von ihnen erzeugten Phänomene ließen aber bisher eher den Schluss zu, dass es sich dabei um Auswirkungen eines Effektes handelt, der Folge einer unbewussten geistigen Verbundenheit mit den unbewussten Geistesinhalten derjenigen Personen ist, die dieses Medium konsultiert haben: also Folge telepathischer Effekte. Oft sind es hypnotisch erzeugte Illusionen, ähnlich wie bei der in Amerika erfundenen »multiplen Persönlichkeit«. (In den Therapiesitzungen können Therapeuten mittels Hypnose bei geeigneten Patienten jede Menge von Persönlichkeiten erzeugen. Der Rekord steht derzeit bei über sechshundert, soviel ich weiß. Diese Persönlichkeiten sind Identifizierungen des braven Patienten, der wie ein Kind oder wie ein guter Schauspieler alles macht, was seine Therapeutenmutti von ihm erwartet.)

Nach dem Tod des Körpers, der wahrscheinlich doch später eintritt, als es die medizinische Definition bestimmt, geht es für viele von uns zunächst wohl weiter wie in unseren Träumen nachts im Bett. Wir bilden uns da zwar alles Mögliche ein, aber das hat keinerlei Folgen mehr für die Welt, weil dadurch nicht wirklich etwas passiert: Ich bringe ja keinen damit um, wenn ich nur davon träume. Ohne einen Körper kann der Geist wahrscheinlich weiter Projektionen erzeugen, aber die sind nun völlig wirkungslos und haben *nur für ihn alleine* Folgen – genau wie im »richtigen« Leben.

So lange ich nicht erkenne, dass ich träume, bin ich meinen eigenen unbewusst erzeugten Schöpfungen ausgeliefert und habe entsprechende Folgen meiner Einbildungen zu ertragen. Bei einem Alptraum habe ich also eine *wirkliche geträumte Angst.* Das heißt, die Wirkung meiner Überzeugung, dass mich beispielsweise ein Monster verfolgt, lässt sich in der Materie meines Körpers entsprechend beobachten. Daher sind bei Schlafenden, die einen Alptraum haben, Stressreaktionen (Hormonausschüttungen, Muskelspannungen, Schwitzen, Keuchen, Herzklopfen usw.) zu beobachten. Solange ich an die Wirklichkeit dieses gerade selbst erfunden Monsters glaube und es daher »wahrnehme«, solange hat dieses geträumte Monster auch eine Wirkung auf mich. Mir geschieht nach meinem Monsterglauben, *bis ich erkenne, dass ich der Schöpfer dieses Monsters bin.*

Wenn dir deine erfundenen Schöpfungen bisher gefallen haben, bist du wahrscheinlich nach dem Erwachen etwas enttäuscht, denn sobald du wach wirst, zerplatzen sie wieder. Wenn du sie aber gefürchtet hast, dann bist du bestimmt heilfroh, wenn sie verschwinden, weil es jetzt *hell* wird und du endlich daraus aufgewacht bist.

Ich darf aber hier die unterschiedlichen Ebenen nicht verwechseln: *Nehmen wir an, jemand liegt im Bett und träumt, dass er aufsteht, aufs Klo geht und dort pinkelt. Wenn er dann wach wird, ist natürlich das Bett nass. Innerhalb der Traumzeit gibt es nämlich echte Betten, denk' dran. Deswegen kannst du innerhalb der Traumzeit erkennen, dass du dir etwas eingebildet hast, nämlich, auf dem Klo gewesen zu sein. Aber am nassen Bett erkennst du anschließend auch den tatsächlichen Sachverhalt und dass du offensichtlich die Ebenen verwechselt hast.* Das wäre jetzt der Standpunkt der so genannten gemäßigten Konstruktivisten. Die glauben, dass es zwar eine Welt an sich gibt, die allerdings völlig ohne jede Bedeutung ist, die man aber wenigstens korrekt wahrnehmen kann. Der *radikale* Konstruktivist geht zusätzlich davon aus, dass die nassen Betten ebenfalls eingebildet sind, dass also die Welt an sich nur geträumt ist. Diese »geträumte Welt« ist allerdings sehr realistisch geträumt, weil ja viele Träumer im Laufe vieler Generationen daran geträumt haben. Da tut sich mit der Zeit einiges innerhalb der dabei materialisierten Energieformen. Daher ist es sehr ratsam, sich noch Folgendes zu vergegenwärtigen: *Selbst wenn du mit einem geträumten Körper an eine geträumte Mauer rennst, bekommst du doch wirkliche Traumschmerzen.* Achtsamkeit lohnt sich in jedem Fall. Sogar für radikale Konstruktivisten.

Es ist für einen Anfänger des »Traum-Yoga« äußerst schwierig, zunächst wenigstens seine nächtlichen Träume als solche zu erkennen und sich selber als Schöpfer seiner Träume zu erfahren, denn sobald sein Körper durch den Schlaf stillgelegt wird, existiert für ihn auch keine Zeit mehr. Seine Geistesinhalte manifestieren sich »ohne« seinen Körper sofort. Er muss sie also nicht vorher »denken«. *Denken ist im nächtlichen Traum nämlich identisch mit Erschaffen* und das bedeutet Verwirklichen in Echtzeit: Gedacht, getan!

Wenn ich beispielsweise im nächtlichen Traum eine Zigarette rauchen »will«, habe ich anstatt dieses Impulses sofort eine Zigarette im Mund und ich habe damit keinerlei Probleme, denn ich »wollte« das so und daher ist es okay. *Mein Wille ist jetzt für mich Wirklichkeit geworden.* Weil dabei aber keine Zeit vergeht, darum ist es für mich als Träumer so schwer zu erkennen, dass ich selber der Schöpfer dieser Szenerie bin.

Jetzt stell' dir aber mal vor, du marschierst tagsüber, also außerhalb deines Bettes, arglos die Straße entlang und plötzlich hast du eine Zigarette im Mund und keine Ahnung, wo die auf einmal hergekommen ist! Das würde dir unheimlich erscheinen und du würdest zur Erklärung dieses Wunders wahrscheinlich schnell magische Vorstellungen entwickeln. *Damit du nicht derartigen Unsinn erfindest, gibt es die Zeit.* Mit der Zeit kriegst du schon raus, was wirklich Sache ist und was du selber dazu *getan* hast. Wenn du dich jedoch nicht als den Ursprung deines Traumes erfährst, wird es für dich nahezu unmöglich zu erkennen, dass diese geträumten Erscheinungen genau das sind, was du gerade selber erschaffen hast, das, was dir genau jetzt »entspricht«. Du erkennst dann nicht mehr, dass diese Erscheinungen genau das manifestieren, was du gerade glaubst, und dass dieses »virtuell Erschaffene« in Wirklichkeit gar keine wirkliche Wirklichkeit hat. (Das klingt toll, nicht wahr: »In Wirklichkeit gar keine wirkliche Wirklichkeit«. Mein alter Deutschlehrer würde sich im Grab umdrehen.)

Außerhalb des Bettes im so genannten Wachzustand könntest du den Schöpfungsprozess des Träumens deutlich leichter erkennen, weil du hier wieder Zeit hast. Du denkst beispielsweise *jetzt* daran, eine Zigarette zu rauchen, gehst *dann* zu deiner Jacke, holst *dann* die Zigaretten heraus, suchst *dann* das Feuerzeug, das sich meistens wieder nicht dort befindet, wo es sein sollte, und *dann* kannst du dir *endlich* deine Zigarette anzünden.

Der Vorteil dieser Traum-Zeitlupe ist klar zu sehen: Sobald du dich als Schöpfer der ganzen Szenerie erkennst, könntest du an jedem beliebigen Punkt des Ablaufs völlig frei entscheiden, ob du deinen Wunsch weiterhin in die Tat umsetzen willst oder ob du dessen Verwirklichung wieder abbrichst, damit du nicht ein bitteres Ende in Kauf nehmen musst.

Die Übung der Achtsamkeit hilft dir, immer genauer zu beobachten, was du auf welche Weise und unter Mithilfe deiner Mitmen-

schen zu erschaffen im Begriff bist, damit du rechtzeitig neu entscheiden kannst, wenn du Irrtümer entdeckst.

Merk' dir also für alle Fälle folgenden Ausspruch eines unbekannten Klugscheißers:

In Wirklichkeit ist die Wirklichkeit nicht wirklich wirklich. – Aber wirken tut sie doch!

Träumen: *großartiges Verfahren zur Selbsterkenntnis und Korrektur.*

Träumen ist ein schöpferischer Vorgang. Der Mensch kann damit entweder Wahres oder statt dessen Illusionen erschaffen, wobei Letztere natürlich nicht *wirklich* wirklich sind, sondern nur »virtuell«; daher wirken sie nur auf den Träumer selbst.

Du erkennst den Zustand des Träumens daran, dass du dabei angeregt bist, weil du beim Erschaffen tätig werden musst. Bleibst du nämlich in Ruhe, passiert überhaupt nichts und damit entsteht auch kein »Karma«.

Träumen funktioniert auf unterschiedlichen Ebenen: Du kannst jeden Tag einschlafen und im Bett liegen und träumen. Das ist relativ ungefährlich, weil dabei nicht wirklich etwas passiert, obwohl es dir natürlich während deiner nächtlichen Träume sehr wohl so erscheint. Sobald du aber wach geworden bist, erkennst du recht schnell, dass du in Wirklichkeit nur geträumt hast. Nächtliches Träumen im Bett stellt darum ein gutes Modell dar für eine andere Ebene, der des materiellen Träumens innerhalb unserer Traumzeit. Diese nächtlichen Träume können Hinweise liefern, dass wir mehr Fähigkeiten, Kenntnisse und Wissen zur Verfügung haben, als uns in unserem meist sehr eingeschränkten (so genannten) Wachzustand klar ist: Der Wachzustand ist ja bei fast allen Menschen ein Weiterschlafen und Weiterträumen mit offenen Augen, ein *Schlafwandeln* sozusagen. In deinem so genannten Wachzustand träumst du dann – bedauerlicherweise meistens völlig unbewusst – zusammen mit vielen Mitträumern deinen konkreten individuellen Lebenstraum und wirkst auf diese Weise mit am kollektiven Menschheitstraum. Auch hierbei musst du in gewisser Weise einschlafen: Du musst dich *zuerst verschließen*, damit du träumen kannst. Auf dieser Ebene kann dann sehr wohl etwas geschehen. Aber das ist für den Geist nicht *wirklich* wirklich, obwohl er während seines Aufenthaltes in der Traumzeit ein Ego erfindet, das überzeugt ist, all das sei tatsächlich wirklich, was es mit Hilfe seines Körpers erfindet, erfährt und wahrnimmt. *Aus diesem Traum wacht man auf durch Sterben des Körpers oder durch Erleuchtung. Bei einer Erleuchtung stirbt dann dein Ego, weil es nämlich sonst keine Erleuchtung war.*

»Ja mei, wenn der Mensch spinnt, gibt er ein Zeichen.« Mit dieser Bemerkung kommentieren die Bauern in meiner Heimat Oberbayern gelassen das seltsame Verhalten so manch ihrer Zeitgenossen. »Spinnen« bedeutet hier, dass sich einer etwas einbildet und sich daher seltsam benimmt. Das universelle Zeichen dafür ist Aufregung und die Folge davon sind seltsame Verhaltensweisen, denn wenn ein Mensch aufgeregt ist, sieht er Dinge, die nicht da sind und hört Sachen, die so keiner gesagt hat. Er ist dann »wahnsinnig« und wähnt sich ganz wo anders, als er jetzt gerade ist. Seine Sinne »bestätigen« ihm das, wovon er gerade glaubt, dass es da sei, weil er nicht erkennt, dass er das gerade erfindet. Er verhält sich daher in solchen Momenten wie ein Psychotiker, der halluziniert. Als Folge seines Wahns ist er *gestört*, denn er benimmt sich unpassend hinsichtlich der gegenwärtigen Situation – und er fühlt sich natürlich auch entsprechend seines Wahns. Wenn er sich einbildet, dass etwas Schlimmes da sei, fürchtet er sich. Er hat dann einen Alptraum. Wenn er sich etwas Angenehmes einbildet, geht's ihm gut. Aber jeder Wahn hört irgendwann wieder auf, selbst ein angenehmer. Dann ist er enttäuscht, weil die angenehme Täuschung zu Ende ist. Meistens wird dieser Mensch dann böse oder wähnt sich gar betrogen, obwohl nur er selber sich etwas vorgemacht und zusammengesponnen hat. Die anderen waren nur seine Helfer.

Diese Sachverhalte bezüglich des Träumens gelten innerhalb und außerhalb deines Bettes. Aber verwechsle dabei nicht die verschiedenen Ebenen!

Aufgeregte Menschen betrachtest du also am besten als Schlafwandler, die ihre Augen zwar offen haben, aber trotzdem nicht sehen, was *jetzt* tatsächlich los ist. Schlafwandler reden im Schlaf, sie wandeln herum und erzählen aufgeregt, wovon sie gerade träumen.

Mit Schlafwandlern zu diskutieren ist natürlich sinnlos, da sie ja nicht hören, was du jetzt tatsächlich sagst, sondern das, wovon sie träumen, dass es eine gerade von ihnen geträumte Person sagt. Sie sehen nicht dich, sondern jemanden, von dem sie gerade träumen, dass er da sei. Ähnlichkeiten zu lebenden oder toten Personen sind dabei rein zufällig.

Wenn jemand träumt und dabei schlafwandelt, dann wirkt er zwar auf den ersten Blick, als ob er wach wäre, aber er befindet sich in seinem Traum. *Du erkennst einen Schlafwandler daran, dass er dich in Wirklichkeit nie richtig anschaut*, sondern er schaut irgendwie an dir vorbei, durch dich hindurch, starrt dich an oder starrt vor sich hin. Daran erkennst du, dass er ein Schlafwandler ist und jetzt nur seinen Traum sieht.

Du kannst einen solchen Menschen zur ***Übung*** aufmerksam beobachten und vielleicht mit der Zeit seinen Traum verstehen. Aber lass' ihn bloß in Ruhe, bis er wieder zu sich kommt. Und nimm dich auch im Umgang mit Schlafwandlern nicht so wichtig, *da du ja nicht wirklich gemeint bist*. (Bei Schlafwandlern sollte dich das eher beruhigen und nicht enttäuschen.)

Da Träumen *hochgradig ansteckend* ist, solltest du sehr achtsam sein, damit du dich nicht ebenfalls aufregst und dann selber anfängst zu spinnen. Dadurch bestätigst du die von deinem Gegenüber präsentierten Träume nämlich und sie dauern so länger als nötig. Jemandem etwas ausreden zu wollen, der gerade schlimm träumt, ist eine Dummheit und verlängert einen *gemeinsamen* Wahn, weil man diesem Wahn durch die Gegenrede eine Wirklichkeit bestätigt. (Das ist doch klar: Wenn du seinen Wahn nicht ebenfalls als wirklich ansehen würdest, gäbe es für dich nichts zu bekämpfen, indem du mit diesem Schlafwandler diskutierst, sondern du würdest ruhig bleiben. Du bist in so einem Moment selber zu einem Schlafwandler geworden und spinnst ebenfalls. *Was soll da Schlaues herauskommen, wenn zwei Schlafwandler mit ihren eigenen Einbildungen diskutieren*?) Am Besten ist, du stimmst einem Schlafwandler einfach zu und gehst dabei innerlich oder äußerlich etwas weiter weg, damit er sich schneller beruhigt. Auf diese Weise vermeidest du recht gut, dich anzustecken.

Sobald du erkennst, dass du gerade träumst, also schöpferisch tätig bist, kannst du in aller Freiheit erschaffen, was du willst. Das wird immer als lustvoll erlebt. Erkennst du das nicht, bist du deinen Träumen quasi ausgeliefert und erfährst dich daher als Opfer fremder Mächte. Meistens erlebt man das als einen Alptraum.

Luzides Träumen ist ein Ausdruck von *C.G. Jung* und bedeutet, dass der Träumer während des nächtlichen Träumens erkennt, dass er gerade träumt. Er kann dann sofort träumen, was er will und ist in seinem Traum gewissermaßen zu einem Schamanen geworden.

Ein weiterer Ausdruck in diesem Zusammenhang ist *Zeugenbewusstsein*. Das bedeutet, dass ich wie ein außenstehender Zeuge fast unbeteiligt das ganze Traumgeschehen beobachte und mich sogar selbst darin sehen kann als eines von vielen Elementen in dieser Inszenierung. Ich beobachte ruhig, wie »ich« gerade agiere, was dabei entsteht, oder sogar, wie mein Körper am Ende tot da liegt. So kann ich einerseits »tot« sein und gleichzeitig doch weiterträumen, was manchmal ganz praktisch sein kann, etwa zu Studienzwecken.

Reanimierte Unfallopfer erzählen von solchen Zuständen während ihrer Nahtoderfahrungen. Das ist genau wie mit dem Zeugenbewusstsein im Traum.

Eine Übung dazu: Luzides Träumen und die Entwicklung eines Zeugenbewusstseins sind erlernbar. Man übt *tagsüber*, indem man sich im Alltag immer wieder die gleiche Frage stellt: »Wach' ich oder träum' ich?« Dabei nimmt man eine Beobachterhaltung ein, während man gleichzeitig weiter agiert.

Ein Traum wird immer ein Ende haben, weil er nämlich einen Anfang hat. Jeder Faden mit einem Ende hat ja auch ein anderes Ende. Schlimme Träume werden meist durch »Sterben« beendet. (Meinen Tod kann ich übrigens nie direkt träumen. Ich sterbe im nächtlichen Traum entweder dadurch, indem ich aufwache oder indem ich mich von meiner »Egomaschine« distanziere durch das Zeugenbewusstsein. Damit bin ich auch wieder frei von den Folgen all meiner Einbildungen.) Wenn ich aus meinem Traum erwache, erkenne ich selbstverständlich schnell, dass überhaupt nichts passiert ist. Ich habe nur geträumt. Auf diese Weise, durch Erwachen, kann ich jeden Traum beenden, wenn es mir bisher noch nicht gelungen ist, luzide zu träumen oder ein Zeugenbewusstsein zu entwickeln.

Nächtliche Träume sind ein Abbild dafür, wie der Geist funktioniert, und zwar andauernd! Deshalb können in nächtlichen Träumen Lösungen und tiefe Einsichten gefunden werden, sofern ich mich darum bemühe und dafür offen werde. Wichtiger ist allerdings, dass ich lerne, tagsüber luzide zu träumen, denn auf dieser Ebene der Welt wirken sich meine Träume auch auf andere aus und diese Auswirkungen bekomme ich zu spüren.

Zum Träumen ist, wie schon gesagt, unbedingt notwendig, dass ich mich zuvor von der Welt abschließe. Das nennt man Einschlafen. Wenn ich mich nämlich nicht zuerst verschließe, kann ich nicht träumen, sondern ich erkenne die Wahrheit und bin im Himmel. In der Genesis wird beschrieben, wie Gott den Adam zuerst eingeschläfert hat und ihn erst danach operierte. Genau genommen hat er ihn dabei geteilt und aus der entnommenen Rippe baute Er die Eva. Die war also aus Adam und vorher eins mit ihm. Aber der Adam hat nachher gemeint, sie sei etwas anderes als er, *weil er die Teilung verschlafen hatte.*

Sobald ich in einem echten Kontakt mit meinen Mitmenschen bin, kann ich wenigstens keine schlimmen Träume haben, sondern nur noch wahre. Nur das Gute bleibt übrig. Das wussten schon die alten Römer, als sie in Bezug auf die Vergangenen meinten: »Über die Toten sprich nichts außer Gutes«. Das Gute nämlich ist wahr und daher bleibt es übrig. Wahre Träume bleiben wahr, selbst wenn ich wach geworden bin. Alle anderen Träume lösen sich nach dem Erwachen wieder auf in *Nichts.* Deine Träume von Liebe, Verbundenheit, Klarheit und Gerechtigkeit sind wahr. Der so erzeugte Zustand ist eine Form des Glücks und zeigt, dass ich wahr träume. Wahres bleibt auch wahr nach meinem Erwachen.

Die unvermeidliche Auflösung unserer Ego-Träume, die wir in unserer Traumzeit erzeugt haben, könntest du auch Jüngstes Gericht nennen. Ein besserer Ausdruck wäre vielleicht Letzte Große Berichtigung. Die Folge davon ist vollkommene Erlösung, also die Befreiung von allen Übeln, die durch unsere Irrtümer *scheinbar* entstanden sind und die während unserer Traumzeit für uns eine Wirklichkeit waren. Wir erkennen uns dann endlich wieder so, »wie wir von Gott eigentlich immer gemeint waren« (*Dostojewskij*) und sind wieder »im Himmel«, aus dem wir uns nur zeitweilig herausgeträumt hatten. *Eigentlich aber haben wir ihn nie wirklich verlassen.* Wir sind andererseits jedoch in der Traumzeit gelandet, sobald wir einen Körper erhalten und wir bleiben so lange *gleichzeitig sowohl im Himmel als auch in der Traumzeit,* bis wir die Traumzeit entweder durch das Sterben des Egos oder das Sterben des Körpers oder das Sterben beider wieder verlassen.

Durch unsere Identifikation mit dem Körper vergessen wir aber, dass wir gleichzeitig noch im Himmel sind und erschaffen uns damit eine Hölle.

Wir sind jederzeit vollständig frei und träumen ausschließlich das, was wir als Ego auch träumen wollen. Sobald wir das erkennen, könnten wir uns bei einem misslungenen Traum die Sache wieder anders überlegen. Kommen wir jedoch nicht zu dieser Einsicht, sind wir unseren eigenen Träumen so lange ausgesetzt, bis wir endlich »zu uns kommen«. Erkennen wir unsere virtuelle Schöpfung, unseren Lebenstraum, als unsere eigene Projektion, können wir entscheiden, ob wir weiterträumen wollen wie bisher oder ob wir etwas anderes träumen wollen. Wir können sogar entscheiden, künftig wahre Träume zu erschaffen, solche also, die in Ordnung sind, anstatt der Welt weiter unsere eigenen wirren Vorstellungen von Ordnung aufzwingen zu wollen. *Dazu brauchen wir nur einzugehen in das Große Geheimnis, indem wir endlich wach werden.*

Trotz: Hilfe bei der Abgrenzung zum Mütterlichen

Trotz richtet sich immer gegen die Mutter oder gegen jede Person, die bemuttern will, sofern die Abgrenzung zur Mutter nicht ausreichend vollzogen ist. Trotzreaktionen zeigen, dass die seelische Abnabelung von der Mutter bisher nicht gelungen ist. Trotz verschwindet, sobald die Ablösung von ihr *im Guten* erfolgt – sonst gibt es nämlich keine echte Ablösung – und der Mensch auf dem Weg zum Vater(-Prinzip) ist.

Damit der Mensch überhaupt damit beginnt, sich aus dem »Bannkreis der Muttergottheit« zu lösen, steht ihm eine Art eingebauter Unterscheidungsautomat zur Verfügung. Der Automat heißt Trotz. Er wird aktiv, sobald der Mensch zu sprechen und zu laufen anfängt. Gewöhnlich ist er dann etwa mindestens ein Jahr alt. Diese Trotzautomatik hat aber nur die Aufgabe, einen *Unterschied* zur Mutter zu erzwingen. Es geht dabei also nicht um richtig oder falsch, sondern nur darum, *anders* zu sein als die Muttergöttin mich jetzt will. Dadurch wird die Erfahrung ermöglicht, dass sie mich auch liebt, wenn ich nicht mehr mit ihr übereinstimme – also trotzdem.

Für ein Kleinkind, das ja zunächst nur die Muttergöttin als Leben spendende »äußere Macht« kennt, ist diese Zeit der Abgrenzung riskant, denn wenn die Göttin es verstößt, wird es sterben – außer, es hätte eine Alternative, nämlich den Vater oder wenigstens eine gute Oma. Ohne eine Alternative ist es besser, mit dem Abgrenzen zu warten und vorerst weiterhin mit der Muttergöttin überein zu stimmen, damit du nicht aus dieser lebenserhaltenden Einheit fällst und womöglich in der Hölle landest, in der ewige Vernichtung ist.

Wenn der Trotz in der dafür vorgesehenen Lebensphase sein Ziel nicht erreicht, nämlich dass du die Erfahrung machst, sogar geliebt zu werden, wenn du anders bist als die Muttergöttin dich will, dann bleibt diese Automatik weiter auf »stand by« und wartet auf eine Gelegenheit, wo sie endlich aktiv werden kann. Das kann bis ins Erwachsenenalter dauern. Deshalb kann man häufig beobachten, dass

Erwachsene in Situationen, in denen sie von irgend jemandem bemuttert werden, nun mit unpassendem Trotzverhalten reagieren, anstatt sich freundlich von dieser bemutternden Person abzugrenzen – etwa mit »bitte nicht« oder »danke, nein«. Sie reagieren wie ein kleines Kind auf ihre Mutter, wenn die beispielsweise vom Kind etwas verlangt, wogegen es trotzen kann. Wenn du von einem Trotzkopf nichts willst, bleibt seine Trotzautomatik stumm, denn sie wäre dann sinnlos. (Am häufigsten kann dieser verspätete und daher unpassende Trotz in Partnerschaften und am Arbeitsplatz beobachtet werden.)

Es gibt viele Menschen, die nicht einmal als Erwachsene zu trotzen wagen, sondern weiterhin brav sind und alles recht machen wollen, damit die betreffenden Muttervertretungen sie nicht mit Liebesentzug bestrafen oder sie gar gänzlich verstoßen.

Bei Erwachsenen wirkt Trotz natürlich komischer als bei Kindern. Aber er kann dort recht gefährlich werden, denn der Erwachsene verfügt über deutlich mehr Körperkräfte und mehr Möglichkeiten als ein Kind.

Trotz kann bei Erwachsenen offen oder versteckt auftreten, genau wie bei Kindern. Der *versteckte Trotz* funktioniert etwa nach folgendem Prinzip: »Es geht nicht, wenn ich soll. – Nicht einmal, wenn ich will.« Dieser Mensch setzt sich zwar bereitwillig aufs Töpfchen, *aber er scheißt dann nicht* und die entsprechende Mutter wird unruhig und beginnt schließlich zu nerven, weil sie zu Recht Angst bekommt, dass dieses Kind sich selbst einen Schaden zufügt, wenn es nicht endlich scheißt, denn wer nicht scheißt, der wird unweigerlich krank und könnte sogar sterben.

Potenzstörungen, Anorgasmie oder Prüfungsversagen wären beispielhafte Auswirkungen von verstecktem Trotz bei Erwachsenen, in der solche Leute denken, keine Alternative zu haben und es mit der Mutter nicht verderben zu dürfen. Sie machen daher »Dienst nach Vorschrift«, damit man sie nicht der offenen Verweigerung bezichtigen kann, genau wie Beamte, die ja nicht streiken dürfen, weil sie sonst ihre Beamtensicherheit aufs Spiel setzen würden. *Aber sie tun nicht das, worauf es ankommt*: »Ich hab's versucht, Schatzi, aber es geht nicht.« Stimmt! Er hat versucht, seinen halbweichen Schniedel reinzunudeln, *aber er hat sie nicht gefickt*. Und deshalb darf sie jetzt nicht böse werden, weil er dabei sogar geschwitzt hat.

Eine gelungene Abgrenzung und die daraus entstandene Freiheit zeigt sich analog: »Es geht, weil *ich* will. – *Sogar, wenn ich soll.*«

In Psychotherapien ist der Trotz von Erwachsenen als so genannter Widerstand bekannt und er stellt folglich ein Therapeutenproblem dar: Der Therapeut war offenbar in dieser Situation gerade wieder einmal wie eine Mutter, anstatt wie ein Vater, und wollte den Patienten »zu etwas bringen«, wovon die Therapeutenmutti dachte, dass es gut für ihn sei. Er hat damit aber die Konstruktionen seines Patienten angegriffen, anstatt sie zu würdigen und er hat sich diese Reaktion daher verdient.

Damit Kinder lernen, wie Abgrenzung wirklich funktioniert, nämlich mit Hilfe des Vaters, kontern die Mütter unzureichende Abgrenzungsbemühungen ihrer Kinder bis zur endgültigen Abnabelung mit *drei Bindungstechniken*, die untereinander kombinierbar sind:

Erste Technik: Die Mutter wird böse und verbannt dich: »Du kannst ja machen, was du willst, aber geh' mir jetzt aus den Augen. Ich will dich nicht mehr sehen! Du wirst schon merken, was passiert, wenn du so weitermachst. Warte nur, bis Papa heimkommt!« Bei dieser Technik hilft Trotz wenigstens für einige Stunden – so lange der Hunger nicht zu groß ist.

Zweite Technik: Schlechtes Gewissen fördern: »Du kannst ja machen, was du willst, mein Kind. – Aber du weißt, wie es mir dann geht.« (Das wird mit jammerndem Tonfall gesprochen und dabei treten der armen Mutter sogar Tränen in die Augen.) Hier bist du ohne Papa verloren. Dein schlechtes Gewissen treibt dich wieder zur Mutter: »Mama, Mama, schau, ich bleib' doch immer bei dir! Sei nicht mehr traurig.«

Dritte Technik: Mutti ist deine beste Freundin: Das ist die gefährlichste Technik, weil die auf den ersten Blick aussieht wie Freiheit; sie wird daher vorzugsweise bei schon erwachsenen Kindern eingesetzt: »Du kannst ja machen, was du willst, Kind – Hauptsache, du erzählst mir immer alles ganz genau!« Erzählst du dann aber in deiner unschuldigen Dummheit etwas, das der Mama nicht gefällt, kommt entweder die erste Technik (»du wirst schon sehen, was dabei rauskommt, wenn du so schlau bist!«) oder die zweite Technik (»ach je, warum muss ich denn nur solche Kinder haben!«) und schon ist's wieder vorbei mit deiner Pseudo-Freiheit. Im Falle deiner Aussageverweigerung setzt die Mutter ein Sahnehäubchen oben drauf: »Ich weiß, dass du mich nicht mehr lieb hast, sonst würdest du mir jetzt vertrauen«.

Wenn du also denkst, deine Mutter sei deine beste Freundin, dann musst du offenbar von ihr noch etwas länger trainiert werden. Aber warte nicht zu lange mit der Abnabelung, sonst wirst du die Gelegenheit zum *Großen Glück* versäumen und anstatt in einer glücklichen

Partnerschaft zu leben wiederholst du in deiner Ehe nur deine Kindheit mit Mama.

Diese drei Bindungstechniken sind derartig wirksam, dass viele Menschen sie später in ihren Beziehungen als Erwachsene und insbesondere bei ihren eigenen Kindern ebenfalls einsetzen, sobald sie Angst bekommen, die Kontrolle über sie zu verlieren. Wenn du dich also in deinen Beziehungen immer wieder derartigen Techniken ausgesetzt siehst, dann hast du dich wohl noch nicht genug von Mutti abgenabelt, Chef.

Mütter sollten ihre Kinder gar nicht freiwillig loslassen, denn die lernen sonst nie, wie sie sich aus einer derartigen Bindung auf die rechte Weise befreien können. Wer einer Mutter vorwirft, dass sie ihr erwachsenes Kind nicht loslassen würde, der tut ihr Unrecht, denn er sieht nicht, dass es ein Liebesdienst ist. Dieses »Kind« muss etwas einsehen und ändern, nicht die Mutter! Wenn es diese Lektionen nicht endlich lernt, die ihm seine Mutter verpasst, ist es nämlich von jedem Trottel leicht wieder einzufangen und bleibt weiter manipulierbar.

ααα

Übertragung: Form der Erinnerung. Virtuelle Zeitreise

Die *Fähigkeit zur Übertragung* ist eine großartige Lernerleichterung, weil man dadurch nicht alles immer wieder von vorne lernen muss. Jeder Autofahrer weiß, dass er nicht von vorne das Autofahren lernen muss, wenn er in ein anderes Auto einsteigt. Er kann auf viele seiner bisherigen Erfahrungen zurückgreifen und *muss nur noch die Unterschiede neu lernen.* Das genaue Beachten der Unterschiede (bei aller Ähnlichkeit) ist allerdings sehr wichtig, sonst bekommt man Probleme, beispielsweise mit dem Rückwärtsgang.

Es gibt aber auch unbewusste Übertragungen (du könntest *Gewohnheiten* dazu sagen). Diese werden ausgelöst durch tatsächliche Ähnlichkeiten einer gegenwärtigen Situation mit einer früheren Erfahrung des Betreffenden, oder durch Ähnlichkeiten von gegenwärtig anwesenden Personen mit solchen, die *damals* daran beteiligt waren, und sei es nur dadurch, dass sie *nicht* anwesend waren, als er sie so dringend gebraucht hätte. Aufgrund dieser Ähnlichkeiten reagiert der Betreffende jetzt so, *als ob* es tatsächlich wieder genau diese Situation aus der Vergangenheit wäre. Durch diese automatische Reaktion ist er nicht mehr in der Lage, die Unterschiede zu erkennen und seine Handlungen sind daher der gegenwärtigen Situation nicht mehr angemessen.

Diese Art von Übertragung ist also eine Erinnerungsform. Sie führt zu Fehlwahrnehmungen, wenn ich sie nicht als Erinnerung erkenne, weil ich dann ja die gegenwärtigen Unterschiede nicht sehe. Erkenne ich die Unterschiede zur damaligen Situation nicht rechtzeitig, kommt es unweigerlich zu »Wiederholungen« vergangener Erlebnisse mit gegenwärtigen Personen, als ob die genau so wären wie die damals Beteiligten und als ob ich selber noch genau so wäre wie damals. Das erlaubt zwar gewissermaßen die Voraussage der Zukunft und gibt mir, wie schon erwähnt, eine Art von Sicherheit, die allerdings mit dem Nachteil verbunden ist, dass ich jetzt keinen Ausgang mehr finde aus der so entstandenen Hölle endloser Wiederholungen. Man sollte auf diese Art von Sicherheit keinen gesteigerten Wert legen.

Du könntest zu unkontrollierten Übertragungen *Neurose* sagen. Dieser Ausdruck ist jedoch schon ziemlich abgenutzt für die Bezeichnung von »Krankheiten« und daher hilft er nicht dabei, den Fehler abzustellen: Wir sind nämlich dabei nicht geistesgegenwärtig, sondern wahnsinnig. Du brauchst aber nicht zuerst eine »Krankheit« namens Neurose zu heilen, um geistesgegenwärtig zu sein. Du kannst das sofort sein. Die Fähigkeit des Erinnerns ist sehr nützlich, aber sie muss *bewusst* eingesetzt werden, damit's gut weitergeht.

Das bewusste Hervorrufen einer bisher unbewussten Erinnerung ist in der Aufstellungsarbeit von *Bert Hellinger* zu beobachten. Die bewusst eingesetzte Fähigkeit des Erinnerns durch das so genannte »Aufstellen« dient dir daher als Basis für eine Weiterführung der damaligen Problemsituation und führt zu einer Lösung, anstatt erneut die Wiederholung eines alten Problemmusters in Gang zu setzen. Beispielsweise durch Hellingers Methode kann sie dann zum besseren Verständnis und zu Heilzwecken genutzt werden.

(Kurzinfo: Beim »Aufstellen« werden fremde Menschen als Stellvertreter für Personen aus meinem eigenen System, meiner Familie beispielsweise, zueinander räumlich in Beziehung gestellt. Nach kurzer Zeit erleben diese Stellvertreter Zustände, die offensichtlich zu den Originalpersonen gehören, obwohl diese Stellvertreter über die so gut wie nichts wissen. Durch bestimmte Veränderungen in der so entstandenen Aufstellung können dann Lösungen gefunden werden, die oft auch für den Leiter überraschend sind.)

Für eine absichtliche Form des Erinnerns benötige ich also ebenfalls willige Helfer, die mir als Stellvertreter dienen, genau wie bei den unbewussten Übertragungen. Durch absichtliches Erinnern vermittels einer derartigen Aufstellung können nun die nächsten Schritte zu einer möglichen Lösung leichter gefunden werden, weil jetzt die notwendigen Informationen zutage treten und ich endlich *die Stellvertreter nicht mehr mit den Originalen verwechsle.*

Das Ziel einer Aufstellung ist die Auflösung konfliktträchtiger Erinnerungsmuster, die sonst weiter unbewusst auf schlimme Weise vergegenwärtigt werden und wobei außerdem die hineingezogenen Stellvertreter als *Lückenbüßer* missbraucht werden, anstatt sie dankbar als Helfer zu erkennen. (Lückenbüßer sind solche Menschen, die für diejenigen büßen sollen, die eigentlich in diese Lücke gehören würden. Eine Lücke in deinem Leben entsteht, wenn du ein Original aus deinem eigenen System *verurteilst.*) Die bisherigen Muster in deinem jeweiligen System werden in einer neu gewonnenen Sicht durch die Wirklichkeit ersetzt, die während der Aufstellungsarbeit ans Licht kommt. Das Ergebnis ist meist viel angenehmer, denn die Wirklichkeit zeigt dir, wo die Liebe fließt und du kannst deine Irrtümer korrigieren. Du kannst nun damit aufhören, weiter unbewusst deine Konflikte »aufzustellen« und nur die Stellvertreter dabei auszutauschen.

Durch Hellingers Aufstellungsarbeit wird deutlich, dass *Sheldrakes* Modell der morphischen Felder Sinn macht. Offenbar erinnert sich das Feld – oder von mir aus die Seele oder was immer es ist, das sich da erinnert – nämlich auch an Lösungen, also an *konfliktfreie Zustände.* Die Informationen, die zur Lösung dienen, sind anscheinend ebenfalls Teil des Feldes und sie können durch die Aufstellungsarbeit erfahrbar und nutzbar gemacht werden. Die benötigten Informationen werden aus diesem Gedächtnisfeld auf irgendeine Art »heruntergeladen«. Das funktioniert am besten, wenn der Leiter einer solchen Aufstellung nicht Macher sein will oder gar vorhat, jemanden zu retten – ein typischer Anfängerfehler – sondern sich selbst »führen« lässt, indem er innerlich zurücktritt und sich in den Dienst dieses Feldes stellt.

Die Übertragung als Form des Erinnerns scheint bei genauer Beobachtung tatsächlich eher die Auswirkung einer Art Feld zu sein, keineswegs Folge irgendwelcher Erinnerungsspuren im Hirn. (Die wären dort vermutlich trotzdem aufzufinden, weil der Geist ja auf die Materie einwirkt, selbstverständlich auch auf die Materie seines eigenen Körpers.) Zu diesen Feldern kannst du Seele sagen, falls dir das besser gefällt.

Jeder von uns ist anscheinend ein Feld und selber Teil eines größeren Feldes, das wiederum Teil eines noch größeren Feldes ist. Er trägt und stabilisiert diese Felder und wird dabei gleichzeitig von diesen Feldern beeinflusst. Das Ganze ist – wie immer – ein Feedback-Prozess.

Wir sind *offensichtlich* eingebunden in etwas Größeres, das wir ab einem gewissen Grad von Komplexität nicht mehr überschauen können. Das müssen wir auch gar nicht. Wir können ja auf dieses Größere, auf diese Höhere Macht vertrauen und die ganze Sache *freiwillig* »nach oben« abgeben, genau wie ein Kind, das sein kaputtes Spielzeug dem Vater übergibt, damit der es wieder heil machen kann. Wenn du aber dem Papa dabei Vorschriften machen willst, wie er das zu tun habe, gibt er dir vielleicht dein kaputtes Spielzeug zurück und sagt: »Wenn du so schlau bist, dann mach's doch selber wieder heil.« Dann schaust du dumm und kannst eine ganze Zeit lang betteln, bis der Papa vielleicht nochmals mag.

Fast jede psychotherapeutische Methode arbeitet mit absichtlich geförderten Übertragungen. Die bekannteste unter ihnen ist die psychoanalytische Methode. Dahinter steht die Absicht, längst Vergangenes dadurch besser aufarbeiten zu können, indem man es sich noch einmal vergegenwärtigt, bearbeitet und mit neuen Augen betrachtet. Diese Methoden funktionieren bei einem guten Therapeuten tatsächlich einigermaßen. Ich halte das aber für einen Umweg. Am ehesten scheint noch das Aufstellen geeignet zu sein als Demonstration dafür, dass sofortige Befreiung möglich wäre und ein »Aufarbeiten der Vergangenheit« unnötig ist. *Anerkennen der Wirklichkeit* und die Korrektur deiner gegenwärtigen Irrtümer würden völlig genügen: *Erkenne, dass du bisher nur geträumt hast.*

Das *Unbewusste:* anderes Wort für Ignoranz

Das Unbewusste gibt es nicht.

Es gibt jedoch Sachverhalte und Zusammenhänge, die wir bisher nicht bemerkt haben. Dazu gehört leider in sehr großem Maß unser eigenes Verhalten und damit zusammenhängende Effekte: das entsprechende Feedback. Manche ahnen diesen Zusammenhang und sie sagen dazu Karma, wobei unnötigerweise die Ursachen für die gegenwärtigen meist unerfreulichen Effekte in irgendwelche früheren Leben verlagert werden sollen, anstatt sie zuerst einmal in der Gegenwart und in ihrem bisherigen Leben zu suchen.

Das Unbewusste ist nichts anderes als ein Wort für alles, was ich bisher nicht bemerkt habe, obwohl das meiste davon offensichtlich ist und sich in meinem Leben oft recht deutlich auswirken kann. Ein anderes Wort dafür wäre daher Ignoranz.

Das *Konzept* eines Unbewussten wird hingegen gern als flotte Ausrede benutzt. Der Satz »mein Unbewusstes hat mir da einen Streich gespielt« soll dann bedeuten, dass *ich* das nicht getan habe, sondern eine fremde Macht, dieses Unbewusste nämlich, die quasi meinen Körper missbrauchte und etwas damit getan hat, das »ich« nicht wollte. Ich selbst bin daher ein unschuldiges Opfer meines eigenen Unbewussten und darf für die entstandenen Folgen nicht verantwortlich gemacht werden.

Diese Konstruktion ist in der Tat recht praktisch, wenn ich die Dinge so lassen will, wie sie jetzt sind und für diese Entscheidung aber die Verantwortung ablehne, um sie statt dessen auf andere zu verlagern – auf diverse »äußere Mächte« wie mein Unbewusstes eben, oder auf gewisse Personen aus meiner Vergangenheit, die angeblich mein Unbewusstes so übel geprägt haben, dass es mir nun schadet. Damit kann ich mich wieder in der Position des unschuldigen Kindes fühlen, das nicht bestraft werden darf, wenn es etwas angestellt hat. Für kleine Kinder sind nämlich die Eltern verantwortlich. Das Ganze ist ein Trick, der sogar vor Gericht zu funktionieren scheint. Da sind mitunter gleich mehrere Muttervertreter anwesend, die hier gewöhnlich Verteidiger und Gutachter heißen und alles Mögliche erzählen, um dem angeklagten »Unschuldigen« die unangenehmen Folgen seines Handelns zu ersparen. Das Ergebnis ist natürlich bestenfalls Narrenfreiheit. (Im Volksmund heißt es von einem derart Unschuldigen: »Der hat einen Persilschein«.) Für diese Art von Unschuld hat der Täter jedoch seine Würde und die Chance eines Ausgleichs geopfert und daher ist eine wirkliche Lösung für ihn kaum mehr möglich.

Wir sollten besser in jedem Augenblick unseres Lebens danach streben, den Bereich unseres Bewusstseins liebevoll durch die Übung der Achtsamkeit immer weiter auszudehnen, anstatt uns mit dem kuriosen Konzept eines Unbewussten weiter am Lernen zu hindern.

Urteil: Ur-Irrtum

Ein Urteil ist die Folge der falschen Überzeugung, dass es etwas außerhalb meines eigenen Geistes geben würde, das außerdem wesentlich anders sei als »ich« selbst. Wenn du willst, kannst du zu diesem Ur-Irrtum meinetwegen Erbsünde sagen, denn indem wir einen Körper erhalten, »erben« wir durch unsere unvermeidliche Identifizierung mit ihm auch diese damit verbundene eingebildete Trennung unseres ursprünglich »heiligen« Geistes vom All-Einen, vom Großen Geist. Wir könnten diese ererbte Einbildung auflösen, indem wir uns wieder daran erinnern, dass wir weiterhin mit allem verbunden sind, weil unser wahres Wesen Geist ist – reines Gewahrsein – und dass eine wirkliche Trennung nicht existiert. Das Große Ganze *erscheint* zwar in unterschiedlichsten und dauernd wechselnden Energieformen, bleibt aber in Wahrheit immer Eins.

Dieser Irrtum einer angeblichen Trennung ist also erst entstanden durch die Identifikation mit dem Körper, einer biologische Kommunikations- und Transformationsmaschine, die meinem Selbst für seine Selbsterfahrung zur Verfügung steht. Kommt zum Übel dieser Verwechslung noch der moralisch-wertende Aspekt hinzu, nämlich schlimmstenfalls der, dass »da draußen« etwas Böses existieren könnte, das vernichtet werden muss, damit das Gute »hier drin« übrig bleiben kann, dann ist bereits eine der höchsten Stufen der Dummheit erklommen. Die Folgen dieser verrückten Annahme sind unvermeidlich Furcht oder deren Rückseite, der Angriff als Vorwärtsverteidigung.

Da ich mit einem Urteil vergeblich versuche, etwas grundsätzlich Unteilbares doch zu teilen, nämlich den Geist, hat dieser Irrtum ausschließlich während meiner Traumzeit »geträumte« Folgen. Meistens sehr unangenehme. Ansonsten hat er keinerlei Wirkung – keinesfalls auf das Wesen des Geistes selbst, sondern nur auf das illusionäre Ego, das ja eben auf Grund dieses Urteils scheinbar existiert und das sich nun auf Grund seines eigenen Urteils andauernd fürchtet. Dieses Ego ist *komplett* wahnsinnig und jedes seiner Urteile ist daher ein komplettes Fehlurteil. Ratsam ist daher, überhaupt nicht zu urteilen, da ich mich mit jedem meiner Urteile in Wirklichkeit immer selbst verurteile, also mein eigenes Selbst in meiner Einbildung teile und entweder den abgelehnten Teil »draußen« bekämpfen will oder mir das scheinbar Fehlende von »draußen« holen will.

Alles, was »ich« meinen abgelehnten Teilen zugedacht habe, kommt andauernd auf mich zurück – ja, der abgelehnte Teil verfolgt mich regelrecht, da er weiter Teil meines ganzen Geistes bleibt und durch dieses verrückte Verfahren meines Egos nicht einfach verschwindet. Er taucht jetzt entweder immer wieder »in mir« auf und muss erneut bekämpft werden, oder er taucht jetzt »da draußen« auf und muss dort bekämpft werden oder er fordert weitere Opfer von mir. *Ein Ego wird immer beweisen, dass die Welt ungerecht ist, dass alle seine Urteile völlig gerechtfertigt sind, dass nie genug da ist für alle, dass Böses tatsächlich existieren würde und dass Angst, Angriff und Strafe daher natürlich und sogar unbedingt notwendig seien. Nur auf dieser Basis kann ein Ego überhaupt weiter bestehen.*

***Eine Übung** zur zweiten, der moralischen Ebene des Urteilens:*

Über andere Menschen oder über uns selbst überhaupt nicht moralisch zu urteilen ist für uns schwer bis nahezu unmöglich geworden. Ist dir aufgefallen, dass du sofort lesen *musst*, sobald du Buchstaben siehst? Du hast hier keine Wahl – außer, du bleibst Analphabet. (Nein, das hat nichts mit anal zu tun, du Ferkel. Du musst hier die erste Silbe betonen.) Ganz ähnlich ist es mit dem Urteilen: Es ist für ein Ego ein Zwang.

Wir müssen uns daher zunächst mit einer *Vorübung* herumschlagen:

Wir üben, genau zu beobachten, wie wir über uns selber oder über andere urteilen und nach welchen Maßstäben wir das in welchen Situationen tun. (Diese Vorübung ist schwerer als du denkst.) Anschließend relativieren wir unser gefälltes Urteil, indem wir es als eine von vielen anderen möglichen Sichtweisen ansehen.

Nun zur Hauptübung:

In einem nächsten Schritt suchen wir *als Verteidiger* nach mildernden Umständen für den oder die betreffenden Angeklagten. *Beweise* in deinem Plädoyer zusätzlich, *dass alles schon gerecht ist, weil sich der Angeklagte bereits selber rechtskräftig verurteilt und bestraft hat.* Führe Beispiele auf, in denen seine Selbstbestrafung deutlich wird. Niemand aber darf für eine Sache zweimal verurteilt und bestraft werden.

Der wirklich schwere Teil dieser Übung ist folgender: Beweise im letzten Schritt, dass das Verfahren von Haus aus eine Farce war, *weil der Angeklagte in Wahrheit unschuldig ist und nur aus unbewusster Liebe seinem Opfer gedient hat – als Helfer und als Lehrer.*

Diese Beweisführung ist ohne ausreichende Vorübung sehr schwierig und es könnte sein, dass du einige Jahre brauchst, bis du alle wichtigen Informationen gefunden hast, um diesen Sachverhalt zu beweisen. *(Aber Vorsicht: Es geht hier nicht um fantasierte Dinge, die man sich einreden soll, sondern um beobachtbare Tatsachen.)*

Jedes Urteil ist zwar ein Fehlurteil, du darfst jedoch dabei die Ebenen nicht verwechseln: Ein Dieb wird selbstverständlich juristisch belangt, wenn er sich erwischen lässt, weil stehlen bei uns verboten ist. Diese juristische Prozedur ist aber *eine unangenehme Folge der falschen Entscheidungen des Diebes,* womit er sich gleichzeitig selber »bestraft« für seine Irrtümer – etwa den, dass die Welt ungerecht sei und er daher das Recht habe zu nehmen ohne zu geben, also auf Kosten anderer einen Nutzen haben zu wollen.

Alle Handlungen, soweit vom Ego motiviert, sind letztlich Folgen einer *urteilenden* Wahl, und jede dieser Handlungen zieht Folgen nach sich. *Wenn du keine Folgen erwarten würdest, würdest du ja auch nichts unternehmen.* Manche Entscheidungen können recht unangenehme Folgen haben, wie du sicher bereits selber festgestellt hast – beispielsweise nach deiner letzten Sauftour. Diese Folgen sind aber keine Strafe, sondern sie zeigen dir einen Zusammenhang auf, damit du bei Bedarf eine neue Wahl treffen kannst. Du kannst einen erkannten Zusammenhang danach auf andere Weise nutzen als bisher und anstatt weiter deine Frau zu verhauen beginnst du nun damit, sie zu *erkennen,* zu lieben und vielleicht ein Kind der Liebe mit ihr zu zeugen. (Beruhige dich. Das ist nur ein Beispiel. Selbstverständlich ist es besser, nicht seine Frau zu verhauen, sondern sich von ihr verhauen zu lassen. Es ist ja bekanntlich auch ein Irrtum, bei Gewitter Buchen zu suchen, Eichen zu weichen, Weiden zu meiden – und eben Frauen zu hauen.) Und außerdem darfst du jederzeit und sogar ohne Kinderwunsch mit ihr Sex haben, sofern sie das ebenfalls will und ihr dabei nicht gerade im Kaufhaus seid.

Erst wenn du jenseits von Gut und Böse bist, wenn dir endlich bewusst geworden ist, wer du wirklich bist, hört das mit dem urteilenden Wählen auf. Du bist dann im Zustand der Erhabenen Gleichgültigkeit: *Alles hat gleiche Gültigkeit. Gut und Böse gibt es jetzt nicht mehr, nur noch Wahlmöglichkeiten. Eine Wahl ist jedoch kein Urteil, weil dabei nichts abgelehnt wird.* Wenn die eingebildete Spaltung des Großen Geistes, dieses Urteil des Egos, das dich glauben lässt, es gäbe tatsächlich irgend etwas außerhalb deines Geistes, wieder aufgehoben wird, erkennst du, dass in Wirklichkeit alles Eins ist, dass du nie wirklich abgetrennt warst, dass alle Formen Erscheinungsformen des Einen sind und dass sie alle aus der selben »Substanz« bestehen. *Du erkennst daher, dass du dich am Ende nur selber verhaust, wenn du deine Frau verhaust und dass es dir selber gut tut, wenn du sie stattdessen liebst, denn nur aus Liebe zu dir ist sie für dich so geworden, dass du jetzt Lust bekommst, sie zu verhauen, du Trottel. Schau sie mit Liebe an, dann hört sie schnell auf, dich zu nerven!*

Es gibt nichts zu fürchten. Nicht einmal an deiner Frau. Wenn du dich trotzdem unbedingt fürchten willst, musst du das dazu Nötige selber erschaffen, zusammen mit Gleichgesinnten. Deine Frau würde dir sogar weiter dabei helfen, die Voraussetzungen für deine Furcht vor ihr zu schaffen. Dafür solltest du ihr jedoch nicht böse sein, sondern lieber deinen eigenen Irrtum über euch beide – insbesondere aber über *sie* – wieder korrigieren. Abgesehen davon ist sie nicht deine Mama, sondern nur so ähnlich, und daher ist es nützlich, zusätzlich noch deine Irrtümer über Mama zu korrigieren.

Große Meister sprachen davon, dass der »individuelle« Geist sich nach seiner Heilung viel weiter ausdehnen könnte, als du dir vorstellen kannst, also über die Erkenntnis der Einheit und der Leere hinaus, und er würde dann eingehen in eine Ebene, in der er sich sogar als *Alles und als Nichts* erkennt. Damit sinkt er zurück in das Letzte, das Nichts, aus dem alles entsteht und wieder hineinstirbt – andauernd. In gewissen Teilen der Welt nennen sie das Nichts Nirwana. Ich würde das lieber *Siebter Himmel* nennen, sonst fürchte ich mich direkt noch selber. Unser Ego fürchtet sich nämlich sehr vor diesem unnennbaren Nichts, will sich davon abgrenzen und erfindet in seiner Angst einen Lieben Gott, mit dem man genau so Geschäfte machen könne wie du es damals schon mit deiner Mama versucht hast. (Und manchmal ist er anscheinend genau so schwer erreichbar oder so wenig berechenbar wie sie. Gleichzeitig ist er angeblich auch noch andauernd hinter dir her – genau wie deine Mammi damals – wenn du wieder einmal etwas angestellt hast.)

Dieses Zurücksinken oder Sterben kannst du dir ungefähr so vorstellen:

Stell' dir vor, du bist ein Eisbrocken, der im Wasser eines Sees schwimmt, aus dessen Wasser er im Winter einmal entstanden ist. Er kann sich jetzt als *verfestigtes Wasser* und somit als abgegrenzter Eisbrocken einbilden, er sei etwas *ganz* anderes als das, was ihn da umgibt. Immerhin erscheint das ja gerade tatsächlich so. Da sich aber diese verfestigte Wasserform unweigerlich wieder auflösen wird – er hat das wahrscheinlich an anderen Eisbrocken schon beobachten können – ist seine Einsicht ebenfalls unausweichlich, dass auch er sich auflösen wird. Er würde auf diese Weise endlich wieder eingehen in das Alles des Seewassers und könnte sich somit wieder »unendlich«

weit ausdehnen: Er würde wieder zum See, aus dessen Substanz er ja besteht, anstatt weiter nur ein dummer, kleiner, furchtsamer und begrenzter Eisbrocken zu bleiben. Aber der Eisbrocken ist durch seine Einbildung ein Ego geworden und fürchtet sich daher sehr vor seiner Auflösung, die in Wahrheit seine Befreiung wäre. Er denkt dauernd, dass es ihn dann nicht mehr geben würde und versucht nun, sein unvermeidliches Sterben zu verhindern, indem er sich verkrampft und anfängt zu zappeln. Er fürchtet sich panisch vor der Befreiung aus seiner extrem begrenzten Eisbrockentraumzeit. Wenn er jetzt als Eisbrocken geeignete Nervenzellen hätte, würde er bei diesem Krampfen und Zappeln Schmerzen empfinden – als Erstes wohl Spannungskopfschmerz. *Sterbendes Ausdehnen ist aber in Wirklichkeit beglückend* und man braucht dafür nur eine einzige Sache »tun«, nämlich damit aufhören, sich krampfhaft gegen das Öffnen und Auflösen zu wehren. Übe also *das unendliche Nachgeben*, anstatt dich aus Angst vor deinen selbst erschaffenen Gespenstern zusammenzuziehen und zu verschließen. (Du kannst dir dabei Zeit lassen, so viel du willst.)

In unserem Leben wirkt sich die Ur-Teilung von Täter und Opfer meist am schlimmsten aus, weil sie Lösungen vollständig verhindert und stattdessen Rache will. Täter und Opfer bilden in Wirklichkeit aber eine Einheit und helfen sich nur gegenseitig bei der Verwirklichung ihres gemeinsamen Alptraums. Im Innersten handelt der Täter aus Liebe, selbst wenn ihm das nicht bewusst ist. Er hilft aus diesem Grund dem Opfer, dessen eigenen Alptraum zu verwirklichen. Für seinen *Dienst* muss der Täter natürlich die Folgen tragen: Ihm geschieht daher ebenfalls nach dem Drehbuch dieses Alptraums.

Ein Urteil, das eine fantasierte Trennung aller Beteiligten eines gemeinsamen Alptraums darstellt, verhindert nun eine Lösung, weil durch ein Urteil immer jemand ausgeschlossen wird, der aber für eine Lösung unbedingt mit eingeschlossen werden muss: in diesem Beispiel der Täter. Wenn jemand ausgeschlossen wird, ergibt es kein Ganzes mehr und damit ist keine wirkliche Lösung möglich. Ich muss mich grundsätzlich entscheiden: Entweder wähle ich ein Urteil oder *eine Lösung.*

Halt, wie wär's denn damit: *Zuerst* ein gerechtes Urteil und *dann* eine Lösung?

Das geht nicht. Es gibt hier nur *entweder – oder*. Du kannst es ja ausprobieren, wenn du's nicht glauben willst. Bei dieser Entscheidung musst du scheinbar einen Verzicht ertragen: Entweder verzichtest du auf dein Urteil und die »gerechte Bestrafung« des Täters, *oder du musst auf eine Lösung verzichten.* – Wähle!

ααα

Vampir: parasitärer Scheinlebender. Ansteckungsgefahr

Einen Vampir erkennst du daran, dass er dich nur mag, wenn du so bist, wie er dich will. Du musst dich einem Vampir hingeben wie sich ein kleines Kind seinen geliebten Eltern hingibt. Das schätzt er sehr. (Zur Not gebraucht er auch gelegentlich Gewalt.) Vampire zapfen also Energie von dir, indem sie deine Grenzen durchlöchern und sich an deiner Lebenskraft laben. Du merkst daher bald, wenn du's mit einem Vampir zu tun hast, denn seine Gegenwart wird dich erschöpfen. Je mehr *du* dich anstrengst, desto besser geht es dem Vampir.

Vampire sehen aus wie richtige Menschen, *aber sie haben kein Spiegelbild.* Sie sehen sich daher nicht im Gegenüber, sondern sie sehen nur sich selbst und was ihnen nützt. Vampire verschwinden wieder, wenn nichts mehr zu holen ist, und sie scheuen das Licht noch mehr als den Knoblauch. Wenn du den Vampir ans Licht bringst, zerfällt er unter lautem Jammern zu Staub und du merkst daran, dass er nie *wirklich* wirklich war. (Deine Furcht vor ihm war also völlig unbegründet.)

Falls du einen Vampir aus irgendwelchen Gründen erlösen willst, dann musst du warten, bis er tagsüber in seiner Gruft liegt und *hilflos* ist. Jetzt kannst du ihm ruhig, entschlossen und liebevoll einen Holzpflock ins Herz treiben. Damit verleugnest du *in der Tat* seine illusionäre Vampirexistenz und demonstrierst, dass Vampire nicht wirklich existieren. (Er bäumt sich vielleicht noch einmal auf, röchelt furchtbar dabei, blickt dich äußerst vorwurfsvoll an, *genau wie ein tief enttäuschtes kleines Kind,* und ist danach endlich erlöst.)

Die meisten haben spätestens hier enorme Skrupel und trauen sich das nicht zu tun, weil es ihnen wie ein Mord vorkommt: Der Vampir sieht so menschlich und unschuldig aus, wenn er bleich daliegt in seiner Gruft. Nun kann der Vampir aber wegen deiner *mütterlichen*

Skrupel nicht erlöst werden und muss weiter Leute anzapfen, was gelegentlich sehr mühselig sein kann für ihn, denn immer ist er im Stress, ob er auch jemanden findet, den er anzapfen kann, damit er wieder für eine Weile halbwegs belebt ist. Manchmal werden diese mitleidsvollen Vampirbeschützer Therapeut genannt und gar mancher denkt tatsächlich: »Ich kann ihn doch nicht leiden lassen, den armen Vampir. Schau, wie blass er schon ist«. Falls auch du so einer bist, der den Vampiren lieber seinen Hals hinhalten will, anstatt sie zu erlösen, dann kriegen sie dich am Ende doch noch und du wirst selber zum Vampir und selber bleich. Sieh' nur zu, dass du danach auch genug Zapfstellen hast.

Wurdest du bereits von einem Vampir gebissen, musst du unbedingt dem Drang widerstehen, ihn nach seinem ersten Biss erneut gutmütig einzuladen, damit er dich weiterhin aussaugen kann. Das Problem ist nämlich, dass es dir allmählich Lust bereitet, angezapft zu werden. Wer schon einmal süchtig war oder dem so genannten Helfer-Syndrom erlag, der versteht das Problem hier genau. Solltest du nun aus unerfindlichen Gründen scharf darauf sein, näheren Umgang mit Vampiren zu pflegen, dann merk' dir wenigstens das: *Du brauchst im Umgang mit Vampiren zuverlässige Abstandshalter.* Bedenke dabei: Knoblauch ist nur eine Metapher. Er hilft dir nicht wirklich, Abstand zu halten. Du verlierst bei starkem Knoblauchgenuss mit der Zeit höchstens etliche Elemente deines sozialen Netzes.

Noch etwas Wichtiges ist zu beachten: Nicht jeder Arme ist schon ein Vampir, nur weil er bleich ist. Und wenn es für dich anstrengend wird mit deinem Gegenüber, könnte das genau so gut eine Folge deines eigenen Widerstandes sein. Also nicht gleich wieder Prinzipien aufstellen. Sei besser aufmerksam und wende Unterscheidungsvermögen an. Vampirismus ist nichts anderes als der ansteckende Irrtum, dass man auf Kosten anderer Menschen leben könnte, und Irrtümer sind korrigierbar.

Bei kleinen Kindern ist das ja tatsächlich für eine Weile der Fall, dass sie auf Kosten anderer Menschen leben, das ist schon okay. Dafür sollten sie sich später erkenntlich zeigen und zum Ausgleich ihren Fütterern danken, indem sie dafür sorgen, dass die mit ihnen viel Freude haben. Kleine Kinder werden normalerweise im Lauf der Zeit durch ihre Eltern von ihrem anfänglichen Vampirdasein erlöst, indem diese nach einer Weile beginnen, nein zu sagen zu ihrem Kind. So treiben sie ihm *liebevoll* einen Holzpflock in ihr kleines Vampirherz, obwohl ihnen das schwer fällt, besonders den Müttern. Der

Mut zum Nein ist nämlich der andere, der väterliche Aspekt der Liebe, und oft der schwerere. Er muss daher meist von den Vätern verwirklicht werden. *Vampire können unmöglich durch Bemutterung erlöst werden, sondern brauchen die Bevaterung, den Mut zum Nein als dem anderen Aspekt der Liebe.*

Vampire sind nicht böse. Sie wurden entweder früher selber von einem Vampir gebissen oder wurden noch immer nicht erlöst. Daher können sie so lange nicht anders, als weiter andere Leute anzuzapfen, bis sie endlich erlöst werden von jemandem, der *genug Liebe und Mut* aufbringt für ihre Erlösung. Vampire sind also trotz aller Vorurteile im Innersten unschuldig wie Säuglinge, die ja bekanntlich nicht umsonst so genannt werden.

Weil Vampire nicht aus sich selbst heraus leben, können sie auch nicht *sterben*, um auf diese Art ihre Erlösung zu erreichen. Sie können sich ohne fremde Hilfe nicht befreien. Daher müssen sie sich immerzu mit denselben Problemen abplagen. Das ist die Hölle – und in der bleiben sie, bis ein Vampirjäger liebevoll und mutig genug ist, sie daraus zu erlösen. Um das tun zu können, muss er in die Gruft hinabsteigen, weil die Vampire nicht heraufkommen und Schlange stehen werden für ihre Erlösung. *Wer in der Hölle ist, der fürchtet sich nämlich enorm vor der Erlösung.* (Eigentlich seltsam.)

Verantwortung: Folge von Handlungen

Als Verantwortlicher erkenne ich, dass die Welt, wie sie *für mich* ist, die Antwort darstellt auf meine Frage: »Wer bin ich (jetzt)?« Übernehmen von Verantwortung bedeutet daher, dass ich die Ursache meines »Echos« nicht mehr irgendwo da draußen suche, *sondern dort, wo die Frage gestellt wird* und wo der ganze Traum seinen Ursprung hat, nämlich bei mir selber. Ich suche die Ursache der Schwierigkeiten in meinem Leben bei mir selber, dem Träumer meines Traumes, bei demjenigen, dem »Es« entspricht, und nicht beim Echo, dem, wovon ich mir eingebildet hatte, dass es unabhängig von mir da draußen existieren würde.

Dieses Echo ist immer korrekt und gibt das wieder, was ich *tatsächlich* in den Wald der Welt hineinrufe. Ich sollte also nicht erwarten, dass dieses Echo Ja ruft, wenn ich Nein rufe, oder dass es Parfüm wiedergibt, wenn mir Mist *entspricht*.

Sobald ich erkenne, dass die Welt meine eigene Antwort ist, dass *alles*, was in meinem Leben *jetzt* ist, eine natürliche Folge dessen ist, was mir gerade entspricht, habe ich die Möglichkeit, mich von meinen selbst erzeugten Übeln zu befreien. Ich habe endlich das Prinzip des Feed-backs erkannt. Durchschaue ich das, dann bemerke ich auch, dass alle Umstände meines gegenwärtigen Lebens Folgen meines Glaubens, meiner bisherigen Entscheidungen und aller daraus entstandenen Handlungen sind, eine Spiegelung meines eigenen Zustandes.

Zu meinen Handlungen gehört auch die Zurückhaltung, also das, was ich entschieden habe, *nicht* zu tun, sondern es aktiv zurückzuhalten. Nach der Einsicht in diesen Sachverhalt höre ich damit auf, das Echo für meine Zustände verantwortlich zu machen und beginne darauf zu achten, was mir jetzt tatsächlich entspricht. Das fängt im wörtlichen Sinn an, nämlich beim Verwenden der Sprache. In der Bibel steht der folgende Hinweis: »*Nicht was in seinen Mund hineingeht, verunreinigt einen Menschen, sondern was aus seinem Mund herauskommt, das verunreinigt einen Menschen.*« *(Matt. 15:11)*

Manche aber beharren darauf, dass das Echo missioniert werden müsse, damit es sich zum Besseren ändert. *Gott sei Dank* geht so etwas nicht. Trotzdem gibt es viele, die das jahrelang versuchen. Manche sagen dazu Therapie und wollen dabei ihre Patienten verändern, andere sagen Erziehung und wollen ihre eigenen oder fremde Kinder verändern, wieder andere haben einen Therapeuten gefunden, der sie darin bestärkt, dass sich das Echo ändern müsste und nicht der Patient selber und wollen daher unbedingt, dass ihre Mitmenschen etwas einsehen sollten, und besonders Größenwahnsinnige wollen gleich die ganze Welt verbessern. Alle »Missionare des Echos« handeln gewöhnlich in bester Absicht und haben ihre guten Gründe. Aber jeder derartige Versuch ist sinnlos, weil dabei Tatsachen ignoriert werden.

Ein enorm wichtiger Aspekt der Verantwortung betrifft insbesondere den Umgang mit deinen Mitmenschen. Sie sind zwar als Erwachsene einerseits ausschließlich selbst für ihre Zustände verantwortlich und für die Folgen ihrer Handlungen, selbst wenn sie dabei nicht wissen, was sie tun. Aber damit sich deine Mitmenschen ihre wirren Träume als wahr bestätigen können, muss irgendjemand anderer ebenfalls Teil ihrer Träume werden. Ein Traum muss immer mit jemandem geteilt werden, damit er als wahr bestätigt werden kann. Wenn du also jemandem hilfst bei dessen Alptraum, indem du ihn darin bestärkst, so bist du dafür *mit*verantwortlich. Das fällt auch auf dich, weil ihr nun diesen Alptraum miteinander teilt und die Wirkung eures gemeinsamen Glaubens gemeinsam ertragen müsst. »Mitgefangen, mitgehangen«.

Entscheide dich also bewusst und freiwillig, an welchen Träumen du dich beteiligen willst, damit dich am Ende nicht für eine gewisse Zeit der Teufel holt – bis zu deinem Erwachen.

Hier sind nun einige proletenhafte Beispiele, wie sie mir eben auf Grund meines nicht immer ausreichend zu unterdrückenden Prolo-Wesens gelegentlich entspringen:

Stell' dir vor, jemand will dich in seinen schlimmen Traum hineinziehen, in einen Traum, in dem er träumt, er sei ein beschissenes Arschloch, das keiner mag – und zu allem Übel fehlt ihm noch Klopapier. Du erkennst seinen Traum recht bald, weil dir jeder Träumer sagt und zeigt, was er gerade träumt. Du musst nur aufpassen. Entweder sagt er zu dir: »*Du* bist ein echtes Arschloch«, oder er fordert dich auf, stattdessen *ihn* wie ein Arschloch zu behandeln, indem er dir vorschlägt: »Ich merk' doch, dass du mich für ein Arschloch hältst!« Nun weißt du Bescheid und kannst dich entscheiden, ob du in diesem Traum mitspielen willst oder ob du freundlich bleibst und auf eine Mitwirkung verzichtest. Willst du mitspielen, dann gibt es zum Beispiel folgende Varianten:

Variante eins: Du regst dich auf über seine Frechheit, dass er dich ein Arschloch nennt. Das belegt aber, dass du doch irgendwie für möglich hältst, tatsächlich selber ein Arschloch zu sein; jedenfalls bist auch du dir sicher, dass es Arschlöcher gibt in dieser Welt und dass ein Arschloch etwas Schlechtes ist. Du willst keinesfalls selber eines sein und hängst schon bis zum Hals mit drin (nein, jetzt nicht im Arschloch, nur im gemeinsamen Traum) und fängst an zu kämpfen – mit dem anderen und mit dir selber.

Variante zwei: Du beginnst, ihm seinen unbewussten Wunsch zu erfüllen und behandelst ihn, als ob er tatsächlich ein Arschloch sei. Zu deiner Unterstützung benimmt er sich seit längerer Zeit entsprechend. Jetzt musst du ebenfalls die Folgen dieser Entscheidung tragen und hängst wieder in diesem Traum drin. Ihr regt euch nun beide auf, exakt so wie das Arschlöcher eben tun, und ihr benehmt euch jetzt *beide* in der Tat wie echte Arschlöcher. Möglicherweise wird ein Dritter hineingezogen, der sich als teilnehmender Beobachter nach einiger Zeit denkt: »Mensch, das sind vielleicht zwei Arschlöcher, nicht zu fassen! – Gut, dass ich nicht so bin.« Somit seid ihr schon zu dritt.

Egal, welche Variante du wählst: Immer gibt es dabei Arschlöcher und *immer verlierst* du dabei. So funktioniert eben Feedback und gibt dir die Bestätigung deines Traumes, dass es tatsächlich Arschlöcher gäbe, dass die beschissen dran sind und dann nicht einmal Klopapier haben. Niemand will sie abwischen, diese kleinen beschissenen Arschlöcher – außer vielleicht ihre Mama. Pech, wenn die schon tot ist oder grad' keine Lust dazu hat.

Das eng Verbindende eines gemeinsamen Traumes aus dieser Kategorie ist gut skizziert in der Geschichte, in der der Huber Sepp dem Meier Franz am Stammtisch erklärt, wie das mit dem Einstein seiner Relativitätstheorie funktioniert. (Der Sepp ist nämlich ein schlauer Kopf, weil er als Kind beinahe aufs Gymnasium gegangen wäre.) Er sagt also dem Meier Franz zur Veranschaulichung der Relativitätstheorie Folgendes:

»Stell' dir vor, Franz, du steckst jetzt dei Nos'n in mein Orsch nei: Dann host jetzt *du* a Nos'n im Orsch und *i* hob a Nos'n im Orsch. – Aber *i* bin *relativ besser* dro!«

Beide sind dadurch aber auch innigst miteinander verbunden.

Was tut man nun, um derart unerquickliche Verbindungen zu vermeiden, ganz egal, wer dabei auf welche Weise eine Nase im Arsch hat?

Grundsätzlich ist ratsam, *unbedingt Ruhe zu bewahren oder sich sofort zu beruhigen, wenn man bereits aufgeregt ist.* Du siehst nach einiger Übung ohnehin gleich, was los ist. Woran du das siehst? Einfach daran, weil ein Träumer immer irgendwie aufgeregt ist und seinen Traum dauernd mitteilt! Bleib' du nur selber ruhig und du wirst wie von selbst erkennen, was jetzt am besten ist, um diesen Traum wieder zu entschärfen oder ihn komplett zu verändern.

Hier sind ein paar ***Tipps,*** die du aber vermutlich etwas üben musst:

1. *Sei ruhig und besonders freundlich* in solchen Situationen und du wirst feststellen, dass der andere sich normalerweise ebenfalls schnell wieder beruhigt (die »japanische Methode«).
2. *Gib dem anderen Recht,* anstatt mit ihm zu streiten. Das funktioniert auch oft. (Du selber kennst doch hoffentlich die Wahrheit: Es gibt keine echten Arschlöcher, nur Leute, die sich das einbilden.)
3. *Geh' weg.* Das ist manchmal das Beste, besonders, wenn der andere auf einer gewissen Ebene gefährlich sein kann, etwa, weil er zu Gewalttätigkeiten neigt.
4. *Übernimm die gesamte Verantwortung für die eben entstandene Situation.* Definiere für dich diese Situation als deinen ei-

genen Traum und den oder die anderen als deine Diener, die dir jetzt bei der Inszenierung deines Traumes helfen. Beobachte aufmerksam, was sich dabei *abspielt*, damit du herausfindest, was du dir selbst mit dieser Inszenierung beweisen willst. Das ist, wie du sicher sofort erkannt hast, eine schwierige Übung. Leichter fällt sie, sobald du ruhig beobachten kannst und dein Erkenntnisstand eine gewisse Stufe erreicht hat.

Fast alles in der Art geht. Aber reg' dich bloß nicht auf, sondern bleib' gelassen *und schaue auf den Träumer, nicht nur auf seinen Traum.* Dann siehst du schnell, dass der dich in seiner Aufgeregtheit überhaupt nicht meinen kann, weil er dich in Wirklichkeit nicht richtig ansieht, sondern durch dich hindurch schaut oder an dir vorbei, oder dass er einen verschleierten oder einen stechenden Blick hat oder einen »hinschmelzenden«. Bleibst du ruhig, kannst du ihm helfen, aus diesem Traum herauszukommen – sofern er das überhaupt will. Träumst du seinen Traum aber mit, indem du mit ihm debattierst oder dich sonst in irgendeiner Weise aufregst, dann bist du mitverantwortlich für die weiteren Folgen, weil du damit diesen Traum verstärkt hast und er so auch zu deinem eigenen wird. Das führt zu den entsprechenden Folgen, die durch verrückte Träume eben entstehen können. Bleibst du selber aber ruhig, kannst du auch klar erkennen, ob der andere unbedingt weiterspinnen will, denn so etwas kommt vor. Du erkennst dann ebenso klar, dass du im Moment ohnehin nichts tun kannst. Das hilft dir, dich besser zurückzuhalten.

Du musst lernen, so etwas zu ertragen, wenn du frei sein willst. Mitgefühl darfst du haben, aber träume nicht seinen Traum mit, indem du den anderen etwa gar bemitleidest und leiste keinesfalls Widerstand, indem du beispielsweise mit diesem Träumer zu diskutieren beginnst, um ihn von seinem Wahn wieder abzubringen. Das sind nur Formen der Bestätigung seines Traumes. Wie soll denn der Traum verschwinden, wenn ihr beide glaubt, dass er real ist?

Und wenn er nicht real ist, was gibt es dann zu bekämpfen und zu diskutieren?

Vergebung: Erkenntnis der Unschuld des *anderen* an deinem Problem

Wenn du denkst, dass dir ein anderer Unrecht angetan hat und dass du selbst an der ganzen Sache völlig unschuldig bist, dann gibt es für dich nur eine Möglichkeit, einen Ausgleich herzustellen: Der andere muss bestraft werden für seine Untat. Er ist der Schuldige und du bist das Opfer. »Aug' um Auge, Zahn um Zahn, Blut um Blut« heißt das Prinzip dieser seltsamen Gerechtigkeit, bei der einem anderen zum Ausgleich das Gleiche zugefügt werden muss, damit wieder Ruhe herrschen kann. Mit dieser Methode kommt man aber nicht sehr weit, wie sich auch in der Weltgeschichte bisher gezeigt hat. Es bleibt schlimm und führt nicht zu einer Lösung. Etwas kann also daran nicht stimmen.

Manche denken nun irrtümlich, dass es überaus christlich und edel sei, auf einen Ausgleich auf folgende Art zu verzichten: Sie »verzeihen« dem Bösen. Dabei sind sie aber nach wie vor der Meinung, dass der ihnen tatsächlich etwas Böses angetan habe und eigentlich eine Bestrafung verdient hätte. Das ist natürlich grober Unfug. Sie erheben sich damit über diese »Bösen« und wollen sich auf deren Kosten als Gute fühlen. Sie sind so zu Märtyrern geworden, wundern sich aber, dass sie trotz ihres edlen Charakters – bis zur Korrektur ihres Wahns – weiterhin von allen möglichen Leuten ausgenutzt und schikaniert werden. »So sind die Menschen eben«, sagen sie dann und glauben, dass sie selber diesbezüglich »weiter« seien und dass ihr Gott sie später dafür belohnen wird.

So eine Art von Vergebung gibt es nicht und daher hat sie keine heilsame Wirkung auf irgendjemanden. Am wenigsten auf diese Gutmenschen selber. Die sind sozusagen Pharisäer, weil sie nicht sehen wollen, dass sie nur an ihrem eigenen Wahn leiden und nicht durch die Untaten der »Bösen«, die ihnen dauernd irgendwas antun. Die »Bösen« sind in Wirklichkeit Diener dieser Gutmenschen. Sie helfen den Gutmenschen als deren entsprechendes Gegenteil, damit die auf ihrer verrückten Position beharren können, die sie ja als gut und richtig ansehen. Diese Art Vergebung funktioniert also nicht. Wie sollte sie? Sie ist ja verrückt.

Wahre Vergebung besteht darin, dass ich erkenne, dass der scheinbar böse Mitmensch ein Helfer und Lehrer für mich war, der an meinem Problem völlig unschuldig ist. Er ist mein Lehrer, der mir hilft, einen eigenen Irrtum zu identifizieren und auch mein Diener, der mir hilft, einen eigenen Irrtum *zu inszenieren, damit ich ihn erfahren kann.* Korrigiere ich meinen Irrtum, wird sich mein vorher »böser« Lehrer bald als freundlich erweisen oder wieder aus meinem Leben verschwinden, denn er hat nun seine Aufgabe als Lehrer erfüllt.

Einem Lehrer steht ein Lehrgeld zu. Und wenn ich schon nichts bezahlt habe, dann hat er wenigstens meinen tiefen Dank verdient für seine Belehrung. Das ist eine gerechte Art von Ausgleich, die mich selber weiterbringt und dem anderen seine Unschuld an meinem Problem belässt. Die Irrtümer, denen er selber vielleicht weiterhin anhängt, wirken dann nur noch auf ihn, damit er später ebenfalls lernt, wie das mit dem Feedback funktioniert. Bis dahin habe ich Mitgefühl mit ihm, aber es geht mich nichts mehr an.

Wenn ein Mitmensch zu einem Lehrer für dich geworden ist, erkennst du das daran, *dass du dich über ihn aufregst* – entweder angenehm, wie ein Verliebter etwa, oder unangenehm, und dann bekommst du vielleicht Angst vor ihm oder ärgerst dich über ihn. Lehrer können also in unterschiedlichen Varianten auftreten, wie jeder weiß, der schon in eine Schule gegangen ist. Aber sie lehren immer auf dieselbe Art, nämlich, indem sie ein *Vorbild* sind: Entweder als Lehrer, der *vorlebt*, wie's richtig geht, oder als schlimmes Vorbild, der *vorlebt*, wie man es besser nicht machen sollte. So kann ich durch sein Vorbild lernen, wie ich es besser machen kann, wenn ich nicht ein ähnliches Problem haben will wie er. Die meisten Menschen sind sowohl auf die eine wie auf die andere Art ein Vorbild für ihre Mitmenschen. Nur selten ist einer dauernd ein gutes Vorbild oder immer und überall ein schlimmes.

Es wäre gut für mich, möglichst schnell herausfinden, was ich bei mir selber verändern sollte, anstatt meine jeweiligen Lehrer belehren zu wollen oder sie anderweitig zu beurteilen oder gar zu verurteilen. Wenn nämlich der Schüler seine Lehrer belehren will, weil er sich größer oder schlauer vorkommt, dann lernt er selber nichts mehr und bleibt weiter den Folgen seiner Irrtümer ausgesetzt, die er ja als Wahrheiten verteidigt. Anstatt selber zu lernen will er andere belehren, sie überzeugen, bestrafen, erziehen, retten oder gar »heilen«. Er will quasi sein Echo verändern und merkt nicht, dass sich sein Echo nur verändert, indem ihm selber endlich etwas anderes entspricht.

Nochmals anders formuliert: *Vergebung besteht darin, den Träumer »hinter« seinem Traum zu erkennen, anstatt ihn mit seinem Traum zu verwechseln.* Sein Traum mag wohl schlimm sein – in diesem Fall ist es meist besser, sich zurückzuziehen und Mitgefühl zu haben – der Träumer selbst aber ist in seinem wahren Wesen wie du, nämlich göttlich und unschuldig wie ein Neugeborenes. Achte darauf, dass du selber niemanden mehr in eigene schlimme Träume hineinziehest und dich nicht mehr so leicht in schlimme Träume anderer hineinziehen lässt. Dann hast du schon viel gelernt.

Verstand: Teil des Egos zum Zweck des Überlebens

Unser Verstand ist ein Teil des Egos und gewissermaßen eine Richtig-Falsch-Maschine, mit deren Hilfe das Ego solche Entscheidungen treffen kann, die seinem Überleben dienen oder die seine Situation verbessern sollen, weil das ja seine Überlebenswahrscheinlichkeit erhöht. So gesehen ist er Teil des Problems und er kann uns daher nicht helfen, unser grundsätzliches Problem zu lösen. Der Verstand hat eine gewisse Intelligenz, die durchaus geschult werden kann. Er kann dann bei entsprechender Schulung *schlau* werden, so dass es dem Ego gelingt, im Überlebenskampf anderen Egos die *show* zu stehlen und damit vielleicht sogar das Alpha-Tier, der Oberaffe einer sehr großen Affenhorde zu werden – etwa Bundeskanzler. Mit Hilfe des Verstandes kannst du also gewisse Überlebensprobleme lösen und raffinierte Maschinen und Waffensysteme entwickeln und du kannst damit in der Hierarchie deines Rudels bis zum Rudelführer aufsteigen. Dann denkt das Ego erleichtert: »Ich hab's geschafft!«

Wie dir sicher bereits aufgefallen ist, haben wir in unserer Kultur dieser Verstand-Maschine ziemlich viel Bedeutung gegeben und sind sogar der irrigen Ansicht, dass wir damit letztlich alle Probleme lösen könnten. Es wird wohl noch einige Zeit dauern, bis wir diesen Irrtum erkennen und uns dann daran machen, uns um Möglichkeiten zu kümmern, die uns zu der Erkenntnis unseres wahren Wesens verhelfen, weil wir sonst wahrscheinlich als Menschheit nicht überleben werden. *Der Verstand ist dazu aber völlig ungeeignet.* (Bei entsprechender Schulung ist er auf diesem Planeten jedoch schon recht nützlich.)

Verstehen: Wiedererkennen und dazu stehen

Verstehen ist ein anderes Wort für Erinnern und Erkennen, hat also mit der Ego-Maschine, im Gegensatz zum Verstand, nichts zu tun. Es geht hier um die Entscheidung, ob du dich jetzt in einer aufregenden Situation wieder an etwas erinnern willst, das in Wirklichkeit aus dir selber kommt und dir von der Welt nur gespiegelt wird, oder ob du deine Erinnerungen jetzt erneut zurückweist und statt dessen ein Urteil triffst. Das ist dann ein falscher Widerstand und der tut dir weh. *Der Widerstand ist ein Gegenteil von Verstehen und Folge deines Urteils.* Du kannst dich aber bei jeder Begegnung mit anderen Menschen immer wieder neu entscheiden, ob du dich selbst in ihnen wiedererkennen und dich dadurch erweitern willst, oder ob du stattdessen erneut urteilen willst, indem du glaubst, dass »der da draußen« etwas anderes sei als »du hier drin«. Urteilst du, so hat das die bekannten Folgen: Es bedeutet für dich weitere Unannehmlichkeiten durch weitere eigene Selbstbeschränktheit.

Jedes Urteil beruht auf einem Irrtum und ist daher ungerecht. Du erkennst das unter anderem daran, dass es wegen des Feedbacks für die Urteilenden selber mit jedem ihrer Urteile enger wird anstatt weiter, dass sie »fester« werden, anstatt flexibel zu bleiben. Etwas unfreundlicher ausgedrückt: Sie werden ängstlicher und dümmer anstatt klüger, was daran zu sehen ist, dass sie andauernd in Streitigkeiten verwickelt sind, weil sie sich fürchten. Die Wahrheit aber ist überhaupt nicht furchtbar, sondern sie macht frei. Verstehen wollen bedeutet, in *jedem* meiner Mitmenschen – ohne jede Ausnahme – das mir Ähnliche zu suchen und es wiederzuerkennen. Dadurch wird es mir möglich, mich wieder ein »Stück« mehr an das Wesentliche zu erinnern. *Durch Verstehen dehne ich mich aus.* Das macht Freude. Ich suche beim Verstehenwollen nach meiner Selbstbestätigung »da draußen« und freue mich, sobald ich sie gefunden habe: Außen und Innen sind dann wieder in Liebe vereint. Es ist der deutlichste Ausdruck meines Wunsches nach Selbsterkenntnis.

Ist mein Gegenüber weiterhin in Irrtümern befangen, indem er sich beispielsweise schlimme Sachen einbildet, entsprechend urteilt und mich vielleicht sogar angreift, dann weiß ich, dass irren menschlich ist und nicht böse, weil ich mich nämlich gut an meine eigenen Irrtümer erinnern kann. Ich erinnere mich auch an meine eigenen *guten* Gründe für eigene vergangene Irrtümer und verstehe den anderen daher, statt ihn zu verurteilen. Korrigiert er seine Irrtümer, bleibt bei ihm ebenfalls das Gute übrig – genau wie bei mir. Trotzdem ist es manchmal besser, gewissen Leuten rechtzeitig aus dem Weg zu gehen.

Wir Menschen unterscheiden uns nicht wesentlich voneinander, sondern äußerlich und daher unwesentlich. Sobald ich also moralisch werde und auf Kosten des Gegenübers gut sein will, indem ich an ihm nach etwas suche, das ich ablehnen kann, sind Verstehen und damit meine Selbsterkenntnis unmöglich geworden. *Mein eigenes Urteil über ihn verhindert nun mein eigenes Wachstum, weil ich ihn ausschließe, anstatt aufzunehmen* und so mein Selbst, das in Wirklichkeit unser gemeinsames Selbst ist, erneut »ur-teile«. Ich verweigere damit sozusagen mein Lebens-Futter. Verstehenwollen bedeutet aber, mit Liebe nach Seinesgleichen suchen. Das wäre Sammeln und Wachsen: Die Liebe sucht und sammelt sich und dehnt sich dabei hocherfreut immer weiter aus.

Urteilen heißt zerstreuen und ist das Gegenteil von lieben, nämlich absterben und zerfallen. Es entspricht der Entropie. »Wer nicht mit mir sammelt, der zerstreut« – steht so im Neuen Testament. Hier gibt es also keine Neutralität. Du musst dich entscheiden. Du kannst in jedem Augenblick wählen, in welcher Welt du leben willst: In einer gerechten und liebevollen Welt, in der alles Eins ist, oder in einer Hölle. Je nach Wahl findest du Leute, *die dir entsprechen* und die dir als deine jeweiligen Diener die Richtigkeit deiner getroffenen Wahl bestätigen. Du darfst dann die Früchte deiner Wahl ernten, abhängig davon, was von dir gesät wurde. Du wirst dabei feststellen, dass deine Verbindung zu anderen Menschen verstärkend wirkt für ein gemeinsames Werk, egal, ob bewusst oder aus Dummheit gehandelt wird. Je mehr Menschen daran mitwirken, desto größer ist in der Regel die erzielte Wirkung.

Aber beachte den Unterschied von Quantität und Qualität: *Mehrheit hat nichts mit Wahrheit zu tun; manche haben nämlich ihre Schöpferkraft dem Großen Werk gewidmet und daher eine größere Wirkung als diejenigen, die hier aufs falsche Pferd gesetzt haben.*

ααα

Wahl: Entscheidung ohne Urteil

Eine Wahl setzt voraus, dass mindestens zwei Möglichkeiten vorliegen, die *beide* okay sind. Ist nur eine davon okay, handelt es sich um Zwang. Eine Wahl erfordert aber nicht, dass dabei die nicht gewählte Alternative abgelehnt wird. Wozu sollte das denn gut sein, Vanilleeis abzulehnen, wenn ich jetzt Schokoladeneis gewählt habe? Beim nächsten Mal nehme ich vielleicht lieber Vanilleeis, weil das besser für Eiskaffee passt.

Wird die nicht gewählte Alternative abgelehnt, handelt es sich nicht um eine Wahl, sondern um ein Urteil. Das erzeugt aber nur Probleme.

Die Welt ist voller interessanter Wahlmöglichkeiten. Wenn sie dir nicht reichen, dann kannst du dir ja weitere Wahlmöglichkeiten schaffen. Du hast natürlich auch die Wahl, weiterhin zu urteilen, wenn dir die Konsequenzen recht sind.

Meditiere über den Unterschied zwischen Wahl und Entscheidung.

Wahrnehmung: Auswählen, Wunscherfüllung und Bewertung

In Wirklichkeit ist alles von dir Wahrgenommene eine Form der Wunscherfüllung und Folge der Denktätigkeit deines Egos, die im Grunde immer Wünschen ist. Wünschen ist jedoch eine Denktätigkeit, die von der Vergangenheit bestimmt wird. Sie hat angefangen, als du ganz klein warst und reale Mängel erfahren hast, die deinen Körper tödlich bedrohen konnten. In dieser Not hast du angefangen, dir das herbeizuhalluzinieren, was deine tödliche Bedrohung wieder beseitigen kann – die gute Mutter nämlich: Wenn du mit ihr wieder eins sein kannst, bist du gerettet, denn damit ist *alles* wieder gut. (Denk dran: Du bist ja mit deiner Geburt in der Traumzeit gelandet und hast nun komplett vergessen, was du bis dahin gewusst hast. Nun geht dein Lebenstraum los und der ist für jeden von uns zunächst ein Traum von *absoluter Abhängigkeit*: Ohne in der Einheit mit der Mutter zu bleiben wird deine neue biologische Maschine wieder absterben. Du warst bisher im Paradies und jetzt wirst du daraus vertrieben und erfindest »draußen« dein Ego.)

Du nimmst als Ego das wahr, wovon du wünscht, dass es wahr sein soll, weil du dir dadurch die Rückkehr in deinen ursprünglichen Glückszustand erhoffst oder weil du als inzwischen gebranntes Kind denkst, dass du Unangenehmes dadurch vermeiden kannst, indem du dich dauernd damit beschäftigst, um nicht davon überrascht zu werden. Aber durch jeden Wunsch entsteht ein Konflikt, *weil du dabei urteilst, was sein soll und was nicht.*

Du nimmst nicht mehr wahr, was wirklich da ist, sondern nur noch das, was du dir aufgrund deiner Erfahrungen aus der Kindheit vormachst (nimm das ruhig wörtlich). Du lebst damit in deiner Vergangenheit, anstatt in der »Gegenwart Gottes«.

Aber wegen deiner Urteile über diese vergangenen Erfahrungen und über die Menschen, die dir dabei halfen, verurteilst du dich, das Vergangene andauernd zu wiederholen. Waren deine Erfahrungen damals schlimm, dann nimmst du jetzt überall Furchtbares wahr, regst dich auf und merkst nicht, dass du dir damit das Furchtbare sogar selber weiter herbeiwünschst. Du müsstest dich erst wieder an das *urteilslose einfache Schauen* erinnern, damit du die Welt sehen kannst, wie sie *jetzt* tatsächlich ist, anstatt dir etwas einzubilden, weil sie dir so nicht mehr gefällt, wie sie *für dich* inzwischen geworden ist. Deine Urteile über das, was du als gut und als böse, als richtig und falsch ansiehst, verhindern vollständig deine klare Sicht des gegenwärtigen wahren Sachverhalts. Aber nur in dieser

Gegenwart hast du die Möglichkeit, überhaupt etwas zu bewirken, was du genau jetzt auch tust! Weil du aber nicht mehr geistesgegenwärtig bist, sondern *verrückt in der Zeit,* merkst du nicht, was du da erschaffst. Wir brauchen dringend das einfache Schauen des kleinen Kindes wieder, diesmal verbunden mit dem »Durchblick«, dem Blick durch die Oberfläche der Erscheinungen hindurch auf das Wesentliche.

Wahrnehmung ist während der Existenz des Geistes innerhalb der Traumzeit nötig, damit du die Freiheit hast, selbst zu entscheiden, was für dich wahr sein soll: *Du wählst immer selbst, nicht die anderen für dich.* Das erscheint dir nur so, weil du jetzt nicht aufpasst. Deine Eltern sind zwar die ersten, die dir zunächst – gewöhnlich recht eindringlich – einprägen, was du wahrnehmen *sollst,* weil sie selbst es für wahr halten. Bist du aber groß genug, dann könntest du etwas anderes wählen als sie.

Wahrnehmung ist an einen Körper und damit automatisch an das Ego gebunden. Zum Wahr-*Nehmen* benötige ich nämlich Sinnesorgane. Das ist zweifelsfrei ein Sachverhalt. Ich nehme mit Hilfe meiner (in jedem Fall beschränkten) körperlichen Sinnesorgane *Ausschnitte* aus einem prinzipiell unüberschaubaren Zusammenhang heraus und halte die aus bestimmten Gründen nun für *komplett* wahr. Wahrnehmung ist Auswählen in Form eines Ur-Teilens. Ich wähle das aus, wovon ich wünsche, dass es Wirklichkeit sein soll. Und ich wünsche das, weil ich überzeugt bin, dass es gut sei, wenn es jetzt da wäre – oder eben, dass es da sei als etwas Gefährliches und ich mich davor schützen muss. Zu diesem Zweck muss ich dauernd danach Ausschau halten, damit ich mich rechtzeitig wappnen kann.

Notfalls halluziniere ich das Gewünschte sogar regelrecht herbei. (Diese Aus-Wahl kann aus gewissen Gründen durchaus auf etwas Schmerzliches fallen, wie zu beobachten ist.)

Im Gegensatz zum einfachen Schauen als schlichtem Gewahrsein dessen, was jetzt ist, sind Wahrnehmungen also nicht passiv, *sondern sie werden aktiv erzeugt.* Dieser Prozess ist uns aber nicht bewusst. Wahrnehmungen zu erzeugen ist eine der schöpferischen Fähigkeiten deines Geistes, die ihm auch in der Traumzeit weiter zur Verfügung steht. Sie kann, wie jede seiner Fähigkeiten, vollkommen frei benutzt werden. Du kannst daher immer wählen, was du wahrnehmen willst – *und du tust das auch.* Deine Wahrnehmungen sind Folgen deiner unbewussten Bewertung, deines unbewussten Urteils, die deine Wahl bestimmt hat. Du wählst das aus, was dir als angenehm oder als richtig erscheint, weil es dir jetzt so in den Kram passt.

Auf einer anderen Ebene ist es natürlich ausgesprochen sinnvoll und für den weiteren Erhalt deiner biologischen Maschine äußerst nützlich, zumindest zwischen einer *richtigen* und einer *falschen* Wahrnehmung zu unterscheiden, sonst bekommen wir auf dieser Ebene eine ganze Menge völlig unnötigen Ärger. Korrekte Wahrnehmung der Sachverhalte und der Tatsachen der Welt ist jedoch nur möglich, wenn ich innerlich völlig ruhig bin und *alles so anerkenne, wie es jetzt ist*. Werde ich aber aufgeregt, dann entstehen »Fehlwahrnehmungen« mit meist unangenehmen Konsequenzen, besonders beim Autofahren.

Das geläufigere Wort für Fehlwahrnehmung ist Einbildung. Das ist ein anschauliches Wort, da es auf den schöpferischen Aspekt der Wahrnehmung hinweist: Sich etwas einbilden, etwas ausbilden oder abbilden sind schöpferische Aktivitäten. Ebenso weist es auf den Feedback-Charakter dieses Prozesses hin: Seine eigenen Bilder wirken ja auf den Schöpfer zurück, sobald er sie selber als äußere Wirklichkeit ansieht. (Beim Erkennen von Aufgeregtheiten, durch die ja jede Wahrnehmung verzerrt wird, ist Achtsamkeit sehr angebracht: »Ein bisschen schwanger« ist nämlich auch schwanger und ein bisschen aufgeregt ist auch schon aufgeregt.)

Wenn jemand im Gegensatz zu dir aufgeregt ist und daher nicht mehr korrekt wahrnimmt, dann ist er während dieser Zeit nicht in derselben Welt wie du. Er ist jetzt in seinem eigenen Traum, in seiner eigenen Welt gefangen und praktiziert Schlafwandeln. Er ist in einer anderen Welt, in einer von ihm geträumten und daher wahnsinnigen Welt, anstatt auf dem Boden der Tatsachen zu stehen. Lass' ihn am Besten so lange in Ruhe, bis ihr wieder *beide* ruhig sein könnt, sonst steckst du dich womöglich an und es kommt nur eine unnötige Verlängerung des Wahnsinns dabei heraus. Ihr wähnt dann beide, dass etwas wahr sei, was in Wirklichkeit überhaupt nicht existiert.

Korrekte Wahrnehmungen helfen dir *zu sehen*, dass *alles* in Fluss ist und sich daher *dauernd verändert* – ganz von selbst. Fehlwahrnehmungen können also nur dann für eine Weile stabil bleiben, wenn du mindestens einen findest, der bereit ist, *Es* ebenfalls so fixiert zu sehen wie du und das damit zu »stabilisieren« – wie in der Fotografie. *Im richtigen Leben klappt das mit dem Fixieren jedoch überhaupt nicht, sondern erzeugt nur Stress.*

Aber wer seine korrekten Wahrnehmungen nicht mit anderen teilen kann, ist ebenfalls arm dran, weil er sich zunächst damit alleingelassen sieht. Und das ist für den Menschen nicht gut, hat Gott ausrichten lassen. Aus diesem Grund brauchen wir uns gegenseitig und braucht ein Meister seine Schüler, sonst würde er verrückt. Ein Meister muss sich mitteilen, er muss alles *geben*, was er hat, sonst »zerreißt« es ihn.

Aber kein Problem: Geister sind untereinander ohnehin verbunden und ein wahrer Meister hat das bereits herausgefunden, sonst wäre er kein Meister. Er kann sich daher im Gegensatz zu uns Normalsterblichen notfalls auch ohne seinen Körper den anderen mitteilen, sozusagen außersinnlich und »rein geistig«. Deswegen kann er ganz gut längere Zeit alleine sein – im Gegensatz zu uns – und manchmal vielleicht sogar noch wirken, wenn er körperlich bereits tot ist. (Zumindest *indirekt*.)

Wahrnehmung muss von *Erkenntnis* unbedingt unterschieden werden.

Erkenntnis ist immer eine Form der Selbsterkenntnis und völlig frei von jedem Urteilen, denn *Erkenntnis ist jenseits von Gut und Böse*. Durch Erkenntnis kannst du deine Traumzeit transzendieren, indem du erkennst, dass du bisher nur geträumt hast. Der Zustand bei Erkenntnis ist daher ein Zustand der Liebe, des Glücks und des Friedens; du weißt jetzt auch, dass du frei bist und wahre Träume haben kannst nach deinem freien Willen und du weißt jetzt genau, was du willst und was du tust: Du bist endlich »heil« geworden und nicht mehr scheinbar geteilt in Innen und Außen. Endlich nimmst du die Welt dann so wahr, wie sie tatsächlich ist und dein Leben kann funktionieren.

Die Welt: alles, was der Fall ist

Die Welt existiert. Das ist ein Sachverhalt.

Sie kann auf gewissen Ebenen entweder korrekt oder verzerrt wahrgenommen und sie kann in wichtigen Teilen sogar völlig ignoriert werden. Dazu sagt man zum Beispiel »negative Halluzination«, wenn man etwas nicht sieht, obwohl es da ist – oder Blindheit. Einbildungen gehören natürlich nicht zur wirklichen Welt, die Fähigkeit, sie frei zu produzieren, allerdings schon. Vorhandene Beziehungen zwischen den diversen Sachverhalten gehören ebenfalls zu dem, was der Fall ist, eingebildete Beziehungen aber nicht. Das, was durch eingebildete Beziehungen an konkreten Gefühlen entstehen kann, gehört dann schon wieder dazu: Ärger etwa ist sinnlich wahrnehmbar. (Bist du jetzt verwirrt? Schön!)

Die Welt »an sich« ist ohne jede Bedeutung und sie ist daher weder gut noch böse, sondern sie ist einfach da und steht dir zur freien Verfügung, damit du mit ihr spielen kannst und deine Erfahrungen machst. Aber pass' auf, dass du dir nicht zu oft weh tust bei deinen Spielereien, sonst geht deine biologische Maschine vielleicht noch kaputt, bevor du deine Lektionen alle gelernt hast. Auch das ist wiederum nur ein Sachverhalt und daher weder gut noch böse, er sollte jedoch dringend beachtet werden.

Die »Welt an sich« gibt dir keinen Grund, dich zu fürchten, sondern sie ist ausschließlich ein Platz zum Lernen, hauptsächlich, wie man sich selbst und seine wirkliche Heimat wieder finden kann durch Selbsterkenntnis, durch Erinnern an sein wirkliches Wesen. Sie tut von sich aus überhaupt nichts, außer, dir zur Verfügung zu stehen, genau wie dein Körper, der ebenfalls Teil der Welt ist und der ebenfalls von sich aus überhaupt nichts tut. Wenn du dich jetzt trotzdem gerade fürchtest, dann spinnst du nur wieder. *Erinnere dich daran, wer du bist: Reines leeres Gewahrsein, unbewegtes Nichts, das zu sich selbst erwacht.*

Widerstand 1: Eigenschaft von Energieformen

Jede Energieform, ganz gleich, ob als Gedanke oder als materialisierter Sachverhalt existent, hat quasi den »Wunsch«, seine Form auf ewig beizubehalten. Daher ist jede Transformation auf dieser Ebene der Welt mit Energieaufwand verbunden. »Aller Anfang ist schwer«, sagt der Volksmund dazu, Trägheitsgesetz sagt man in der Physik. *Diese* Art von Widerstand ist einer der Sachverhalte der »Welt an sich« und daher zu beachten.

Wenn ich beispielsweise Metall von einer bestehenden Form in eine andere überführen will, etwa als Schmied, so geht das deutlich leichter, wenn ich das Metall vorher kräftig erhitze, also Energie zuführe, und danach mit einem Hammer auf andere Art weitere Energie zuführe. Bei derartigen Transformationen ist es nützlich, eine halbwegs genaue Vorstellung davon zu haben, welche Endform das Metall nach der Transformation haben soll.

Durch diesen Sachverhalt kannst du deinen Willen schulen. Wenn du nicht genug Willens-Energie aufbringst für das Erschaffen deiner Wunschwelt, so wird das »nichts Gescheites«, sondern nur ein dilettantisches Machwerk, das nicht für die Intelligenz seines Schöpfers spricht. *Die Übung macht hier den Meister.*

Widerstand 2: Folge eines Irrtums

Eine andere Form des Widerstands entsteht, wenn ich im Irrtum bin, wenn ich also etwas will, das nicht geht, oder das so, wie ich es gerade machen will, nicht funktionieren kann. Dieser Widerstand zeigt mir, dass ich etwas korrigieren muss.

Selbst wenn ich meine Mutter sehr liebe: Es ist doch besser für uns beide, wenn wir deshalb nicht auch noch heiraten – abgesehen davon, dass sie sowieso meistens mit Papa verheiratet ist, der dann verschwinden müsste. Habe ich nach Jahren endlich eingesehen, dass das nicht geht und versuche einen bekannten Trick (»ich nehme jetzt eine Frau, die so ist wie Mama, und dann heirate ich eben die«), wird auch dieser Trick nicht funktionieren. Er führt mich sicher nicht zum großen Glück, denn ich missbrauche ja meine Partnerin, wenn ich von ihr verlange, dass sie für mich jemand anderer sein soll als diejenige, die sie tatsächlich ist. Daher wird das ganze *Spiel* »zur Strafe« so laufen, als ob ich gleich die richtige Mutter geheiratet hätte: Entweder muss ich sie mit einem anderen Mann teilen, einem Vorgänger, mit dem sie noch nicht fertig ist, oder gar mit einem Hausfreund (die beiden vertreten den »bösen Papa« in diesem für mich wenig spaßigen Spiel), oder sie verlässt mich wieder – durch Tod oder durch Scheidung – oder sie nimmt mich nicht ernst, oder ich muss immer brav sein, weil sie sonst böse wird, oder sie »folgt« mir nicht. Außerdem klappt der Sex nicht besonders gut. Und falls doch, gibt's bald wieder Streit.

Nicht nur das: Ich muss ihr einen weiteren Ausgleich dafür geben, dass sie meine Mutter vertreten soll. Sie darf ja dabei nicht sie selber sein, muss sich immer wieder anstrengen und ist mir am Ende dann doch nicht gut genug. Daher bekommt sie ein gewisses Recht, von mir zum Ausgleich für ihre Mühen ebenfalls etwas zu verlangen. Dieser Ausgleich geschieht meist dadurch, dass ich für sie ihren Vater vertreten muss. Dummerweise muss ich ihren Vater aber so vertreten, wie sie ihn immer noch sieht und nicht so, wie er tatsächlich ist oder wie er sein könnte, wenn seine Frau ihn »lassen« würde.

Im weiteren Verlauf unserer Beziehung wird sich zeigen, wessen Ehe ich nun mit meiner Frau nachahme: Die Ehe *ihrer* Eltern oder die Ehe *meiner* Eltern, die ja ohnehin eine gewisse Ähnlichkeit aufweisen werden. Aber richtig schön wird das gewöhnlich nie. Bestenfalls sagen wir später zueinander Vati und Mutti und sind wenigstens lieb mit unserem angetrauten Stellvertreter, der in Wirklichkeit *immer* eine Mutti sein wird, selbst wenn die Mutti Vati heißt und ein Schwänzchen hat, das er in diesem Stadium der Ehe meist sowieso nur noch zum Pinkeln benutzt. (Bei der schlimmen Variante sagt man Alter und Alte zueinander und hat keinerlei Achtung mehr vor dem anderen.)

Bei derartigen Rekonstruktionsversuchen der Vergangenheit haben die Beteiligten andauernd den Eindruck, keine Wahl zu haben. Aus diesem Grund versuchen sie – natürlich vergeblich – ihren Partner zu verändern, denn eine Trennung wird als maximale Bedrohung erlebt und sie wird daher auch nach einer Scheidung nicht wirklich ausgeführt: die beiden bleiben im Groll oder in sonstigem Leiden weiter verbunden und benutzen oft sogar ihre Kinder als Geiseln.

Ein einfacheres Beispiel für »Widerstand wegen Irrtum« wäre jetzt, wenn einer versucht, mit einem Vierzehnerschraubenschlüssel eine Zwölferschraube lösen zu wollen: Da kann er sich zwar enorm anstrengen, aber das geht tatsächlich nicht. Es handelt sich dabei nämlich um das falsche Werkzeug. Allerdings mit der richtigen Idee dahinter. Nur die Größe stimmt nicht.

Manche fügen sich ins scheinbar Unvermeidliche, anstatt endlich ganz davon abzulassen. Da ging beispielsweise neulich ein Mann über den Max-Josefs-Platz und zog einen Strick hinter sich her. Ein Polizist hält ihn auf und will wissen:

»Sagen Sie mal, wieso ziehen Sie denn diesen Strick hinter sich her?«

»Schieben hab' ich schon probiert, Herr Polizei, aber das geht nicht.«

Wenn eine Sache also nicht leicht funktioniert, dann probierst du etwas, das nicht möglich ist oder das auf diese Weise nicht funktionieren kann. *Indikatoren für diesen Widerstand sind Störungen und Schwierigkeiten aller Art und die Sache bleibt kompliziert, egal, wie du es anpackst. Du brauchst in dem Fall eine radikale Korrektur, nicht viele kleine Reformen.* Ein guter Hinweis auf »richtig« ist, wenn eine Sache leichter wird, oder wenn sie leicht ist und leicht bleibt und wenn's dabei immer einfacher wird. Das bedeutet: Weitermachen damit.

Widerstand 3: richtiges Verfahren, um schlimme Träume zu beenden

Hierbei geht es darum, den *automatischen Erstimpuls* rechtzeitig wahrzunehmen und ihm zu widerstehen, damit eine bewusste Entscheidung möglich wird. Der Erstimpuls tritt ein als natürliche und spontane Reaktion auf jede wahrgenommene Erscheinung dieser

Welt, aber insbesondere auf Handlungen und Zustände eines beliebigen Gegenübers. (Die Dinge der Welt haben nämlich für uns einen gewissen Aufforderungscharakter. Sie scheinen zu sagen »mach' was mit mir!«, oder »hau sofort ab!« Das ist bei Jungtieren oder bei kleinen Kindern gut zu beobachten, die in einem gewissen Alter noch alles untersuchen und anfassen wollen, was sie sehen, oder sich schnell verziehen, wenn ihnen etwas nicht geheuer ist.) *Dieser Widerstand hat zum Ziel, endlich selbstbestimmt anstatt fremdbestimmt zu handeln, aktiv anstatt re-aktiv.*

Wenn ich auf einen Angriff meines Gegenübers (beispielsweise auf einen Vorwurf, denn das ist ein ausgesprochen verführerisches Angebot) spontan *re*-agiere, werde ich mich entweder erschrocken zurückziehen und mich rechtfertigen, oder mit einem Gegenangriff antworten. Aber mit jeder dieser Reaktionen werde ich sein Angebot annehmen. Ich sollte stattdessen eine bewusste *Aktion* ausführen und auf derartige Angebote *ein entsprechendes Gegenteil* anbieten. Eine unbedacht und spontan erfolgende Erstreaktion bestätigt nämlich den Traum deines Gegenüber, *weil sie zu dessen Traum gehört.* Daher wirst du mit deiner Erstreaktion automatisch in den Traum des anderen hineingezogen.

Wenn du zum Beispiel mitleidig oder mütterlich reagierst auf jemanden, der jammert, so ist das zwar natürlich, aber du bestätigst ihm damit auch seinen Traum von Armut, Leiden und Hilflosigkeit als wahr. Jetzt verlängerst du sein Leiden und leidest selber mit. (Geschieht dir Recht!) Bleibe ruhig bei den diversen Traumangeboten deiner Mitmenschen und versuche, schnell herauszufinden, um welchen Traum es sich handelt und wie der Betreffende gerade versucht, dich zum Mitträumen zu verführen. Das ist jedoch nicht immer einfach, weil die Erstreaktion ja automatisch auftritt und meist zu allem Übel Teil von einem deiner eigenen Träume sein wird. Nicht umsonst wird besonders im Buddhismus die ***Übung** der Achtsamkeit* so stark betont und dort fast schon als allein ausreichender Weg angesehen, die Hölle wieder zu verlassen. Zur Kontrolle dieser Erstreaktion ist Achtsamkeit besonders nützlich. *Beobachte deine ersten Impulse,* anstatt sie unterdrücken zu wollen, denn nur dadurch kannst du lernen, sie zu kontrollieren und zu verstehen, was jetzt los ist, anstatt sofort zum *Zombie* deines Gegenübers zu werden.

Merke dir: Wenn dich jemand angreift, will er in Wirklichkeit einen Traum von Furcht *mit dir teilen.* Seine eigene verdrängte Furcht hofft er in diesem Fall loszuwerden, indem er dich in seinen Traum hineinzieht, *damit du jetzt das Fürchten für ihn übernimmst.* Er bedroht dich daher und greift dich an, weil er gerochen hat, dass er das mit dir machen kann. Schafft er es, dich einzuschüchtern, dann ist er erleichtert und fühlt sich jetzt auf deine Kosten groß und stark. Füge ein *echtes* Gegenteil hinzu, etwa indem du ruhig und friedlich bleibst *trotz* seines Angriffs, anstatt spontan dem Erstimpuls zu folgen.

Falls aber auch dein eigener Traum einer von dieser Art ist, bist du sehr gefährdet, auf seinen Angriff entweder mit erschrockenem Rückzug oder sofortigem Gegenangriff zu reagieren. Ein Gegenangriff ist jedoch ebenfalls eine Furchtreaktion mit dem Ziel, dass dieser Angreifer sich gefälligst selber fürchten soll. So teilt ihr jetzt durch deine reflexhafte Erstreaktion einen Traum von Angriff und Furcht miteinander und müsst gemeinsam darunter leiden. Das wird besonders deutlich, wenn es sogar zu einer Schlägerei kommt, bei der ihr beide verletzt werdet. (Ihr könnt euch ja später wieder vertragen und weitere Mitträumer suchen und mit der Zeit ein Heer aufstellen, um einen gerechten Heiligen Krieg zu führen, etwa so, wie die Skinheads das machen. Aber »mehr Desselben« macht die Sache nicht besser, sondern nur schlimmer.)

Du brauchst eine Korrektur, nicht die Verstärkung des Irrtums.

Die Korrektur eines Angsttraumes kann im Fall eines Angriffs dadurch geschehen, dass ich dem anderen auch noch die rechte Wange hinhalte, wenn er mich auf die linke geschlagen hat. Das ist ein direktes Gegenteil auf einen derartigen Angriff. *Diese Art der Korrektur kann aber ausschließlich von wahren Kriegern richtig ausgeführt werden. Das Hinhalten der anderen Wange demonstriert dabei, dass der wahre Krieger nichts fürchtet und dass nichts geschehen kann ohne seine Einwilligung. Er zeigt damit auch, dass der andere ihn nicht wirklich verletzen kann, sondern dass er höchstens den Körper des Kriegers beschädigen kann. Der jedoch ist für einen echten Krieger nicht wesentlich.*

Für weniger Geübte ist es besser, rechtzeitig wegzugehen. Selbst Bruce Lee, ein bekannter Kung-Fu-Kämpfer, der viele Action-Filme gedreht hatte, hielt es so. Er wurde einmal gefragt, was denn das Geheimnis seiner Kampfkunst sei. Seine Antwort war: »Das Geheimnis meiner Kampfkunst besteht darin, dass ich schon längst in einer anderen Kneipe bin, wenn der Kampf los geht.«

Du kannst die Erstreaktion auch als eine Erscheinungsform des Grabeneffekts ansehen. Der Volksmund kennt den Grabeneffekt ebenfalls. Dort heißt es, dass sich Gegensätze anziehen. Durch diesen

Grabeneffekt kannst du erleben, was du jetzt gerade *nicht* sein willst. *Du rufst nämlich in der Welt immer dein derzeitiges Gegenteil hervor*, sobald du aus deiner Mitte bist, damit du dir selbst beweisen kannst, dass du zu recht so bist, wie du bist, also *anders* als dieses Gegenteil, das du als falsch verurteilst. Deine Gegenteile helfen dir nun entweder, dir selber zu beweisen, dass es richtig ist, so zu bleiben wie du jetzt bist, damit du nicht wirst wie dein Gegenteil – damit hast du ein Urteil gefällt und lernst nichts mehr – oder sie helfen dir, eine Korrektur bei dir selber auszuführen, anstatt den anderen verändern zu wollen.

Hier ist ein Beispiel:

Wer sich wie ein kleines Kind benimmt, etwa indem er jammert oder säuft (das ist übrigens gut kombinierbar), der erzeugt um sich entsprechende Gegenteile, nämlich diverse Mütter, die anfangen, sich einzumischen und die das Kind vielleicht retten wollen, oder Mütter, die böse werden, wenn er nicht endlich gehorcht. Diesem ersten Impuls, wie eine Mutter auf den Jammerer oder auf einen Säufer zu reagieren, solltest du widerstehen, sonst wird dieses Kind womöglich zusätzlich trotzig und macht dir noch mehr Ärger.

Oder bist du so gerne Mutter für andere, weil du dann nicht mehr fürchten musst, verlassen zu werden? Dadurch würdest du aber nur weitere »Kinder« in deiner Welt *provozieren*. Wer sich nämlich wie eine Mutter benimmt, indem er etwa andere unaufgefordert belehrt oder gängelt, erzeugt auf diese Weise Kinder, die sich vielleicht vor der strengen Mama fürchten und sie daher belügen, oder statt dessen trotzig werden, oder es der Mama eifrig recht machen wollen, oder aus ihrer Kinderliebe heraus anfangen zu lügen, damit die liebe Mama sich nicht gleich wieder aufregt, oder die sonstige bekannte Kindermanöver ausführen. Derartige Kinder hast du dann dauernd am Hals und sie werden dir zum Klotz am Bein, wenn du nicht aufhörst mit deiner Missionarstätigkeit.

Sei achtsam, damit du diese Erstimpulse rechtzeitig erkennst und sie stoppst, anstatt sofort fremdbestimmt zu reagieren. Beruhige dich zunächst, wenn du dich doch wieder aufgeregt hast und erschaffe das, was *du* jetzt »wahr haben« willst. *Entscheide und bestimme selbst, wie du jetzt sein willst und welcher Traum für dich jetzt wahr sein soll und verhalte dich entsprechend.* Du wirst sehen: Die Sache verläuft nach einigen Erstschwierigkeiten nahezu automatisch in deinem Sinn, wenn du deinen Zustand von ruhiger Achtsamkeit ausreichend stabil halten kannst, obwohl dein Gegenüber vielleicht noch eine Weile weiterstänkert oder aufgeregt ist. Wenn also jemand einen Traum von Furcht und Angriff mit dir träumen will und du aber friedliche und freundliche Träume träumen willst, dann *bleibe* friedlich und freundlich mit solchen angriffslustigen Träumern, wenn du ihnen schon nicht aus dem Weg gehen kannst. Widerstehe diesem Impuls, dich bei einem Angriff sofort zu rechtfertigen oder den anderen jetzt deinerseits anzugreifen. Wer diesen von dir bestimmten Traum von Frieden und Freiheit nicht mit dir träumen will, der verschwindet mit der Zeit ohnehin aus deinem Dunstkreis und dafür erscheinen andere Träumer, die ihn gerne mit dir zusammen träumen werden und dir helfen, ihn wahr zu machen. Das »Gesetz der Anziehung des Ähnlichen« funktioniert ganz zuverlässig.

Aber wende Unterscheidungsvermögen an. Es gibt nämlich Träumer, die in ihrem geträumten Zustand derartig wahnsinnig sind, dass es für dich besser ist, ihnen vorerst aus dem Weg zu gehen, damit sie deine biologische Maschine nicht beschädigen oder gar zum Exitus bringen. Auch ein radikaler Konstruktivist geht bekanntlich zur Seite, wenn ein Auto ungebremst auf ihn zufährt, weil er die verschiedenen Ebenen gut unterscheidet. Der Volksmund empfiehlt in solchen Fällen, dass der Klügere nachgeben soll. Es gibt aber keinen Grund, auf diese Sorte von Träumern böse zu sein oder sie anderweitig zu verurteilen. Hab' statt dessen Mitgefühl oder bete für sie. Zunächst jedoch gehst *du* besser weg – aber aus Einsicht, nicht aus Angst, sonst bist du nämlich nicht der Klügere, sondern bald der Dumme.

Die Kunst des *richtigen* Verschwindens kann man zum Beispiel in der Samuraiausbildung lernen, ganz besonders aber beim Ai-Ki-Do. Das ist die einzige Kampfkunst, bei der es keine Angriffstechniken gibt, nicht einmal Blocktechniken, die für den Angreifer schmerzhaft sind. Viele lernen die waffenlose Kunst der »Selbstverteidigung durch richtiges Verschwinden« von ihrer Mutter. Mütter sind in dieser Kunst sehr gute Lehrmeisterinnen. (Die Väter können das bestätigen.)

Wille: anderes Wort für *Wahl* oder *Befehl*

Wille ist die Fähigkeit des Geistes, während der Traumzeit je nach Übungsstand mehr oder weniger konzentriert Energietransformationen auszuführen, um Ziele zu verwirklichen. Diese Fähigkeit ist in allen drei Bereichen des Menschen vorhanden: Im Geist, in der Seele und im Ego. Es ist jedoch möglich, diese Fähigkeit zu zersplittern – genau wie der Geist durch das Ego scheinbar zersplittert werden kann – und sie dann auf unterschiedliche Ziele anzuwenden, die nicht unter einen Hut gehen können. Dadurch entstehen Probleme bei der Verwirklichung der Ziele, weil wir jetzt »gespalten« sind. Die Willenskraft kann sogar derartig zerstreut werden, dass es Leute gibt, die buchstäblich mit ihrem Hintern umwerfen, was sie mit den Händen gerade aufgebaut haben. Du kennst bestimmt solche Leute. (Die Willensstärke der Schwachen wird übrigens *Eigensinn* genannt und führt natürlich nicht zur Befreiung.)

Letztlich bedeutet das Wort Wahl oder Befehl. Wer nicht glauben will, dass das bereits unsere Urahnen wussten, der kann ja ein Herkunftswörterbuch zur Hand nehmen und selber nachschlagen. »Ich will ...« bedeutet also: »Ich habe gewählt, dass ... *sein* soll«. Oder noch deutlicher: »Ich befehle, dass ... *sein* soll.« (Nein, du sollst jetzt nicht befehlen, dass Punkte sein sollen, sondern anstatt der Punkte kannst du jetzt einen Wunsch haben.)

In der Bibel steht, wie diese Magie funktioniert: »Und Gott sprach: *Es* werde Licht ...« usw. Er *entscheidet*. Er macht Unterschiede und verwirklicht auf diese Weise seinen Willen. Ich kann als Sein Ebenbild ebenfalls völlig frei entscheiden, was ich erschaffen will. Ich kann vorübergehend auf einer gewissen Ebene sogar Dinge erschaffen, die nicht Seinem Willen entsprechen, weil sie nicht in Ordnung sind. Das ist aber bedeutungslos für das Ganze und diese »Fehlschöpfungen« wirken nur auf mich selbst – solange ich sie für wahr halte.

Ich kann innerhalb der Traumzeit normalerweise nicht wählen, *nicht* zu wählen. Erst wenn ich mein Ego endgültig aufgelöst habe und daher jenseits von Gut und Böse bin, hat diese Qual der Wahl wieder ein Ende. In einer gewissen Zeit davor bin ich *noch* frei davon, weil ich als ganz kleines Kind nämlich ähnlich wie ein Tier in der Einheit mit *Mutter Natur* bin, also noch nicht richtig vertrieben aus dem Paradies, denn die endgültige Vertreibung beginnt erst einige Zeit nach der Geburt.

Wenn sich mehrere Menschen für eine Wahl zusammentun, bekommt die gewählte Sache ein größeres Gewicht und eine stärkere Wirkung. Das bedeutet jedoch nicht, dass diese Wahl aufgrund der Vielzahl der Wähler vernünftig oder gar richtig ist – was besonders in der Politik gut beobachtet werden kann.

Gott sei Dank können Irrtümer in unseren Befehlsketten jederzeit korrigiert werden, sobald wir sie erkennen, und danach sind wir von den Folgen unserer Irrtümer wieder befreit. *Mit der Zeit* werden dann sogar schwerwiegende kollektive Irrtümer korrigiert. Meistens benötigt eine kollektive Korrektur jedoch Zeit über mehrere Generationen. Manchmal geschieht die Korrektur eines Kollektivirrtums, indem der Irrtum zusammen mit seinen Verfechtern einfach langsam ausstirbt, was besonders in akademischen Kreisen häufig der Fall ist.

Normalerweise wählen wir nur solche Mittel und Wege, von denen wir insgeheim annehmen, dass sie uns wieder in die Große Einheit mit der Mutter zurückführen. Der Trotz gehört paradoxerweise ebenfalls zu den Mitteln der Wiedervereinigung, obwohl er die Aufgabe hat, einen Unterschied zu erzwingen: Das trotzige Kind hofft nämlich insgeheim, dass die Mutter irgendwann kommen wird und die Einheit von sich aus wieder herstellt. Manchmal tut sie das auch und das wird dann Gnade genannt, sofern man Katholik ist. Wenn die Sache mit der Wiedervereinigung aber *richtig* funktionieren soll, müssen wir den Fehler vermeiden, uns für diese Vereinigung Dinge der Welt oder Menschengruppen auszusuchen, denn dabei handelt es sich immer um Mutterprojektionen. »Was nützt es dir, wenn du die ganze Welt gewinnst und nimmst doch Schaden an deiner Seele?« Wir sollten uns besser *erinnern*, also nach innen gehen bei unserer Suche nach Sicherheit, denn das Vaterprinzip und damit die Befreiung ist inwendig in uns. Sobald wir mit Ihm eins sind, sind wir frei.

ααα

Zeit: Form einer Illusion in Verbindung mit Materie

Zeit »an sich« existiert nicht, wie *Albert Einstein* überzeugend dargelegt hat. Es handelt sich bei diesem Phänomen um eine relative und illusionäre Erscheinung im Zusammenhang mit Materie und Raum, die ebenfalls relativ sind, sich also *gegenseitig bedingen*. Zeit, Raum und Materie sind verschiedene Aspekte des Einen. Für den *reinen Geist* existiert jedoch keine dieser Erscheinungen. Im Bereich des Geistes gilt daher »gedacht – getan« und »hier wie dort«. Sobald du zum Beispiel glaubst, dass erst eine gewisse Zeit vergehen müsse, damit deine Probleme verschwinden können, bist du bereits im Irrtum, *denn damit werden sie unlösbar, weil es nur ein Jetzt gibt.* Und jetzt glaubst du ja offenbar, dass dein Problem nicht lösbar sei. Ein sehr ungünstiger Glaube für Problemlösungen.

Woran kannst du nun sehen, dass Zeit an sich nicht wirklich existiert? Ganz einfach:

Zwar messen wir Zeit, indem wir die *Abstände von regelmäßigen Ereignissen* aneinander reihen, etwa das regelmäßige Schwingen einer mechanischen Vorrichtung in einer Uhr (die daher Unruh heißt), oder bei einer Atomuhr das regelmäßige Oszillieren atomarer Teilchen. Deswegen existiert aber trotzdem keine Zeit! *Ein Sachverhalt ist nämlich, dass sich in der Vergangenheit überhaupt nichts mehr ereignet, denn sie ist ja bereits vergangen, und in einer Zukunft ereignet ebenfalls überhaupt nichts, denn sie ist noch nicht Gegenwart, sondern bestenfalls jetzt vorgestellt.* Ereignen kann sich nur etwas in der zeitlosen Gegenwart des Jetzt. (Du kannst ja versuchen, dieses Jetzt zu messen, das angeblich etwa drei Sekunden beträgt, wie in einem Experiment angeblich festgestellt wurde.)

Wenn ich mich nun an bereits vergangene Ereignisse jederzeit wieder erinnern und mir Zukünftiges jederzeit vorstellen kann (geht das überhaupt?), so hat das zweifelsfrei weder auf das vergangene Geschehen einen Einfluss, denn dadurch wird sich in der Vergangenheit trotzdem nichts mehr *ereignen,* noch kann Zukünftiges dadurch von mir *jetzt* realisiert werden. Jetzt »ereignet« sich nur eine Illusion, die durchaus auf mich wirken kann, sofern ich an sie glaube, sie also als bereits gegenwärtig ansehe. Was genau ist zu beobachten, sobald ich mir Zukünftiges vorstelle? Dass ich wieder in der Vergangenheit gelandet bin! Die kenne ich bereits und deshalb kann ich sie mir jetzt so gut vorstellen.

Ein gewisses Vorbestimmen der Zukunft geht nur dadurch, indem ich *jetzt* achtsam bin und *geistesgegenwärtig handle,* anstatt mich weiter über bereits Vergangenes aufzuregen oder mir Sorgen über die Zukunft zu machen; ich versäume mit Sorgen machen nur die Schönheit und Macht des Gegenwärtigen. Ein Sprichwort heißt in diesem Zusammenhang: *»Sich Sorgen machen ist ein Missbrauch der Fantasie.«*

Ansatzweise bekommen wir eine Ahnung von dieser zeitlosen Wirklichkeit, wenn wir nachts träumen. Im Traum wird jeder meiner »Gedanken« sofort in ein entsprechendes Traumbild gekleidet und *repräsentiert sofort* mein Ziel, nämlich die Umstände, die ich brauche, um in dem Gefühlszustand zu *sein,* den ich gewählt habe. Ich denke also nicht zuerst und dann ist es so, sondern ich *bin* in einem gewissen Zustand und nehme in Echtzeit mein entsprechendes Echo wahr. Jede Zustandsveränderung führt in diesem zeitlosen Zustand zu einer sofortigen Veränderung meines Traumes, der diesen Zustand dann widerspiegelt. Es handelt sich dabei um einen Schöpfungsprozess, den ich möglichst bewusst ausführen sollte. Dazu ist jedoch nötig zu erkennen, dass ich gerade träume – was zunächst eine schwierige Angelegenheit ist, weil meine Illusionen so realistisch wirken. Sobald ich neu entscheide und dann anders *bin*, verändert sich sofort das Ganze. Und das ist nicht nur im nächtlichen Traum so. Es gibt keine Teilveränderung und keine Zeit, die erst vergehen muss, damit mein neues Echo als eine neue Wirklichkeit erzeugt ist, denn jede Veränderung in meinem Geist wirkt sich *sofort* auf meine ganze Welt aus: *Der Geist ist total.* (»Mama, beruhige dich wieder, ich bin ja nur *ein bisschen* schwanger« ist bekanntlich Unsinn. *Mit der Zeit* wird klar, was wirklich los ist. Jeder kann es dann sehen und eine Schwangerschaft im achten Monat sieht sogar schon ein Kind.)

Bin ich aber aufgewacht, aus meinem Bett gestiegen und wieder in der materiellen Welt, der anderen Traumebene, gibt es scheinbar auch die Zeit wieder. Mit (Hilfe) der Zeit könnte ich herausfinden, *dass* und *wie* ich meine Zustände selbst erzeuge. Ich könnte erkennen, dass ich offenbar einen bestimmten Glauben habe, entsprechend meines Glaubens denke und handle und dann das »wahrnehme«, woran ich glaube.

Wenn ich in einem nächtlichen zeitlosen Traum eine Zigarette rauchen »will«, habe ich *anstatt* dieses Willensimpulses, der folgenden Entscheidung und der notwendigen Handlung *sofort* eine Zigarette im Mund und habe im nächtlichen Traum damit keinerlei Problem. Deswegen ist die Kontrolle unserer Träume zunächst schwierig, weil ich kaum erkenne, dass ich selber der Macher meiner Träume bin. Aber stell' dir vor, du hättest außerhalb deines Bettes urplötzlich eine Zigarette im Mund, ohne dass dir der Gedanke und deine zuführenden Handlungen bewusst geworden sind. Du würdest einen ziemlichen Schrecken bekommen und vermutlich denken, dass sie durch eine fremde äußere Macht in deinen Mund gekommen ist – durch einen Zigarettengeist namens »Marlboro Man« vielleicht.

Nur dadurch, dass es auf einer gewissen Ebene die Zeit gibt, haben wir erst eine Möglichkeit, Korrekturen auszuführen, bevor wir einen unangenehmen Zustand »fertig erzeugt« haben. Wir müssten diesen Zustand sonst so lange ertragen, bis er irgendwann entweder durch die Korrektur unseres betreffenden Irrtums oder von alleine wieder vergeht.

Sobald wir aber erkennen, dass unser Geist jenseits der Zeit ist, brauchen wir nicht länger zu warten mit dem Träumen eines neuen Traumes: Wir können jederzeit anders sein.

Aufgrund dieser äußerst nützlichen Zeit-*Lupe*, die zum Zweck der Selbsterkenntnis *und der Selbsterschaffung* existiert, entsteht aber nun die Illusion eines scheinbar unüberbrückbaren Abstandes zu der von dir *jetzt* gewünschten Welt und zu den anderen Menschenwesen; wegen deiner Identifikation mit der Materie deiner biologischen Maschine und wegen der daraus entstandenen Illusionen von Raum und Zeit ist nun eine scheinbar unüberbrückbare Kluft entstanden zwischen dir und den anderen. Die Erinnerung an dein ewiges wahres Wesen ist vergessen. Durchschaust du diese Illusion nicht, verurteilst du dich mit dieser Ignoranz dazu, niemals glücklich zu sein, weil du dich als abgetrennt erfährst und deine Erlösung in eine Zukunft verlegst, die nicht existiert. Ein wirklicher Kontakt mit deinen Mitmenschen ist *jetzt* unmöglich geworden, denn du siehst nur noch deine Illusionen.

Es gibt zur bewussten Erzeugung erwünschter Zustände eine brauchbare ***Übung***, eine Art von behelfsmäßiger Zwischenlösung, die allerdings riskant sein kann, wenn deine Wünsche nicht in Ordnung sind: Wenn du lange genug etwas wünschst, wird der betreffende Wunsch nach einiger Zeit mit einer gewissen Wahrscheinlichkeit in Erfüllung gehen. Auf den Grad der Wahrscheinlichkeit kannst du Einfluss nehmen, indem du dich immer wieder auf den Wunsch konzentrierst und ihn »emotional aufladst«. *Dazu stellst du dir das gewünschte Ergebnis vor, als ob* es *bereits Wirklichkeit wäre.* Du kommst so *jetzt* in den Zustand, den du »dann« haben wirst, *vergegenwärtigst* dir deinen Zielzustand mit Hilfe eines konkreten Vorstellungsbildes. Aber pass auf, was du tatsächlich machst. Du musst schon in diesem Zustand bleiben, wenn du beginnst zu handeln, anstatt immer wieder andere Entscheidungen treffen, sonst wird das nichts. Ein Vorteil deiner Achtsamkeit ist: Sobald du einen Fehler bemerkst, kannst du ihn *jetzt* korrigieren und musst dann diesen Fehler nicht bis zum bitteren Ende weiterbetreiben. (Erinnere dich bei dieser Übung aber wieder an Folgendes: Du brauchst für die Realisierung deiner Wünsche andere, die dir helfen. Alleine geht's nicht wirklich weiter, wie man beim »Kinder machen« lernen kann. Stelle dir also beim Vergegenwärtigen *konkrete Menschen* vor, mit denen du deinen »künftigen« Traum gemeinsam träumen willst.)

Besser ist es, *sofort selbstbestimmt zu sein,* anstatt herausfinden zu wollen, was du tun kannst, um *künftig* in einem »besseren« Zustand zu sein. Wünsche sind nämlich immer Ego-Wünsche und daher von Haus aus illusionär, besonders wenn sie nicht aus Liebe zu anderen entstanden sind. Sie sind dann Fässer ohne Boden und zeigen, dass du an Mangel glaubst und weiterhin urteilst, indem du die gegenwärtige Situation ablehnst, ohne dabei jedoch zu erkennen, dass du sie selber erschaffen hast. *Sei geistesgegenwärtig und sag Ja zu allem, was da ist, anstatt irgend etwas zu beurteilen und dann bekämpfen, nur weil es dir unangenehm ist.*

In dieser Wirklichkeitsebene gilt weiterhin: *Es gibt nichts Gutes, außer, man tut es.* Ebenso gilt: *Es gibt nichts Schlimmes, außer, man tut es.* (Das reimt sich zwar nicht besonders toll, stimmt aber trotzdem.) Wie ich aber handle, das entscheide ich allein. Sogar Gott hält sich da komplett heraus. Wenn ich mir also nur ausmale, wie ich meinen Nachbarn bei Gelegenheit stilvoll umbringe, weil ich denke, dass der meinem Glück im Wege stehen würde, dann ist überhaupt nichts passiert. Ich muss ihm schon *tatsächlich* etwas antun, wenn mein Denken anstatt auf mich allein auch auf ihn eine Wirkung haben soll. Deswegen ist es unsinnig, nach derartigen Vorstellungen ein schlechtes Gewissen und Angst vor Bestrafung zu haben. Ich hab's mir ja nur ausgemalt, anstatt es ihm tatsächlich anzutun und kann daher meinen Irrtum über uns beide rechtzeitig korrigieren. Das könnte ich zum Beispiel dadurch, indem ich meine Fantasien und die damit zusammenhängenden Wirkungen meines Denkens *auf mich selber* genau beobachte und so meine Fehler erkenne. Zeit zu haben ist wirklich toll!

Bei kleinen Kindern ist als Folge ihres magischen Weltbildes Denken und Handeln aber häufig ein und dasselbe: Wenn sie etwas »Böses« denken, dann ist das für sie, als ob sie's schon getan hätten und daher fürchten sie sich vor der erwarteten – ja sogar der gewünschten – Bestrafung. Später, wenn sie größer sind, denken sie meist, dass es einen Gott gibt, der wie ihre Mutter ist und der genau wie die ihre innersten Gedanken kennt (die interessanterweise meist identisch sind mit den gemeinsten). Dieser fantasierte Gott wird sie ihrer Ansicht nach ebenfalls bestrafen, sobald sie diese verbotenen Dinge auch nur *denken.* Solche Mensche bekommen bei ihren »verbotenen« *Vorstellungen* ein schlechtes Gewissen und Schuldgefühle. Sie wünschen sich daher eine Bestrafung, weil sie wie kleine Kinder glauben, dass eine Bestrafung sie wieder frei mache vom »Bösen«. Das ist aber reiner Blödsinn und mit der Zeit finden manche den Unterschied zwischen gedacht und getan schon heraus.

Viele aber leider nicht. Die denken als Erwachsene weiterhin, dass verbotene Gedanken sogar ohne ein entsprechendes Handeln schlimme Folgen hätten. Sie versuchen inbrünstig, jedoch völlig vergeblich, derartige Gedanken zu unterdrücken, statt sie genau zu erforschen. Andere wiederum wollen ihre Gedankenenergie dafür benutzen, Fernheilung zu machen, weil sie ein Buch über Fernheilen gelesen oder einen Reiki-Aufbaukurs besucht haben.

Dein heilsames Denken hat zwar auf andere Menschen keinen Einfluss – außer, diese hätten sich dir freiwillig geöffnet – aber wenigstens schadest du dir damit nicht selber, weil ein derartiges Denken dein eigenes Wohlbefinden hebt.

Da Zeit und Raum für den Geist nicht existieren, sondern nur eine Illusion des Egos sind, das ja selber eine Illusion ist als Folge der Identifizierung mit deinem Körper, sind so genannte außersinnliche Wahrnehmungen, Hellsehen und Präkognition (das Sehen von »zukünftigen« Ereignissen) kein Widerspruch zu Naturgesetzen. Der Geist muss aber darin geschult werden, durch die Ausbildung eines seelisch-geistigen »Organs« seine Körpergrenzen vorübergehend zu verlassen und »jenseits von Zeit und Raum zu reisen«. Diese so genannten übersinnlichen Fähigkeiten sind erlernbar – oder besser gesagt: wieder erinnerbar – und sie erfordern ebenso wenig besondere Gaben wie das Erlernen des Schachspiels. Allerdings gibt es hier, genau wie beim Schachspiel, Menschen, die diese Fähigkeiten besser entwickelt haben als gewöhnliche Menschen. Es handelt sich bei echtem Hellsehen nicht mehr um eine »Hochrechnung auf der Basis bisher verfügbarer Informationen« (in diesem Beispiel die Stellung der Figuren auf dem Brett und die Kenntnis der Regeln des Schachspiels), sondern um das Sehen von Möglichkeiten, die real werden können, sofern keine Korrektur ausgeführt wird, oder um das Sehen von Ereignissen in der Vergangenheit, die ja auch zum »Ewigen Jetzt des Ganzen« gehört. Wir Normalen erfahren nur das »jetzige Jetzt« – wenn überhaupt. Derartiges Hellsehen steht, wie gesagt, nicht im Widerspruch zu den bisher gefundenen Gesetzen der Physik, wie *Milan Ryzl* sehr plausibel dargelegt hat. (Der ist ein so genannter Parapsychologe mit einer wissenschaftlichen Grundausbildung: Er ist studierter Physiker und Chemiker und er weiß, wie man logisch denkt.)

Solange ich durch meinen Körper an Materie gebunden bin, lebe ich in der Traumzeit. Etwas Ähnliches vermuteten seit langer Zeit die australischen Ureinwohner. Sie haben sich eine Menge von Ritualen ausgedacht, wie man mit diesem Problem fertig werden könnte. (Das meiste davon ist natürlich magischer Kinderkram.) Ich kann zwar in der Traumzeit nicht wählen, *ob* ich träumen will, aber ich kann wählen, *was* ich träumen will, sobald ich erkenne, dass ich in der Traumzeit bin. Sobald ich erkannt habe, dass ich in der Traumzeit lebe, bin ich ein »Schamane« geworden und ich sehe, dass alle anderen ebenfalls Schamanen sind. Leider haben die das selber noch nicht bemerkt und sie »zaubern« daher mit seltsamen magischen Operationen immer wieder Zeugs zusammen, über das sie sich anschließend oft gewaltig aufregen. Sie bestreiten, das selbst gemacht zu haben und fühlen sich daher als Opfer anderer Menschen oder als Opfer unglücklicher Umstände, als Opfer eines Schicksals oder sonstiger fantasierten äußerer Mächte. So müssen dann diese unbewussten Schamanen weiter unter ihren eigenen Träumen leiden und sich einbilden, dass andere sie verursacht hätten. Damit hoffen sie, ihre Unschuld wiederzugewinnen, anstatt endlich ihre Unschuld in der Unschuld der anderen an ihrem Problem zu erkennen, denn *ein Traum ist nur ein Traum. Es ist nicht wirklich etwas passiert.*

Jeder sollte möglichst schnell herausfinden, dass er selber ein Schamane ist – genau wie alle anderen. Echte Schamanen haben also bereits gemerkt, dass jeder frei ist zu träumen was er will und so lange er das will. Sie haben auch herausgefunden, dass es nur drei Arten von Träumen gibt: *Alpträume, schöne Träume*, die aber *nicht wahr* sind, und *wahre Träume, die glückliche Träume sind.* Die wahren Träume sind die Schönsten, schöner als die schönsten »schönen Träume«. Und das Allerschönste: Sie bleiben wahr, sogar wenn du aufgewacht bist.

Alle Träume vergehen wieder – spätestens beim Erwachen, bei deiner »Auferstehung«. Wenn schöne Träume, die nicht wahr sind, mit der Zeit korrigiert werden, sind wir enttäuscht und fühlen uns meist von unseren Mitträumern betrogen oder bestraft. Wenn Alpträume korrigiert werden, sind wir hingegen hochgradig erleichtert. Und wenn wir endlich wahre Träume träumen, können wir uns auf das Erwachen freuen, weil *Es* danach noch viel schöner wird. Du verstehst dann eine zentrale Aussage des bekanntesten Schamanen hierzulande gleich besser, der immer wieder behauptete, dass das Himmelreich nahe sei und zwar »inwendig in Euch«. (Aber er wurde gründlich missverstanden, obwohl er sich wirklich außergewöhnlich klar ausgedrückt und *alles demonstriert* hatte, wovon er sprach.) Mit der Zeit vergehen also *alle* erfundenen Träume wieder – spätestens beim Erwachen. *Das ist eine ausgesprochen frohe Botschaft!* Dazu kannst du »Jüngstes Gericht« sagen.

Zombie: lebender Toter, der einem Voodoo-Zauberer hörig ist

Zombies sind eigentlich schon tot und deshalb kann man sie auch nicht mehr umbringen. Ein *Voodoozauberer* kann Tote jedoch – sofern sie nicht gänzlich verrottet sind – unter gewissen Umständen als Werkzeug benutzen, indem er sie wieder belebt und ihnen dabei seinen Willen einpfropft. Das ist nicht weiter schwer, weil sie ohnehin keinen eigenen Willen mehr haben. Sie sind ja schon tot. Damit ist dieser Tote ein Zombie geworden.

Wenn ein Voodoozauberer gewisse Dinge nicht selber tun will, dann benutzt er den Zombie dafür. Der bringt für den Zauberer beispielsweise unliebsame Leute um. Für diese Aufgabe eignen sich nämlich normale Menschen nicht, weil die gewöhnlich einen eigenen Willen haben, der diesem Job im Wege steht. Wer einen eigenen Willen hat, der kann nämlich nicht *hörig* sein. Kleine Kinder eignen sich ebenfalls nicht dafür. Die sind zwar ihren Eltern in gewisser Weise sehr wohl hörig, haben aber keinen geeigneten Körper für derartige Aufgaben und stellen auch schon mal dumme Fragen.

Ein Zombie ist also ein Toter, der wie ein Lebender wirkt, weil er sich bewegen und die Dinge tun kann, die ihm sein Meister befiehlt. Er macht sich keinerlei Gedanken darüber, was er da tut, denn innerlich ist er bereits tot. Er führt die Befehle aus, die er erhält. Weil er bereits tot ist, fürchtet er sich nicht bei den wahnsinnigen Sachen, die er macht. Er hat eigentlich überhaupt keine Gefühle außer einem: *Abgestumpftheit*, denn er ist nur ein totes Werkzeug seines Meisters, der mit ihm verfahren kann, wie er gerade will. Sobald der Voodoo-Zauberer seinen Zombie nicht mehr braucht, entsorgt er ihn wieder.

Falls du daran interessiert bist, wie dieses Voodoozauber-Prinzip in der Praxis funktioniert, kannst du dich zum Beispiel danach erkundigen, wie die Ausbildung von Spezialeinheiten beim Militär vonstatten geht.

Zweifel: Aufforderung, sich zu vergewissern

Zweifel ist eine wichtige Hilfe bei der Erkenntnisgewinnung, ja sogar eine Art Aufforderung dazu, und so gesehen die Basis aller echten Wissenschaften. Er tritt auf, wenn wir den Boden der Tatsachen verlassen haben und stattdessen zuviel denken. Er kann jedoch vorübergehend außer Kraft gesetzt werden, wenn ein Mensch komplett wahnsinnig ist: *Nur der Wahnsinnige ist sich nämlich absolut sicher*. Daran kannst du ihn erkennen. Du wirst dabei feststellen, dass die Wahnsinnigen offenbar in der Mehrheit sind, denn nur die Auffälligsten von denen sind in der Klapsmühle.

Zweifel ist eine Art von Korrekturautomat. *Meine Zweifel werden nämlich dadurch beseitigt, indem ich mich endlich vergewissere,* indem ich mich also wieder besinne und beispielsweise *nachschaue,* was los ist, anstatt weiterhin nur *nachzudenken*. Vom Nachdenken kommt ja der Zweifel und daher kann er nicht durch noch mehr Denken wieder verschwinden, sondern nur größer werden. Erst durch Besinnen komme ich wieder zurück auf den Boden der Tatsachen und bin dann wieder handlungsfähig. *Über Tatsachen kann man nicht mehr zweifeln oder debattieren. Man kann sich höchstens weigern, sie zur Kenntnis zu nehmen und muss für diese Entscheidung die Folgen tragen. Über Tatsachen gibt es keinerlei Zweifel.*

Wer in der Luft hängt, anstatt auf dem Boden der Tatsachen zu stehen, der kann bestenfalls zappeln und sich zwar eine Illusion von Handlungsfähigkeit oder Mitwirkung schaffen, aber er bewirkt damit natürlich nichts mehr. Unser Volksmund veranschaulicht das Problem einer nur eingebildeten Mitwirkungsmöglichkeit in einem eher schmerzhaften Bild:

»›Net so reißen!‹ hat der Schafbock zum Schäferhund g'sagt, als der ihn am Sack packt' und über den Hof g'schleift hat.«

Dieser verständliche Mitwirkungsversuch des Schafbocks hat auf den tatsächlichen Ablauf des Geschehens jedoch keinerlei Einfluss, da die Entscheidungen in dem Fall ausschließlich vom Schäferhund getroffen werden. Und der verfolgt natürlich völlig andere Interessen als ein Schafbock, so unangenehm das für diese Seite auch sein mag. (Der Schafbock ist nun bis auf Weiteres den schmerzhaften Folgen mindestens eines eigenen Fehlers ausgesetzt.)

Zweifel solltest du von Entscheidungsproblemen tunlichst unterscheiden. Entscheidungen betreffen Ziele und Wege dorthin. Ent-

scheidungsprobleme lösen sich durch Entscheiden auf. Zweifel helfen mir dabei, die Voraussetzungen für eine richtige Entscheidung zu schaffen, indem ich mich vergewissere, welche relevanten Tatsachen jetzt vorliegen und ob ich mein Ziel mit den eingesetzten Mitteln überhaupt erreichen kann.

ααα

So, das wär's jetzt erst einmal. Ich hoffe inständig, du akzeptierst meine Entscheidung, derart lebenswichtige Begriffe wie Sauerkraut oder Wadenkrampf hier wegzulassen.

Dritter Teil: Was bedeutet das möglicherweise für deinen Alltag?

Was die Menge hasst, musst du prüfen,
was die Menge liebt, musst du prüfen
(Kung Fu Tse)

Zunächst eine weitere Vorbemerkung

»Boss – du redest wie ein Schullehrer
und du denkst wie ein Schullehrer.
Wie kannst du da verstehen?!«
(Alexis Sorbas)

Ich habe im Folgenden nun eine weitere Reihe von Behauptungen aufgestellt und zu jeder von ihnen einige hoffentlich erhellende Erläuterungen angefügt. Auch in diesem Teil wirst du nichts wirklich Wissenschaftliches entdecken und darauf angewiesen sein, selber Beweise zu suchen für die »Richtigkeit« der betreffenden Aussagen. Ich weiß: Diese Arbeit der exakten Beweisführung sollte man sich als Wissenschaftler normalerweise selbst machen, damit die hochgeehrten Wissenschaftlerkollegen sich anschließend freudig daran machen können, deine Beweise wieder zu zerpflücken. Aufgrund meines eingangs erwähnten eher trägeren Naturells verzichte ich also hier darauf. Jeder darf die Welt so sehen, wie er will.

Bei dieser Gelegenheit erinnere ich dich nochmals an etwas ungeheuer Wichtiges:

Mach' dir klar, dass du in allen Angelegenheiten des Lebens selber die Autorität bist, sonst niemand. Sei ein ungläubiger Thomas und vergewissere dich selber. Das ist schon okay.

Alle hier aufgestellten Behauptungen sind als Regeln gedacht oder als Empfehlungen dafür, wie man in Konfliktsituationen sinnvoll vorgehen könnte, bzw. welche Sichtweisen nützlich sein könnten zur Lösungsfindung. Ich präsentiere sie deswegen in Form von Behauptungen, weil ich mich als ehemaliger Streithammel noch gut erinnern kann, wie das wirkt: Wie du ja weißt, provozieren Behauptungen Aufregung und Widerspruch (aha, du erinnerst dich: der öfter erwähnte Grabeneffekt) und so bleibt vielleicht eher etwas hängen. Aber es könnte sein, dass diese Idee kontraproduktiv ist: Behauptungen haben für einfältigere Gemüter nämlich auch oft den Effekt, entweder wie Gesetze zu wirken oder wie ein Frevel gegenüber den bisher als wahr angenommenen Glaubenssätzen, wodurch dann die bisherige Haltung nur verfestigt wird. Es wird sich zeigen, wie das bei dir ist. Ich hoffe jedenfalls, du nimmst sie einfach als das an, was sie sein sollen: Als alternative Sichtweisen und damit als Chance für neue Informationen.

Viele der bereits vorgestellten Sichtweisen tauchen auch im Folgenden mehrmals und in unterschiedlicher Form wieder auf, das wirst du selbstverständlich sofort erkennen. Das von mir praktizierte Verfahren der Wiederholung erinnert dich durch seine deutliche Ähnlichkeit möglicherweise an die besonders hierzulande noch recht gebräuchliche Technik des Paukens, wobei ich annehmen darf, dass dich diese Ähnlichkeit inzwischen nicht mehr stört, da du ja im Erkennen von Übertragungen bereits hinreichend geübt bist. Mein Wunsch ist, dass du diese Behauptungen – ebenso wie die vorher aufgeführten Begriffsklärungen – zunächst als Meditationsanreize betrachtest. Im nächsten Schritt kannst du so tun, *als ob* sie wahr wären und damit beginnen, nach Situationen und Beispielen aus deinem eigenen und bisher so arg verpfuschten Leben zu suchen (bleib' cool, das war Spaß), die darauf hindeuten *könnten*, dass diese Behauptungen möglicherweise doch stimmen. Für eine genauere Prüfung kannst du damit in deinem Alltag experimentieren und dadurch selbst herausfinden, wie weit sie sogar für dich zur Entwicklung von Lösungen anwendbar sind.

Hintergrundwissen aus der naturwissenschaftlichen Ecke ist zwar angeführt, meistens jedoch ohne genaue Quellenangabe oder nur als Hinweis auf das Literaturverzeichnis. Ich bitte dich, sowohl in deinem Alltag als auch in den dort angegebenen Büchern selber nach Belegen für die »Richtigkeit« der aufgeführten Behauptungen zu suchen, weil ich mir diese Arbeit nicht zusätzlich machen wollte. Die wäre ohnehin komplett für die Katz', wenn du nicht die von mir empfohlene *forschende Meditationshaltung* einnehmen willst, sondern es vorziehst, deine gewohnten Sichtweisen zu verteidigen.

Im Anhang ist noch eine ganze Reihe von Büchern angeführt; dort kannst du gut belegte Untersuchungsergebnisse für die Plausibilität der hier aufgestellten Behauptungen finden. Es gibt da Bücher mit sprachlichen Abbildungen in einer anderen Art als hier. Möglicherweise gehen sie dir in diesen Formen leichter ein.

Solltest du allerdings planen, deinen status quo strikt beizubehalten, kannst du jederzeit die klassische und oft praktizierte Standardabwehr anwenden, die allem Neuen, dem natürlichen Feind der Dummheit, ein Eindringen unmöglich macht. Die geht so: »Das glaub' ich nicht! Das ist doch alles Blödsinn.« Du darfst dich aber bei dieser Abwehrtechnik keinesfalls auf Experimente einlassen, denn das kann schnell zu störenden Erleuchtungseffekten führen und deine Abwehr immens schwächen. Ein weiteres bewährtes Abwehrmittel gegen Neues heißt daher auch: »Ja, *so* einfach geht das nicht!« Dagegen ist ebenfalls kein Kraut gewachsen. Nicht einmal Cannabis hilft da weiter. (Aber vielleicht kann wenigstens eine ausreichende Schnapszufuhr deine Leidenszeit um einige Jahre verkürzen.) Trotzdem:

Egal, was du gerade vor hast zu tun: Die erste Frage, ehe du los legst, sollte immer heißen
In welchem Zustand will ich (dann) sein?

Wenn du diese Frage nicht entschieden beantwortest, gerätst du schnell in Schwierigkeiten – außer, du willst *spielen*, was ebenfalls eine gute Grundhaltung ist für Lernen. Beim Spielen ist es nämlich egal, was rauskommt – *Hauptsache es ist interessant*. Die Antwort auf diese Frage sollte wirklich einfach sein, möchte man meinen, weil es ja im Grund nur zwei mögliche Zustände gibt, in denen du *sein* kannst: In einem Zustand von Liebe oder einem Zustand von Furcht. Diese beiden Schubläden, die dir zur Auswahl stehen, haben zwar jede Menge an Unterabteilungen und Etagen, so dass du glauben könntest, es gäbe viel mehr Schubläden, in denen du sein könntest. Das ist jedoch ein massiver Irrtum. Für dich gibt es nur diese beiden. *In Wirklichkeit aber existiert nur eine einzige Schublade und die heißt Liebe. Die zweite ist bereits eine Erfindung des Menschen und ein anderes Wort für Hölle.*

Auf den folgenden Seiten versuche ich also erneut, den Entscheidungspunkt bezüglich der einzigen Wahl zu verdeutlichen, die es überhaupt gibt: Es ist die Wahl zwischen Liebe *oder* Furcht. Diese Wahl erscheint allerdings in vielen Variationen. Lass' dich daher nicht durch diese unterschiedlichen Erscheinungsformen verwirren. Erkennst du diesen Punkt klar, kannst du deine Hölle bei Bedarf schneller verlassen. Wenn du daraus entkommen bist, kannst du danach immer noch *freiwillig* dorthin zurückkehren, um anderen zu helfen, ebenfalls daraus zu entkommen – sofern die das wollen. *Aber befreie dich erst mal selber, indem du erkennst, wer du wirklich bist!*

Bedenke weiterhin:

Regeln regulieren Energieformen und sind natürlich keine Gesetze, die dich binden würden. Es ist eher so wie mit den Straßenverkehrsregeln: Man darf sie übertreten und manchmal muss man das sogar tun. Tut man es mit gutem Grund und auf die richtige Weise, wird am Ende meist alles gut. Wenn man sie allerdings nicht aus gutem Grund übertritt, bekommt man am Ende zu recht meistens ziemlichen Ärger.

Lernen ist nie, was du erwartest.

Wenn etwas nicht überraschend ist für dich, dann ist es nichts Neues, sondern kann höchstens eine Bestätigung sein für etwas bereits Bekanntes. Du hast daher nichts dazugelernt, sondern bestenfalls wieder einmal Recht gehabt. Na gut, das ist zwar ebenfalls schön, bringt dich aber nicht wirklich weiter.

Milton Erickson, der geniale Begründer der modernen Hypnotherapie, pflegte oft zu sagen: »Überraschung ist immer gut.« Er hat aber nicht gesagt, dass Überraschung immer *angenehm* ist. Das kommt meist erst später. Angenehm werden Überraschungen, wenn ich mich bereits auf die Suche nach Lösungen begeben habe. Solange ich mich noch dagegen sperre und meine Entwicklung damit blockiere, sind die Überraschungen eher unangenehm. Das ist der Preis für meinen Widerstand. Überraschungen sind in *jedem* Fall lehrreich und nützlich und sobald ich wirklich lernen will, werden sie gewöhnlich angenehm. Ich sollte mich über jede davon freuen, egal, ob sie angenehm ist oder nicht. Erstere geben natürlich leichter Anlass zu Freude, das ist klar – *aber die Unangenehmen sind am Anfang die Wichtigsten.*

Die meisten Menschen haben deswegen Probleme, weil sie zu wenig wollen.

Es hat eine ganze Weile gedauert, bis ich herausgefunden habe, dass sehr viele Menschen ihre Probleme und die damit verbundenen Schwierigkeiten behalten wollen. Sie sind – meist aus Gründen der

Sicherheit – bereits mit den Zielen kleiner Kinder zufrieden, anstatt sofort die komplette Auflösung der Illusion des Egos anzustreben. Sie sind schon damit zufrieden, dass der Schmerz nachgelassen hat. Kinderziele sind aber Zustände innerhalb der bisherigen Zone der Bequemlichkeit und sie stellen meist Formen von Verschmelzungswünschen mit einer Mutterprojektion dar. Dafür tun kleine Kinder alles Mögliche, damit diese Verschmelzung, dieses Einswerden mit ihrer Mutterprojektion, wieder gelingt. Für ein kleines Kind ist das nämlich der Himmel. Solche Verschmelzungswünsche zeigen sich bei Erwachsenen beispielsweise in Erwartungen an den Partner, der so denken und fühlen soll wie sie und keine abweichende Meinung haben darf (»Harmoniebedürfnis« sagen sie dazu), dem Wunsch nach gesellschaftlichem Ansehen und Zugehörigkeit zu »besseren Kreisen«, zu Kirchen, zu Sekten, in Vorstellungen von Gott als einer strafenden oder belohnenden Instanz, einem Wunsch nach spiritueller Verbundenheit mit einem Meister oder sonstigen Führern und Angebeteten. Zum Zweck dieser angestrebten Verschmelzung werden diverse Opfer dargebracht oder entsprechende Rituale ausgeführt, mit deren Hilfe die Verschmelzung mit der Muttergottheit gelingen soll – genau wie das kleine Kinder tun, damit die Mammi sie wieder lieb hat oder damit sie nicht böse wird, sondern in alle Ewigkeit lieb bleibt. Gelingt es vorübergehend, dann ist das kleine Kind selig.

Weitere Kinderziele sind: Der Schmerz soll aufhören; ich will berühmt werden; ich will reich und mächtig sein; ich will andere besiegen oder heilen können. Das sind alles Ego-Wünsche, also Fässer ohne Boden.

In vielen Psychotherapien wird gewöhnlich das Ziel verfolgt, dein Ego zu stabilisieren, deine Einbildungen darüber, wer du zu sein glaubst. Das nennt man »Selbstbewusstsein stärken« oder »Selbstbehauptung und Durchsetzungsfähigkeit lernen«. Keiner weiß, wovon dabei die Rede ist: Dass nämlich dadurch dein Wahn bestätigt werden soll, dass Kämpfen richtig und notwendig sei, um Frieden und Gerechtigkeit zu schaffen. Das ist jedoch eine Auswirkung unsers biologischen Säugetierprogramms. Wir sind nämlich biologisch Säugetiere, genau wie die Schimpansen, unsere nächsten Verwandten. Da dieser Unfug auf einer gewissen Ebene tatsächlich erleichternde Effekte hat, wird die Furcht des Patienten zunächst gelindert und er ist erst einmal zufrieden: »Es geht schon wieder, Herr Doktor, danke. Tut schon nicht mehr so weh.« Oder er freut sich über einen gewonnenen Kampf: »Jetzt hab' ich's dem aber mal so richtig gegeben!« Eine derart genügsame Art der Stärkung von Selbstsicherheit, bei der in Wirklichkeit nur das Ego gestärkt wurde, gehört zum Widerstand gegen die Einsicht in den wahren Sachverhalt und verlängert nur dein Leiden. Dieser »Zahnarzt« gibt Schmerzmittel, anstatt wirklich zu bohren. Keinesfalls wird hierbei das wahre Selbst gestärkt, sondern das eingebildete falsche Selbst. Das hilft dir nicht weiter, sondern behindert deine Entwicklung. *Das wahre Selbst stärken zu wollen ist ja auch überhaupt nicht nötig. Das Selbst braucht nämlich nicht gestärkt, sondern nur erkannt zu werden.*

Nötig wäre, endlich die Illusion des Egos zu durchschauen, um sich von diesem Grundirrtum und seinen leidvollen Folgen zu befreien, anstatt die Einbildung zu verstärken, dass man auf dieser Ebene überhaupt je Befreiung erreichen könnte. Ich kann unmöglich frei sein, wenn ich mir selber andauernd vormache, etwa, dass ich dabei im Recht sei. Allerdings kann ich mir meine selbst gebaute Gefängniszelle schön ausmalen, mir nette Vorhänge vor die Gitterstäbe ziehen und dann davon träumen, dass ich nun in einer Villa lebe und draußen eigentlich eine tolle Frau und nette Freunde hätte. Ich kann sogar »Glück« haben, weil ich einen freundlichen Gefängniswärter als Partner gefunden habe, der mich bei meinen Träumereien unterstützt, indem er in einer Art »folie á deux« zusammen mit mir ebenfalls in einem Gefängnis leben will. Oder ich kann mir einen Therapeuten suchen, der mir zu diesem Zweck jahrelang dient, wenn ich das unbedingt so will – gegen entsprechendes Honorar, versteht sich.

Wir erinnern uns: Wer nicht aufs Ganze geht, der bekommt vielleicht am Ende gar nichts.

Jeder macht immer alles richtig und gibt dabei sein Bestes.

Es ist völlig egal, was jemand glaubt: Er wird auf jeden Fall »beweisen«, dass er Recht hat, selbst wenn jeder, der seine Augen halbwegs offen hat, sehen kann, dass der Betreffende im Irrtum ist. Bei seinem Versuch zu beweisen, dass er Recht hat, verwendet er nun seine ganze Intelligenz und alle seine Fähigkeiten. Dazu gehört auch die Fähigkeit, Leiden zu ertragen, die auf diese Weise sehr sinnlos eingesetzt wird. Du solltest dir daher zügig Klarheit darüber verschaffen, was *du dir selber* und deinen Mitmenschen beweisen willst mit deiner Art zu leben und dich dabei so anzustrengen, *denn du kannst hierbei wählen.*

Keiner macht absichtlich etwas falsch, wenn er weiß, wie es richtig wäre. Jeder macht das, wovon er glaubt, dass es jetzt das Beste sei, was gerade möglich ist. Sobald er etwas Besseres findet, macht er sofort das Bessere. Das Problem besteht allerdings darin, dass er nichts Besseres findet, so lange er glaubt, im Recht zu sein und seine Sache richtig zu machen.

Beim Bestreben, das Beste zu tun, kann man also schwer im Irrtum sein und daher etwas Wahnsinniges wollen, etwas, das nicht realisierbar ist; oder man versucht, sein Ziel auf eine Weise zu erreichen, die unmöglich funktionieren wird. Aber *innerhalb* des jeweiligen Wahns ist tatsächlich alles logisch, was jemand macht und was in Folge davon geschieht, nämlich voraussagbares Leiden. Weil alles logisch ist, was ein Wahnsinniger macht, kann selbst der Psychotiker in Wirklichkeit verstanden werden, denn er ist ja nur geringfügig anders wahnsinnig als wir Normalwahnsinnigen. So lange wir Egos sind, sind wir nämlich alle *völlig* wahnsinnig, nicht nur die Psychotiker.

Die immer noch gängige psychiatrische Lehrmeinung, dass Wahnsysteme von Psychotikern nicht einfühlbar seien, ist falsch und zeugt von der Scheu der Therapeuten, sich ihrem eigenen Wahn zu stellen. Aber durch ihre Patienten, die Psychotiker, werden sie doch wieder auf unterschiedliche Art damit konfrontiert.

Es ist natürlich sinnlos, etwas Wahnsinniges zu einer Wirklichkeit machen zu wollen. Das wird nie funktionieren, selbst wenn du dabei alles logisch und richtig machst und dein Bestes gibst. Es wird auch nicht funktionieren, wenn du dich mit anderen Wahnsinnigen vereinigst und ihr innerhalb eures gemeinsamen Wahns alles richtig macht.

Die Neigung, sich in einem gemeinsamen Wahnsystem zu vereinigen, ist besonders gut in der Politik und in Partnerschaften zu beobachten: Jeder Politiker gibt zum Beispiel sein Bestes und versucht andauernd mit all seinen Kräften und seiner ganzen Cleverness, sich in den völlig verrückten Zusammenhängen der derzeitigen Politik zu behaupten, um möglichst lange »oben« zu bleiben. Durch seine von Angst motivierten Entscheidungen entstehen verrückte Folgen, die anschließend wieder auf verrückte Art gerechtfertigt werden müssen. Das ergibt einen Dauerstress. Wer Politiker wegen irgendwas beneidet, der bezeugt damit seine eigene Dummheit. Und ebenfalls bezeugt er sie, wenn er glaubt, dass er selber es unter derartigen Umständen besser machen könnte.

Auch in Partnerschaften versucht jeder, dem Partner das zu geben, was der *wirklich* will, selbst wenn das meist unbewusst geschieht und völlig wahnsinnig ist. Die Frau versucht beispielsweise, Mutter *und* Tochter für den Mann zu sein, weil der das unbewusst von ihr erwartet. Da er nur sehr selten weiß, was er von seiner Frau wirklich will, ist er der Frau aber anschließend nicht dankbar, sondern er ist böse auf sie, weil sie nicht »wie eine richtige Frau« ist. Wie sollte sie das unter dieser Voraussetzung können? Er ist ja wahnsinnig und benimmt sich so, als ob sie tatsächlich seine Mutter wäre. Gleichzeitig versucht er als ihr »Sohn« – natürlich vergeblich – seine »Mutter« zu erziehen und macht sie daher zu seiner Tochter. Wie soll daraus jemals eine glückliche Ehe werden? Umgekehrt gilt ebenfalls: Sie gibt sich alle Mühe, ihren »Papa« zufrieden zu stellen, den ihr Mann unbewusst mit ganzem Einsatz zu vertreten versucht, was ihr aber nicht gelingen kann, denn *für Papa* ist sie nicht gut genug. Sie ist nur die Ilse, seine Frau, und weder seine Mutter noch seine Tochter, und er ist nur der Karl, ihr Mann, und nicht ihr Papa – *und erst recht ist er nicht ihre Mama*. Ilses Papa liegt vielleicht schon lange auf dem Friedhof und hat ihr ihrer Meinung nach nicht das gegeben, was sie *damals als Kind* von ihm gebraucht hätte; und Ilses Mutter hat ihn offenbar nicht glücklich machen können, so dass Ilse das stattdessen bereits als Kind vergeblich versucht hat. Sie kann jedoch weder die bessere Frau noch die bessere Mutter für ihren Papa sein, selbst wenn sie sich noch so sehr anstrengt und dabei alles richtig macht in ihrer Ehe mit Karl, der aber nicht ihr Papa ist, sondern nur so ähnlich. So lange Ilse und Karl unbewusst versuchen – mit vollem Einsatz ihr Bestes gebend – *ihre Vergangenheit auf diese Art zu korrigieren*, ist es für beide unmöglich zu erkennen, wen sie jetzt tatsächlich vor sich haben. Wie soll da eine glückliche Beziehung zustande kommen? Sie wiederholen nur *das Bild* der Ehe ihrer Eltern. Sobald die beiden ihren Irrtum erkennen und die »verrückte« Liebe sehen, die hinter all dem kämpferischen Mühen wirkt, könnten sie sich sofort neu entscheiden und etwas anderes anstreben als bisher und dann dabei ihr Bestes geben – etwas, das nicht mehr wahnsinnig ist, sondern liebevoll und wahr, anstatt verzweifelt, und das nun funktionieren kann, weil es in Ordnung ist. *Sie würden einander in Liebe erkennen.*

Du kannst davon ausgehen, dass die Mitmenschen, mit denen du verbunden bist, immer aus einer Art von mehr oder weniger bewusster Liebe alles tun, was du jetzt brauchst, um deine eigenen und meistens ziemlich verrückten Träume zu erfüllen, besonders dann, wenn genug Übereinstimmung hinsichtlich eines meist unbewussten gemeinsamen Zieles besteht – was durch das »Gesetz der Anziehung des Ähnlichen« praktisch garantiert wird. Wenn sich die Beteiligten einbilden, dass etwas Verrücktes wahr sei, werden sie sich gegenseitig dieses Verrückte laufend als wahr »bestätigen« und dabei ihr Bestes geben. Aber es wird natürlich trotz all ihrer Mühen nicht wahr werden, wenn es in Wirklichkeit wahnsinnig ist und all diese Mühen erzeugen nur weiteres gemeinsames Leiden.

ααα

Die Welt ist völlig bedeutungslos. Sie ist einfach da

Diese Aussage ist ein Sachverhalt, dessen Anerkennung schnell zur Erkenntnis deiner ewigen Freiheit führen würde. *Wittgenstein* zum Beispiel meinte im *tractatus logico-philosophicus*: »Die Welt ist alles, was der Fall ist.« Aus die Maus. Mehr ist nicht. Am Schluss seines klaren und recht kurzen Werkes rät er sicherheitshalber: »Worüber man nicht reden kann, darüber muss man schweigen.« Das geschieht leider sehr selten. (Ich selber verstoße jedenfalls noch ziemlich oft gegen diese Empfehlung, wie du sicher mit der Brillanz deines Geistes bereits bemerkt hast.) Zu dem, was der Fall ist, gehört auch, dass bestimmte Dinge miteinander zusammenhängen, wie etwa beim Feuer: Da treten Hitze, Licht und Rauch in der Regel gemeinsam mit Feuer auf. Daher sind Zusammenhänge von Sachverhalten ebenfalls das, was der Fall ist. *Mögliche* neue Zusammenhänge sind erst dann der Fall, wenn sie geschaffen wurden, nicht vorher. *Die Dinge der Welt »an sich« sind aber jenseits von Gut und Böse und völlig ohne jegliche Bedeutung. Sie sind einfach da. Ich selbst lege fest, was sie für mich bedeuten sollen. Auch darin besteht meine Freiheit.*

Meine automatischen Bedeutungszuschreibungen verstellen nun komplett den Blick auf das, was tatsächlich der Fall ist: *Ich sehe nicht mehr das, was da ist, sondern rege mich über die Bedeutung auf, die ich dem »Wahrgenommenen« zuschreibe.* Ich halluziniere, anstatt einfach nur zu schauen auf das, was jetzt ist. Bedeutungen sind ausnahmslos »gelernt« und daher Extrakte aus den Erfahrungen meiner Vergangenheit; ich bin also *verrückt in der Zeit*, sobald ich Bedeutungen mit Sachverhalten verwechsle. Dieser Wahn muss aber dann von anderen bestätigt werden, sonst löst er sich wieder auf. Wenn meine Bedeutungszuschreibungen nicht von anderen bestätigt werden, verändere ich sie nämlich notgedrungen wieder und schließe mich der Mehrheit an, weil ich sonst meine Zugehörigkeit gefährde und folglich Angst und ein schlechtes Gewissen bekomme. Meine Bedeutungszuschreibungen sind also ebenfalls ein Mittel, meine Zugehörigkeit zu sichern – eine Falle, aus der nur schwer zu entkommen ist, weil sie automatisch funktioniert, solange ich nicht auf sie aufmerksam werde. Ich sehe, *was ich gelernt habe zu sehen*, nicht mehr das, was da ist. Diese Fähigkeit zu Halluzinieren ist sehr wichtig für mein Überleben in derjenigen Gemeinschaft, in die ich hineingeboren wurde. Will ich in dieser Gesellschaft einigermaßen klar kommen, sollte ich rechtzeitig die dort vorgegebenen Bedeutungen lernen. *Aber ich muss sie deswegen nicht auch noch glauben!*

In jeder Kultur existieren Zeichen und Symbole, denn ohne sie kann keine Kultur entstehen. Symbole weisen auf Bedeutungen hin, aber sie sind keine Tatsachen, sondern eben Symbole – genauer: *Symbole von Symbolen* – und sie werden zum gegenseitigen Hypnotisieren benötigt. Man kann mit Symbolen also Illusionen erzeugen. Das kann mitunter sehr schön sein.

Es handelt sich bei der ganzen Sache mit »der Welt« sowohl um ein Wahrnehmungs- als auch um ein Erkenntnisproblem: Ich kann nämlich die Welt und die vorhandenen Zusammenhänge zwischen diesen Dingen der Welt auf einer gewissen Ebene entweder korrekt wahrnehmen oder ich kann mir stattdessen Dinge und Zusammenhänge einbilden, die überhaupt nicht existieren. (Du brauchst nur an die Zeit der Hexenverfolgungen zu denken oder ans »Dritte Reich« als extreme Beispiele.) Dann sehe ich Zusammenhänge, wo es keine gibt und sehe und höre Dinge, die nicht da sind, und verknüpfe womöglich Dinge auf eine Weise, die komplett unsinnig ist: »dreimal grün ist Donnerstag«, oder »wegen dieser Scheißausländer bin ich arbeitslos!« Gott sei Dank werden die meisten der Dinge, die wir in unserer Einbildung hier auf Erden miteinander verbinden, im »Himmel« nicht mehr verbunden sein. Da wären wir sonst schön angeschmiert. Damit ist gemeint, dass unsere wahnsinnigen Verknüpfungen keinerlei Wirkung auf bestimmten anderen Ebenen haben. Nur in unseren Einbildungen, in unseren Träumen also, scheinen sie wirklich zu sein.

Die richtige Verknüpfung der Dinge der Welt setzt ihre korrekte Wahrnehmung voraus. *Wenn du korrekt wahrnehmen und verknüpfen willst, musst du vollkommen ruhig sein,* denn sobald du aufgeregt wirst, beginnst du ja, dir etwas einzubilden. Nimmst du die Dinge der Welt korrekt wahr und verknüpfst sie richtig miteinander, dann kannst du erschaffen, was du willst. Deine Verfahren werden funktionieren. Dieser Sachverhalt ist das Gegenteil von Magie. Du kannst sogar sagen, dass Magie nur ein *Gewusst Wie* ist, die geschickte Verwendung der Dinge der Welt und ihrer Zusammenhänge. Keinesfalls ist sie eine exklusive Fähigkeit von Auserwählten. *Jeder von uns ist ein Magier.*

Du solltest dich jedoch vor deinen »magischen Operationen« zunächst *besinnen*, damit du die vorliegenden Tatsachen wirklich klar wahrnimmst und deine magischen Operationen daher so ausführen kannst, dass sie in Ordnung sind, sonst bekommst du nämlich Probleme. Lernen oder Wissenschaft funktioniert nur auf dem Boden der Tatsachen. Durch den Einsatz deiner (durch Instrumente erweiterten) Sinne bleibst du auf dem Boden der Tatsachen. Nur durch Besinnen gelingt eine korrekte Wahrnehmung von tatsächlichen Zusammenhängen und du kommst zu der Einsicht, wie du diese Fakten und Zusammenhänge richtig anwenden kannst zur Verwirklichung deiner Ziele. Richtig bedeutet dabei, dass »Es« funktioniert, und falsch bedeutet, dass »Es« *so* nicht funktioniert. Je früher du herausfindest, was funktioniert und was nicht funktioniert, desto eher bist du erfolgreich. Dann freust du dich, bist zufrieden und willst, dass andere ebenfalls davon profitieren, denn »allein ist's im Himmel nicht schön« und »geteilte Freude ist doppelte Freude«.

Das Gegenteil von Wissenschaft kannst du *Aberglaube* nennen. Der Wissenschaftler will etwas verstehen, erforscht es und entdeckt Neues. Wer aber einem Aberglauben anhängt, der erforscht nichts, weil er ja bereits Bescheid weiß – denkt er. Seine »Forschungen« haben nur ein einziges Ziel: Beweise zu sammeln dafür, dass er Recht hat. Er ist dann ein wahnsinniger *Experte* geworden, weil er etwas zu sehen wähnt, das nicht da ist.

Ein anderes Gegenteil ist *Moral*, die aber innigst mit Aberglauben einhergeht. Dabei handelt es sich um eine Sammlung von als Wahrheit betrachteten Urteilen. *Diese Sammlung sollte dringend beachtet werden, weil es nämlich eine Tatsache ist, dass sie existiert und dass die Mehrheit daran glaubt.* Nur ein Narr würde sich über Verkehrsregeln hinwegsetzen, indem er sie kühn als unwirksam erklärt, und sogar Vertreter des radikalen Konstruktivismus schauen erst, ob ein Auto kommt, ehe sie die Straße überqueren. Wenn du am Verkehr – ja, auch an dem, du Ferkel! – teilnehmen willst, dann lernst du möglichst schnell die Regeln und hältst dich zunächst daran. Du kannst sie natürlich lernen durch Leiden, wenn du sie nicht durch Einsicht lernen willst. Das tun ohnehin die meisten. Dieses

Lernverfahren könnte dich jedoch bei der Teilnahme am Straßenverkehr in beträchtliche Unannehmlichkeiten bringen und teuer für dich werden, vorausgesetzt, du überlebst hier diese Art des Lernens überhaupt. *Eines kannst du dir innerhalb der Traumzeit sicher nicht aussuchen, nämlich, ob du am »Verkehr« teilnimmst oder nicht: Du musst.* Besser, du beeilst dich etwas mit dem Lernen, sonst stirbst du vielleicht an deinen Irrtümern, ehe du deinen Job hier erledigt hast. Ein weiteres Gegenteil des Wissenschaftlers ist der *Techniker.* Der wendet einfach das an, was bereits vorhanden ist und denkt sich nicht viel dabei. Hauptsache, es kommt das raus, was rauskommen soll. Techniker sind auch wichtig.

Es gibt nur offene Geheimnisse.

Alles ist offenbart. Es gibt keine verborgenen Geheimnisse, die angeblich nur irgendwelche Eingeweihten kennen würden. Ein derartiger Glaube dient der Verdummung. In gewissen Zirkeln wird das zwar durchaus anders gesehen, denn in solchen Kreisen gibt es bekanntlich sehr wohl Eingeweihte, die in ihrer unermesslichen Weisheit den unerleuchteten Dusseln sagen wollen, wo's lang geht. Sie glauben auch, dass es Magie tatsächlich gibt und wollen daher die Welt verändern auf die gleiche Weise, wie das kleine Kinder tun: Sie benehmen sich, als ob sie eine wirkliche Macht hätten und sind dabei ganz versunken in ihr Spiel, das sie mit kindlicher Ernsthaftigkeit betreiben, anstatt wenigstens Spaß dabei zu haben. Viele von ihnen suchen später nach Groß-Magiern, um dort in die Lehre zu gehen und dadurch selber größer zu werden. In Wirklichkeit haben sie sich verlaufen.

Eines der offenen Geheimnisse wird von einem wichtigen Teil der modernen Physik benannt: *Wir haben die Wahl.* Wir können die Wahrscheinlichkeit bestimmen, mit der ein Ereignis aus einer potenziell unendlichen Anzahl von Möglichkeiten realisiert wird – und das nicht nur in unserer unmittelbaren Umgebung. Wir sind Schöpfer, nicht die staunenden Betrachter einer objektiven Realität, die »draußen« wie eine Art Uhrwerk ohne unser Zutun abläuft.

Betrachten wir die Sache in einem stark vereinfachten Bild:

Die Welt und dein Leben in dieser Welt wären dabei wie ein großes Schachspiel. Wer gerade dabei ist, die ersten Regeln zu lernen, der kann selbstverständlich nicht sofort eine komplexe Stellung richtig einschätzen – ja, er kann als Anfänger oft nicht einmal sehen, dass ein Matt in zwei Zügen droht. Für einen Schachgroßmeister allerdings ist es völlig natürlich, innerhalb von wenigen Sekunden zu sehen, dass Schwarz »auf Gewinn« steht, obwohl Weiß ebensoviel Figuren auf dem Brett hat und nichts für den Laien darauf hindeutet, dass hier mehr als ein Remis möglich ist. Der Meister schaut dabei auf das gleiche Schachbrett wie der Anfänger und er hat die gleichen Figuren vor sich. Dem Anfänger ist das alles auf dieser Ebene ebenso offenbart wie dem Meister. Aber der blickt einfach *besser durch* und kann dem Anfänger umgehend zeigen, wieso im übernächsten Zug Weiß einen Springer verliert und nur einen Bauern dafür gewinnt und wieso das unausweichlich ist bei dieser Stellung.

Der »unerleuchtete« Anfänger sieht zwar das gleiche Schachbrett und die gleichen Figuren, aber er muss erst noch lernen, *wie* und wo er hinschauen soll, damit er das *Muster* »dahinter« erkennen kann. Er sieht zwar alle vorhandenen Sachverhalte, überblickt jedoch nicht die tieferen Zusammenhänge. Das lernt er mit der Zeit, wenn er sich genug Mühe gibt. Der Laie bestaunt daher die für ihn übernatürlichen Geistesfähigkeiten des Schachgroßmeisters, und alle seine Versuche, den Verlust des Springers noch zu verhindern, sind vergeblich. Er hat nur die Wahl, ob er stattdessen seinen Turm verlieren will, was jedoch ein größerer Schaden wäre. In dem Stadium der Partie hat er bereits so viele falsche Entscheidungen getroffen, dass der weitere Verlauf gut vorhersehbar ist. Der Blick in »die Zukunft« dieser Schachpartie ist für einen Meister keine Kunst, denn *diese Form des Hellsehens ist Übungssache.*

Dein gegenwärtiger Zustand und deine Lebenssituation sind in diesem Beispiel – genau wie bei einer Schachpartie – das Ergebnis all deiner Entscheidungen. Wenn du weiterhin Schach spielen und dabei zusätzlich Spaß haben willst, dann lerne und übe. Vielleicht wirst du ein »Großmeister«. Dann kannst auch du die Muster von komplexen Stellungen auf einen Blick erkennen und umgehend das Richtige oder das Notwendige tun, denn Übung macht hier den Meister. *Wenn du genug Mut dafür aufbringst, dann mache dir zusätzlich klar, dass es bei diesem Schachspiel keinen Gegner gibt, sondern dass du selbst mit deinem eigenen Selbst auf einer gewissen Ebene nur diese eine Partie spielst. Machst du dabei zu viele Fehler, dann ist diese Partie verpfuscht. Du kannst dadurch deine Würde behalten, indem du einsiehst, dass die derzeitige Situation in der Tat das alleinige Ergebnis deiner eigenen Entscheidungen ist. Du hast das vorliegende Ergebnis selbst herbeigeführt.* Ertrage dein Ergebnis mit erhobenem Haupt und lache, anstatt zu jammern. Dann stehe auf, verneige dich vor dem Großen Nichts, danke ihm für seine absolute Gerechtigkeit und für die liebevoll verpassten Lektionen. Das könnte »Gott« tatsächlich gefallen.

Die Macht zu entscheiden liegt ausschließlich bei dir

Dieser Sachverhalt wird sehr häufig bestritten. Dazu werden äußere Mächte oder gar Götter postuliert, die deine Freiheit beschneiden und dein Leben bestimmen würden. Das ist nämlich typisch für magisches Denken. Einsicht in den Sachverhalt, dass die Macht zu entscheiden *ausschließlich bei dir selbst* liegt, würde dich ebenso schnell befreien wie die Einsicht, dass die Welt völlig ohne Bedeutung ist.

Die meisten Menschen aber leben sogar als Erwachsene weiter mit der magischen Sichtweise kleiner Kinder. Als Folge dieses Irrtums geben sie ihre Macht zu entscheiden weiterhin genau wie kleine Kinder an scheinbar äußere Mächte ab, ohne das überhaupt als Problem zu sehen: Sie halten das für normal und wahr. Äußere Mächte können – außer fantasierten Gottheiten, Sachzwängen, Engeln und Dämonen – vor allem konkrete Mitmenschen sein, beispielsweise Therapeuten, Chefs, Partner, oder Abstrahierungen von früheren konkreten Personen: Die Politik, die Banken, die Gesellschaft, oder diverse Behörden wie die Polizei und die Justiz stellen zum Beispiel Abstraktionen der konkreten Mutter dar. Eine Folge dieses Irrtums ist, dass sich solche Menschen unversehens in einer vertrauten Situation wiederfinden: Anstatt zu erkennen, dass sie frei sind in all ihren Entscheidungen, sind sie wieder in der Position eines kleinen Kindes gelandet, das ja tatsächlich biologisch von äußeren Mächten abhängig ist, in der Regel von seinen Eltern. Als Ergebnis dieses Unsinns fühlen sie sich erneut ohnmächtig und unter diversen Zwängen stehend, aber dafür genauso unschuldig wie ein Kind. (Wer Angst vor Strafe hat, der schätzt diese Form von Unschuld sehr.) Er wird aber feststellen müssen, dass der Trick mit den äußeren Mächten nicht wirklich funktioniert in dem Sinn, dass sein Leben damit leicht und einfach wird. Er muss sich andauernd anstrengen, kämpfen und sich fürchten – genau wie damals in seiner Kindheit. *Wenn du aber dabei Glück hast, hast du Pech gehabt.*

Zu der Sichtweise, dass es irgendwelche äußeren Mächte gäbe, kannst du Götzendienst sagen. Wir müssen nämlich diesen projizierten Götzen jetzt andauernd dienen und sie fürchten in der irrigen Annahme, *sie* hätten die Macht, uns zu vernichten oder am Leben zu erhalten, uns glücklich zu machen und vor allem, unsere Probleme zu lösen – genau wie eine Mutter die Probleme ihres Kindes lösen muss, das dazu noch nicht in der Lage, sondern von ihr abhängig ist. Dieser Muttergötze soll kommen und uns gnädig neue Windeln anlegen, weil wir die alten vollgeschissen haben und sie allein scheinbar nicht wechseln können. Damit dieser fantasierte Muttergötze endlich kommt, fängt so ein Mensch an zu jammern oder macht sonstigen Lärm. Aber die gute Mutter kommt für solche Menschen nur selten. Meistens kommen böse Mütter, die ihn dann wieder alleine lassen, weil sie genervt sind von seiner Jammerei.

Diese kindliche Art von Unschuld, die sie wieder erreichen wollen, indem sie äußere Mächte erfinden, die verantwortlich sein sollen für die Entscheidungen, die sie in Wirklichkeit alle selbst getroffen haben und die dann zur gegenwärtigen Misere führten: sie ist für Menschen, die an Schuld und Strafe glauben, derartig wichtig, dass sie dafür tatsächlich ihre Freiheit opfern, nämlich die Freiheit, *jederzeit* neu entscheiden zu können. Sie bilden sich ein, nicht frei entscheiden zu können, weil »Es« nicht ginge: Andere Menschen und Sachzwänge seien eben so, dass eine freie Entscheidung unmöglich ist.

Selbstverständlich kannst du das als Sachzwang sehen, dass der Wirt jetzt zu dir kommt und die Rechnung präsentiert für das Schnitzel, das du bestellt und verspeist hast. Es handelt sich jedoch dabei um *die Folge deiner vorherigen Entscheidung*, nicht um einen Sachzwang, und du kannst nach wie vor frei entscheiden, ob du nun deine Zeche bezahlen willst oder lieber Ärger riskierst. Die Macht zu entscheiden liegt also immer noch bei dir und nicht beim Wirt, obwohl es dir vielleicht anders vorkommt.

Weitere bekannte Götzen, denen wir gewöhnlich Macht verleihen und denen wir scheinbar gezwungenermaßen opfern müssen, sind zum Beispiel weltliche Macht, Ruhm, Geld, Besitz aller Art, andere Menschen, die wir »anbeten«, etwa einen Guru, die Mehrheit, nach der wir uns angeblich richten müssen und überhaupt alles, was in irgendeiner Weise Opfer von uns fordert. *Jedes Opfer beweist aber, dass wir wieder Götzendienst betreiben.*

Wenn Menschen mit diesem Irrglauben genug Entscheidungen getroffen haben, die angeblich von äußeren Mächten erzwungen wurden, bilden sie sich sogar ein, sie hätten ein Recht darauf, danach Ansprüche zu stellen an diese Mächte. Ihre »erzwungenen« kindlichen Opfer betrachten sie wie Einzahlungen auf ein Konto und sie fühlen sich daher im Recht, jetzt einen Anspruch zu erheben. *Aber derartige Ansprüche gibt es nicht.* Wir selbst haben diese Götzen erfunden und mit unserer eigenen Macht ausgestattet, die sie so lange scheinbar über uns haben, bis wir endlich damit aufhören, uns derartig zu »entäußern«. (*Karl Marx*, der kluge alte Kotzbrocken, hat dieses Prinzip mit dem Begriff Entfremdung exakt bezeichnet.)

Du bist nur den Folgen deines eigenen Denkens ausgesetzt

Es gibt keinen Voodoo-Zauber und es gibt keine Magie. *Nur den Glauben an Magie gibt es.* Der ist allerdings sehr weit verbreitet. Dieser Glaube wird von vielen Menschen benötigt, um sich einerseits aufgrund ihres Wunsches nach Sicherheit die Illusion einer Macht über andere zu bewahren und andererseits ihre Unschuld zu beweisen, falls mit ihren Plänen etwas schief läuft. Es handelt sich bei diesem Glauben also um einen frühen Schutzmechanismus des Egos und er soll Sicherheit bieten durch eine eingebildete Kontrolle über die meist als bedrohlich erlebte Umwelt. Im Umgang mit solchen Menschen, die an Magie glauben, solltest du das berücksichtigen und ihr magisches Denken nicht angreifen, weil du sonst das Problem nur verschärfst und dir dabei noch unnötigen Ärger mit ihnen einhandeln wirst.

In einer gewissen frühen Phase der Kindheit ist magisches Denken normal und normal ist es auch in allen Kulturen, die geistig auf einem vergleichbaren Entwicklungsstand sind, also beispielsweise in den Steinzeitkulturen. Dort gibt es bekanntlich recht viele Tabus und die verschiedensten Rituale, mit deren Hilfe beispielsweise Dämonen kontrolliert werden sollen. Mit derartigen Ritualen versuchen solche Menschen, auch auf ihre Mitmenschen magisch Einfluss auszuüben, entweder zum Zweck der Rache oder zum Zweck einer Heilung. Dass magisches Denken aber nach wie vor Grundlage des abendländischen Gesundheitswesens ist, kann einen schon wundern, denn es geschieht einem jeden nur nach seinem eigenen Glauben. *Nur diejenigen Gedanken haben auf dich eine Wirkung, die du selber für wahr hältst.* Das ist offensichtlich und könnte von jedem erkannt werden.

Es kann keiner von jemand anderem geheilt werden. Entweder er heilt sich selber mit Hilfe eines entsprechenden Dieners, oder es gibt keine Heilung. *Der Diener heilt dich aber nicht, er dient dir für deine*

Selbstheilung, sobald du ihm das erlaubst. Das geschieht bewusst oder unbewusst. (Gleiches gilt für Kränkung.) Da in unserer Kultur immer noch ein starker Glaube an schamanisches Heilen vorzufinden ist und Gleich und Gleich sich bekanntlich gern gesellt, ist es nicht verwunderlich, dass die hierin Gleichen sich gegenseitig bestätigen – wie manch anderen Unsinn – dass es eine Fremdheilung oder eben »Voodoo« (das wäre Fremdkränkung) tatsächlich geben würde. Sie sagen dann so verrückte Sachen zueinander wie »danke, Herr Doktor, dass *Sie* mich geheilt haben« oder »*wegen dir* bin ich jetzt krank« oder »*du* hast mich zu dem gemacht, was ich jetzt bin«. Anschließend führen sie einen Schadensersatzprozess gegen ihren Arzt oder sie verhauen ihre Frau. (Das mit dem Frauen hauen nervt dich langsam, nicht wahr? – Schön!)

Sobald du also wieder einmal in einem deiner Kinderträume steckst, kann es dir erscheinen, *als ob* es äußere Mächte geben würde, die mit dir etwas anstellen können, was du nicht willst und denen du scheinbar ausgeliefert bist. Du träumst dabei aber nur irgendetwas aus deiner Kindheit, denn ausschließlich in der Kindheit bist du scheinbar derartig ohnmächtig »äußeren Mächten« ausgeliefert, meist in Gestalt deiner Eltern. Du kannst in dieser Zeit nichts tun, außer, möglichst schnell herauszufinden, was die Götter da oben von dir wollen, damit du die geeigneten Rituale und Opfer erfindest, die Wirkung auf sie haben könnten. Wenn du Glück hast, dann sind sie sich wenigstens einig. Wenn nicht, kannst du nichts mehr richtig machen und später kommt es vielleicht zur Götterdämmerung. Das war die größte Befürchtung der Germanen: Wenn nämlich sogar die Götter gegeneinander kämpfen, geht dabei unweigerlich die Welt unter. Scheidungskinder verstehen sie sehr gut, diese Furcht unserer Urahnen, weil sie hilflos dem Scheidungskampf der Elterngötter zusehen mussten und oft genug fürchteten, dass ihre eigene Welt dabei gleich mit untergeht.

Alte Erinnerungen aus Zeiten deiner damaligen Abhängigkeit werden bei einer ausreichenden Ähnlichkeit zu einer gegenwärtigen Situation erneut aktiviert und auf diese gegenwärtigen Sachverhalte und Personen *übertragen*. Es scheint daher in solchen Fällen, *als ob* jetzt erneut fremde Mächte über dich bestimmen und verfügen würden, genau wie damals. Erkennst du das nicht als eine Erinnerung, kannst du scheinbar erneut wieder nur das tun, was du damals als Kind auch schon vergeblich versucht hast, um irgendwie Einfluss zu nehmen auf diese Mächte, damit sie in deinem Sinn tätig werden oder dich erretten. Du kannst zum Beispiel folgende abergläubischen und wenig aussichtsreichen Verfahren anwenden:

1. *Gedankenlesen*: »Was will der andere jetzt? Was *soll* ich jetzt tun? Er sagt ja nicht, was er will und ich muss es aber herausfinden. Wenn ich mich genug anstrenge, wird mir das sicher gelingen und alles wird wieder gut.«
2. *Blicke in die Zukunft*: »Was *soll* ich nur tun, damit alles wieder gut wird? Am besten, ich befrage jetzt das Orakel der Tarotkarten oder schaue in mein Horoskop.«
3. *Opfern*: »Wenn ich jetzt nicht das mach', was ich will, sondern das, was die Frau von mir will, wird sie mich wieder lieben und ich darf in ihrer Nähe bleiben. Und wenn ich auf etwas wirklich Schönes verzichte, wird sie mich vielleicht sogar belohnen.« Oder geh' gleich so vor, wie es beispielsweise Masochisten und Katholiken machen: »Wenn ich es mir zur Buße für meine Sünden ganz schwer mache, wird der andere Mitleid mit mir haben. Er wird mir bestimmt helfen und weiter für mich sorgen. – Wenn nicht er, dann eben Gott.«
4. *Magische Rituale ausführen*: »Wenn ich es genauso anstelle, wie mir meine bereits hell erleuchtete Therapeutin das am Ende des letzten Tantra-Seminars geraten hat und dazu jeden Tag fünfmal diese Meditationsübung ausführe, dann wird sich mein Geliebter endlich von seiner blöden Frau scheiden lassen und mich heiraten. Ich werde ihm bei unserem nächsten Treffen für alle Fälle noch den Zaubertrank geben, von dem ich in dem tollen neuen Buch über Liebeszauber ein absolut zuverlässiges Rezept gefunden habe.«
5. *Magisches Fern-Heilen*: »Wenn ich jetzt auch noch den nächsten Reiki-Kurs absolviert habe, wird es mir bestimmt gelingen, alle meine Patienten zu heilen.«
6. *Magisches Fern-Kränken,* auch *Voodoo* genannt: »Ich besorg' mir ein Buch über Hexerei und dann kann ich diesen bösen Menschen endlich alles heimzahlen und sie werden nicht einmal wissen, dass ich es bin, der ihnen das alles antut. – Der Teufel soll sie holen.«
7. *Geiselnahme*: »So, das hat sie nun davon. Geschieht meiner Frau ganz recht, dass es mir jetzt so schlecht geht und ich vor lauter Kummer andauernd Schnaps trinken muss! – Hätt' sie mich richtig behandelt! Eine gute Frau würde das nämlich tun, anstatt einfach wegzugehen, nur weil ich manchmal etwas komisch mit ihr war. Vielleicht bin ich sogar schon krank. Und außerdem ist sie selber schuld, dass ich ihr letzte Woche eine geklebt hab'.«

Dieser Mensch bildet sich ein, Macht über die fantasierte äußere Macht Mutti zu bekommen, indem er dafür sorgt, dass es ihm schlecht geht. Er tut sich selber als seiner eigenen Geisel etwas Schlimmes an und andere sollen dann dafür die Verantwortung tragen und sein Leiden dadurch beseitigen, indem sie den Willen des Erpressers erfüllen.

Und da wäre noch folgende Variante: »Ich bin groß und ich habe dich jetzt geheilt«, sagte der Therapeut zum Patienten. »Ja, du bist groß und du hast mich geheilt, denn ich bin klein und konnte das selber nicht«, sagte der Patient – und kam dann nächste Woche mit einem anderen Problem schon wieder daher.

Solche Zusammenhänge, wie sie beim magischen Denken fantasiert werden, existieren nicht. Es gibt nichts außerhalb deines Geistes und daher kann nichts auf dich eine Wirkung haben, wenn du das nicht selber für wahr hältst. Dir geschieht ausschließlich nach deinem eigenen Glauben, selbst wenn er dir unbewusst ist. *Da es keine Magie gibt, kannst du auch niemanden ohne dessen innerstes Einverständnis verletzen oder ohne dessen innerstes Einverständnis heilen und du selbst kannst nur verletzt oder geheilt werden, wenn du selbst das für gerecht hältst und bereit bist dafür.*

Denken ist wünschen. Wahrnehmung ist die Wunscherfüllung …

oder: *»Wahrlich, dir geschieht nach deinem Glauben«.* (Eine Weiterführung der vorherigen Behauptung, dass du nur den Folgen deines eigenen Denkens ausgesetzt bist.)

Wahrnehmung hat die Funktion, deinen gegenwärtigen Glauben und somit auch dein Denken (als Funktion deines Glaubens) *jederzeit zu bestätigen.* Durch deine Wahrnehmungen werden deine bewussten und unbewussten Wünsche (das, was du insgeheim wünschst, dass es wahr sein soll, deine Wunschträume quasi) auf einer gewissen Ebene scheinbar erfüllt. »Scheinbar« deshalb, weil du in Wirklichkeit ein Schlafwandler bist, solange du nicht bemerkst, dass du bisher (fast) ausschließlich Illusionen erzeugt hast: Du hast nur geträumt.

Durch genaues Beobachten der Tatsachen deines Lebens, deines Denkens und Handelns und der Art, wie du deine Welt erfährst, kannst du herausfinden, woran du tatsächlich glaubst, *denn du regst dich nur über etwas auf, das du für real hältst, an dessen reale Existenz du also glaubst. Dein Glaube erschafft deine Erfahrungen. Da-*

für bist du selbst verantwortlich, nicht mehr deine Eltern oder deine gegenwärtigen Mitmenschen.

Erinnere dich beim Studium der Auswirkungen deines Glaubens daran, dass Denken eine Funktion des Egos ist und dass jeder Wunsch Ausdruck eines Konfliktes ist, denn du lehnst ja mit jedem Wunsch deine von dir selbst erschaffene gegenwärtige Erfahrung ab und willst stattdessen eine andere Wirklichkeit, von der du denkst, sie sei besser als die gegenwärtige. Damit entsteht für dich aber ein unlösbares Dilemma, weil du *jetzt* einen Zustand der Zufriedenheit haben willst, indem du das abgelehnte Gegenwärtige bekämpfst, damit es verschwindet und stattdessen das Gewünschte da sein soll, damit du zufrieden sein kannst. Durch Kampf entsteht jedoch niemals Frieden. Sollte einer deiner Wünsche für dich zufällig zu deiner Gegenwart geworden sein, so bleibst du doch nicht lange damit zufrieden, sondern suchst bald nach einer besseren Zukunft, die für dich Gegenwart werden soll. *Dieses Problem ist entstanden, weil jeder Wunsch vom Ego kommt und ein Ego niemals das Wesentliche finden kann, damit endlich Frieden ist in deiner Traumzeit; es ist ja entstanden durch seine illusionäre Abspaltung vom Wesentlichen.*

Aber wenn du schon auf einer gewissen Stufe nichts anderes tust als herumzudenken und dir Unsinn zu wünschen, dann mach' dir wenigstens klar, *dass du dabei wählen kannst*: Was willst du also, dass für dich wahr sein soll? Woran willst du glauben? Willst du an Mangel, Krankheit, Schuld und Strafe, Bosheit, Ungerechtigkeit usw. glauben? Glaubst du, dass du für dich selber einen Nutzen haben kannst, ohne andere daran teilhaben zu lassen? Dann denke viel darüber nach, suche nach Beweisen; du wirst sie finden (sie »wahrnehmen«) und damit natürlich wieder einmal Recht haben. Oder willst du dich in Achtsamkeit üben und dabei an Stärken, Fähigkeiten, gute Absichten, Liebe, Selbstheilungskräfte, Gerechtigkeit glauben und zugestehen, dass die Menschen sich in ihrer Sicht und in ihren Methoden gelegentlich irren können? Und willst du herausfinden, dass du geben musst, wenn du haben willst? Dann suche nach Beweisen dafür – und *mach' dich auf Überraschungen gefasst.* Du kannst dich bewusst entscheiden, anstatt unbewusst deine alten Programme abzuspulen.

Was wünschst du in dieser Welt vorzufinden? Was wünschst du denn, dass andere *an dir* suchen und finden sollten? Danach suche – bei dir selbst und *vor allem bei den anderen.* Mit der Zeit nimmst du eine andere Welt wahr. Dein Traum innerhalb der Traumzeit verändert sich und du wirst dich wundern und fasziniert sein.

Die Dinge »an sich« haben keinerlei Bedeutung und sie geben dir deswegen keinerlei Grund für irgend eine Aufregung. Wenn du dich also aufregst, dann deswegen, weil du den Dingen automatisch eine Bedeutung und eine Bewertung gibst. *Alles, was sie für dich bedeuten, hast du aber selbst so bestimmt* – entsprechend deines Glaubens. Da dein Glaube das Ergebnis deiner bisherigen Erfahrungen ist, kann er durch neue Erfahrungen wieder verändert werden. Willst du ihn jedoch beibehalten, beispielsweise aus Gründen der Sicherheit, musst du neue Erfahrungen unbedingt verhindern. Das beginnt bereits beim Denken: Wenn du in deinem Denken keine *Fantasie* und keine *Ausnahmen* zulässt, dann werden alle deine bisherigen Glaubensinhalte automatisch weiter bestätigt. Das ist die logische Folge deiner Entscheidung, die dir allerdings nicht bewusst sein wird.

Wie stark dein Denken auf deine Wahrnehmung Einfluss hat, kannst du überprüfen:

Du brauchst als ***Test*** nur für eine Weile zu beobachten, wie viel oder wie wenig Bestätigung du im Alltag erlebst. *Die Anzahl deiner beobachteten Überraschungen ist nämlich ein guter Maßstab für deine Offenheit und deine Beweglichkeit. Je mehr Überraschungen du erlebst, desto offener bist du, je öfter du Recht hast, desto geschlossener.*

Wenn du dich mit Dingen beschäftigst, die dir nicht gefallen, dann bist du im Konflikt. Am besten wäre jetzt, wenn du dich umgehend beruhigst und entscheidest, was du tatsächlich willst, dass am Ende *sein* soll – und dann beschäftige dich *sofort* mit dieser Alternative. Willst du gesund sein, so suche nicht länger nach Anzeichen von Krankheit bei dir, die du dann bekämpfst, während du gleichzeitig aufgeregt denkst: »Hoffentlich werde ich nicht krank.« Suche nach Heilung, suche nach deinen Stärken und Fähigkeiten, nach Beweisen dafür, dass du geliebt wirst und denke über Lösungsmöglichkeiten nach. (Dazu gehört auf einer gewissen Ebene oft, sich zunächst nach einem guten Arzt zu erkundigen.) Du hast auch damit genug zu tun und könntest dich dabei sogar gut fühlen, anstatt weiterhin aufgeregt und besorgt zu sein. *Keinesfalls ist es nützlich oder gar notwendig, gegenwärtige Wünsche oder Sachverhalte zu bekämpfen. Es reicht völlig, sie ruhig zu betrachten und bei Bedarf neu zu entscheiden.*

Zu Studienzwecken kann es sehr hilfreich sein, wenn du dich mit deinen Problemen genauer beschäftigst, weil sie ja die Ergebnisse deiner falschen Entscheidungen sind. Du kannst mit dieser Rückschau möglicherweise Fehler finden und sie künftig vermeiden. Wenn du das vorhast, dann achte aber darauf, dass du dich dabei nicht wieder aufregst, sonst entsteht eine erneute Vergegenwärtigung des Problems. Bleibe cool bei deinen Studien. Die Vergangenheit ist ja schon vorbei. Es kann bei einer ruhigen Betrachtung vergangener Erfahrungen nichts weiter passieren – außer schlimmstenfalls Einsicht. Findest du in deinem Rückblick Fehler, dann kannst du diese Fehler jetzt korrigieren und künftig neue und »bessere« Entscheidungen treffen. So wird sich dein Zustand zum Besseren ändern.

Triffst du auf jemanden, der an andere Dinge glauben will als du, etwa an eine böse Welt, dann streite nicht mit ihm, sondern lasse ihn so lange in Ruhe, bis er dich vielleicht später um deine Ansicht oder um deinen Rat bittet. Sobald du mit ihm streitest, bestätigst du ihm damit die Richtigkeit seiner derzeitigen Einbildungen. Wie sollen sie denn da verschwinden? »Der Disput ist ein Beweis dafür, dass keine Klarheit herrscht«, meinte *Chuang Tsu* zu derartigen Versuchen und er bezog sich offensichtlich auf *alle* an einem Disput Beteiligten. Aber wenn du schon gerne diskutierst, dann beachte Folgendes: Denke in all deinen Disputen daran, dass es sein könnte, dass *der andere* richtig liegt, weil sein Glaube einfach besser funktioniert als deiner, und dass *du* daher im Irrtum bist. Höre ihm genau zu und schau lieber nach, wo du dich irren könntest, sonst bist du nur ein Experte, kein Wissenschaftler.

»Aber wir können doch die Tatsachen der Welt objektiv wahrnehmen. Das sagt uns schon der gesunde Menschenverstand!« Nein, das können wir nicht: »Der gesunde Menschenverstand sagt uns, dass die Erde platt ist.« (*A. Einstein*). *Wir müssen dazu erst von der Wahrnehmung zur Erkenntnis gelangen.*

Für ein Studium der grundsätzlichen und biologisch bedingten Unmöglichkeit der objektiven Wahrnehmung empfehle ich dir das Buch von *Humberto Maturana* und *Francisco Varela: Der Baum der Erkenntnis – Wie wir die Welt durch unsere Wahrnehmung erschaffen – die biologischen Wurzeln des menschlichen Erkennens.*

Du kannst dich in jedem Augenblick neu entscheiden. Du bist frei

Diese Aussage kann natürlich ebenfalls bestritten werden, was auch häufig und meist heftig der Fall ist. Man behauptet zum Beispiel, Sachzwänge würden das verhindern, oder man schiebt sein gegenwärtiges Feststecken einem Schicksal oder gar einem Gott in die

Schuhe. So mancher ist überzeugt, dass »Es« nicht ginge oder dass ein bestimmtes Ziel nicht Gottes Wille und daher frevelhaft sei. »Es« hat damit aber nicht das Geringste zu tun und Gott erst recht nicht.

Die Erkenntnis, dass sie sich *jederzeit* neu entscheiden könnten, ist für sehr viele Menschen seltsamerweise zunächst total beängstigend, oft sogar ein Schock. Sie unternehmen einiges, um zu beweisen, dass das unmöglich stimmen kann. Sie sagen etwa: »Ja, sooo einfach ist das nicht!« Das ist übrigens gleichzeitig eine Aussage, die klar zeigt, dass der Betreffende sein Problem behalten will. Eine einfache Lösung würde ihn außerdem kränken, denn schließlich ist er kein Trottel und er denkt daher, dass er eine einfache Lösung schon selber gefunden hätte. Er hat ja bereits sehr viele schlaue Dinge ausprobiert, aber nichts davon hat wirklich funktioniert. Da kann eine einfache Lösung in der Tat kränkend wirken. (Sicher hat er schon vieles probiert, offensichtlich aber nicht das, was funktionieren würde.)

Manche haben sich bei der Suche nach Lösungen auf einen Holzweg begeben, auf dem sie nur immer weiter in den Wald hinein kamen, anstatt zu einer Lösung. Trotzdem gehen sie unbeirrt auf ihrem Holzweg weiter in der Annahme, dass »mehr Desselben« sie wieder aus dem Wald herausführen wird. *Das kann tatsächlich möglich sein.* Allerdings musst du dabei unbedingt *geradeaus* gehen, anstatt im Kreis herum – und du musst zusätzlich gelernt haben, wie man lange Zeit allein im Wald überleben kann.

Klar ist doch hoffentlich Folgendes: Wenn ich A sage und später merke, dass A ein Irrtum ist, nehme ich doch A selbstverständlich wieder zurück und sage nicht noch B dazu, denn das wäre offensichtlich dumm. Viele denken jedoch, es handle sich dabei um Konsequenz und stärke daher den Charakter.

Es gibt auch keinen Zugzwang – nicht bei einem Kampf und nicht beim Schach, denn ich kann jederzeit das Spiel beenden und meinem Gegenüber anerkennend die Hand schütteln, wenn der besser spielt als ich. Natürlich ist nicht rückgängig zu machen, dass ich bei diesem Spiel unter Zugzwang geraten bin als Folge meiner eigenen falschen Entscheidungen. Dazu stehe ich nun, anstatt den Gegner »klein zu reden«. Hier, bei dieser verlorenen Partie, war ich nämlich der Kleinere.

Genau genommen ist das mit dem Entscheiden genau wie mit dem Gehen:

Ich kann mich nach jedem Schritt neu entscheiden, ob ich jetzt in die zunächst eingeschlagene Richtung weitergehen will, oder ob ich stehen bleibe oder vielleicht besser zurück gehe. *Auf dünnem Eis sollte man jedoch recht schnell gehen, anstatt nur dumm herumzustehen.*

Beim Gehen kann man ebenfalls beobachten, dass jede Entscheidung ein gewisses Risiko in sich birgt: Ich muss bei jedem Schritt meinen festen Standpunkt aufgeben und vorübergehend einen labileren Zustand einnehmen, bei dem nun nicht mehr beide Beine auf dem Boden stehen, sondern nur noch eins. Manche lehnen dieses Risiko daher ab und ziehen es vor, ihren festen Standpunkt beizubehalten. *Wer aber mit beiden Beinen auf dem Boden steht und einen festen Standpunkt hat, kommt nicht voran.*

Wenn du dich schon näher mit asiatischen Kampfkünsten beschäftigt hast, weißt du, dass man in einem Kampf die besten Chancen hat, wenn man gleichzeitig ruhig *und* beweglich bleibt. *Das Ziel jeder Kampfkunst ist natürlich, den Kampf überhaupt zu vermeiden.* Der berühmte Bruce Lee – Gott hab' ihn selig – wurde einmal von einem seiner Fans gefragt, was denn das Geheimnis seiner Kampfkunst sei. Nach kurzem Überlegen sprach er die geflügelten Worte: »Das Geheimnis meiner Kampfkunst besteht darin, dass ich schon längst in einer anderen Kneipe sitze, wenn der Kampf los geht.« (Ja, ich weiß, dass ich mich jetzt wiederholt habe. Aber dieses Beispiel gefällt mir eben gut.)

Aufgezwungene Kämpfe enden niemals ehrenhaft, weil sie demonstrieren, dass man nicht Herr der Situation war und folglich kein wahrer Meister ist. Der Kampf beweist nämlich, dass im Geist beider Kämpfer noch Konflikt ist. Ein wahrer Meister ist jedoch frei von Konflikt. Durch den aufgezwungenen Kampf ist das Gegenteil deutlich geworden, denn der Gegner war offensichtlich in der Lage, ihm seinen Willen aufzuzwingen. Auch der Sieger hat also mindestens eine falsche Entscheidung getroffen und *mit Hilfe seines Gegners* eine Situation geschaffen, die einen Kampf scheinbar erzwungen hat. Eine genauere Analyse des gesamten Vorganges würde viele Situationen aufzeigen, in denen beide Kämpfer anders entscheiden hätten können – bis zum Schluss. Offenbar aber wollten *alle* Beteiligten den Kampf, *sonst wäre es nicht dazu gekommen.* (Der »Gegner« diente dir daher als gleichartiger Helfer bei deiner Selbsterkenntnis.)

Ein aufgezwungener Kampf führt also immer zu einem Verlust an Ehre, sogar für den Sieger, weil er den Konflikt, beziehungsweise die Dummheit *aller* Beteiligten offenbart. Am ehesten eignet sich in derartigen Situationen noch die Kampfkunst des Ai-Ki-Do für eine Lösung, da hier der Kämpfer *ausschließlich defensiv* agiert, denn bei dieser Kampfkunst gibt es keinerlei Angriffstechniken und es wird einem Angreifer *nichts entgegengesetzt*, sondern die Energie seines Angriffs wird nur umgeleitet. *Ueshiba*, der Begründer des Ai-Ki-Do sagte einmal, dass er nicht besiegt werden könne. Auf die entrüsteten Gegenreden seiner Gesprächspartner antwortete er, dass er deswegen nicht besiegt werden könne, *weil er keinen Gegner habe.*

Nur ein Dummkopf freut sich über einen gewonnenen Kampf; er denkt, dass er tatsächlich etwas gewonnen habe. Bei einem Kampf verlieren jedoch alle, die daran beteiligt waren. Derjenige, der etwas weniger verloren hat, wird später Sieger genannt.

Egal, wie du bisher entschieden hast und in welche Situation du deswegen geraten bist: *Du kannst dich jederzeit neu entscheiden.* Allerdings kann eine neue Entscheidung dich jetzt einiges kosten – eben aufgrund deiner vorherigen falschen Entscheidungen. *Zahle den Preis, dann bist du wieder frei.*

Tue was du willst. In Liebe

Du bist frei, denn es gibt nur ein einziges Gesetz: »Tue was du willst – in Liebe.«
Jedes Opfer ist ein Hinweis darauf, dass du wieder Götzendienst betreibst.

Und es gibt *zwei* Möglichkeiten, zur Zufriedenheit zu gelangen, also deinen Frieden zu finden und deine Würde zu bewahren:
1. *Tue, was du willst und trage die Folgen deiner Entscheidungen.*
2. *Will, was du tust: Stimme vollständig zu und tu es gern.*

Mach' es gerne oder lass' es. Opfer bringen nur Ärger, denn *Liebe und der Gedanke an Opfer schließen einander aus.* Liebe durch Opfer beweisen zu wollen beweist nur, dass du noch denkst und liebst wie ein Kind. Diese magische Liebe eines Kindes ist jedoch machtlos und führt nicht zur Befreiung: Sie will ja Verschmelzung.

Alles ist richtig, auch das Gegenteil. Nur unentschieden ist falsch

Dass Unentschieden falsch ist erkennst du leicht daran, dass »ja, aber ...« sehr schnell zu unangenehmen Zuständen führt, beispielsweise zu einer unangenehmen Debatte, und dass *jede* Art von Entscheidung *sofort* erleichternd wirkt, besonders in der Ehe. Ich brauche noch nicht einmal etwas getan zu haben, sondern ich habe mich nur entschieden und es geht mir gleich besser. Du solltest auch Folgendes beachten: Sätze, die eine Verneinung enthalten, sind in *beiden* Variationen wahr: *Mit und ohne die Verneinung*. Sie zeigen einen Konflikt an, ein Unentschieden. Wenn ich sage »hoffentlich bist du mir *nicht* böse«, dann gilt die Aussage »hoffentlich *bist* du mir böse« ebenfalls. (Schau auf die Folgen und du erkennst, dass diese Behauptung stimmt.) Besser ist daher, du entscheidest dich endlich und formulierst dein Ziel *ohne Verneinung*, beispielsweise: »Ich wünsche mir, dass du trotzdem freundlich bleibst mit mir, obwohl ich jetzt einen ziemlichen Bock geschossen habe.« Dabei gehst du davon aus, dass dein Gegenüber im Grunde gut ist und nur das tut, was *du selbst für dich gewählt hast*. Sollte er tatsächlich trotzdem böse werden *und du regst dich deswegen auf*, erhellt er deinen eigenen Konflikt und ist daher ein Diener für deine eigene Selbsterkenntnis. Besinne dich und bleibe ruhig, selbst wenn er doch böse wird, denn so kannst du viel leichter nachbessern oder erkennen, dass *er* einen Konflikt hat, bei dem du ihn besser in Ruhe lässt.

Die Behauptung, dass alles richtig sei, auch das Gegenteil, sagt aus, dass *alles ohne jegliche Bedeutung ist*, weder gut noch böse. Ein kluger Kopf hat allerdings einmal Folgendes gesagt:

»Das Gegenteil einer großen Wahrheit ist ebenfalls wahr. Das Gegenteil einer kleinen Wahrheit ist falsch.« Okay, damit hat er wohl Recht. Meditiere darüber.

Ich habe die Freiheit, jederzeit eine Wahl zwischen verschiedenen Möglichkeiten zu treffen und damit ich vorankomme, muss ich mich immer wieder neu entscheiden. Dieser Zwang verschwindet erst, wenn ich jenseits von Gut und Böse bin. Unentschieden ist zur Förderung meiner Entscheidungsfreudigkeit daher quälend; dadurch bin ich immer wieder gezwungen, neu zu entscheiden, was die Welt jetzt für mich sein soll: Himmel *oder* Hölle. (Man möchte meinen, dass diese Entscheidung einfach zu treffen sei.)

Es gibt also vorerst keine Wahl, ob wir entscheiden wollen oder nicht. Wir alle müssen seit unserer Vertreibung aus der paradiesischen Einheit mit der Mutter Natur so lange andauernd entscheiden, bis wir endlich im Zustand der Erhabenen Gleichgültigkeit sind, also jenseits von Gut und Böse, genau wie ganz am Anfang – jetzt aber auch in der Einheit mit dem Vater, nicht mehr nur mit der Mutter allein. Der Vater ist derjenige, der dich mit der Mutter nach seinem Bild und Gleichnis in unermesslicher Liebe gezeugt hat und der daher will, dass du frei bist wie Er, damit du frei erschaffen kannst nach deinem eigenen Willen, genau wie Er. Und Er will, dass du freiwillig zu Ihm zurückkommst, dem Großen Nichts, das Alles ist. (Meditiere gelegentlich darüber.)

Ein Aspekt dieser Behauptung, dass alles richtig ist, auch das Gegenteil, weist daher auch auf den Zustand Jenseits von Gut und Böse hin, den Zustand der »Erhabenen Gleichgültigkeit«, wie es *Merrell-Wolff* ausgedrückt hat. In diesem Zustand bin ich *wieder* frei geworden von der Qual der Wahl. In diesem Zustand entscheide ich automatisch richtig. Meine Illusion des Egos ist aufgelöst und mein Geist wieder eins geworden mit dem Großen Feld, das nun durch mich hindurch wirken kann, weil »ich« endlich aufgehört habe, dauernd im Weg zu stehen. Daher kann »ich« keinerlei Störungen mehr erzeugen.

Ein Heiliger hat deswegen keine Wahl mehr, weil er freiwillig der Sklave des unendlichen Unnennbaren geworden ist. Ein Diener kann seinen Dienst wieder quittieren, ein Sklave aber ist vollkommen hingegeben an seinen Herrn und ist sein Werkzeug. Er will nie mehr getrennt sein von ihm, nachdem er sich wieder daran erinnert hat, dass er in Wahrheit eins ist mit ihm. Sein Wille soll geschehen, nicht der Wille eines Dieners oder gar eines Sklaven.

(Das gefällt dir jetzt nicht besonders, hm? Aber es ist das Beste, was dir passieren kann.)

ααα

Gut und Böse gibt es nicht

Die Welt besteht aus bedeutungslosen Sachverhalten, die alle in Beziehung zueinander sind. Das kann entweder erkannt, in gewissen Bereichen wahrgenommen, ignoriert oder verleugnet werden. Erkenntnis führt mich zur Wahrheit und eine korrekte Wahrnehmung hilft mir, mich in dieser Welt gut zu orientieren. Ignoranz und Verleugnung bringen mich in die Scheiße.

Die Dinge der Welt und die Zusammenhänge zwischen diesen Dingen, also »die Welt«, wie sie *Wittgenstein* definierte, sie stehen dir zur Verfügung, so wie dir ein Messer zur Verfügung steht, das du für deine Zwecke gebrauchen kannst. Ein Messer ist nicht deswegen böse, weil du dich damit in den Finger geschnitten hast. Das hast du gerade eben selber getan, nicht irgendein böser Messerdämon, und es ist auch nicht aus dem Grund passiert, weil dich deine Mama früher immer auf deinen Dickkopf gehauen hat, sondern weil du *jetzt* unachtsam oder ungeschickt warst. Der Schnitt in dein eigenes Rindfleisch ist einer von vielen Sachverhalten und Zusammenhängen, die man mit so einem Messer herstellen kann, aber den schmerzhaften Zusammenhang hast du gerade selber hergestellt *und nun gefällt dir das nicht, weil dabei Schmerz entstanden ist.* Diesen Schmerz bezeichnen wir in unserer Kinderzeit gewöhnlich als böse. Das Kind ist unachtsam, stößt sich mit dem Kopf am Tisch und sagt dann weinend: »Böser Tisch!« Wenn wir groß geworden sind, sagen wir natürlich nicht mehr böser Tisch, weil wir sonst ausgelacht werden. Wir sagen daher erst Scheiße und zum Schmerz »negatives Gefühl«, meinen damit aber immer noch dasselbe. In einem Dummheitsanfall betrachten wir es sogar als unser Glück, wenn ein schmerzhafter Sachverhalt einem anderen geschieht und nicht uns. Wir sind darüber sehr erleichtert und freuen uns. Diese Form der Dummheit nennt man Schadenfreude.

Wenn du mit der Zeit lernst, wie du die Dinge der Welt richtig in Beziehung setzt und sie auf die richtige Weise nutzt, so dass ein Ergebnis entsteht, das dir wirklich gefällt, dann wirst du selig sein. Richtig bedeutet, dass die von dir gefundenen Zusammenhänge in Ordnung sind und gut funktionieren. Unser gesamtes Universum ist nämlich in einer Ordnung und es funktioniert daher sehr gut. Das ist ein offensichtlicher Sachverhalt, den du entdecken kannst, sobald du anfängst zu schauen, anstatt dir weiterhin etwas einzubilden.

Gut und Böse sind jedoch keine Sachverhalte, sondern Bewertungen. Sie sind also Antworten auf Geschmacksfragen und somit sind sie Ansichtssache. Der »Geschmack« von Schmerz und Zerstörung ist für die meisten von uns verständlicherweise unangenehm. Das ist aber nicht böse, sondern eben eine mehr oder weniger unangenehme Erfahrung. Wir wählen gewöhnlich »angenehm«, denn so ist unsere biologische Maschine programmiert. (Interessanterweise ist aber zu beobachten, dass viele Menschen Schmerzhaftes wählen. Sie halten das irgendwie für richtig, irren sich in so einem Fall jedoch immer – außer, sie tun es in weiser Voraussicht, um auf diese Weise einen größeren Schaden zu vermeiden.)

Die Ansicht, dass es Gut und Böse als Sachverhalte gäbe, ist ein großer Irrtum. Er wirkt sich natürlich auf diejenigen aus, die daran glauben. Das ist die absolute Mehrheit. Folgen dieses Glaubens sind Angst, Schuldgefühle und ein Bedürfnis nach Strafe – entweder für sich selber oder für diejenigen Mitmenschen, die als böse beurteilt werden. Strafe ist eine Form der Rache, weil dem bösen Täter dabei zum Ausgleich für seine schlimme Tat ebenfalls etwas Schlimmes angetan wird. Sie wäre bei dieser urteilenden Sichtweise tatsächlich die einzige Möglichkeit, wieder einen Ausgleich herzustellen: Erfolgte nach einem Urteil keine Strafe, dann wäre die Welt ja nicht mehr im Gleichgewicht – für ein Kind.

Derartige Formen eines Ausgleichs müssten eigentlich in unserer Kultur seit zweitausend Jahren *völlig out* sein, denn wir Christen haben ja damals die frohe Botschaft erhalten, dass diese Sichtweise falsch ist. Bedauerlicherweise wurde die Botschaft mit der Zeit wieder in eine Horrorvision verwandelt, in der unverzeihliche Schuld und ewige Verdammnis ebenfalls als Sachverhalte dargestellt werden, und wer das glaubt, der ist deutlich besser manipulierbar. Die Rache wurde zwar in vielen Kulturen zum Willen irgendwelcher Götter erklärt, aber in Wirklichkeit ist diese Art des Ausgleichs die »Stimme des Blutes«, der Mutter Erde also.

Für die Suche nach Lösungen ist es zweifellos vernünftiger, möglichst schnell herauszufinden, was in dieser Welt funktioniert und was nicht funktioniert. »Wir müssen die Welt nicht verstehen, wir müssen uns in ihr zurechtfinden«, hat *Einstein* gemeint, denn der war ein Mensch, der sich auch mit anderen Sachverhalten der Welt gern beschäftigt hatte, nicht nur mit Physik. *Wer stattdessen Böses sucht, um es auszumerzen, dem ist nur schwer zu helfen.*

Schuld und Strafe gibt es nicht

Gut und Böse gibt es nicht und deswegen gibt es auch keine Art von Schuld, die eine Strafe notwendig macht – am allerwenigsten eine ewige Verdammnis. Allerdings gibt es Irrtümer und über kurz oder lang meist schmerzhafte Folgen dieser Irrtümer. Die Folgen der Irrtümer sind also die »Strafe«, indem sie letztlich immer unangenehm sind und so eine Korrektur in manchen Fällen scheinbar sogar erzwingen können. Wegen ihres unangenehmen Geschmacks werden diese Folgen von Irrtümern oft mit Strafe verwechselt, obwohl es sich dabei nur um eine effektive Lernhilfe handelt. Zu der Art des Lernens über das Ertragen der Folgen eigener Irrtümer sagt man Lernen durch Leiden. Sie ist neben dem Lernen durch Nachahmen die am häufigsten zu beobachtende Art des Lernens beim Menschen. *Diese Art des Lernens gibt es, weil der Mensch frei ist. Er kann daher das Leiden so lange wählen, wie er es für richtig hält.* (Sobald er seinen Irrtum einsieht, hört er natürlich sofort damit auf.) Die Not beim Leiden macht viele dann erfinderisch für Lösungen. Das ist das Gute an den unangenehmen Folgen unserer Irrtümer, denn »Not macht erfinderisch« und »wo ein Wille, da ein Weg«.

(Für die Entscheidung zu leiden gilt umgekehrt: »Wo kein Wille, da kein Weg«.)

Es gibt zwar keine Schuld, wohl aber gibt es *Schulden als Sachverhalt*. Schulden können auf verschiedenen Ebenen entstehen, meist sogar gleichzeitig: Materiell, emotional und spirituell. Sie entstehen durch ein Ungleichgewicht im Austausch, also von Geben und Nehmen, und sie erzeugen recht unerfreuliche Bindungen. »Zahlen schafft Frieden«, sagt unser Volksmund in diesem Fall als Hinweis für elegante und schnelle Lösungen aus solchen Bindungen. Ich muss zurückgeben, was ich schulde, dann ist wieder Ruhe. Wenn ich meine Schulden nicht selbst begleiche, dann zahlen gewöhnlich Angehörige für mich. Meistens sind es meine Kinder oder Enkelkinder, die diese Hypothek übernehmen.

Was mache ich aber, wenn *mir* jemand etwas schuldet und sich weigert zu »bezahlen«? Jetzt wäre ein Ausgleich unmöglich und ich bliebe auf ewig an diesen Menschen gebunden, denn ein Ausgleich ist ja nötig, damit diese Bindung wieder gelöst werden kann.

Natürlich gibt es auch dafür eine Lösung, aber ich muss hier erst einem scheinbaren Verzicht zustimmen: *Ich muss darauf verzichten, mich im Recht zu fühlen* und die Sache stattdessen als eine Art von Lektion definieren, die ich selber zu lernen habe. Wenn ich nämlich darauf bestehe, dass der andere etwas einsehen müsste, dann komme ich nicht mehr weiter, weil ich mich damit von ihm abhängig mache wie ein Kind, das darauf angewiesen ist, dass die Eltern endlich etwas ändern.

Die Sache geht als ***Übung*** folgendermaßen weiter:

Ich prüfe, insbesondere, wenn unangenehme Bindungen vorliegen, ob irgendwo Schulden entstanden sind in meinen Beziehungen zu anderen. Wenn *mir* jemand etwas schuldet, so erinnere ich den Schuldner zunächst freundlich daran, vielleicht mehrmals, seine Schulden zu begleichen. Wenn selbst das nichts fruchtet, buche ich diese Schulden für mich als *Lehrgeld* aus. Ich frage mich dabei: Was habe *ich* zu lernen? Wem schulde *ich* etwas – Geld oder Dank beispielsweise? Meinen Eltern? Einem Kollegen? Einem früheren Partner? Nehmen ohne zu geben ist ja stehlen und bindet mich an den Bestohlenen: Wen habe ich in irgendeiner Weise bestohlen, ihm Zeit gestohlen, die »Ehre abgeschnitten«?

Wer hier bei einer derartigen Erfahrung ehrlich sucht, der findet in der Regel auch etwas. Vielleicht muss ich endlich lernen, besser aufzupassen, mit wem ich Geschäfte mache, nach dem Motto »trau – schau, wem.« *Betrüger und Diebe sind nämlich Diener und Lehrer für jeden von uns, der hier noch etwas lernen muss. Ich sollte endlich damit aufhören, meine Lehrer zu beurteilen, sondern selber lernen.*

Sobald ich meine Lektion gelernt habe, erkenne ich die Unschuld des anderen an meinen bisherigen Schwierigkeiten. Mein Problem verschwindet, ich bin dem Lehrer dankbar und vergesse die ganze Angelegenheit. Jetzt herrscht wieder Frieden in meinem Geist. Wenn ich endlich gelernt habe, was ich zu lernen hatte, dann hat mein entsprechender Lehrer dieses Lehrgeld zu Recht erhalten und ich sollte darüber hinwegsehen, dass er es ohne vorherige Abmachung als Vorschuss genommen hat. Erscheint mir das Lehrgeld als zu hoch, liegt das vielleicht daran, dass ich mich zu lange gegen die Lektion gewehrt habe.

Habe ich meine Lektion gelernt, werden die unangenehmen Lehrer wieder aus meinem Leben verschwinden. Sie haben ihre Aufgabe nun erfüllt. Angenehmere Lehrer für neue Lektionen werden erscheinen oder die bisher unangenehmen werden jetzt freundlich mit mir sein. Bleiben sie wie echte Arschlöcher, dann erkenne ich meinen Lernerfolg daran, dass ich mich über sie nicht mehr aufrege, sondern Mitgefühl mit ihnen habe. *Wer aber weiter Richter sein will, anstatt zu lernen, der soll dafür auch die Folgen tragen.*

In Gemeinschaften, die spirituell noch weniger entwickelt sind als die unsere (solche gibt's wirklich), wird weiterhin das Prinzip der Rache als Ausgleich angewandt und heißt da etwa Todesstrafe, manchmal Sippenhaft, in gewissen Kreisen auch Vendetta, die Blutrache. Wenn du willst, dann kannst du solche Gesellschaften genauer studieren.

ES ist gerecht

ES ist immer genau so, wie ES *dir tatsächlich* entspricht. ES steht dir zur Verfügung und du kannst damit tun, was du willst. Das Ergebnis deiner Handlungen kannst du meinetwegen Feedback nennen oder du nennst es deinen gegenwärtigen Traum, den du zusammen mit deinen Helfern und Helfershelfern gerade träumst, oder meinetwegen auch Karma.

Eigentlich ist die Behauptung missverständlich, dass ES gerecht sei, denn besser wäre es zu sagen, dass ES *vollkommen neutral* ist. Wenn du jedoch durch deine Irrtümer selber aus dem Gleichgewicht geraten bist, dann erzeugst du Formen, die entsprechend stark polarisiert sind und ziehst dadurch deine entsprechenden Gegenteile an. Die erscheinen nun in deinem Leben und sorgen für den Ausgleich, damit alles von dir Erschaffene weiterhin im Gleichgewicht bleibt. Diese Form der Neutralität könnte dir beispielsweise nicht gefallen, wenn du dadurch gut sein willst, indem du andere schlecht machst. Das »Schlechte« bleibt auf diese Weise Teil deines Traumes und wird dich so lange verfolgen, bis du deinen Irrtum korrigierst und wieder in deiner Mitte bist. Unser Volksmund sagt dazu: »Gegensätze ziehen sich an«. Genauer wäre es aber, zu sagen: Gegensätze *erzeugen* einander.

Dieser Sachverhalt der automatischen Gerechtigkeit zeigt sich nicht nur in Beziehungen einzelner Menschen zu ihren Mitmenschen und zu sich selber, sondern auch in der Beziehung zwischen gesellschaftlichen Gruppierungen oder zwischen Völkern. Hier wird er aber sogar für einen geübten Beobachter, beispielsweise einen guten Historiker, oft erst sichtbar, wenn der einen ausreichend großen Beobachtungsausschnitt genommen hat, eventuell über mehrere Generationen, und wenn er damit aufgehört hat, sich zum Richter aufzuschwingen.

Jetzt bekommst du noch einen kleinen ***Test***, mit dem du deinen gegenwärtigen Durchblick überprüfen kannst: Stimmst du folgender Behauptung zu? *Die Stärke deines Glaubens an Ungerechtigkeit in dieser Welt ist direkt proportional zum Grad deiner Dummheit*: Stimmst du unbedingt zu, bedingt, kaum, oder gar nicht? (Kreuze ruhig an.)

Die Testauswertung ist einfach: Je ungerechter dir die Welt erscheint, desto dümmer bist du. Du wirst – genau wie ich – im Verlauf deiner zweifellos erfolgreichen Studien über Gott und die Welt mit der Zeit schon erkennen, dass diese Behauptung wahr ist.

Ich muss bei diesem Test einräumen, dass die Überprüfung der obigen Behauptung nicht von jedem Standpunkt aus gleichermaßen möglich ist. Von manchen Standpunkten aus betrachtet scheint es

Ungerechtigkeiten zu geben. Will ich also die Große Gerechtigkeit erkennen, so ist dazu nötig, einen ausreichenden Überblick zu haben, der vielleicht sogar größer sein muss, als die mir zur Verfügung stehende Zeit normalerweise zulässt. Ich brauche dazu *Erkenntnis*, denn mit Überlegen und Nachdenken komme ich nie dahinter.

Das Gegenteil von Lieben ist Urteilen. Eine Folge davon ist Angst

Lieben bedeutet, sich zu öffnen und dadurch aufzunehmen und sich in einem *echten* Kontakt mit anderen Lebewesen auszutauschen. Durch Liebe werde ich wachsen und mich ausdehnen. Dabei entstehen Lust und Freude. Urteilen heißt dagegen, mich zu verschließen und damit etwas Existierendes auszuschließen und »vernichten« zu wollen, denn aufgrund meines ablehnenden Urteils soll diese bestimmte Energieform in meiner Welt nicht existieren. Da aber alles, was der Fall ist, *aus gutem Grund* existiert und seine Funktion hat, sind derartige Lösungsversuche völlig absurd. Die Folge davon ist beim Urteilenden eine Behinderung der Ausdehnung des Lebens in *seiner* Welt. Er beginnt zu leiden und sich zu fürchten, damit er seinen Irrtum erkennen und wieder korrigieren kann.

Bei einem Urteil wird unbewusst auch eine Teilungs-Erfahrung erinnert, die weit vor der Sprachentwicklung stattfand und die daher nicht vom bewussten Verstand fassbar ist:

Es handelt sich um prägende Erfahrungen erster Trennungen von der Mutter, die für ein Kleinkind eine Todesdrohung darstellen. Diese Trennungserfahrungen sind unvermeidbar und sind die erzwungenen nächsten Schritte zur Menschwerdung, die notwendige Vertreibung aus dem Paradies, damit wir selber Herr in unserer Welt werden, anstatt weiter ein Kind in der Einheit mit der Mutter oder deren späteren Repräsentanzen zu bleiben. Die vom »Kind in uns« wegen dieser sehr frühen und extrem bedrohlichen Schockerfahrung angestrebte erneute Verschmelzung mit der Mutter kann nicht gelingen, denn das verhindern die Engel mit dem Flammenschwert. Du kannst dich nicht mehr zurückretten ins Paradies der ursprünglichen Einheit mit der Mutter. Für deine Befreiung musst du dich zum Vater bemühen und mit *ihm* eins werden. Das aber geht völlig anders als ein Verschmelzen mit der Mutter. Das Ergebnis ist daher ein ganz anderes: *Das Ergebnis deiner Einswerdung mit dem Vater(-Prinzip) ist deine Befreiung.*

Ich muss mich auch grundsätzlich entscheiden, ob ich eine Lösung und damit Freude will, oder ob ich stattdessen weiter urteilen und Recht haben will und damit unvermeidlich eigene Einschränkungen in kauf nehmen muss. *Eine Lösung erfordert nämlich den konsequenten Verzicht auf ein Urteil.* Ein Urteil ist Folge des Irrtums, dass es irgendetwas außerhalb meines Geistes geben würde. Der Richter will die Bestrafung eines Schuldigen durch Zufügen von Schmerzen oder durch Ausschließung, entweder auf ewig oder auf Zeit. Es handelt sich dabei aber um Rache und das ist nie eine wirkliche Lösung. Abgesehen davon kommt meine Rache auf mich als Richter zurück, weil ich mich letztlich selber verurteilt habe, denn der Geist ist nicht teilbar. Da ist nichts außerhalb von ihm. Als Folge davon habe ich andauernd weiter mit dem zu tun, was ich verurteile: *Ich bleibe nämlich fixiert auf das von mir Verurteilte.* Die dabei entstehende Aufregung lenkt mich zusätzlich von wichtigeren Dingen ab und schadet mir auf Dauer sogar körperlich.

Ur-Teilen heißt, wesentliche Unterschiede machen zu wollen im Bereich des Geistes, in dem es keine derartigen Unterschiede gibt. Danach ist andauernde Anstrengung erforderlich, um diese eingebildeten Urteile zu rechtfertigen und ihre Gerechtigkeit zu beweisen. Die Absicht dabei ist, auf Kosten eines Mitmenschen existieren zu wollen und darauf zu beharren, dass derjenige verschwinden soll anstatt meiner: »Ich bin o.k.. So wie der da bin ich *nicht*. Der ist nicht o.k. und daher muss er (in seiner gegenwärtigen Form) verschwinden: Er soll sich also gefälligst entweder ändern oder abhauen! Ich hingegen darf in der Gemeinschaft bleiben, weil ich gut bin.« (Oder wenigstens auf der richtigen Seite.)

Diese Methode funktioniert nicht. Ich kann nicht etwas teilen, das grundsätzlich unteilbar ist, nämlich den Geist. Und bei diesem wahnsinnigen Versuch muss ich zusätzlich fürchten, dass auch ich schuldig und unausweichlich bestraft werde, wenn ich nicht o.k. bin, denn diese äußeren Mächte sind bekanntlich schwer zu kontrollieren. Ich kann die Sache zwar umdrehen und mich gleich selber verurteilen und zur Strafe selber aus der Gemeinschaft ausschließen nach dem Motto: »Geht alle weg von mir, denn ich bin böse und muss abseits bleiben oder ich sollte am besten gleich ganz verschwinden.« Oder ich verschwinde, indem ich brav bin und keinen eigenen Willen mehr habe. Die radikalste Form ist, alle zu töten, die nicht o.k. sind oder sich selber umzubringen. Das Ergebnis bleibt gleich: Es gibt keine Lösung, nur Leiden. Egal, wie ich urteile: Die Folgen meines Urteils kommen auf mich zurück. Ich bin dabei immer mein eigener Richter und mein eigener Scharfrichter. Gott hat damit nichts zu tun: Es handelt sich einfach nur um Feedback.

Lieben als Gegensatz dazu heißt hingegen: »So wie du bin ich auch. Du bist mir sehr ähnlich und du sollst bleiben in meiner Welt als eine Bereicherung meines Lebens und sollst ebenfalls glücklich sein auf *deine* Weise, gemeinsam mit mir und den anderen Geliebten. Falls du dich entschieden hast zu leiden, respektiere ich diese Entscheidung und mute dir die Folgen zu – mit Mitgefühl.« Lieben bedeutet, nach Ähnlichkeiten und Gemeinsamkeiten zu suchen und das führt zu Verstehen und damit oft wie von selbst zu Lösungen, also zur Befreiung von Irrtümern und deren unangenehmen Folgen. So entsteht Heilung durch die »Aufhebung des Vergessens« dessen, dass in Wahrheit alles mit allem verbunden ist und dass Wesentliches unzerstörbar (unteilbar) ist. *Alles ist okay.*

Biblisch wird die Unterscheidung von Liebe und Urteilen mit folgenden Worten ausgedrückt: »Wer nicht mit mir sammelt, der zerstreut«. Lieben ist Sammeln, Urteilen ist Zerstreuen. Liebe würde in der Physik der negativen Entropie entsprechen und Zerstreuen wäre dann, die Entropie zu fördern – was aber nicht böse ist, sondern nur einen Sachverhalt in unserem derzeitigen Universum darstellt, der zwar recht unangenehm wirken kann, aber einfach nur Sterben bedeutet. (Entropie heißt, grob gesagt: »Unordentlich wird's von selber« – was jede Hausfrau sogar ohne Physikstudium sofort bestätigen kann.)

Jemandem die Folgen seiner Irrtümer zuzumuten ist keine Strafe, sondern es bedeutet, ihn zu achten und ihm seine Würde zu lassen, selbst wenn der Betreffende das anders sieht und beispielsweise jammert oder böse ist auf mich oder auf irgend jemanden, den er wegen des Zumutens als böse ansieht. Mitleid hingegen ist entwürdigend und kindlich; *Mitgefühl* wäre stattdessen angebracht. Zumuten ist keine Bestrafung, sondern ermöglicht einen Ausgleich. Es bietet die Möglichkeit, dass der Betreffende sein Gesicht wahren kann, indem er die Folgen seines Handelns erträgt, die ihm als Freiem und Verantwortlichem eben zugemutet werden müssen. Er gehört damit weiterhin zur Gemeinschaft. Mancher spinnt zwar auf eine Weise, die unter Umständen sogar für die Körper seiner Mitmenschen gefährlich sein kann, aber irgendwann hört er auf damit und dann darf er wieder »richtig« mitspielen. Bis dahin geht man dem Spinner halt aus dem Weg, denn meistens beruhigt er sich ohnehin schneller, wenn man davon ablässt, ihn zu missionieren oder zu bestrafen oder seinem Wahn auf andere Weise unnötig Wichtigkeit zu verleihen. (Achtsamkeit ist jedoch angebracht im Umgang mit Spinnern, nicht nur wegen der Ansteckungsgefahr.)

Opfer und Täter bilden eine Einheit und sollen daher nicht getrennt betrachtet werden

Gleich und Gleich gesellt sich gern, selbst wenn dir das nicht immer sofort auffällt. Begrüße daher dein Gleiches, sobald es dir erscheint, gleichgültig, in welcher Form. Deine Ablehnung und Ignoranz würden Verständnis und damit Heilung sonst unmöglich machen. Entweder fällst du erneut ein Urteil, *oder* du suchst nach einer Lösung.

Bert Hellinger hat beobachtet, dass in so genannten Systemaufstellungen mit Tätern und Opfern die Opfer im System der Täter repräsentiert werden, was nahe liegend ist im Sinne einer »Wiederkehr des Verdrängten«. Aber es ist auch umgekehrt, denn *die Täter werden im System der Opfer ebenfalls repräsentiert*. So lange dort diese Täter – aus sehr verständlichen Gründen – weiterhin verurteilt werden, geschieht das auf eine schlimme Art, genau wie im System der Täter, die nicht bereut haben: Deren Opfer werden ebenfalls auf schlimme Art in ihrem System repräsentiert. Gewöhnlich geschieht das durch Kinder.

Es scheint, als ob auf einer tieferen Ebene Opfer und Täter eine innige Verbindung zwischen ihren Herkunftssystemen herstellen, genau wie durch eine Heirat eine Verbindung zwischen zwei Familien hergestellt wird. Bei genauerer Beobachtung kann man feststellen, dass in vielen Fällen bereits *vor* der Begegnung von Opfer und Täter eine Verbindung zwischen deren Systemen bestanden hat. Durch »Untaten« werden jedenfalls *in der Tat* Verbindungen hergestellt, die unauflösbar zu sein scheinen. *Aber alle Beteiligten haben die Freiheit, diese Verbindungen heilsam oder schädlich zu nutzen.*

Gehe bei diesbezüglichen Untersuchungen von folgender Annahme aus: *Opfer und Täter sind sich im Innersten einig* (wenn auch selten bewusst). Sobald du das erkennst, wird ein Urteilen unmöglich, *denn nun ist der Täter niemand anderer als ein um Hilfe gebetener Assistent des Opfers bei dessen Wunscherfüllung.* Selbst wenn dem Opfer sein Wunsch nicht bewusst ist, ändert sich nichts an dessen Folge, nämlich, dass der Wunsch des Opfers erfüllt wird, wenn er inbrünstig genug ist. War der durch die Untat erfüllte Wunsch des Opfers beispielsweise ein unbewusster Todeswunsch, wird der Täter nur noch von ganz wenigen als Helfer gesehen, sondern er wird Mörder genannt. (Das klingt krass, was?)

Die Hilfe des Täters kann auch darin bestehen, dass er durch seine »Untat« eine Korrektur im Geist des Opfers hervorruft oder ihm hilft, einen kritischen Zustand zu schaffen, der eine Veränderung im Geist des Opfers leichter möglich macht. Vielleicht korrigiert sich danach sogar der Täter, falls er seine Tat bereut. Soweit ich das bisher beobachten konnte, geschieht eine Korrektur ohnehin eher im Geist der Täter als in dem der Opfer. Ich könnte mich dabei allerdings irren, denn ich beobachte das noch nicht lange genug.

In jedem Fall ist der Täter für seine Mithilfe *vollständig verantwortlich* und deshalb müssen ihm die Folgen seiner Hilfe zugemutet werden. Dadurch behält er seine Würde. Ebenso wird der Täter durch die Dankbarkeit des Opfers und dessen Mitgefühl gewürdigt, da ihn das Opfer so endlich als einen Helfer erkannt hat. *Das ist die Vergebung*. Der Täter wird dabei als Erfüllungsgehilfe erkannt und das Opfer kann ihn als unschuldig an seiner eigenen Misere sehen. Solange das Opfer aber weiter urteilt und den Täter als Schuldigen ansieht, der Strafe verdient, kann der Satz »ich vergebe dir« nur eine Beleidigung sein oder die egozentrische Selbsterhöhung des eitlen Märtyrers. Die kommt bekanntlich vor dem Fall, weil sie nämlich nur scheinbar heilig ist, also scheinheilig.

Die Entrüstung, die später aufkreuzende »Retter« über die erfolgte Untat zeigen, ist eines der schwersten Hindernisse für Lösungen, denn sie verhindert Verständnis und fixiert durch deren Reaktionen das Schlimme. Die Entrüstung dieser meist selbsternannten Rächer führt zu einem weiteren Akt der Gewalttätigkeit: Es entsteht damit eine neue Untat, bei der die Rächer in ihrer Selbstgerechtigkeit dem Täter durch ihre Rache zwar zu einem Ausgleich verhelfen, aber sich so dem Täter auf schlimme Weise gleich machen und eine Lösung verhindern. Beide, Opfer und Täter, werden von den entrüsteten Rächern *missbraucht*, weil diese sich auf Kosten des Opfers und des Täters aufgebläht haben und groß fühlen. Das wiederum ist nur möglich aufgrund der Entscheidung des Opfers, dem zuzustimmen und ebenfalls zu urteilen und zu leiden, anstatt zu verstehen, denn das Opfer könnte die Rächer meist von ihrem Tun abhalten, genau wie der Täter sich entscheiden hätte können, den Wunsch seines Opfers abzulehnen. Für die Mithilfe der Opfer bei den Wahnvorstellungen der Rächer gilt: Sie sind voll verantwortlich dafür, dass nun eine Lösung verhindert wird und müssen die Folgen ihrer Entscheidung tragen. *Das entsprechende und angemessene Grundgefühl, das Täter und Opfer füreinander haben sollten, wäre hingegen dankbares Mitgefühl.*

Soweit es um die Beziehung zwischen Tätern und Opfern bei Völkermord geht – weiße Einwanderer und Indianer, Engländer und Aborigines, Deutsche und Juden beispielsweise – würde ich raten, grundsätzlich von der gleichen Sichtweise auszugehen, dass also Opfer und Täter im Innersten einig sind und dass für einen Ausgleich die selben Prinzipien gelten wie bei Einzelpersonen. Das gemeinsame Feld, auf dessen Hintergrund Genozid stattfindet, ist dabei wahrscheinlich das morphische Feld der gesamten Menschheit. Es betrifft uns dann logischerweise alle, wenn Völkermord nicht angemessen behandelt wird.

Vergebung ist Unsinn

Vergebung ist nichts weiter als die Erkenntnis, dass mir niemand etwas angetan hat.

Die Täter werden bei einer wirklichen Vergebung als Helfer erkannt, die dir dabei geholfen haben, gewisse Erfahrungen zu machen, die du letztlich selbst gewählt hast. Du kannst jetzt den Träumer von seinem Traum unterscheiden, der im Fall einer Täter-Opfer-Beziehung ein gemeinsamer Traum war. Euer Traum mag schlimm gewesen sein, wir Träumer sind uns jedoch unserem wahren Wesen nach gleich, nämlich göttlich. Der »gerufene« Helfer – Gleich und Gleich gesellt sich *gern* – ist aber wegen deiner eigenen Irrtümer manchmal als eine Art von Henker (Scharfrichter!) für dich tätig und führt dann eine »Bestrafung« an dir durch, die letztlich eine Folge deines eigenen Urteils über dich ist. *Ein Urteil über dich fällst du, sobald du einen Mitmenschen verurteilst, ganz besonders aber, wenn dieser Mensch einer deiner Eltern ist.* Für seine Mithilfe solltest du dem Täter dankbar sein, denn so schön wie du denkst ist sein Job nicht und er muss ja seinen Preis dafür zahlen, dass er das für dich gemacht hat. Deine Erkenntnis, dass das ein (unbewusster) Liebesdienst von ihm war und er deswegen gewissermaßen ein »Engel« für dich ist, kannst du dann Vergebung nennen. *Aber eigentlich ist durch diese Erkenntnis Vergebung überflüssig geworden, denn diese Erkenntnis ist schon die Vergebung.* Daher ist dieser Begriff genau genommen sowieso Unsinn.

Solange jemand noch an Böses, Schuld und Strafe und dergleichen glaubt, kann er also überhaupt nicht vergeben. Solange er glaubt, du hättest ihm Unrecht getan und er sagt dann trotzdem »ich vergebe dir«, ist das ein Ausdruck seiner anmaßenden Ignoranz. Diese Art von Vergebung gibt es nicht und daher ist auch keinerlei Wirkung daraus zu erwarten. Sie hilft keinem, am wenigsten demjenigen, der sich dabei sogar einbildet, er sei jetzt gut und gnädig. Das machen nur masochistische Märtyrer und die wollen dafür anschließend ihre Belohnung abholen, die mindestens in kräftigem Applaus der Gemeinde bestehen sollte. Bekommen sie keine Belohnung, sind sie beleidigt, fühlen sich betrogen und machen Lärm.

Es ist für uns anfänglich sehr schwer, diese Sichtweise von Vergebung zu akzeptieren, denn es scheint doch so eindeutig und offensichtlich zu sein, dass es böse Menschen gibt, die uns ungerechtfertigt kränken, uns verletzen oder uns sonst etwas Übles antun und dass es das Böse tatsächlich gibt. Sogar der letzte Papst, der es eigentlich besser hätte wissen müssen, hat betont, dass das Böse wirklich existieren würde, und zwar in personifizierter Gestalt, und dass es Satan heiße. Vor dem müsse man sich allzeit vorsehen, »denn das Böse ist immer und überall« (*Erste Allgemeine Verunsicherung*) und will uns nur schaden.

Das ist magisches Denken.

Hier ist eine ziemlich schwere, aber wirksame ***Übung*** für deinen Alltag:

Wenn dir jemand Vorwürfe macht oder dich sonst in irgendeiner Weise angreift, dann nimm konsequent *die gesamte Verantwortung an dieser Situation auf dich und verzichte darauf, dich zu verteidigen oder zu rechtfertigen. Mache hierbei keinerlei Ausnahme.* Beobachte dann über längere Zeit die Auswirkungen dieses Verfahrens – sowohl hinsichtlich deiner eigenen Befindlichkeit, als auch in der Beziehung zu deinen Mitmenschen.

Die Vergangenheit hat keine Wirkung auf die Gegenwart

Wie soll denn das möglich sein, dass die Vergangenheit auf die Gegenwart wirkt? *Sie ist doch bereits vollständig vergangen.* Du musst daher erst selber dafür sorgen, dass sie erneut vergegenwärtigt wird. Und selbst dann ist sie nicht eine wiederholte vergangene Erfahrung, *sondern nur so ähnlich*: »Du kannst nicht zweimal in denselben Fluss steigen.«

Vergangenes kann nicht mehr verändert, sondern bestenfalls *virtuell* wiederholt werden, denn in einer Vergangenheit kann sich ja nichts mehr ereignen. Alles ist bereits vorbei. Sie wirkt also nur scheinbar (virtuell) und deswegen auf Gegenwärtiges, weil ich daran festhalte und daher so lebe, *als ob* es immer noch so sei wie damals.

Nun, ich bin frei und kann mir natürlich beliebig lange einbilden, dass die Vergangenheit doch die Gegenwart bestimmen würde, indem ich mich weiterhin so benehme wie früher, egal, wie die Wirklichkeit *jetzt* aussieht. Für derartigen Unsinn findet man jede Menge an Unterstützung. Dieses Vergegenwärtigen kann ich so lange ausführen wie ich will, obwohl es langweilig ist, denn dabei passiert ja immer das gleiche. Meistens erlebe ich mich wieder als passives Opfer von Ereignissen, die ich angeblich nicht wollte, die ich aber scheinbar auch nicht beeinflussen konnte – genau wie damals, als ich noch ein Kind war und meine Eltern und die anderen Erwachsenen auf einer gewissen Ebene Macht über mich hatten. Ich war als Kind offensichtlich ohne diese Art von Macht.

Du kannst die ganze Sache auch *unbewusstes Erinnern* nennen. Gebräuchlichere Ausdrücke dafür sind aber Charakter, Persönlichkeit, Neurose oder Gewohnheit.

Die Behauptung, dass Vergangenes unvermeidlich die Gegenwart bedingen würde und dass ich das nicht einfach jederzeit beenden könnte, wäre trotzdem (manchmal allerdings erst nach einiger Mühe) als Schwindel zu entlarven: Man kann beobachten, dass sich jeder bereits *vor* dem betreffenden Ereignis mit dem Erwarteten oder dem Befürchteten beschäftigt und dabei erste Vorbereitungen dafür trifft, damit die Vergangenheit wieder inszeniert werden kann. Das wird aber stark bestritten, obwohl viele dieser Vorbereitungen in der Psychotherapie als Vermeidungsverhalten bekannt sind. Manche sagen zum Beispiel: »Hoffentlich passiert mir *das* nicht nochmal.« Dabei benimmt sich der Betreffende jedoch so, *als ob er nichts anderes will, als dass es endlich wieder geschieht*, damit er es dann hinter sich hat. Aber er bestreitet diesen offensichtlichen Sachverhalt und behauptet, das nicht mehr zu wollen, *obwohl er sich gleichzeitig intensiv damit beschäftigt*. Kaum hat er das Unangenehme dann endlich hinter sich gebracht, stellt er es sich schon wieder vor! Sehr seltsam. Als ob er nichts Besseres weiß.

Diese Methode ist übrigens das Verfahren, mit dem man die Hölle erzeugt. Wenn du das verstanden hast, weißt du automatisch, dass jede Hölle selbst gemacht ist und daher jederzeit wieder verlassen werden kann. Aber insbesondere Katholiken scheinen darauf zu beharren, möglichst lange in ihrer Hölle verweilen zu dürfen. Sie halten das für gerecht und versuchen alles, damit andere von dieser Idee ebenfalls begeistert sind.

Wiedergutmachung ist also ebenfalls kompletter Nonsens, denn *Gutmachung nach erfolgter Einsicht reicht dicke.*

Angst ist nichts als eine Erinnerung

Zunächst sei erneut die Mutter aller Irrtümer genannt, die Ursache aller Formen der Angst ist: Es ist die Verwechslung deines Selbst mit deinem Körper. Sie hat zur Folge, dass dein Geist nun scheinbar gespalten ist und du der Annahme unterliegst, *wesentlich* verletzbar zu sein und ohne ängstliche Vorratssicherung unweigerlich an Mangel sterben zu müssen; vor allem fürchtest du dabei, komplett zu sterben, fürchtest also eine *totale* Vernichtung. Du entwickelst deswegen dein Ego, das dann schlau entsprechende Gegenmaßnahmen erfindet, mit deren Hilfe es gut überleben und bedingungslos sein Bedürfnis nach Sicherheit vor seinen selbst erfundenen Gefahren stillen will. Dabei geht es sogar über Leichen, wenn es sein muss.

Das Ego ist der Ursprung aller weiteren Irrtümer.

Die Welt, die völlig ohne Bedeutung ist, wirkt nun bedrohlich für das Ego und sogar der Körper, der ebenfalls Teil dieser Welt ist, wird ihm zum Feind, zu einer äußeren Macht, die es kontrollieren will, damit nichts Schlimmes passiert. Ist dein Geist dann derartig zersplittert, dass du die Wahrheit nicht mehr erkennst, entsteht zwangsläufig auch der Eindruck, als ob dein biologischer Automat Körper mit eigenständigen Fähigkeiten ausgestattet wäre. Er scheint eigenmächtig und unabhängig von deinem Willen handeln zu können. Für ein Ego wirkt das genauso gefährlich wie jeder andere Kontrollverlust. Du wärst dann mit dem Fahrer eines Autos vergleichbar, der denkt, dieses Ding würde sich tatsächlich nach einem eigenen Willen bewegen können und für ihn im Grunde unberechenbar sein. (Fahranfängern erscheint es zwar zunächst oft so, es ist aber *definitiv* nicht der Fall.) Ein derartiger Aberglaube führt natürlich zu Stress. Beobachtet man Säuglinge, dann wirken die ähnlich wie Fahranfänger in ihren kleinen Körpern, die erst noch von ihnen erobert und »in Besitz genommen« werden müssen, damit sie ihnen »gehorchen«. Dieses scheinbar eigenwillige Handeln eines Körpers wird von psychologisch Geschulten mit dem Konzept eines Unbewussten erklärt, und sogenannte psychosomatische Reaktionen – als ob es überhaupt andere geben könnte – werden als Krankheiten angesehen und bekämpft, anstatt sie als Folgen von Irrtümern zu erkennen. Wir sind aber *im Besitz* eines Körpers. Wir sind alle Fahrer, nicht »Autos«. *Alle Reaktionen des »Autokörpers« sind also Folgen, nicht Ursachen.*

Angst ist ebenfalls verstehbar als ein *Alptraum,* als eine erneut vergegenwärtigte schlimme Erinnerung, als eine unbewusste Zeitreise in deine Vergangenheit, in der es für dich scheinbar keine freie Wahl gegeben hat. Die Vergangenheit kann jedoch auf deine Gegenwart keinerlei Wirkung haben – außer, du vergegenwärtigst sie immer wieder und glaubst dabei, dass es jetzt immer noch so sei wie damals. Das Problem bei unbewussten Erinnerungen besteht darin, dass du dann die gegenwärtige Situation auf eine Weise erfährst, als gäbe es *jetzt* tatsächliche Ursachen für deine Aufregung und als würde die gegenwärtige Situation exakt die selbe sein wie die aus deiner Vergangenheit und als seien die gegenwärtigen Personen genau wie die damaligen. Diese Wahnvorstellungen, in denen gegenwärtige Personen zu Stellvertretern für entsprechende Originale aus deiner Vergangenheit geworden sind, haben meist schlimme Folgen. Du kannst solche rekonstruierten Zustände tatsächlich Traum nennen. Dieser Traum könnte durch die Kontaktaufnahme mit der Wirklichkeit sofort erkannt und korrigiert werden. *Dazu müsstest du jedoch merken, dass du gerade träumst.*

Du kannst Angst aber meinetwegen auch Projektion nennen, anstatt Traum. Im Prinzip ist es der gleiche Prozess, der sich manifestiert. Projektionen sind Anteile meines Geistes, die ich unbewusst projiziere und danach als fremde äußere Mächte erlebe, anstatt sie als meine »Spiegelungen« zu erkennen. Bei dieser eingebildeten Spaltung, diesem Ur-Teilen des Einen Geistes, ist mein Geist scheinbar geteilt in einen Teil, den ich als »Ich hier drin« erlebe (mein Ego) und dem anderen »da draußen«. Der Ego-Teil fürchtet sich meist vor dem, was er sich selbst gerade zusammenträumt, zumal Projektionen häufig verbotene Impulse repräsentieren, oder er erhofft sich von seinen selbst erfundenen äußeren Mächten die Erlösung. Das Ego bemerkt nicht, dass es selbst ein Ergebnis dieser Spaltung ist. Das Ego träumt und sieht die eigenen abgespaltenen Teile als fremde Welt außerhalb, als äußere Mächte, als Nicht-Ich. Das Ego, das ja selber eine Erfindung ist, lehnt seine eigenen Erfindungen ab und bekämpft sie, als ob sie real wären. *Es ist quasi doppelt wahnsinnig.*

In jedem Alptraum fürchte ich mich vor meiner eigenen Schöpfung, sofern ich sie nicht als eigene Projektion oder als Erinnerung erkenne. (Das gilt besonders für die Träume außerhalb meines Bettes.) Dieses wahnsinnige Rettungsverfahren des Egos, mit dem es sich selber und die Welt aufspaltet, wirre Träume erzeugt durch wahnsinnige Projektionen und sich selber nicht mehr als den illusionären Ursprung all dieser Erscheinungen erkennen kann, ist eine anstrengende Angelegenheit und ich sollte möglichst zügig davon Abstand nehmen. *Es gibt in Wirklichkeit kein Ego und daher gibt es auch nichts zu fürchten.*

Bedrohliche Erinnerungen kommen aber beim Menschen immer wieder auf, wenn er als Kind Schlimmes erlebt und noch nicht »verarbeitet«, also nicht transformiert hat, damit aus dieser Energieform etwas Neues entstehen kann. Er wiederholt dann diese vergangene Erfahrung »träumend« immer wieder und inszeniert sie so in der unbewussten Absicht, sie endlich zu einem guten Ende zu bringen.

Das Wiederholen einer vergangenen Erfahrung ist für Problemlösungen natürlich ungeeignet. Ich wiederhole sie ja nur, anstatt endlich etwas Neues zu erfahren. *Sie wären ohnehin längst vergessen, wenn ich sie nicht andauernd vergegenwärtigen würde.* Es ist eindeutig sinnvoller, dass ich mir stattdessen angewöhne, *geistesgegenwärtig* zu sein.

Ich kann Angst (abgeleitet vom lateinischen Wort für Enge) daher verstehen, wenn ich sie als eine unbewusst vergegenwärtigte *passive* Ablehnung einer früheren Erfahrung ansehe. Die passive Ablehnung entspricht der Technik eines recht kleinen Kindes, das noch nicht die Möglichkeiten hat, äußere Mächte erfolgreich aktiv zurückzuweisen. Bei dieser Technik bin ich »vor Angst außer mir« (bleibe dabei körperlich natürlich anwesend, weil ich mich nicht zusätzlich auflösen kann) und verschließe mich gleichzeitig, indem ich mich versteife. Ich kann nirgends hinlaufen als Kind, und abgetrennt von der Mutter müsste ich sterben – es sei denn, ich hätte einen guten Papa, zu dem ich jetzt laufen könnte und der mich beschützt. Böse darf ich als Kind gewöhnlich nicht sein. Erlaube ich mir so etwas, weil ich mich zum Beispiel nicht *zusammenreißen* kann, werde ich von der Muttergottheit bestimmt bestraft oder gar verbannt. Dann droht mir der Tod. Daher lehne ich eine »böse Mutter da draußen« passiv ab, *indem ich mich zusammenziehe* und mich vor ihr fürchte.

Auch wenn ich jetzt versuche, angenehme Erinnerungen zu wiederholen, führt das zu recht unangenehmen Folgen, denn ich will auf diese Weise Vergangenes festhalten, nach dem Motto »mehr davon«. Damit gerate ich aber unweigerlich in einen Konflikt, denn ich lehne dabei gleichzeitig die Gegenwart ab, die mir nun deutlich weniger attraktiv erscheint als das Vergangene und so entsteht automatisch ein Problem: bekanntlich kann man nicht zweimal in denselben Fluss steigen. Daher werde ich am Ende enttäuscht sein. Wenn ich beispielsweise von meiner Partnerin verlange, dass sie *jetzt* wieder genau so lieb sein soll wie gestern, dann verlange ich von ihr etwas Unmögliches. Bestrafe ich sie durch meine beleidigte Reaktion, weil sie's nicht geschafft hat, werde ich sie mit der Zeit verlieren. Besser wäre es, und zwar für uns beide, *wenn es heute auf eine andere Weise wieder schön ist – immer wieder neu.* Bestehe ich jedoch auf Wiederholungen, werde ich unsere Liebe und unser Glück abtöten. (Wer auf Wiederholungen scharf ist, der kann ja den Fernseher einschalten. Dort gibt es jede Menge davon. Oder er besorgt sich im Pornoladen eine Gummipuppe.)

Beide Traumarten – die Alpträume und die schönen Träume – sind Zeitreise und Projektion in Einem. Diese geträumten Erinnerungen können durch Wiederholungen natürlich nicht mehr verändert werden, sondern sie bestätigen meinen derzeitigen Glauben, der mich in eine Hölle bringt, sofern ich ihn nicht rechtzeitig korrigiere. Jede Hölle kann dadurch verlassen werden, indem ich *geistesgegenwärtig* bin. Damit hört jeder Konflikt auf.

Der Volksmund meint: »Was man sagt, das ist man selbst«. *Aber was man sieht, das ist man ebenfalls selbst.* Eigentlich sollte mich das jetzt beruhigen. Mein Irrtum bestand ja darin, dass ich dachte, es könnte etwas Gefährliches – oder überhaupt irgendetwas – außerhalb meines Geistes geben. Aber außerhalb meines Geistes ist das Nichts und dieses Nichts tut mir nichts, weil ich sein Sohn bin, der über alles Geliebte. (Ja, Tochter ebenfalls. Schon verstanden.) Ich bin in Wirklichkeit ausschließlich meinen eigenen Gedanken ausgesetzt. *Da existiert Nichts außerhalb meines Geistes.*

Weil ich frei bin, kann kein anderer die Irrtümer in meinem Geist korrigieren. Klug bin ich, sobald ich erkenne, dass ich selber meines Glückes Schmied bin. Oder eben meines Leidens Schmied. Nur was ich selber glaube, hat auf mich eine Wirkung. Was du glaubst, wirkt nur auf dich – es sei denn, du kannst mich hypnotisieren, damit ich ebenfalls glaube, was du glaubst. In dem Fall träumen wir einen gemeinsamen (Alp-)Traum.

Das Gegenteil von Angst ist Liebe. *Die andere Seite der Angst sind Wut* und *Angriff*. Die Wut wird zwar im Vergleich zu Angst als angenehmer erlebt, weil man sich dabei wenigstens vorübergehend als stark und als Handelnder erlebt, anstatt hilflos. Aber ist die Wut verraucht, fängst du wieder an, dich zu fürchten: Klar, du weißt ja, wie du dich gerade wieder aufgeführt hast und hast daher Grund, die Reaktion der anderen zu fürchten, denn du hast schon erlebt, was nach deinen Wutanfällen passiert.

Du kannst natürlich chronisch böse werden, anstatt dich zu fürchten. Das strengt dich jedoch ebenfalls an und wirkt zusätzlich kränkend – und zwar vor allem auf dich selber.

Eine weitere Möglichkeit wäre, eine multiple Persönlichkeit zu werden und sofort alles zu vergessen, was du in deinen vielen verrückten Zuständen angestellt hast, indem du rechtzeitig zu einer anderen Persönlichkeit mutierst. Auf diese Weise kannst du dich – wenigstens zwischenzeitlich – nach deinen Dummheiten weiterhin unschuldig fühlen und behaupten: »Stimmt gar nicht! Ich war das nicht. Das hab' ich überhaupt nicht gesagt!« (Eine multiple Persönlichkeit ist die amerikanische Weiterentwicklung von *Dr. Jekyll und Mr. Hyde*.)

Erinnere dich: Nur ein Ego fürchtet sich, weil es sich als abgetrennt und als verletzlich erlebt und weiß, dass es sterben muss. Es ist ja entstanden als Folge der Einbildung, ein Körper zu sein. Sobald du diesen Irrtum erkannt hast und dich öffnest, erkennst du das Wesentliche wieder, nämlich die Liebe, und dass du immer geliebt wurdest. Du wurdest früher geliebt und du wirst jetzt geliebt. Beruhige dich und mach' endlich deine Augen auf, damit du klar sehen kannst, denn sobald du das erkennst, verschwindet die Angst. *Du erinnerst dich wieder an das Gegenteil des Egos, nämlich an dein Selbst.* Die Folge von (echtem) Selbstbewusstsein sind Liebe und die Erkenntnis deiner ewigen Freiheit. Ein Fehlen von Selbsterkenntnis führt zu Egoismus oder Vampirismus, einer üblen Form der Dummheit. Das Ego als Quelle jeder Art von Angst, unsere Erbsünde, ist Folge der Einbildung, ein Körper zu sein und soll dessen Überleben in alle Ewigkeit sichern. Dieses Bestreben des Egos ist zwar verständlich, seine Realisierung jedoch völlig unmöglich und auch unnötig.

Der folgende Vergleich hinkt etwas, sollte die Sache jedoch halbwegs veranschaulichen:

Stell' dir vor, du verwechselst dich aufgrund einer posthypnotischen Suggestion mit deinem Auto. Du kommst damit in vorhersehbare Schwierigkeiten. Aber erst noch mal vorweg: Ein Automobil tut von sich aus überhaupt nichts, denn es heißt nur »Sich selbst Bewegendes«. In Wirklichkeit bewegt es sich überhaupt nicht von selbst. *Das Auto ist völlig neutral.* Es ist ein Instrument für den Fahrer, mit dessen Hilfe der seine Erfahrungen machen kann. Sollen das gute Erfahrungen werden, muss er sich mit seinem Automobil zunächst vertraut machen, was bekanntlich einige Zeit dauert. Bei richtiger Bedienung bringt es den Fahrer an sein Ziel. Bei falscher Bedienung gibt es gewöhnlich warnende Hinweise; beachtet er sie nicht, geht etwas kaputt. Manche bauen in ihrer Ignoranz gleich einen Totalschaden.

Aufgrund deiner hypnotischen Verwechslung hast du nun aber eine Reihe von Problemen, die du sonst nicht hättest: Du weißt ja inzwischen durch Beobachtung, dass ein Auto kaputt gehen, beschädigt oder besetzt werden kann von einer »fremden Macht«, die dann das Steuer übernimmt, oder dass es von einem Spezialisten repariert werden muss, weil du das selber nicht kannst. Du glaubst wahrscheinlich auch, dass du als kleiner Fiat weniger wert bist als ein Porsche und willst daher Verbesserungen vornehmen, wenn du schon kein Porsche sein kannst. Natürlich gibt es dafür Tuning-Spezialisten, die dir einen Spoiler hinbauen, dein Fahrgestell tiefer legen, dir einen Sportauspuff verpassen, deinen Fiat schön anmalen und dafür eine Menge Kohle verlangen. Trotzdem sieht danach jeder, dass du doch nur ein kleiner Fiat bist. (Nicht wirklich – nur jetzt als Beispiel. Beruhige dich wieder. Natürlich bist du kein Fiat, sondern ein Mercedes und die sind ohnehin praktischer als Porsches.)

Vor allem aber wird der Fiat eines Tages verschrottet werden. Dieses unausweichliche Ende fürchtest du wegen deiner posthypnotischen Suggestion sehr. Du unternimmst alle möglichen Versuche, dieses Ende hinauszuschieben, besonders dann, wenn du noch nicht an deinem Ziel angelangt bist und deine Lebensträume nicht verwirklicht sind. Spätestens jetzt solltest du erkennen, dass du selbstverständlich nicht mitverschrottet, sondern dass du vorher aussteigen wirst, *weil du nämlich der Fahrer bist und nicht der Fiat.* Wenn dir das bisher nicht klar geworden ist, fürchtest du dich womöglich bis zuletzt vor dem Aussteigen aus deinem kleinen engen Fiat und versäumst deswegen die wichtigsten Dinge des Lebens.

Für bestimmte Zwecke ist es selbstverständlich gut, sich mit seinem Auto zu identifizieren, etwa wenn man Rennfahrer ist und ein Rennen fährt. Dazu muss man aber *vorher* die Regeln lernen, die für diese Zwecke wichtig sind, muss sich mit den Funktionen des Autos vertraut machen und man muss vor allem viel trainieren. Wenn ich jedoch meiner Herzallerliebsten einen echten Kuss geben will, dann müssen wir *beide* aus unseren Autos aussteigen, sonst gibt es für uns nämlich keinen echten Kuss, sondern nur diverse symbolische Gesten hinter der Windschutzscheibe. Vom Lesen der Speisekarte wird man bekanntlich nicht satt.

Sobald also die Identifikation mit dem Körper stattgefunden hat, der tatsächlich Erfahrungen von Mangel machen muss, wird automatisch die Überzeugung entwickelt, dass es auch »mir« an Wesentlichem in irgendeiner Weise mangeln könnte. Aber nur diese biologische Maschine kennt Mangel, beispielsweise Hunger, Durst, Kälte, Mangel an Zugehörigkeit usw., was ja tatsächlich zum Erliegen der Funktionen dieser Maschine führen kann, sofern der betreffende Mangel nicht rechtzeitig beseitigt wird. Das versteht ein Kind. Und es versteht ebenso: *Kein Autofahrer bekommt Durst, weil der Tank seines Autos leer geworden ist.*

Jede Angst erinnert dich nur an deinen folgenschwersten Irrtum, den du dringend korrigieren musst, nämlich den Irrtum, ein Körper zu sein.

Das Gegenteil des Egos ist das Selbst. *Ein Mensch, der selbstbewusst ist, kann unmöglich ein Egoist sein.* Er schaut nämlich auf den Fahrer, nicht mehr nur auf dessen Auto, und im Fahrer erkennt er sich selbst wieder. *Das Selbst nimmt also nicht wahr, sondern es erkennt.* Das Ego hingegen bildet sich dauernd etwas ein: Es träumt und nimmt dann das Geträumte wahr.

Das Selbst ist auch nicht teilbar. Allerdings kann sich das Ego einbilden, dass es teilbar sei, weil es das Selbst mit dem Selbstbild verwechselt. Das Ego nimmt daher »andere« wahr, vergleicht sich mit ihnen und prüft ständig, ob sie besser oder schlechter, gefährlich oder nützlich sind für seine Zwecke. Der Preis dieser nur eingebildeten Art von Besonderheit ist wiederum Angst – ein Zustand der Enge – und ihre schlimmen Folgen.

Am besten ist, du erinnerst dich immer wieder daran, dass dein Körper nur eine wunderbare biologische Maschine ist, die dir für eine bestimmte und ausreichend lange Zeit zur freien Verfügung steht, damit du herausfinden kannst, wie die ganze *show* funktioniert und wer du tatsächlich bist. Diese Maschine ist gleichzeitig dein Kommunikationsmittel, mit dem du mit dir selbst und mit den »anderen Selbsten« in Beziehung treten kannst, die ebenfalls in ihren wunderbaren biologischen Kommunikationsmaschinen sitzen und darauf warten, dass du sie als Fahrer erkennst, anstatt sie mit ihrer Maschine zu verwechseln. (Diese Egomaschine ist übrigens auch der Erinnerungsspeicher für all deine Erfahrungen während deiner Traumzeit.)

Schwächende Gefühlszustände sind Kindheitserinnerungen

Diese Behauptung ist quasi eine Spezifizierung des obigen Abschnitts über Angst als Form der Erinnerung, denn *schwächende Gefühlszustände sind in jedem Fall Erscheinungsformen von Angst* und ich habe vorher hoffentlich ausreichend klar dargelegt, dass es sich bei allen Zuständen von Angst um Erinnerungsformen handelt. *Angst, Scham, Jammern, Klagen, sich unzureichend Fühlen, hilflose Wut, die Überzeugung ein Opfer zu sein, Ohnmachtgefühle und dergleichen sind die Erfahrungen eines Kindes. Wenn sie bei Erwachsenen auftreten, sind sie nie wirklich gerechtfertigt, sondern Zeitreisen, die schnell unterbrochen werden sollten, um stattdessen wieder geistesgegenwärtig zu sein.* Es handelt sich bei derartigen Gefühlen um spontane Erinnerungen aus der Kindheit, ohne dass damit gegenwärtig ein besonderer Nutzen verbunden wäre. Was sollte es für einen Nutzen haben zu jammern, dass man schrecklichen Hunger hat, ganz furchtbar schrecklichen Hunger, wenn es doch eindeutig besser ist, sich umgehend darum zu kümmern, wo man etwas zu Essen bekommt. Wenn wir sehr klein sind, können wir das natürlich nicht selber und wir brauchen daher jemanden, der uns füttert – am besten die Mutter. Als kleines Kind können wir tatsächlich nur jammern, aber nichts selber tun, um unseren Mangel wieder zu beseitigen. *Wer jammert, der will, dass die gute Mutter kommt und sein Problem löst.*

Ein Gefühl von echter Trauer hingegen schwächt dich nicht, sondern es reinigt dich in gewisser Weise und führt dazu, dass du dich später wieder freuen kannst und weiterreifst. (Dieses Gefühl geht übrigens schneller vorbei als du befürchtest: Es dauert im akuten Zustand längstens eine dreiviertel Stunde, sofern du die gute körperliche Ausdauer eines Kindes hast; danach ist erst mal Schluss, weil du dann nämlich eine Pause brauchst, ehe du weiterweinen kannst.) Echte Trauer kommt nur so lange immer wieder und schwächt sich dabei ab, bis endlich alles verschmerzt und betrauert ist. Das kann bei einem schweren Verlust durchaus bis zu einem Jahr dauern. Wenn man dieses Trauerjahr hinter sich hat, ist man wieder frei für eine neue Bindung und für neues Glück.

Wer aber anstatt zu trauern unbewusst einen Zeitsprung macht und sich wieder als armes, kleines, hilfloses und verlassenes Kind erlebt, das vielleicht noch nicht einmal trauern kann, sondern das stattdessen böse wird über die erlittene Ungerechtigkeit des Verlassenwerdens, dann wird daraus eine *schwächende Depression*. Die kann in der Tat Jahrzehnte dauern und außer dem Betreffenden kann keiner daran etwas ändern; nicht einmal die wohlgesonnensten Therapeuten-Mütter, die später diesem Depressiven helfen wollen. Die werden mit der Zeit oft selber böse mit so einem Patienten oder fühlen sich allmählich selber hilflos, genau wie ein Kind sich mit seiner armen Mutter am Ende hilflos fühlen muss, weil es trotz aller Mühe nichts bewirken kann, um deren Zustand zum Besseren zu verändern.

ααα

Regeln regulieren nur. Ich bleibe trotzdem frei zu entscheiden wie ich will

Das Universum ist geordnet. Wäre es chaotisch, dann wäre Leben darin unmöglich. Innerhalb dieser Ordnung bin ich frei, das zu wählen, was ich verwirklichen will. Auch Gesellschaften sind geordnet. Wie Mitglieder einer jeden Gemeinschaft miteinander umgehen sollen, ist mit der Teilnahme am Straßenverkehr vergleichbar, denn es existieren hier wie dort Regeln, und zwar einerseits klar formulierte, andererseits aber auch verdeckte. Selbst wenn ich gewisse Regeln meiner Gemeinschaft ablehne, so ist es doch besser für mich, wenn ich sie erst einmal lerne und zunächst befolge; aber ich muss sie deswegen nicht gleich *glauben*.

In jedem Fall ist es klug, möglichst schnell möglichst viele Regeln möglichst genau zu lernen, *damit ich sie später auf die richtige Weise übertreten kann*, denn manchmal ist es notwendig, bestimmte Regeln zu übertreten, etwa als Fahrer eines Notarztwagens im Einsatz. Dabei ist es allerdings ratsam, den anderen Verkehrsteilnehmern rechtzeitig deutliche Zeichen zu geben, dass ich mich jetzt nicht an die Regeln halte, damit die aufpassen und sich zurückhalten, also *für mich jetzt auf ihre Rechte verzichten*. Für das Übertreten von Regeln müssen jedoch *gute* Gründe vorliegen, sonst gibt's Ärger. Wenn ein Polizist zum Beispiel immer wieder mit Blaulicht und Martinshorn wie ein Verrückter zum Pizzaholen fährt, dann bekommt er bald Probleme mit einer höheren Macht (seinem Chef wahrscheinlich), denn Hunger nach Pizza ist kein ausreichend guter Grund für derartig massive Regelverstöße.

Wenn ich Regeln auf die falsche Weise oder aus Unkenntnis übertrete, werden unangenehme Konsequenzen die Folge sein, damit ich diesen Sachverhalt, dass es eine Ordnung gibt, endlich beachte. Unser Volksmund sagt dazu etwas irreführend: »Unwissenheit schützt vor Strafe nicht.« *Die unangenehmen Folgen von Regelübertretungen muss ich also sogar dann ertragen, wenn ich die Regel noch gar nicht gelernt habe* – außer, ich bin ein kleines Kind. Dann verschont mich die höhere Macht Mama, weil ich ja noch nicht weiß, was ich da tue. Die unangenehmen Folgen sind jedoch keine Strafe, sondern einfach nur Folgen.

Ich bleibe in jeder Situation frei, jede beliebige Regel zu übertreten. Bei einer derartigen Entscheidung passiert vielleicht nicht sofort etwas, aber es steigt die Wahrscheinlichkeit, dass es mit der Zeit Probleme gibt. Damit muss ich dann ebenfalls einverstanden sein und das bei meinen Entscheidungen *vorher* berücksichtigen. Ich werde daher nicht jammern, wenn etwas schief gegangen ist, sondern diese Folgen auf mich nehmen als Preis für meine Entscheidung. So zeige ich, dass ich mich frei und bewusst entschieden habe und behalte meine Würde. Jammere ich, dann verliere ich sie, weil ich damit meine Dummheit zeige und demonstriere, dass ich sogar als Erwachsener noch wie ein kleines Kind behandelt werden will, dem die Folgen seiner Handlungen nicht zugemutet werden dürfen.

Wenn ich ein Problem wirklich verstanden habe, hört es auf, ein Problem zu sein

Ob ich ein Problem verstanden habe erkenne ich daran, dass ich sowohl die vorliegenden Sachverhalte, als auch die Zusammenhänge zwischen diesen Sachverhalten klar sehen kann, die zum Problem führten. Somit weiß ich, was ich ändern muss, verhalte mich entsprechend und das Problem verschwindet.

»Herr Doktor, immer, wenn ich eine Tasse Kaffee trinke, tut mir mein linkes Auge weh.«

»So – hm – äh – dann tun Sie doch mal den Löffel raus!«

Schon verschwindet das Problem. Ich muss für seine Lösung weder wissen, von wem ich es systemisch geerbt habe, muss keine

Schuldigen suchen oder erst mittels einer Rückführung herausfinden, welches schlimme Karma aus einem früheren Leben Ursache dieses jetzigen Augenschmerzes ist, oder ob es vielleicht doch davon kommt, dass ich als Kind einmal vom Tisch gefallen bin und seither nicht nur mein Gehirn, sondern auch mein Urvertrauen massiv erschüttert ist. (So etwas nennt man in Fachkreisen dann »traumatisches Schlüsselerlebnis«.)

Jedes Problem ist ein natürliches Ergebnis davon, dass man *gegenwärtig* mindestens einem Irrtum unterliegt und dabei zusätzlich seinen gegenwärtigen Zustand ablehnt und bekämpft, also urteilt, anstatt achtsam zu sein. *Sei beim Kaffeetrinken daher achtsam, anstatt dauernd aufgeregt Augenschmerzen zu befürchten oder unnötigerweise auf Kaffee ganz zu verzichten.* Natürlich kannst du auch sagen: »Ja so einfach ist das jetzt nicht, Herr Doktor! Sogar meine Großmutter väterlicherseits, zwei meiner Tanten und alle meine Geschwister haben diese Augenschmerzen beim Kaffeetrinken. Seit ich denken kann, ist das so in unserer Familie.« Danach beginnst du mit der intensiven Suche nach Ursachen in deiner Vergangenheit und versuchst dann, dein Problem später gemeinsam mit deinen Verwandten zu lösen, denn jetzt ist es ja für dich noch nicht lösbar. (Dann aber eine Trillion Tonnen weicher Scheiße auf dich, du hartnäckiger Familienerlöser!)

Ich bin frei und darf daher meine Probleme so lange behalten, wie ich will

Ich bin frei. Das bedeutet, dass ich auf meinen Irrtümern so lange beharren kann, wie ich das will. Das ist insbesondere der Fall, wenn ich überzeugt bin, richtig zu liegen, anstatt meine gegenwärtigen Schwierigkeiten als Folgen eines eigenen Irrtums zu erkennen. Das Ergebnis dieser Entscheidung ist weiteres Leiden – mit dem guten Gefühl, im Recht zu sein.

Du erkennst die Entscheidung, ein Problem behalten zu wollen, daran, dass der Betreffende

1. immer wieder anfängt, vom Problem zu reden, anstatt nach Lösungen zu suchen,
2. jammert,
3. Recht haben will und daher debattiert,

4. Schuldige sucht, die bestraft werden sollen – oft ist er es selber und will daher büßen,
5. den Triumph sucht (»Rache ist süß«),
6. eine gewisse Zufriedenheit verspürt beim Leiden, also ein gutes Gewissen hat dabei,
7. einen »Reigen der Symptome« präsentiert (»Herr Doktor, der Augenschmerz ist zwar weg, aber *dafür* tut's mir jetzt hier weh!«).

Diese meist unbewusst getroffene Entscheidung, sein Problem behalten zu wollen, hat *gute* Gründe. Einer davon ist das starke Bedürfnis des Egos nach Sicherheit. Ein anderer ist der Wunsch nach Gerechtigkeit – einer recht verrückten Vorstellung von Gerechtigkeit allerdings, die der Betreffende erst noch glaubt herstellen zu müssen, bevor er einer Veränderung zum Guten zustimmen kann. Der dritte gute Grund ist eine unbewusste Liebe und Loyalität einer wichtigen Person gegenüber, meist einem Elternteil. Ein Nachgeben würde deshalb wie ein Verrat an dieser Person wirken oder wie die Zustimmung zu einer Ungerechtigkeit.

Beachte in bezug auf Lösungen Folgendes:

Bei einer grundsätzlichen Lösung erscheint dir die notwendige Veränderung zunächst immer als ein drohender Verlust oder als eine andere Bedrohung, womöglich gar als komplette Niederlage mit anschließender Kapitulation. Das Problem erscheint dagegen als Rettung und Halt. Daher versuchst du, eine Lösung durch das Verfahren »mehr Desselben« zu erreichen, anstatt eine radikale Änderung zu riskieren. Wer als eingefleischtes Ego in seiner Hölle ist, der fürchtet sich enorm vor der Erlösung. Das ist eigentlich seltsam. Nicht jedoch für Egos: Für Egos ist das Festhalten am Gewohnten logisch und erscheint ihnen als überlebenswichtig. Ihre Gewohnheiten waren ja ursprünglich Selbstschutztechniken und jede Veränderung löst daher sofort alte Ängste aus. So müssen sie weiter in ihrer selbst erfundenen Hölle verweilen. (Im Fegefeuer dagegen gibt es bereits Hoffnung auf ein gutes Ende und darauf freut man sich und nimmt das gegenwärtige Leiden an als Buße und als einen *Heilschmerz*.)

Die unangenehmen Folgen unserer Irrtümer sollen natürlich verschwinden, aber die zugrunde liegenden Irrtümer wollen wir aus diesen erwähnten guten Gründen weiterhin verbissen als Wahrheiten verteidigen. Manchem ist daher eine erste Linderung bereits genug: »Es ist schon leichter geworden. Danke, Herr Doktor, es geht schon wieder«. *Das ist ein gutes Beispiel für falsche Bescheidenheit.*

Es ist nicht notwendig, die Ursachen zu kennen, wenn man ein Problem lösen will ...

... aber natürlich schadet es auch nicht.

Ich muss bei der Suche nach Lösungen irgendwie herausfinden, was funktioniert und was hier nicht funktioniert. Ich mache daher die Augen auf, damit ich gut erkennen kann, welche Tatsachen *jetzt* vorliegen, wie sie miteinander zusammenhängen und wie ich sie *liebevoll* und klug für meine Zwecke verwenden kann, beispielsweise, indem ich diese Dinge neu und geschickter miteinander kombiniere und damit neue Tatsachen schaffe.

Was nützt es dir, wenn du dich abplagst mit der Suche nach Erklärungen für deine Misere, wenn du sie, die ja eine Folge eines gegenwärtigen Irrtums ist, sofort loswerden kannst, indem du diesen Irrtum sofort korrigierst, sobald du ihn erkannt hast? (Der Sachverhalt, dass jeder Irrtum sofort korrigiert werden kann und man dadurch von dessen unangenehmen Folgen wieder frei ist, wird leider häufig und vehement bestritten.)

Wir könnten uns viele schmerzhafte Umwege ersparen und auf intelligente Weise dem Ziel der Selbsterkenntnis näher kommen, nämlich durch *Einsicht*, der fortgeschrittensten Form des Lernens. (Die anderen Formen sind *Lernen durch Nachahmen* und *Lernen durch Leiden*. Nachahmen ist die Methode höher entwickelter Säugetiere wie der Affen etwa und anderer Anfänger, wie kleine Kinder zum Beispiel; aber sie ist auch für Erwachsene für bestimmte Zwecke gut geeignet. Lernen durch Leiden ist eigentlich einem erwachsenen Menschen nicht mehr angemessen, ist leider aber noch die am weitesten verbreitete Art auf diesem Planeten; Einsicht und Korrektur seiner Irrtümer würden seinem Leiden nämlich bald ein Ende machen, was sehr vernünftig wäre.)

Für Lösungen ist es völlig ausreichend, dich darauf zu besinnen, was du als Alternative zum Leiden willst und dafür anschließend auch *etwas zu tun*. Wenn du dein Problem lösen willst und trotz aller Mühen nicht selber herausfinden kannst, wie das zu realisieren ist, wirst du die entsprechende Unterstützung erhalten. Dazu musst du »nur« Teil von etwas werden, das größer ist als du, und dich dem *hingeben*. Was du dir aussuchst für deine Hingabe, kannst du selbstverständlich vollkommen frei entscheiden. Ich rate dir jedoch, hinreichend aufzupassen dabei, denn es gibt deutliche Hinweise, ob die ausgewählte Hilfe stärkend oder schwächend auf dich wirkt.

Eine andere Möglichkeit ist, dass du dich *alleine* so lange mit der Suche nach einer Lösung beschäftigst, bis du fündig wirst. Du kannst also wählen, ob du in zwanzig Jahren ein großes Problem alleine löst, oder ob du in einem Jahr zwanzig große Probleme zusammen mit deinen Mitmenschen löst.

Wenn du vorher deine Probleme noch analysieren willst, verlierst du unnötig Zeit. Solltest du darauf beharren, dann analysiere sie wenigstens dahingehend, welche Lösungshinweise darin enthalten sind. *Wer aber zu lange trödelt beim Lösen, der stirbt vielleicht vorher aus.*

Derjenige, der das Problem hat, muss etwas tun – nicht die anderen!

»Sag' mal, Fredi, wieso hast du denn heute vier Pullis an? Ist dir so kalt?«

»Nein, *aber meiner Mama ist kalt.*«

Das ist magisches Denken oder Opfern. Umgekehrt gilt ebenfalls: Was nützt es dir, wenn's *ihr* warm ist und du frierst, weil du aus Trotz keinen Pulli anziehen willst? Mutti wird dich so lange verfolgen, bis es dir gut geht. (Das ist ohnehin die beste Art, zudringliche Mütter los zu werden: Sorg' dafür, dass es dir gut geht, dann hast du Ruhe vor ihr.)

Natürlich kennst du auch folgende Weisheit: »Selber essen macht satt.« Wenn du jedoch aus Mitleid und Solidarität magisch hungerst, so hilfst du damit keinem einzigen Biafrakind in der Sahelzone. Aber wende dabei Unterscheidungsvermögen an: Dauerhaft wirst du nämlich nur satt, wenn du mit anderen teilst und die anderen ebenfalls essen dürfen und satt werden. *Du musst das mit deinen Mitmenschen teilen, was du selber benötigst!* Dadurch vermehrt sich dein »Vermögen« automatisch: Investiere *selbstlos* in deine Mitmenschen und du wirst bald bemerken, wie das kosmische Feedback funktioniert. Bist du aber aus Angst vor möglichen Verlusten beim Geben knauserig oder hast dabei egoistisch spätere Vorteile gegenüber deinen Konkurrenten im Auge, dann teilst du in Wirklichkeit der Welt deinen Traum von Mangel und Armut mit und dann wird dir der durch ein entsprechendes Echo bestätigt werden.

Wer nun denkt, dass *andere* etwas tun müssten, damit es bei ihm wieder besser wird, der wird feststellen, dass die das entweder nicht machen oder dass es am Ende nichts hilft. So geht es nämlich allen biologisch erwachsenen Kindern, die sich weigern, wirklich erwachsen zu sein. Sie leben, als ob sie noch immer eine Mama bräuchten, die ihre Probleme für sie löst oder die ihren eingebildeten Mangel beseitigen soll. Da die Welt offenbar voller Mamas ist, die stets auf der Suche nach irgendwelchen Kindern sind, die sie retten können, um ihre eigene Bedürftigkeit nicht bemerken zu müssen, hat so jemand gute Chancen, eine zu finden und sein Leiden auf diese Weise um Jahre zu verlängern. Partner und Angehörige von Süchtigen bemuttern beispielsweise ausdauernd ihre Vampire. So brauchen sie nicht zu erkennen, dass sie selber ebenfalls noch wie Kinder sind, obwohl ihr magisches Wirken trotz all ihrer Mühen völlig ineffektiv ist.

Der Volksmund sagt: »Jeder ist *seines* Glückes Schmied«. Wieso denkst du also, dass andere dein Glück schmieden sollen, indem sie sich so verhalten, wie du dir das einbildest, damit du selber nichts zu ändern brauchst? Oder wieso denkst du, dass du für das Glück anderer Leute zuständig wärst? Bist du größenwahnsinnig? Mach' deinen eigenen Job und sei ein Vorbild für jeden, der sich für Lösungen interessiert. *Mehr kannst du nicht tun und mehr brauchst du nicht zu tun.* Jede Menge an Gewalttätigkeiten entsteht aus der verrückten Annahme, dass andere etwas ändern müssten, damit es in dieser Welt endlich gut weitergehen kann mit dir, obwohl du sicher auch folgenden Spruch kennst: »Hilf dir selbst, dann hilft dir Gott«.

Alles sollte so einfach wie möglich gemacht werden – aber nicht einfacher!

Dieser Rat stammt angeblich von Albert Einstein. Er meinte auch: »Wer eine Sache wirklich verstanden hat, der kann sie so erklären, dass es ein *fünfjähriges Kind* versteht.« Wer das nicht kann, hat's wohl selber nicht ganz kapiert. Wenn also eine Sache kompliziert erscheint, kannst du getrost davon ausgehen, dass der Wurm drin ist.

Wer es mit einer Therapie wirklich ernst meint, der kann ebenfalls klar sagen, was los ist und was er will. Ein fünfjähriges Kind kann ihn dann verstehen. *Die verbreitete Annahme vieler Therapeuten, dass der Patient auf Grund seiner Störungen und Defizite doch noch gar nicht wissen könne, was los ist und was er wirklich will, ist selbstverständlich verrückt.* Wer als Therapeut so etwas glaubt, der will für seine Patienten eine Mutter sein und teilt ihnen auf diese Weise mit, dass sie klein und dumm seien und er selber groß und weise.

Wer viel, schnell und kompliziert redet, der will verwirren und er hat daher meistens etwas zu verbergen, hat *Bert Hellinger* einmal richtig festgestellt. Das gilt nicht nur für Politiker, sondern besonders für Therapeuten und ihre Patienten. Willst du eine Problemsituation klar durchschauen, solltest du dieses Prinzip beachten und dich *an die vorliegenden Tatsachen halten, anstatt an die präsentierten Erklärungen.* Besser für dich und deine Patienten wäre also, du würdest erkennen, was los ist, anstatt dich von deinem Patienten hypnotisieren zu lassen. Dann wäre eine Problemanalyse, meist zusammengeschustert aus Erklärungsmodellen deiner Ausbildung, ohnehin nicht mehr nötig: Alles ist ja in Wirklichkeit offensichtlich.

Komplizierte Theorien sind falsch. Das hat logischerweise zur Folge, dass ihre Anwendungen nicht funktionieren und deshalb sind sie kompliziert und haben komplizierte Konsequenzen. *Abgesehen davon haben Theorien mit den Tatsachen sowieso überhaupt nichts zu tun* – nur theoretisch. (Kleiner Scherz.) Sie sind *Modelle.* So werden in der Wissenschaft Vorstellungen genannt, wie man glaubt, dass eine Sache funktioniert. Wenn ein Modell in der Praxis nicht richtig funktioniert, sucht man sich vernünftigerweise ein anderes Modell und schaut, ob das besser funktioniert. Es gibt genug Modelle aus verschiedensten Bereichen, die man sich zu diesem Zweck probeweise ausleihen könnte. Wenn du willst, kannst du ja selber ein Modell erfinden. *Gibt es verschiedene Erklärungsmodelle für einen beobachteten Zusammenhang von Sachverhalten, dann nimm zuerst das einfachste, denn das funktioniert meist am besten, selbst wenn es zunächst an deiner Eitelkeit kratzt.*

Manche Menschen machen es sich jedoch auf eine falsche Weise einfach und ihre Verfahren zur Vereinfachung funktionieren daher nicht oder nicht auf Dauer. Unser Volksmund meint beispielsweise zu solchen Leuten: »Sie fressen ihre Hühner auf, ohne an die Eier zu denken«.

Recht anschauliche Beispiele für die falsche Art des Vereinfachens bieten Extremisten jeder Art, gleichgültig, ob sie aus der politischen oder der »religiösen« Richtung stammen: Lass' dir zu Studienzwecken einmal von einem Skinhead erklären, wie er die Welt sieht. Ich rate dir jedoch dringend davon ab, ihm dabei zu widersprechen oder ihm dumme Fragen zu stellen, denn es könnte sein, dass er dir zur weiteren Vereinfachung seiner Argumentation ein paar Zähne ausschlägt. Oder lass' dir meinetwegen an einem Sonntagvormittag von den Zeugen Jehovas Gott und die Welt erklären. Aber frag' sie dabei nicht, warum sie ein so freudloses Leben führen. Sie würden das ohnehin bestreiten.

Der offensichtliche Irrtum bei allen Arten einer falschen Vereinfachung besteht darin, dass geurteilt wird. Derartige Formen der Vereinfachung sind offensichtlich nicht zielführend hinsichtlich des vernünftigsten Zustandes, den ein Mensch haben sollte, nämlich glücklich zu sein. Diese Leute verwechseln meistens auch komplex mit kompliziert und simple Gemüter mögen es eben nicht kompliziert. Komplex ist jedoch etwas völlig anderes als kompliziert. Komplexe Systeme werden nämlich von recht einfachen Regeln gesteuert, nur die *Oberfläche* derartiger Systeme *erscheint* wegen ihrer permanent wechselnden Vielfältigkeit kompliziert, so lange man noch nicht durchschaut, welches *Muster* sich dabei manifestiert.

Ein gutes Beispiel für den Nutzen einer richtigen Vereinfachung bietet das Bruchrechnen. Da gibt es oft Riesengebilde, die sich der Lehrer ausgedacht hat, um seine Schüler zu verwirren. Wenn man aber die Technik des Kürzens anwendet, wird's meist einfach und übersichtlich, denn da steht am Ende vielleicht nur noch 3/4. *Das könnte man in der Tat auch einem fünfjährigen Kind verdeutlichen, obwohl es noch nicht Bruchrechnen kann.*

Alles, was ich im Augenblick wirklich brauche, steht bereits zu meiner Verfügung

Kann ich diesen Sachverhalt nicht sehen, bin ich ignorant. (Das bedeutet »nicht erkennend«.) Glaube an Mangel ist eine Form der Dummheit, genau wie der Glaube an Ungerechtigkeit. Glaube an Mangel ist Folge einer Einbildung des Egos, das ja denkt, es sei ein Körper, und der kann ja tatsächlich Mangel erleiden. Einen jeden Mangel will das Ego aber vorsorglich verhindern – das Ego sorgt sich andauernd wegen irgendetwas – und es will dabei möglichst schlau sein, damit es Überlebensvorteile hat gegenüber Konkurrenten, die ebenfalls fürchten, dass nicht genug da ist für alle und dass sie verhungern müssen, wenn sie nicht clever genug sind, denn auf der biologisch-materiellen Ebene unserer Welt sind derartige Zusammenhänge tatsächlich zu beobachten. (*Charles Darwin* hat sie als einer der Ersten formuliert.)

Manche denken aber nur, sie seien clever und irren sich dabei kräftig, vor allem, wenn sie Angst haben und daher mehr wollen, als sie ohnehin haben. Auch hier hält der Volksmund ein anschauliches Bild der Auswirkungen des Problems parat: »Jetzt lässt der Depp den Fisch aus und rennt dem Düsenjäger nach!« Sei daher achtsam und bleibe ruhig, damit du die Ebene der Welt von der Ebene des Geistes gut unterscheiden kannst. *Im Bereich des Geistes existiert keinerlei Mangel und die gesamte Welt steht dir »mit Gottes Hilfe« in dem Augenblick zur vollen Verfügung, in dem du das erkennst.*

Zur Vertiefung dieser Einsicht kannst du folgende ***Übung*** machen: Suche zuerst nach einem (eingebildeten) Mangel in deinem Leben, der dir zu schaffen macht, etwa einem Mangel an Anerkennung deiner Stärken und deiner guten Absichten. *Im nächsten Schritt beginnst du damit, anderen Menschen Anerkennung genau dafür zu zollen, was du bei ihnen an Fähigkeiten und guten Absichten gesucht und gefunden hast.* Es hängt von deiner Beobachtungsfähigkeit ab, wie lange es dauert, bis du erkennst, dass das Fehlende so zu dir zurückkommt und dass du all das, was du an diesen anderen erkannt hast, vorher selbst schon hattest. *Dir hat in Wirklichkeit nur eins gefehlt: Die Einsicht in diesen Sachverhalt.*

Du kannst bei dieser Übung sofort aufs Ganze gehen und deinen eingebildeten Mangel an Liebe auflösen, indem du beginnst, Liebenswertes an anderen zu suchen, anstatt danach, was du an ihnen auszusetzen hast. Halte auch ausführlich Ausschau nach Beweisen dafür, dass du selber bisher schon sehr geliebt wurdest und jetzt geliebt wirst – und sei es im Moment nur von deinem blöden Hund, der nicht anders kann, obwohl er ein ignorantes Herrchen hat. Du wirst erkennen, dass es dir hierin ebenfalls in nichts gemangelt hat. Außer an Einsicht eben.

Ziel und Mittel müssen unterschieden werden

Das einzig wirklich erstrebenswerte Ziel ist das Erinnern daran, wer du wirklich bist: Du bist dieses Nichts, das zu sich selbst erwacht und in dem alles erscheint und wieder vergeht. Du solltest dich zuallererst darum kümmern, das zu erkennen. Der Rest wird dir dazugegeben.

Für den Fall, dass du lieber Umwege machen und dabei wenigstens Spaß haben willst, indem du während deines Aufenthalts in der Traumzeit wahre und somit schöne Träume erschaffst anstatt Alpträume, ist Folgendes zu beachten: *Ein Ziel besteht immer in einem*

Gefühlszustand und *ein Mittel ist die Art und Weise der Inszenierung, mit der du diesen gewünschten Zustand erschaffen willst.* Während deiner Traumzeit benötigst du dazu die Welt, zu der sowohl dein Körper als auch insbesondere andere Menschen gehören. Du kannst später dann dein Erinnerungsvermögen anwenden, um erwünschte Zustände durch Erinnern an vergangene schöne Erfahrungen jederzeit erneut zu vergegenwärtigen, kannst deine Zielzustände also auch ohne fremde Hilfe realisieren. Aber sei vorsichtig: Du brauchst immer wieder den Kontakt zum Boden der Tatsachen und ausreichend Achtsamkeit, wenn du unnötige Schwierigkeiten vermeiden willst.

Wenn du genau weißt, was du willst, welchen Gefühlszustand du also erschaffen willst, fällt es dir selbstverständlich leichter, die entsprechenden Mittel zu finden. *Daher ist es vernünftig, dir schon vorher zu überlegen, wie du dich anschließend fühlen willst, ehe du aktiv wirst.*

Das Entdecken *und* das korrekte Anwenden der geeigneten Mittel zur Wunscherfüllung nennt man Lernen. Zum Lernen gehört natürlich, die *richtigen* Wünsche zu haben. Der Volksmund sagt dazu: »Wer dumm fragt, bekommt dumme Antworten«.

Die *hardware* unseres Körpers, unser Nervensystem, ist so vorprogrammiert, dass wir auf dem schnellsten Weg von einem Zustand »Bäh!« wieder zu einem Zustand »Aaah!« zurück und dort bleiben wollen, weil bei dem ja alles einmal angefangen hat. Die schnellste Art, von Bäh nach Aaah zu kommen, führt gewöhnlich über den kürzesten Umweg. Die Diretissima ist für Anfänger ungeeignet, weil sie normalerweise viel Training erfordert. Es gibt zwar das Anfängerglück der Narren, aber wenn dieser Narr nicht schnell dazu lernt, wird er wieder alles verlieren. Die Direttissima wäre, sich *sofort* wieder an den Zustand Aaah zu *erinnern* und ihn zu stabilisieren. (Der maximale Aaah-Zustand *Himmel* entsteht durch die Erkenntnis dessen, wer ich wirklich bin.) Alles Weitere entspricht dann mühelos diesem Zustand.

Leider braucht es bei uns Anfängern eine lange Übung, bis wir Aaah-Zustände ausreichend stabilisieren können – sofern wir sie überhaupt glauben, d.h. als wahr akzeptieren können. Anders herum fällt uns das deutlich leichter: Wir erinnern uns flugs an schlimme Zustände und können die dann stunden- oder tagelang stabilisieren. *Dabei ist keinerlei Unterschied im Verfahren festzustellen*: Beides ist Erschaffen! Den Unterschied macht unser Glaube aus an das, was wir für wahr halten.

Viele wollen aber entgegen unserer natürlichen Programmierung schnell von einem Zustand Aaah wieder zurück zum gewohnten Zustand Bäh! Da kann man nur staunen. Sie haben das meistens früher von jemandem so gelernt und glauben jetzt immer noch, dass das irgendwie gut für sie ist und sowieso wahrer sei als ein Zustand Aaah. Dabei handelt es sich meistens um Menschen, die aus den bereits erwähnten Gründen ihr Leiden für richtig halten. Manche sind dabei Missionare und so genannte Fundamentalisten geworden, die sich sofort als Sünder betrachten, wenn ihnen irgendetwas anfängt Spaß zu machen, und die sofort neidisch werden, wenn andere sich das erlauben.

Für ein Kind ist es ja unmöglich, glücklich zu sein, so lange geliebte Personen in irgendeiner Form leiden, besonders wenn es die Mutter ist. Ein Kind würde da beim Glücklichsein sofort ein schlechtes Gewissen bekommen und schnell machen, dass es wieder leidet. Für ein Kind ist es nämlich noch wichtiger, zugehörig zu sein, als für Erwachsene. Das geht immer vor. Wenn es zusammen mit den geliebten Personen leidet, gehört es weiter zu diesen Personen und das Kind hat daher ein gutes Gewissen beim Leiden. Der Zustand aber, der für alle Menschen vorgesehen ist, wäre ein Zustand des *Glücklichseins in Gemeinschaft*. Schade, dass sich so viele darauf versteifen, diesen Zustand auf später zu verschieben. (Abgesehen davon muss man sich nach längerer Leidenszeit ans Glück auch erst einmal wieder gewöhnen.)

Wer Ziel und Mittel verwechselt, der kann selten dieses einzig vernünftige Ziel erreichen. Er denkt vielleicht, dass er das Ziel »glücklich und frei« nur dadurch erreicht, indem er *zunächst* viel Geld anhäuft, damit er *anschließend* endlich das machen kann, was er wirklich will und sich *dann* endlich frei fühlen kann. Er übersieht bei dieser Konstruktion jedoch, *dass er so eine Lösung unmöglich macht, weil er sie damit in die Zukunft verlegt und sie dann für ihn gegenwärtig noch nicht erreichbar ist.* Gegenwärtig könne er nicht frei sein, denkt er, weil er ja nicht genug Geld hat. Er hat sich selber eine Falle gebaut. Sollte er im Lauf der Jahre endlich doch Millionär werden, erkennt er wahrscheinlich, dass er sich mit seiner Methode des Geldansammelns nur weitere Probleme geschaffen hat. Er ist nun beispielsweise nie ganz sicher, ob das angehäufte Geld wirklich reicht oder ob es nicht wieder verschwindet, wenn er nicht auf seine Aktien aufpasst oder auf seinen etwas zu flotten neuen Geschäftspartner; und er ist sich nie ganz sicher, ob die Geliebte wegen seiner Liebenswürdigkeit oder eher wegen seines Geldes mit ihm ins Bett steigt, denn trotz seiner Millionen ist sein Schniepel ja noch keinen Millimeter größer geworden. Er ist also gebundener und ängstlicher, anstatt frei, und höchstens aufgeblähter als vorher. Vielleicht besinnt er sich, was eher unwahrscheinlich ist, oder er macht auf seinem Holzweg weiter, bis er Milliardär geworden ist. Oder pleite.

Alle seine Bemühungen gründeten auf einem eingebildeten Mangel und daher auf Angst. Er hat bisher inbrünstig seinem Ego gedient. Das Ego ist bekanntlich ein Fass ohne Boden, weil es eine Illusion ist. Was hilft es ihm, wenn er dabei die ganze Welt gewinnt und nimmt doch Schaden an seiner Seele? (So heißt es im Neuen Testament.) Meinetwegen sag' dazu, er sei vom Satan verführt worden. Aber bitte erinnere dich, dass der Satan nur eine gebräuchliche Metapher für das Ego ist, sonst wirst du wieder abergläubisch und bekommst womöglich einen Rückfall in die Zeit deines magischen Denkens.

Und welches Ziel verfolgst du? Willst du ewig ein Ego bleiben oder willst du endlich wieder zurück in die Einheit mit dem Großen Ganzen, zurück zu deinem wahren Ursprung? Hier ist das Mittel: *Lerne die Kunst des Sterbens und löse deine Ego-Illusion damit auf.* Es gibt genug Anleitungen dafür in dieser Welt. Da ist bestimmt auch für dich etwas Passendes dabei.

Das Problem und die Folgen des Problems müssen unterschieden werden

Jedes Problem besteht aufgrund eines Irrtums darüber, wer man tatsächlich ist. Und wie soll man dann wissen, welcher Weg zum Ziel führt, wenn man nicht erkennt, dass man bereits am Ziel ist? Dieser Irrtum ist die Ursache und die Mutter aller weiteren Irrtümer, und jeder von ihnen führt zu unangenehmen Folgen, damit man den Irrtum erkennt und korrigiert. Es nützt nichts, nur dessen Folgen zu bekämpfen, weil man sie mit dem Problem selber verwechselt: »Mein Problem ist, dass ich nie Geld habe.« Quatsch! Dein Irrglaube ist das Problem.

Übe, hier genau zu unterscheiden, denn das ist ähnlich wie mit der Verwechslung von Mittel und Ziel, die ja ebenfalls Form eines Irrtums ist.

Der Ur-Irrtum selbst ist unbewusst, weil er sehr früh entstanden ist und zusätzlich mit (fast) allen Menschen geteilt wird. Damit du eine

Chance für Korrekturmöglichkeiten bekommst, sind die Folgen eines Irrtums letztlich immer unangenehm. Somit setzt du dich nach einer gewissen Leidenszeit wieder in Bewegung, bemerkst den Irrtum irgendwann und korrigierst ihn. Da du bereits frei bist, darfst du damit warten, so lange du willst. Abhängig ist die Zeit bis zu einer Korrektur nur von deiner Offenheit und von deiner Leidensfähigkeit. Manche behalten ihre Irrtümer samt den damit verbundenen und manchmal sehr üblen Folgen ihr ganzes Leben lang und viele sterben eher, als sich zu korrigieren: »Nur über meine Leiche!«. Sie versuchen sogar, ihre Irrtümer an die Kinder weiterzugeben, denn sie denken ja, dass ihre Irrtümer Wahrheiten seien.

Ihre Kinder sind natürlich später ebenfalls frei und haben, wenn sie größer geworden sind, selber die Möglichkeit, diese übernommenen Irrtümer zu korrigieren. Bei ihren Korrekturen bekommen sie zunächst genau so Angst und ein schlechtes Gewissen wie ihre Eltern damals; sie erleben Korrekturen, als ob sie damit ihre Sicherheit aufs Spiel setzen würden durch einen Verlust ihrer Zugehörigkeit, oder als ob sie gar ihre Eltern oder ihre Sippe im Stich lassen würden. »Aller Anfang ist schwer« gilt daher auch für Korrekturen.

Es ist vollkommen logisch, dass ich ohne Korrektur die unangenehmen Folgen all meiner Irrtümer ertragen muss. Ich kann mich jedoch gut fühlen dabei, weil ich dann zwar wie ein Kind durch gemeinsames Leiden weiter in einer kindlicher Liebe vereint bin mit meiner Familie und meinen Vorfahren, anstatt durch Glück mit ihnen vereint zu sein – *den Vorfahren jedoch bereitet eine Entscheidung ihrer Nachkommen für das Leiden Kummer und sie wirkt daher ähnlich wie Rache.* Manchmal kann man den Eindruck gewinnen, als ob sogar noch die Toten über das Leid ihrer Nachkommen bekümmert sind, weil es sich bei der Entscheidung für das Leiden um eine schwere Form der Dummheit handelt, die andere ebenfalls behindert.

Ich wiederhole: *Notwendige Korrekturen eines massiveren Irrtums erscheinen zunächst zwar immer als eine Bedrohung, weil jeder Irrtum vom furchtsamen Ego kommt, das verrückte Strategien entwickelt, um Sicherheit zu erreichen. Aber ohne Korrektur wirst du die Folgen des Irrtums nicht los. Die meisten brauchen an diesen kritischen Stellen einen Helfer, der ein derartiges Problem bereits gelöst hat und der die Gefahrenstellen daher kennt: Sie benötigen einen Lotsen.* (Viele Therapeuten sind da eher weniger geeignet, weil ein Lotse die Gewässer, durch die es zu steuern gilt, aus eigener Erfahrung kennen muss.)

Leiden mit Genuss

Viele Menschen glauben, dass sie zu Recht leiden. Sie haben daher ein *gutes Gewissen* und fühlen sich gut beim Leiden. Ihnen ist vorerst nicht zu helfen.

Hier sind ein paar Beispiele:

»Geschieht meiner Mama ganz recht, dass mich so friert! – Hätt' sie mich richtig angezogen! Eine *gute* Mama würde das nämlich tun.« Das ist *Leiden als Trotz und Rache.* So jemandem kann man nicht helfen. Liebst du diesen Menschen, dann musst du ertragen, dass er sich für das Leiden entschieden hat und du musst warten, bis er dabei ein schlechtes Gewissen bekommt. Später überlegt er es sich vielleicht wieder anders und fängt an, etwas zu tun, das sein Leiden beendet. Dabei kannst du ihm dann ja helfen, sofern du dazu einen Auftrag von ihm erhältst. Es fällt jedoch schwer zu warten, wenn man diese Person liebt, und es fällt schwer, anzuerkennen, dass man selber nichts tun kann, so lange diese Person bei ihrer Haltung bleibt.

Eine weitere Art, mit gutem Gewissen zu leiden, ist das *Mitleiden* der Kinder mit den Eltern, wenn die ein schweres Leben haben. Sie bleiben aber so in Gesellschaft mit ihren Eltern und fühlen sich ihnen damit weiter zugehörig. Das ist die Auswirkung ihrer kindlichen Treue und ihrer Loyalität diesen geliebten Personen gegenüber.

Dieses Mit-Leiden ist eine Auswirkung des magischen Weltbildes, das Kinder in einem gewissen Alter naturgemäß haben. In der magischen Welt der Kindheit existieren nämlich noch keine klaren Grenzen und alles ist für sie irgendwie geheimnisvoll miteinander verbunden und belebt, selbst tote Dinge. In dieser magischen Sichtweise ist es für ein Kind vollkommen logisch, der armen kranken Mama dadurch zu helfen, indem es unbewusst ein magisches Ritual ausführt und selber krank wird: »Ich mach' das jetzt für dich, meine liebe Mama, dann kannst du wieder gesund sein«. Das ist auch das Prinzip der schamanischen Heilkunst. (Im Gegensatz zum Kind weiß ein Schamane jedoch, wie er das »Böse« danach wieder los wird.) Dieses Manöver ist eine liebevolle Anmaßung des Kindes und natürlich geht's der Mama dann noch schlechter, wenn ihr Kind ebenfalls leidet. In der Arbeit *Bert Hellingers* wird diese liebevolle Form des Leidens oft deutlich sichtbar.

Du wirst dich sicher auch gut fühlen beim Leiden, wenn du glaubst, dass *dein Leiden gerecht ist*, weil du dich schuldig fühlst und daher wünschst, zum Ausgleich entsprechend bestraft zu werden. Das ist ebenfalls Kinderkram. Selbstverurteilungen und deren Folgen sind

Versuche, durch eine vorweggenommene Selbstbestrafung die Einheit mit der Mutter zu bewahren, um nicht in der Hölle zu landen, wenn sie dich verstößt. Solltest du tatsächlich etwas Schlimmes angestellt haben, so ist es in jedem Fall besser für alle, zum Ausgleich etwas Gutes zu tun, anstatt sich selbst zu bestrafen. Vielleicht fällt dir das anfangs schwerer als zu leiden, aber wenigstens nützt es etwas.

Eine weitere Art, mit Genuss zu leiden, ist *das Leiden der Märtyrer*. Solche Leute sind der Ansicht, dass sie mit ihrem Leiden einer höheren Macht dienen und sie bilden sich ein, dass durch ihr verzeihendes Leiden auch bewiesen wird, dass sie edler seien als ihre unwissenden Peiniger. Märtyrer sind eine Abart der Missionare und sie wollen ihren eigenen und einzig wahren Glauben an all die anderen Menschen weitergeben, die nicht so erleuchtet sind wie sie selber, damit die ebenfalls gerettet werden können. Sie glauben nicht nur, etwas Besseres zu sein als diese Heiden, sondern sie unterstellen Gott, dass Er so verrückt sei, alle Menschen zu verdammen, die nicht so sind wie die Märtyrer und Missionare.

Beachte: *Missionare und Märtyrer sind gewöhnlich gewalttätig und es ist daher besser, wenn du ihnen aus dem Weg gehst.*

ααα

Kommunikation geht vollautomatisch

»Was muss ich nur *machen*, damit der andere merkt, wie's mir gerade geht?«

Das ist eine überaus seltsame Frage. Was musst du denn machen, damit andere merken, dass du dich gerade ärgerst? Du musst überhaupt nichts machen, denn jeder merkt bald, was mit dir los ist, selbst wenn du dich jetzt zusammenreißt; dein gegenwärtiger Zustand *entspricht* dir nämlich vollautomatisch und jedes Kind kann merken, dass du jetzt böse bist. Und was musst du machen, damit andere merken, dass du traurig bist? Oder dass du Angst hast? Oder dass du liebevoll bist? Gar nichts musst du machen! Du *bist* in diesem Zustand und alles andere geht automatisch. Beobachte lieber genau, wie du gerade bist, was du gerade tust und was dabei passiert, anstatt eine derartige Frage zu stellen. *Du kommunizierst in Wirklichkeit ja sowieso nur deine Zustände und nicht das, was du gern kommunizieren würdest.*

Oder denkst du, dass du wirklich jemanden hinters Licht führen kannst, indem du nur so tust, als ob du ihn magst, oder indem du geheim halten willst, dass du jemanden liebst? Das funktioniert zwar *scheinbar* mit Leuten, die bereit sind, diese Einbildung mit dir zu teilen, weil ihnen das aus gewissen Gründen lieber ist; die machen dann sich selber und dir vor, dass sie tatsächlich nichts merken würden – und schaden damit sich selber und dir.

Innerhalb eines gewissen sozialen Rahmens ist »So tun als ob« ganz o.k. und du kannst das Höflichkeit nennen. In manchen Situationen ist es sogar dringend angezeigt. Kinder müssen das erst lernen, denn die sind anfangs ausgesprochen unhöflich in ihrer Direktheit. Aber auch beim höflichen Umgang miteinander merkt jeder der Beteiligten schnell, was tatsächlich der Fall ist. Es kommt jedoch auch vor, dass alle Beteiligten kollektiv halluzinieren und nicht sehen, was wirklich los ist. Falls du der einzige bist, der das checkt, rate ich dir, vorerst besser die Klappe zu halten und dir deinen Teil nur zu denken.

Eines kannst du keinesfalls: du kannst nicht »machen«, dass du jemand anderer bist als der, der du tatsächlich bist. Am einfachsten ist es und geht daher auch am leichtesten, wenn du wahrhaftig bist, anstatt anders sein zu wollen, als es der Fall ist. Du brauchst dabei überhaupt nicht grob zu werden, nur ehrlich, denn die anderen sind an deinem gegenwärtigen Zustand ohnehin gänzlich unschuldig. Es reicht, wenn du offen mitteilst, was bei dir los ist – sofern der Gegenüber daran interessiert ist. Lerne dabei zu ertragen, dass Menschen eben »geschlossen« sein können und übe, deine eigenen Zustände zu kontrollieren, anstatt deine Mitmenschen kontrollieren zu wollen auf eine Art, die du höchstwahrscheinlich von Mama gelernt hast.

Wenn du bisher wenig Selbstbeobachtungsfähigkeit entwickelt hast und nicht schnell genug bemerkst, was dir in einer Situation wirklich entspricht, dann achte wenigstens auf das Echo, das du in deiner Umgebung hervorrufst. Vielleicht hilft dir dein Feedback, dich wieder zu besinnen und gegebenenfalls zu korrigieren.

Du kannst mit Hilfe der folgenden ***Übung*** lernen, deine Zustände selbst zu bestimmen:

Beobachte deinen gegenwärtigen Zustand und dein damit verbundenes Handeln *mit dessen Folgen* in aller Ruhe und *ohne jedes Urteilen*, anstatt irgendetwas abzulehnen oder deine Zustände gar zu bekämpfen. Beobachte also in aller Ruhe deine Aufregung, untersuche sie aufmerksam, versuche herauszufinden, woran dich dieser Zustand erinnert und was du jetzt fürchtest. Achte genau darauf, was du sagst und wie du es sagst, achte auf Bewegungen, Körperempfindungen und vor allem auf die Reaktionen deiner Mitmenschen.

Wenn dein bisher unangenehmer Zustand dabei nicht ohnehin wie von selbst verschwindet, dann kannst du ja – ohne dabei zu urteilen – neu entscheiden, in welchem Zustand du stattdessen sein willst, beispielsweise heiter, locker und offen. Und dann *sei* so. *Oder erinnere dich einfach an eine schöne Erfahrung*. Das geht oft leichter.

Wir sind immer in Gesellschaft und können unsere Träume nicht alleine verwirklichen

Jeder deiner Zustände ist das Ergebnis deiner bewussten oder unbewussten Inszenierungen, bei denen du dich unbedingt mit anderen Menschen verbinden musst, damit sie entstehen und stabilisiert werden können. Du kannst diese Inszenierungen »Traumsequenzen« nennen. Es gibt dabei Sequenzen, die jahrzehntelang dauern können und sogar tödlich enden.

Ich kann bereits »gelernte« Gefühlszustände zwar später durch Erinnern alleine erzeugen, aber wenn sie nicht durch andere bestätigt werden, lösen sie sich meist schnell wieder auf. Co-Produktionen sind natürlich deutlich stabiler und zerfallen daher langsamer oder mit mehr Getöse, abhängig von der Energiemenge, die darin gebunden ist und von der Anzahl der Mitträumer. Die freigesetzte Energie kann danach andere Formen annehmen.

Auch Konflikte sind Zustände, die ich einmal gelernt habe. Sie müssen ebenfalls gemeinsam mit anderen inszeniert werden, damit ich sie wieder vergegenwärtigen, also erneut erfahren kann. Immer bin ich dabei in Gesellschaft und teile meinen Zustand mit anderen, damit er verstärkt und stabilisiert wird durch deren Bestätigung. Das nennt man positives Feedback, wenn etwas verstärkt wird. Beim negativen Feed-back wird etwas abgeschwächt und kann verschwinden. Ein schlimmer Traum eines Mitmenschen verschwindet schneller, wenn ich nicht auf seinen Traum *re*agiere oder stattdessen das *genaue Gegenteil* hinzufüge, indem ich beispielsweise auf seinen Angriff mit Freundlichkeit reagiere. Das wäre negatives Feedback und würde seinen Angriff hemmen. Diese Reaktion wäre eine richtige Form von Widerstand.

Manche Menschen inszenieren seltsamerweise oft schlimme Zustände. Sie benötigen dazu ihre willigen Helfer, genau wie diejenigen, die Lösungen erschaffen wollen. Diese schlimmen Träume werden auf dieselbe Weise verstärkt wie alle anderen Träume außerhalb des Bettes, nämlich durch Mit-Teilen und Zustimmen, so dass alle Helfer ihren Anteil daran haben. Das ist gerecht. Je mehr Mitträumer ich finde, desto stärker ist gewöhnlich die erzielte Wirkung. Sogar für die Einbildung, arm und einsam zu sein, brauche ich Helfer, die sich mir gegenüber entsprechend verhalten müssen, mir beispielsweise aus dem Weg gehen und mich ablehnen. Damit die das tun, verhalte ich mich ihnen gegenüber so, dass diesen Menschen allmählich die Lust daran vergeht, mit mir in Gesellschaft zu sein. Gegebenenfalls muss ich einige dabei richtiggehend vertreiben, weil die mich womöglich retten wollen.

Keiner wird allein gekreuzigt und keiner kommt allein in den Himmel. Man ist dabei immer in Gesellschaft. Es ist gut, dass wir unter *allen* Umständen verbunden sind – sogar in der Hölle. Besonders gut ist es, falls man wieder etwas ändern will, damit es weitergehen kann mit dem Leben und dem Fluss der Liebe, weil sich das »Gute« damit automatisch ebenfalls stärker ausdehnt, indem andere daran teilhaben können und dadurch mehr Kraft freigesetzt wird. Wenn etwas weitergehen soll, müssen aber unbedingt Mitträumer gefunden werden.

Ich sollte mich möglichst bewusst entscheiden, welche Art von Zuständen ich gemeinsam mit anderen erschaffen will und mich daher mitfühlend von solchen Menschen zurückziehen, die Schlimmes erschaffen wollen. Keinesfalls ist es ratsam, mit ihnen zu diskutieren oder sie womöglich gar bekämpfen zu wollen, denn damit verlängerst du ein gemeinsames Leiden. Mit deinen ohnehin vergeblichen Gegenmaßnahmen bestätigst du ihnen ja, dass ihr Alptraum eine Wirklichkeit hätte und so verstärkst du ihren Wahn und leidest mit.

Etwas Nichtexistierendes braucht doch nicht bekämpft zu werden!

Unsere Geister sind miteinander verbunden wie in einem physikalischen Feld

Wir bemerken diese Verbundenheit unserer Geister normalerweise nicht – zumindest nicht in ihrer ganzen Konsequenz – weil wir uns auf bestimmten Ebenen verschlossen haben. *Mein Geist bleibt mit allen »anderen Geistern« auf anderen Ebenen trotzdem weiterhin verbunden, obwohl ich nun aufgrund meiner Identifikation mit meinem Körper »geschlossen« bin und mit der dadurch entstan-*

denen Einbildung von Abgetrenntheit scheinbar erfahre, dass ich ganz für mich allein sei und mich daher zu Recht fürchten muss. Viele verfallen als Folge dieser Furcht auf die nahe liegende Idee, anderen etwas vormachen zu können. Sie wollen im Dunkeln munkeln und vor anderen etwas verbergen, von dem sie glauben, dass es schlecht wäre, wenn die es erfahren würden. So etwas funktioniert aber nicht wirklich, erst recht nicht bei einem Hund. Der merkt sofort, ob du Angst hast oder nicht und reagiert entsprechend des wahren Sachverhalts. Der Grund ist klar: Er denkt nicht so viel wie du und deswegen merkt er mehr. Er ist nicht verschlossen, *sondern einfach ein Hund.*

Das Modell der *morphischen Resonanz* von *Rupert Sheldrake* ist eine äußerst anschauliche Beschreibung dafür, wie das mit den verbundenen Geistern funktionieren könnte: Wir wären da mit allen Menschen in einem gemeinsamen morphogenetischen Feld vereint, aus dem wir nicht austreten können wie aus einem Klub. Besonders gut scheinen die Auswirkungen dieses Feldes in einem Sub-Feld Familie beobachtbar zu sein. In der Aufstellungsarbeit *Hellingers* werden sie meiner Ansicht nach ebenfalls deutlich sichtbar. Diese Verbundenheit könnte mit *Sheldrakes* Modell gut erklärt werden.

Jeder von uns hat bereits Erfahrungen mit dieser Verbundenheit gemacht – angenehme und unangenehme. Du kennst sicher beispielsweise folgendes Phänomen: Du denkst seit einigen Minuten daran, eine bestimmte Person endlich wieder anzurufen und plötzlich klingelt das Telefon und genau diese Person ruft jetzt an; oder du spazierst durch die Stadt, denkst an eine bestimmte Person und kurz darauf triffst du sie. Es gibt noch beeindruckendere Berichte über eine solche Verbundenheit, etwa Berichte von Müttern, deren Söhne im Krieg gefallen sind und die Mütter hatten genau den Zeitpunkt gespürt, als es passiert ist. Parapsychologen untersuchen solche Erfahrungen genauer, denn es gibt hier eine ganze Menge verblüffender Phänomene, die aber nichts mit Okkultismus zu tun haben. *C.G. Jung* hat sich ausführlicher damit befasst und solche »passenden Zufälle« *Synchronizität* genannt.

An dieser Verbundenheit unserer Geister und Seelen liegt es, dass letztlich nur die Wahrheit frei machen kann, weil Tricks auf dieser Ebene nicht mehr funktionieren. Niemand, keiner unserer Brüder hier auf Erden, darf ausgeschlossen werden, wenn eine echte Selbsterkenntnis und damit eine wirkliche Befreiung gelingen soll. Solange auch nur einer fehlt, ist das Ganze nicht wirklich ganz und ein dauerhafter Frieden daher nicht möglich.

Abgesehen davon ist es für deine Lebensführung schon aus praktischen Gründen sinnvoll, echt und wahrhaftig zu sein, weil das die ökonomischste Form ist. *Alles andere ist bereits Energieverschwendung.*

Wir machen dauernd »Aufstellungen«

Aufstellung wird ein Verfahren genannt, bei dem fremde Menschen als Stellvertreter für Mitglieder des eigenen Systems in Anspruch genommen werden. Der »Aufsteller« stellt sie, in der Regel nach seiner Bitte, für eine bestimmte Person Stellvertreter zu sein, intuitiv und gesammelt im Raum zueinander in Beziehung, indem er sie anfasst und in Position bringt. Nach kurzer Zeit bekommen diese so »aufgestellten« Stellvertreter Gefühle und Zustände, die offenbar zu den Personen gehören, die hier vertreten werden sollen, obwohl die Stellvertreter von diesen Originalpersonen kaum etwas oder überhaupt nichts wissen. Bei so genannten Geheimaufstellungen wissen sie nicht einmal, wen sie jetzt gerade vertreten und worum es dabei gehen soll, und die ganze Sache funktioniert trotzdem.

Die Methode des Aufstellens wurde von *Bert Hellinger* weiterentwickelt und breitete sich epidemieartig aus. Es ist kein »offizielles« psychotherapeutisches Verfahren, sondern eine effektive Methode, etwas sichtbar und *erfahrbar* zu machen, das meist im Verborgenen wirkt. Die Erfahrungen, die der Aufsteller dabei macht, können Heilungsprozesse auslösen, weil sie ihn offenbar in Kontakt mit der Wirklichkeit bringen. Ich vermute aus guten Gründen, dass dadurch auch das entsprechende »Feld« des Aufstellers verändert wird. Das zeigt sich daran, dass sich nach Aufstellungen Mitglieder des Systems ebenfalls verändern können, obwohl die von der Aufstellung überhaupt nichts erfahren haben.

Ich arbeite seit Jahren ebenfalls mit dieser Methode. Für mich sieht es inzwischen aus, *als ob wir in unserem Leben oft jahrelang unbewusste Aufstellungen machen* und dazu unbewusst passende Stellvertreter engagieren, die von ihrem zweifelhaften Glück meist nichts wissen. Gerate ich selber in eine solch unbewusste Aufstellung, kann ich das daran erkennen, dass ich anfange, mich über andere Menschen aufzuregen und auf sie in einer Weise zu reagieren, die mir sonst eher fremd ist; oder ich erfahre Zustände, die bei klarem Verstand schnell als unangemessen erkannt werden könnten.

Ob ich andere in meine Aufstellung hineinziehe oder von anderen aufgestellt werde – das Ergebnis ist immer dasselbe: Es wird ein Problem aufgestellt, keine Lösung. *Unbewusste Aufstellungen sind immer Problemaufstellungen und sie führen nur zu Wiederholungen des Problemmusters.* Für die dabei ebenfalls unbewusst vollzogene Auswahl der jeweiligen Stellvertreter gilt offenbar das Gesetz »Gleich und Gleich gesellt sich gern.« Deswegen ist es meist unnötig, die Stellvertreter zusätzlich zu instruieren, wie sie sein und was sie tun sollen, bevor die *show* losgeht. Sie wissen es ja intuitiv, weil sie selber ein ähnliches Problem haben. Das erspart allen Beteiligten viel Zeit bei der Erzeugung ihres gemeinsamen Problems. Abgesehen davon sind die Beteiligten ohnehin untereinander verbunden.

Diese unbewussten Aufstellungen können dir jedoch als Hilfe bei der Suche nach Lösungen dienen, sobald du sie als solche erkennst. Beruhige dich und sei dankbar, dass es so etwas gibt, anstatt deine gegenwärtigen Assistenten zu bekämpfen, zu verurteilen oder in sonstiger Weise zu beleidigen. Erkennst du unbewusste Aufstellungen nicht rechtzeitig und mutest den hineingezogenen Stellvertretern üble Rollen zu, entstehen schlimme Wiederholungen längst vergangener Geschichten. Du solltest dich dann erinnern, dass diese Stellvertreter *Helfer* sind und dir gerade dabei helfen, dein Problem klarer sehen zu können. Sie sind dir nach dieser Erkenntnis und deiner prompten Reue über deine ungerechten Urteile über sie in der Regel auch gerne behilflich, in dieser nun bewusst gewordenen Aufstellung endlich eine Lösung zu finden. So wird es dir leicht fallen, die Stellvertreter gerecht zu entlohnen, indem du ihnen von Herzen dankst, anstatt weiter auf sie böse zu sein. Sie waren ja in Wirklichkeit deine liebevollen Diener.

Was wäre denn das sonst für eine Gerechtigkeit, wenn du diese engagierten »Schauspieler« nicht nach ihrer *Leistung* entlohnst, sondern danach, welche *Rolle* sie *für dich* zu spielen hatten? Wer den Bösen darstellen musste, der bekommt dann keine Gage, sondern nur einen kräftigen Tritt, obwohl er seine Rolle mit ganzer Hingabe und wirklich überzeugend gespielt hat; und wer den Helden spielen durfte, der bekommt den größten Anteil. Das wäre wirklich eine seltsame Art von Entlohnung – fast wie in der Zeit, als die Überbringer von schlimmen Nachrichten für das Überbringen der Botschaft noch umgebracht wurden. Wenn du mit deinen Boten so verfährst, stehst du bald alleine da und verlierst den Kontakt zum Boden der Tatsachen ganz, denn um einen solchen Job reißt sich bestimmt keiner mehr. Vermeide also dringend die mit deiner eigenen Aufregung entstehenden Urteile.

Du kannst zu dieser ganzen Aufstellungsgeschichte natürlich wieder Traum sagen und du verstehst dann ebenfalls, was sich da abspielt. Bleib' aufmerksam und locker beim Träumen, denn so kannst du deine Träume wieder verändern und vor allem kannst du selbst bestimmen, in welchen fremden Träumen du Stellvertreterjobs annehmen willst und in welchen besser nicht. Außerdem fällt es dir leichter, die ganzen Aufstellungsdramen *nicht so persönlich* zu nehmen. Erkennst du Aufstellungen rechtzeitig, kannst du frei entscheiden und mithelfen, eine Lösung zu finden – sofern du die Erlaubnis des Aufstellenden hast – anstatt weiter alte Probleme aufzustellen. Darüber wirst du dich sicher mit ihm freuen.

Wichtig bei Aufstellungen ist aber nicht nur das Finden eines Lösungsbildes, sondern dass die ausgesuchten Stellvertreter mit Dank wieder aus ihren Rollen entlassen werden! Durch das Aufstellen sollte doch für dich deutlich geworden sein, dass alles aus dir selber kommt und deine Mitmenschen dir bei all dem dienen, was du selbst für dich bestimmt hast, also bei dem, was dir gerade entspricht. Das ist nur eine wunderbare *show*, durch die du erkennen kannst, was bei dir selber los ist und was du tun und lassen kannst, damit endlich Lösungen möglich werden.

Eine Lösung erfordert den Verzicht auf das Recht, böse zu sein

Dazu stelle ich jetzt ein Modell vor, das sinngemäß von *Boszormeny-Nagy* stammt:

Jeder Mensch hat zwei Konten bei der »Bank des Lebens«: Eins heißt *Recht, böse zu sein*, das andere könnte man nennen *Recht, sich gut zu fühlen*. Beide Konten werden aufgefüllt wie ein Bankkonto, nämlich durch Einzahlungen. Einzahlungen begründen selbstverständlich ein entsprechendes Recht, später vom jeweiligen Konto abzuheben. Das Abheben geschieht dann entweder dadurch, dass du dich später berechtigt gut fühlen darfst, bzw. dass du später als Erwachsener »zu Recht« auf jemanden böse bist, dabei aber nicht mehr sehen kannst, dass derjenige an deiner *jetzigen* Misere gänzlich unschuldig ist. Er ist so unschuldig an deiner jetzigen Misere, wie du selber *damals* unschuldig warst an deiner damaligen eigenen Misere, in der du noch ein Kind gewesen bist, denn *nur* in der Kindheit sind wir tatsächlich in einer Art unschuldig, wie wir uns später als Erwachsene zwar gern fühlen, es aber nicht mehr sind. Als Erwachsene sind wir selbst verantwortlich für unsere Zustände. *Das bedeutet, dass bei Erwachsenen dieses Gefühl, zu Recht böse zu sein, niemals berechtigt ist.*

In der Gegenwart wollen diese Menschen nur von ihrem Guthaben abheben, weil sie jetzt sozusagen endlich groß genug dafür sind.

Eine Einzahlung auf dein Konto *Recht, böse zu sein* gibt es, wenn in deiner Kindheit durch einen *Sachverhalt* ein Nachteil für dich entstand und du dafür als unschuldiges Kind damals keinen Ausgleich bekommen hast. Wenn etwas Schlimmes oder Ungerechtes passiert ist und du dadurch unschuldig einen Nachteil hattest, begründete das dein Recht, böse zu sein – zum Beispiel, wenn du von deiner Mama eine Ohrfeige bekommst, obwohl du gar nichts angestellt hast. Jetzt hast du ein Recht bekommen, auf sie böse zu sein. Das nützt dir aber nichts, denn du kannst zum Ausgleich ja nicht einfach deiner Mama eine reinhauen (obwohl manche Kinder das dürfen). Gewöhnlich wird's dann bloß schlimmer für dich. Wenn sie aber später zu dir kommt und sagt: »Das war nicht in Ordnung, dass ich dir eine reingehauen hab', das tut mir leid. Dafür darfst du dir jetzt etwas von meiner Schokolade nehmen« oder halt so etwas in der Art, dann bekommst du einen Ausgleich für die zu Unrecht erhaltene Ohrfeige. Das gibt in dem Fall dann keine Einzahlung. Du bist vielleicht noch ein bisschen böse auf die Mama, danach ist alles wieder gut. Manchmal aber sagt sie: »Was schaust denn so blöd?! Willst du noch eine? – Schleich dich auf dein Zimmer. Ich will dich nicht mehr sehen!« Das ergibt sehr wohl eine Einzahlung. Das Kind steht im Kinderzimmer, ist böse auf die Mama und denkt vielleicht: »So, jetzt kann ich zwar nichts machen, weil ich noch klein bin. Aber warte nur, bis ich groß genug bin! Dann werd' ich's dir zeigen!« Später schikaniert er dann seine gute Ehefrau, *als ob* die seine Mama wäre – *und er fühlt sich im Recht dabei.* Jetzt schikaniert er aber die Falsche und deswegen gibt es nur weiteren Ärger – diesmal vielleicht zusätzlich mit einem Rechtsanwalt.

Wenn schlimmere Dinge passieren, so ergibt das weit größere Einzahlungen. Wer zum Beispiel als Kind früh seine Eltern verliert, wer als Kind laufend in den Streit der Eltern hineingezogen wird, wer das einzige arme Flüchtlingskind in einem Bauerndorf ist und deswegen andauernd von den anderen Kindern schikaniert wird, vielleicht sogar vom Lehrer, wer eine angeborene Behinderung hat oder wenn in seinem Leben sonst etwas dergleichen geschehen ist, ohne dass er dafür einen Ausgleich bekommt, der hat später viel Guthaben auf seinem Konto Recht, böse zu sein. *Das hat überhaupt nichts mit Moral zu tun, sondern mit Sachverhalten.*

Und nun kommt da so ein Therapeut daher und sagt mir nach all den Jahren des Kummers und des Leidens, jetzt, wo ich an mein Konto herankomme und endlich abheben kann, um für mein Recht zu sorgen: »Du musst auf dieses Recht verzichten, sonst gibt es keine Lösung. Dieses Konto musst du *ersatzlos* auflösen und alles verschenken, was in der Kindheit darauf eingezahlt worden ist.« Du kannst dir gut vorstellen, wie schwer das manchem fallen kann, der diesbezüglich reich geworden ist. Diese Menschen beharren gewöhnlich lange auf ihrer Anspruchshaltung gegenüber ihren *jetzigen* Mitmenschen, tretend fordernd auf, reagieren schnell beleidigt, sind oft in juristische Streitigkeiten verwickelt oder verlangen sogar von der Gesellschaft einen Ausgleich.

Seltsamerweise wird jedoch das scheinbar geopferte Guthaben auf diesem Konto durch einen wahrhaftigen Verzicht sofort dafür frei, eine andere Energieform anzunehmen. Das ist wohl eine Auswirkung des Energieerhaltungssatzes, den du aus dem Physikunterricht kennst: »Die Summe der Energie in einem geschlossenen System bleibt konstant«.

Das Guthaben auf deinem Konto Recht, dich gut zu fühlen, darfst du natürlich behalten. *Das Gute bleibt ja bekanntlich übrig.* Dieses Guthaben ist entstanden, weil du als Kind etwas Gutes getan hast und nur du und der liebe Gott wisst davon. Du hast also damals darauf verzichtet, sofort die Belohnung für deine gute Tat einzukassieren und kannst sie daher auf dieses Konto einzahlen. Aber auf dem sind jetzt vielleicht nur mickrige zwanzigtausend Euro und auf dem anderen Konto liegen drei Millionen!

Dieser Verzicht auf das Recht, böse zu sein, überfordert viele und sie sagen sich daher: »Ich nehme mir lieber einen Anwalt. Am besten, einen ganz scharfen! Erst heb' ich mir da von diesem Konto noch was ab – und *dann* lass' ich es vielleicht gut sein.« Sie *verspielen dadurch eine mögliche Lösung und dürfen dann für den Rest ihres Lebens die Folgen ihrer Rachsucht tragen.* Das kannst du dir ähnlich vorstellen wie bei einem Raucherbein: Wartest du zu lange mit dem Verzicht aufs Rauchen, musst du später wahrscheinlich auf dein Bein verzichten, weil dir das Raucherbein nämlich amputiert werden muss. Da kannst du nach der Amputation jahrzehntelang positiv denken, das Bein wächst trotzdem nicht mehr nach. Allerdings kannst du dich dafür entscheiden, mit nur einem Bein ein schönes Leben zu haben, anstatt den Rest deiner Zeit noch damit zu vertrödeln, andauernd zu jammern, dass du wegen deiner eigenen Dummheit jetzt einbeinig bist.

Ein Therapeut sollte üben zu ertragen, dass sich Patienten aus »Gründen der Gerechtigkeit« entscheiden, weiter zu leiden, anstatt es endlich gut sein zu lassen. Manche sterben sogar für dieses Recht – grad' extra! Eigentlich kann man da schon wieder Respekt haben, selbst wenn es weh tut, dabei zusehen zu müssen. Mitleid kann dem Betreffenden nicht helfen und ist auch überhaupt nicht angebracht. Es würde dem Leidenden sogar seine Würde nehmen, weil du ihn damit klein machst, seine Opferhaltung unterstützt und mithilfst, sein Problem weiter zu fixieren. Eine derartige Hilfe würde für dich als Helfer unangenehme Folgen haben.

Eine Lösung gelingt erst, wenn am Ende alle Beteiligten gut dastehen

Soll eine Lösung dauerhaft sein, darf niemand, der zum jeweiligen Problemtraum gehört hat, ausgeschlossen oder sonst in irgendeiner Weise verurteilt werden. Alle, die an diesem Traum mitgewirkt haben, müssen gesehen und angemessen gewürdigt werden, damit eine Lösung möglich ist. Jeder der Beteiligten – soweit er bereits erwachsen ist – muss natürlich selbst die Verantwortung dafür übernehmen, dass er am Entstehen oder an der Aufrechterhaltung eines schlimmen Traumes mitgewirkt hat, egal, ob bewusst oder nicht. Gelingt eine Lösung, dann haben alle daran Beteiligten einen Nutzen aus ihrer Beteiligung, sogar diejenigen, die vorher die Bösen waren. Manchmal dauert es natürlich ein bisschen, bis das deutlich wird. Die Sache läuft aber völlig gerecht ab.

Erwachsen ist der Mensch, sobald er sich fortpflanzen kann. Ab da hat es nämlich Folgen, wenn er sich mit einem anderen fortpflanzungsfähigen Partner einlässt, und zu diesen Folgen muss er jetzt stehen: Er ist dafür verantwortlich. Ganz bestimmte Folgen seines Einlassens mit einem ebenbürtigen und *ausreichend anderen* Erwachsenen sind meist vor Ende der Neunmonatsfrist gut zu erkennen. (Ja, ich weiß doch selber, dass sich fortpflanzungsfähige Homosexuelle trotzdem nicht fortpflanzen, obwohl sie in gewissen Gegenden sogar heiraten dürfen. Sie sind nämlich nicht ausreichend unterschiedlich. Deshalb sind sie eine Ausnahme und haben ein eher schweres Leben, eine Folge ihrer meist unbewussten Entscheidungen. Das zeigt an, dass hier etwas nicht stimmt. Das Geschenk Leben wird in einer homosexuellen Beziehung nicht weitergegeben, was Auswirkungen auf die Seele hat. Trotzdem dürfen auch diese Menschen leben wie sie wollen. Sie müssen nur den Preis dafür akzeptieren.) Versuche, Erwachsensein anders zu definieren als auf die oben erwähnte Weise, sind Augenwischerei; genau genommen sind sie entwürdigend und sie behindern die Entwicklung von Lösungen und von Reifung.

Im Grunde genommen wollen Menschen nur angemessen gewürdigt und verstanden werden. Wenn einer ausgeschlossen bleibt und nicht *mitspielen* darf, gelingt eine wirkliche Lösung nicht, sondern es geht bald wieder weiter mit dem ganzen Zirkus. *Bert Hellinger* zeigt seit Jahren durch seine Arbeit, wie Lösungen gelingen können. Anfänglich bezog er sich auf eng begrenzte Systeme (Familien und Sippen etwa), inzwischen hat er seine Demonstrationen auf größere Systeme ausgeweitet.

Die stärkste Behinderung bei der Suche nach Lösungen entsteht durch ein Urteil, weil hierbei Täter und Opfer völlig getrennt betrachtet werden. Die Folge eines Urteils ist, dass die Opfer im System der Täter durch deren Angehörige repräsentiert werden und umgekehrt. Auf Grund des Urteils geschieht das immer auf eine schlimme Weise: Die Täter werden auf schlimme Weise Teil des Systems, aus dem das Opfer stammt. Meistens werden sie im jeweils anderen System durch Kinder oder Enkel repräsentiert. *Freud* hätte das vielleicht als eine Form der Wiederkehr des Verdrängten beschrieben. Du kannst aber auch Gerechtigkeit oder Karma dazu sagen.

Notwendig ist für eine Lösung also, jedes Urteilen *ganz aufzugeben* und alle Beteiligten als *Mitspieler eines Lehrstückes* anzusehen, das sie für sich selber, für dich und für alle anderen Mitspieler und Zuschauer inszeniert haben. Jeder hat seine Rolle mit ganzer Hingabe und aus einer Art von kindlicher Liebe so gut er konnte ausgefüllt. *Keiner der Beteiligten darf daher ausgeschlossen werden, nur weil er eine schlimme Rolle gespielt hat. Sei deinen Helfern dankbar und korrigiere deine eigenen Fehler.* Du kannst sogar durch mitfühlendes Zuschauen bei derartigen Inszenierungen viel lernen. Sei daher ein dankbarer Zuschauer, anstatt die Schauspieler des Stückes zu beurteilen oder gar das ganze Stück abzulehnen.

ααα

Gut gemeint ist das Gegenteil von gut gemacht

Wenn es jemand gut meint mit dir, dann will er deine Mutter sein, ist jedoch dabei selber noch wie ein Kind, sozusagen ohne Durchblick. Sei daher auf der Hut vor ihm, denn wenn sich ein Kind wie eine Mutter in dein Leben einmischen will, erzeugt es dabei nur Chaos. Deshalb sollen Kinder keine Macht bekommen, erst recht nicht über

Erwachsene. (Aber es ist wichtig, ihre guten Absichten zu würdigen.) Unser Volksmund hat auch hier einen Satz parat, der hinsichtlich solcher Gutmenschen den Nagel auf den Kopf trifft, und der heißt: »Wer den zum Freund hat, der braucht keine Feinde mehr.«

Die von einem Gutmeinenden angestrebte Beziehungsform ist Bemuttern. Das würde aber eine Bindung erzeugen, denn der Bemutterte soll für den Bemutterer das kleine Kind sein, das ihn als eine Mutter braucht. Von der soll es nur nehmen, kann ihr jedoch nichts Adäquates zurückgeben: Eine Mutter braucht nichts von ihrem Kind – das wäre ja Kindsmissbrauch. Es findet daher in einer solchen Beziehungsform kein Austausch statt und die Folge davon ist eine Schuldenbindung: Du kommst bei diesem Spiel natürlich ins Minus, wenn du in die Position des Kindes kommst und nichts zurückgeben kannst, und du würdest daher so lange an diese Mutter gebunden bleiben, bis alle deine Schulden zurückgezahlt sind, denn das gnädige Erlassen deiner Schulden durch diese Mütter befreit dich nicht, weil die insgeheim denken, du würdest ihnen eigentlich durchaus noch etwas schulden. Solche »Mütter« werden daher nach einiger Zeit verlassen, damit die Schuldenbindung nicht noch größer wird. *Wer nichts braucht von anderen, der wird wieder verlassen.*

Aber bleibe ruhig und freundlich bei deiner Abgrenzung gegenüber diesen Müttern, die sich in dein Leben einmischen wollen, denn es besteht keinerlei Grund, deswegen böse mit so jemandem zu werden. Das würde nur aufzeigen, dass du selber deine Mutterbindung nicht gelöst hast und daher weiter mit Trotz reagierst auf jeden Bemutterungsversuch.

Solltest du an einen Therapeuten geraten, der dich bemuttern will, dann suche besser einen anderen, es sei denn, du bist an deiner Befreiung nicht interessiert, sondern willst weiterhin wie ein Kind bleiben. Dafür musst du allerdings in kauf nehmen, dass sich in deinem Leben nichts Wesentliches verändern wird, sondern dass andauernd irgendwelche Mütter darin herumfuhrwerken, alles durcheinander bringen und dann beleidigt reagieren, wenn du nicht dankbar bist für ihren Bärendienst. Trotzdem: Erinnere dich daran, dass solche Leute deine Lehrer sind, damit *du* endlich lernst, dich auf die rechte Weise abzugrenzen.

Mütterliche Therapeuten sind jedoch nötig, wenn jemand in eine Lage geraten ist, aus der er sich selber nicht befreien kann. Ärzte haben in der Regel eine solche Funktion – aber nur so lange, bis du dir wieder selber weiterhelfen kannst.

Woran ich erkenne, was tatsächlich »meins« ist

Ich kann Sachverhalte der Welt entweder korrekt wahrnehmen oder ich kann mir stattdessen etwas einbilden, also halluzinieren. *Korrekte Wahrnehmung ist nur möglich, wenn ich dabei völlig ruhig bleibe.* Auf diesen Zusammenhang habe ich schon mehrfach hingewiesen. Alles, was ich in Ruhe beobachte, kann ich entweder als einen Sachverhalt erkennen, *der aber ohne jede Bedeutung ist,* oder ich kann sehen, dass es sich dabei um eine wahnhafte Inszenierung handelt, um eine Illusion, einen Traum – den eigenen Traum oder den eines Mitmenschen. Sowohl meinen eigenen als auch seinen Traum kann ich vollkommen ruhig und mitfühlend als Illusionen erkennen und bin somit als Beobachter gut abgesichert gegen ein unbewusstes Hineingezogenwerden. Ich muss weder böse werden auf diesen Menschen, noch mich vor ihm fürchten. Ich achte darauf, dass ich ruhig und aufmerksam bleibe, damit ich angemessen handeln kann.

Sobald ich mich aber über irgend etwas oder über irgend jemanden aufrege, zeigt mir diese Aufregung, dass ich gerade selber träume und daher die Dinge der Welt nicht mehr so sehe, wie sie tatsächlich sind, sondern wie ich mir das jetzt stattdessen einbilde.

Selbst wenn ich beharrlich daran glaube, dass alles in meiner Aufregung Wahrgenommene wahr ist, bleibt es trotzdem ein Wahn, den ich selbst miterzeugt oder mit dem ich mich »angesteckt« habe und der dadurch zu meinem eigenen geworden ist. Weil ich aber in meiner Aufregung glaube, dass dieser Wahn wahr sei, hat er auf mich eine entsprechende Wirkung, die verstärkt wird durch Feedback. Jede Aufregung zeigt mir, dass ich das Wahrgenommene als wahr ansehe und es *gleichzeitig beurteile,* denn sonst würde ich nicht darauf reagieren. Es handelt sich also immer (auch) um meinen eigenen Traum, sobald ich aufgeregt werde wegen irgendjemand oder irgendeiner Sache. Somit habe ich ein einfaches Prüfinstrument zur Hand. Meine Aufregung kann angenehm sein wie bei der Verliebtheit, oder recht unangenehm, wie bei Angstzuständen. In jedem Fall ist sie aber die Folge meines eigenen aktuellen Glaubens und damit die Folge eines (meist verborgenen) Wunsches in meinem Geist, den ich mir jetzt erfüllt habe, indem ich seine Verwirklichung mit Hilfe meiner Mitmenschen herbeiträumte. Bilde ich mir etwas Schönes ein, bin ich vielleicht sogar wie ein Säugling, der die Mutterbrust herbeihalluzinieren kann. Selbst von einer riesigen herbeihalluzinierten Mutterbrust kann er aber nicht wirklich gestillt werden.

Sobald ich meinen Traum als wahr ansehe, werde ich automatisch damit beginnen, geeignete Mitträumer zu suchen, um diesen Wahn zu verstärken und zu stabilisieren. Alles Lebendige will sich ausdehnen und ewig existieren. Ein Wahnsystem als Ausdruck von etwas Lebendem will das ebenfalls. Ein wahnsinniger Wunschtraum wird aber unweigerlich zur Ursache einer »echten« Angst. Die tritt bei bisher angenehmen Träumen spätestens dann auf, wenn diese durch die Wahrheit bedroht werden. (Die Wahrheit würde mich aber in beiden Fällen endlich erlösen.)

Eine Übung dazu: Übe dich darin, möglichst frühzeitig zu erkennen, wenn du beginnst dich aufzuregen, denn sobald du dich aufregst, entfernst du dich sofort vom Boden der Tatsachen. Je früher du deine Aufregung bemerkst, desto schneller kannst du dich wieder beruhigen und besinnen, anstatt weiter aufgeregt herumzuhalluzinieren.

Schaffst du das nicht mehr, *dann beobachte wenigstens in Ruhe deine Aufregung*. Beobachte vor allem, was du in dieser Zeit tust und sagst, denn es könnten dabei wichtige Informationen zutage treten. Gewöhne dir an, in Zuständen von Aufgeregtheit *keinerlei Entscheidungen* zu treffen und besser den Mund zu halten. Keinesfalls solltest du Aufgeregtheit bekämpfen, denn dadurch wird sie schlimmer – oder sie geht in den Untergrund und sabotiert dich von dort weiter. Wenn sie da ist, dann beobachte sie aufmerksam und du bekommst so endlich mal die Zügel in die Hand.

Achte nicht nur im Verlauf dieser Übung sorgfältig darauf, dass du selbst bestimmst, an welchen Träumen deiner Mitmenschen du beteiligt sein willst, anstatt dich hineinziehen zu lassen wie ein kleines Kind. Schließlich musst du ja die Folgen deines Mitwirkens ertragen. Erinnere dich in dem Fall an die richtige Form des Widerstandes, indem du dem Erstimpuls widerstehst, sobald du ein »Traumangebot« erhältst und entscheide dich danach bewusst für deine *Aktion*. Aber sei hier achtsam und wende Unterscheidungsvermögen an: *Du kannst dich nicht dadurch von einem Problem trennen, indem du dich verhärtest, sobald ein Mitmensch etwas Unangenehmes inszeniert, nur damit du da nicht hineingezogen wirst. Sobald du dich verschließt, schließt du auch das Problem in dich ein. Wie soll es da verschwinden?* Bleibe also offen in jeder Richtung – auch nach »innen«.

Ganz grundsätzlich gilt: Der Beobachter ist das Beobachtete. Aufregung ist der Indikator für dich, dass du dir gerade wieder etwas einbildest. Da ist nichts außerhalb von dir.

Wenn etwas schmerzt ist es eine Folge von Widerstand

Wir können die Ausdehnung der Liebe und damit unsere Erlösung zwar nicht endgültig verhindern, aber wir können sie stark behindern. Alle Behinderungen entstehen durch unser Einmischen in den »Erlösungsplan«. Wir können uns nämlich einbilden, einen besseren Weg als »Gott« selbst zu wissen, auf welche Weise alles gut werden soll: Sobald die Sache exakt so läuft, wie wir das für richtig halten. Durch Einmischen erzeugen wir jedoch Leiden, damit wir wieder zurücktreten, anstatt aufgeregt herumzufuhrwerken in für uns in Wirklichkeit völlig unüberschaubaren Zusammenhängen; wir sind dann genau wie ein Kind, das sich in die Angelegenheiten der Erwachsenen einmischen will, die es ohnehin nicht versteht.

Wir haben einen freien Willen und wir haben unsere Fähigkeiten, etwas zu erschaffen, zu zerstören, zu vergessen oder Vergangenes jederzeit wieder zu erinnern und somit erneut zu erschaffen. Das gibt uns die Möglichkeit, »Gott« während unserer Traumzeit scheinbar ins Handwerk zu pfuschen und dem Guten endlich *auf unsere Weise* zum Sieg zu verhelfen, sobald Er sich unserer Meinung nach zu lange Zeit lässt. Alle von uns erfundenen Varianten sind aber vollkommen verrückt und wahnsinnig und können daher nicht funktionieren, sofern sie nicht gerade zufällig passen, denn auch ein blindes Huhn findet ja gelegentlich ein Korn und selbst ein Volltrottel erfüllt unbewusst seine Funktion im Großen Werk – meist in Gestalt eines schlimmen Vorbildes. Am deutlichsten wird das bei *Adolf Hitler* sichtbar, der ebenfalls nur machen wollte, dass alles wieder gut wird. Zu diesem Zweck wollte er das Böse vertilgen, damit das Gute sich endlich über die ganze Welt ausdehnen kann. Dafür hat er natürlich Mitträumer benötigt, die bereit waren, seinen wahnsinnigen Traum mit ihm zu teilen.

Der *kleine Adolf* war nicht wirklich böse, sondern er war verrückt und wahnsinnig – und das ausgerechnet in einer Zeit, als bei uns in

Deutschland gerade große Lawinengefahr herrschte. In einer anderen Zeit wäre er höchstwahrscheinlich in der Klapsmühle gelandet, wo er ja auch hingehört hätte. Jedenfalls war er ein begabtes Medium, durch das sich der damalige Wahn der Mehrheit ausdrücken konnte. Wir sind selbstverständlich ebenfalls kleine Adolfs, sobald wir uns einbilden zu wissen, was gut ist und sich daher ausdehnen darf, und was böse ist und daher vernichtet werden muss. Wir können in unserem Wahn wie der kleine Adolf derartige Einbildungen mit dem Willen einer Höheren Macht verwechseln – in seinem Fall war das die Vorsehung – oder denken, dass Gott persönlich zu uns gesprochen habe.

Der kleine Adolf war einmal ein liebevolles Kind, genau wie du, das es sehr schwer hatte mit dem verrückten und versoffenen Papa, der den kleinen Adolf oft verdrosch. Der Kleine hätte alles getan, damit es wieder gut wird daheim, besonders für seine liebe Mama. Er blieb ihr treu bis in den Tod, quasi wie ein katholischer Priester seiner Mutter Kirche, und hat keine Frau intim angerührt, obwohl er – wie manche Priester – wirklich jede Menge Groupies hatte. (Halt, Entschuldigung, das Beispiel eben ist mir jetzt einfach so rausgerutscht. Es ist natürlich völlig absurd, denn Priester haben überhaupt keine Groupies. Nur im Film.)

Aber *eigentlich* war der kleine Adolf auf seine Mama böse, die er letztlich vernichten wollte, weil sie ihm nicht genug geholfen hat – trotz aller Liebe. Ein Kind macht ja insgeheim die Mutter dafür verantwortlich, welchen Vater es hat. »Meine Braut heißt Deutschland« hatte er aber etwas unbescheiden gemeint, und später, als die 6. Armee in Stalingrad eingekesselt war, gab er zum Besten: »Das deutsche Volk hat es nicht verdient, weiter zu existieren, wenn es diesen heldenhaften Kampf nicht siegreich bestehen kann.« Ab hier wurde sein Hass auf die Mama sehr klar sichtbar.

Damit wir uns nicht rettungslos verirren mit unseren Einbildungen, haben wir eine Art von Korrekturautomatik, die dafür sorgt, dass wir auf unseren Holzwegen irgendwann wieder umkehren und zurückkommen auf den »rechten Weg«. *Diese Automatik ist das Leiden*, das als Folge eines jeden Irrtums entsteht. Wenn etwas schmerzt – egal, ob körperlich oder seelisch – handelt es sich um eine Folge davon, dass mein Ego aus Angst Widerstand leistet gegen den Großen Plan. Es sperrt und verschließt sich gegen jede notwendige Veränderung. Dieses Sperren tut mir weh. Ich kann damit zwar die notwendigen Veränderungen in meinem Leben tatsächlich für eine Weile behindern, kann sie jedoch im Endeffekt nicht *verhindern*. Wenn ich endlich nachgebe und »das Richtige mache«, wird *Es* sofort leichter. Ich kann daher selbst entscheiden, wie lange ich leide.

Es gibt noch einen anderen Schmerz, einen guten, der allerdings die Folge davon ist, dass endlich etwas *gerichtet* wurde: Es ist der *Heilschmerz* nach einer gelungenen »Operation«, die inzwischen notwendig gewordenen ist. Wenn die Heilung einsetzt, aber die schmerzhaften Folgen meiner vorhergehenden falschen Entscheidungen noch nachwirken – dieser Kette von falschen Entscheidungen, die dazu geführt hat, dass eine Operation überhaupt erst notwendig wurde – kann es eine Weile nachschmerzen. Diese Schmerzen gehören zum Widerstand, weil sie ja eine der Folgen davon sind, aber sie kündigen bereits die Heilung an.

Der Heilschmerz lässt sich gut vom Problemschmerz unterscheiden. Er fühlt sich nämlich deutlich anders an. Jeder kennt das, der schon einmal wegen Zahnschmerzen beim Zahnarzt war oder der eine Operation hinter sich brachte. Bei den Masseuren heißt er ganz treffend Wohlschmerz. Er entsteht, wenn ich bei der anfangs meist eher unangenehmen Massage von verspannten Muskeln nachgebe, anstatt Widerstand zu leisten.

Sogar ein Kind kann verstehen, dass es ziemlich dumm ist, die *möglichen* Schmerzen einer Zahnarztbehandlung dadurch vermeiden zu wollen, indem man stattdessen die *tatsächlichen gegenwärtigen* Zahnschmerzen aushält.

Wir sind unsere Eltern
(Sie sind unsere wichtigsten Lehrer)

Wir *sind* unsere Eltern – und zwar zu je fünfzig Prozent. *Alles Weitere entfaltet sich daraus.* Es liegt an dir, was du aus deinem Erbe machst, ob du also die von deinen Eltern erhaltenen Talente auf die rechte Art anwendest und sie dadurch vermehrst, oder ob du sie einbuddelst, anstatt damit etwas anzufangen. *Viele ahmen ihre Eltern nur nach oder machen das Gegenteil dessen, was sie an ihren Eltern verurteilt haben* – eine weit verbreitete Form der Dummheit. Das Gleichnis mit den Talenten in der Bibel zeigt dir sinngemäß, welche Folgen du erwarten kannst, wenn du dieses Erbe richtig anwendest, oder was geschieht, wenn du es einbuddelst, etwa indem du Schlimmes direkt nachahmst oder das Gegenteil des Schlimmen realisierst, anstatt das zu verwirklichen, *was eigentlich gemeint war*. Von diesem Erbe geht nichts verloren und es kommt nichts anderes hinzu. Alles ist bereits darin enthalten.

Es geht im nächsten Schritt deiner Entwicklung darum, dein Erbe durch richtige Anwendung zu vermehren, anstatt es nur loyal zu bewahren oder es ganz abzulehnen, weil es nur der steinige Acker ist und deine Schwester das Haus geerbt hat. Es reicht nicht, seine Lehrer gut nachzuahmen, sondern es ist notwendig, dein Erbe auf die rechte Weise ganz individuell auszudehnen und weiterzuführen: *Du musst damit dein eigenes Leben gestalten,* anstatt nur brav deine Lehrer genau nachzuahmen, sonst bleibst du eine Kopie, anstatt ein einmaliges Original zu sein.

Das kannst du dir vorstellen wie bei einem Maler:

Der Maler lernt seine Kunst, indem er unter anderem ein Vorbild exakt nachahmt, das er bewundert, beispielsweise sein Vorbild Paul Cezanne. Er will malen können wie sein Vorbild und er versucht daher, dessen Stil möglichst genau nachzuahmen. Das hilft ihm, sich in dieser Kunst zu entwickeln und sich einzufühlen in die Sichtweise seines Vorbildes. Wenn er aber im Lauf der Zeit nicht endlich lernt, einen eigenen Stil zu entwickeln, bleibt er eine mehr oder weniger gelungene Kopie dieses Genies. Er bleibt sein Leben lang ein Cezanne-Kopierer, anstatt ein wirklicher Künstler zu sein. Jeder, der eine kleine Ahnung von Malkunst hat, merkt, dass er Cezanne nachahmen will, anstatt sich selbst und sein Eigenes zu verwirklichen. Gut, das ist auch eine Art von Kunst. Aber er kann doch niemals ein zweiter oder gar ein besserer Cezanne sein. Er bleibt ein Kopierer, anstatt seine Individualität zu entwickeln. Bei aller Ehrerbietung für sein Vorbild: Das ist doch schade. (Aber er könnte damit ein gefragter Kunstfälscher werden. Das ist immerhin auch was.)

Deine Eltern sind sogar das Tor zurück zu der Quelle, aus der du stammst. Nur durch sie kommst du wieder zurück zu deinem Ursprung und bist dadurch befreit von den Übeln der Traumzeit. Der Körper ist zwar biologisch – das ist der Erbteil, der von unserer Mutter Erde kommt – dein wirkliches, wirkliches, wirkliches Wesen jedoch ist Geist. Hierin gleichst du allen Menschen, ganz besonders aber deinem »Vater im Himmel«. (Beruhige dich: Das ist jetzt nur eine gute Metapher für einen Aspekt des Geistes und hat nun wirklich nichts mit Frauenfeindlichkeit zu tun. »Gott« ist ebenfalls eine Metapher. Er ist weder weiblich noch männlich, sondern *Alles und Nichts.*) Deine Eltern sind das letzte Glied einer sehr langen Reihe von Ahnen. Der Beginn dieser Reihe ist der Beginn des Lebens auf diesem Planeten. Du bist tatsächlich nicht nur mit deinen Blutsverwandten, sondern mit *allem Lebendigen* verwandt, ob dir das nun passt oder nicht. Die Astrophysiker haben sogar bewiesen, dass das Material, aus dem auch das Leben auf der Erde entstand, Sternenmaterie ist. Sie stammt aus Supernovae, aus Materie gestorbener Sonnen sozusagen. Wir sind Sonnenkinder, weil wir aus ehemaliger Sonnenmaterie bestehen.

Für dein inneres Wachstum musst du unbedingt erkennen, dass deine Eltern deine Lehrer sind für alle Lektionen, die du selbst für dich gewählt hast. Geh' davon aus, dass du dir beides ausgesucht hast, sowohl die Lektionen, als auch die passenden Lehrer – was du bei deiner Geburt leider vergessen hast. Wenn du an deinen Eltern also nur das Geringste auszusetzen hast, dann schadest du dir damit selbst, weil du so die gewählten Lektionen nicht lernst, sondern dich zum Richter machst – über dich selber. Lerne lieber, anstatt deine Lehrer zu kritisieren, an ihnen herumzunörgeln, sie zu beurteilen oder sie gar zu verurteilen.

Wenn du mir das nicht glauben willst, dann gehe wenigstens davon aus, dass du mit dieser *Annahme* deinen Arsch retten könntest. Gehe also probeweise für einige Zeit davon aus, dass es tatsächlich der Fall ist, mach' dich auf die Suche nach Bestätigungen für diese Annahme und lass' dich dann überraschen. Gehe davon aus, dass wir uns die Eltern selbst aussuchen unter dem Gesichtspunkt, welche Lektionen zur Entfaltung wir hier lernen wollen. Die Eltern werden dabei mit der Zeit als diejenigen erkannt, die uns das Lernfeld als die Letzten einer langen Reihe von Ahnen vorbereitet und so die Voraussetzungen geschaffen haben für diese von uns selbst gewählten Lektionen. Sie stellen uns das Lehrmaterial und sich selbst als Lehrer zur Verfügung. Wenn wir unsere Lehrer lieben, sie achten und diese gewählten Lektionen willig lernen, wird uns das immer näher zur Erkenntnis unserer eigenen *geistigen* Vollkommenheit führen, obwohl wir als biologische Wesen vorerst weiter Mangelwesen bleiben, und wir werden dann den Eltern ewig dankbar sein für ihren Liebesdienst. *Unsere Dankbarkeit zeigen wir am besten, indem wir ein glückliches Leben führen.*

Sogar deine eigene Größe bestimmst du selbst, nämlich dadurch, wie groß du deine Eltern siehst. Machst du sie klein (»arme Mama« oder »dummer Papa«), beschränkst du damit dein eigenes Wachstum, und sobald du ihre wahre Größe erkennst, wirst du dich entsprechend ausdehnen und damit in jeder Weise wachsen. (Das willst du nicht, weil du bereits über zwei Meter groß bist? Gut: körperliches

Wachstum hört auf, wenn du erwachsen bist. Also nicht in jeder Weise. Du hast Recht.) Schaust du gar gnädig auf deine Eltern herab, dann bist du nur ein aufgeblähtes Kind auf einem hohen Ross und du wirst höchstpersönlich dafür sorgen, dass du wieder unter ihnen landest, wo du ja auch hingehörst, indem du unbewusst dein eigenes Scheitern herbeiführen wirst. Jede andere Haltung den Eltern gegenüber als *tiefe Dankbarkeit, Demut und Liebe* ist verrückt und bezeugt deine Ignoranz. Allerdings muss ich einräumen, dass manches elterliche Erbe recht schwer belastet sein kann. Das ist daher auch schwer zu nehmen. Nimmst du es aber nicht, sondern lehnst es ab, dann bist du ein Habenichts und hast am Ende nur noch deine Depressionen. Die eigenen Eltern abzulehnen ist eine große Torheit, die zu Selbstbestrafung führt. *Niemand sonst aber wird dich deswegen bestrafen.*

Diese Sichtweise wird einem normalen westlichen Menschen oder gar einem wissenschaftlich Ausgebildeten ungewöhnlich oder verrückt erscheinen und sie setzt scheinbar sogar eine Art von Leben vor deinem gegenwärtigen Leben voraus, führt aber bei konsequenter Anwendung dazu, dass es dir damit deutlich besser geht als mit einer Einstellung, bei der du deine Eltern in irgendeiner Weise beurteilst. Selbst eine ›verzeihende‹ Aussage wie »sie konnten nichts dafür, sie wussten es nicht besser« ist nur ein herablassendes Beurteilen. Wer das tut – und es ist in unseren Zeiten modern geworden, auf diese anmaßende Weise gnädig zu sein mit seinen Eltern und anderen Mitmenschen – der hat gewiss kein schönes Leben, wenigstens nicht auf Dauer, obwohl er vielleicht reich geworden ist an Geld und Bildung und weltlicher Macht. Wenn du tatsächlich nicht selber derjenige bist, der da leidet an seiner Anmaßung, so leidet vielleicht eines deiner Kinder *für dich* oder jemand anderer, der dich liebt; und mindestens eines deiner Kinder zahlt es dir später heim, indem es dich ähnlich behandelt, damit du dich wieder daran erinnerst, wie das tut. Vielleicht kannst du dich ja noch rechtzeitig korrigieren, ehe du die Traumzeit wieder verlässt.

In unserer Kultur ist die Empfehlung für die rechte Haltung gegenüber deinen Eltern in den Zehn Geboten nachzulesen: Willst du ein gutes Leben haben, so ist es notwendig, deinen Eltern die Ehre zu erweisen. *Am besten geschieht das, indem du glücklich bist.* Das ist der deutlichste Beweis dafür, dass du die besten Eltern hast, die es für dich geben kann. Geht es den Kindern gut, freuen sich die Eltern. Wenn sie sich bisher noch eingemischt haben in dein Leben – besonders die Mütter sind da nur schwer zu bremsen – dann hört dieses Einmischen auf, weil sie nun sehen, dass du glücklich bist. Sind sie bereits tot, *schulden* wir ihnen unser Glücklichsein sogar, damit sie erlöst sein können und »wirklich tot« sein dürfen.

Es wirken zwar noch andere Kräfte aus dem Familiensystem in unser Leben hinein, da wir ja in diesem Feld nur ein Element von vielen anderen sind und auch die Eltern wiederum aus ihren Eltern bestehen; aber alles Wesentliche haben wir durch unsere Eltern. Durch sie leben wir und durch sie sind wir in die Traumzeit gekommen, um uns da selbst erneut erschaffen zu können. Und nur durch sie kommen wir wieder zurück, dorthin, wo unsere wahre Heimat ist. Wenn du jedoch einen der beiden Eltern »nimmst« und den anderen weiter ablehnst, dann kommst du sicher nicht heim, denn deine Hörner sind noch zu groß. Du musst sie schon beide nehmen: *Alles oder Nichts.*

Hier ist eine Faustregel: *Eltern machen in bezug auf ihre Kinder alles richtig* – aber es kann dauern, bis die Kinder das endlich kapieren. Wenn schlimme Dinge passiert sind in der Kindheit, dann schaffen es die wenigsten ohne Hilfe. Bis dahin leiden sie meistens schwer an ihrem Urteil über die Eltern. Schwer wird die Einsicht in die Richtigkeit dieser Faustregel, wenn Kinder durch deren Misshandlungen zu Tode kommen. (Sie sind dann Kinderopfer.)

Und jetzt probier' mal zur ***Übung*** folgende einfache Sichtweise:

Eltern machen vor, Kinder machen nach. (Das ist übrigens ein *Sachverhalt*, den du mit etwas Mühe gut überprüfen kannst.) Eltern sind also Lehrer. *Die Lehrer müssen aber zuvorderst die Lektionen lehren und es ist nicht ihr Job, es den Schülern recht zu machen.* Selber können sie während ihrer Lehrtätigkeit zwar ebenfalls Schüler sein und bis zum Ende lernen, sogar von ihren Schülern. (Aber das geht dann die Schüler nichts an.) Die jeweiligen Lektionen werden entweder durch *gutes Vorbild*, als Positiv sozusagen, oder als *negatives Vorbild* – das entspräche dem Negativ in der Fotografie – an die Schüler weitergegeben. Das Positiv ist für Anfänger gut geeignet, denn es verlangt nicht viel vom Schüler: Wer seine Lehrer liebt, der lernt gern von seinen Lehrern. Das gute Vorbild funktioniert nach dem Muster: »Schau her, liebes Kind, wie schön alles funktioniert, wenn man es so macht, wie wir es dir hier zeigen.«

Lernen über negative Vorbilder ist viel schwerer und setzt deutlich mehr Entwicklung beim Schüler voraus. *Diese Form ist also eine Präsentation für Fortgeschrittene.* Ein Negativ wäre eine Lektion in folgender Form: »Schau genau, liebes Kind, was Schlimmes passiert, wenn man es so macht, wie wir jetzt! Willst du das tatsächlich später auch so haben in deinem Leben? – Mach's du richtig, damit wir nicht umsonst gelitten haben.« Diese beiden Formen der Präsentation einer Lektion können kombiniert werden: Einerseits machen die Eltern vor, wie man es machen sollte und sie machen andererseits auch vor, wie man es besser nicht macht, damit nicht genau das passiert, was sie dir durch ihr Leben demonstrieren. *Nichts ist aber gewonnen, wenn man Schlimmes nur umdreht, anstatt es zu verändern.*

Du hast sicher beobachtet, dass Schlimmes später oft durch die Kinder nachgeahmt wird, die dann ein ähnlich schweres Leben führen wie ihre Eltern. Dein Job als Schüler ist in dem Fall, möglichst bald die ererbten Negative umzukopieren, damit klar ist, was *beabsichtigt* war bei der Belehrung, anstatt dich über deine Lehrer aufzuregen und darüber, was sie dir an Scheiße hinterlassen und angetan haben. Damit verweigerst du nur hartnäckig deinen Beitrag am Großen Werk und erzeugst stattdessen Leiden in deinem eigenen Leben. Für dein Leiden als Erwachsener bist du natürlich selber verantwortlich, nicht deine Lehrer.

Es nützt dir auch nichts, wenn du die ererbten Negative nur umdrehst und dann das Gegenteil dessen machst, was du an deinen Eltern ablehnst: Was hilft es dem Sohn beispielsweise, wenn er denkt, seine Eltern hätten eine schlimme Ehe geführt – natürlich war sie schlimm, weil der Vater die Mutter beschissen und verdroschen hat – er die beiden deswegen verurteilt (arme Mama, böser Papa sind Urteile) und es selber besser machen will, indem er das genaue Gegenteil mit seiner Frau macht: Jetzt lässt er sich von ihr verarschen und auf der Nase herumtanzen, spielt vielleicht noch den Märtyrer dabei und kommt sich besser vor als sein Vater. Er hat das Negativ nur umgedreht und schneidet sich damit in sein eigenes Fleisch, während er in seiner Einbildung denkt, das sei richtig und gerecht und er sei besser als sein Vater. In Wirklichkeit ahmt er ihn nach, *denn er erreicht mit seinem Gegenteil das gleiche Endergebnis*: Er wird ebenfalls von seiner Frau und seinen Kindern nicht geachtet, sondern verachtet, genau wie sein Vater damals. Der wurde zusätzlich gefürchtet und stand alleine da; er wird jetzt als ein Weichei von seiner Frau und seinen Kindern verachtet, steht ebenfalls alleine da und hat nur noch seine liebe Mutti als Beraterin. In Bayern sagt man zu solchen Leuten: »Ein guter Mensch. Fast ein Depp«.

In Wirklichkeit ist dieses Ergebnis eine unbewusste liebevolle Treue zum verachteten Vater, dem er durch ein gegenteiliges Nachahmen seines Vorbildes mit den entsprechenden Folgen heimlich beistehen will: »Schau, lieber Papa, *jetzt geht's mir wie dir*. Du bist nicht wirklich allein, denn ich steh' dir heimlich bei. – Ich muss das aber vor der Mama verstecken.« Selber merkt er's nicht, der Dummkopf. Gleichzeitig ist das Szenarium seiner eigenen Ehe eine Selbstbestrafung aufgrund seines Urteils über beide Eltern, und seine Frau und die Kinder müssen ihm dabei noch helfen. Das ist wirklich komplett verrückt.

Eltern würden im Innersten ihren Kindern selbstverständlich am liebsten zeigen, wie man es richtig macht, damit alles gut wird im Leben; aber manchmal geht das eben nicht – aus Gründen, die oft im Verborgenen liegen. Die positive Art der Lektionspräsentation ist für Kinder schön und sie machen das gerne nach und sind dankbar. Allerdings hat diese schöne Form, Lektionen zu präsentieren, einen Nachteil: Die Kinder sind vielleicht nicht ausreichend darauf vorbereitet, dass nicht alle Menschen so gut, klug, klar und freundlich wie ihre Eltern sind, sondern dass es auch solche gibt, die gewalttätig, verlogen oder sonst wie verrückt sein können. So müssen sie manchmal diese fehlenden Lektionen auf schmerzhafte Art nachholen und den jeweiligen Nachhilfelehrern entsprechendes Lehrgeld dafür zahlen.

Anstatt die vorgelebten Negative der Eltern nur nachzuahmen oder sie höchstens verkehrt herum zu drehen, sollten wir *damit in die Dunkelkammer gehen und sie endlich umkopieren, damit klar wird, was eigentlich gemeint war*. Das Problem dabei ist, dass man als Kind durch schlimme Formen der Lehre ein Recht bekommt, böse zu sein. Auf dieses Recht müssen wir jedoch später komplett verzichten, wenn wir Negative umkopieren wollen. Manche gehen aber stattdessen zu einem Therapeuten oder zu einem Rechtsanwalt, der sie bestärkt in ihren Urteilen über die Eltern und der ihnen so dabei hilft, ihr Leiden zu verlängern.

Ein direktes oder gegenteiliges Nachahmen ist nichts anderes als die Vollstreckung meines eigenen Urteils über die Eltern an mir selber. Das betrübt die Eltern sehr, denn sie haben als Lehrer viel von ihrem möglichen Glück geopfert, damit die Lektionen klar und anschaulich werden. Erkennen die Kinder das nicht, müssen sie als verstockte Schüler weiter an ihrer eigenen Dummheit leiden, anstatt es *den Lehrern zur Ehre* endlich anders zu machen und glücklich zu werden. Manchmal leiden sie ihr ganzes Leben und halten es noch für gerecht.

Wie geht dann das Umkopieren – zurück zum Positiv?

Ich schlage dir für den Anfang deines diesbezüglichen Studiums eine weitere ***Übung*** vor:

Beobachte zunächst aufmerksam, wie du mit dir selber und mit anderen Menschen umgehst, insbesondere in Situationen, *in denen du dich aufregst oder im Recht fühlst.* Vergleiche das mit den Erfahrungen, die du in deiner Kindheit mit deinen Eltern gemacht hast und mit den Erinnerungen daran, wie sie damals mit dir und wie sie miteinander umgegangen sind.

Du wirst schnell bemerken, in welch starkem Maß du sie imitierst – entweder direkt oder im genauen Gegenteil. Danach überlege sorgfältig, was du damals in diesen Situationen von ihnen gebraucht hättest oder wie die beiden miteinander und mit dir hätten umgehen sollen, damit es für dich gut gewesen wäre. Dann übe, mit dir selber und mit deinen Mitmenschen so umzugehen, wie du nun erkannt hast, dass es »positiv« gewirkt hätte.

Beobachte weiter, wie sich dein Leben dabei verändert und korrigiere dich umgehend, wenn du gelegentlich doch wieder Gegenteile der Negative praktizierst.

Erinnere dich: *Nachahmen der Lehrer reicht nicht. Du musst als Schüler durch deine eigene Praxis zeigen, dass du das Gelernte wirklich zutiefst verstanden hast. Du verwirklichst die empfangene Lehre auf deine ganz individuelle Weise und dehnst sie dadurch immer weiter aus, damit auch andere durch dich belehrt werden können, indem du ihnen als Vorbild dienst. Tust du das nicht, dann hast du deine Talente nur verwahrt, anstatt sie zu vermehren.* Das hat unangenehme Folgen, weil du damit dein eigenes Wachstum verweigerst.

Du kannst dich auch sofort dafür entscheiden, all das Schlimme einfach zu vergessen und dich nur an das Schöne zu erinnern, das du mit ihnen erlebt hast. Das ist in manchen Fällen schwer, würde jedoch schnell zu deiner Befreiung führen. Meistens ist dazu erst nötig, diese schlimmen Erinnerungen bewusst noch einmal zur Gänze zuzulassen, ehe sie dann vergehen.

An dieser Stelle erlaube ich mir eine Anmerkung zum Umgang mit unserer Mutter Erde, von der ja unsere biologische Ausstattung kommt, die *hardware,* die wir benötigen, damit wir hier auf dieser Welt unsere Selbsterfahrungen machen können:

Mit und durch die Heilige Mutter Erde hat *Er* uns gezeugt als den *Adam.* (*Adam* bedeutet: Der aus Erde Gemachte.) Manche seltsamen Heiligen kommen aber auf die Idee, dass sie die Mutter Erde, die Materie, die Welt, ihre eigene Körperlichkeit, nicht zu achten bräuchten, sondern dass sie als asketische und lustfeindliche Eremiten, abgesondert von der verachteten Welt und den bösen Mitmenschen, heimfinden könnten zum Vater im Himmel, den sie aber in Wirklichkeit als eine *Mutter* ansehen. Sie wollen als Scheinheilige nur von dieser ihrer Ansicht nach einzig richtigen Mutter gerettet werden – und zwar auch noch auf genau die Art, die sie sich als richtig einbilden. Alle anderen Angebote schlagen diese Dummköpfe aus. Andere denken, dass sie eigennützige Vampire am Leib unserer Mutter Erde sein könnten, ohne Folgen fürchten zu müssen. Wie kleine Kinder sind die und sie wissen nicht, was sie tun, weil sie die Zusammenhänge nicht überblicken. Aber *Er* gibt uns die Welt, damit wir sie dankbar nutzen als eine Hilfe zur Selbsterkenntnis, nicht, damit wir sie verachten und denken, dass wir ohne Mutter einen Vater haben könnten. Merke dir gut: *Wer seine Mutter nicht achtet, der ist auch beim Vater nicht willkommen.*

Was man sieht, das ist man selbst

Diese Behauptung soll dich daran erinnern, endlich danach zu suchen, wer du wirklich bist. Wirst du da nicht schnell genug fündig, sondern hältst du weiter deine Träume für real, dann gewöhne dir an, genau zu beobachten, wie Feedback und Selbsthypnose funktionieren. Du könntest dich nämlich jederzeit selber umhypnotisieren, sofern du daran interessiert bist.

Ich beschreibe zunächst einen Umweg, denn es geht im Endeffekt darum, zu erkennen, wer du wirklich wirklich wirklich bist: nämlich das Nichts, eine unendliche Leere, die alles *sein* kann; trotzdem hier ein erster ***Tipp*** vorweg:

Höre dir selber genau zu, denn mit deinem Reden über andere bestimmst du gleichzeitig, was du selber sein wirst und damit behinderst du dich womöglich. Es ist egal, was du über andere sagst: Es handelt sich um deine eigenen Projektionen und die haben mit deinem Gegenüber höchstens zufällig etwas zu tun. Du bestimmst auf diese Weise nur, *selbst so zu sein, wie du jetzt den anderen siehst* und du erkennst dann im Spiegel deines Gegenübers dein eigenes Gesicht nicht mehr. Wer aber im Spiegel sein eigenes Gesicht nicht erkennt, der ist blind oder dumm. Sag' daher Gutes über andere oder halte besser die Klappe.

Daher jetzt ein zweiter Tipp:

Du kannst als ***Übung*** zum Zweck der Selbsterkenntnis und deiner eigenen Heilung damit anfangen, dich bei *jeder* Gelegenheit in *jedem* anderen zu suchen. Gehe davon aus, dass auch du so sein kannst – oder früher so sein konntest – wie dir dein Gegenüber gerade erscheint. Anschließend machst du dich auf die Suche nach den Beweisen. Du kannst frei entscheiden, wonach du nun im Spiegel des Gegenübers suchen willst: Suchst du beim anderen Stärken, Fähigkeiten, gute Gründe für sein Handeln und nach irgendetwas Liebenswertem, sogar wenn der andere vielleicht gerade etwas Dummes gesagt oder angestellt hat? Oder willst du wie bisher weiterhin ein Urteil treffen, indem du nach scheinbar wesentlichen Unterschieden zwischen euch beiden suchst, um auf seine Kosten zu beweisen, dass du besser bist als er? Probiere ruhig aus, wie es dir mit der Zeit bei jeder der beiden Varianten geht.

Bist du wirklich an Selbsterkenntnis interessiert, dann gehe von folgenden Annahmen aus:

Gleich und gleich gesellt sich gern, aber auch:

Gegensätze ziehen sich an.

Und denke dran, aber jetzt nicht bei dieser Übung: *Der Beobachter ist das Nichts, nur leerer Raum, und er ist daher gleichzeitig alles, was darin erscheinen kann – eben das gerade Beobachtete.* Wahrnehmen ist Erschaffen. *Der Beobachter ist also Gott.*

Wenn diese Annahmen stimmen (das tun sie), dann bist du immer von Menschen und von Sachverhalten umgeben, die dir helfen zu beweisen, dass du Recht hast, denn du wirst von deinen Mitmenschen *immer* bestätigt, egal, ob sie Gleiche oder Gegensätze zu dir sind.

Du musst dich daher entscheiden, was du beweisen willst. Willst du beweisen, dass du anders bist als deine Mitmenschen, dann urteilst du und kannst mit deren Hilfe beweisen, dass du Recht hast, dass es also besser ist, so zu bleiben, wie du zu sein glaubst. Du grenzt damit das Andere aus – und bist allein. Dein Gegensatz zeigt dir dabei, wie du jetzt *nicht* sein willst, obwohl der Gegensatz doch Teil von dir selbst ist, ein Teil, den du aber ablehnst und deshalb bekämpfst. Du kannst mit Hilfe deines Gegensatzes also klar beweisen, dass du wesentlich anders bist. Aber du kannst dich nun nicht mehr im anderen erkennen, weil du jetzt *ignorant* geworden bist. So blockierst du aber dein Wachstum und bleibst doch weiterhin von deinen Gegensätzen umzingelt, die dich nun dauernd nerven und dir das Leben schwer machen. (Natürlich liegt es nicht an deinen Gegensätzen, sondern an deinem Widerstand, dass es jetzt schwer wird für dich.) In jedem dieser Spiegel, egal, ob gleich oder gegensätzlich, ist bald das Ergebnis deiner Suche zu sehen: Entweder ein göttlicher Mitmensch oder ein Arschloch – je nach dem, was du beweisen wolltest.

Beachte: *Innerhalb deiner Traumzeit wirst du immer mehr zu dem, was du bei deiner Suche im anderen findest.* Du bestimmst auf diese Weise dich selbst und dein Leben während der Traumzeit. Also wähle klug.

Willst du dich jetzt nach deiner klugen Wahl verändern und neu bestimmen, in welcher Welt du künftig leben möchtest, dich quasi umhypnotisieren zu einem glücklichen Träumer, musst du dich zunächst entscheiden, *nach Neuem und nach Ausnahmen zu suchen* von deinen bisherigen Vorstellungen über deine Mitmenschen und über die Welt. Im Verlauf deiner Selbstsuche machst du dich systematisch und konsequent auf die Suche nach Ausnahmen – suchst also gezielt Gutes in deinen Spiegelbildern. Du beginnst, sozusagen das Gegenteil deines bisherigen Glaubens zu beweisen und wendest dabei ein ähnliches Prinzip an wie ein seriöser Wissenschaftler, denn sonst lügst du dir ja in die eigene Tasche und bist nur ein Experte, anstatt ein Wissenschaftler zu sein. Da du bei dieser Gelegenheit unweigerlich bemerken wirst, dass du nach wie vor urteilst über andere – wenn auch etwas subtiler als bisher – erinnerst du dich wieder: »Was man sagt, das ist man selbst« und »der Beobachter ist das Beobachtete«. So kannst du dank deiner Spiegel eigene Fehler immer schneller finden und sie korrigieren, anstatt zu frohlocken »o Herr, ich danke dir, dass ich nicht bin wie dieser da«, um dann weiterhin vergeblich zu versuchen, die Spiegel zu putzen, anstatt endlich dein eigenes Gesicht zu waschen.

Wenn du einem wirklich guten Musiker zuhörst und dabei diese Übung machst, dann stimmt es zwar der *Möglichkeit nach*, dass du auch so einer sein *könntest* – aber verwechsle hier nicht die Ebenen: Der Musiker spielt *für dich* jetzt so, wie du das vielleicht selbst tun würdest, wenn du so früh und entschlossen geübt und auf so viele andere Dinge verzichtet hättest wie er. Du hast dich aber anders entschieden. Deshalb bist du ihm zwar wesensmäßig gleich, nicht jedoch auf dieser Ebene. Sobald du das erkennen kannst, ist dieser Musiker dein Diener geworden, weil er jetzt *für dich* so spielt, wie du es gerne können würdest. Du kannst dir die Mühen des eigenen Lernens hier ersparen und wirst dich nun an seinem Spielen erfreuen und dankbar sein. Du schadest dir selbst, wenn du dir stattdessen einredest, dass du bald genau so gut spielen könntest wie er, wenn du nur etwas mehr üben würdest, denn du wirst dich nicht mehr über sein Spielen freuen, sondern neidisch werden. *Der Sachverhalt selbst ist eindeutig: Er kann wunderbar Klavier spielen, du aber nicht.* Du kannst wählen, mit ihm hier eins zu werden – oder eben stattdessen neidisch.

Du bist nicht, was du dir einredest zu sein, meist auf Kosten anderer. Das ist nur dein Traum und es ist die Art, wie Kinder spielen. Die tun so, als ob sie Mama oder Papa wären oder sonst jemand, den sie toll finden und sie wollen selber toll sein, indem sie ihre Eltern oder diese Angebeteten imitieren. Trotzdem kann man sofort sehen, dass sie in Wirklichkeit nur Kinder sind, obwohl sie selbst ganz versunken sind in ihr Als-ob-Spiel.

Erinnere dich: Du bist in Wirklichkeit das Nichts, das zu sich selbst erwacht und so erkennt, dass es Alles ist.

Gegensätze ziehen sich an

Diese Aussage scheint im Widerspruch zu der Behauptung zu stehen, dass Gleich und Gleich sich gern gesellt, scheint also dem Gesetz der Anziehung des Ähnlichen zu widersprechen. Es handelt sich dabei aber um einen anderen Ausdruck für *Gleichgewicht* oder für den bereits erwähnten Graben-Effekt, der unvermeidlich ist und dazu dient, den Kontrast zu verstärken, *damit klarer wird, um was es genau gehen soll.*

Eigentlich sollte man besser sagen: Gegensätze *erzeugen* einander. Du kannst dir das etwa so vorstellen wie in der Mathematik mit der Zahlengeraden. Von der Null ausgehend laufen alle Zahlen auf der einen Seite bis plus Unendlich und auf der entgegengesetzten Seite bis minus Unendlich symmetrisch auseinander. Wenn du dich aus deiner Nullstellung (»jenseits von Gut und Böse«) bewegst in Richtung plus Vier, so erzeugst du damit automatisch auch eine minus Vier und umgekehrt. Du erzeugst also gleichzeitig deinen exakten Gegensatz, damit Es im Gleichgewicht bleibt. (Meinetwegen sag' zu diesem Sachverhalt *Karma.*) Du kannst daher beobachten, dass du auch vom Gegenteil dessen umgeben bist, was du jetzt gerade bist. *Das ist notwendig, damit du erkennen kannst, wie du jetzt bist.*

Etwas irreführend könnte man bei dieser Gelegenheit sagen, dass es das Böse deswegen gibt, damit das Gute klar erkannt werden kann, denn wenn alles offensichtlich gleich gut aussehen würde, kann das Gute nicht mehr erkannt und frei gewählt werden.

In der *Gestaltpsychologie* nannte man diesen Zusammenhang *Gestalt* und *Hintergrund.* Der Hintergrund ist notwendig, damit sich eine Gestalt davon abheben kann und so *überhaupt wahrnehmbar* wird. Ohne den unangenehmen Hintergrund Hunger kann ich die angenehme Gestalt des Sattessens nicht erfahren und umgekehrt. Wahr ist daher auch: Erst *weil* es eine Gestalt gibt ist es überhaupt möglich, einen Hintergrund zu erkennen. Sei also freundlich zu deinen Gegensätzen um dich herum und sei dankbar, dass es sie gibt, denn sonst würdest du nicht erkennen können, wer du jetzt bist. Deine Gegensätze sind das, was du selbst gerade nicht sein willst – oder nicht sein kannst. (Wie sollst du als Mann in diesem Leben tatsächlich auch noch dein entsprechender Gegensatz Frau sein können? Gut, du kannst schwul sein und dann ein schweres Leben haben, aber deswegen bist du noch immer keine Frau. Sei daher ein *ganzer Mann*, damit deine Partnerin mit dir endlich eine *richtige Frau* sein kann. *Zusammen seid ihr dann ein Ganzes – wie eine gute Batterie.*)

Wenn du deine Gegensätze aber bekämpfst, anstatt sie willkommen zu heißen, vergrößerst du dein abgelehntes Gegenteil und damit deinen eigenen Konflikt. Das wird dir auf Dauer nicht gefallen, *denn deine Gegenteile sind in Wirklichkeit auch die Spiegelbilder derjenigen Teile deines Geistes, die du aus irgendeinem Grund noch nicht zur Kenntnis nehmen willst* und sie werden dich so lange verfolgen, bis du sie als dir zugehörig akzeptierst. (Dein Ego versucht das aus Gründen des Selbstschutzes um jeden Preis zu verhindern.)

Meistens ist die reflexhafte Ablehnung deiner Gegenteile die Folge einer früher erfahrenen Ablehnung, also Folge eines Urteils: »Wenn ich *so* bin, werde ich abgelehnt und nicht geliebt, und das ist furchtbar: So darf ich keinesfalls sein!«

Nimm deine Gegensätze in Liebe an und suche sie in dir und du wirst dadurch wachsen und dich ausdehnen. Ausdehnen ist angenehm – im Gegensatz zum Ausgedehntwerden auf einer Streckbank beispielsweise. Nimm daher als Mann deinen Gegensatz, dein Weib, liebevoll in ihrer Andersartigkeit *ganz* an und du wirst dadurch größer – als Mann *und als Mensch.*

Nimm als Sanfter deinen Gegensatz Polterer freundlich an, anstatt ihn in irgendeiner Weise umerziehen zu wollen, weil du denkst, sanft sei gut, poltern hingegen schlecht. Wenn Polterer dich stressen, dann suche besser nach unterdrücktem Groll in dir. Und wenn dich Geizhälse stressen, dann prüfe genau, wo du selbst vielleicht ein Verschwender bist und Geld oder Zeit verschwendest – auf deine eigene und bessere Weise selbstverständlich. Korrigiere deinen eigenen Irrtum, anstatt nur dein entsprechendes Gegenteil zu bekämpfen.

Elisabeth Kübler-Ross empfahl dringend, dass wir den *kleinen Hitler* in uns selbst erkennen müssen. Auf diese Weise wären wir gut davor geschützt, unsere eingebildete Spaltung weiter aufrecht zu erhalten, indem wir das vernichten wollen, was wir für böse halten. Sie meinte damit, dass wir unter gewissen Bedingungen alle fähig sein könnten, schlimme Dinge zu tun in der irrigen Annahme, wir müssten die Welt vor dem Bösen retten. Falls auf diese Weise, wie der kleine Adolf das glaubte, das Böse tatsächlich ausgemerzt werden könnte, bliebe am Ende jedoch nicht das Gute übrig, *sondern gar nichts mehr*.

Wenn du den *kleinen Hitler* in dir tatsächlich findest, dann siehst du aber auch ein kleines Kind, das alles dafür getan hätte, seine Mama glücklich zu sehen und eins mit ihr zu sein. Dieses Kind irrte leider heftig in seiner Annahme, dass das dadurch ginge, indem endlich das Böse – sein gewalttätiger und versoffener Papa – ganz weg wäre. Der wurde von ihm als Ursache seines eigenen Leidens und des Leidens seiner Mutter angesehen. Wenn der endlich weg wäre, bliebe das Gute übrig: Der *kleine Adolf und seine Mama*, innig vereint, glücklich und in Frieden. Der *kleine Adolf* wusste auch später ganz genau, wer außer Papa sonst noch böse ist und daher ebenfalls verschwinden muss. Am Ende ist er dann selber verschwunden, der kleine furchtsame Adolf, und er hätte seine geliebte *und* gehasste Mama Deutschland wirklich fast mitgenommen.

Der Graben-Effekt, diese *Symmetrie der Gegensätze*, kann ebenso gut innerhalb einer Person beobachtet werden: Hier wird ein Teil des Egos stark betont, wie beim Arroganten etwa oder bei einem Aggressiven, und dahinter ist immer ein entsprechendes Gegenteil versteckt. Wenn einer zum Beispiel betont, wie egal ihm eine Sache ist, kannst du getrost davon ausgehen, dass auch das Gegenteil wahr ist: Es ist ihm nämlich überhaupt nicht egal. Er hätte nur gerne, dass es so sei und keiner soll merken, dass es ihn doch kratzt. Und wenn einer besonders abweisend ist, versteckt er dahinter meist einen starken Wunsch nach mehr Nähe, den er aber als bedrohlich erlebt. Das gebrannte Kind in ihm scheut noch immer das Feuer und will nicht, dass irgendjemand merkt, wonach es sich so sehr sehnt. Es will diese Sehnsucht selber nicht mehr spüren, weil selbst das zu gefährlich geworden ist, denn es könnte dadurch vielleicht später erneut in die bereits bekannten Schwierigkeiten geraten. Solche Menschen brauchen ihren Gegensatz, von dem sie sich abgrenzen können, damit sie so bleiben »müssen«, wie sie jetzt sind und sich mit ihren gefährlichen Wünschen und den bedrohlichen Wahrheiten nicht mehr unmittelbar beschäftigen müssen. Zum Glück haben sie aber ihre jeweiligen Gegensätze andauernd vor der Nase und könnten sich daher jederzeit neu entscheiden.

Vom Guten des Schlechten

Diese Formulierung soll darauf hindeuten, dass *in jedem Problem bereits alle Informationen enthalten sind, die für seine Lösung notwendig sind.* Deswegen könnte man ein vorliegendes Problem zunächst nach diesen Informationen untersuchen und es dahingehend erforschen, ehe man zur Lösung schreitet, obwohl das für eine Lösung nicht unbedingt nötig ist. *Keinesfalls sollte man ein Problem aber bekämpfen.*

Manchmal ist es im Leben fast wie bei der Fotografie: Wir bekommen von den Eltern zwar alles, was sie haben, aber manches davon zunächst im *Negativ.* (Die Gründe für die Übergabe von negativen Vorbildern an die Kinder spielen hier keine Rolle.) Wir müssen dieses Bild also erst einmal umkopieren, damit wir gut sehen können, was es *eigentlich* ist. Wir müssen das Gute darin suchen, anstatt nur das Gegenteil von dem zu tun, was wir an ihnen abgelehnt haben. Das Gegenteil eines Geizkragens ist der Verschwender und der ist ja nicht besser als der Geizkragen, sondern nur auf andere Weise verrückt.

Wir könnten uns zur ***Übung*** bei jeder unangenehmen Erfahrung oder einer problematischen Gewohnheit daher fragen: *»Wozu ist das gut? Was ist daran gut? Wozu war es vielleicht früher einmal gut? Brauche ich das jetzt immer noch so? Wozu bin ich jetzt gezwungen und was geht jetzt nicht mehr?«* Notwendig ist das für eine Lösung zwar nicht, denn das Problem ist im Grunde nur da, um mich wieder an eine Lösung zu erinnern, die letztlich ein Zustand des *Glücklichseins in Gesellschaft* ist. Die Erinnerung daran kommt aus mir selbst. Und ich kann mich bei dieser Übung fragen: *»Was würde ich jetzt wirklich brauchen? Was wünsche ich mir jetzt? Wo ist hier die Liebe versteckt, so dass ich sie gerade nicht sehen kann? Welche Lektion ist das für mich?«*

Hier sind drei Beispiele für Lösungsinformationen, die im Problem zu finden sind:

Wenn jemand immer wieder an Partner gerät, die bereits oder immer noch gebunden sind, so wird darin gewöhnlich die fast schon banale Information deutlich, dass eine Elternbindung nicht wirklich gelöst ist. Ich wiederhole in derartigen Beziehungen dann das *Muster* dieser Bindung mit den entsprechenden Komplikationen und unangenehmen Gefühlszuständen. In der Regel sind das: Vergebliches Hoffen; die Einbildung, der Bessere zu sein, aber trotzdem immer wieder gedemütigt zu werden; den Partner teilen zu müssen, obwohl es weh tut und der Eindruck besteht, sich nicht trennen zu können; sich betrogen zu fühlen; Eifersucht (»bitte verlasse mich, aber ich brauch' dich so«), Einsamkeit und Ähnliches. Ein erster Schritt zu einer Lösung bestünde darin, sich aus einer solchen »Ersatzbindung« trotz der auftretenden Schmerzen und Schwierigkeiten *im Guten* zu lösen und selbst *die komplette Verantwortung* für sein Handeln und die entstandenen Folgen zu übernehmen und künftig keine Partner mehr zu wählen, die nicht wirklich frei sind. (Meistens ist es trotzdem noch nötig, sich von seinen Eltern endlich im Guten zurückzuziehen in sein eigenes Leben.) Wenn du dich für eine Lösung entscheidest, wirst du dazu die geeignete Unterstützung bekommen und einen Weg finden.

Das zweite Beispiel: Wer laufend Geldprobleme hat, der will weiter wie ein Kind leben. Er hat Angst, ohne einen ausreichenden Vorrat an Sicherheit in Form von Geld am Ende doch noch verhungern zu müssen und will als Geizkragen reich werden, oder er erzeugt laufend unangenehme Bindungen, weil er überall Schulden macht. (Die Gläubiger repräsentieren in diesem Problemmuster wieder die Mutter.) Eine Lösung bestünde darin, diesen Sachverhalt der Bindung an seine bisherigen Geld-Geber anzuerkennen, seine Schulden zu begleichen, *anzuerkennen, dass man etwas geben muss, wenn man etwas haben will* und endlich die Tatsachen des Lebens zu akzeptieren – zum Beispiel: »Wer zahlt, der schafft an, und wer anschaffen will, der muss auch zahlen.« (Nein, nicht anschaffen wie eine Nutte, sondern im Sinn von Befehle geben dürfen.)

Es gibt Leute, die fühlen sich groß und sie haben sich aufgebläht wie ein Ochsenfrosch, weil sie Millionen von Schulden angehäuft haben. In Wirklichkeit sind sie wie kleine Kinder, die ihre Mama austricksen wollen. Es ist nur eine Frage der Zeit, bis eine »höhere Macht« (der »Vater«) dieses Treiben wieder beendet.

Ein drittes Beispiel: Jemand bricht sich ein Bein. Die Informationen zur Lösung werden hier als Folge des Beinbruches sichtbar: Es geht keinesfalls so weiter wie bisher. Er ist jetzt auf fremde Hilfe angewiesen, weil er allein nicht weiterkommt – ein Sachverhalt, den er meist seit Jahrzehnten vermeiden wollte, weil er ihm als bedrohlich erschien. Es ist für ihn nicht mehr ratsam, besonders wählerisch zu sein, von wem er sich jetzt helfen lassen will, obwohl er natürlich frei bleibt darauf zu bestehen, dass er sich von einem Notarzt mit Bart keinesfalls behandeln lassen will. Er muss sich nun gezwungenermaßen auf andere verlassen und sich in deren Hände begeben, beispielsweise in die Hände des Unfallchirurgen. Würde er *die Folgen seines akuten Problems als Grundmuster für sein weiteres Leben sehen*, dann könnte er sich künftig viel Ärger ersparen und sogar glücklich werden, indem er sich endlich auf seine Mitmenschen einlässt, anstatt sich weiterhin paranoid abzugrenzen.

Nicht zuletzt: Massive Probleme können dich in einen kritischen Zustand versetzen, der für dich Anlass zu einer grundsätzlichen neuen Entscheidung sein kann. Für die meisten von uns geht es ohnehin nicht anders als so, damit sie sich radikal neu entscheiden.

Es handelt es sich bei jedem deiner Probleme nur um eine unangenehme Energieform, die du selbst erschaffen hast. Sobald du eine Lösung findest, wird diese Energieform frei, andere und vor allem liebevollere Formen anzunehmen. Wer stark ist, der kann lange leiden – aber er kann auch danach das viele Glück gut ertragen, das entsteht, wenn er mit Hilfe des *Steins der Weisen* seine bisherige Scheiße endlich wieder in Gold zurückverwandelt hat.

Wer nicht wagt, der nicht gewinnt

»*Wer ständig glücklich sein möchte, der muss sich oft verändern*«, sagte *Kung Fu Tse*, besser bekannt als Konfuzius. Ein großes Problem bei Veränderungsversuchen ist aber der Wunsch des Egos nach Sicherheit. *Die einzig wahre Sicherheit kommt jedoch aus der Einsicht, dass es nichts zu fürchten gibt, weil Wesentliches nicht bedroht werden kann.* (Zur Erinnerung: Der Geist ist wesentlich und unteilbar, ist ein Individuum, mein Körper natürlich nicht.)

Das Ego will aber Sicherheit durch zuverlässige Vorausberechnung kommender Ereignisse, damit es sich rechtzeitig wappnen kann. Ein Ego hasst Überraschungen. Dieses Verfahren der Vorausberechnung funktioniert, so lange das Ego es schafft, das Vergangene scheinbar zu wiederholen. Neues kann man ja unmöglich schon vorher kennen, nur Altes. Wenn ich bereits vorher wissen will, was in Zukunft passiert, kann nur etwas bereits Bekanntes aus meiner Vergangenheit dabei herauskommen. »Ein gebranntes Kind scheut das Feuer« und will sich natürlich nie mehr die Finger verbrennen; daher denkt es beim Anblick von Feuer sofort daran, wie es sich vom Feuer fernhalten kann, damit das nicht wieder passiert.

Wie aber soll es mit Feuer jemals neue Erfahrungen machen, um seine Freiheit im Umgang mit Feuer auszudehnen, wenn es nicht bereit ist, *endlich etwas zu riskieren*? Das neurotische Verfahren, Sicherheit vor erneuten Brandverletzungen dadurch gewinnen zu wollen, indem man sich derartig beschränkt und Feuer künftig völlig meiden will, ist zwar verständlich, aber dumm. Da kannst du ja gleich in deinem muffigen Bett liegen bleiben oder vorher noch ein anonymer Alkoholiker werden.

Es gibt natürlich auch einen wichtigen Zusammenhang zwischen der Höhe des Risikos und dem möglichen Gewinn. Hier ist die Regel dazu:

Kleines Glück erfordert kleines Risiko, großes Glück erfordert eben großes Risiko.

Bedenke dabei: Ein Risiko ist es deshalb, weil es keine Garantie dafür gibt, dass du auch groß gewinnst, indem du groß riskierst. Halte die Augen offen und bleib' cool, wenn es mal nicht geklappt hat: Neues Spiel, neues Glück!

Halt – da gibt es doch noch das Risiko des Narren, der manchmal sogar als ein starker Held daherkommen kann. Der weiß zwar überhaupt nicht, was er riskiert und er gewinnt trotzdem. *Wenn er aber nicht schnell dazu lernt, wird er alles wieder verlieren* – unter Umständen sogar sein Leben, wie die Geschichte vom Drachentöter Siegfried lehrt. Aber vielleicht passt ja eine Höhere Macht inzwischen auf dich auf, bis du klüger geworden bist – so wie bei mir. Dann sei dankbar und du darfst meinetwegen auch für eine Weile an Schutzengel glauben.

Zäum' doch mal das Pferd von hinten auf!

Für den Fall, dass du bereits weißt, wer du wirklich bist, brauchst du den Rest dieses Abschnitts nicht mehr zu lesen. Falls du's noch immer nicht weißt, aber deine Träume wieder verändern willst – vielleicht einfach nur zum Spaß – solltest du allerdings folgenden Fehler vermeiden:

Gewöhnlich gehen Menschen von der irrigen Annahme aus, dass man zuerst irgend etwas *haben* muss, damit man das *tun* kann, was man will, um endlich so *sein* zu können, wie man sich das schon immer gewünscht hat. Sein können ist das Ziel – tun und haben wollen wären der Weg, die Mittel, die Inszenierung, mit deren Hilfe man sein Ziel zu erreichen hofft.

Ich kann allerdings, zunächst einmal theoretisch wenigstens, ohne diesen Riesenumweg mein Ziel verwirklichen, sobald ich es gut genug kenne: Ich stelle mir dazu *jetzt* das gewünschte Ergebnis *beispielhaft* vor und merke dabei, dass ich mich allein bei der Vorstellung bereits so zu fühlen beginne, *als ob es jetzt schon Wirklichkeit wäre*. Mit diesem Gefühl kann ich dann mein beispielhaftes Bild weiter aufladen, damit es »arbeiten« kann.

Hier ist eine ***Übung*** aus dem Ki-Jutsu (eine Kampfkunst, bei man lernt, die Ki-Energie so anzuwenden, dass ein direkter Körperkontakt oft nicht mehr nötig ist). Sie heißt übersetzt *Schutzschild aufbauen*: Dazu erinnerst du dich an eine Situation in deinem Leben, die so schön war, dass du sie ewig hättest aushalten können. Es ist egal, wann das war und wie lange es damals gedauert hat. *Sobald du dir diese Situation vergegenwärtigst, hast du deinen Schutzschild!* Beobachte aufmerksam, wie sich sofort alles verändert, sobald du in diesem Zustand bist. Folgende Erkenntnis ist also auch die Basis dieser erwähnten Schutzschild-Übung: *Gehe sofort zum Ziel, indem du sofort in dem gewünschten Zustand BIST.*

Meist ist das neue *Ziel-Fühl-Bild* bei Anfängern nicht stark und stabil genug, um sich sofort materialisieren zu können. Altgewohnte problematische Fühl-Bilder kann ich – meistens auf Grund langjähriger Übung und meines festen Glaubens an ihre Wahrheit – deutlich schneller materialisieren, also verwirklichen. Ich sehe daher am Anfang dieser Übung, mit der ich mir angenehme Träume erschaffen will, dass *Es* in der gewünschten Form noch nicht weit genug ausgereift ist und nicht ausreichend Festigkeit hat, um stabil zu bleiben. Aber immerhin habe ich *jetzt* bereits einen Vorgeschmack bekommen, wie Es sein wird, wenn's fertig ist.

Dieses Ziel-Fühl-Bild kann ich nun dadurch weiter nähren, indem ich mich immer wieder daran erinnere; dabei fallen mir automatisch weitere Möglichkeiten ein, mit denen ich den Zielzustand festigen kann. Ich kann mir dabei *jetzt* ausmalen, wie ich mich *dann* benehmen würde, wie andere *dann* auf mich reagieren würden, was *dann* anders laufen würde als bisher. Auf diese Weise kann ich es nähren, damit es wachsen und heranreifen kann, genau wie das ein liebevoller Gärtner mit seinen Pflanzen macht. Der gibt denen auch *ausreichend Zeit*, weil er weiß, dass es sinnlos ist, wenn er alle drei Stunden an seinen Pflanzen zieht und dabei brüllt: »Los, wachsen! Wachsen!« Er wird sie nur ausreißen und sie werden verdorren oder zumindest beschädigt und verkrüppelt.

Ich darf jedoch bei dieser Übung nicht das Ziel mit den Mitteln verwechseln. Bleibe also in der richtigen Reihenfolge, die da heißt: Was wären die *Folgen*, wenn ich bereits in diesem Gefühlszustand *bin*? und nicht: Was muss ich alles *machen*, damit ich endlich so *sein* kann? (Das funktioniert zwar gelegentlich, ist jedoch, wie erwähnt, ein ziemlicher Umweg.) Mein zunächst nur durch *Imagination* erzeugter Zielzustand entspricht mir ohnehin automatisch, so dass er sich von selbst weiter stabilisiert und ausdehnt. So funktioniert positives Feedback. Man könnte auch *bewusst angewandter Glaube* dazu sagen.

In aller Deutlichkeit möchte ich hier darauf hinweisen, dass deine Seele im Gegensatz zum Verstand unbedingt *Bilder* braucht, am besten in einer *Multimedia-Show*: *Sehen, riechen, hören, fühlen, schmecken.* Denke daran, dich *auf das gewünschte Ende* zu konzentrieren, auf den beispielhaft vorgestellten Zustand, in dem du dich schließlich befinden willst. Keinesfalls solltest du dich verzetteln mit Vorstellungen, auf welche Weise die gewünschten Zustände zustande kommen sollen, denn das schränkt die Möglichkeiten der Verwirklichung mitunter drastisch ein. Wichtig ist weiterhin, wie oben erwähnt, dass man als Normalsterblicher nach dem Setzen des Samens (dem Fantasieren des Ergebnisses) die *Zeit der Schwangerschaft* abwartet. Wer zu Frühgeburten neigt, der bekommt Probleme, anschließend seine Frucht auch durchzubringen: Oft stirbt sie nämlich ab, weil sie zu wenig ausreifen konnte. Stell' dir das gewünschte Ergebnis immer wieder konkret in einem klaren und einfachen Bild vor, nichts Kompliziertes und nicht zu ausführlich. Spüre, wie's dir dabei geht *und dann gehe schwanger damit.* Alles braucht seine Zeit. Und lass' ab, dir genau vorzustellen, auf welche Weise das Ziel erreicht werden soll. So etwas stört den Schöpfungsvorgang. Du kennst doch den Spruch »der Mensch denkt und Gott lenkt«. Bleib' locker oder geh' inzwischen spielen.

Zur Sicherheit sei auch nochmals erwähnt:

Ich kann diesen Mechanismus des Verwirklichens durch Glauben für alle möglichen Ziele anwenden, denn er ist genau so neutral wie ein gutes Messer. Ich selbst habe *Es* in der Hand und es liegt an mir, was ich damit anstelle. Wenn ich dumm und ungeschickt bin, werde ich mich vermutlich einige Male mit meinem Messer schneiden, bevor ich herausgefunden habe, wie man ein Messer richtig benutzt. (Dazu kann man wieder sagen: Lernen durch Leiden.) Das Messer ist natürlich unschuldig, wenn ich als sein *User* ein Dummkopf bin und mich damit in den Finger schneide. Es steht mir ja nur zur Verfügung und tut nichts von sich aus. Ein Messer bedeutet auch nichts und es ist weder gefährlich noch böse. *Alles liegt allein in meiner Hand.* Manche Leute führen jedoch Schadensersatzprozesse gegen Messerhersteller, weil sie sich in den Finger geschnitten haben. Sie führen das unangenehme Ereignis nämlich darauf zurück, dass bei der Betriebsanleitung für dieses Messer nicht deutlich genug darauf hingewiesen wurde, dass man sich damit bei falschem Gebrauch in den Finger schneiden kann. Wer in den USA lebt, der hat große Chancen, einen solchen Prozess zu gewinnen. Viele Anwälte dort im Land der unbegrenzten Möglichkeiten leben gut davon. *Solltest du wegen so einer Erfahrung auf die Idee verfallen, ein Recht auf Schadenersatz zu erstreiten, dann sei dir auch darüber im Klaren, dass dich das nicht wirklich weiterbringt, denn du betrachtest dich damit als Opfer und wirst nichts daraus lernen.*

Genau genommen wäre es am besten, sich überhaupt nichts zu wünschen, weil die Höhere Macht sowieso besser weiß als du, was wirklich gut ist für dich. Sei einfach nur *ganz da*. Die oben beschriebene Magie steht dir zur Verfügung, damit du erkennst, dass du frei bist und erschaffen kannst nach deinem eigenen freien Willen. Aber sei aufmerksam dabei und wende Unterscheidungsvermögen an. Vielleicht liest du nochmals *Goethes Faust*, den du damals in der Schule ohnehin nicht wirklich verstehen konntest.

Die ganze Sache kannst du übrigens auch Beten nennen.

Ende gut, *alles* gut!

Diese Regel soll dich darauf hinweisen, wie wichtig es ist, *auf das Ende zu schauen, das eine Sache genommen hat*, anstatt dich aufgeregt mit dem Schlimmen zu beschäftigen oder damit, nach Schuldigen und nach Bösen zu suchen, die du für dein bis dahin erduldetes Leiden verantwortlich machen willst. Sehr häufig kannst du beobachten, dass jemand seine Eltern als Schuldige betrachtet, die er verantwortlich macht für sein Leiden. Es gibt viele Therapeuten, die einen derartigen Unsinn unterstützen und ihn mit ihren Patienten teilen. Es wäre besser, wenn du dich wieder daran erinnerst, dass das Schlimme nur eine Lektion für dich war, die es dir ermöglichen würde, zu wesentlichen Einsichten zu kommen. Hast du die Lektion endlich gelernt, heißt es dann: Ende gut, alles gut. (Es ist also auch ratsam, niemanden zu beneiden oder zu bedauern – was ohnehin nur Formen des Urteilens sind – ehe du nicht das Ende der ganzen Geschichte kennst.)

Besonders wichtig ist diese Regel meiner Ansicht nach für diejenigen Leute und deren Helfer, die so genannten traumatisierten Menschen alle Kräfte widmen, die sie gerade frei haben – was ja grundsätzlich löblich ist – die jedoch dabei wie gebannt zusammen mit ihren Patienten auf etwas Schlimmes starren, *das bereits vorbei ist* und dem diese mit Glück gerade noch entkommen sind. Sie sollten ihren Patienten helfen, endlich *geistesgegenwärtig zu sein.*

Selbstverständlich kann ein Mensch durch einen massiven Schock vorübergehend paralysiert werden und für eine gewisse Zeit erstarren. Ein Teil von ihm ist quasi schockgefroren und muss erst wieder aufgetaut werden. Beim Auftauen hilfst du ihm durch deine Liebe. Wer aber wie gebannt weiter auf das vergangene Unglück starrt, anstatt auf das gute Ende, das es für ihn genommen hat, dem ist nur schwer zu helfen. Leute, die glauben, dass etwas Schlimmes aus der Vergangenheit, beispielsweise ein Trauma, die Ursache für *gegenwärtige* Probleme sei, begehen gleich mehrere Irrtümer:

1. Sie glauben, dass die Vergangenheit die Gegenwart bestimmt, ohne dass man das selbst auch so entschieden hat und sie verleugnen daher die Freiheit des Menschen;
2. sie schauen gebannt auf das Schlimme, wie *Lots* Frau zurück auf Sodom und Gomorrha schaute und sie erstarren daher zur Salzsäule: es geht nicht weiter mit ihnen;
3. vergessen sie völlig, *dass es doch gut ausgegangen ist.* So sind sie also
4. auch noch undankbar und verleugnen sogar ihr Glück, das sie hatten.

Wie soll denn so einer jemals zu sich kommen? Der will ja gar nicht! Und warum will er das nicht? Unter anderem, weil er vergessen hat, dass er nach wie vor frei ist und weiterhin seines Glückes Schmied sein könnte; und ebenfalls, weil er durch sein Trauma etwas Besonderes geworden ist, ohne dass er sich dazu anstrengen musste. Okay, jeder will etwas Besonderes sein, besonders wenn er noch ein Kind ist. Das ist normal. Normal ist auch, dass man sich dafür tatsächlich überhaupt nicht anzustrengen braucht: Jeder *ist* sowieso etwas Besonders, denn es gibt ihn nur ein einziges Mal im gesamten Universum. Für alle Ewigkeit. Du erkennst den Irrtum dieser Menschen schnell: Sie wollen besonders sein im Sinn von *besonders im Vergleich zu anderen,* sie wollen besser und wichtiger sein – *und das ist ein Urteil und somit eine Quelle von Problemen.*

Wer über vergangenes Unglück jammert und dabei vergisst, dass es doch gut ausgegangen ist für ihn, der wirft dieses wunderbare Geschenk weg wie ein kleines Kind, das noch böse ist, oder er hat wie ein Kind Angst, es anzunehmen, weil andere so viel dafür bezahlen mussten. Anstatt dankbar zu sein und dieses heilsame Gefühl zuzulassen, bleibt er in seinem Zustand gefangen und getraut sich nicht mehr, glücklich sein. Dabei könnte es doch jetzt so schön sein mit all der Liebe, die ihn andauernd umgibt. Aber die Liebe kann er nicht sehen in seinem Wahn, weil er annimmt, dass die Vergangenheit immer noch bestehen würde oder dass er zu einem Verräter wird, wenn er beispielsweise als ein Überlebender im Angesicht der vielen Toten wieder glücklich wird. *Wenn aber eine Sache für dich gut ausgegangen ist, dann schau doch auf dieses gute Ende, das es für dich genommen hat. Sei dankbar und höre damit auf, dich weiter mit all dem Schlimmen zu beschäftigen, das diesem guten Ende vorausgegangen ist.* Wenn du dich unbedingt im Rückblick mit bereits Vergangenem beschäftigen willst, dann forsche dabei wenigstens nach all deinen Dienern, denen du bisher noch nicht gedankt hast, weil die in diesem Alptraum für dich schlimme Rollen zu spielen hatten.

Aber danke auch »Gott«.

Ich will an dieser Stelle anmerken, dass es selbstverständlich schlimme Erfahrungen geben kann im Leben eines Menschen, insbesondere in der Kindheit, die wegen des Anhaftens des ungeschulten Geistes nur schwer zu vergessen sind. Solche Menschen können über lange Zeit quasi schockgefroren bleiben und benötigen viel liebevolle und geduldige Zuwendung, damit sie wieder auftauen. Das Problem ist im Grunde zwar einfach zu lösen, aber das ist nicht immer leicht. Und bei einem Unglück mit Toten gibt es auch eine schicksalhafte Bindung an diejenigen, die umgekommen sind. Die haben jedoch überhaupt nichts davon, wenn ich als Geretteter trotzdem noch »nachsterbe«, *denn niemand hat etwas davon.* Allerdings ist das für ein Kind viel leichter, als sein Glück dankbar anzunehmen.

Ende gut, alles gut gilt grundsätzlich für Lösungen jeder Art. Wenn irgendjemand von deinen Helfern, deinen Mitträumern, ausgeschlossen bleibt und nicht als Helfer gesehen, gewürdigt und bedankt ist, dann gibt es keine wirkliche Lösung. Für ein gutes Ende müssen nämlich alle Beteiligten gut dastehen dürfen!

Vierter Teil: Sonstiges, Anhang und Literatur

Wenn der falsche Mensch die richtige Methode benutzt,
Wirkt die richtige Methode auf die falsche Weise.
(Chinesische Weisheit)

Über den Nutzen einer Therapieausbildung

Wenn einer, der mit Mühe kaum
geklettert ist auf einen Baum
schon meint, dass er ein Vogel wär',
so irrt sich der.
(Joachim Ringelnatz – glaub' ich)

Nicht viel von dem, was ich in den Jahren meiner therapeutischen Tätigkeit durch meine Patienten gelernt habe, war wirklich Teil meiner therapeutischen Ausbildung, geschweige denn des Psychologiestudiums. Trotzdem hatte ich nach jedem Ausbildungsabschluss die absurde Vorstellung, dass ich nun endlich soweit ausgerüstet sei, um zu verstehen, »was die Welt im Innersten zusammenhält« und dass ich sogar therapieren könnte. Das heißt, ich bildete mir tatsächlich ein zu wissen, was gut und böse, richtig und falsch ist und dass ich nun machen könnte, dass andere Menschen endlich heil werden, wenn ich sie richtig behandle. *Es ist auch immer wieder bis zu einem gewissen Grad passiert, dass es meinen Patienten – ich segne sie noch nachträglich für ihre immense Geduld – bereits während und nach ihrer Therapie bei mir tatsächlich besser ging.* Ich finde das heute erstaunlich und ich kann es mir im Nachhinein dadurch erklären, dass sie irgendwie bemerkt haben mussten, dass ich sie, jeden einzelnen von ihnen, trotz all ihrer und meiner Macken auf eine gewisse Weise geliebt habe. Und sie mich ebenfalls.

Wie des Öfteren schon erwähnt gibt es da glücklicherweise diesen *Placebo-Effekt*, der bei den meisten Heilungsversuchen die wichtigste Rolle spielt: Wenn der Patient nämlich glaubt, dass eine Behandlung hilft, dann hilft sie ihm auch mit einer gewissen Wahrscheinlichkeit, die offenbar direkt zusammenhängt mit der Stärke seines

Glaubens daran. Wenn sogar alle beide, er *und* sein Therapeut, gemeinsam glauben, dass die Behandlung hilft, dann handelt es sich um ein so genanntes *aktives Placebo.* Bei einem aktiven Placebo ist zwar etwas drin, das wirkt, etwa Coffein, aber nicht das, was du denkst. Somit erhöht sich die Wahrscheinlichkeit für eine Besserung nochmals deutlich. Das alles kannst du berechtigt als einen hypnotischen Effekt bezeichnen oder als Schamanismus. Dabei scheint sich tatsächlich ein miteinander geteilter verrückter Traum zu erfüllen: Der Therapeut darf nun die gute Mutter sein und der Patient hat endlich seine gute Mutter gefunden, die macht, dass alles gut wird.

Diese Sichtweise ist trotzdem verrückt, ähnlich verrückt wie der Zustand bei Verliebten: Da ist ja auch der Geliebte für den anderen die gute Mutter, die jetzt da ist und ihn nun glücklich machen wird. (Aber sei als Therapeut hier vorsichtig: Das mit dem Verlieben kann nämlich in einem Therapiezusammenhang bös ins Auge gehen – hauptsächlich in dein eigenes.)

Sollte der Heilige Geist zufällig doch noch eine Chance bekommen hier tätig zu werden, kann dieser Wahn geheilt werden und alles wird gut ausgehen, indem beide erkennen, sowohl der Therapeut als auch der Patient, dass jeder von ihnen selber *sein eigener Heiler ist,* der sich selbst mit Hilfe des andern heilt (»ergänzt«).

Irgendeine Art von Handlungs- und Verständniskonzept hat jeder und braucht auch jeder auf gewissen Ebenen. Das ist leicht einzusehen. Aus diesem Blickwinkel kann man den Nutzen einer Ausbildung gut sehen, egal, um welche Art von Ausbildung es sich letztlich handelt. Deine therapeutischen Interventionen funktionieren scheinbar tatsächlich immer wieder und an den guten Ergebnissen erweist sich, dass es wohl sinnvoll ist, das Konzept beizubehalten. Leider behindert das dein Lernen hinsichtlich des Wesentlichen enorm. Das ist genau wie im richtigen Leben: *Wer glaubt, Recht zu haben, der wird nichts ändern.*

Eine jede Therapieausbildung stattet den Therapeuten genau genommen aber nur mit einem gewissen Set von Hypnotisier-Methoden aus, an dessen Funktionieren er selbst glauben muss, damit die Sache einigermaßen klappt: Glaubt er selber an die Wirksamkeit seiner Methoden, kann er seine Patienten viel besser »anstecken«. Wenn am Ende alles ausgeht wie anfangs von beiden erhofft, dann geschieht beiden, dem Therapeuten und dem Patienten, tatsächlich nach ihrem gemeinsamen Glauben und eine gewisse, meist jedoch bescheidene Heilung, gelingt *trotz* der Therapie. Aber wie sagte schon der Herr *Schiller* in seiner Glocke in Bezug auf die Verwirklichung solcher Ziele: »Von der Stirne heiß rinnen muss der Schweiß, soll das Werk den Meister loben. – Doch der Segen kommt von Oben.« Klarstellen will ich also, von wessen Stirne der Schweiß rinnen sollte, wenn's denn schon unbedingt sein muss: Derjenige, der das Problem hat und es tatsächlich lösen will, der sollte schwitzen. Der Therapeut sollte nicht schwitzen, denn da schwitzt dann der Falsche. Und derjenige, der die Lösung am Ende doch selbst bewirkt hat, der ist auch der Meister, nämlich der Patient selber. Ohne den Segen von Oben wird jedoch selbst der Schweiß nichts nützen: *Deine Ziele müssen nämlich in Ordnung sein, sonst fällt alles wieder zusammen.*

Ich will den Sachverhalt einer therapeutischen Beziehung in einem Bild veranschaulichen: Der Patient wäre dabei die Schwangere in den Wehen.

Ein Therapeut als die *Hebamme* kommt natürlich erst ins Spiel, wenn die Schwangerschaft bereits weit genug fortgeschritten ist. Er muss nun als fachkundige Hebamme erkennen, ob die eingetretenen Wehen zur rechten Zeit auftreten, ob es also an der Zeit ist, dass die *Frucht* ans Licht kommen *muss.* Wenn nicht, dann sollte er die Wehen stoppen, sonst wird das eine Frühgeburt, die vielleicht nicht lebensfähig ist. Ist die Zeit aber reif, dann wäre es falsch, die Wehen zu stoppen, weil die Hebamme jetzt lieber heimgehen und Kaffee trinken will, anstatt der Gebärenden umgehend beizustehen.

Eine Hebamme hat nur den Job, bei der Geburt zu helfen und beizustehen, und zwar so, dass möglichst beide überleben, die Mutter und ihr Kind. (Ich gehe davon aus, dass die Hebamme dabei auch ohne Kaffee überleben wird.) Sie hat aber nicht die zusätzliche Pflicht, sich in die schlimme Ehe der Gebärenden einzumischen – insbesondere nicht, wenn sie dafür überhaupt keinen Auftrag hat.

Eine Hebamme sollte auch imstande sein, besonders in solchen Situationen ruhig Blut zu bewahren, in denen irgendetwas aus dem Ruder läuft. Notfalls muss sie sogar rechtzeitig eine höhere Macht anrufen, damit die weiterhilft, einen diensthabenden Arzt etwa, statt sich darauf zu versteifen, alles alleine machen zu wollen.

Es ist allen Beteiligten in der Regel völlig klar, dass die Schwangere nicht vorher von der Hebamme befruchtet wurde, sondern dass die bereits *mit* dem Kind zur Hebamme gekommen ist. Das Kind gehört daher der Mutter und dem Vater, der es gezeugt hat, nicht der Hebamme. Die darf sich selbstverständlich zusammen mit der Mutter freuen, wenn am Ende alles gut ausgegangen ist und sie darf Mutter und Kind alles Gute wünschen für die Zukunft. Damit die Sache optimal gelingt, soll jeder der Beteiligten bei der ganzen Sache nur *seinen eigenen Job* möglichst gut machen und sollte sich nicht dazu hinreißen lassen, den Job des anderen auch noch machen zu wollen, denn wenn die Hebamme aus Mitleid presst, bekommt sie davon höchstens einen roten Kopf und später vielleicht noch Hämorrhoiden, hilft der Gebärenden dadurch aber in keiner Weise. Vielleicht vergisst sie darüber sogar einen wichtigen Handgriff und es kommt zu unnötigen Komplikationen.

Möglicherweise ist auch ein anderer Vergleich hilfreich, um den Nutzen einer Ausbildung richtig einschätzen zu können, nämlich der Vergleich mit dem Schachspiel:

Das Erlernen und das Studium dieses Spiels beinhaltet natürlich das Auswendiglernen von Eröffnungen mit deren gebräuchlichsten Varianten. Einige dieser Eröffnungen sind bis zum 13. Zug (!) in allen Variationen und mit allen Fallstricken ausgetüftelt. Wer hier fleißig übt und seine Eröffnungen gut lernt, der tut sich später in einer richtigen Partie mit einem *Gegenspieler* deutlich leichter als jemand, der diese Eröffnung jetzt quasi erst erfinden muss. Dabei sind Fleiß und eine gute Merkfähigkeit unbestreitbar von Vorteil. *Wahr ist allerdings auch, dass ein Gedächtniskünstler noch kein Schachgroßmeister wird.* Dazu gehört neben Fleiß und Merkfähigkeit eine gewisse Sonderbegabung.

Eine Therapieausbildung bietet dir also am Anfang deiner hoffentlich großartigen Laufbahn zumindest ein hinreichend funktionierendes Gerüst, das es dir erlaubt, trotz deines bei Weitem nicht ausreichenden Verständnisses auf einer gewissen Ebene bereits als Heiler zu wirken, sofern ihr beide, du als Therapeut und deine jeweiligen geduldigen ersten Patienten, ausreichend stark an Heilung glaubt. Wenn die entsprechenden Voraussetzungen vorhanden sind und du Raum gelassen hast für das Wirken des Heiligen Geistes, dann geht das erreichte Ergebnis vielleicht weiter, als ihr beide zunächst zu denken gewagt habt. Insofern hat jede Therapieausbildung, egal welche, ihre Berechtigung. Wenn du jetzt noch akzeptierst, dass es eben nur eine beschränkte Anzahl von Schachgroßmeistern gibt und dass die zusätzlich zu ihrer Sonderbegabung sehr viel dafür getan haben, dann könntest du sogar im Lauf der Jahre ein *wirklich* guter Therapeut werden.

Letztlich wirkt also nicht die Technik des Therapeuten, sondern seine Fähigkeit zu lieben und sich dadurch im Gegenüber selbst zu erkennen. Es heißt ja auch: »Wer heilt, hat Recht« und nicht »wer die richtige Therapieausbildung hat, der heilt«.

Als Therapeut solltest du dir grundsätzlich darüber im Klaren sein, dass eine Therapie in Wirklichkeit immer eine Selbsttherapie ist und dass der Patient auch für dich eine Art Engel ist, der dir gerade wieder eine wichtige Botschaft überbringt. Fürchte dich nicht vor deinen Patienten, sondern sei neugierig, welche Stärken und Fähigkeiten sie haben und welche Ähnlichkeiten sie aufweisen zu dir – aber vor allem suche danach, wo ihre Liebe fließt. Denke daran, dass du als Therapeut das Werkzeug und der Diener von etwas Größerem bist, das durch dich hindurch heilt. Euch beide nämlich. Oder keinen von euch. Je nachdem.

Beachte: Jeder Therapeut ist in jedem Stadium seiner Entwicklung für seine Patienten von Nutzen, sofern diese sich für eine Heilung entschieden haben. *Für eine Heilung ist jeder gut genug.* Deshalb kann sogar ein verrückter Therapeut heilsam wirken. Falls sich jedoch ein Patient entschieden hat, lieber Recht haben zu wollen und damit sein Problem zu behalten, könnte ihm selbst der beste Therapeut der Welt nicht helfen, denn mit dieser Entscheidung ist keiner mehr gut genug für ihn. Er ist in diesem Zustand »geschlossen«. Ein »wirklich guter« Therapeut würde ihn dann *freundlich* entlassen, anstatt ihn behandeln zu wollen.

Und zum Schluss dieses Abschnitts noch ein tröstendes Wort:
Auch ein Affe fällt einmal vom Baum. (Japanische Erkenntnis)

Anmerkungen zur Auswahl deiner Patienten

... Lasst mich erzählen, wie die vorher Törichten
Gedankenvoll ich machte, mächtig der Vernunft ...
Sie, die zu Anfang Augen hatten, doch nichts sah'n,
Und Ohren, und nichts hörten, sondern wie Gebild'
Von Träumen ihre lange Lebenszeit hindurch
Blind all in eines wirrten ...
(Aischylos: Der gefesselte Prometheus)

Ja ja, so sehen wir uns gerne, wir idealistischen Therapeuten, besonders am Anfang unserer Karriere. Daher will ich hier erneut darauf hinweisen, dass in so genannten therapeutischen Beziehungen die folgenden zwei Grundgesetze ebenfalls gelten:

Gleich und Gleich gesellt sich gern einerseits, oder anders ausgedrückt: Du hast genau die Patienten, die du verdienst *und die dir gerade entsprechen*. Durch sie kannst du jetzt lernen, was du selber gerade benötigst. Sei daher dankbar und aufmerksam, selbst wenn sie dich gelegentlich nerven, denn das kommt nur von deinem eigenen Widerstand.

Andererseits gilt ebenso: *Gegensätze ziehen sich an*. Das bedeutet, dass du mit Hilfe deines Gegenübers sehen kannst, was du jetzt gerade *nicht* bist oder *nicht sein willst*. Dein Patient stellt aus einer unbewussten Liebe für dich dein entsprechendes Gegenteil dar. Benimmst du dich beispielsweise wie eine Mutter und mischt dich ohne Auftrag in sein Leben ein, indem du ihm ungebetene Ratschläge erteilst, dann erzeugst du quasi in deinem Gegenüber ein Kind. Das Kind ist vielleicht trotzig oder es lügt dich an, oder es will brav sein und es dir recht machen. Du hast das selber provoziert in deinem Gegenüber, also selbst hervorgerufen, damit du siehst, was du gerade nicht bist oder gerade nicht sein willst: Ein Kind nämlich. Du willst lieber die Mutter sein und nicht das Kind, weil die Mutter ja nichts braucht vom Kind. Daher bist du als Mutter in einer solchen Beziehung immer in der sicheren Position.

Aber es gibt hierbei nichts mehr auszutauschen zwischen euch, weil das Kind nichts von dem bieten kann, was eine Mutter brauchen könnte – dafür hat sie ja den Papa. Die Beziehung ist daher einseitig geworden; so kann sie nicht mehr heilsam wirken, *weil dafür ein Austausch notwendig wäre* und der ist nur zwischen Ebenbürtigen möglich.

Umgekehrt gilt das ebenfalls: Wenn sich dein Gegenüber wie ein Kind benimmt, indem er sich beispielsweise jammernd präsentiert, ruft er in dir eine Mutti hervor, wenn du nicht aufpasst. Du willst ihn dann trösten, retten, erziehen oder anderweitig verändern und wirst pädagogisch. Bleibe aufmerksam, denn dein Patient übernimmt für dich zwar vorübergehend gerne die Rolle mit der Arschkarte – nicht jedoch auf Dauer.

Sollte dein Patient darauf beharren, wie ein Kind zu sein, etwa indem er sich in einer Weise präsentiert, dass er beaufsichtigt werden muss, damit er sich oder andere nicht beschädigt, dann ist es besser, ihn zurück zur Mutti zu schicken: Er gehört vielleicht erst einmal in eine Klinik oder braucht Medikamente. Die sind bis auf Weiteres seine Mutti und passen vorerst auf ihn auf, damit er nichts Dummes anstellen kann. Abhängigkeit ist eben der Preis für seine gegenwärtige Haltung.

Dass sich Gegensätze anziehen, ist der schon mehrfach erwähnte Grabeneffekt. Du kannst auch *Dialektik* dazu sagen, wenn du Philosophie studiert hast; da sagt man: »Jede These erzeugt ihre Anti-

These.« Das Gegenteil des kleinen Kindes ist die Mutter, das Gegenteil des größeren Kindes ist der Vater oder der »Lehrer«. Wenn das Kind klein ist, muss es noch bei der Mutter bleiben, weil der Vater sein kleines Kind dann ebenfalls nur bemuttern könnte und das kann die Mutter selbstverständlich besser. Das Gegenteil eines Mannes ist das Weib und das Gegenteil des Männchens ist das Weibchen. (Ein Männchen ist wie ein Junge in der Pubertät, der zwar biologisch erwachsen ist, sich aber nicht so benimmt. Und das Weibchen will gerne ein Weib sein, benimmt sich aber ebenfalls noch wie ein Kind. Beide haben bereits erwachsene Körper, was die Sache problematisch macht.) Das Gegenteil des Größenwahns ist der Kleinheitswahn, der Zwanghafte zieht einen Chaoten an und umgekehrt. Das Prinzip ist klar, nicht wahr?

Sowohl deine bewussten Teile als auch deine unbewussten Gegenteile, *die Rückseiten der gleichen Münze also*, werden dir »zugeschickt« im Sinn einer Anziehung des Ähnlichen zum Zweck des Heilwerdens, damit du selber ebenfalls gewisse Dinge lernst, anstatt weiter alles »gerecht« zu beurteilen. Diese Gesetze gelten nämlich auch für Psychotherapeuten. Lerne und übe, nach der fehlenden anderen Hälfte zu schauen bei dem, was dir gerade präsentiert wird, damit *Es* von dir wieder liebevoll ganz gemacht werden kann. (Das wird in gewissen Kreisen Gegenübertragung genannt, wenn es unbewusst geschieht, und wirkt dann unangenehm.) Übe beständig, dich selbst in *jedem* deiner Gegenüber zu erkennen, besonders in deinen Patienten. So kannst du dich immer weiter ausdehnen und »immer ganzer« werden bis in alle Ewigkeit – letztlich bis ins Nirwana von mir aus.

Wenn du deine Arbeit ernst nimmst, bist du tatsächlich gesegnet, denn Patient und Therapeut heilen sich entweder gegenseitig, oder es gibt für beide keine Heilung. Bedenke: *Der Lehrer und sein Schüler belehren einander gegenseitig*. Das soll bedeuten, dass der Lehrer auch vom Schüler lernt – umgekehrt ja hoffentlich sowieso.

Wenn du dir allerdings einbildest, dass nur der Patient von dir etwas lernen kann und du nichts von ihm, dann lehrst du ihn, dass du der Schlaue bist und er der Dumme, du der Große und er der Kleine, du der Reiche und er der Arme. Du fühlst dich auf Kosten deines Patienten groß und das funktioniert nicht auf Dauer. Du bestätigst damit außerdem, dass der wirre Traum deines Patienten wahr sei und du wirst dadurch selber klein bleiben und dich weiter vergeblich aufblähen wie ein wichtigtuerisches Kind. Ihr habt jetzt einen gemeinsamen Traum, einen Kindertraum über die Abhängigkeit von Eltern, die euch nicht gut genug waren. Vielleicht erlebst du diesen abgelehnten Traum selber in deiner Ehe oder mit deinem Chef, wenn du einen hast. Viele professionelle Heiler haben dafür oft die Kassenärztliche Vereinigung, von der sie sich gegängelt fühlen und über die sie schimpfen, aber doch ihre Zulassung nicht zurückgeben, weil sie Angst haben, dass sie ohne diese Mutti verhungern müssen.

Bleibe wachsam, denn eine der ersten Lektionen durch deine Patienten könnte eine Lektion in Bescheidenheit sein. Das bedeutet, dass vielleicht gleich einer daherkommt, *damit du ihn wieder wegschikken kannst*, weil du inzwischen bescheiden und daher intelligent genug bist zu bemerken, dass er zurzeit eine Nummer zu groß ist für dich. Damit soll hier nur gemeint sein, dass du *jetzt* nicht genug Liebe für ihn aufbringen kannst, um mit ihm wirklich sinnvoll arbeiten zu können. Du musst dich selbst erst besser kennen lernen.

Noch etwas sollte dir von Anfang an klar sein: Nimm niemals jemanden an, weil du gerade Zeit übrig hast oder weil du Angst hast, du könntest vielleicht zu wenig verdienen. Das wird ein Bumerang. Aber das war dir sicher bereits bekannt. Ich erwähne es hier nur, damit du sehen kannst, dass ich inzwischen auch schon draufgekommen bin.

Falls du wirklich gelegentlich vergisst, dass Gleich und Gleich sich gern gesellt und dass sich Gegensätze anziehen, so zieht dir bestimmt zur baldigen Korrektur deines Irrtums der nächste Patient diesen Zahn und zeigt dir, dass auch du in Wirklichkeit nur der Kleine bist. Sei ihm daher dankbar, dass er dich rechtzeitig wieder erinnert hat, anstatt mit ihm böse zu werden. Er hat dich wieder daran erinnert, dass es deine Aufgabe ist, ihm bei seiner Heilung zu *dienen*, anstatt mit ihm etwas *machen* zu wollen, wovon du denkst, dass er es nötig habe.

Grundsätzliche Tipps für das Erstgespräch

»Ich werde dich in meinem Auto mitnehmen.«
»Oh, du hast ein Auto?«
»Nein, ich habe ein Auto und einen Chauffeur gehabt,
aber ich konnte mir nicht beide leisten –
so schob ich das Auto wieder ab.«
»Was nützt dir aber ein Chauffeur ohne Auto?«
»Ich brauche ihn, damit er mich zur Arbeit fährt.«

»Wie kann er dich ohne Auto zur Arbeit fahren?«
»Alles o.k. – ich habe keine Arbeit.«
(Chico und Groucho Marx, in »Duck Soup«)

Prüfe am besten gleich beim ersten Kontakt, ob du diesen Menschen genug liebst, der gerade deine Praxis betreten hat, sonst wirst du dich nicht mit ihm austauschen und dich selbst in ihm finden wollen, denn *Kommunikation ist nur zwischen Gleichgestellten möglich.*

Du darfst dich dabei ruhig auf deinen Ersteindruck verlassen. Der ist ohnehin genauer als deine späteren verständnisvollen Analysen, denn es zeigt sich schon sehr früh, ob ihr mit eurer vorgesehenen Kooperation Erfolg haben könnt hinsichtlich der bewusst zunächst nur von dir angestrebten beiderseitigen Heilung. (Der Patient denkt selbstverständlich nicht an die Heilung seines Therapeuten, sonst wäre wirklich etwas faul bei dir. Erweckt dein Patient den Eindruck, dass *er dich* heilen will, dann solltest du vielleicht doch lieber über eine Karriere als Holzfäller nachdenken oder Heiratsschwindler werden, wenn du das Zeug dazu hast.)

Notwendig ist in jedem Fall, dass du dir möglichst zügig Klarheit darüber verschaffst, was der Patient oder der Ratsuchende *wirklich* will. Wenn du da genau aufpasst, dann wirst du feststellen, dass dir dein Gegenüber sowieso innerhalb der ersten fünf Sätze erzählt, was mit ihm los ist und was er *tatsächlich* will. Alles Weitere dient meist wieder der Verschleierung. Speichere am besten die ersten fünf Sätze in deinem Gedächtnis wie in einem Tonbandgerät oder schreib' sie dir auf. Und pass' *sofort* genau auf, denn die ersten Sätze kommen vielleicht schon an der Türschwelle, nicht erst, wenn er sich bereits in deinen Sessel gehockt hat und es offiziell wird mit eurer ersten Sitzung. Sollte er aber behaupten, er wisse nicht, was er will, dann lügt er dich an und du musst ihm auf die Sprünge helfen. Weiß er es wirklich nicht, dann will er alles so lassen, wie es jetzt ist. Das ist auch okay, wenn es geklärt wird.

Ich will an dieser Stelle nicht näher auf weitere Grundsätze eingehen, etwa auf die bekannten Standardregeln »kein Über-Ich-Kontrakt, kein Fremdkontrakt, möglichst schnelle Klärung des Zieles und des Auftrags«, weil ich davon ausgehe, dass das ohnehin jeder Helfer weiß. Aber erwähnen wollte ich sie trotzdem. (Was – du weißt nicht, was das ist? Das erste ist eine Vereinbarung, bei der du dem Patienten helfen sollst, die Ziele zu erreichen, von denen er *denkt*, dass sie richtig seien. Das sind aber nie die Ziele, die *ihn* glücklich machen würden, sondern seine Mama. Ein Fremdkontrakt liegt vor, wenn du *mit der Frau* deines künftigen Patienten vereinbarst, ihn so lange zu therapieren, bis er endlich aufhört zu saufen, oder wenn es sich um eine Gerichtsauflage handelt.)

Bereits in den Anfangsminuten eures ersten Treffens werdet ihr insgeheim aushandeln, wie's mit euch laufen wird – aber vor allem, wer in der Therapie wirklich der Boss ist. Vermutlich wird insgeheim sogar schon recht genau ausgehandelt, wie es letztlich ausgeht. In der Regel wird's schwer für euch beide, wenn du besonders am Anfang nicht ganz aufmerksam und wach bist. Das ist hier ähnlich wie bei einer Schachpartie: Wenn du die Eröffnung vergeigt hast, kannst du meistens die ganze Partie vergessen – außer, es geschieht noch ein Wunder. Für dich sollte das Aushandeln also keinesfalls insgeheim sein, sondern zumindest du solltest imstande sein, diesen unterschwelligen Prozess sehr genau zu beobachten, um ihn ans Licht zu bringen. Mit den Jahren der Übung geht das ohnehin immer besser und du erkennst manche von den Fallstricken, *die deine Patienten zu deiner Schulung auslegen*, auf den ersten Blick. (Du hast nämlich inzwischen das Gedankenlesen gelernt.)

Wichtig: *Achte darauf, in allen deinen Entscheidungen jederzeit frei zu sein und frei bleiben.* Das bedeutet in erster Linie, dass du von deinem Patienten nichts brauchen darfst: Weder seine Anerkennung, noch sein Geld, noch seine Liebe oder seine Sympathie, noch, dass er dich später weiterempfehlen soll – und keinesfalls seine Bewunderung (ganz gefährlich). Er muss sehen, dass du auch ohne seine Heilung glücklich sein kannst und dass du nur an einem echten Austausch mit ihm interessiert bist, sonst ist er gut beraten, sich mit dir nicht näher einzulassen, sondern sich lieber einen anderen Therapeuten zu suchen.

Liebst du deinen Patienten genug, wird er das unweigerlich bemerken und ihr müsst euch nur einigen, wo genau die Reise hingehen soll. Liebst du ihn aber nicht genug, solltest du da deine *eigene* Beschränktheit erkennen und dem Patienten helfen, einen anderen Therapeuten zu finden. Mache ihm freundlich klar, dass er an deiner derzeit vorliegenden Beschränktheit unschuldig ist, sonst wirkt das als Vorwurf, so, als ob der Patient dafür verantwortlich ist, dass es nicht geklappt hat mit euch beiden.

Wenn du ihn genug liebst und mit ihm anfängst zu arbeiten, brauchst du ihn nicht zu schonen, sondern du kannst ihm genau sagen, was du *wahrnimmst* und wie's dir mit ihm geht. (Er ist ja nicht wirklich behindert. Er tut nur so, weil er nämlich glaubt behindert zu sein.) *Hüte dich allerdings vor irgendwelchen Deutungen und sonstigen Projektionen, sondern bleibe bei den Tatsachen, die du wahrnehmen kannst!* Nimm ihn an wie einen Bruder oder eine Schwester, denn damit gehst du automatisch davon aus, dass ihr beide aus derselben Quelle gekommen und daher wesensmäßig gleich seid. Du bist für ihn ein Spiegel, in dem er sich umso besser erkennen kann, je klarer *du* bist. Umgekehrt übrigens stimmt das genau so: Je klarer du selbst bist, desto klarer erkennst du, dass der Patient *auch dein* Spiegel ist. Das führt am Ende zu mehr Selbsterkenntnis bei euch beiden.

Bedenke: Jeder, der mit einem anderen spricht, spricht in Wirklichkeit auch zu sich selbst – und hört sich selbst hoffentlich dabei zu. Das ist Teil der Selbsttherapie.

Ganz wichtig: *Lass' dich bloß nicht einschüchtern durch die Schwere eines Problems!* Bleibe ruhig oder beruhige dich umgehend wieder und sei weiterhin aufmerksam zugewandt, damit du schnell erkennst, wie dein Gegenüber dich gerade zu hypnotisieren versucht und woher dir diese Hypnosemethoden bekannt sind. Es ist zwar eine verständliche und normale Reaktion, dass du glaubst, je schwerwiegender ein Problem erscheint, desto schwerer sei es zu lösen. Viele reagieren erschrocken auf ein schlimmes Leiden oder ein bisher so tragisch verlaufenes Leben ihres Mitmenschen. *Aber es ist nicht schwerer, aus einem schlimmen Traum zu entkommen als aus einem beliebigen anderen, denn die Lösung ist ja immer die gleiche: Ich muss erkennen, dass ich in der Traumzeit bin und gerade träume, dann kann ich noch innerhalb der Traumzeit meinen Traum sofort ändern, wenn er mir nicht gefällt.*

Noch besser wäre, wenn ich endlich aufwachen und die Wahrheit hinter *allen* Erscheinungen erkennen würde: Den göttlichen Träumer selbst. Als Therapeut solltest du in der Lage sein, einen schlimmen Traum deines Patienten nicht noch zu bestätigen, indem du betroffen oder erschrocken reagierst, aufgeregt wirst und dann ebenfalls denkst, dass eine Lösung schwer zu erreichen sei und dass es bestimmt lange dauern wird. Damit wärst du nämlich bereits von deinem Patienten hypnotisiert worden und wirst vielleicht mit der Zeit sogar sein Zombie oder er dein Vampir, wenn du nicht aufpasst.

So lange unser Verstand nicht ausreichend geschult ist, neigt er dauernd dazu, *pseudo*logische Verknüpfungen herzustellen, etwa die, dass ein lange vorhandenes Problem auch lange für die Heilung braucht. Als ob man länger zum Aufwachen bräuchte, wenn man länger geträumt hat, oder als ob man aus einem schlimmen Traum schwerer aufwachen würde als aus einem schönen. *Aufwachen ist aufwachen ist aufwachen.*

Das Übrige, so hoffe ich, wird ausreichend aus dem hervorgehen, womit ich dich bisher schon ausgiebig indoktriniert habe. Beispielsweise würde ich mich freuen, wenn dir die Tipps nützen, woran man erkennen kann, dass jemand sein Problem behalten will, oder dass Ziel und Mittel klar unterschieden werden müssen, wenn die Verwirrung aufhören soll.

Wenn alle Stricke reißen, dann kannst du dich daran erinnern, dass viele Therapien trotz der Behandlung gelingen, dass auch ein blindes Huhn gelegentlich ein Korn findet und dass Wunder etwas Selbstverständliches sind, sobald ihr bereit seid, dem Heiligen Geist die Führung zu überlassen, wenn ihr selber keinen rechten Durchblick mehr habt. Der wird dann notfalls jede von euch beiden produzierte Scheiße in Gold zurückverwandeln, sobald ihr damit aufgehört habt, ihm vorschreiben zu wollen, auf welche Weise er das zu tun habe. (Du kannst ja vorher noch deinen Supervisor konsultieren.)

Solltest du beim Erstgespräch auf der anderen Seite stehen und bei der gemeinsamen Heilung den Part des Patienten gewählt haben, dann achte sowohl darauf, dass dich dein Therapeut genug mag und auch, dass er *dir* sympathisch genug ist. Nur ein armes Kind nimmt jeden guten Onkel und das kann zwischendurch recht gefährlich werden für so ein Kind.

Es gibt Therapieformen, bei denen der Therapeut nicht viel redet, beispielsweise die Analyse. Das ist so lange keine Problem, so lange der Therapeut wirklich »da« ist und er gelegentlich Dinge äußert, die dir weiterhelfen bei deiner Suche nach Erkenntnis. In anderen Therapien bekommst du vielleicht konkrete Anweisungen, was du zu tun und zu lassen hast, wenn du deine Ziele erreichen willst. Diese Art ziehe ich vor. Aber egal, um welche Form es sich handelt: Beobachte, ob sich in deinem Leben tatsächlich etwas in die Richtung verändert, die du anstrebst. Dabei kann es allerdings passieren, dass vorher noch eine »homöopathische Erstreaktion« eintritt, und zwar in Form einer Verschlimmerung. Bleibe trotzdem ruhig und schau genau hin: Diese Verschlimmerung ist oft die beginnende Destabilisierung deines alten neurotischen Schutzsystems, bei dem dein Ego die Führung hatte, oder es ist der Schmerz, der natürlicherweise entsteht, wenn in eine lange Zeit vorgelegene Versteifung endlich wieder Bewegung kommt. (Die Krankengymnasten kennen dieses Phänomen.)

Gelegentlich müsst ihr beide, dein Patient und du selber, bittere Pillen schlucken beim Lernen und bei der Suche nach der Wahrheit. Aber wie sagte schon Lao Tse: *Wahre Worte sind nicht schön, schöne Worte sind nicht wahr.*

Hüte dich vor deinem Therapeuten oder prüfe eure Beziehung genau, wenn er dich offenbar schwächen will, indem er

1. Mitleid hat mit dir,
2. dich ohne Auftrag und ohne dass du ein klares Ziel genannt hast anfängt zu »behandeln«, denn dann will er dich nämlich verändern und sagt dir damit indirekt, dass er glaubt, du wärst nicht o.k.; *eine Veränderung ist aber allein deine Sache,*
3. den Eindruck erweckt, dass er dich braucht, um sich groß zu fühlen,
4. deine Suche nach Bösen und Schuldigen unterstützt,
5. sich von der Schwere deines Problems stark beeindrucken lässt,
6. dir Heilsversprechen macht und Kollegen herabsetzt,
7. dich mit seinen eigenen Problemen behelligt,
8. anzüglich wird,
9. dir deine Schwächen und Defizite aufzeigen will,
10. nicht zuhört, sondern besser weiß als du selber, was du *eigentlich* meinst und sagst,
11. mehr am Rumpopeln am Problem interessiert ist als an Lösungen,
12. mehr am Honorar Interesse zeigt als an dir.

Honorarverhandlungen gehören in der derzeitigen Situation, also beim derzeit gültigen Stand der Regelungen auf dem Psychotherapiemarkt, ebenfalls zum Therapiesachverhalt. Sie sind ein Bestandteil des Kontraktes, den ihr beide miteinander schließen müsst, das ist völlig klar – außer, du bist ein Kassenpatient. Das wiederum könnte hinderlich werden für euer beider Selbsttherapie, wenn du dabei den Eindruck bekommst, dass du als Patient das Recht hast, quasi umsonst behandelt zu werden. Du gerätst dann in eine Situation, in der du dir einbildest, nichts geben zu müssen, aber Ansprüche zu haben:

»Das zahlt doch die Kasse, Herr Doktor! Sie bekommen sowieso einen Haufen Geld dafür. Jetzt seien Sie nicht so kleinlich mit Ihrem Ausfallhonorar.«

Ich erlaube mir hier noch eine weitere Bemerkung zur Frage des Honorars: Vermutlich ist es für den Therapieprozess eher ungünstig, wenn der Ausgleich nicht direkt zwischen dir und deinem Patienten stattfindet, sondern über anonyme Verteilungswege abgewickelt wird wie etwa Krankenkassen und Kassenärztlichen Vereinigungen.

Diese Art von so genannter Krankenversorgung hat zwar in medizinischen Bereichen eine gewisse Berechtigung, allerdings bezweifle ich, ob das auch für die Psychotherapie gilt. Auf dem Hintergrund der hier dargelegten Sichtweisen ist sie womöglich sogar kontraproduktiv. Es könnte sein, dass es besser für euch ist, wenn grundsätzlich nur ein freiwilliger Austausch in der Art stattfindet, dass ihr euch einfach *gegenseitig beschenkt*. Du schenkst dem Patienten deine Liebe und dein *know how* und er schenkt dir zum Dank für deinen Anteil an der gemeinsamen Heilung ebenfalls etwas Angemessenes. Was aber angemessen ist, das soll er selber bestimmen.

Abschlusswiederholung

Ein Hund gilt nicht als gut, weil er gut bellt,
Und ein Mann gilt nicht als weise, weil er gewandt redet.
(Chuang-Tsu)

Ich lege jetzt zum Schluss erneut meinen Standpunkt klar, ehe du das obige Zitat womöglich gegen mich verwendest:

Alles ist bereits inwendig in dir.
Ich bin nur ein Erinnerer.

Ich erinnerte dich hier an das, was du selbst schon immer gewusst und zwischenzeitlich nur wieder vergessen hast. Ich bin daher *für dich* eher eine Art von Jäger und Sammler, also ein Finder und diesbezüglich beileibe kein Er-Finder und ich habe für dich und mich eine ganze Menge gesammelt und erjagt, glaube ich. Das Wesentliche kannst du aber nur selber finden – inwendig in dir. *Du bist die Autorität in deiner Welt. Du bist der Schöpfer. Du bist das Nichts, in dem alles erscheint und wieder vergeht. Du bist nicht die Erscheinungen, du bist der Unbewegte Beweger.*

So. Möglicherweise ist jetzt Zeit für eine Tasse Tee.

Hier noch schnell ein Geständnis, ehe ich's wieder vergesse:

Im Innersten bin ich zwar ein radikaler Konstruktivist, der letztlich an NICHTS glaubt. Das ist für mich kein Grund mehr zur Panik und das sollte auch für dich keiner sein, soweit dir vielleicht gelegentlich etwas Ähnliches dämmert. Und erst recht sollte es kein Grund für dich sein, sofort auf mich losgehen zu wollen, *denn Nichts ist ja nur ein anderes Wort für Gott* Zwischendurch vergesse ich den radikalen Konstruktivismus und das Nichts hinter der Leere wieder und bin daher im normalen Leben meist doch ein gemäßigter Konstruktivist, komme damit aber ganz passabel zurecht. Man braucht ja auch nicht dauernd an Essen zu denken, wenn man überhaupt keinen Hunger hat. Allerdings solltest du darauf achten, die Ebenen nicht zu verwechseln. Wie bereits erwähnt: Selbst ein radikaler Konstruktivist geht zur Seite, wenn ein Auto ungebremst auf ihn zufährt. Er tut das sogar dann, wenn er im Recht ist, weil er nämlich gerade über den Zebrastreifen geht und daher Vortritt hätte gegenüber den Autos. *Ein Konstruktivist, der erkannt hat, dass er einer ist, gibt nämlich auf die richtige Weise nach und widersteht auf die richtige Weise einem Erstimpuls, weil er der Klügere ist.*

Wenn ein Konstruktivist hingegen stur ist und Recht haben will, kann er erstens unmöglich wissen, dass er einer ist und hat sich zweitens damit selber die Freiheit genommen, etwas anderes zu konstruieren, wenn ihm das Bisherige nicht mehr gefällt.

Ein Konstruktivist weiß auch, dass er es bei *seiner Erfahrung* der Welt immer auf irgendeine Art mit Konstruktionen zu tun hat und er erhebt daher weder Ansprüche auf die einzig wahren Konstruktionspläne, die er in missionarischem Eifer anderen aufdrängen will, noch greift er die Konstruktionen seiner Mitmenschen in irgendeiner Form an. Er würde dabei recht schnell erkennen, dass es unmöglich ist, jemandem diesbezüglich etwas wegzunehmen. Du kannst deine Mitmenschen in Wirklichkeit *nur* bereichern, nicht bestehlen. Das setzt jedoch voraus, dass die damit einverstanden sind. Daher ist ein (bewusster) Konstruktivist vollkommen gewaltfrei beim Konstruieren. *Er will nämlich niemanden zwingen, bei seinen Konstruktionen mitzumachen, um dadurch Herr zu sein über andere, noch lässt er sich von irgendwelchen äußeren Mächten versklaven, indem er ungeprüft die Konstruktionen anderer einfach übernimmt. Er weiß, dass er frei ist und er will, dass jeder Mitmensch so frei und glücklich sein soll wie er selbst.*

Aus dem bisher Vorgelegten hast du sicherlich entnommen, dass ich von Angriffsimpulsen keineswegs ganz frei bin. Ich hoffe, du hast dafür Verständnis, denn ich wette, dass du ebenfalls Träume kennst, in denen Leute auftauchen, über die du dich bisweilen ärgerst. Diese Sache ist bei mir noch in Arbeit und ich muss täglich üben, meine Angriffsimpulse rechtzeitig zu erkennen, damit ich sie neutralisieren kann. Immerhin sind meine aggressiven Äußerungen in den letzten Jahren nicht mehr bösartig, sondern sind eher freundlich-ironisch geworden, so weit ich das bisher beobachten konnte.

Falls es für dich jedoch in irgendeiner Weise ein Trost ist: Ich gestehe, dass ich gelegentlich großen Spaß daran habe, auf ironische Art aggressiv zu sein. Aber das ist meist ein Zeichen meines eigenen Mangels an Erkenntnis in derartigen Situationen und ich bin nicht wirklich stolz darauf, denn ich muss einsehen, dass ich in diesen Situationen nahezu jedes Mal das Entstehen von Lösungen behindere, weil ich dabei natürlich urteile. Ich versuche zurzeit, die Sache mit Humor zu nehmen, um so die Störungen in engen Grenzen zu halten. Mein Geist ist inzwischen ja schon sehr willig, aber mein Fleisch ist halt noch etwas versteift.

Anhang

Hier ist eine wichtige Empfehlung für Situationen, in denen du dich entscheiden musst; für den Fall, dass du frei sein willst, egal, um welche Entscheidung es gerade geht, beachte dabei Folgendes:

Handle stets so, dass die Anzahl deiner Wahlmöglichkeiten zunimmt!
(Empfehlung der Konstruktivisten)

Auf den nächsten Seiten sind viele der bereits mehrfach und unterschiedlich formulierten Gedanken erneut in Kurzform zusammengefasst. Ich hoffe sehr, dass dir beispielsweise das Überprüfen der Regeln zum Schaffen von Klarheit mit der Zeit Spaß macht und dass du wichtige Korrekturen damit erreichst.

Nun also zum letzten Abschnitt der Gehirnwäsche.

Für die folgenden *Regeln zum Schaffen von Klarheit* gebe ich keine Quelle an, weil ich die im Lauf des Jahr 2000 selber für meine Patienten formuliert und zusammengestellt habe und einfach nicht mehr weiß, wo ich das im Lauf der Jahrzehnte vielleicht schon einmal irgendwo anders gelesen haben könnte. Ich halte diese Regeln sozusagen ganz unbescheiden für mein eigenes Produkt, was aber letztlich nur bedeutet, dass ich inzwischen vergessen habe, wodurch ich mich wieder an sie erinnert habe.

Regeln zum Schaffen von Klarheit

1. *Es ist nicht notwendig, die Ur-Sache zu kennen, wenn du dein Problem lösen willst;* du musst nur herausfinden, was funktioniert und was nicht funktioniert in Bezug auf deine Ziele. »Wir müssen die Welt nicht verstehen, wir müssen uns in ihr zurechtfinden!« (A. Einstein)

2. *Wenn eine Sache kompliziert und schwierig auszuführen ist, dann stimmt etwas nicht*: Mach's wieder einfach. Widerstand ist ein Zeichen für ungenügende Anpassung und bedeutet meistens: *So* geht's also wohl doch nicht. Sei vorsichtig dabei: »Alles sollte so einfach wie möglich gemacht werden – aber nicht einfacher!« (auch Albert Einstein)

3. *Erklärungen (Ansichten//Theorien/Behauptungen/Bedeutungen) haben mit den Tatsachen nichts zu tun. Die Dinge an sich sind nämlich vollständig bedeutungslos.* Sie sind einfach da. Nur wir allein bestimmen, was eine Sache *für uns* bedeutet.

4. Gefühls-Zustände sind das *Ergebnis,* sie sind das *Ziel*, sind die Wunscherfüllung, und mein Denken, mein Verhalten, mein Handeln, ist deren Voraussetzung oder ist das Mittel oder ist der Weg, um sie zu erschaffen. Ich stelle mir also *zuerst den gewünschten Zustand* vor und fange erst *dann* an, nach einem Weg zu suchen: Was soll überhaupt rauskommen? Was wäre daher ein erster sinnvoller Schritt? Was sollte ich besser unterlassen?

5. *Was jemand wirklich will erkennt man daran, womit er sich tatsächlich beschäftigt, egal, was er behauptet zu tun.* Je stärker seine Aufregung ist, desto stärker ist der oft verborgene Wunsch dahinter, der ihn antreibt, der aber verleugnet werden kann. Ver-

borgene Wünsche werden als Befürchtungen sichtbar: »Hoffentlich werde ich *nicht* wieder krank!« »Hoffentlich passiert ihm *nicht* ...« »Hoffentlich falle ich *nicht* wieder durch die Prüfung.«

6. *Jeder macht das, was er tatsächlich will, weil er nämlich überzeugt ist, das Richtige zu tun und er gibt daher auch sein Bestes.* Er kann sich jedoch irren in dem, was er als richtig ansieht. Sobald er das anhand der unweigerlich auftretenden Schwierigkeiten erkennt, sucht er sich sofort etwas Besseres und macht es dann besser. *Irrtümer brauchen nur korrigiert zu werden* – Bestrafen ist unnötig und dumm: Man bestraft doch nicht sein Kind, wenn es sich irrt, sondern man zeigt ihm stattdessen, wie es richtig geht. Da freut sich das Kind, ist dankbar und wendet das Gezeigte sogleich an. Dann freuen sich auch die Eltern.

7. *Egal, was jemand tut: er tut es immer aus guten Gründen.* Es sind drei: *Selbstschutz* oder Selbsterhaltung, Wunsch nach Gerechtigkeit oder nach *Ausgleich* – und *Liebe.* Aber man kann sich in den Methoden, diese Ziele zu verwirklichen, irren. Diese Ziele werden *grundsätzlich* unerreichbar, wenn man sie aus Angst oder Wut ansteuert. Damit man seine Irrtümer erkennt gibt es Störungen in Form von Leiden, bis man endlich nachgibt, seine Irrtümer einsieht und sie korrigiert.

8. *Es ist völlig gleichgültig, was jemand glaubt – er wird für sich beweisen, dass er Recht hat.* (»Wahrlich, dir geschieht nach deinem Glauben«.) Frage dich daher immer wieder, was du selbst mit deiner Art zu leben dir und anderen Menschen beweisen willst. Wie versuchst du das meistens? Bei welchen Gelegenheiten? Wem willst du insbesondere etwas beweisen? Zu welchem Zweck? Wieso willst du, dass andere das ebenfalls glauben sollen? Was würde sich ändern, wenn du es geschafft hast – für dich und die Welt?

9. *Die Wahrheit ist nicht verborgen, sondern offen und sichtbar,* sie ist also offensichtlich. Allerdings kann ich mich davor verschließen: Ich kann »ES nicht wahr haben wollen«. Weil alles so offensichtlich ist, kann ein normaler Mensch nur sehr schwer sehen, was wirklich los ist, denn wir müssen dazu erst wieder lernen zu schauen »wie diese Kinder da«, anstatt alles sofort mit Bedeutung zu versehen uns dann darüber aufzuregen, weil wir Bedeutungen für die Wirklichkeit halten. (Vgl. Regel 3)

10. Es gibt mindestens zwei Möglichkeiten, zur Zufriedenheit zu gelangen: *Tue das, was du willst und trage die Folgen,* oder: *Will, was du tust – stimme ganz zu.* Mach' es mit Liebe oder lass' es ganz, denn Sich-Opfern bringt Ärger. Liebe braucht nicht durch Opfer bewiesen zu werden, denn das wäre kindliche Liebe.

11. *Derjenige, der das Problem hat, muss etwas tun* – nicht die anderen!

12. *Wenn ich ein Problem wirklich verstanden habe, hört es auf, ein Problem zu sein.* Ich weiß dann, was ich zu tun und zu lassen habe, verhalte mich entsprechend und das Problem verschwindet. Wenn's nicht verschwindet, habe ich das Problem offensichtlich noch nicht verstanden. Basta!

13. *Was man sagt, das ist man selbst.* Sag' daher Gutes über andere oder sei besser still.

14. *Was man sieht, das ist man ebenfalls selbst.* Beruhige dich also wieder.

15. *Du kannst dich in jedem Augenblick neu entscheiden.*

Denk' dran, dass es für eine Überprüfung dieser Regeln nicht notwendig ist, sie zu glauben. Du brauchst nur eine gewisse Portion Neugierde, ausreichende Aufmerksamkeit und ein gewisses Unterscheidungsvermögen bei deren Anwendung, um daraus Nutzen zu ziehen.

Die nun folgenden Regeln stammen aus einer Quelle, die mir leider unbekannt ist, weil ich diese *Regeln für das Menschsein* vor etlichen Jahren nur als Fotokopie in englischer Sprache erhalten habe. Der Überbringer hat bedauerlicherweise versäumt, die Quelle anzugeben. Da ich sie aber für »wahr« halte, führe ich sie hier auf und riskiere vielleicht Stress wegen des Presserechts:

Regeln für das Mensch-Sein

1 *Du wirst einen Körper erhalten.*
Vielleicht magst du ihn oder vielleicht hasst du ihn, aber er wird dein Körper sein für die gesamte Zeit dieser Lebensperiode.

2 *Du wirst Lektionen lernen.*
Du bist eingebunden in eine Vollzeit-Schule, genannt Leben. Jeder Tag bietet dir die Möglichkeit, Lektionen zu lernen. Vielleicht magst du diese Lektionen oder vielleicht hältst du sie für unwichtig oder gar für dumm.

3 *Es gibt keine Fehler, nur Lektionen.*
Wachstum ist ein Vorgang des Experimentierens, von Versuch und Irrtum. Die Experimente, die *nicht* funktioniert haben, gehören ebenso dazu wie diejenigen, die letztlich funktioniert haben.

4 *Lektionen werden so lange wiederholt, bis sie gelernt sind.*
Die Lektionen werden dir in verschiedener Form so lange immer wieder präsentiert, bis du sie gelernt hast. Wenn du die Jetzige gelernt hast, kannst du zur nächsten Lektion weitergehen.

5 *Das Lernen von Lektionen hört nicht auf.*
Es gibt keinen Lebensabschnitt, der nicht seine Lektionen beinhaltet. So lange du lebst, gibt es für dich Lektionen zu lernen.

6 *»Dort« ist nicht besser als »hier«.*
Wenn dein Dort endlich zu einem Hier geworden ist, wirst du einfach wieder ein weiteres Dort erhalten, das besser zu sein scheint, als dein Hier.

7 *Die anderen sind nur dein Spiegel.*
Du kannst dich nur deswegen über andere aufregen oder etwas an anderen lieben, weil sie dir etwas spiegeln, das du an dir selbst ablehnst oder an dir liebst.

8 *Es liegt an dir, was du aus deinem Leben machst.*
Du hast bereits alle Mittel und Voraussetzungen zur Verfügung, die du benötigst. Was du damit anfängst, ist allein deine Sache. Du hast die Wahl.

9 *Deine Antworten liegen in dir.*
Die Antworten auf die Fragen des Lebens liegen in dir. Alles, was du zu tun hast, ist: schauen, hören und vertrauen.

10 *Du wirst das alles vergessen.*

11 *Du kannst dich jederzeit daran erinnern, wenn du willst.*

(übersetzt aus dem Amerikanischen am 07.11.2000 von Hans J. Beranek)

Das klingt alles irgendwie nach Spiritualität und Esoterik, nicht wahr? Irgendwie seltsam bekannt. Darauf kann ich jetzt aber keine Rücksicht nehmen.

Zur Bekräftigung meiner Rücksichtslosigkeit, insbesondere gegenüber deiner grundsoliden naturwissenschaftlichen Ausbildung, kommt gleich noch etwas, das du bestimmt schon aus Ecken gehört hast, die meist zu Recht einen eher zweifelhaften Ruf genießen.

Leider kann ich für diese »Spiegelgesetze« ebenfalls keine Quelle angeben, so gern ich das täte, denn die sind mir vor einigen Jahren von einer Patientin ebenfalls in Fotokopie ohne nähere Angaben überreicht worden.

Spiegel-Gesetze

Alles, was mir an Dir gefällt, trage auch ich in mir.

Alles, was mich an Dir stört und ärgert, trage auch ich in mir selbst.

Alles, was ich an Dir kritisiere, bemängle ich in Wirklichkeit an mir,
denn meine Kritik an Dir offenbart mir meine eigenen
Begrenzungen und meinen eigenen Glauben an Mangel.
Alles, was Du an mir kritisierst und mir vorwirfst, ist nur Deine
eigene Projektion – soweit es mich tatsächlich nicht berührt hat –
und dadurch erlebe ich nur Deine Andersartigkeit und somit eine
Erweiterung meiner Sicht, welche ich nun dankbar annehmen kann.

Schmerzhafte Kritik nehme ich wortlos an.
Ich nehme sie schweigend in mein Herz und
ich verteidige mich nicht, sondern
ich betrachte sie ruhig und klar
als meine Schattenseite und erkenne sie
als einen Ausdruck meines Glaubens an Mangel.

Ich will diese Schattenseiten erlösen.
Dies gelingt durch Liebe ohne Bedingungen, ohne Erwartungen
und ohne Vorleistungen durch den anderen.

Ich akzeptiere den anderen so, wie er ist.
Er darf ganz anders sein.

Alles hat einen Bezug zu meiner Person.

Alles, was mir an Dir gefällt, trage auch ich in mir.

Jetzt noch einige Empfehlungen, die angeblich vom *Dalai Lama* stammen. Ganz sicher bin ich mir da nicht, weil diese Regeln in Form eines »Kettenbriefes« in meinem Postkasten gelandet sind und die Quellenangabe daher ebenfalls nicht gesichert ist.

Na gut, dem *Dalai Lama* hat man ja schon einiges nachgesagt, er wird das hier wohl auch noch verkraften. Mir gefallen diese Regeln jedenfalls:

Lebensregeln

1. Denke daran, dass *große Liebe und große Ziele große Risiken* in sich bergen.

2. Wenn Du verlierst, verliere nicht den *Lerneffekt.*

3. Folge diesen drei Regeln:
Respekt für dich selbst
Respekt für andere
Respekt für alle deine Handlungen.

4. Denke daran, dass etwas, das du nicht bekommst, manchmal auch eine wunderbare Fügung des Schicksals sein kann

5. Lerne die Regeln, damit du weißt, wie du sie *richtig* brichst.

6. Lass' nicht zu, dass ein kleiner Konflikt eine große Freundschaft verletzt.

7. Wenn du merkst, dass du einen Fehler gemacht hast, unternimm *unverzüglich* etwas, um ihn zu korrigieren.

8. Verbring' jeden Tag einige Zeit allein mit dir selbst.

9. Begegne Veränderungen mit offenen Armen, aber verliere dabei nicht deine Wertmaßstäbe.

10. Denke daran, dass Schweigen manchmal die beste Antwort ist.

11. Lebe ein gutes und ehrbares Leben. Wenn du älter wirst und zurückdenkst, wirst du es ein zweites Mal genießen können.

12. Eine freundliche Atmosphäre in deinem Haus ist die beste Grundlage für dein Leben.

13. Wenn du mit lieben Freunden streitest, beziehe dich *nur auf die aktuelle Situation*. Lasse die Vergangenheit ruhen.

14. Teile dein Wissen, so erlangst du Unsterblichkeit.

15. Sei freundlich zur Erde.

16. Besuche einmal im Jahr einen Ort, den du noch nicht kennst.

17. Denke daran: die beste Beziehung ist die, in der die Liebe für den anderen größer ist als das Verlangen nach dem anderen.

18. Bewerte deine Erfolge daran, was du aufgeben musstest, um sie zu erzielen.

19. Widme dich der Liebe und dem Kochen mit wagemutiger Sorglosigkeit.

Diese Regeln sind formuliert nach Empfehlungen des Dalai Lama – angeblich. Die Hervorhebungen stammen von mir und sollen der Klärung dienen.

Zum Schluss findest du jetzt einen Text, der dir womöglich bereits bekannt ist. Es handelt sich um eine Inschrift an einer christlichen Kirche. Du kannst also sehen, dass auch aus dieser Richtung gute und praktikable Anweisungen kommen können:

Desiderata

(Inschrift an der Alten St. Pauls-Kirche, Baltimore, von 1692)

Gehe ruhig und gelassen durch Lärm und Hast
Und sei des Friedens eingedenk, den die Stille bergen kann.
Stehe, soweit ohne Selbstaufgabe möglich, in freundlicher Beziehung zu allen Menschen.
Äußere deine Wahrheit ruhig und klar und höre anderen ruhig zu,
Auch den geistlosen Unwissenden; auch sie haben ihre Geschichte.
Meide laute und aggressive Menschen, sie sind eine Qual für den Geist.
Wenn du dich mit anderen vergleichst, könntest du bitter werden und dir nichtig vorkommen;
Denn immer wird es jemanden geben, größer oder geringer ist als du.
Freue dich deiner eigenen Leistungen wie auch deiner Pläne.
Bleibe weiter an deinem eigenen Weg interessiert, wie bescheiden auch immer.
Er ist ein echter Besitz im wechselnden Glück der Zeiten.
In deinen geschäftlichen Angelegenheiten lasse Vorsicht walten;
Denn die Welt ist voller Betrug.
Aber nichts soll dich blind machen gegen gleichermaßen vorhandene Rechtschaffenheit.

Viele Menschen ringen um hohe Ideale, und überall ist das Leben voll Heldentum.
Sei du selbst.
Vor allen Dingen heuchle keine Zuneigung, noch sei zynisch, was die Liebe betrifft;
Denn auch im Augenblick aller Dürre und Enttäuschung
Ist sie doch immerwährend wie Gras.

Ertrage freundlich und gelassen den Ratschlag der Jahre,
Gib die Dinge der Jugend mit Grazie auf.
Stärke die Kraft des Geistes, damit sie dich in plötzlich hereinbrechendem Unglück schütze.

Aber erschöpfe dich nicht in Phantasien.
Viele Ängste kommen aus Ermüdung und Einsamkeit.

Neben einer heilsamen Selbstdisziplin sei freundlich mit dir selbst.
Du bist ein Kind Gottes, genau so wie die Bäume und Sterne. Du
hast ein Recht, hier zu sein.

Und, ob es dir passt oder nicht, es besteht kein Zweifel:
Das Universum entfaltet sich wie vorgesehen.
Darum lebe in Frieden mit Gott,
Was für eine Vorstellung du auch immer von ihm hast.

Was auch immer deine Arbeit und dein Sehnen ist,
Erhalte dir den Frieden mit deiner Seele in der lärmenden Wirrnis
des Lebens.
Mit all der Schande, der Plackerei und den zerbrochenen Träumen
Ist es dennoch eine schöne Welt.
Strebe behutsam danach, glücklich zu sein.

Eine letzte Zuckung

Was machst du jedoch, wenn du nun alles lange genug durchprobiert hast und das Leiden hat für dich trotzdem noch keine Ende gefunden? Ich würde sagen, dass du dann vielleicht schon so weit fortgeschritten bist in deiner Entwicklung, um für würdig befunden zu werden, eben eine angemessene Lektion für Fortgeschrittene verpasst zu bekommen. (Der gute *Hiob* bekam wohl seinerzeit so eine Lektion verpasst.) Lerne also weiter, anstatt erneut mit Lamentieren zu beginnen. *Aber vielleicht hast du ja einfach nur irgendetwas Wichtiges übersehen.*

Nun muss ich dringend aufs Klo zum Pinkeln – vermutlich wegen des Tees vorhin. Genau genommen ist das natürlich kein Muss, denn ich bin frei und kann daher beispielsweise in meine Hose pinkeln oder in eine wenig frequentierte Ecke meines netten Arbeitszimmers. Da mir jedoch die Konsequenzen dieser Entscheidung eher unangenehm erscheinen – ich danke Gott für die Fähigkeit der Imagination – gehe ich doch lieber aufs Klo. Da kann ich die Sache nämlich gleich runterspülen und habe danach wieder meine Ruhe. Ich nehme an, dass Renate dieser Entscheidung ebenfalls wohlwollend zustimmen wird.

Halt! Da fällt mir jetzt zum Schluss noch eine Weisheit ein, die von Astrids Tante stammt. (Wer, zum Teufel, ist Astrid?) Astrids Tante meinte einmal: *Die Armen und die Dummen frieren.*

Und noch etwas:

Vielleicht ist ja alles falsch, was ich geschrieben habe, denn vor Gott ist nichts unmöglich.

Empfohlene Literatur zum Selbststudium:

Ich bedauere, wenn ich hier wegen meiner von dir zweifellos längst erkannten Wissenslücken oder meines sonstig begrenzten Horizonts eine Auswahl von Vorschlägen getroffen habe, die aus deiner Sicht nicht sehr gelungen ist. Wenn du diesen Eindruck tatsächlich gewonnen hast und dich daher anscheinend bereits an einiges mehr erinnern kannst als mir das bis jetzt möglich ist, dann bist du auf meine Vorschläge ohnehin nicht mehr angewiesen und kannst daher weiterhin ohne dieses Buch zum Scheißen gehen. Denke aber währenddessen daran, dass wirkliche Erkenntnis ohnehin nicht durch das Lesen von Büchern möglich ist, sondern *nur* durch das Studium deiner täglichen Praxis. Studiere also bei dieser Gelegenheit vielleicht gleich die Praxis deiner Entleerung.

(Anonym): Das Buch von der mystischen Kontemplation, genannt »Die Wolke des Nichtwissens«, worin die Seele sich mit Gott vereint (übertragen aus dem Englischen von Wolfgang Riehle, Einsiedeln 1980) Riehle hat sich bei seiner Übersetzung an den Originaltext aus dem 14. Jahrhundert gehalten. Der stammt aus der Bewegung der Englischen Mystiker, der Autor ist jedoch unbekannt.

Assagioli, Roberto: Die Schulung des Willens. Methoden der Psychotherapie und der Selbsttherapie. (8. Aufl., Paderborn 1982) Dieser weise alte italienische Herr empfiehlt mit diesem gut lesbaren Buch eine Serie von Übungen, die natürlich nur wirksam werden können, wenn man sie auch ausführt.

Bach, Richard: Illusionen (Ullstein-TB) Wenn ich Novellen oder Kurzgeschichten schreiben könnte, würde ich sie so schreiben wollen. Das Wesentliche ist sogar freundlicherweise kurz zusammengefasst am Anfang des Buches zu finden.

Bauer, Joachim: Warum ich fühle, was du fühlst. – Intuitive Kommunikation und das Geheimnis der Spiegelneurone. (Hamburg 2005) Ein Buch über unsere eingebauten Antennen für »Empathie« – was aber ein Neurowissenschaftler nie so ausdrücken würde.

Bhagavad-Gita. Der Gesang des Erhabenen (Übersetzung von Theodor Springmann; Baden-Baden 1996) Die Bhagavad-Gita ist die zentrale Stelle des Mahabharata, des heiligen Buches der Hindu, wo Krishna mit dem zweifelnden Krieger Arjuna Klartext redet, damit der kapiert, was wirklich Sache ist.

Die Bibel. Die »NeueWelt«-Ausgabe der »Zeugen Jehovas« ist m.E. die genaueste deutsche Übersetzung, die derzeit erhältlich ist. (Über die »Zeugen« selber äußere ich mich an dieser Stelle besser nicht.)

Bohm, David: Der Dialog. Das offene Gespräch am Ende der Diskussionen (Hrsg.: Lee Nichol; Stuttgart 1998) Der geniale Physiker und Philosoph hat sich hier über einen zentralen Bereich der menschlichen Beziehung ausgelassen und hat gute Vorschläge parat, wie wir hier endlich zueinander kommen könnten.

Buber, Martin: Das dialogische Prinzip. – Ich und Du. Zwiesprache. Die Frage an den Einzelnen. Elemente des Zwischenmenschlichen. Zur Geschichte des dialogischen Prinzips. (Heidelberg, 1984) Ein Sammelband essentieller Einsichten dieses großen Geistes.

Carroll, Lewis: Alice im Wunderland (Frankfurt a. Main, 1973) Ein Meisterwerk der Weltliteratur. Der Autor lebte im 19. Jhd. und hieß eigentlich Charles L. Dodgson; er war ein menschenscheuer und eigenbrötlerischer Dozent für Logik und Mathematik in Oxford. Mir ist es egal, ob er so war: Sein Buch ist ein Geniestreich.

Cleary, Thomas: Zu wissen, wann man kämpfen soll. Die japanische Kultur der Strategie. (Braunschweig 1991) Der Autor lebte sechs Jahre in Japan und beschreibt grundlegende Arten, mit Konflikten möglichst effektiv umzugehen. Hier ist ein Aspekt des Samurai-Weges dargestellt. (Leider ist das Buch inzwischen vergriffen.)

Dammann, Erik: Erkenntnisse jenseits von Zeit und Raum. Die Wende im naturwissenschaftlichen Denken (München 1990) Dieser norwegische Schriftsteller hat vor zwanzig Jahren eine Reihe großer Wissenschaftler interviewt, um seine Hoffnung zu nähren, dass es bald anders wird auf der Welt. Er war wohl etwas zu optimistisch, was das Tempo angeht.

Dargyay, Eva (Herausg.): Das Tibetische Buch der Toten (8. Aufl., O.W.Barth 1998) Erste sehr textgetreue Originalübertragung aus dem Tibetischen. Der in diesem Buch gegebene Rat zur Befreiung gilt aber *jederzeit*, nicht erst nach dem körperlichen Tod. Die beschriebenen Bardo-Zustände sind nämlich »Traumzustände«.

Davies, Paul: Gott und die moderne Physik (München 1986) Der Titel sagt klar genug, womit sich dieser Wissenschaftler hier beschäftigt. Er ist nicht der erste und nicht der einzige Physiker, der sich dafür interessiert.

Dossey, Larry: Heilende Worte – die Kraft der Gebete und die Macht der Medizin. (Verlag Bruno Martin, 1995) Dieser amerikanische Arzt hat viel Material zusammengetragen, um spirituelle Heilweisen durch Gebete belegen zu können. Schade, dass er manchmal doch auch an Magie glaubt. Die aufgeführten Fakten aber scheinen relativ gut abgesichert.

Meister Eckhart: Das Buch der Göttlichen Tröstung. Von dem edlen Menschen. (München 1996, beide Werke in einem Band.) Der bekannteste christliche Mystiker und Erleuchtete hatte es mitunter schwer mit seinen Vorgesetzten, die natürlich deutlich weniger erleuchtet waren als er. (Das gibt's auch heute noch hin und wieder, habe ich gehört.)

Gibran, Kahlil: Der Prophet. (Walter-Verl. 1981, 12. Aufl.) Das kennt ja wohl inzwischen fast schon jeder, denke ich.

Gibson, James J.: Wahrnehmung und Umwelt (Urban & Schwarzenberg 1982) J.J. Gibson hat etwas Wichtiges und Offensichtliches zu diesem Sachverhalt herausgefunden. Leider kennt ihn aber kaum jemand – zumindest nicht im universitären Bereich der Psychologie.

Gold, Eugene J.: Die menschliche biologische Maschine als Apparat der Transformation. (Basel, 1989) Ein relativ gut lesbares Buch, das eine Einführung bietet in die Sichtweise von Gurdijeff, einem Magier des letzten Jahrhunderts, von *Gold* auf neueren Stand gebracht. Der Titel sagt, worum es *Gold* hier insbesondere geht.

Goldstein, Joseph und Kornfield, Jack: Einsicht durch Meditation. Die Achtsamkeit des Herzens – Buddhistische Einsichts-Medita-

tion für westliche Menschen (München, Wien 1989) Ein meiner Meinung nach gut gelungenes Buch über Vipassana-Meditation, von zwei sehr kompetenten Lehrern zusammengestellt. Praktisch und anschaulich – empfehlenswert.

Gott, J. Richard: Zeitreisen in Einsteins Universum (Reinbek b. Hamburg, 2002) Herr Gott ist ein Astrophysiker und lehrt an der Princeton-Universität. In diesem Buch beschreibt er unter anderem, wieso sich das Universum durchaus selbst hervorgebracht haben könnte. Die Frage »was war dann vor dem Urknall?« wäre somit überflüssig. (Er heißt wirklich Gott – wie sein Vater.)

Harding, Douglas: Das Buch von Leben und Tod (Basel 1989) Ein freundlicher alter Herr aus England. Er spricht mir ebenfalls aus dem Herzen, weil er sich so klar und einfach ausdrückt, obwohl die Angelegenheit sehr komplex ist.

Ders.: Die Entdeckung unserer wirklichen Natur (Berlin, 2002) Dieses Buch ist noch etwas lockerer und anschaulicher, weil hier Gespräche mit ihm (aus workshops) zusammengefasst sind. *Wenn er Recht hat, geht alles einfacher als du denkst.*

Hawking, Stephen W.: Das Universum in der Nussschale (Hoffmann und Campe, 2001) Der geniale englische Mathematiker und Physiker spekuliert sehr fundiert über eine neue Sicht des Universums – genauer: vielleicht vieler Universen.

Hohnen, Harald und Ulsamer, Berthold (Hg): Bert Hellinger. Mit der Seele gehen. (Herder Verlag, 2001) In diesem Buch wird in Interviewform Hellingers Sichtweise dargestellt. Bert Hellinger verdanke ich viel. Ohne seine Klarheit würde ich wahrscheinlich heute noch jede Menge kostbarer Zeit mit Interpretieren und Philosophieren zubringen, anstatt zu schauen was wirklich los ist und mein Handeln zu korrigieren. Ich mag seine ruhige und praktische Art, die allerdings manchen nicht passt, die es lieber etwas moralischer hätten. Schwer tue ich mich manchmal mit einem Teil seiner Fan-Gemeinde, die ihm mit Inbrunst hinterher reist.

Hüther, Gerald: Bedienungsanleitung für ein menschliches Gehirn (Vandenhoeck & Ruprecht – 4. Aufl. 2004) Dieses populärwissenschaftliche Buch ist wirklich eine anschauliche und praktikable Anleitung – ich halte es für ausgesprochen empfehlenswert.

Krishnamurti, Jiddu: Einbruch in die Freiheit (Ullstein-TB 1988) Dieser Erleuchtete stellt hier in Vorträgen dar, wieso *sofortige* Befreiung möglich ist. Das kleine Buch ist wohl ein Klassiker zu diesem Thema – oder sollte es zumindest sein.

Kübler-Ross, Elisabeth: Erfülltes Leben, würdiges Sterben. (Gütersloh, 1993) Sie wusste sehr viel über das Sterben, war sehr mutig und konnte klar sagen, was sie will und was sie meint. In diesem Buch sind einige Vorträge von ihr zusammengefasst.

Ein Kurs in Wundern (Helen Schucman) (Gutach i.Br., 1994) Die Sprache, in der dieses Buch verfasst wurde, ist vielleicht nicht jedermanns Sache. Dieses dreiteilige Werk in einem Band ist für mich jedenfalls stimmig und passt komplett in mein sonst eher wissenschaftliches Weltbild. Frau Schucman ist Professorin für Psychologie und »erfuhr« das Buch als Diktat im Lauf von sieben Jahren.

Love, Jeff: Die Quantengötter. – Ein neues Verständnis der Kabbala mit praktischer Gebrauchsanweisung. (Reinbek b. Hamburg, 1994) Das Buch ist leider vergriffen und wurde auch nicht mehr aufgelegt. Ich weiß jetzt gar nicht, ob das der Künstlername des Autors ist oder sein richtiger. Jedenfalls passt der Name. Love zeigt in seinem Buch eine tiefe Einsicht in Bereiche des Schöpfungsaktes, mit Gebrauchsanweisung für uns Quantengötter, wie der Untertitel schon sagt, und er ist dabei wissenschaftstheoretisch durchaus plausibel.

Maturana, H. und Varela, F.: Der Baum der Erkenntnis – Wie wir die Welt durch unsere Wahrnehmung erschaffen – die biologischen Wurzeln des menschlichen Erkennens. (Scherz-Verl., 1987) Ein Klassiker zum Konstruktivismus aus biologischer Sicht. Der Untertitel legt dar, worum es den beiden hier geht. (Leider stellenweise etwas schwer lesbar.)

Merrell-Wolff, Franklin: The Philosopy Of Consciousness Without An Object: Reflections on the Nature of Transcendental Consciousness. (New York, 1973) Merrell-Wolff war wohl ein Mann, der wirklich durchblickte, ebenfalls ein Erleuchteter sozusagen. Leider gibt es bisher noch nichts von ihm in deutscher Übersetzung. Zumindest habe ich davon keine Kenntnis. Er starb 1985 im Alter von fast 100 Jahren.

Murphy, Michael: Der Quantenmensch. ein Blick in die Entfaltung des menschlichen Potentials im 21. Jahrhundert. (Wessobrunn: Integral, 1994) Murphy ist Psychologe und hat das berühmte Esalen-Institut in Kalifornien gegründet. Er hat sich eine Menge Arbeit mit diesem Werk gemacht, um zu belegen, dass es Hoffnung gibt für eine Transformation der Menschheit. Das Buch ist aber stellenweise für manchen vielleicht gefährlich, weil Murphy trotz seiner Wissenschaftlichkeit zu magischem Denken verführen kann.

Percy, Walker: Loch im Kosmos. Das letzte Hilfdirselbstbuch. (Sphinx-Verl. 1991) Ein angenehm klar geschriebenes Buch, das hauptsächlich einfache und daher verblüffende Fragen zum Selbst enthält mit einer Menge von Denkanstößen dazu. Außerdem hatte der Mann auch noch Humor. Er starb aber trotzdem 1990.

Rossi, Ernest L.: The Psychobiology of Gene Expression. Neuroscience and Neurogenesis in Therapeutic Hypnosis and the Healing Arts. (London, 2002) In diesem derzeit nur in Englisch erhältlichen Buch fasst Rossi seine und anderer Leute Forschungen zusammen, um zu belegen, wie der »Geist« (sag' ich jetzt mal so) die Materie des Körpers bis in den Bereich der Gene beeinflusst – mitunter sogar unglaublich schnell. Ernest Rossi ist bekannt geworden im Zusammenhang mit *Milton Erickson*, dem genialen Neuerfinder der Hypnose.

Rumi, M. D.: Von Allem und vom Einen (München 1988) Rumi ist ein islamischer Dichter und Mystiker aus dem 13. Jahrhundert. Eine große Seele. Durch das Studium dieses Textes kann man mit tiefer Dankbarkeit erkennen, dass der Islam ebenso eine Befreiung durch Liebe ermöglicht wie Judentum, Christentum und sonstige Weltreligionen. Seine Dichtung gibt dir eine Ahnung, welche Erfahrungen menschenmöglich sind, wenn man zu sich und damit zu Gott kommt.

Rýzl, Milan, Prof. Dr.: Der Tod ist nicht das Ende. Von der Unsterblichkeit geistiger Energie (Kreuzlingen 1981 und 1995) Der gelernte Physiker und Chemiker hat sich später der Parapsychologie zugewandt und zeigt in diesem Buch u.a., wie ohne die Annahme äußerer Mächte wie »Geister« (von Verstorbenen etwa) außersinnliche Wahrnehmung und mediale Fähigkeiten erklärt werden können; magisches Denken ist dazu nicht notwendig. Prof. Rýzl ist einer der Pioniere der Parapsychologie und lebt seit 1967 in den USA.

Searles, Harold F.: Der psychoanalytische Beitrag zur Schizophrenieforschung (München 1974) Ein Klassiker aus den sechziger Jahren; Searles beschreibt grundlegende Prozesse der menschlichen Interaktion und Kommunikation, die im Umgang mit Schizophrenen besonders deutlich zu Tage treten.

Segal, Lynn: Das 18. Kamel oder Die Welt als Erfindung. Zum Konstruktivismus Heinz von Foersters. (München 1988) Herr von Förster ist ein *sehr* kluger und überaus freundlicher alter Herr aus Österreich, der seit den Fünfzigerjahren in den USA lebt. Alles klar? Nein? Na gut, dann empfehle ich Ihnen dieses Buch.

De Shazer, Steve: Der Dreh. – Überraschende Wendungen und Lösungen in der Kurzzeittherapie. (Heidelberg 1989) De Shazer zeigt, dass es auch einfach geht, sobald man sich sofort mit seinem Ziel und mit den Ausnahmen vom Problem beschäftigt, anstatt Umwege übers Problemanalysieren zu machen. Das gefällt mir sehr.

Sheldrake, R.: Das Gedächtnis der Natur. Das Geheimnis der Entstehung der Formen in der Natur. (Scherz-Verlag 1990) Der Autor belegt seine Sichtweise mit vielen anschaulichen Beispielen, die anders als mit seinem Modell der morphischen Felder kaum zu erklären wären. Dieses Modell dient derzeit als Grundlage für Erklärungen, warum Familienstellen funktioniert.

Siegel, Bernie: Mit der Seele heilen. Gesundheit durch inneren Dialog (Düsseldorf 1995) Siegel ist Arzt. Er bringt hier Beispiele und Techniken für Selbstheilung und zeigt, dass das menschliche Potential größer ist, als man gemeinhin vermutet.

Skynner, R. und Cleese J.: ... Familie sein dagegen sehr. (Paderborn, 1995) Ein amüsant und anschaulich geschriebenes Buch in Interviewform. John Cleese traut sich zu fragen, wie eben ein Laie fragen würde, aber sich oft nicht zu fragen traut. Für jedermann gut verständlich aus der Sicht eines Psychoanalytikers und Spezialisten für Familienszenarien. (John Cleese ist übrigens einer aus der Ex-Monty-Python-Truppe – wem das was sagt.)

Suzuki, Daisez T.: Karuna. Zen und der Weg der tätigen Liebe. Der Bodhisattva-Pfad im Buddhismus und im Zen. (W.O. Barth Verlag, 1996) Einige werden diesen Namen kennen, denn Suzuki hat etliche Jahre mit *Erich Fromm* zusammengearbeitet und er versteht einiges vom Zen-Buddhismus.

Walsch, Neale D.: Gespräche mit Gott (München, 1997, 1998, 1999 – drei Bände mit verschiedenen Schwerpunkten) Sehr komplexe Gedanken werden hier in relativ einfacher Alltagssprache vorgestellt, also auf eine Weise, die auch ein normaler Mensch verstehen kann. Aber Vorsicht: Viele Gedanken sind sehr komplex! Mir haben diese drei Bände sehr gut gefallen.

Weil, Andrew: Drogen und höheres Bewusstsein (AT Verlag, Neuauflage 2000) Ein etwas unglücklich gewählter deutscher Titel, denn eigentlich geht es nicht um Drogen, sondern am Beispiel des Drogenproblems werden grundsätzliche Probleme im Zusammenhang mit der erstrebenswerten Veränderung deiner Bewusstseinszuständen sichtbar. *Weil* ist Arzt und Forscher und er kann klar denken. Ich stimme mit ihm sehr überein. Empfehlenswert.

Whorf, Benjamin Lee: Sprache, Denken, Wirklichkeit. – Beiträge zur Metalinguistik und Sprachphilosophie (Rowohlt, 1963); Whorf weist auf starke Zusammenhänge zwischen diesen drei im Titel erwähnten Bereichen hin.

Wolinsky, Stephen.: Die alltägliche Trance – Heilungsansätze in der Quantenpsychologie. (Freiburg I. Breisgau 1993) Das hier vorgeschlagene Tieftrance-Modell beschreibt gut den wichtigsten Aspekt unseres Lebens-Traums, eine anschauliche Erklärung der Entstehung und Wirkung unserer Grundprogrammierung. In seinen Büchern gibt es jede Menge an Übungen.

Ders.: Die Essenz der Quantenpsychologie. Durchschauen, wer wir nicht sind. (Kirchzarten b. Freiburg, 2001) Wolinsky ist hier sehr radikal, womit er selbstverständlich mein Herz gewonnen hat, und er bietet wieder viele Übungen an. Einige davon erfordern allerdings Vorübung. Die Grundlagen seiner Sichtweise hat er aus Indien und sie haben dort eine lange Tradition. Sein Verständnis von Hypnose ist für mich eine wichtige Bestätigung meiner eigenen diesbezüglichen Sichtweise gewesen.

Zukav, Gary: Die tanzenden Wu Li Meister. Der östliche Pfad zum Verständnis der modernen Physik: Vom Quantensprung zum Schwarzen Loch. (Reinbek b. Hamburg, 1985) Ein Insider-Buch von einem sehr begabten (damals) jungen Mann, der ein Harvard-Absolvent ist, aber kein Physiker. Zukav hat die wohl beste Übersetzung geschrieben, die von mathematischer Physiker-Sprech in normale Wörter-Sprech möglich ist.